国际海事诉讼法

贺万忠　著

世界知识出版社

目　录

第一章 国际海事诉讼法概论[①]

第一节 国际海事诉讼的基本模式与规范

海事诉讼程序基于海事活动的特殊性而有别于一般民商事诉讼程序。一些西方主要海运国家为适应对外贸易和航运发展的需要，或在民事诉讼法典之中制定海事诉讼特别条款，或另行制定海事诉讼特别法。我国最高人民法院也设想，要在2010年把我国建设成为亚太地区一个重要的海事司法中心，而且还要力争在不久的将来，确立中国国际海事司法中心之一的地位。这将使得国际海事诉讼法在司法领域中的地位愈显重要。

一、国际海事诉讼的基本模式

海事诉讼是指法院、当事人和其他诉讼参与人，在审理和解决因当事人之间海事权益冲突而产生的海事案件的过程中所进行的各种诉讼活动，以及由此所产生的各种诉讼法律关系的总和。从而海事诉讼程序也就是为执行海事请求而通过起诉或任何其他合适的方式所提起的诉讼程序，包括基于申请或其他方式所启动的与该诉讼程序相关的任何从属性或程序性措施。[②]简言之，海事诉讼即是有关海事请求的诉讼。在海事诉讼中，如果介入了国际的因素，或者从某一具体国家来看，介入了外国的因素，便构成了国际海事诉讼，或涉外海事诉讼。

尽管不时地有学者主张海事案件不应与非海事案件区别对待，然而对于在海事背景

① 本书主要介绍国际海事诉讼所特有的或与之密切相关的规则，而适用于国内海事诉讼的基本法律制度，请参见邢海宝著:《海事诉讼特别程序法研究》，法律出版社2002年版；金正佳著:《海事诉讼法论》，大连海事大学出版社2001年版。

② See Section 1 of Admiralty Jurisdiction Regulation Act of 1983 of the South Africa. “admiralty action” means proceedings in terms of this Act for the enforcement of a maritime claim whether such proceedings are by way of action or by way of any other competent procedure, and includes any ancillary or procedural measure, whether by way of application or otherwise, in connection with any such proceedings.

下发生的诉因，英美法系与大陆法系国家海事诉讼制度的互异现象依然存在。在英美法系国家,对物诉讼（action in rem）与对人诉讼（action in personam）的共存奠定了英美法系国家海事诉讼程序法律制度的基本架构，海事请求权通过对人或对物诉讼方式予以执行或实现。对人诉讼与对物诉讼是在英美法系国家实现海事请求的两种基本模式。①而在大陆法系国家，则并不存在对人与对物诉讼的对分，海事诉讼正如其他诉讼，始终针对人而发动，而船舶本身并非是诉讼的当事方。②不过，值得注意的是，由于欧洲政治经济法律一体化进程的不断推进，作为对物诉讼制度发祥地的英国的海事诉讼制度正在发生重大变化。

（一）对人诉讼

对人诉讼是指申请法院通过迫使被告实施某一种行为或停止实施某一种行为来强制执行原告请求权的方式。原告的请求可能直接指向，也可能不直接指向强制执行被告承担的义务。对人诉讼以被告的行为为根据，指称被告造成人身伤害、货物损害。如系强制执行财产性利益，原告得根据被告以外的另一人的行为成立的请求权向与该请求权的成立毫无关系的人提出。因而抵押权的强制执行可向抵押人或抵押人的承继人，即第三人提出。光船承租人可向船舶购买者强制执行光船租赁合同。但另外，除成文法允许收货人起诉外，有关运输合同的诉权只能由托运人向承运人提出，但无论是收货人依据成文法起诉还是托运人起诉，均可通过对人诉讼进行。③

就通过对人诉讼进行的强制执行而言，强制执行的范围由请求权的性质而非强制执行该项请求权的诉讼决定。通过对人诉讼，既可强制执行直接以被告行为（诸如侵权或违约）为根据的请求权，也可同样强制执行不是以被告行为为根据的诸如财产权之类的请求权。无论是对人诉讼还是在对人诉讼中取得的判决，其本身不能以被告财产利益为海事请求权提供担保。请求权人不拥有优先债权人地位或仅因为对人诉讼而向被告以外的任何人提出请求的资格。原告提出的请求权的担保问题取决于请求权的性质而非强制

① See s21 of Supreme Court Act 1981（UK）, s3 of Admiralty Act 1973（NZ）, s3 of Admiralty Jurisdiction Regulation Act 1983（SAF）, s43 of Federal Court Act1970（Can）, s11Admiralty Act 1988（Aus）。在美国，不管如何统一，海事诉讼中的对人诉讼和对物诉讼和以往一样，仍然应明确区分。参见G.吉尔摩和C.L.布莱克:《海商法》，中国大百科全书出版社2000年版，第23页。

② 民法法系并不承认对物诉讼，因为历史上，这些国家，如法国，没有经历过皇家法院与其他法院之间争夺管辖权。See William H.Theis: Admiralty Proceedings and the Proposed Hague Convention on Jurisdiction and Judgments, (2001) 32 Journal of Maritime Law & Commerce, pp.63–67.威廉·台特雷:《国际海商法》，法律出版社20005年版，第333—334页。

③ See D.C.Jackson:Enforcement of Maritime Claims (1996), pp.171–172. 沈达明编著:《比较民事诉讼法初论》，中国法制出版社2002年版，第530页。See also Dicey & Morris, the Conflict of Laws (1993 12th ed), p.270.

执行请求权的法律程序。判决的执行是根据执行判决的一般法律程序，通过执行被告的财产予以实现。[①]

而在海事背景下，对人诉讼仅是用来表示实现任何性质海事请求的程序，或针对被告的旨在获取针对被告的救济措施的诉讼，或者说是与通过对物诉讼进行的强制执行不同的强制执行模式，而非表示与财产请求权有别的对人请求权。[②]其也不应与对人权利即债权（right in personam）和对人判决（judgment in person）相混淆，后者系就受权利或判决约束的人的数量而言，[③]其适用于直接以被告的行为为根据的诸如侵权行为或违约请求权之类的请求权，以及不是以被告的行为为根据的请求权，例如有关财产的请求权，[④]与在非海事法院进行的对人诉讼并无实质区别。[⑤]因而在海事法中，对人诉讼的最准确的含义莫过于将其定义为非对物海事诉讼、遗嘱检验诉讼和行政诉讼以及严格意义上说不是“诉讼”程序的任何诉讼。[⑥]

在海事法中，属于海事管辖范围的任何海事请求均可通过对人诉讼予以实现。然而有的海事请求只能通过对人诉讼予以实现。

（二）对物诉讼

对物诉讼是海事管辖权制度的基本特征之一，是仅存于普通法系海事法中的主张和强制执行海事请求的最有效方式。然而时至今日，对物诉讼制度尚未完善。

1．对物诉讼的含义、性质和理论基础

英国冲突法学者格雷维森（Graveson）曾描述了三种类型的对物诉讼，第一，明确物的地位和与占有有关的权利的诉讼；第二，与个人身份或地位有关的诉讼；第三，在海事法院提起的与在英国领水内的船舶有关的请求的诉讼。然而只有第三种诉讼才是真正的对物诉讼。[⑦]对物诉讼是由英国海事法院所发展的特殊的海事救济制度。其早在伊丽莎白时代之前即已存在于海事领域。[⑧]在普通法院和海事法院管辖权冲突时期，普通法院以在理查德二世时代颁布的法令为依据发布“禁审令”，禁止或限制海事法院的对人管辖权。然而禁令并没有禁止海事法院行使对物管辖权。这就使得对物诉讼制度存

---

① See D.C.Jackson,op.cit., p.172. 沈达明，上引著，第531页。

② D.C.Jackson,op.cit., pp.11,172.

③ 参见沈达明，上引著，第530页。See also D.C.Jackson, op.cit.,171.

④ 参见沈达明，上引著，第531页。

⑤ See Nigel Meeson:Admiralty Jurisdiction and Practice（1993）, p.63.

⑥ See Dicey & Morris,op.cit.,p.270. D.C.Jackson, op.cit., p.11.

⑦ See Graveson, Conflict of Laws（6th ed.）, p.109. P.G.Naschitz, The in Rem Jurisdiction of the Israeli Maritime Court,（1985）16 Journal of Maritime Law and Commerce, p.253.

⑧ See Report No 33 (Civil Admiralty Jurisdiction1986) of the Australia Law Reform Commission, para.14. 另一个基本特征即为海事优先权制度。See D.C.Jackson, op.cit., pp.11–12.

留下来，海事法院通过扣押船舶确立了对物管辖，与普通法院争夺管辖权，不断扩大海事管辖权，并形成了海事诉讼独有的管辖制度。[①]在19世纪，对物诉讼开始成为主要的海事诉讼制度，从而使现代海事优先权理论在19世纪中期开始发展。其中，1840年和1861年《海事法院法》将扣船的成文法权利引入英格兰法中，首次历史性地扩大了海事法院的对物管辖权，规定海事请求权人对一些不具有海事优先权的海事请求也拥有提起对物诉讼的权利，即法定对物诉讼权（statutory right of action in rem）或简称法定留置权（statutory lien）。1873年至1875年《最高法院司法法》进一步扩大了对物管辖权。1925年《最高法院司法（统一法）法》重新确定和统一海事法院的对物管辖权。该法与1956年被《司法管理法》所取代，而后者则被1981年《最高法院法》所取代。[②]

然而，《最高法院法》并没有对对物诉讼予以定义，但其有关条款则在一定程度上揭示了对物诉讼的理论特性：对物诉讼可针对船舶或有关财产，而非像在对人诉讼中那样对人提起。因而可以认为，对物诉讼是指向海事法院提起的针对船舶或其他与船舶相关联的特定的物的诉讼。[③]

海事对物诉讼不同于罗马法中的对物诉讼（action in rem）。有学者认为，"罗马法曾按起诉书的内容，将诉讼分成对人诉讼、对物诉讼及混合诉讼（action mixta）。虽然大陆法系国家也有对物诉讼，但是英国高等海事法院所创立和发展的对物诉讼最完善、影响最广泛"。[④]然而，大陆法系国家并没有对物诉讼制度，而罗马法中的对物诉讼是指为确认物权而提起的诉讼，[⑤]与在海事诉讼中的作为海事请求执行方式的对物诉讼制度显然有别。对物诉讼也不应与对物权利和对物判决相混淆。对物权利即物权（right in rem）或对世权，是与对人权即债权相对应的财产权，对物判决（judgment in rem）则与对人判决相对应。后两种划分是从受权利或判决约束的人的数量而言。[⑥]而就对物判决而言，其既可在对物诉讼中产生，也同样可来自于某些对人诉讼。在海事诉讼中，法院就船舶在出售后法律地位的裁决，对一切人具有约束力。船舶的物权授予给购买者。但船舶并非是需要对物判决确认其法律地位的唯一的物。婚姻并非严格意义上的物，但正如Dunedin勋爵在Salvesen v. Administrator of Austrian Property案中所指出，其始终具有作

① 参见邢海宝，上引著，第22页。沈茂树："论英国海事请求保全的对物诉讼制度"，载北京大学法学院海商法研究中心主办：《海商法研究》（2000年第1辑），法律出版社2000年版，第239页。

② See Christopher Hill: Maritime Law (fifth edition, 1998), p.91. 沈茂树，上引文，第239—241页。

③ Cheshire & North, Private International Law (1992, twelfth editon), p.213. See also D.C.Jackson, op.cit., pp.11–12.

④ 沈茂树，上引文，第237页。

⑤ See Cheshire & North, op.cit., p.213.

⑥ 参见沈达明，上引著，第530页。

为物对待的味道。[①]此外，遗嘱检验判决、在破产程序中所作的破产宣告令以及公司解散令等均属于对物判决。[②]对物判决是一种具有对世效力的判决。[③]

目前，尽管对物诉讼的确切性质尚属争议之事，但对物诉讼是针对物而非针对个人的。[④]或者说，对物诉讼的实质是物本身作为被告，物通过法律程序予以扣押，并由法院出售以满足原告的请求。当然，由于船舶出售所得的有限或者由于存在其他优先受偿的请求，原告的请求并不必然能得到全部清偿，但对物诉讼的主要目的就是使原告的请求从物中得到清偿。[⑤]就是说，责任限制于物。正如英国上诉法院早在1907年的一个判决中所言，必须区别对人诉讼与对物诉讼，不得对不到案的船东以判决确定个人的责任。换言之，对物诉讼的救济，在实物和金额方面都限于物。[⑥]因而，第一，对物诉讼中做出的判决的对物执行并不影响到任何对该物不享有利益的人，如果有人对该物享有利益，判决也仅在其所享利益的限度内对该人产生影响；第二，判决仅对对该物享有利益的人在所享利益的限度内产生拘束力，即使对物诉讼传票并未送达该人或告知该人有关诉讼之事或该人并未参加任何诉讼。[⑦]

对物诉讼制度的存在迎合了航运事业的特殊需要。如上所述，海事关系大都十分复杂，涉外性、流动性和不确定性大。而一船公司的经济组织形式和方便旗登记制度的存在使海事关系更趋复杂。在这种特殊的海事背景下，普通的对人诉讼往往不足以保障海事请求权人的权益，而对物诉讼恰恰能弥补对人诉讼的不足，而给权利人提供最大的程序保障。正如英国学者Christotopher Hill所言，对物管辖制度蕴含着保护和促进海上航运事业之目的。[⑧]具体言之，对物诉讼具有以下对人诉讼所不及的功能：

第一，为权利人提供较为广泛的管辖法院以避免诉人困难或无法进行现象的发生。[⑨]当海事诉因发生时，如果原被告均位于同一国家，对人诉讼的运作一般不会产生问题。但当原被告位于不同国家，或当诉因发生在公海时，对人诉讼制度则捉襟见肘：或原告起诉困难或无法起诉。即使美国的长臂管辖权制度也无益于管辖法院范围的扩

---

① (1927)AC 641 at 662.

② See Cheshire & North, op.cit., op.cit., p.216.

③ See Christopher Hill, op.cit., p.92.

④ See Dicey & Morris, op.cit., p.440.

⑤ See Christopher Hill, op.cit., p.91.See also Dicey & Morris, op.cit., p.440. Cheshire & North, op.cit., p.214.

⑥ 参见沈达明，上引著，第532—533页。

⑦ See Dicey & Morris, op.cit., p.440.

⑧ See Christopher Hill, op.cit., p.92.

⑨ See William H.Theis, op.cit., p.63. 参见杨良宜：《海事法》，大连海事大学出版社1999年版，第2页。

大。[①]而作为被告最有价值财产的船舶则航行于不同国家之间，因而长期以来在海事领域形成了允许权利人在各国法院提起诉讼的实践以及船东或船舶经营人应在船籍港之外的区域接受管辖的共识。[②]受害人通过海事管辖机制对船舶提起对物诉讼。

对于对物诉讼制度的这一功能，Simon勋爵在The Atlantic Star案[③]中言，船舶具有逃避性，在任何港口扣船进而据此进行对物诉讼的权力由于单船公司和船舶悬挂方便旗航行现象的存在而更显需要。巨型油轮由于航行疏忽可能致使沿岸或其他航行活动造成巨大损害，其则将会小心谨慎远离方便法院所在港口。当受害人在其他地方将其扣押时，完全有理由认为除了船舶在该地被扣押外，被告与法院地并不存在任何联系。但是这常常是实现正义的唯一方法。[④]

第二，法院对物管辖权的确立方便容易。如在英国，对人诉讼是直接对人提起的，因而其完全取决于原告能否适当而有效地向被告送达请求格式。如果原被告均在同一管辖区域，送达不会有多大问题，但如果双方位于不同的管辖区域，对人管辖权的确立即使不是不可能也是相当困难。[⑤]因为向位于其他管辖区域的被告送达请求格式需要法院准许，而原告为获得法院的准许必须证明其请求属于《最高法院规则》第11号令规范范围之列，以及存在着需要审理的重大问题。而对物管辖权的确立只需证明请求属于海事管辖的范围以及船舶位于管辖区域。因而只要船舶进入管辖区域即可向其实际地送达诉物索赔函，从而启动对物诉讼程序。[⑥]

尽管送达诉物索赔函必须等待机会，查看目的物船舶的营运。但这决不是渺茫的守株待兔。因为，第一，在一些主要港口，如鹿特丹、伦敦、开普敦、新加坡、香港、新奥尔良、纽约等，国际营运的船舶经常光顾。在长达1年的诉物索赔函有效期内可慢慢等待。第二，如果1年内仍无法送达，即该船没有到港，原告可延长期限，一直至可有机会送达为止。第三，在这些主要港口，通常有诸如代理以颇低费用代为调查目的物的船舶是否到港的特殊服务，原告也可通过诸如英国“劳合社情报网”或国际海事局查

---

① See William H.Theis, op.cit., p.63.

② See William H.Theis, op.cit., p.63.

③ (1973) 2 Lloyd’s Rep.197.

④ See Christopher Hill, op.cit., p.92.

⑤ 参见沈达明，上引著，第531页。杨良宜:《海事法》，第3页。See Christopher Hill, op.cit., pp.92, 103.

⑥ 见威廉·台特雷:《国际海商法》，第334页。See Christopher Hill, op.cit., p.103. See also Seaconsar Far East Ltd v. Bank Markazi Jomhouri Islami Iran (1994) 1 Lloyd’s Rep.1. See also Nigel Meeson, op.cit, p.63. 对物诉讼的索赔函是根据联合王国1998年《民事诉讼规则》作为替代以前的对物诉讼传票而出现的。在加拿大，海事诉讼现在通过依据《联邦法院规则》签发的索赔声明而建立的。具体规则见《联邦法院规则》，1998，SOR 98/106, 1998年4月25日生效，Part 13（海事诉讼），Rules 477 and 479 and Form 477.

询目的物船舶的真正营运港口。第四，当目的物船舶为班轮或客轮，由于有公开的航线日期，原告在航线中的港口选一个适合的港口申请对物索赔函并向船舶送达。这种诉物的方便和对人诉讼所不具有的优势是对物诉讼为广大海事请求权人普遍使用的一大原因。①

第三，诉物扣船为请求权人的请求权提供充分的担保。对物诉讼的发动取决于对管辖区域内的物送达诉物索赔函，而诉物索赔函的送达不仅使法院取得了管辖权，而且使旨在诉前保全的扣押令的签发以及船舶的扣押成为可能。②由于扣船给船东或船舶经营人带来严重后果，鉴此，被告要么为放船而向请求权人提供充分的担保，要么任凭出售扣押船舶，并且这种出售不同于一般的动产的司法拍卖，即转让给受让人的权利不仅仅是被告对该财产的所有权，而且是“能排除他人干涉”的物权。③不论如何选择，诉物扣船使请求权人的请求权的实现获得远比在对人诉讼下更多的保障，④其合法权益不会在诉讼过程中由于责任人的经济状况的变化而受影响。对物诉讼的此种担保功能是对人诉讼所不能及的。也正基于此，英国有学者认为对物诉讼的权利并不仅仅是一种迫使负有责任的人出庭的程序性策略，而具有某种实体权利的成分。⑤

第四，择地行诉为请求权人获得公平对待提供程序上的保障。在国际民商事诉讼中，对管辖法院与案件之间关联性的强调使择地行诉的可能性日益下降。然而，在海事诉讼中，海事活动的特殊性及对物诉讼、船舶优先权制度的存在使择地行诉成为请求权人获得公平对待的合法手段。⑥每一港口均成为潜在的海事管辖法院地。请求权人为此可基于多方面考虑而选择一适当地点起诉。而当今更多国家或港口对诉物扣船条件的放宽无疑将吸引请求权人前去择地行诉，而船东也只能长期处在其船舶处处会忽然被他人扣押的阴影下在世界各地营运。⑦

对物诉讼作为诉人诉讼的并行程序，往往是维护正义的唯一途径，这也正是对物诉讼制度得以存在和发展的根本原因。⑧至于该制度的局限性，确实难以列举。正如我国

① 参见杨良宜:《海事法》，第3—4页。See Christopher Hill, op.cit., p.103.
② 参见杨良宜:《海事法》，第7、58页。Cheshire & North, op.cit., p.214. See also Christopher Hill, op.cit., p.93.
③ 参见G.吉尔摩和C.L.布莱克，上引著，第22页。See also Cheshire & North, op.cit., p.215.
④ See Cheshire & North, op.cit., p.215.Christopher Hill, op.cit., p.103. 杨良宜:《海事法》，第7—9页。
⑤ Lloyd’s Maritime and Commercial Law Quarterly, LLP, 1998, Part 1, p.41. 参见李海:《船舶物权研究》，法律出版社2002年版，第273—274页。
⑥ See Christopher Hill, op.cit., pp.92–93.
⑦ 参见杨良宜:《海事法》，第9页。
⑧ 参见杨良宜:《海事法》，第9页。司玉琢主编:《国际海事立法趋势及对策研究》，法律出版社2000年版，第61页。

香港海事法权威杨良宜先生所言:“对物诉讼的坏处，实是想不到。或是，对原告而言，唯一是这做法只局限于海事索赔或争议。而且，也不是所有涉及海事即包括在内，像船舶保险费（1999年《扣船公约》已包括船舶保险费）或海事律师的收费不包括在内。当然，这局限对船舶而言不是坏处。”[①]而国内有些学者从“物是责任来源和责任限制”角度来论及对物诉讼制度的局限。认为对物诉讼的最大缺陷是以物的价值为责任限制，除非物主出庭应诉，判决方及于物主的其他财产。这一缺陷为被告逃避责任减轻债务，甚至以转让船舶来转嫁债务提供了可乘之际。其实，责任源于船舶，限于船舶是对物诉讼制度的应有之意，而非缺陷。没有这一特点，目前的对物诉讼制度可能面目全非。同时，对物诉讼和对人诉讼之间的相互兼容性和并存性使得原告根据具体的情况而灵活加以选择。因此，如果说以物的价值为责任限制是对物诉讼的最大缺陷的话，这一缺陷可基于对物诉讼和对人诉讼之间关系而完全可被克服。[②]

在对物诉讼制度发展过程中，曾受三种理论支配,即船舶拟人化理论（personification theory）、程序理论（procedural theory）和冲突理论（conflict theory）。[③]

（1）船舶拟人化理论。该理论将船舶视为人，即法律实体对待，认为对物诉讼是对作为被告的物提起的诉讼。换言之，该诉讼是独立于对船舶所有人的诉讼，是以对物的实体法上的请求权作为依据的。美国学者Price主张船舶优先权并非从扣押船舶发展而来，而是附着于实体法上的权利，是由于扣船和法院出售船舶而强化的实体法上的权利。扣押是诉讼法上的权利，是附着于实体法权利的。[④]在英国，拟人化理论曾占主导地位，The Bold Buccleugh案一般被认为是拟人化理论发展的巅峰。而在美国和加拿大，仍采拟人化理论。[⑤]但必须注意的是，所有类型的诉讼，正如所有类型的权利一样，实际上都是对人的，拟人化或将物作为被告仅是一种象征，而不具有实质性内容，其是虚构的，只是出于描述诉讼性质和结果的方便，而没有任何其他的意思。[⑥]

（2）程序理论。在英国，Francis Jeune爵士在the Dictator案中的判决标志着拟人化理论向程序理论的转变。而1956年《司法管理法》对姊妹船扣押制度的采用则表示着向程序理论又迈进了一大步。[⑦]贵族院1998年The Indian Grace案的判决则历史性地认定

① 参见杨良宜:《海事法》，第9页。

② 参见司玉琢主编，上引著，第614—615页。

③ 参见沈茂树，上引文，第246页。李海，上引著，第157页。於世成、杨召南、汪淮江:《海商法》，法律出版社1997年版，第370—373页。See D.C.Jackson, op.cit., pp.379–381.

④ 转引自沈达明，上引著，第529页。

⑤ 参见沈达明，上引著，第529页。

⑥ Eugene F. Scoles & Peter Hay, Conflict of Laws (1984), p.213.

⑦ See Report No 33 (Civil Admiralty Jurisdiction 1986) of the Australia Law Reform Commission, para.17.

程序理论是对物诉讼的理论和实践基础。[①]程序理论将扣船作为迫使船东出庭应诉的手段。该理论的有力支持者英国权威海事历史学家Marsden认为，在历史上扣押只是一个司法程序，其目的只是为了获得担保，以担保判决能得以执行。如果被告不提供担保，对物诉讼便在被告缺席的情况下针对被告的物进行。[②]英国权威海事法学者Christopher Hill也认为，对物诉讼并不意味着船舶本身即是违法者，而是作为违法者的船东对其他当事人实施非法行为的手段，因而符合逻辑的是其也是迫使违法者出庭应诉从而使诉讼演变为对人诉讼的手段。[③]而另一位权威的加拿大海商法学家威廉·台特雷也认为，在对物诉讼中，位于管辖法院地域内的与请求有关的船舶（在某些案件中也包括货物、运费或者船上的燃料）可予扣押，以建立法院管辖权并提供判决前担保，这种扣押通常可以确保被告出庭应诉。[④]

（3）冲突理论。Marsden认为扣押在历史上是旨在取得担保物的一种程序，也是在海商法院对普通法院争夺管辖中海商法院用来发展它的管辖的手段。[⑤]根据冲突理论，对物诉讼之所以在海事法院产生和发展，主要是因为普通法法院有效地以“禁审令”程序限制海事法院的对人管辖权，但并不限制其对物管辖权，而这种情形使得对物诉讼得以顺利发展。1936年The Beldis案即持该理论，Merriman法官认为，扣船的原始目的是使海事法院取得对物管辖权，因为以前的普通法法院禁止海事法院取得对人管辖权。[⑥]

但时至今日，没有一种理论能独立完全地解释对物诉讼的所有特征。而单一的统一理论的缺乏意味着对物诉讼制度中所存在的缺漏无法依据基本理论予以补充。[⑦]拟人化理论由于将船舶作为被告，而使请求应限制于船舶。但现行法允许对姊妹船起诉。同时，按照现行法，如果对物诉讼传票已送达给被告，或者被告向法院提交文件，承认存在对物诉讼索赔函或者索赔声明所述争议事项，则在这种案件中，诉讼是同时以对物诉讼和对人诉讼的形式进行，最终有利于原告的判决将可以针对被告全部的财产执行。也就是，在这种案件中，对物诉讼就变为混合性的对物诉讼和对人诉讼。[⑧]这些都是与拟人化理论不相容的。[⑨]而就程序理论而言，第一，成文法将对物诉讼项下承担责任的物

---

① 转引自，沈茂树，上引文，第246页。

② 转引自沈茂树，上引文，第246页。沈达明，上引著，第529页。

③ See Christopher Hill, op.cit., p.92.

④ 见威廉·台特雷:《国际海商法》，第334页。

⑤ 转引自沈达明，上引著，第529页。

⑥ 转引自沈茂树，上引文，第246—247页。参见於世成等，上引著，第371—372页。

⑦ See Report No 33 (Civil Admiralty Jurisdiction 1986) of the Australia Law Reform Commission, para.17.

⑧ 见威廉·台特雷:《国际海商法》，第334—335页。

⑨ 参见沈达明，上引著，第530页。

扩张至姊妹船。这表示立法将重点放在被告身上而不是船舶身上。第二，按照英国法律，被告表示收到对物诉讼传票的送达，诉讼就成为混合性对物诉讼和对人诉讼。如果认可被告承认收到起诉令状的效力，就很难把诉讼作为对船舶的诉讼。并且，对物诉讼令状自1883年以来是向船东送达的，所以自1883年开始是对船的所有人的诉讼。从这两方面考量，程序理论似具有较强的说服力。[①]然而，程序理论仍存有缺陷，无法解释下列现象：第一，对物诉讼一般具有以下三项公认的特征，即（a）使原告对船舶及其姊妹船，成为有担保权益的债权人；（b）可向该船舶的购买者主张请求权；（c）对物诉讼随船舶的灭失而消灭。第二，就船舶优先权而言，扣押限于与请求权有关的船舶，而对于所有权、占有权和抵押权的请求权适用对物诉讼。这反映了船舶对请求权的至关重要性。第三，程序理论将对物诉讼与判决前扣押等同起来。如果说对物诉讼是使原告说服被告到庭应诉的程序，则应该认为提起对物诉讼不产生实体法上的权利：（a）对物诉讼不应该影响第三人，被告一旦到案，就应该解除扣押。如果对物诉讼的作用只是说服性的，而被告经过说服后到案，则对物诉讼已完成其任务，此后诉讼可作为对人诉讼继续下去；（b）对于能作为担保物扣押的被告的财产不应该有所限制。第四，被告的责任取决于船舶的存在，而原告成为优先债权人并能对第三人强制行使其权利。[②]第五，容易导致对物诉讼与为执行判决而对被告财产进行的扣押或查封相混淆。在美国，早在1867年，Hine v.Trevor案明确判称对物诉讼根本不是“普通法上的救济措施”，除“海事法院”外，任何其他法院一律不得为起诉人而保留对物诉讼的权利。如果州法院仅仅是为了执行判决或保证其判决的执行而扣押或查封属被告财产之一的船舶，那仅仅是为了迫使被告出庭或者为了使拍卖被告财物以满足法院判决的执行。由于这种程序不仅为普通法中所具有，而且也不具备对物诉讼所特有的特征，因而根据保留条款，这种程序保留给了原告。[③]而冲突理论对于对物诉讼的程序性效力与实体性效力现象是根本难以自圆其说。

2. 对物诉讼的对象

对物诉讼是针对物的诉讼，其目的之一即通过扣押和出售扣押物使请求权人的请求得以满足。因而对物诉讼的对象的范围宽窄显然会影响到对物诉讼制度的功能的发挥。然而，由于对物诉讼毕竟是基于作为海上航运工具的船舶的特殊性而产生的仅适用于海事领域的程序制度，因而其对象即限于船舶和与船舶相关的物。

在英国，对物诉讼的对象限于“船舶和其他财产”。[④]根据《最高法院法》第21条，

---

① 沈达明，上引著，第529页。

② 沈达明，上引著，第529—530页。See D.C.Jackson, op.cit., pp.210–211.

③ 参见G.吉尔摩和C.L.布莱克，上引著，第23页。

④ 参见杨良宜：《海事法》，第38—39页。

能够提起海事对物诉讼的物包括：船舶、船载货物或从船舶卸载的仍可识别为货物的货物、运费、飞机及其机载货物、船舶或货物或飞机出售所得。但并非所有的海事请求均可通过对这些物提起对物诉讼而得以强制执行。而且对飞机提起对物诉讼实际上极为罕见。①其他英联邦国家也基本采用“船舶和其他财产”这一法技术。在加拿大，根据《联邦法院法》第43条第2款规定，对物诉讼可针对船舶、飞机或作为诉讼标的的其他财产，或者存于法院的这些财产的任何出售所得提起。在澳大利亚，1988年《海事法》就对物诉讼的对象采用“船舶或其他财产”这一程式予以表述，其第14条规定，就海事或海商管辖事项，对物诉讼只能对本法所规定的船舶或其他财产提起。澳大利亚法律改革委员会对此认为，如此表述足以解决对物诉讼的对象范围问题。②而“其他财产”包括货物、运费和其他物。“货物”泛指海上运输的任何物品。“运费”一词在不同场合具有不同含义，海上运输法中所使用的“运费”是指运输货物的酬金。而在海事保险法背景下，其具有宽泛的含义，包括承租人租赁船舶而向船东所支付的约定价款，船东所期望的由其自己的船舶运输自己的货物所产生的增值利益等。从作为对物诉讼的对象而言，采用宽泛的“运费”定义是适当的选择。不过，总的来说，既然对物诉讼的权利由成文法赋予，那么何种物构成对物诉讼的对象至少在理论上讲也应根据成文法确定。③在新西兰，根据1973年《海事法》第5条规定，海事请求权人就可通过对物诉讼方式强制执行的海事请求权，可对船舶、飞机或其他财产以及出售船舶或其他财产所得提起对物诉讼。

在南非，尽管也采用了相似的法技术，但远比其他国家明确。1983年《海事管辖权调整法》第3条第5款规定，对物诉讼应通过扣押请求权所针对的或与请求权相关的位于法院管辖区域内的下列类型的财产而启动：船舶，不论其是否拥有用具、缆具、储存品或燃料仓；用具、缆具、储存品或燃料仓之全部或部分；货物之全部或部分；运费；集装箱；基金。

（三）对人诉讼与对物诉讼的关系

对物诉讼理论的嬗变与司法、立法的发展不免使两者之间的界限有些模糊，以致有学者认为对物诉讼只不过是一种变相的对人诉讼。④然而，对物诉讼和对人诉讼无论在理论基础还是运作机制方面均存在显著区别。

---

① See Dicey & Morris, op.cit., p.441. See also RSC (UK)O 75, r 8 (1); O 75, r 11. See also Nigel Meeson, op.cit., p.69.

② See Report No 33 (Civil Admiralty Jurisdiction 1986) of the Australia Law Reform Commission, para.3, 110.

③ See Report No 33 (Civil Admiralty Jurisdiction 1986) of the Australia Law Reform Commission, para.110.

④ 参见李海，上引著，第274页。

1．对物诉讼和对人诉讼是两种不同类型的诉讼

尽管这一命题最近受到质疑，然而不论从理论上讲，还是根据权威判例，该命题仍被视为正确的。

早在1889年The Longford案[①]中，Butt法官即认为，针对船舶的救济与针对船东的救济没有共同的适用范围，本案无论在名义上还是在实质上均不是针对公司的诉讼。The Longford案判决在1907年The Burns案中得到上诉法院的再次考量。在该案中法院必须就针对由伦敦郡议会所有的船舶的对物诉讼是否是诉讼期限为六个月的针对伦敦郡议会的诉讼作出裁决。Collins M.R.认为，根据The Longford案判决，该案判决实际上判定对物诉讼与对人诉讼之间存在真正的而非仅仅技术性差异。而Fletcher Moulton大法官认为，对物诉讼是针对船舶的诉讼。在该诉讼中，船东如果认为适当也可参加诉讼以保护其财产。而是否如此行为则是由其决定之事。如果其决定不想成为诉讼当事方以保护其财产，那么在该诉讼中也就无法确立针对他们的对人责任。该诉讼只是间接地影响他们。我并不认为我们有权利认为仅仅由于发动诉讼的令状的现代语言不适于表述我认为由权威判例所确立的实际性质而使对物诉讼性质发生变化。[②]这即为在英国法中被认为是对对物诉讼性质的经典陈述，并且在当今仍然有效。不过也有学者认为上述判决仅涉及对物诉讼对船东的效力而非其性质：船东拥有选择权，其既可以使诉讼在其不出庭的情况下进行，从而失去其财产，也可对案件事实进行抗辩，从而对请求承担对人责任。[③]

2．对人诉讼和对物诉讼给予不同的救济

1867年美国Hine v. Trevor案[④]明确判称对物诉讼根本不是普通法上的救济措施。除海事法院外，任何其他法院一律不得为起诉人保留对物诉讼的权利。如果州法院仅仅是为了执行判决或保证其判决的执行而扣押或查封被告财产之一的船舶，那仅仅是为了迫使被告出庭或者是为了拍卖被告财物以满足法院判决的执行。这种程序不仅为普通法所具有，而且也不具备对物诉讼所特有的特征。具体言之，对人诉讼给予的救济分为两类：支付价款和非支付价款的判决。后者包括：A.所有权人的救济，即原告主张被告使用或控制的财产所有权属于原告，或原告享有非所有权的一些权益。B.具体履行。C.以禁令阻止当事人作某种行为。D.以禁令命令被告履行其他合同项下的义务。E.宣告判决，即法院作出有拘束力的宣告权利存在的裁决。而就对物诉讼给予的救济而言，主要为法院出售财产。如果在对物诉讼中没有人作为被告到案，按照英国判例法不得使被告承担

① (1889) 14 P.D.34.

② See Nigel Meeson, op.cit., pp.63–64.

③ See Nigel Meeson, op.cit., p.65.

④ 71 U.S. (4 Wall.)555 (1867).参见G.吉尔摩和C.L.布莱克，上引著，第23页。

任何责任。就是说，责任源于物限制于物，即船舶。换言之，对物诉讼的救济在实物和金额方面都限于物，即船舶。而如果将没有对他提起诉讼的人作为被告等于承认扣押财产使法院对被告取得管辖权。这为英国诉讼法传统所不能接受。[①]

3．对物诉讼在一定条件下可与对人诉讼共存

对物诉讼的特征由于物的所有人大多会对诉讼进行抗辩的事实而模糊。如果物的所有人对案件事实进行辩驳，其则被视为承认法院的对人管辖，法院从而在所有人应对请求负对人责任的前提下做出针对所有人的对人判决。此种判决并不限于物的价值，并且可以正常方式对其实施强制执行。然而，这并不改变对物诉讼的本质特征。[②]在The Tatry案[③]中，英国上诉法院判定，在被告承认海事对物诉讼中的令状送达后，诉讼并不丧失其对物特性，而是以混合诉讼，即既是对人的又是对物的形式进行，即使物业已被法院所释放。详言之，在被告承认令状送达后，如果船舶仍被扣押，并在法院控制之下，很显然诉讼将以混合诉讼的形式进行，法院既可做出针对该船舶或出售船舶所得的判决，又可做出针对承认人的对人判决。如果船舶仍未被扣押，根据权威判例，法院也可作出对物判决。如果船舶在当事人提供保释金后释放，也是如此。[④]

4．对物诉讼判决的存在并不妨碍提起对人诉讼

英国权威学者认为，即使在对物诉讼中判决业已作出，当事人仍可就相同的请求提起对人诉讼，除非出售所得已足以支付损害赔偿。同样，在先前对人诉讼中业已做出判决也不妨碍提起随后的对物诉讼。[⑤]这一结论也有权威判例予以佐证。在The Gemma案[⑥]中，问题是在对物诉讼判决作出后，尽管外国船东出庭应诉，船舶可否根据原告就尚未清偿的那部分损害赔偿所申请签发的扣押债务人动产令而作为被告的动产予以扣押。上诉法院认为，船东由于出庭应诉业已使自己承担对人责任，尚未清偿部分的支付相应地可根据扣押债务人动产令状实施。诉讼尽管原先以对物诉讼形式发动，然而由于被告的出庭应诉而成为针对被告的对人诉讼。[⑦]

5．对物诉讼可用以执行外国对物判决

在英国，可提起海事对物诉讼来强制执行由外国法院在对物诉讼中所作出的判决，但不可用以执行外国对人判决。在The City of Mecca案中，Robert Phillimore爵士认为，

① 参见沈达明，上引著，第531—553页。

② See Dicey & Morris, op.cit., pp.440–441.

③ (1992) 2 Lloyd’s Rep.552 (C..A.).

④ See Nigel Meeson, op.cit., pp.66–67.See Also Chorley & Giles, Shipping Law (eighth edition 1987), pp.6–7.威廉·台特雷:《国际海商法》，第334页。

⑤ See Nigel Meeson, op.cit., pp.67–68.

⑥ See Nigel Meeson, op.cit., p.67.

⑦ See Nigel Meeson, op.cit., p.67.

强制执行外国法院的对物判决是海事法院的一项源自国际礼让的义务。[①]

二、国际海事诉讼的基本法律规范

适用于海事诉讼的法律在不同国家有所不同。在大陆法系国家，海事诉讼一般适用民事诉讼法典。如在德国，海事诉讼适用《德国民事诉讼法典》。当然，德国也将大量的国际海事公约以国内立法形式转变为国内立法。[②]而英美法系国家，海事诉讼一般适用海事诉讼特别规则。此外，海事诉讼所适用的法律规则尚因海事诉讼是否具有涉外性或国际性而有所不同。调整国际海事诉讼的程序法既包括一国法院审理国内海事案件时所适用的一般程序规范，也包括专门处理国际海事案件所适用的特殊程序规范。虽然一国法院在审理国际海事案件总是遵循法院地法，但实际上它是同时遵循着两套不同的规则，即国际海事诉讼规范和国内一般海事诉讼规范，法院根据审理案件的具体情况，相互交错和相辅相成地适用这两套规范。因此，对审理国际海事案件来说，因内海事诉讼规范和国际海事诉讼规范都是必要的，两者互为补充。

国际海事诉讼法是指专门规定或调整国际海事诉讼程序的法律，而不包括对国内和国际海事诉讼活动具有相同适用效力的法律规则。

（一）国际海事诉讼基本法律规范类型

在国际海事诉讼中，既可以因实体海事法律关系含有国际因素而需要适用国际海事诉讼法律规范，也可以因海事诉讼程序本身含有国际因素而需要适用国际海事诉讼法律规范。[③]

当某一实体海事关系或海事诉讼法律关系与两个以上国家的法律发生联系时就具有涉外因素，从而产生在纯国内海事诉讼中所不存在的一系列特殊问题：（1）在什么情况下内国法院或其他机构有管辖权？（2）临时性海事保全措施与海事案件实质问题管辖权之间的关系如何？（3）在当事人位于不同国家时，如何送达诉讼文书？（4）如何获取位于国外的证据？（5）外国审判程序或审判外程序在内国发生什么样的效力，或者说外国判决如何在内国得到承认与执行？等等。因而从理论上讲，国际海事诉讼程序规范主要由如下几类规范组成：国际海事诉讼裁判管辖权规范、临时性保全措施规范、司法协助规范以及外国海事判决的承认与执行规范。而在现实中，诉讼到底的，要开庭并有判决或裁决的情况并不多，大部分争议都是在较早的备战阶段即已解决。在这种情况下，对当事人至关重要的问题即是管辖地点的选择、诉前保全措施的采取、证据的保

① See Nigel Meeson, op.cit., p.68.

② 参见邢海宝，上引著，第6、54页。

③ 参见李双元、谢石松：《国际民事诉讼法概论》，武汉大学出版社2001年版，第9—10页。

留、中间禁令的申请等。[①]为此，基于这两方面考虑，本书主要介绍四个方面的规范：国际海事诉讼管辖权规范、临时性保全措施规范、国际海事司法协助规范、外国海事判决的承认与执行规范。

（二）国际海事诉讼法的渊源

与其他民商事诉讼程序法不同的是，国际海事诉讼法渊源除国内立法、司法判例、司法解释外，还包括较多的国际海事条约，并且这些海事条约往往集海事实体规范与程序规范于一身。

在国内立法方面，英国、加拿大、美国、日本、澳大利亚、巴拿马、新加坡、南非等国为适应对外贸易和航运的需要，在20世纪80—90年代制定或完善了不同形式的海事特别程序法或专门程序法。比较有代表性的海事诉讼程序立法有：英国1981年《最高法院法》、1982年《民事管辖权和判决法》以及并行法规1991年《民事管辖权和判决法》，加拿大1985年《联邦法院法》和1998年《联邦法院规则》，美国2003年《联邦民事诉讼规则》“一些海商事请求的补充规则”，日本经1971年第130号法律修正的1947年《海事审判法》、经1985年第317号内各领修订的1948年《海事审判法施行令》、经1989年第11号令修订的《海事审判法施行规则》，澳大利亚1988年《海事法》，新西兰1973年《海事法》，南非1983年《海事管辖权调整法》和1997年《海事诉讼程序规则》，尼日利亚1991年《海事管辖权法令》和1993年《海事管辖程序规则》，新加坡1961年《法院（海事管辖）条例》。

在国际立法方面，涉及国际海事诉讼程序问题的比较典型的有：欧盟2001年《民商事管辖权与判决承认与执行条例》、海牙1965年《关于向国外送达民事或商事司法文书和司法外文书公约》以及1970年《关于从国外获取民事或商事证据公约》、1938年《统一对海上飞机的海难援助和救助及由海上飞机施救的某些规定的国际公约》、1952年《统一海船扣押某些规定的国际公约》、1952年《船舶碰撞民事管辖权某些规定的国际公约》、1962年《核动力船舶经营人责任公约》、1969年和1971年《国际油污损害民事责任公约》、1971年《关于设立油污损害赔偿国际基金的国际公约》、1974年《海上旅客及其行李运输雅典公约》、1977年《统一船舶碰撞民事管辖权、法律选择、判决承认与执行若干规定的国际公约》、1978年《联合国海上货物运输公约》、《海事优先权和抵押权国际公约》（1926年、1967年和1993年）。国际海事诉讼程序规则的局部统一不仅有利于确保这些统一实体规则的统一实施，而且有利于据此作出的判决的承认与执行。

① 参见杨良宜：《禁令》，中国政法大学出版社2000年版，第4—20页。

第二节　我国的国际海事诉讼立法

一、我国海事诉讼立法状况

我国海事诉讼法律制度是随着改革开放以后海上运输和对外贸易的发展而发展，最显著之表征即是具有独立性的海事法院的建立和法源的日渐统一。

（一）海事司法体制的沿革

我国海事审判工作起步较晚，但发展较快。在我国，海事诉讼案件的初审权在1984年12月之前归属各地中级人民法院。这一司法体制由于当时海事案件较少而尚能正常运作。然而随着改革开放的深入，对外经济贸易和海上运输的发展，海事案件不仅在数量上日益攀升，而且专业技术性及复杂性日益增强。鉴于海事诉讼案件的特殊性，为有效地行使我国司法管辖权，及时正确地裁判海事纠纷，维护国内外当事人的合法权益，第六届全国人大常委会第八次会议于1984年11月通过《全国人民代表大会常务委员会关于在沿海港口城市设立海事法院的决定》。《决定》对海事法院的设立、地位和职能作出了规定。同时，授权最高人民法院决定海事法院的设置、变更或撤销、区域划分等。最高法院据此于1984年11月28日作出《关于设立海事法院几个问题的决定》，并在广州、上海、青岛、天津、大连五个城市设立海事法院。1987年后，由于海事案件的进一步增加，我国又相继在武汉、厦门、海口、宁波、北海等地增设海事法院。

海事法院与普通中级人民法院同级，是管辖和审理国内和涉外第一审海事案件的专门法院。其不受理刑事案件和其他民事案件。对海事法院的判决和裁定的上诉案件，由海事法院所在地的高级人民法院管辖。而最高法院于1987年3月设立交通审判庭，承办在全国范围内有重大影响的海商海事案件，各高级人民法院依法移送的重大海商海事案件，各高级人民法院作为第一审的海商海事上诉案件，审理有关提请再审的案件，监督海事法院的审判工作，协调海事法院与地方各级人民法院之间的关系。相对独立的海事司法体制的建立，固然实现了海事案件审理的专业化，有利于提高办案质量，也有助于确保我国法院对涉外海事案件司法管辖权的行使，然而也不可避免地造成海事法院与其他普通法院和专门法院之间在管辖范围上的冲突。

（二）海事诉讼法律制度的法源变革

海事案件数量的增加和相对独立的海事司法体制的形成，促使海事诉讼法律制度不断变革与完善，海事诉讼法律规则日趋完备与协调。

长期以来，我国海事诉讼所依据的主要是《民事诉讼法》和最高法院自1984年以来发布的司法解释性文件。

1991年《民事诉讼法》对海事法院受理海事案件具有重要意义。该法修正了1982年《民事诉讼法》对海事诉讼不予规定的做法，在特殊地域管辖规定中，将有关船舶碰撞、海难救助、共同海损等海事诉讼案件的管辖作了具体的规定。这无疑为海事法院审理海事案件提供了程序保障。然而，民事诉讼法中有关海事问题的专门规定显然过于原则和简单，不能满足海事审判的实际需要。为此，最高法院针对海事审判中的诸多专门性问题通过司法解释加以规定，以弥补立法规定之不足。这些规定对于海事法院审理海事案件发挥了重大作用。在有关海事管辖权制度方面，最高法院的司法解释包括：（1）1984年《关于设立海事法院几个问题的决定》中有关海事法院受案范围的规定。（2）1986年《关于涉外海事诉讼管辖的具体规定》。该规定就海事诉讼管辖问题规定了17项内容，是当时海事法院受理涉外海事诉讼案件的重要依据，也是制定海事诉讼特别程序法的基础性文件。（3）1989年《关于海事法院受案范围的规定》。此文件规定了海事法院受理海事案件的范围，具体包括海事侵权案件、海商合同纠纷案件、其他海事海商案件、海事执行案件、海事请求保全案件。我国海事特别程序法中有关法院受案范围的规定即在此基础上拟定的。（4）1989年《关于进一步贯彻执行海事法院受案范围的通知》。该通知进一步明确海事法院是受理海事案件的专门法院，地方各级法院不得继续受理海事法院管辖的案件；远离海事法院所在地发生的简易的、争议不大的海事海商案件，当事人向地方法院起诉的，地方法院在征得有管辖权的海事法院同意后可予以受理。此外，该通知还规定了有关解决管辖权争议及海事法院与地方法院部分管辖区域划分等问题。

但海事案件涉外性强，将我国海事法院海事管辖权的行使通过司法解释来加以规范，由于司法解释受其自身效力层阶之限制而显然缺乏应有的稳定性、统一性与权威性，既不利于我国法院积极地行使海事管辖权，也不利于我国法院作出的海事判决在国外的承认与执行。在我国法院受理的涉外海事案件逐年增多，作出的裁决需要外国承认执行的比例提升，主要海运国家不同程度地完成了对海事管辖权制度的改造的背景下，我国涉外海事管辖权制度的完善与法源的“升级”由于1999年《海事特别程序法》的颁布基本定局。根据《海事特别程序法》第4条，海事法院受理当事人因海事侵权纠纷、海商合同纠纷以及法律规定的其他海事纠纷提起的诉讼。根据该法第2条和第5条规定，海事法院审理海事案件时，适用《海事特别程序法》，《海事特别程序法》没有规定的，适用《民事诉讼法》。从而，以《特别程序法》为主干、《民事诉讼法》为必要补充的比较完整而具有中国特色的包括海事管辖权制度在内的海事司法制度初步形成。中国海事审判进入了全面有法可依的新阶段。①

① 参见邢海宝，上引著，第9页。

为适应我国加入WTO的新形势的需要，做好“入世”的司法准备工作，最高人民法院于2001年出台《关于海事法院受理案件范围的若干规定》。《若干规定》根据《民事诉讼法》、《海事诉讼特别程序法》、《行政诉讼法》以及我国参加和批准的有关国际公约，参照国际习惯做法，对海事法院受理案件范围进行了较大幅度的调整。与原受案范围比，新受案范围有了很大突破。按此规定，凡发生在海上、沿海、通海可航水域及其港口与船舶和航运有关的一审海事海商案件，均由海事法院受理。不仅案件种类大量增加，而且充实了原受案范围条文，扩大了其内涵。更为重要的是，规定海事法院管辖海事行政案件，这不仅体现了专业性强的案件由专门法院审理，有利于提高办案质量，而且理顺了管理体制，可有效防止海事行政主管机关干扰审判。该规定还将海事管辖权赋予海事法院及其上级法院，并对各类海事海商案件的管辖均作出规定。《若干规定》的颁布，对于我国承担相关国际义务，充分行使海事司法管辖权，进一步明确海事法院与地方法院的分工，提高我国海事审判的透明度，体现“公正与效率”主题，增强外商来华投资信心，为我国“入世”创造良好的法治环境，必将发挥重要的作用。①为正确实施《海事特别程序法》，依法准确审理海事案件，最高法院又于2002年颁布了《关于适用〈中华人民共和国海事诉讼特别程序法〉若干问题的解释》，对《海事特别程序法》作了进一步细化，增强了该法的可操作性。而最高法院于2008年颁布的《民事案件案由规定》进一步对海事案件案由进行细化、补充和完善。

二、我国国际海事诉讼法的基本内容

目前，我国海事诉讼法的比较完整的基本架构已经形成：从法律渊源角度而言，既有国内立法和司法解释，又有国际条约。从内容上看，既有统一适用于纯国内海事诉讼和涉外海事诉讼的法律规则，又有专门适用于涉外海事诉讼的法律规则。但是涉外海事诉讼规则仍基本规定在《民事诉讼法》和最高法院《关于〈民事诉讼法〉若干问题的意见》之中。这些规则主要涉及涉外海事诉讼管辖、临时性保全措施和证据保全措施、司法文书的域外送达和域外取证、外国和我国法院判决的承认和执行。

（一）涉外海事诉讼管辖规则

《海事诉讼特别程序法》第八条规定，海事纠纷的当事人都是外国人、无国籍人、外国企业或者组织，当事人书面协议选择我国海事法院管辖的，即使与纠纷有实际联系的地点不在我国领域内，我国海事法院对该纠纷也具有管辖权。最高法院《关于适用海事诉讼特别程序法〉若干问题的解释》第二条规定，涉外海事侵权纠纷案件和海上运输合同纠纷案件的管辖，适用民事诉讼法第二十五章的规定；民事诉讼法第二十五章没有

① 参见2001年9月19日《中国青年报》“海事法院受案范围首次出现参照国际惯例”一文。

规定的，适用海事诉讼特别程序法第六条第二款（一）、（二）项的规定和民事诉讼法的其他有关规定。同时结合考虑最高法院《关于〈民事诉讼法〉若干问题的意见》第305条和第306条规定，我国国际海事诉讼管辖规则涉及特殊地域管辖、协议管辖、专属管辖以及一事二诉规则。

（二）涉外临时性保全措施和证据保全措施

《民事诉讼法》第二十七章、最高法院《关于〈民事诉讼法〉若干问题的意见》第317条、《海事诉讼特别程序法》第十四、五十三、六十四条、最高法院《关于适用海事诉讼特别程序法〉若干问题的解释》第二十一、四十一、四十七条就采取涉外临时性保全措施的条件、管辖法院、涉外临时性保全措施和证据保全措施的管辖权与涉外海事案件实质问题管辖权之间的关系问题作了较为明确的规定。

（三）司法文书的域外送达和域外取证

此方面的法律规则规定在《民事诉讼法》第二十六和二十九章、最高法院《关于〈民事诉讼法〉若干问题的意见》第307和319条、《海事诉讼特别程序法》第七章之中。其不仅就司法文书的域外送达和域外取证作了规定，而且还就涉外海事诉讼中司法文书的域内送达问题作了规定。

（四）外国和我国法院判决的承认和执行

《民事诉讼法》第二十九章和最高法院《关于〈民事诉讼法〉若干问题的意见》第318、320条就申请或请求承认和执行外国或我国法院判决的主体、承认和执行外国法院判决的依据、方式与条件、我国法院判决法律效力的证明等问题作了较为详尽的规定。

第二章 海事诉讼的标的——海事请求

第一节 海事请求的范围

一、海事请求的含义

海事诉讼即是有关海事请求的诉讼。而有关海事请求的含义，在国内外海事法学界并无相对统一和权威的定义，国际海事条约以及各国有关海事诉讼立法几乎一致地采用列举式的法技术而将有关海事事项归入本国的拥有海事管辖权的相应法院的管辖之下，以回避对这一棘手术语的定义。不过在我国，学者们对“海事”、“海商”及海事请求作了一些有益的探讨。①

就海事而言，海事有广义与狭义之分。狭义的“海事”一般指船舶海损事故。狭义海事范围的确定得结合考虑船、海、事三标准。然而，由于“船”不限于通常意义之船舶，“海”不限于地理上的海洋，“事”也不限于事故，从而水上设施发生的事故，船舶等在港口水域以及内陆水域中发生的事故，与船舶或海洋有关的其他事项等也都属于海事。其中有的并非是平等主体之间的海事关系所涉事项，而是诸如船舶所有权、抵押权及光船租赁登记管理关系，船舶国籍和船旗管理关系，船舶安全管理关系，船员管理关系，船舶环境保护关系等事项。②广义的“海事”包括狭义的海事及海商。其泛指与海域和航海有关的一切事务。在理解广义的海事时应把握三点：第一，海事与海商不同。海商是指海上商业活动，包括海上运输、海上拖航、船舶租赁以及海上保险等商业行为。与商业无关，或与商业有关但与海无关者，都不属于海商。而海事不仅包括平等主体之间的海商关系所涉事项，还包括海事行政等纵向关系所涉事项。这些事项不属于海

① 参见邢海宝，上引著，第10—15页。朱清编著：《海事诉讼与仲裁》，大连海事大学出版社1996年版，第1—3页。金正佳、翁子明：《海事请求保全专论》，大连海事大学出版社1996年版，第1—4页。

② 参见邢海宝，上引著，第10—11页。

商的范围但应为海事所包括。第二，海事不能被理解为海损事故。第三，海事也不能特指为海事纠纷。[①]海事纠纷是指平等主体的当事人之间因海事海商而产生的权利义务争议。在我国，纠纷的原因、经过和结果，只要其中之一在海上发生，就属海事纠纷。然而在美国，就实体法而言，海事法（Admiralty Law）和海商法（Maritime Law）事实上是同义词。不过海事法是美国当代法律与英国法院实施的法律制度相结合的产物，是调整水上客货运输关系的重要法规、概念和司法实践的大全，主要由调整航运法律关系的私法和与航运有关的其他法律所组成。由于历史和某些实际原因，美国最高法院尽管近年来已采取限制措施，但当代某些判例仍把与航运根本无关的若干问题作为其组成部分。而海商法所包含的内容更为广泛。由于“海商”问题往往与沿海贸易密切相关甚至混杂在一起，因而海商案件的概念也必然难以明确界定。这一问题在今天美国海事案件管辖范围的模糊性中得到反映。[②]

海事纠纷从权利角度而言，其表现为海事请求，即在海上运输、生产、作业中，由法定或约定的事由，即涉及船舶所有、占有、管理、营运、建造、买卖、救助、抵押、质押、船舶优先权的海事事由所引起的请求。[③]其具有如下要素：第一，海事请求产生于或者与船舶有关的海事事由。而海事事由包括海商合同纠纷、海事侵权损害赔偿纠纷以及其他诸如共同海损之类的海事纠纷。第二，海事请求是一种具有实体内容的商事请求权。第三，海事请求的主体是在海上运输、生产、作业中产生的争议事由的当事人，包括海事请求的权利主体和义务主体。前者如船舶所有人、各类形式的租船人、货物所有人、托运人、造船人、修船人、向船舶提供供应或服务的供应商、船舶抵押权人、向船舶提供劳务的人等等。他们因海商合同关系或海事侵权损害赔偿关系而享有索赔财产损失的权利。而船舶所有人在海事请求中由于具体的海事事由的不同而可能处于权利主体的位置，也可能处于义务主体的位置。[④]

二、海事请求的界定标准

无论是英美法系国家还是大陆法系国家，现代管辖权理念与海事活动本性的结合使海事诉讼的标的相当宽泛，大有将所有诉因囊括在内之势。海事诉讼管辖权从而成为一项对海事事项总括行使的国家司法权力。[⑤]然而，正如海事法并没有任何深奥莫测的内

---

① 参见朱清编著，上引著，第1页。

② 参见G.吉尔摩和C.L.布莱克著，杨召南等译：《海商法》，中国大百科全书出版社2000年版，第1、36页。

③ 参见邢海宝，上引著，第12页。金正佳、翁子明，上引著，第3页。

④ 参见金正佳、翁子明，上引著，第3、7—8页。

⑤ See K.D.Kerameus, op.cit., p.254.

容，而只是一部特殊现实背景下的法律一样，[①]海事诉讼管辖权也仅是一项在海事背景下行使的、以海事争议或海事请求为客体的国家司法管辖权。海事诉讼管辖权的行使与其他民商事管辖权一样，受管辖客体（subject — matter jurisdiction）的限制。[②]而管辖客体的范围因不同国家所持标准不同而宽窄不一。

（一）英国的界定标准

在英国，海事请求是英国法院海事管辖权的客体。然而，在英国法中，海事请求并没有专门的含义，而仅是用来描述那些归属于高等法院海事管辖权范围之内的请求。[③]而海事法院管辖权范围由1981年《最高法院法》第20—24条加以规定。尽管其不受属地性限制，然而其客体范围则是有限的。由于《最高法院法》所罗列之大多数管辖事项涉及有关船舶的请求，因而考量船舶的含义则是明了英国海事管辖权客体范围的前提。[④]

1．船舶的含义

《最高法院法》第24条第1款指出，船舶（ship）包括用于航行的各类船只（vessel）以及符合1968年《气垫船法》第2条第3款要求的气垫船。然而该法并没有对vessel予以定义，而1894年《商船法》第742条规定，vessel包括任何ship或boat,或其他用于航行的各种vessel（vessel includes any ship or boat, or other description of vessel used in navigation）。由于“includes”一词的使用，该条的vessel定义仅是一项列举性而非穷尽性定义。[⑤]而boat的含义，根据《简明牛津英语字典》解释，是指虽然有时依靠帆，但通常靠桨推进的小型的敞开的船只。而Sheen法官在Steedman v.Scofield案中则认为，boat一词表达了一个结构性概念，不论是由木材、钢铁还是玻璃棉所制作，boat由于其凹形状态而为人员或货物的运输提供浮力。因而救生艇不同于救生筏，因为boat的浮力来自于其形状，而筏则依赖利用一些空气储藏方法而获得浮力。而对于vessel，Sheen法官也表达了类似的看法。其认为vessel通常是指运输货物或人员的凹陷容器。一般而言，vessel一词用指比划桨船（rowing boat）更大的艇（craft），并且包括用作或能够用作水上运输工具的各类水运工具。[⑥]

在认定是否存在“船舶”时，“用于航行”（used in navigation）是一个关键性要件。而“用于航行”实际上包含需要考虑的相互联系的两个方面问题：船舶本身和其

① G.吉尔摩和C.L.布莱克，上引著，第30页。

② Nigel Messon, Admiralty Jurisdiction and Practice (1993), p.19.

③ See D.C.Jackson, op.cit., p.19. Admiralty jurisdiction includes some claims in relation to aircraft, and is extended to hovercraft as if they were ships.

④ See Nigel Messon, op.cit., p.19.

⑤ See Nigel Messon, op.cit., p.19.

⑥ [1992] 2 Lloyd's Rep., pp.165–166.

所使用的水域。即船舶必须能够用于航行，而船舶所实际使用的水域必须为可航水域（navigable waters）。[①]对于“可航水域”，英国法中并不存在统一的明确的鉴定标准，而是在各案中根据具体案情予以确定。在Southport Corporation v. Morris案[②]中，一只专门用于人工小湖的电动客艇由于被认定不是“用于航行”而被认为不是船舶。Coleridge C.J.法官认为，“基于客艇所使用的水域的面积考虑，客艇不是船舶。航行这一术语可能从未用于只有半英里长的水域”。然而该案有别于Weeks v.Ross.案[③]。Channell J.法官指出，在Southport Corporation v. Morris案中，水域是封闭的，属于湖。而在Weeks v.Ross案中，尽管船舶被使用于只有1英里半长的运河中。然而，运河本身并未封闭和独立，而通过水闸与海相连，船舶可由此进出。因而此水域为可航水域。在Curtis v. Wild案[④]中，Henry J.法官根据上述两个先例指出，“可航水域”系指船舶并非只是为娱乐之目的而可从A地驶至B地的水域。在本案中并不存在此意义上的从出发地驶至目的地以实现在目的地放客或卸货目的的航行。游艇只是为使在船上闲荡的人娱乐之目的而被使用。因而并不存在“用于航行”的船舶。不过，也有学者指出，在确定“用于航行”是否存在时，不应过分强调准商业目的的使用与为“在船上闲荡”目的的使用之间的区别。在某些特殊情况下，为使人们在船上闲荡之目的而使用的游艇也可能被认为船舶。[⑤]然而，在Steedman v. Scofield案[⑥]中，Sheen法官对“用于航行”作了相对概括性的清晰的解释。其指出，航行是指将船舶从一地驾驶至另一地的航海艺术或科学。航海者必须能够确定船舶的位置和为到达预定目的的下一步的驾驶航线。“航行”也可用来描述船舶的驾驶行为或在水上的有序移动。因而，“可航水域”是指船舶能够航行的水域。“用于航行”表达了利用水将人员或财产运送至预定目的地的概念。“航行”并不等同于“水上移动”，其是从一地至另一地的有计划或有序的移动。

2．非船舶的装置

根据英国判例和成文法规定，下列装置不是船舶：码头、作为灯塔而系泊的充气浮筒、下水而未装备发动机或锅炉的新造船、浮动起重机、飞船、水上飞机、a jet-ski.[⑦]

（二）其他英联邦国家的实践

其他英联邦国家法院的海事管辖权客体在其海事管辖权制度未作本地化改革之前，均由1890年英国《殖民地海事法院法》予以确定。按该法规定，英联邦国家仅享有与

---

① See Nigel Messon, op.cit., p.20.

② [1893]1 Q.B.359. See Nigel Messon, op.cit., p.20.

③ [1913]2 Q.B.359.

④ [1991]4 All E.R.172.

⑤ See Nigel Messon, op.cit., 21.

⑥ [1992]2 Lloyd’s Rep.163. See Nigel Messon, op.cit., pp.21–22.

⑦ See Nigel Messon, op.cit., 22.

1890年英格兰法院同等程度的海事管辖权。[①]但在当今，不仅英国海事管辖权制度发生了重大变革，而且其他英联邦国家均已制定了本国独立的海事管辖权立法，扩展了本国法院的海事管辖客体。然而，由于历史传统的影响，英国与其他英联邦国家之间在海事管辖权客体的界定标准及范围上仍然保持着相当程度的类同性。

1. 澳大利亚

在澳大利亚，海事管辖权问题现受1988年《海事法》调整。《海事法》是依据宪法第76条第3款在1986年澳大利亚法律改革委员会关于海事管辖权的报告和建议基础上制定而成，旨在以综合的、易援用的，并符合澳大利亚需要和有关海事管辖权国际标准的方式统一规定澳大利亚法院的海事管辖权。[②]与该法颁布实施之前澳大利亚法院所拥有的海事管辖权相比，《海事法》极大地扩展了海事管辖权的客体。[③]

（1）联邦宪法与海事管辖权

宪法第76条第3款是唯一的专门针对海事管辖权的宪法条款。其规定，国会有权制定有关海事和海商管辖事项的法律，授予高等法院初审管辖权。该条款还允许国会制定法律将有关根据宪法第76条第3款所产生的任何事项的联邦管辖权授予任何州法院。然而，该条款从未引起过足够的重视和专门的探究，其意义如何，尚未有权威性的结论。[④]不过为明确其意义，一则必须参考美国相应宪法条款的含义，二则必须运用在澳大利亚业已确立的宪法解释的一般原则。[⑤]

从其来源而言，宪法第76条第3款所用的术语直接复制于美国宪法第3条第2款第1项，其规定，“美国司法权应延伸至所有海事和海商管辖事项”。作为管辖权的渊源，宪法第76条第3款具有宽泛的效力（broad operation），正如Story大法官早在De Lovio v.Boil案中所言，美国海事法院与其他国家海事法院一样，对海事事项享有范围极广的管辖权，不像英国海事法院那样，受到狭隘的文牍式的“区域标准”的限制。任何海上合同、侵权行为和人身伤害事故均属于管辖权的范围之内。尽管海上侵权行为和人身伤害事故有必要在区域上作若干限制，但海商合同则应包括与航海、海上商务或贸易有关

① Section 2 of the Colonial Courts of Admiralty Act 1890 (UK) provided that every court in a British possession Which had unlimited civil jurisdiction was to be a court of admiralty with the jurisdiction in this Act mentioned.

② See Explanatory Memorandum of Draft Admiralty Bill 1986.

③ See Report No 33 (Civil Admiralty Jurisdiction1986) of the Australia Law Reform Commission (1986), Chap.8.

④ Ibid., para.67. See also clause 13 of Draft Admiralty Legislation:Explanatory Memorandum.

⑤ See Report No 33 (Civil Admiralty Jurisdiction 1986) of the Australia Law Reform Commission, para.68.

的一切合同。[①]不过在若干方面，美国宪法条款的效力不同于澳大利亚海事管辖权的宪法条款：第一，美国的联邦管辖权排他性地授予联邦法院，而在澳大利亚，则无此种排他性管辖权；第二，美国宪法项下的有关海事和海商管辖权的权力伴随有关在管辖区域内所适用的海事实体法的国会制法权力，而在澳大利亚，宪法第75条和第76条仅赋予授予海事管辖权的权力，此种权力具有程序性，而并不赋予任何独立的针对管辖对象的实体立法权力。就其原因，这两方面的差异系由于美国宪法中的特殊规则所致，即这些规则具有一般适用性，并且并不涉及海事和海商管辖权这一术语本身的解释。但这些差异的存在并不影响美国宪法条款对解释澳大利亚相应宪法条款的参考价值。正如HE Zelling大法官所言，"毫无疑问，'海事和海商管辖权'这种表述是制宪元勋采用美国宪法中相应条款所用术语的结果。该词语应赋予与在美国所具有的那样宽泛的含义。高等法院应从澳大利亚作为海事、贸易大国角度来解读澳大利亚的需要，解释宪法条款的含义"。[②]

澳大利亚法律改革委员会认为，宪法第76条第3款规定的含义应该根据在澳大利亚业已确立的宪法解释原则予以界定。其中所使用的术语不应狭隘地或学究式予以解释，而应该根据变化着的情势，从其作为宪法条款而非作为一般成文法条款所具有的功能角度进行任意解释。这对于授权条款而言尤其如此。因而，可以认为宪法第76条第3款规定了一项有关授予海事或海商性质管辖权的广泛的权力。其中的"admiralty"并不限指1890年《殖民地海事法院法》所规定的海事管辖权范围，而应该包括在20世纪的其他国家法院所享有的海事管辖权。而"maritime"这一用语不应视为是对"admiralty jurisdiction"的纯粹的强调，其是一个意义业已扩张的术语，包括可适当地被称为海上事项的所有事项，而不论其是否属于1900年英国或澳大利亚管辖范围之内。[③]可见，宪法第76条第3款实际上赋予国会充分的权力以将广泛的海事和海商管辖权授予适当的法院，并对该管辖权的适当行使加以规范。

（2）《海事法》的海事请求界定标准

《海事法》第5条第1款规定，在受本法中后续条款制约的前提下，本法适用于：（a）所有船舶，而不论船东的住所地或居所地位于何处；和（b）所有海事请求，而不论其源于何种情况。第3款规定，本法不适用于：就有关（a）内河船只；或（b）用于或意

---

① See Report No 33 (Civil Admiralty Jurisdiction 1986) of the Australia Law Reform Commission, para.68. 参见G. 吉尔摩和C.L. 布莱克，上引著，第15页。

② See Report No 33 (Civil Admiralty Jurisdiction 1986)of the Australia Law Reform Commission (1986), para.69.

③ See Report No 33 (Civil Admiralty Jurisdiction 1986) of the Australia Law Reform Commission (1986), para.70.

图用于内水的船舶而产生的有关诉因。第4款规定，如果在诉因产生时，有关船舶为外国船舶，本法第3款第b项对于这种诉因不具有法律效力。可见，作为澳大利亚海事管辖权客体的请求必须是关涉船舶的海事请求，[①]即必须满足两个条件：第一，由船舶所致或与船舶有关；第二，属于海事请求之范畴。

①船舶的界定

为明确海事管辖权的客体范围，船舶这一术语的定义不可或缺，其为海事管辖权客体的确定提供了简便的手段。海事管辖的类型即依据船舶而编排。[②]鉴于此，《海事法》第3条第1款规定对船舶作了宽泛的定义，船舶（ship）系指用于水上航行或为用于水上航行而建造（used or constructed for use in navigation by water）的无论是被推进或移动（however it is propelled or moved）而航行的任何类型的船只（vessel），包括（a）驳船或其他浮动船舶;（b）气垫船;（c）1912年《航海法》定义范围内的近海移动式生产装置;（d）沉没或搁浅的船舶以及此种船舶的残留物。但不包括（a）水上飞机;（b）内河航行船舶;（c）尚未下水的建造中的船舶。显然，该定义因袭了1912年《航海法》中的船舶的定义，并作了必要的补充。[③]

I. 从时间角度进一步扩大了船舶的范围。《航海法》将船舶限于“用于航行”（used in navigation）的船舶。然而如此限定则将业已下水但尚未用于航行的船舶排除在海事管辖权的范围之外。一般而言，船舶从其下水之时起就应该受海事法院的管辖而不论其是否仍被用于航行。因而，业已下水的船舶，以及仍可辨识为船舶的沉没或搁浅或失事的船舶，均属于海事管辖权范围内所指的船舶。[④]为此，《海事法》采用了“用于水上航行或为用于水上航行而建造”这一措辞以扩大海事管辖权客体的范围。

II. 同时采用肯定式和否定式列举方式。为避免概括性规定的不足，并减少由于单纯采用肯定性列举方法所导致的任何遗漏，《海事法》兼采否定性列举方法，具体列举排除在船舶定义之外的装置，包括水上飞机、内河船、建造中的船舶。

②海事请求的界定

海事请求是确定海事管辖权范围的另一个关键术语。《海事法》第3条第1款指出，海事请求（maritime claim）、一般性海事请求（general maritime claims）以及财产性海事请求（proprietary maritime claims）的含义由本法第4条予以规定。第4条第1款规定，

---

① See Report No 33 (Civil Admiralty Jurisdiction 1986) of the Australia Reform Commission (1986), para.71.

② See Explanatory Memorandum of Draft Admiralty Bill 1986.

③ See Report No 33 (Civil Admiralty Jurisdiction 1986) of the Australia Reform Commission (1986), para.99.

④ See Report No 33 (Civil Admiralty Jurisdiction 1986) of the Australia Reform Commission (1986), para.99.

海事请求包括一般性海事请求和财产性海事请求。然而，《海事法》并未对海事请求、一般性海事请求和财产性海事请求予以定义，而仅列举作为海事管辖权客体的海事请求。[①]财产性海事请求是指有关船舶物权或占有争执、抵押、共有、法定船舶优先权和关于利息的相关请求的请求。由于财产性请求权通常涉及有关船舶物权或占有请求的认定或执行，因而其不涉及替代船舶的扣押问题。而一般性海事请求是海事管辖权客体的主要部分,包括船东或船舶经营人过错所致损失或损害的所有请求，以及由船舶运营所致的损失或损害的请求等。与昔日不同的是该法并未规定旨在将模糊的不易界定的请求纳入海事管辖范围之内的剩余条款（residual clause）。

尽管《海事法》将内河船排除在船舶的范畴之外，从而也将有关内河船的请求排除在海事管辖权客体之外。但如果缺乏进一步的明示或默示的限制性规定，海事请求的列举式规定和宽泛的船舶定义不可避免使源自产生于内水的诉因的请求成为海事管辖的客体。如快艇或游艇，由于其既可用于海上，又可用于内水，显然不可定性为内河船，从而在内水所发生的有关此类船舶的请求无疑归入海事管辖权的客体之内。对此，有人持肯定观点。新西兰1973年《海事法》适用于所有新西兰内水，并且也没有迹象表明有任何不妥之处。[②]而在美国和英国，海事管辖权呈现出向内水扩张的趋势。在The Goring[③]案中,Sheen法官认为，没有理由将对在感潮水域（tidal water）的船舶提供的服务与对非感潮水域的船舶提供的同样服务区别对待，因而在里丁泰晤士河上所发生的救助请求属于海事管辖的范围。但法律改革委员会中主流观点认为，1912年《航海法》中的救助条款仅适用于海上或感潮水域，将海事管辖权扩张至产生于内水的请求并无必要，同时此种扩张是否符合宪法第76条第3项精神也无法确定。为此，在有关船舶在澳大利亚内水排他性地使用或意图使用方面所产生的诉因不应成为海事管辖的对象，除非所涉船舶为外国船舶。[④]该主张最终被采纳而成为《海事法》第5条第3款和第4款的内容。不过，将外国船舶在澳大利亚内水使用或意图使用所引发的请求列入海事请求的范畴之内，实出于保护权利人立法政策考虑的结果。[⑤]

2.南非

自20世纪80年代起，南非海事法得到了极大发展，1983年《海事管辖权调整法》

---

① Sub–cl4 (2–3) of Admiralty Act 1988.

② See s2, s4 (b), s6 of the Admiralty Act1973 (NZ).

③ [1986] 2 WLR 219.

④ See Report No 33 (Civil Admiralty Jurisdiction 1986) of the Australia Law Reform Commission, para., 115.

⑤ Arrest of a foreign ship should be possible because it may sail away, never to return, after having been, for example, involved in a collision on a navigable river upstream of tidal waters.

以大胆、创新及综合的方式赋予南非海事法院较其他英联邦国家法院更为宽泛的海事管辖权。几乎与船舶相关的任何类型的海事请求或特定的与飞机相关的请求，不论其产生于何地，也不论船舶悬挂的旗子，船东或请求人的居所、住所或国籍，均成为海事管辖权的客体。①而船舶的范围也远比其他国家宽泛。该法第1条规定，船舶是指用于或能够用于（used or capable of being used）海上或内水的任何船舶，包括气垫船、机动艇、游艇、捕鱼船、潜水艇、驳船、吊运船、起重船、石油或其他浮动钻台、浮动系泊装置或其他类似的浮动装置，不论是否自行推进。

3.加拿大

加拿大法院的海事管辖权受1985年《联邦法院法》规范。该法第22条将与船舶或一定场合下的飞机有关的19种海事请求纳入海事管辖权的客体范围，而不论船舶或飞机是否具有加拿大国籍，所有人的居所或住所位于何处；也不论请求是否发生于公海，加拿大水域或其他地方；不论这些水域是否具有天然可航行性还是人工可航行性。在海难救助场合，包括在上述水域的海岸上的货物或残骸救助请求。而所谓船舶，是指仅仅或不完全地为航行而设计、使用或能够使用而无须考虑其推进方法或是否具有推进力的任何船舶,包括自其能浮动之时起的建造中船舶，搁浅、遇难或沉没之船舶及破碎船舶之任何部分。②

4.新西兰

新西兰法院的海事管辖权现受1973年《海事法》调整。依该法第2条、第4条第4款的规定，与船舶或一定场合下飞机相关的由该法所列举的所有请求均为海事管辖权的客体，而不论船舶或飞机是否具有新西兰国籍，不论是否登记，所有人国籍、居所或住所为何国；也不论请求在何处发生，包括在货物或残骸救助场合，有关陆上货物或残骸的救助请求。而所谓船舶系指包括气垫船在内的用于航行的任何类型船只。

（三）美国的界定标准

在美国法律史的早期，美国法院摒弃了从中世纪起英格兰海事管辖权的禁锢。Story大法官在1815年的Delovio诉Boil案③富有学术气息的判决中，突出了宪法第3条第2款中海商一词（与海事相区别），认为海上保险合同尽管是在陆上达成的，不属于英格兰海事管辖权范围，但却属于美国的海事和海商管辖权范围内。美国最高法院于1851年在涉及在伊利湖上的两船碰撞的Genessee Chief案④中判决，美国海事侵权案件管辖权不限于海洋及潮汐水域，而将其扩大至内陆水域。于是，限制英格兰海事管辖权达几个世

① See s1e(E), s1(1)(ii)(a)–(z) of Admiralty Jurisdiction Regulation Act of the South Africa1983.

② See s2(1), s22(2)(a)–(s), s22(3)(a)–(c)of Federal Court Act of Canada 1970.

③ 7 Fed.Cas. 418 (C.C.D.Mass 1815).

④ The Propeller Genessee Chief v. Fitzhugh, 53 U.S.(12 How) 443(1851).

纪的地理限制在美国被明确地废除了。[①]随后，海事法院的管辖权客体逐渐形成一个相当完整的范围，除少数例外，其已覆盖了航运界主要的经营和服务企业。尽管要确认哪些在管辖范围之内，哪些不在管辖范围之内，完全地取决于公众的舆论和确定管辖权的政策，但从理论上讲，凡与海上运输有关的那些重要事情都应该属于海事管辖的范围之内。[②]海事管辖权在一定程度上受保护海事商业的强烈需要所左右。而海商活动如无船舶和水域则不可能进行。因而船舶和可行水域的定义成为确定海事管辖权范围的关键。[③]具体言之，确定美国法院海事管辖权客体范围的考虑因素有三：海事因素、所在水域属性及与船舶相关。[④]

1．船舶

《美国法典》第3条对船舶作了一般性定义，其系指用作或能够用作水上运输手段的所有水运工具或其他人为机械装置。[⑤]这一相对宽泛的成文法表述不仅结束了有关船舶范围的长期争论，而且成为美国许多法院用以使某些交易或事件纳入海事管辖范围之内的依据。[⑥]然而在当今，这一宽泛的定义并不能解决某些构造物的法律地位，从而需要做一些必要的修改。

（1）水上飞机

通常飞机不能被视为船舶，但水上飞机的地位问题在Lambros Seaplane Base v. the Batory案[⑦]中得以阐述。法院认为，水上飞机为了救助目的在水面上时为船舶，但一旦救助作业由于其他原因而被解散，就不能再视水上飞机为船舶。无论如何，水上飞机可以成为救助标的的判决并不当然说明水上飞机就是船舶。

（2）游乐船（pleasure craft）

游乐船能否定性为海事管辖范围内的船舶是当今美国司法界富有争议的问题。就游乐船事件，尤其是那些有关个人船舶或jet-skis的事件而言，游乐船法律地位不明是联邦法院行使联邦海事管辖权的一大潜在障碍。对此，美国学者David J.Bederman认为，游乐船事件以及涉及用于游乐的其他形式的船舶的事件均应该归属海事管辖的范畴之内，但前提是不应该要求海事管辖范围内的船舶与海商或甚至任何商业目的有关联。[⑧]

---

① 威廉·台特雷著，张永坚等译:《国际海商法》，法律出版社2005年版，第350页。

② G.吉尔摩和C.L布莱克，上引著，第16、18页。

③ See David J.Bederman, op.cit., pp.190–191.

④ 参见邢海宝，上引著，第13页。G.吉尔摩和C.L.布莱克，上引著，第19—20页。

⑤ G.吉尔摩和C.L.布莱克也认为“把船舶称作是能从事水上物体运输的浮动构造物，这是船舶最贴切的概念”。参见G.吉尔摩和C.L.布莱克，上引著，第20页。

⑥ David J.Bederman, op.cit., p.191.

⑦ 215 F.2d 228, 1954 A.M.C.1789(2d Cir.1954). See G.吉尔摩和C.L.布莱克，上引著，第58—59页。

⑧ David J.Bederman, op.cit., p.192.

（3）从事其他形式海上活动的设备

随着科技的进步，用于海上活动的新的技术性装置不断产生。这些装置能否作为船舶也同样存在相当的争论。诸多的法院从海事管辖权意义上的船舶必须与海商活动相关联这一要件出发而否定这些装置的船舶身份。但有学者认为，新技术装置能够作为船舶对待，取决于其是否与海事活动相关联，而不论海事活动是否具有商业性。①按此解释，这些装置构成管辖权意义上的船舶是显而易见的。

鉴于现行的船舶定义所存在的局限，一些美国学者主张对船舶概念作扩张解释以扩大联邦海事管辖权客体的范围。但这种扩张解释并不意味着将与水或海商活动或海事活动无关联的装置均纳入船舶的范畴之内。在Provost v.Huber案②中，第八巡回法院认定在结冰的湖面上搬运两层构架房屋的牵引式挂车不能作为海事法意义上的船舶，并且也没有根据认定房屋在其打破冰层沉没之前用作海事冒险活动，因而地区法院以缺乏海事管辖权为由驳回诉讼请求是完全正确的。为此，美国学者David J.Bederman主张将船舶定义为作为海上运输工具或海事活动平台的构造物较为妥当。③

2．水域

管辖权是根据海上活动来确定的，但这些活动又必然受到特定的活动或事件发生所在地或所在水域属性的限制。④因而，海事管辖权的客体范围也同样受“区域标准”的限制。

历史上，美国法院是根据英国“退潮”规则（“ebb-tide” rule）来确定海事管辖权的空间范围，即潮汐影响力消失之处即为海事管辖权终止之处。而至1857年最高法院终于在Jackson v.The Steamboat Magnolia案⑤中突破了这一空间限制而认定海事管辖权应该扩及至任何可航水域，而不论是否受潮汐影响，也不论是否位于咸水域内。简言之，美国海事管辖的范围包括所有的水域，无论是咸水还是淡水，无论有无潮汐，无论是自然的还是人工的，无论特定的水域主体是否位于一个州内，无论某一事件或活动的诉讼标的是否局限于一个州内，只要在州际贸易或对外水上贸易中事实上是可航水域，均应包括在内。所谓“可航水域”必须是事实上具备可航行性，并且是已经使用或者是具备商业航行使用的性质的水域。⑥但有学者认为可航水域标准不应具有决定性意义。发生在可航水域的事件并不始终意味着其与海事活动或海商活动存在真正联系，而有些事件

① David J.Bederman, op.cit., p.192.

② 594 F.2d 717.1981 AmC 2999 (8th Cir.1979).

③ David J.Bederman, op.cit., p.193.

④ G.吉尔摩和C.L.布莱克，上引著，第19页。

⑤ 61 U.S. (20How.)296 (1857).

⑥ G.吉尔摩和C.L.布莱克，上引著，第19页。See David J.Bederman, op.cit., pp.194–198，威廉·台特雷：《国际海商法》，第352页。

尽管并没发生在可航水域，但其可能与海事活动存在充分的联系以致将之归入海事管辖范围之内完全正当。[①]

3. 海事因素

作为海事管辖权客体的请求还必须具有海事因素，即请求与海事活动有密切的联系。海事因素在美国海事法中并非是很容易掌握与运用的概念，它不仅界限模糊而且是人为的划分。[②]而所谓海事活动是指可航水域上的航行或贸易活动。至于进一层的外延，只有根据案件实际情况确定。海事因素实际上成为美国法院用来甄别虽发生于通航水域但事实上不具海事因素的例外情况的灵活标准。[③]不过海事因素标准的运用由于具有相当的随意性，不可避免致使某些判例错误确定管辖权的界限，例如将船舶建造合同也排除在海事管辖范围之外；一些诸如海上冲浪发生的灾难事故等不属于海事管辖的案件被归入海事管辖的范围，而诸如租船中介服务之类的若干与海运密切相关的活动因被认为是给海运提供准备性的工作而被判定不属于海事管辖的范围。[④]

（四）我国关于海事请求的界定标准

在我国，海事管辖权客体范围的界定标准还是相当明确的。《海事特别程序法》第4条规定，海事法院受理当事人因海事侵权纠纷、海商合同纠纷以及法律规定的其他海事纠纷提起的诉讼。《最高人民法院关于适用〈海事诉讼特别程序法〉若干问题的解释》第1条规定，在海上或者通海水域发生的与船舶或者运输、生产、作业相关的海事侵权纠纷、海商合同纠纷，以及法律或者相关司法解释规定的其他海事纠纷案件由海事法院及其上级人民法院专门管辖。同时结合考量2001年9月18日起施行的最高法院《关于海事法院受理案件范围的若干规定》，我国海事法院管辖的海事案件包括在海上或者通海水域发生的海事纠纷案件以及其他与船舶相关的海事纠纷案件两大类。据此可以认为作为我国海事法院海事管辖权客体的海事请求范围根据两个因素予以判断，或船舶因素，或区域因素。所谓区域因素即指作为海事管辖客体的请求必须源自发生于海上或通海水域的海事纠纷。纠纷的原因、经过和结果，只要其中之一在海上或通海水域发生，就属海事纠纷。[⑤]所谓船舶，根据《海商法》第3条规定，系指海船或其他海上移动式装置，但用于军事、政府公务的船舶和20总吨以下的小型船艇除外。而海船指适合航行于海上或者通海水域的船舶。[⑥]海上移动式装置则指具有自航能力的可在海上移动的

① David J.Bederman, op.cit., pp.199–200.

② 同上，第51页。

③ 参见邢海宝，上引著，第13、18页。

④ G.吉尔摩和C.L.布莱克，上引著，第18页。

⑤ 参见邢海宝，上引著，第12页。

⑥ 参见2001年最高法院《关于海事法院受理案件范围的若干规定》第3条。

装置，如海上钻井平台等。[①]

三、海事请求的范围

观诸20世纪后期一些普通法系国家修订的海事管辖权立法，各国在保留原有的海事管辖权客体的基础上均在可为国际社会接受的限度内增加了新的客体项目，以确保海事管辖权制度符合本国的利益和要求。[②]

（一）英国海事诉讼的管辖客体

英国海事管辖权制度是建立在1981年《最高法院法》中相应条款基础之上。该法中的海事管辖权规定在受修订该法或提供独立于该法的管辖根据的随后制定的成文法条款约束的限度内具有排他性。而海事管辖客体的范围由该法第20条予以确定。第20条第1款规定，高等法院拥有如下海事管辖权：（a）审理和裁决第2款所提及的任何问题和请求的管辖权；（b）与第3款所提及的任何诉讼相关的管辖权；（c）在本法实施之前所拥有的其他海事管辖权；（d）本条规定之外的与船舶或飞机相关的授予高等法院的管辖权，该种管辖权暂时由本法实施之后制定或生效的法院规则划归于王座法庭，并根据该规则指示而由海事法庭行使。可见，该条规定了四类海事管辖客体，囊括了过去、现在和将来。[③]

1.《最高法院法》第20（1）（a）条的管辖客体

《最高法院法》第20（1）（a）条所规定的海事管辖客体的具体类型由同条第2款予以列明。根据第2款之规定，海事管辖客体共计18项：（1）关于船舶的占有或所有，或者关于船舶共有的任何请求；（2）在船舶共有人之间产生的有关船舶占有、使用或收益的任何问题；（3）有关船舶的按揭、债务负担[④]，或者其中有关份额的任何请求；（4）关于船舶所受损害的任何请求；（5）关于船舶所致损害的任何请求；（6）有关由船舶或属具或设备的任何缺陷，或者下列人员的不当行为、疏忽或懈怠所致死亡或人身伤害的任何赔偿请求：ⅰ.船东、承租人，或者占有或控制船舶的人；ⅱ.由船东、承租人或者占有或控制船舶的人对不当行为、疏忽或懈怠负责的船长、船员或者其他任何人；（7）有关船舶所载货物的损失或损害的赔偿请求；（8）源于有关货物运输或船舶使用或租赁的任何协议的任何请求；（9）关于海难救助的任何请求（飞机、其属具或装载货物的海难

① 参见司玉琢等主编：《海商法详论》，大连海事大学出版社1995年版，第51页。

② See Report No 33 (Civil Admiralty Jurisdiction1986) of the Australia Law Reform Commission, para.145.

③ See D.C. Jackson, op.cit., p.19.

④ 何美欢教授分别将mortgage译为按揭，charge译为债务负担，pledge译为质。参见何美欢：《香港担保法》，北京大学出版社1995年版，第755—773页。

救助请求）;（10）关于船舶或飞机拖带的任何请求;（11）关于船舶或飞机领航的任何请求;（12）有关为船舶运营或维持而供给的货物或物质的任何请求;（13）有关船舶建造、修理或装备，或者有关船坞费的任何请求;（14）关于船长或船员工资的任何请求;（15）船长、托运人、承租人或代理人就为船舶所作开支所提出的任何请求;（16）产生于共同海损行为的任何请求;（17）产生于冒险押船贷款（bottomry）的任何请求;（18）针对船舶或者正在或业已或计划运送的货物的没收或征收，或者被没收船舶或任何此种性质货物的返还，或者海军夺获敌船财产权的任何请求。

2.《最高法院法》第20（1）（b）条的管辖客体

《最高法院法》第20条第3款罗列了三类归属海事管辖的诉讼:（1）根据1894年至1979年《商船运输法》向高等法院提出的、除依据1894年《商船运输法》第55条提出的有关委派人员以替代不能从事工作的人的申请以外的任何申请;（2）执行由下列事件所致的损害赔偿、死亡、人身伤害赔偿请求的任何诉讼：ⅰ.船舶之间的碰撞；ⅱ.在一船或多船情况下执行或疏于执行操作；ⅲ.一船或多船未遵守避碰规则。（3）船东或其他人根据1894年《商船运输法》就与船舶或其他财产相关的责任限制请求。

3．总括性条款（sweeping up clause）所指的海事管辖客体

《最高法院法》第20条第1款第（c）项规定高等法院的海事管辖权包括《最高法院法》实施之前的任何其他海事管辖权。这意味着1956年《审判管理法》作为辅助性管辖权基础而并入1981年《最高法院法》。具体言之，1956年法本身和该法之后的法令所赋予的任何海事管辖权以及1956年法通过其本身的总括性条款而保留的任何海事管辖权依旧有效。①

4．未来海事管辖权条款

《最高法院法》第20条第1款第（d）项规定高等法院海事管辖权还包括由1982年1月1日以后制定或生效的法院规则授予王座法庭，并根据这些规则指示由海事法庭行使的与船舶或飞机相关的任何管辖权。这意味着海事管辖权可根据法院规则而非制定法而扩张。

（二）其他英联邦国家海事诉讼管辖客体范围的立法实践

1．澳大利亚

1988年《海事法》第4条就作为海事管辖权客体的海事请求作了规定。

（1）海事请求的范围

《海事法》第4条规定，海事请求包括财产性海事请求与一般性海事请求。

① See D.C.Jackson, op.cit., pp.21–22.

①财产性海事请求

按该法第4条第2款规定，财产性海事请求包括：a.涉及船舶占有、整个或部分船舶的物权或所有权、整个或部分船舶的抵押以及船舶运费抵押的请求；b.船舶共有人之间有关船舶占有、所有、运营或收益的请求；c.就法院在海事性质的对物诉讼中针对船舶或其他财产作出的判决的履行或执行的请求；d.与上述请求相关的利息请求。

②一般性海事请求

按该法第4条第3款规定，一般性海事请求包括：a.由船舶所致损害（不论是否由于碰撞）的赔偿请求；b.基于1981年《海洋保护（民事责任）法》或州或区法令所产生的有关船东责任的请求；c.由于船舶、属具或设备缺陷所致死亡或人身伤害的赔偿请求；d.产生于下列人员行为或疏忽的请求（包括死亡或人身伤害赔偿请求）:（i）船东或船舶承租人；（ii）占有或控制船舶的人;（iii）由船东、承租人或占有或控制船舶的人承担责任的人的不当行为或疏忽。这些不当行为或疏忽即指航行或管船行为或疏忽，包括与货物的装载或卸载、人员的运载或下载、人员或货物的运送相关的行为或疏忽；e.船载货物损失或损害的赔偿请求；f.产生于货物或人员运输，或者船舶使用或租赁（不论是否为租船）协议的请求；g.与救助（包括人命救助和陆上货物或残骸救助）相关的请求；h.有关共同海损的请求；i.有关船舶拖带的请求；j.有关船舶引航的请求；k.与为船舶运营或维修而向船舶提供的货物、物质或服务（包括装卸和驳运服务）相关的请求；l.与船舶建造相关的请求（包括与下水前的此类船舶相关的请求）；m.与船舶的改建、修理与安装相关的请求；n.与港口、运河、灯塔使用费，或与船舶相关的其他类似费用相关的请求；o.与船舶相关的税收征收，包括由1981年《海上保护法》所施征的海运税有关的请求；p.船长、托运人、承租人或其他人提出的与为船舶利益而所作支出相关请求；q.与船舶相关的保险费，或互保费的缴付请求；r.由船长或船员就工资或雇主应当向雇员支付的款项而提出的请求；s.财产性海事请求或一般性海事请求的仲裁裁决的执行请求，或者产生于此类仲裁裁决的请求；t.有关一般性海事请求的利息请求。

（2）剩余类型（residual head）的管辖权客体

与英国《最高法院法》第20（1）条所采用的列举式与概括式相结合的立法技术不同的是，澳大利亚《海事法》第4条则似乎仅采用列举式立法技术，而没有采用剩余条款或例示性列举方式。

①剩余条款（residual clause）

剩余条款旨在将未被管辖客体条款所具体列明但应为海事法院所固有管辖的事项归入海事法院管辖范围之内。英国《最高法院法》第20条第1款第（c）（d）项即为其例。该条款的存在迫使希望知悉海事管辖全部范围的人们必须了解曾经影响过去海事法院固有管辖权的判例。[①]但澳大利亚法律改革委员会反对在《海事法》中规定剩余条款。其在起草《海事法》草案时认为，制定《海事法》的主要目的之一即在于避免海事管辖规则的不确定性，总括性条款仅对保留某些管辖权有必要，即长久被废弃或遗忘或者现仍被使用但出于某些原因而未被明示作为管辖权类型的那一部分管辖权有必要。而已被遗忘或从未被使用过的管辖权类型并无保留的必要，值得保留的应予以明确保留。实际上，通过剩余条款而应归入海事管辖客体之内的事项大多数与业已被明确列入的非物质性损害的各类侵权诉求有关。如果由于法律的进一步发展而出现应归入海事管辖范围之内的事项，最好应通过修订立法明确将之并入海事管辖范围之内，而非通过预先设置的模糊的难以琢磨、其含义应通过考究历史方能明确的条款以应对这种现象的发生。[②]在这种思想指导下，《海事法》并未设计针对原先归入固有海事管辖范围之内的事项的剩余条款。

②例示性列举抑或穷尽性列举

与剩余条款相关的另一个问题即是《海事法》第4条所明示的各类海事请求系例示性列举还是穷尽性列举？在起草《海事法》草案时，一种意见反对以概括式方式来规定海事管辖客体类型，以免产生不确定结果；而相反意见则主张应给予司法机关发展法律的空间，因而应允许法院对宪法第76条第3款所指的“海事和海商管辖权”予以扩张解释，以便扩张由《海事法》所赋予的海事管辖权的范围。但法律改革委员会认为如果《海事法》意图采用非穷尽性列举方式，那么法院则必须探究19世纪判例以确定历史上曾被视为海事管辖客体的请求或事项。因此委员会主张只有在立法中明确具体列明的事项属于海事管辖范围之内。[③]

（3）1999年扣船公约与“一般海事请求”条款的改革[④]

1999年新的扣船公约的通过，《海事法》的改革问题受到关注。学者认为，《海事

① See the Aifanourios (1980) 2 Lloyd's Rep 403 for an example of how, before it could deny admiralty jurisdiction under the Administration of Justice Act 1956 (UK) s 1, a court had first to be certain that the subject matter in question would not have fallen within the jurisdiction of the pre–1875 Court of Admiralty.

② See Report No 33 (Civil Admiralty Jurisdiction1986) of the Australia Law Reform Commission, para.193.

③ See Report No 33 (Civil Admiralty Jurisdiction1986) of the Australia Law Reform Commission, para.194.

④ See Stephen Thompson, The Admiralty Act 1988 Reviewed, aper Presented for the 29th Annual Conference of the Maritime Law Association of Australia and New Zealand.

法》自实施以来尚未进行过实质性改革，[①]而1999年扣船公约的一些规定应纳入《海事法》之中，而一般海事请求类别的扩增即是其中之一。具体包括：（1）在《海事法》第4条第3款第t项“由船长或船员就工资或雇主应当向雇员支付的款项而提出的请求”中增加“根据集体工资协议（collective wage agreement）所产生的未付款项请求”。在这类协议中，主体是船东和船员工会而非船员自身；（2）涉及船舶的未付佣金、经纪费或代理费的请求；（3）源自船舶销售合同纠纷的请求。

2．南非

根据1983年《海事管辖权调整法》第1条规定，作为海事管辖权客体的海事请求是指产生于或与下列事项有关的任何请求：（1）船舶所有权或船舶按份所有权；（2）船舶占有、交付、使用或收益；（3）船舶买卖协议，或有关船舶所有权、占有、使用或收益协议；（4）任何抵押、船货抵押（hypothecation）、留置权、质押或其他船舶的债务负担，或者任何冒险押船贷款或货船抵押贷款协议（respondentia bond）；（5）由船舶所致或船舶所承受的损害，不论是否由于碰撞原因；（6）由船舶或船舶缺陷或与船舶使用有关的事由所致的死亡或人身伤害；（7）由船舶所运载或应该由船舶所运载的货物（包括船长、船上官员或其他海员的行李及其他个人所有物）的损失或损害，不论该请求是否产生于协议；（8）由船舶进行的货物运输，或此种运输的协议或与此种运输相关的协议；（9）集装箱或与集装箱有关的协议；（10）租船合同或者船舶的使用或租赁或运营，不论该请求是否产生于协议；（11）包括飞机救助在内的救助，救助报酬的分享和与救助财产或其他救助物有关的任何权利，及根据1996年《海难和救助法》产生的任何请求；（12）拖带或引航；（13）为船舶使用、维修、保护或维护而进行的货物供应或服务的提供；或通过飞机、船舶或其他工具所提供的相关服务；（14）向或从船舶运送人员或货物，或向在船舶上或自船舶下卸的人员提供的医疗或其他服务，或与此类人员相关的医疗或其他服务的提供；（15）船长、托运人、承租人、代理人或其他人为或代表船舶、船东或承租人所作的开付或支出；（16）委派充当或作为或未能作为下列角色而行事的人的酬劳，或所作付款或支付行为，或行为或疏忽：ⅰ.作为船舶或船载货物的代理人；ⅱ.租赁、买卖，或任何有关船舶或船载货物的协议，或有关船舶或第3条第5款所指财产保险协议方面的经纪人；ⅲ.有关上述事项的顾问或律师；（17）船舶的设计、建造、修理或安装；（18）船坞费、港务费或其他类似费用；（19）船长、船上官员或海员的雇佣，包括此类人员的酬劳，有关向此类人员养老基金、福利备用基金、医疗救助基金、救济基金及其他类似基金，与船长、官员或海员有关或为其利益而成立的社团或机构的

① The only amendment has been in 2001, when the definition in section 3 (1) of “Limitation Convention” was amended to reflect the amendment of the 1976 Limitation Convention by the 1996 protocol.

捐助；（20）共同海损或主张为共同海损行为的任何行为；（21）海上保险或海上保险单；（22）船舶或船载货物的没收，或者被没收船舶或货物的归还；（23）船东的责任限制或者有权主张类似责任限制的任何其他人的责任限制；（24）为拥有海事管辖权或此类法院的官员所掌管或按其指示进行的基金的分配；（25）海事优先权；（26）由于石油或其他船舶上或从船舶排放的物质所致的海洋污染；（27）有关海事请求的判决或裁决；（28）有关或涉及第3条第5款所指的任何财产的不当或恶意诉讼、扣押；（29）涉及第3条第5款所指财产或任何船舶上人员的海盗、破坏或恐怖行为；（30）不隶属上述各段所列事项的而在本法实施之前为1890年《殖民地海事法院法》所指的海事法院有权行使管辖权的任何事项，或现在的海事法院有权行使管辖权的任何事项；（31）根据其性质或客体为海事或海商事项的任何其他事项；（32）涉及或产生于与上述所列任何事项，包括为确立管辖权而进行的财产扣押、担保的提供或解除，以及利息支付在内的附属事项有关的任何请求的责任分担、补偿或损害赔偿。

《海事管辖权调整法》所列举的32类海事请求囊括了1952年扣船公约以及其他国际立法中所有类型，而“一揽子条款”（a catch-all provision）则赋予海事法院对依其性质或客体为海事或海商事项的任何事项行使管辖的权力。

《海事管辖权调整法》还就某一诉讼事项是否是有关海事请求事项问题的判定机构作了规定。其第7条第2款规定，在省或地区法庭，包括最高法院巡回地区法庭进行的诉讼中，当产生在该法庭进行诉讼的事项或待决事项是否是有关海事请求事项的问题时，该法庭应就该问题作出裁定，如果裁定该事项是有关海事请求的事项，其则应该由有权行使海事管辖权的法院进行诉讼，而任何为确立管辖权而加以扣留的财产应视为业已扣留。

3.加拿大

加拿大《联邦法院法》第22条第2款为更加明确起见而就海事管辖权客体的类型作了列举：（1）船舶物权、占有或所有权，或其中任何利益的请求，或有关船舶出售所得或其中任何利益的请求；（2）在船舶共有人之间产生的涉及船舶占有、使用或收益的任何问题；（3）与船舶按揭、船货抵押、船舶上债务负担或其中任何利益，或者具有以船舶或其中任何利益或货物作为担保物的冒险押船贷款或货船抵押贷款性质的任何债务负担相关的任何请求；（4）由船舶在碰撞或其他场合所致的死亡或人身伤害的赔偿请求；（5）船舶所受损失或损害，包括在船舶上或在船舶装载或从船舶卸载的货物或属具或其他任何财产损害或损害的任何赔偿请求；（6）基于根据联运提单或意欲签发的联运提单进行货物运输的协议，就运输中任何时空所发生的货物损失或损害所提出的任何请求；（7）与船舶运营有关的死亡或人身伤害的赔偿请求，包括因船舶、属具或设备缺陷，船东、承租人、占有或控制船舶的人，或船长或海员以及包括船东、承租人或占有或控制船舶的人对其不当或疏忽或懈怠负责的任何其他人的不当行为、疏忽或懈怠所致的死亡或人身伤害的赔偿请求。不当行为、疏忽或懈怠行为包括管船，货物的装载、运输、卸载，人员的上船运输或下船中的行为；（8）船载货物损失或损害的赔偿请求，包括旅客行李或私人财物的损失或损害的赔偿请求；（9）产生于涉及货物运输或船舶租用协议的请求；（10）因救助而产生的请求，包括在飞机如同船舶时对飞机上人员、货物或财产进行的救助或由飞机进行的救助而产生的请求；（11）关于船舶拖带或在飞机在水上时有关飞机拖带所产生的请求；（12）关于船舶引航或在飞机在水上时有关飞机引航所产生的请求；（13）与为船舶运营或维护而向船舶提供的货物、物质或服务有关的请求，包括涉及码头装卸和驳运有关的请求；（14）产生于有关船舶建造、修理或安装合同的任何请求；（15）船长、船上官员或海员就工资、钱款、财产或由于雇用所产生其他酬劳或利益而提出的请求；（16）船长、承租人或船舶代理人就为船舶利益而作的支出，或托运人就为船舶利益所作的预付款而提出的请求；（17）有关共同海损分配的请求；（18）产生于或与海上保险相关的任何请求；（19）因码头费、港务费或运河通行税，包括所提供的有关设施的使用费而产生的请求。

然而，《联邦法院法》第22条第2款仅为例示性列举。该条第1款规定，除对管辖范围另作具体规定外，法院对根据加拿大海事法或涉及航运和海上运输事项的其他法律而提出法律补救或救济请求的所有案件拥有并行初审管辖权。这意味着初审管辖权扩及至航运和海上运输的联邦政府宪法性权力范围内的所有事项，在不限制第1款一般适用性的前提下，第2款出于更大程度的确定性之考虑而列举了具体的管辖事项。[①]可见，与1952年《扣船公约》和英国的海事请求不同，加拿大的海事请求是开放的，而不是封闭的。[②]

4.新西兰

新西兰1973年《海事法》第4条第1款赋予高等法院和地区法院对下述请求的海事管辖权：（1）船舶占有或所有或者其中之部分所有权的请求；（2）船舶共同所有人之间产生的有关占有、使用或收益的请求；（3）涉及船舶或其中之任何部分抵押或债务负担的请求；（4）由船舶所致损害赔偿请求；（5）由船舶所承受之损害赔偿请求；（6）由船舶、属具或设备缺陷，或者船东、承租人或占有或控制船舶的任何人的不当行为、疏忽或懈怠，或者由船东、承租人或占有或控制船舶的人负责的船长或海员或任何其他人的不当行为、疏忽或懈怠，包括航行和管船不当行为、疏忽或懈怠，货物装卸、运输或卸载及人员上船、运送和下船的不当行为、疏忽或懈怠所致死亡或人身伤害的赔偿请求；（7）

① See Report No 33 (Civil Admiralty Jurisdiction 1986) of the Australia Law Reform Commission, para.194.

② 参见威廉·台特雷：《国际海商法》，第358页。

船载货物损失或损害赔偿请求；（8）有关货物运输或船舶使用或租赁协议所产生的请求；（9）具有海上救助性质的请求，包括为救助船舶或飞机上人命或根据《海上运输法》或其他有关救助的海事规则而为保存其货物、属具或残骸而提供的救助服务方面的请求；（10）有关船舶或飞机拖带方面的请求；（11）有关船舶或飞机引航方面的请求；（12）有关为使船舶运营或维护而向船舶提供的货物、物质或服务方面的请求；（13）有关船舶建造、修理或设备安装以及码头、港务费方面的请求；（14）船长、海员关于工资的请求，以及根据1994年《海上运输法》可作为工资取得或像取得工资那样的方式取得的钱款或财产的请求；（15）船长、承租人、代理人为船舶利益计而所作开支的请求；（16）由共同海损行为所产生的请求；（17）由冒险押船贷款所产生的请求；（18）关于船舶或船载货物没收或征收，被没收船舶或货物的归还以及海军夺获敌国财产权的请求。

对于未被明示列举的事项，《海事法》采用了与其他英联邦国家相同的剩余条款这一法技术。该条第2款规定，除本条第1款所具体确定的管辖事项外，高等法院继续拥有在本法实施之前赋予其的其他海事管辖权，在行使其海事管辖权时，其还拥有由其他法令所赋予的与船舶或飞机相关的海事管辖权。

（三）美国海事诉讼管辖客体的范围

在美国，作为海事管辖权客体的海事请求主要包括因下列原因而产生的海事请求：①

1．因海商合同而产生的请求。自Delovio诉Boit案始，美国法院一直判决，是争议合同的性质（不是在海上或潮汐水域的合同成立地）决定了海商与非海商的特征。因此，争议是否涉及这样的合同，便可以在海事审判中得到辨别。现在仍然如此，而且“保护海上贸易”已经成为海商合同管辖权的主要目标。海商合同以案例为基础进行分析，在司法先例的指引下，以明确其是否直接或间接地与船舶的操作或航行有关。有些混合性质的合同，同时具有海商与非海商的特征，通常属于海事管辖权的范围之内，只要（1）索赔产生于对海商义务的违反，而且这种海商义务可以和合同的其他部分相分离而不造成损害；（2）合同的非海商部分仅是海商部分的附属部分，既非海商部分与海商部分仅存在附随和可分离关系。如果非海商部分不可分离的，海事管辖权通常会被拒绝。在美国，以下事项已经得到确认：向船舶提供必需品的合同、租船合同、码头协议、船舶舱位合同、货物运输合同、包运合同、码头搬运合同、旅客运输合同、海上保险合同、引航合同、拖带合同、船员雇佣合同、岸上货物仓储合同、集装箱买卖合同、保证合同、代理和转代理合同、船舶买卖合同。这些合同一般意义上都在海商合同管辖权的范围

① See M.M.Cohen, Admiralty Jurisdiction, Law, and Practice (1993), pp.26–35.

之内。[①]

2．海事侵权行为所产生的请求。属于联邦海事管辖的侵权请求必须满足两大条件：场所及与海事活动的联系。场所标准要求侵权行为发生在可航水域或在陆上所承受的伤害须由船舶在可航水域所致。而联系标准首先要求法院评价所涉事件的一般特征以确定事件是否对海事商业具有潜在的破坏性影响；其次得确定产生事件的行为的一般性特征是否显现与传统海事活动的实质性联系。[②]海事侵权包括因碰撞引起的伤害，或因碰撞引起可航水域的船舶或货物的财产损害；因船舶引起的任何损害，不论此项损害是否发生在陆上；旅客、船员和任何其他人在可航水域的船上发生的人身伤害等。[③]

3．因其他事由而产生的请求。主要包括意外死亡；海上救助；共同海损分摊；海员在服务期间受伤；船舶所有人责任限制；取消优先船舶抵押权的回赎权；冒险押船贷款或船货抵押冒险借贷；非法占有或扣押船舶的归还等。[④]

4．尚无定论的请求。由于海事活动而产生的准合同请求；发生在可航水域但与海事无关的侵权行为产生的请求；与航运业务有间接关系的侵权行为产生的请求；产品责任产生的请求。[⑤]

5．不属于海事管辖范围的请求。主要包括船舶建造合同产生的请求；租船合同中间人费用给付产生的请求；为入坞而非航行的船舶提供服务产生的请求；取消抵押船舶回赎权产生的请求；"人工岛屿"——钻井平台上发生的人身伤亡索赔请求等。[⑥]

上述所列各项，并非包罗无遗。概而言之，联邦法院的海事管辖权上至侵权下至合同均包括在内。但某些判例所确定的管辖权界限的错误性十分明显，若干与海运密切相关的活动因其被认为仅是给海运提供准备性工作而被判定不属于海事管辖，例如将船舶建造合同也排除在海事管辖范围之外。法院在明示合同的情况下享有管辖权，但却排除在同一方面所产生的准合同请求的管辖，这就使法院有失众望，不能在有必要正当行使独立管辖的范围内给予完全公平合理的对待。另一方面，若干当代法院判决有些离谱。有的判决认为飞机在可航水域发生坠落，海上冲浪发生的灾难事故或内陆湖泊上发生的汽艇事故等均应属于海事管辖的范围。幸好最高法院驳回了这些案件的判决，认为这类案件不属于海事管辖。[⑦]

① 威廉·台特勒著，张永坚等译：《国际海商法》，法律出版社2005年版，第351页。

② See David J. Bederman, op.cit., pp.206–211. 同时参见威廉·台特勒著，张永坚等译：《国际海商法》，法律出版社2005年版，第351页。

③ 参见G.吉尔摩和C.L.布莱克，上引著，第16页。

④ 参见G.吉尔摩和C.L.布莱克，上引著，第16—17页。

⑤ 参见G.吉尔摩和C.L.布莱克，上引著，第17页。

⑥ 参见G.吉尔摩和C.L.布莱克，上引著，第17页。

⑦ 参见G.吉尔摩和C.L.布莱克，上引著，第18页。

（四）我国海事法院管辖客体范围的扩张

按照《海事特别程序法》及有关司法解释之规定，我国海事法院对由任何海事事项所产生的海事请求拥有管辖权。这些海事事项涉及海事物权、海事侵权、海事合同、海难救助、共同海损、海事执行、海事保全措施的实施、海事行政管理等广泛的方面。[①]最高法院2001年《关于海事法院受理案件范围的若干规定》(以下简称《〈若干规定〉》)根据现行立法和国际公约，参照国际习惯做法，在总结我国海事审判实践经验的基础上，就具体的海事管辖客体作了明确规定。而2008年最高法院颁布的《民事案件案由规定》对海事案由进行细化、补充和完善。[②]

1. 海事侵权纠纷案件

海事侵权纠纷有三大类：船舶碰撞损害赔偿纠纷；船舶触碰海上、海底、空中、通航水域、港口的设施或者其他财产的损害赔偿纠纷；其他海事侵权纠纷。[③]具体言之，包括:(1)船舶碰撞损害赔偿案件，包括浪损等间接碰撞的损害赔偿纠纷案件。(2)船舶触碰海上、通海水域、港口及其岸上的设施或者其他财产的损害赔偿纠纷案件，其中包括船舶触碰码头、防波堤、栈桥、船闸、桥梁以及触碰航标等助航设施和其他海上设施的损害赔偿纠纷案件。(3)船舶损坏在空中架设或者在海底、通海水域水下敷设的设施或者其他财产的损害赔偿纠纷案件。(4)船舶排放、泄漏、倾倒油类、污水或者其他有害物质，造成水域污染或者他船、货物及其他财产损失的损害赔偿纠纷案件。(5)海上或者通海水域的航运、生产、作业或者船舶建造、修理、拆解或者港口作业、建设，造成水域污染、滩涂污染或者他船、货物及其他财产损失的损害赔偿纠纷案件。(6)船舶的航行或者作业损害捕捞、养殖设施、水产养殖物的赔偿纠纷案件。(7)航道中的沉船沉物及其残骸、废弃物，海上或者通海水域的临时或者永久性设施、装置不当，影响船舶航行，造成船舶、货物及其他财产损失的损害赔偿纠纷案件。(8)船舶在海上或者通海水域进行航运、作业，或者港口作业过程中的人身伤亡事故引起的损害赔偿纠纷案件。(9)非法留置船舶、船载货物和船舶物料、备品纠纷案件。(10)其他海事侵权纠纷案件。其中对于陆上污染源导致海域污染案件的管辖问题，有学者认为，此类案件不包括在“其他海事侵权纠纷案件”之列。[④]

① See K.X.Li, Maritime Jurisdiction and Arrest of Ships Under China's Maritime Procedure Law (1999), (2001)32 Journal of Maritime Law & Commerce, p.659.

② 2008年《民事案由规定》仅在“海事海商纠纷”部分就列举了四十六种案由，在其他部分还列举了不少案由。

③ 参见邢海宝，上引著，第32页。

④ 参见邢海宝，上引著，第33页。

2. 海商合同纠纷案件

此类案件包括:(1)海上、通海水域货物运输合同纠纷案件，其中包括远洋运输、含有海运区段的国际多式联运、沿海和内河运输，以及水水联运、水陆联运等水上货物运输合同纠纷案件。(2)海上、通海水域旅客和行李运输合同纠纷案件。(3)船舶经营管理合同纠纷案件。(4)船舶的建造、买卖、修理、改建和拆解合同纠纷案件。(5)船舶抵押合同纠纷案件。(6)船舶租用合同纠纷案件，其中包括光船租赁(含租购)、定期租船、航次租船合同纠纷案件。但船舶租用合同是否包括其他海上移动式装置租用合同，从目前立法和司法解释看，尚不明确。[①](7)船舶融资租赁合同纠纷案件。(8)沿海、通海水域的运输船舶的承包合同纠纷案件。(9)渔船承包合同纠纷案件。(10)船舶属具和海运集装箱租赁、保管合同纠纷案件。(11)港口货物保管合同纠纷案件。(12)船舶代理合同纠纷案件。(13)与海上或者通海水域的船舶运输有关的货运代理合同纠纷案件。(14)船舶物料、备品供应合同纠纷案件。(15)船员劳务合同纠纷案件。(16)海难救助、海上打捞合同纠纷案件。(17)拖航合同纠纷案件。(18)海上保险、保赔合同纠纷案件，其中包括水运货物保险、船舶保险、油污和其他保赔责任险、人身保险、海上设施保险、集装箱保险等合同纠纷案件。(19)海上、通海水域运输联营合同纠纷案件。(20)与船舶营运有关的借款合同纠纷案件。(21)海事担保合同纠纷案件。(22)其他海商合同纠纷案件。

3. 其他海事海商纠纷案件

此类案件包括:(1)在海上或者通海水域、港口的运输、作业(含捕捞作业)中发生的重大责任事故引起的赔偿纠纷案件。(2)港口作业纠纷案件。(3)共同海损纠纷案件。(4)海洋开发利用纠纷案件，其中包括对大陆架的开发和利用(如海洋石油、天然气的开采)，海水淡化和综合利用、海洋水下工程、海洋科学考察等纠纷案件。(5)海运欺诈纠纷案件。(6)海事行政案件。(7)海事行政赔偿案件。(8)申请认定海事仲裁协议效力的案件。(9)申请撤销海事仲裁裁决案件。(10)申请认定海上或者通海水域财产无主的案件。(11)申请无因管理海上、通海水域财产的案件。(12)申请因海事事故宣告死亡的案件。(13)海事请求保全案件，包括海事请求权人为保障其海事请求权的实现，在诉讼前申请扣押船舶、船载货物、船用物料及备品、船用燃油的案件，以及在诉讼前申请冻结、查封财产的案件。(14)因申请海事请求保全错误或者请求担保数额过高引起的损害赔偿纠纷案件。(15)海事强制令案件。(16)海事证据保全案件。(17)因错误申请海事强制令、海事证据保全引起的损害赔偿纠纷案件。(18)海事支付令案件。(19)海事公示催告案件。(20)设立海事赔偿责任限制基金案件。(21)海事债权

① 参见邢海宝，上引著，第34页。

登记、受偿案件。（22）与海事债权登记相关的确权诉讼案件。（23）船舶优先权催告案件。（24）法律规定由海事法院受理的和上级人民法院交办的其他案件。

4. 海事执行案件

此类案件包括：（1）申请执行海事法院及其上诉审高级人民法院和最高人民法院就海事请求作出的生效法律文书的案件。（2）海洋、通海水域行政主管机关依法申请强制执行的案件。（3）依据1958年《承认及执行外国仲裁裁决公约》的规定，申请承认、执行外国仲裁机构海事仲裁裁决的案件。（4）申请执行公证机关确认的与船舶和船舶营运有关的债权文书的案件。（5）依照我国与外国签订的司法协助协定，或者按照互惠原则申请承认和协助执行外国法院裁决的海事海商案件。

与原受案范围比，新受案范围有了很大突破。按此规定，凡发生在海上、沿海、通海可航水域及其港口与船舶和航运有关的一审海事海商案件，均由海事法院受理。不仅案件种类大量增加，而且充实了原受案范围条文，扩大了其内涵。更为重要的是，规定海事法院管辖海事行政案件，这不仅体现了专业性强的案件由专门法院审理，有利于提高办案质量，而且理顺了管理体制，可有效防止海事行政主管机关干扰审判。该规定还将海事管辖权赋予海事法院及其上级法院，并对各类海事海商案件的管辖均作出规定。尤为关键的是，根据WTO规则的透明度原则，对原有海事案件受案范围兜底条款中的新类型案件应予列明并公布。①当然，《若干规定》尚有不够详细，操作中易生分歧等缺陷。一些宜由海事法院管辖的事项并未被明示纳入。②

第二节　海事请求的实现方式

在英美法系国家，对人诉讼与对物诉讼是主张和实现海事请求的两种基本方式。然而各国海事管辖权立法并未指明其基本特征以及相互关系。③

一、对人诉讼与海事请求

在海事法中，属于海事管辖范围的任何海事请求均可通过对人诉讼予以实现。然而有的海事请求只能通过对人诉讼予以实现。在英国，以下海事请求只能通过对人诉讼

① 参见2001年9月19日《中国青年报》。

② 参见张湘兰等，"'入世'与中国海运服务贸易法律制度"，载《武大国际法评论》（第一卷），武汉大学出版社2003年版，第237页。

③ See D.C.Jackson, op.cit., p.10.

实现：[1]

（一）船舶所承受损害赔偿请求（claim for damage received by a ship）

《最高法院法》第20条第1款第（a）项，第2款第（d）项规定，高等法院的海事管辖权包括对船舶所承受损害的赔偿请求权的管辖权。该请求的具体内容和依据取决于请求的法律定性，如侵权或合同或法定请求权等，《最高法院法》只是将船舶与损害联系在一起，从字面上看，其包括（a）对船舶损害的赔偿请求；（b）对货物损害的赔偿请求；（c）对船员私人财产损害的赔偿请求；（d）有关清洗甲板所致污染及间接损害方面的补偿请求。但Brandon J在The Jade案的初审时认为，由船东所提出的补偿请求属于该请求的范围之内，而由海员或货物所有人提出的赔偿请求则不属于该请求的范围。[2]因而所谓“船舶所承受损害赔偿请求”是指船东或对承受损害的船舶享有利益的其他人的赔偿请求，而不能扩及至由于此种损害的结果而承受损害的其他人的赔偿请求。如此解释得到上诉法院的支持。同时此请求也不包括由于船舶之间碰撞所致损害的赔偿请求。[3]因而，从使船舶承受损害的原因角度言，可以说，“船舶所承受损害赔偿请求”是指由船舶以外的诸如码头、浮标之类的物体致使船舶承受损害的得赔偿请求。其还包括由于设备缺陷致使船舶承受损害而向设备制造者提起的产品责任赔偿请求。[4]

依据1956年《司法管理法》，船舶所承受损害赔偿请求是提起对物诉讼的依据之一。而1981年《最高法院法》则采纳1976年The Jade案[5]中所表达的观点而将此作为对人诉讼的对象。在该案中，上议院对船舶所承受损害赔偿请求可否提起对物诉讼问题持否定立场，认为将这一事由纳入1956年《司法管理法》中的可提起对物诉讼的请求类型之内是错误的。Diplock勋爵主张，为发动对物诉讼，海事请求必须与船舶相关，而该船舶必须是按《扣船公约》规定的产生海事请求的可予扣押的特定船舶。就建立在船舶所受损害事实之上的请求而言，船舶是请求权人的船舶，其不能通过提起针对自己船舶的对物诉讼而启动海事管辖程序。不过，船舶所承受损害赔偿请求能否提起对物诉讼问题，在英国学界中并没达成统一的看法。

有学者对上述理由提出质疑，认为该理由首先忽略了船东与船舶承租人之间的诉讼。在该诉讼中，当事双方可能均希望将船舶作为对抗对方的武器而对船舶提起对物诉讼，这在对姊妹船提起对物诉讼并将其扣押场合尤为如此。此外，当船东在其船舶为其

① D.C.Jackson, op.cit., pp.73–74. See also Nigel Meeson, op.cit., p.68.

② See Nigel Meeson, op.cit., p.28.

③ (1974) 2 Lloyd’s Rep.188, p.194. (1976)1 Lloyd’s Rep.81.p.88. See also D.C.Jackson, op.cit., pp.51–52.

④ Nigel Meeson, op.cit., p.28.

⑤ (1976) 2 Lloyd’s Rep.1.

他人未经允许而占有时，也希望能对为违法者所拥有的船舶提起对物诉讼。因而就此种请求恢复对物诉讼绝不是纯粹的学术问题。①有不少学者也认为对物诉讼可适用于此类请求，理由是：(a) 建立在船舶所承受损害基础之上的请求与有关此损害的对物诉讼之间并不存在固有的不相协调性；(b) 将“与船舶有关”这一要件中的船舶理解为作为请求目标的船舶，将可能限制涉及姊妹船的救济；(c) 与船舶关联性这一要件可理解为排除有关货物或运费方面的对物诉讼；(d) 无论如何，对物管辖权可依据《最高法院法》中的总括性条款予以保留。②不过，如果总括性条款的效力及于对物管辖权，《最高法院法》未将此请求归入可提起对物诉讼的请求类型之列的遗漏本身就不具有任何效力。此外，该法中也并不存在禁止就此类请求提起对物诉讼的规定，而对此类请求的对物管辖权又属于1981年《最高法院法》实施之前的海事法院的管辖权范畴。③

而持相反意见的学者认为，这很难设想此种请求能够提起对物诉讼，因为这里并不存在对物诉讼所针对的财产。而如果属于此类请求的请求同时属于其他类型的能够提起对物诉讼的请求，则这种请求可归入其他请求之列。④至于《最高法院法》第20条第1款c项的总括性条款，Parker L.J. 在The Antonis P. Lemos案⑤认为其不包括对物诉讼，因为1981年法业已罗列了可提起对物诉讼的海事请求。尽管有学者认为总括性条款所指向的过去的海事管辖权不仅包括海事请求，而且包括强制执行该请求的诉讼类型，但从英国法与国际公约之间日益加强的协调性角度看，过去的海事管辖权的存续的事实，无论如何不意味着目前所明确列举的海事管辖权应根据过去的历史加以解释。⑥

不过在澳大利亚，法律改革委员会也认为，船舶所遭受损害的赔偿请求是一个业已确立的不适于使用对物诉讼方式的海事管辖客体类型。⑦

（二）1995年《商船运输法》项下的任何申请

根据《最高法院法》第20条第1款第（b）项，第3款第（a）项规定，高等法院对根据《商船运输法》向高等法院提出的、除依据1894年《商船运输法》第55条提出的有关委派人员以替代不能从事工作的人的申请以外的任何申请拥有管辖权。此类申请范围广泛，⑧但其与在1981年《最高法院法》中所具体规定的请求之间存在重叠现象，如工资请求权，其范围尚不明确。该类申请在1956年《司法管理法》中并未加以规定，其

① See D.C.Jackson, op.cit., p.22.
② D.C.Jackson, op.cit., pp.194–195.
③ D.C.Jackson, op.cit., p.51.
④ See Nigel Meeson, op.cit., p.68.
⑤ (1984) 1Lloyd's Rep.464, p.468.
⑥ D.C.Jackson, op.cit., p.21.
⑦ See Explanatory Memorandum of Draft Admiralty Bill 1986. See also s9 of Admiralty Act 1988.
⑧ See Nigel Meeson, op.cit., pp.55–56.

是根据法院规则或由于某些业务移转给海事法院之缘故而向海事法院提出。[①]

（三）碰撞诉讼请求

《最高法院法》第20条第1款第（b）项，第3款第（b）项规定，高等法院享有在执行由船舶之间的碰撞、在一船或多船情况下执行或疏于执行操作、一船或多船未遵守避碰规则等事件所致的损害赔偿、死亡、人身伤害赔偿请求诉讼方面的管辖权。第21条第1款规定，在受制于第22条的前提下，就属于高等法院海事管辖权范围之内的所有案件均可向高等法院提起对人诉讼。而根据第22条第1—2款规定，除非被告在英格兰或威尔士有惯常居所或营业所，或诉因发生于英格兰或威尔士的内水或港口范围内，或产生于相同事件或系列事件的请求在高等法院提起诉讼或已由高等法院审理或判决，或被告同意接受高等法院管辖，法院不能行使碰撞诉讼的对人管辖权。[②]如此规定是出于遵守1952年《碰撞公约》使然。[③]

（四）责任限制诉讼请求

此项请求的海事管辖权在《最高法院法》实施之前是根据法院规则行使。[④]《最高法院法》第20条第1款第（b）项，第3款第（c）规定，高等法院对船东或其他人根据《商船运输法》就其与船舶或其他财产相关的责任的限制提出的请求享有管辖权。而此种管辖权为对人管辖权，其行使依赖于不同于普通海事对人令状的具有特定格式的令状的送达。[⑤]

（五）基于总括性条款的海事管辖权所及的海事请求

1981年《最高法院法》第20条第1款第（c）项规定，高等法院的海事管辖权包括《最高法院法》实施之前的任何其他海事管辖权。这意味着1956年《审判管理法》本身和1956年法之后的法令所赋予的任何具体的海事管辖权，以及基于1956年法中的总括性条款而保留的任何海事管辖权依旧有效。而基于1956年法中的总括性条款而保留的海事管辖权包括高等法院在1875年所拥有的海事管辖权以及在1875年和1956年期间实施的法令所赋予的海事管辖权。[⑥]

如上所述，尽管有学者主张所谓1981年《最高法院法》实施之前的海事管辖权的保留不仅包括对海事请求，而且包括对强制执行该请求的诉讼类型的保留。因而基于总括性条款的海事管辖权所及的海事请求，既有可行使对物管辖权的请求，又有可行使对

① See RSC, Order 74, rule 1. See also D.C.Jackson, op.cit., p.73.
② See Christopher Hill, Maritime Law (1998, fifth edition), pp.101–102.
③ See Nigel Meeson, op.cit., pp.193–194. See also D.C.Jackson, op.cit., pp.73–74.
④ See D.C.Jackson, op.cit., p.74.
⑤ See Nigel Meeson, op.cit., p.236. D.C.Jackson, op.cit., pp.528–530.
⑥ See Nigel Meeson, op.cit., pp.57–58. See also D.C.Jackson, op.cit., op.cit., pp.22–23.

人管辖权的海事请求。但基于《最高法院法》第21条对可提起对物诉讼的海事请求类型的明示规定以及海事管辖立法的现代发展考虑，总括性条款所涉及的海事请求，除非可归入可提起对物诉讼的海事请求的类型范围，通过对人诉讼强制执行。①

二、对物诉讼与海事请求

对物诉讼是海事管辖权制度的基本特征之一，是仅存于普通法系海事法中的海事请求的强制执行模式和最有效方式。然而时至今日，对物诉讼制度尚未臻完善。②不过，与对人诉讼不同的，并非每一类别的海事请求均可通过对物诉讼强制执行，但没有一种海事请求只能通过对物诉讼强制执行。③在普通法系国家，对物诉讼的适用范围基本相同。

（一）英国对物诉讼适用范围的立法实践

1981年《最高法院法》虽然并没有明示规定只能就其所规定的海事请求类别可提起对物诉讼，但在英国法上，对物诉讼的适用限于《最高法院法》第21条规定可通过对物诉讼强制执行的那些海事请求。即只有以海事优先权或法定的对物权担保的请求，有关船舶抵押权或与船舶的占有和所有权有关的请求，才可以通过对物诉讼予以执行。④然唯有第20条第2款第（d）项所规定的有关船舶所承受损害的赔偿请求不适用对物诉讼制度，并且对可适用对物诉讼制度的每一类海事请求而言，对物诉讼的适用程度并不相同。⑤

该法第21条第2款规定，对于第20条第2款第（a）,（c）,（s）项所提及的任何请求，或在第20条第2款第（b）项所提及的任何问题，可向最高法院对与该请求或问题的产生有关的船舶或财产提起对物诉讼。同条第3款规定，当在船舶、飞机或其他财产上就请求之数额附有海事优先权或其他债务负担时，可向高等法院对船舶、飞机或财产提起对物诉讼。同条第4款规定，就第20条第2款第（e）—（r）项所提及的任何此种请求，当（Ⅰ）产生的请求与船舶相关；（Ⅱ）在对人诉讼中对请求负有责任的人（相关人），是在诉因发生时的船舶的所有人或承租人，或者占有或控制船舶的人，则（不论请求是否在船舶上产生船舶优先权）可向高等法院对下列船舶提起对物诉讼：（Ⅰ）该船舶，如果在诉讼提起时，该相关人或是该整个船舶的受惠所有人（beneficial owner of that ship as respects all the shares in it），或是光船租赁合同项下的船舶的承租人；（Ⅱ）任何其他

① See D.C.Jackson, op.cit., p.21.

② See D.C.Jackson, op.cit., pp.11–12.

③ See D.C.Jackson, op.cit., p.23.

④ 见威廉·台特雷:《国际海商法》，法律出版社2005年版，第355页。

⑤ See D.C.Jackson, op.cit., p.11.

船舶，如果在诉讼提起时，该相关人是该整个船舶的受惠所有人（beneficial owner as respects all the shares in it）。同条第5款规定，有关飞机的拖带或引航方面的请求，如果在诉讼提起时，飞机为在对人诉讼中对请求负有责任的人所受惠所有（beneficially owned），则可向高等法院对该飞机提起对物诉讼。

上述诸项规定，虽没有对对物诉讼予以定义，但在不同程度上揭示了可提起诉讼的资产（船舶或财产）以及资产与承担对人责任（liable in personam）的人之间的联系。① 尚须澄清的是第4款与第3款规定之间的关系。第21条第4款规定旨在实施1952年布鲁塞尔《扣船公约》，因而在解释其意义时，不仅需要参考《扣船公约》本身，而且还应考量准备性文件和会议记录。② 从表面上看，第4款规定对法院的海事管辖权产生限制性效果，并删除由第3款所授予的不适格权利。因为第3款规定拥有海事优先权的原告能对附有海事优先权的船舶提起对物诉讼，而不论其所有权状况的变化。而第4款中的括号内容“不论请求是否在船舶上产生海事优先权”似乎表示如果船舶在诉因发生后与起诉令状签发之前易手，原告不能对船舶提起对物诉讼。但实际上，第4款规定是扩大而非限制对物诉讼管辖权。两款规定必须分开加以解释，因而拥有海事优先权并满足于对该船舶提起诉讼的条件的原告，可根据第3款规定提起对物诉讼；而只有当原告不拥有海事优先权，或不论其是否拥有海事优先权而试图对与所产生的诉因相关的船舶以外的其他船舶提起诉讼时，第4款规定始开始运作。③ 因此，英国海事法权威D.C.Jackson教授结合第21条的各项规定及第20条第1款第（c）-（d）之规定，将能够通过对物诉讼强制执行的海事请求分为三大类：第一类为《最高法院法》第21条第2款、第20条第2款第（a）-（c），（e）-（s）项所规定的海事请求；第二类为附有任何海事优先权或其他债务负担的海事请求；第三类为基于《最高法院法》第20条第1款第（d）项的未来海事管辖权条款而未来可能通过对物诉讼强制执行的海事请求和现仍有争议的基于第20条第1款第（c）项的总括性条款而在《最高法院法》实施之前的可通过对物诉讼强制执行的任何其他海事请求。④ 而此三类请求依据作为对物诉讼对象的“物”的不同特点，或者说根据提起对物诉讼的不同条件又可细分为四类：⑤

---

① See D.C.Jackson, op.cit., p.193.

② See Dicey & Morris, op.cit., pp.442–443. See also D.C.Jackson, op.cit., pp.203–204.

③ See Christopher Hill, op.cit., p.109.

④ See D.C.Jackson, op.cit., pp.11, 24, 193, 204. 总括性条款与对物诉讼之间的关系已在上有所论述。

⑤ See Nigel Meeson, op.cit., pp.70–81.

1. 无须考虑所有权关系而可对“相关财产”（relevant property）提起对物诉讼的请求

对于此类请求，可直接对与所产生的请求有关的“船舶或其他财产”提起对物诉讼，而不论在提起诉讼时由谁享有这些“物”的所有权，也不论是谁在对人诉讼中对请求负有责任，因而此类请求被视为真正的对物诉讼请求。此类请求又可分为：①通过对相关财产提起对物诉讼而强制执行的请求；②在相关财产上附有海事优先权或其他债务负担的请求。①

（1）通过对相关财产提起对物诉讼而强制执行的请求

此类请求由《最高法院法》第21条第2款规定。对于第20条第2款第（a），（c），（s）项所提及的任何请求，或在第20条第2款第（b）项所提及的任何问题，可向最高法院对与该请求或问题的产生有关的船舶或财产提起对物诉讼。其包括：

①船舶占有或其全部或部分所有之请求［第20条第2款第（a）项］

该种请求可依诉人或诉物方式进行。在有关占有请求场合，对物诉讼是一项极其有益于原告的救济。正如Abbott C.J.在Re Blanshard案②中所言，该权力对原告具有高度的受益性，因为除非启动对物诉讼，否则船东在许多场合将招致严重损害，并且没有可资使用的救济。当今，对物诉讼适用于有关船舶占有的所有问题，而不论船舶国籍，或船东的住所或居所。③如果光船租赁发生争议，也属于这一类别的对物诉讼。由于光租不同于期租、承租，通过租船人雇用船长，该船舶的占有者实为租船人而不是船东。因此，如果光租租船人不支付租金，或是其他方面毁约，导致船东要取回该船舶，除非租船人合作，否则在该船营运港口进行对物诉讼是一项非常有效的措施。④

②发生于船舶共有人之间有关船舶占有、使用或收益问题的请求［第20条第2款第（b）项］

历史上，船舶共有者一般被视为是共有租借人（tenants in common）而非合伙人，高等海事法院对船东之间纠纷行使例外管辖权以阻止部分船东实施有害于其他船东权益的行为。而当今，共有者之间关系通常由合伙或管理合约调整。

在船舶共有人之间所产生的涉及船舶运营的典型问题即是多数船舶共有人违背少数船舶共有人的意志而试图使船舶从事某一特定的航程，或者相反，少数共有人控制着船舶而违背多数共有人的意志试图使船舶从事某一特定的航程。在前者场合，少数共有人通常提起限制诉讼（action of restraint）以阻止多数共有人的行为，在此类诉讼中，少数

① See Nigel Meeson, op.cit., pp.70–73. D.C.Jackson, op.cit., pp.24–50.

② (1828) 2 B. & C.249.

③ See Nigel Meeson, op.cit., p.23.

④ 参见杨良宜：《海事法》，第13—16页。

共有人通过扣押船舶迫使多数共有人提供与少数船东所享有的船舶利益相当的船舶安全返航的担保。而在后者场合，多数船东通常提起占有之诉。[①]此外，根据《最高法院法》第20条第4款规定，高等法院依据第20条第2款第（b）项所享有的管辖权包括解决与船舶有关的当事人之间未决的任何账目，和指令出售全部或部分船舶或发布其认为合适的其他命令的权力。[②]

③有关船舶全部或部分之抵押或债务负担（charges）的请求［第20条第2款第（c）项］

此类请求涉及所有抵押和债务负担，不论是否系登记的，也不论是法律的或衡平的，其还包括由外国法所创设的抵押和债务负担。所谓抵押是指转让财产权以作为债务之担保，以致于抵押人在交易后只保留合同性质的权利。债务负担是指债务人拨出动产以清偿债务，但不将担保物的绝对权、特别产权、占有权转移给债权人，而只给予债权人在担保的义务不履行时，向法庭要求把担保物变卖。[③] 1956年之前立法只提及抵押而并没有规定债务负担。而在1963年The St Merrie案和1965年The Acrux案中，Hewson J将债务负担解释为具有抵押性质的债务负担。[④]

④关于船舶或者船载或意欲船载货物没收或征用，没收船舶或货物之归还，以及海军夺获敌国财产权的请求［第20条第2款第（s）项］

在英国现有大量的涉及船舶征用和没收的成文条款。一般而言，在下述情况下，可没收船舶：英国船舶的船长或船东从事或准许从事隐瞒船舶国籍的行为；非英国国籍船舶的船长或船东从事或准许从事旨在使船舶被误认为英国船舶的行为；载于英国船舶上的货物转让给没有资格拥有的人或在没有颁布出售令时转让。至于货物，拥有海事管辖权的任何法院均可宣布没收装载于甲板上但未标示为危险货物的货物。此外，《关税和消费税管理法》中也存在许多有关货物没收的条款。[⑤]

（2）在相关财产（船舶或飞机或其他财产）上附有海事优先权或其他债务负担的请求（第21条第3款）

在英美法系国家，海事优先权是海事法中的特有概念，是海事管辖权制度的又一基本特征，其附着于有限数量的海事请求，通过扣押而得以强制执行，因而海事优先权是海事法中最强有力的担保利益。自船舶优先权产生之时起，其便与对物诉讼密切相关。《最高法院法》第21条第3款一方面将对物诉讼扩张至与海事请求相关的除船舶以外的

① See Nigel Meeson, op.cit., pp.24–25.

② See Nigel Meeson, op.cit., pp.26–27. See also Christopher Hill, op.cit., p.94.

③ See Nigel Meeson, op.cit., pp.27–28. 参见何美欢：《香港担保法》（上），北京大学出版社1995年版，第181—188页。

④ See Nigel Meeson, op.cit., p.28. See also D.C.Jackson, op.cit., p.47.

⑤ See D.C.Jackson, op.cit., pp.48–49.

其他财产，另一方面又将海事优先权作为对物诉讼的自成一类的理由，以别于建立在第20条所明示规定的请求之上的对物诉讼。①

①海事优先权的法律特征和基本性质

现代船舶优先权是在19世纪中叶随着对物诉讼制度主导地位的确立而开始产生发展起来的，是由法官为防止船东在船舶被扣押之前通过出售肇事船舶而逃避责任之虞所创设的能追及至新船东的一项法律制度。②然而给海事优选权下一个定义远比认识它来的困难。③其基本理论最早是在1851年The Bold Buccleugh案由枢密院加以阐述。在该案中，John Jervis爵士指出，"海事优先权源于大陆法规则。根据Tenterden勋爵的定义，海事优先权意指存在于物之上的通过法律程序而执行的一项请求或特权。Story大法官将该程序解释为对物诉讼程序，并认为当物上产生船舶优先权请求时，海事法院，并且只有海事法院才有资格通过对物诉讼强制执行该请求。此种请求或特权随物而追及至占有该物的任何主体。在请求或特权附着之时其是不完善的（inchoate），而当通过对物诉讼法律程序执行时其效力则溯及至最早附着之时"④因而按照枢密院的认定，海事优先权具有以下特征：其无须占有；其附着于物而不论该物是否出售给不知情的善意购买者；其在请求附着时是不完善的而在通过法律程序执行时则溯及至第一次附着之时；法律程序是对物诉讼程序，因而海事优先权只在海事法院得以强制执行；海事优先权或对物诉讼并不仅仅是迫使被告出庭应诉的一项程序设计。⑤而当代英国权威海事法学者D.R.Thomas则将海事优先权的法律特征描述为：其是一种特权性的权利主张或质押性的权利；它附着于海上财产之上；它是因对该财产提供了服务或因该财产造成了他人损害而产生；它在导致诉因产生的事件发生之时附于该财产之上；它通过对物诉讼程序行使。⑥为此，有学者认为，海事优先权的特征并不表示法律概念的系统创设，而表示由两个密切相关的因素，即从请求创设之日起即对购买者具有强制执行力和对其他债权人的优先效力相联接的特殊的诉因。⑦

关于海事优先权的性质，即它到底是实体权利还是程序权利问题，在英国国内也

---

① D.C.Jackson, op.cit.p.10.

② See Nigel Meeson, op.cit., Foreword. 有关海事优先权历史起源的理论观点可参阅李海，上引著，第157—158页。Christopher Hill, op.cit., p.120.

③ See Christopher Hill, op.cit., p.120. 参见李海，上引著，第139页。

④ See Nigel Meeson, , , op.cit., p.71.

⑤ See Report No 33(Civil Admiralty Jurisdiction 1986) of the Australia Law Reform Commission, para.14.

⑥ D.R.Thomas, Maritime Liens (1980), pp.12–15. 参见李海，上引著，第139—140页。

⑦ See D.C.Jackson, op.cit., p.25. See also Christopher Hill, op.cit., pp.102–103.

存在较大的争议，尽管曾有学者认为海事优先权是一种特殊财产权或他物权，[①]但在The Halcyon Isle案[②]中，枢密院五位大法官以微弱多数判定，海事优先权仅仅是一种程序性权利。该案在国际航运界引起强烈反响。学者对此褒贬不一。有位英国学者认为，英国这一做法与外国海事法院将海事优先权当作实体权利，进而适用其准据法的大趋势，形成强烈的反差。[③]

按照英国法，海事优先权产生三方面的效力：第一，海事优先权的权利人有权申请给予担保，使他将来取得的胜诉判决有可供强制执行的财产。此即为海事优先权项下的申请临时救济权。第二，受理海事优先权诉讼的法院管辖权。由于申请强制执行海事优先权使用对物令状，海事优先权从而即与对物管辖权和对物诉讼结合在一起。第三，海事优先权的权利人是优先债权人。这三方面问题在大陆法系国家一般规定在不同的法典中，但英国法缺乏这样的逻辑性，临时救济、管辖权与优先债权三者相结合，海事优先权一词从而也就统指海事优先权的三方面的表现，将救济权、管辖权与担保物权混为一谈。[④]

②海事优先权的客体

海事优先权客体是指海事法允许成立海事优先权的财产，或海事优先权人得主张其优先受偿权的财产范围。由于海事优先权主要以船舶为担保物来确保一些法定的特殊海事请求得以实现，担保物的财产范围及其交换价值，直接关系到其所担保的债权的受偿程度。然而哪些财产可成为海事优先权的客体则完全取决于各国海事法的规定。从早期各国立法来看，海事优先权的客体一般较广。1926年《统一海事优先权和抵押权若干法律规定的国际公约》既为其中一例。然而1967年和1993年同类事项的国际公约则将海事优先权的客体仅限于船舶本身。可以认为国际立法的发展趋势是海事优先权客体的财产范围在减少，并仅限于船舶本身，既不包括船舶的孳息，也不包括船舶的代位物。[⑤]而许多国家国内立法也将海事优先权的客体仅限于船舶本身。但英国《最高法院法》第21条第3款则将船舶、飞机或其他财产作为海事优先权的客体。而“其他财产”包括载货、运费和附属利益（accessories）。但如系海难救助请求则扩及适用于残余物。载货的海事优先权是冒险押船贷款或货船抵押贷款产生的。海事优先权附着于载货并不是由于该项财产与船舶之间有关联，而是因为它是作为独立的海事优先权的标的。[⑥]

① The Ripon City, Lloyd’s Law Rep.1897, p.226. See also Cheshire & North, op.cit., p.214. Christopher Hill, op.cit., p. 121.

② Lloyd’s Law Rep.1980, 2, p.332.

③ D.R.Thomas, op.cit., p.23. 参见李海，上引著，第144页。

④ See D.C.Jackson, op.cit., p.2. 沈达明，上引著，第527页。

⑤ 参见李海，上引著，第167页。

⑥ 参见李海，上引著，第153—154，165—167页。沈达明，上引著，第527—528页。

③附有海事优先权的请求

英国有关海事优先权的法律反映在判例之中。海事优先权与海事管辖权之间的联系和区别、海事优先权概念发展的相对较短的历史和法院对Lien一词的宽泛使用使得海事优先权请求与非海事优先权请求之间界线以及海事优先权请求的范围不易确定。但并不是所有可通过对物诉讼强制执行的海事请求均可附着海事优先权。现在一般认为海事优先权附着于由下述事项产生的有限的请求：海难救助；船舶所致的损害；海员工资；冒险押船贷款或货船抵押贷款（bottomry and respondentia）；船长工资和船长垫支（disbursement）。其中前列四项为在The Bold Buccleugh案中所肯定，最后一项则为法定类型。这些请求从其发生根据看分为两类：第一类即为根据某些合同或合同安排所产生。海难救助、海员工资、冒险押船贷款或船货抵押贷款、船长工资和船长垫支即属此；第二类即是由于某些侵权行为所产生，船舶所致的损害所生之请求便是。如此分类部分是出于认定的方便，但主要是为了易于解决它们之间的优先性问题。①除货船抵押贷款以外的所有这些请求也均规定在第20条之中，从而也可以根据第20条和第21条第4款规定得以强制执行。②

I.船舶所致损害所生之请求

船舶所致损害所生之请求可附着海事优先权在The Bold Buccleugh案得到肯定，并在1897年Currie v. M'Knight案中得到再次确认。上议院指出，当船舶如此鲁莽驾驶而给无过错船舶造成损害，受害船舶船东应该拥有针对肇事船舶主体的救济，而不限于针对其船东的对人请求，因为其可能对船舶并不享有实质性利益，并且可能没有给予适当赔偿的财力。这是一项合理和有益的规则。③

此类损害海事优先权的产生并不限于对船舶造成的损害，并且其只有在当船舶作为损害工具时方产生海事优先权。详言之，所谓船舶所致损害必须是第一，必须与船舶航行管理有关；第二，船舶必须是造成损害的工具；第三，受害对象必须是船舶以外的，并且“损害”不能是纯经济上损失。④因此，如果船员割断他船锚索，此类损害不产生海事优先权。⑤可产生海事优先权的船舶所致损害所生之请求范围较广。就船舶所致财产损害而言，其一般是指与船舶操作直接有关的、因侵权行为造成的财产损害，包括因船舶碰撞造成的他船的船舶、货物、港口、码头、航道设施等有体物的损害，但一般不包括本船所载货物、集装箱、旅客行李物品等的损害，及因油污、核物质与其他有毒

① See Chorley & Giles, op.cit., pp.71–72.

② See D.C.Jackson, op.cit., p.25. Nigel Meeson, op.cit., op.cit., p.71.

③ (1897) A.C.97. D.C.Jackson, op.cit., p.32.

④ 杨良宜：《海事法》，第21—23页。

⑤ See Nigel Meeson, op.cit., p.32.

物质的混合物造成的损害。而就人身伤亡而言，一般来说，不论事故发生在船舶航行中（如碰撞）或是停泊中（如装卸作业中），也不论受害人是在水上或是陆上，而且受害人既可为船员、旅客、装卸工人，也可以为其他人。但一般不包括因油污、核物质与其他有毒物质的混合物造成的人身伤亡。①

II.救助服务所生之请求

救助服务所生之请求是指为救助或帮助救助特定的处于危险之中的救助标的而非基于既存合同或法定义务或自我利益保护所实施的服务所发生的请求，包括为救助船舶或飞机上人命，或为保护货物、属具或残存物、运费所提供之服务所产生的请求。但不包括由于救助人在救助作业中的疏忽所产生的针对救助人的请求，救助人基于船东未竭尽全力从货物所有人处获得担保而针对船东所提出的请求，以及归属第20条第2款第（g）-（h）项的请求。②救助服务所生之请求产生海事优先权，此优先权是建立在由服务所致利益基础上，除人命救助外，优先权附着于由于救助服务而带来利益的财产之上。③

III.海员工资请求

海员工资请求在船舶和运费上产生海事优先权，但不能在货物上产生优先权。而该优先权并非基于合同而基于海员为船舶所提供的服务。④海员（seaman）是指除船长和引航员之外的在船舶上以各种资格行事的人员。除普通意义上海员外，下列人员也可提出工资请求：船上医生、会计员、船上木工、水手长、厨师和炊事服务员、学徒、码头工人以及船舶停泊时仓库管理员。然而《最高法院法》第20条则使用member of the crew以替代seaman。而工资包括船东应支付的基本工资、超时工资、税金、国家或医疗机构保险支出、奖金、伙食津贴、不合法辞退损害赔偿、离船至遣送回家期间工资、遣送船员回家费用、船员工会会费以及其他在雇用合同内的福利。⑤在1998年CIL Hernandez and Guincho Crewing Agency v.Tariddu案中，英国法院判定直接由船东付给船员管理公司的70%工资也属此类。如此判决对发展中国家十分重要。因为今天提供船员的诸如中国、菲律宾等国家为了保证外汇，都要求一部分工资必须直接汇入该国而非直接付给船员。⑥

① See D.C.Jackson, op.cit., pp.31–35. 李海，上引著，第171–172页。但1995年英国商船法也把油污责任包括在内。参见杨良宜:《海事法》，第22页。

② See Nigel Meeson, op.cit., pp.36–39. Christopher Hill, op.cit., p.98.

③ See D.C.Jackson, op.cit., pp.28–29.

④ See Nigel Meeson, op.cit., p.44.

⑤ See Christopher Hill, op.cit., p.100. D.C.Jackson, op.cit., pp.35–38. Nigel Meeson, op.cit., pp.42–46.

⑥ 参见杨良宜:《海事法》，第33—34页。

海员工资请求海事优先权的效力受工资支付方式变化的影响。传统上工资按每一航程支付，优先权即在应支付工资之时产生，而现在的合同常约定每月支付，从而使海事优先权的发生时间也相应发生变化。①

IV.船长工资和垫支（disbursement）

船长工资请求海事优先权为成文法所创设。其与海员工资请求海事优先权问题相同。至于垫支，尽管《最高法院法》第20条第2款第（p）项规定船长、托运人、承租人或代理人就为船舶利益计所作的垫支请求。但只有船长垫支请求方产生海事优先权。②现实中，船长垫支主要是船东拖欠港口代理的垫支，船东拖欠保险经纪人保费、海事律师为船东某船舶诉讼服务所欠费用以及船长非为船东而为承租人利益计所作的垫支不属此类。③

V.冒险押船贷款或货船抵押贷款

冒险押船贷款是筹资的一种方式，现极为少见。冒险押船贷款交易以海事风险为基础，其为船长或船东提供了在船东信用无法获得经费但又需要经费场合通过贷款的给予而获得经费的方法。个人信用的缺乏、支付修理和完成航程所需装备费用的需要、源自风浪或事件的危难所致的紧急情势以及金钱的需要等因素使冒险押船贷款合同的执行成为必然。在冒险押船贷款合同项下，第一，船舶、货物和运费为担保物，而整个交易以担保为中心；第二，船舶无个人责任可言，冒险押船贷款交易有效的根本标准之一即是船东不能被认为有还款的责任；第三，还款取决于船舶的安全返航。一般而言，如果船舶未能返航，则无须还款，否则贷款人对船舶有请求权；第四，一个基本原则是如果船长意欲订立冒险押船贷款合同，其则必须努力与船东联系，否则担保无效。

货船抵押贷款是与冒险押船贷款平行的担保利益，但其只涉及货物，其所适用的原则与冒险押船贷款相同。④

④其他几类特殊的请求

在英国法中，能产生海事优先权的请求限于上述几类，但下列几类请求曾被建议归入海事优先权请求之列：第一，必需品（necessaries）；第二，拖带服务；第三，引航服务。有学者甚至将船舶造成港口码头等损害所生请求也排除在海事优先权请求之外。⑤

---

① See D.C.Jackson, op.cit., pp.37–38.

② 参见杨良宜:《海事法》，第34页。See Christopher Hill, op.cit., p.100. Nigel Meeson, op.cit., p.49. D.C.Jackson, op.cit., p.39.

③ 参见杨良宜:《海事法》，第35页。See also Christopher Hill, op.cit., p.100. Negel Meeson, op.cit., p.71.

④ See Nigel Meeson, op.cit., pp.51–52. See also D.C.Jackson, op.cit., op.cit., pp.40–41.

⑤ See D.C.Jackson, op.cit., pp.44–45.

⑤国际公约关于海事优先权所担保请求类型的规定

到目前为止，国际上先后出现过三个规范海事优先权的国际公约：1926年《统一海事优先权和抵押权若干法律规定的国际公约》、1967年《统一海事优先权和抵押权若干法律规定的国际公约》及1993年《海事优先权和抵押权国际公约》。就海事优先权所担保请求类型而言，由于受海事优先权担保的海事请求可优先于受船舶抵押权担保的债权而受偿，如何平衡特殊的海事请求人与船舶贷款人之间的利益问题，很早以前就已引起国际航运界的普遍关注，并且各国已经开始认识到应当尽量减少海事优先权担保的债权项目，以保障船舶抵押权人，即船舶贷款人合理的受偿地位。1926年公约将诉讼费、为债权人共同利益而发生的费用、港口规费、船长船员劳动报酬、救助报酬、船方共同海损分摊、清除碍航物、船舶在营运中直接造成的人身伤亡和财产损害、船长垫支等10项请求归为可担保请求类型，而1967年公约仅规定了其中几项，即船长和船员工资及其他款项；港口、运河及其他水道规费和引航规费；与船舶营运直接有关的人身伤亡；与船舶营运有关的财产损害；救助报酬、船舶残骸清除以及共同海损分摊的请求。而1993年公约规定的受海事优先权担保的海事请求项目则更少。可以说，如同客体范围日趋缩小，海事优先权所担保的请求范围和类型的不断减少是国际立法的发展趋势。[①]

⑥其他债务负担

《最高法院法》第21条第3款尚就在船舶、飞机或其他财产上附有债务负担的海事请求，规定可通过对物诉讼而予以强制执行。该条款来自于1956年《司法管理法》。在1963年The St Merriel案中，法院判定所谓“其他债务负担”并不比《商船运输法》中“船舶上的债务负担”意义更为宽泛。Hewson法官认为，很明显，“其他债务负担”虽然不归属于严格意义的海事优先权，但也无论如何没有如“与船舶有关的请求”那样宽泛。其也显然不是具有抵押性质的债务负担。其在英国法中，是指根据成文法等同于海事优先权的债务负担，而在外国法中，是指在该国家法律中用以担保类似于为英国法院所承认的附有海事优先权的请求的附在船舶之上的债务负担。[②]换言之，债务负担所担保的请求实质上是为英国法所承认的由海事优先权所担保的请求。从一个意义上讲，在该条文中附加“其他债务负担”之内容，实际上并无多大意义。[③]在The Ocean Jade案中，新加坡高等法院也判定在有关运费请求方面不能针对货物提起对物诉讼。船东对货物的占有留置权不能等同于《新加坡高等法院海事管辖权法》第4条第3款所指的“债务负担”。[④]

---

① 参见李海，上引著，第160—173页

② See Nigel Meeson, op.cit., p.73.

③ See D.C.Jackson, op.cit., p.45.

④ (1992)L.M.L.N.322 (karthigesu J.). See also Negel Meeson, op.cit., p.73.

其他债务负担也不包括修理费的“占有留置权”。船舶修理者有两大权利：作为普通法之产物的占有留置权和针对船舶提起对物诉讼的权利。而占有留置权的行使从属于任何海事优先权。如果船舶修理者由于失去对船舶的实际占有丧失占有留置权，则将使其仅拥有在受偿顺序上并无优势的针对船舶的对物诉讼权利。①

2. 受所有权考虑限制而可对“相关船舶”（relevant ship）提起对物诉讼的请求

对于此类请求，在满足一定条件下只能通过对与所产生的请求有关的船舶提起对物诉讼予以强制执行。根据《最高法院法》第21条第4款之规定，对相关船舶提起对物诉讼必须具备以下条件：第一，此类请求必须为第20条第2款第（e）-（r）项所提及的任何此类请求；第二，请求必须与作为对物诉讼对象的船舶有关，从而排除了与第21条第2—3款所提及的其他财产相关的请求；第三，在对人诉讼中对请求负有责任的人（相关人relevant person）必须是当诉因发生时的船舶的所有人或承租人，或船舶的占有人或控制人；第四，在对人诉讼中对请求负有责任的人（即该相关人）必须是当提起诉讼时该整个船舶之受惠所有人（beneficial owner of that ship as respects all the shares in it）或光船租赁合同项下的承租人。可见，根据该条款提起对物诉讼，必须满足在两个重要时间点上承担对人责任的人与与请求有关的船舶之间存在联系这一条件。而这种联系并没有出现在以海事优先权或第20条第2款第（a）-（c），（s）项所指请求为规范内容的第21条第2，3款条款之中。②

（1）“相关船舶”条款的历史考量

《最高法院法》基本反映了1952年《扣船公约》的英国转化法——1956年《司法管理法》。虽然英国业已批准了该公约，然而这并没有使英国法在除实质问题诉讼之外的扣押的获得以及有关请求的对人责任与与请求有关的船舶扣押之间的联系等方面与公约保持一致。这一现象的存在部分是由于在传统英国法中，允许扣船必然意味着将扣船作为其固有部分的对物诉讼的启动。由于在这两个方面并没有使公约的规定转化为国内法规定，从而在英国法中扣船与有关案件是非曲直的诉讼（action on the merits）之间的排他性关联现象依然继续存在。③1981年《最高法院法》草案虽曾试图将扣船与对案件实质问题的管辖权区分开来，但并没有取得成功。④

不过，1981年法将作为对物诉讼对象的船舶扩及至在提起诉讼时为负有对人责任的承租人所光租的船舶。就第20条第2款第（e）—（r）项请求而言，1956年法将对物诉讼与在令状签发时为船舶的使用者（user，如船东、承租人）的对人责任相联系，针

① See Christopher Hill, op.cit., pp.126–129.

② See D.C.Jackson, op.cit., pp.195–196.

③ See D.C.Jackson, op.cit., pp.196, 3–4. See also Christopher Hill, op.cit., p.106.

④ See D.C.Jackson, op.cit., pp.3, 196.

对与所产生请求相关的船舶的对物诉讼只有当对请求负对人责任的人在行使管辖权时为整个船舶之受惠所有人时方存在。在1970年The Andrea Ursula案[①]中，Brandon J.判定光租承租人不是法定要件意义上的受惠所有人。在1977年The I Congreso del Partido案[②]中，Goff J.认为受惠所有包括衡平所有权，不论其是否为法律所有权（legal ownership）所伴随。而在1979年 The Father Thames案[③]中，Sheen J.则认为光租承租人并不具备受惠所有人的条件。

就船舶扣押的资格而言，将负对人责任的人在诉讼提起时须为受惠船东作为对船舶提起对物诉讼的前提条件的做法，显然与1952年扣船公约相悖。实际上，扣船公约只是规定与所产生请求有关的船舶可以扣押，而不论对该请求由谁承担责任。其也没有提及诉讼提起时的所有权关系或任何其他联系。[④]

（2）请求的类别

《最高法院法》第21条第4款规定通过对相关船舶提起对物诉讼而加以执行的请求为第20条第2款第（e）-（r）项所提及的任何此类请求。按照英国海事法权威Nigel Meeson的观点，其具体包括：Ⅰ.有关由船舶或属具或设备的任何缺陷，或者下列人员，即船东、承租人，或占有或控制船舶的人，或者由船东、承租人或者占有或控制船舶的人对其不当行为、疏忽或懈怠负责的船长、船员或者其他任何人的不当行为、疏忽或懈怠所致死亡或人身伤害的任何赔偿请求；Ⅱ.有关船舶所载货物的损失或损害的赔偿请求；Ⅲ.源于有关货物运输或船舶使用或租赁的任何协议的任何请求；Ⅳ.关于船舶或飞机拖带服务的任何请求；Ⅴ.关于船舶或飞机领航服务的任何请求；Ⅵ.有关为船舶运营或维持而供给的货物或物质的任何请求；Ⅶ.有关船舶建造、修理或装备，或者有关船坞费的任何请求；Ⅷ.托运人、承租人或代理人就其为船舶利益所作垫支所提出的任何请求；Ⅸ.由共同海损行为所产生的任何请求。[⑤]

（3）对人联系（in personam link）时间点[⑥]

《最高法院法》将承担对人责任的相关人与与请求有关的船舶之间存在联系的时间点设定为诉因发生之时（when the cause of action arose）和诉讼提起之时（when the action is brought）。

---

① (1973) Q.B.265.

② (1978) 1 All E.R.1169.

③ (1979) 2 Lloyd's Rep.364.

④ See D.C.Jackson, op.cit., pp.196–198.

⑤ See Nigel Meeson, op.cit., pp.74–75.

⑥ See Christopher Hill, op.cit., p.106. D.C.Jackson, op.cit., p.198.

①诉因发生之时

诉因发生之时即是请求所依据的事件发生的时间。在这一时间点，假如提起对人诉讼，其中应负责任的人必须是船舶所有人、承租人、占有或控制船舶的人。因而如果船东应负对人责任，租船合同的存在不影响对物诉讼对象的船舶的责任及扣船。相反如果某人未经船东授权而占有船舶，这一要件仍能由于该人负对人责任而得到满足。但立法并未对“船舶所有人、承租人、占有或控制船舶的人”加以定义。

在1988年The Evpo Agnic案[①]中，Donaldson勋爵认为，所有人是指登记所有人而不包括不是登记所有人的受惠所有人。因为在有所有人和受惠所有人术语的成文法和扣船公约中，所有人等同于登记所有人。并且登记所有人也不同于出于船旗之考虑而予以信赖的所有人的登记。而承租人是指光船租赁人。占有或控制船舶的人是指诸如救助人之类的具有光船租赁人地位的人。但这种解释并未得到一致的认可。在1993年The OHM Mariana Ex Peony案[②]中，新加坡上诉法院认为在此背景下的受惠所有人是指有权出售、处分或让渡船舶的人。因而在融资安排项下，被告是受惠而非登记所有人，但他们是该条款项下的所有人。这一解释似乎更为明确，无论在成文法还是在扣船公约中，所有人应包括受惠所有人。[③]而在1982年The Span Terza案[④]中，上诉法院认为将承租人限于光船租赁人之解释，首先限制了本来明确的法定术语的意义，其次排除了本可提起对物诉讼的期租或承租承租人海事财产的对物责任。对于这种限制几乎不存在任何政策依据。[⑤]

②诉讼提起之时

诉讼提起之时是指令状签发（writ is issued）之时而非送达（service）之时。[⑥]在这一时间点上，相关人，即在对人诉讼中对请求负有责任的人必须是整个船舶之受惠所有人或者光船租赁合同项下的承租人。这一条件极大限制了在所提及的请求方面对物诉讼的获得。第一，如果船舶在请求产生后令状签发之前出售，该船舶就不得予以扣押。因为相关人已不是该船舶的受惠所有人。而令状签发之后的所有权的任何变化均与对物诉讼的获得无关。因而对原告而言，令状越早签发对其越有利。第二，对于共同所有的船舶，只有在全体共有人在对人诉讼中负有责任时，方可提起对物诉讼。[⑦]

（4）船舶之受惠所有人（受惠船东）

除不论所有权状况而可直接提起对物诉讼和对光租合同项下的船舶提起对物诉讼之

① (1988) 2 Lloyd's Rep.411; (1988) 3 All E.R.810.
② (1993) LMLN 361.
③ See D.C.Jackson, op.cit., p.198.
④ (1982) 1 Lloyd's Rep.225.
⑤ See D.C.Jackson, op.cit., p.198. See also Christopher Hill, op.cit., p.106.
⑥ The Carmania Ⅱ (1963) 2 Lloyd's Rep.152. See also Christopher Hill, op.cit., p.106.
⑦ See Christopher Hill, op.cit., p.106. D.C.Jackson, op.cit., pp.198–199.

外，法院有必要对对物诉讼所针对的船舶的受惠所有人加以认定，以便确定某一请求权人可否针对该船舶提起对物诉讼。然而有关受惠所有人的意义众说纷纭。①不过，为确定受惠所有人以满足对物诉讼的法定要求，在某些特殊案件中法院必须查明案件背后的真正的潜在的受惠所有人。然而这必然引发在何种程度上可以撇开船舶登记所有人以确定受惠所有人的问题。

I.公司船东——揭开公司的面纱

依严格意义上的英国法学理论，公司面纱（the corporate veil）为当事人提供充分实体保护，不论股东为谁，也不论公司所有权是否构成作为整体的公司结构的组成部分，公司成为权利人行使其权利的实在的法律障碍。在船舶为公司所有时，船舶的受惠所有人即为法人，而该法人本身是否为其他个人或法人受惠所有无关紧要。这一理论为单船公司（one-ship Company）现象的产生与发展起了重大的推动作用。②

然而，正如Robert Goff在 The I Congreso del Partido案中所言，从1981年立法所用术语清晰可见，议会并没有试图将调查范围限于认定登记所有人。③也就是说，基于英国成文法有关确定受惠所有人的要件，法院自身保留有在特殊场合调查受惠所有人、揭开公司面纱或表面的登记所有关系进行调查的自由裁量权。④而所谓“特殊场合”，依1998年The Tjaskemolen案判例⑤，法院只有在例外情况下，即涉及欺诈滥用（sham）时才有机会揭开公司的面纱。

II.长期融资安排协议项下受惠所有人的认定

船舶抵押、保单让与及租金（charter-hire）等传统船舶融资方式并不对船舶受惠所有关系的认定产生影响，受惠所有人显然是抵押借款人（mortgagor borrower）。然而，当融资安排采分期分批买卖，实际上即租购形式时，有人主张购买人是受惠所有人。一般而言，只有当融资安排协议能够通过特定强制履行（specific performance）予以强制执行时，该主张能够成立。而如果出卖人在货款未付时有权利废除合同，受惠所有权应仍属出卖者。不过，即使在特定强制履行救济能够获得场合，也并不可当然地认为船舶的受惠所有权发生转移。⑥

III.单船公司（one ship company）结构

单船公司结构是指这样一种海上商业实践：将作为一个船队加以管理或运营的、由

① See Nigel Meeson, op.cit., p.76.
② See D.C.Jackson, op.cit., p.199.
③ See Nigel Meeson, op.cit., pp.77–78.
④ See Christopher Hill, op.cit., p.112.
⑤ (1997) Lloyd’s Rep.465. 转引自杨良宜：《海事法》，第54页。
⑥ See The Despina Pontikos (1975)E.A.R. 38. See D.C.Jackson, op.cit., p.200.

一个共同的资金来源加以支持的数艘船舶，以不同的独立的公司名义登记，而其唯一财产即为以其名义登记的特定船舶。此种性质的公司常常在那些不将公司股东的身份作为备案材料记载的国家进行登记。在20世纪60年代后，单船公司现象盛行。就其原因，主要是：第一，防止姊妹船存在，以免多艘船舶连在一起而为债权人提供诉物扣船的机会；第二，通过公司结构以限制责任；第三，向银行借贷的需要。银行常提出此种要求，以免因是船东其他船舶的姊妹船而被扣。然而，对于货物利益方等与船东交易的当事方而言，单船公司结构的存在使他们丧失了1981年立法中姊妹船条款的利益。①

单船公司现象的合法性业已为法院所肯定。法院认为单船公司结构是一种合法的商业安排，在缺乏欺诈证据的情况下，不允许揭开公司面纱以透过单船公司结构去认定公司的受惠所有人，从而主张公司的受惠所有人即是船舶的受惠所有人。依照英国法，船舶的受惠所有人为公司，其是一个有别于公司的受惠所有人的独立的法律实体。也就是说，在不涉及欺诈滥用时，英国法律仍支持独立法人的做法。②但即使在涉及欺诈滥用的场合，揭开公司面纱的做法仍不容易和不稳定，尤其在一些方便旗国家的公司注册不记录股东信息时更是如此。从而也就无法提起对物诉讼。

（5）光船承租人（charterer under a charter by demise）

早在1978年The I Congreso del Partido案和1979年The Father Thames案③中，法院判定1956年《司法管理法》中的受惠所有人不包括光租承租人。但将对物诉讼及扣押之对象仅限于受惠所有人的船舶，显与仅规定扣船事项而不规定船东对人责任的1952年扣船公约不相吻合。为弥补英国立法的不足，1981年立法遂将“光船租赁人”附于“受惠所有人”之后。因而当船舶被光船租赁时，即使船东并无责任仍可以对该船舶提起对物诉讼，而无须考虑船舶的受惠所有关系。不过对光租船舶提起对物诉讼根据海事优先权条款也可发生。④

（6）针对相关飞机的对物诉讼

由于飞机救助所生之请求产生海事优先权，故可直接根据第21条第3款关于海事优先权请求对物诉讼的规定，直接针对救助飞机提起对物诉讼。然而有关飞机的拖带或引航方面的请求由于并非属于海事优先权请求，对飞机提起对物诉讼必须满足承担对人责任的人，即相关人与与请求有关的飞机，即相关飞机之间存在联系这一条件。《最高法院法》第21条第5款规定，有关飞机的拖带或引航方面的请求，如果在诉讼提起时，飞

① See Nigel Meeson, op.cit., pp.78–79. 参见杨良宜:《海事法》，第46页。

② 参见杨良宜:《海事法》，第47页。Nigel Meeson, op.cit., pp.78–79.

③ The I Congreso del Partido (1978) 1 All E.R. 1169, p.1201 (Goff J.); The Father Thames (1979) 2 Lloyd's Rep.364.

④ See D.C.Jackson, op.cit., p.201.

机为在对人诉讼中对请求负有责任的人所受惠所有，则可向高等法院对该飞机提起对物诉讼。据此，就有关飞机的拖带或引航方面请求的对物诉讼的提起，只须满足“该飞机在提起诉讼之时为在对人诉讼中对该请求负对人责任的人所受惠所有”这一条件。不过，该款并未就仅仅是承租人对请求承担责任时对飞机的诉讼问题以及对具有相同所有权主体的其他飞机，即姊妹飞机的对物诉讼问题作出规定。①

3．可选择性地对相关船舶或姊妹船（sister ship）提起对物诉讼的请求

1952年扣船公约的英国转化法——1956年立法，将替代船（alternative vessel）扣押权利的行使有赖于对作为替代船的整个船舶是否为对请求负责的人所有这一事实的确定的思路引入国内法。由于英国法院一直来对替代船舶扣押权利的行使进行限制性解释，要求肇事船舶或所涉船舶（offending or involved vessel）与选择用来扣押的船舶之间存在共同的所有权联系（common ownership link），即两艘船舶必须处于相同的受惠所有权关系之下。此即为所谓的姊妹船条款。此种条款也同样见于1981年立法第21条第4款之中。该条第4款规定，就第20条第2款第（e）—（r）项所提及的任何此种请求，当（Ⅰ）所产生的请求与船舶相关；（Ⅱ）在对人诉讼中对请求负有责任的人（相关人），即是在诉因发生时的该船舶的所有人或承租人，或者占有或控制该船舶的人，则（不论请求是否在船舶上产生船舶优先权）可向高等法院对下列船舶提起对物诉讼：（Ⅰ）……（Ⅱ）任何其他船舶，如果在诉讼提起时，该相关人是该整个船舶的受惠所有人（beneficial owner as respects all the shares in it）。

（1）可对姊妹船提起对物诉讼的请求的类型

某些请求不仅可对与该所产生的请求相关的特定船舶提起对物诉讼，而且还可对所谓的姊妹船提起对物诉讼。这些请求包括：（1）有关由船舶或属具或设备的任何缺陷，或者下列人员，即船东、承租人，或占有或控制船舶的人，或者由船东、承租人或者占有或控制船舶的人对其不当行为、疏忽或懈怠负责的船长、船员或者其他任何人的不当行为、疏忽或懈怠所致死亡或人身伤害的任何赔偿请求；（2）有关船舶所载货物的损失或损害的赔偿请求；（3）源于有关货物运输或船舶使用或租赁的任何协议的任何请求；（4）关于船舶或飞机拖带服务的任何请求；（5）关于船舶或飞机领航服务的任何请求；（6）有关为船舶运营或维持而供给的货物或物质的任何请求；（7）有关船舶建造、修理或装备，或者有关船坞费的任何请求；（8）船长、托运人、承租人或代理人就其为船舶利益所作垫支所提出的任何请求；（9）由共同海损行为所产生的任何请求；（10）船舶所致损害赔偿请求；（11）具有救助性质的任何请求；（12）船长或船员的工资请求；（13）

① See Dicey & Morris, op.cit., p.446.

产生于冒险押船贷款的任何请求。[①]

（2）对姊妹船提起对物诉讼的条件

根据《最高法院法》第21条第4款第Ⅱ目规定，对姊妹船提起对物诉讼必须具备以下条件：第一，此类请求必须为第20条第2款第（e）—（r）项所提及的任何此类请求；第二，请求必须与某艘船舶有关（相关船），从而排除了与第21条第2—3款所提及的其他财产相关的请求；第三，在对人诉讼中对请求负有责任的人（相关人relevant person），在当诉因发生时必须是该相关船舶的所有人或承租人，或占有人或控制人；而当提起诉讼时则为整个另一艘船舶之受惠所有人（beneficial owner as respects all the shares in it）。[②]符合上述条件时则可对该另艘船舶，即姊妹船提起对物诉讼。可见，与对特定船舶或相关船舶提起对物诉讼的条件最大的不同是，当对物诉讼的对象为姊妹船时，只有当在对人诉讼中对请求负对人责任的人在提起诉讼之时为该整个另艘船舶的受惠所有人而非仅仅是光船承租人，才可对该艘所谓的姊妹船提起对物诉讼。[③]因而姊妹船的认定无疑是能否援引姊妹船条款的关键。

①姊妹船的认定条件——“共同的所有权联系”说

I.1952年扣船公约项下的姊妹船条款

1952年公约第3条第1款规定，在受本条第4款和第10条规定约束的情况下，请求权人既可扣押与所涉海事请求权相关的特定船舶，也可扣押在海事请求权产生时为特定船舶所有人所有的任何其他船舶。第4款第1项规定，在船舶光船租赁场合，承租人而非登记所有人对与该特定船舶相关的海事请求负有责任时，请求权人可扣押该特定船舶或者为光船承租人所有的任何其他船舶，但为登记所有人所有的其他船舶则不能为此种海事请求的执行而予以扣押。第4款第2项规定，本款规定应适用于船舶登记所有人以外的其他人就与该特定船舶有关的请求承担责任的任何情况。显然，公约并未要求姊妹船舶与所涉船舶之间具有共同的所有权联系。

II.1956年立法项下姊妹船的认定[④]

然而，1956年英国成文法并没有全面采纳公约的规定。1956年立法第3条第4款规定，对与请求有关的船舶以外的但为该船舶的所有人所有的船舶，可提起对物诉讼。这为有关姊妹船舶认定的限制性司法解释的产生敞开了大门。对此，英国法院一直来对替代船舶扣押权利的行使进行限制性解释，要求肇事船舶或所涉船舶与选择用来扣押的船

① See Nigel Meeson, op.cit., pp.75–76.

② See D.C.Jackson, op.cit., p201. Nigel Meeson, op.cit., p.75.

③ See Christopher Hill, op.cit., p.108. See also Dicey Morris, op.cit., p.445.

④ See Christopher Hill, op.cit., p.107. See also D.C.Jackson, op.cit., p.202.

舶之间存在共同的所有权联系，即两艘船舶必须处于相同的受惠所有权关系之下。[①]而这种将姊妹船限于为特定船舶船东所有的船舶的解释实源于Diplock勋爵在一件与姊妹船问题毫无关系的The Jade案中所说的一句所谓脱口而出的妙语。Diplock勋爵的意思在The Maritime Trade案中为Sheen J.所采纳。[②]根据这种解释，如果船东A将其所有的船舶X轮期租给B，B违反期租协议，则A即使意欲扣押为B所完全受惠所有的船舶Y轮，然由于X轮与Y轮之间不存在共同的所有权关系而无法实现扣押的意愿。

但在1982年为英国上诉法院审理的The Span Terza案[③]中，"共同的所有权联系"说并未得到采纳。在该案中，原告将其所有的船舶X轮期租给被告。而被告拥有Y轮（the Span Terza）。原告指称被告应对X轮承租协议项下未支付租金负责，并向原告赔偿损失。原告根据1956年法中的姊妹船条款，行使对物诉讼权利以扣押Y轮船舶。然而，关键问题是原告能否成功依据该条款扣押非为肇事船舶或准确地说所涉船舶受惠船东的人受惠所有的船舶？上诉法院认为所涉船舶与所选择的用以扣押的船舶之间不必存在同一所有权联系。这一判决结论与新加坡上诉法院在The Permina 108案[④]的判决相一致。在该案中，法院拒绝将姊妹船救济仅限于与请求相关的船舶存有共同所有权关系的船舶。为此，有学者认为在对1956年法第3条第4款规定进行了近30年的限制性解释后，法院终于采纳了扩大解释。[⑤]

III.1981年立法中姊妹船的认定

1981年立法起草者放宽了姊妹船的认定条件，明确规定姊妹船的认定不以存在"共同的所有权联系"为条件，姊妹船不仅包括为与请求有关的船舶所有人所受惠所有的船舶，还包括为与请求有关的船舶的承租人、占有或控制人所受惠所有的船舶。不过，遗憾的是立法并未对承租人是否仅限于光船承租人问题做出明确规定。[⑥]

在司法实践中，尽管The Maritime Trade案判决认为，根据1956年法，不能对为作为被告的期租承租人所有的船舶加以扣押。而在The Span Terza案中，上诉法院认为1956年《司法管理法》相关条款中所指的"承租人"包括各种类型的承租人。这一结论由于1981年《最高法院法》在需要明确承租之特定类型的第21条第4款中明确规定光船租赁的事实而得到进一步的确认。[⑦]

① The Escherheim (1976) 2 Lloyd's Rep.1, HL. See also Christopher Hill, op.cit., p.107.
② See D.C.Jackson, op.cit., p.202.
③ (1982)1 Lloyd's Rep.225.
④ (1981) 2 Lloyd's Rep.153.
⑤ See Christopher Hill, op.cit., pp.107–108.
⑥ See D.C.Jackson, op.cit., p.202.
⑦ See D.C.Jackson, op.cit., pp.202–203.

②相关人（relevant person）之认定与受惠所有人

相关人的身份是确定替代船舶是否选择得当的关键。按照1981年立法第21条第4款规定，相关人，即在对人诉讼中对请求负有责任的人，在当诉因发生时必须是与请求相关的船舶的所有人或承租人，或占有人或控制人，而当提起诉讼时则为整个另一艘船舶，即姊妹船之受惠所有人。在1988年Mawan案①中，一货主由于其装载在Stanley Bay轮的货物受损而向法院提出对物诉讼令状和扣船令状，将为A公司所有的Mawan轮列为令状中所列的七艘船舶之一，并最终选择之加以扣押。Mawan轮随后更名为Mara轮，并为B所有。Mara轮后因船东提供担保而释放。船东以原告扣押人没能证明在提起诉讼时《最高法院法》第21条第4款所指的相关人是Mara轮的受惠所有人为由向法院提出申请，要求撤销令状，归还担保物。对于这一特定的相关人问题，法院认为请求与Stanley Bay轮相关，对原告负对人责任的人为登记船东，其在诉讼提起时，乃至在过去并非拥有对物诉讼所针对的Mawan轮之全部。②

相关人与姊妹船的受惠所有人之间的关系问题在涉及国有船舶私有化时略显复杂和重要。20世纪末期英国法院审理的一些案件涉及前苏联国家国有船舶私有化过程中所遇到的问题。The Nazym Khikmet案③即为其中之代表性一例。The Nazym Khikme轮运送烟草从印度到乌克兰。货主对作为契约承运人的乌克兰公司Blasco提起诉讼，并对在英国格温特郡新港而为Blasco经营的另一艘船舶——the Zorinsk轮加以扣押。Blasco公司和乌克兰均抗辩在令状签发当天，Zorinsk轮并不为Blasco公司受惠所有，并申请撤销扣押程序，释放所扣押的船舶。海事法官根据不同的乌克兰律师提供的专家证据，判决Zorinsk轮在签发令状之日并不为Blasco公司受惠所有。案件遂上诉至上诉法院。

被告出示由两位乌克兰官员提供的证明Zorinsk轮为乌克兰共和国所有，该轮交由Blasco公司经营管理的书面证据，以及两位法律专家提供的证明该船为国家所有的证据。上诉法院认为，这些证据清楚证明Blasco公司从来不是英国法所承认的Zorinsk轮的法律所有人。法律所有权是物权问题，而船舶物权始终属乌克兰国家。同时这也清楚显示乌克兰国家并不是为了Blasco公司利益而作为法律所有人而拥有船舶。而认为Blasco公司为了国家的最终利益而利用船舶可能更为适当。同时证据也清楚显示在乌克兰发生的自由化进程导致国家控制力松弛而非瓦解。国家仍保留对诸如Blasco公司之类的企业收入资产的所有权以及对这些财产使用和开发的最终决定权。在实践中，即使Blasco公司享有广泛的商业经营决策权，然其并不拥有英国法所指的衡平所有者的

① (1988) 2 Lloyd's Rep.459.

② See Christopher Hill, op.cit., p109.

③ (1996)2 Lloyd's Rep.362. See also Christopher Hill, op.cit., pp.112–113. 杨良宜：《海事法》，第47—49页。

权利。据此上诉法院判决原告无权扣押Zorinsk轮。但同样的争议，在The Guiseppe di Vittorio案[①]中却做出了相反的判决。

4.剩余请求

英国权威海事法教授D.C.Jackson认为，对物诉讼请求尚包括未列入上述类型之列但基于《最高法院法》第20条第1款第（d）项的未来海事管辖权条款而将来可能通过对物诉讼强制执行的海事请求和基于第20条第1款第（c）项的总括性条款而在《最高法院法》实施之前可通过对物诉讼强制执行的任何其他海事请求。不过，总括性条款能否保留以前的对物诉讼请求，现仍有较大争议。[②]

（二）其他英联邦国家的实践：继承与创新

1. 澳大利亚

（1）"托运人国家"的政策定位[③]与法定对物诉讼权的扩张

澳大利亚法律改革委员会在其1986年发布的关于海事管辖权改革法案的报告指出，澳大利亚从其作为托运人而非船东国家以及其大多数进出口贸易有赖于外国船队运输这一角度而言，澳大利亚对海事海商管辖权具有特殊的利益，对为与船舶交易的人，不论是进口商、船舶提供者、海员或其他人提供充分有效的当地救济具有强烈的利益。[④]而扩大海事管辖权，尤其是海事对物管辖权，则是实现这种利益的充分保障。

而从对物管辖权的历史起源来看，对物管辖权的产生与发展与海事优先权形影相随，以致如果能够适当地提起对物诉讼的话，这一诉因也必然同时产生海事优先权。[⑤]然而到19世纪中后期，由于成文法，尤其是1840年和1861年《海事法院法》授予海事法院对新的类型的海事请求以海事管辖权，对物诉讼与海事优先权之间的这种特殊关系开始发生变化。而导致变化的直接原因即是这些新类别的海事优先权的不可添设性。

①海事优先权的不可添设性[⑥]

澳大利亚的海事优先权制度源于英国法。在澳大利亚传统法律中，产生海事优先权的海事请求限于有关海难救助的请求、有关船舶碰撞请求、船员工资的请求、冒险押船贷款或货船抵押贷款，以及船长工资及垫支请求。其中前四类由海事法院所创设，后二

---

① (1998) 1 Lloyd's Rep.136. 转引自杨良宜:《海事法》，第48页。

② See D.C.Jackson, op.cit., pp.204, 194, 24, 11.

③ See Stephen Thompson, The Admiralty Act 1988 Reviewed, Paper Presented for the 29th Annual Conference of the Maritime Law Association of Australia and New Zealand.

④ See Report No 33 (Civil Admiralty Jurisdiction 1986) of the Australia Law Reform Commission, para 96.

⑤ See Report No 33 (Civil Admiralty Jurisdiction 1986) of the Australia Law Reform Commission, para.15.

⑥ Ibid., subject of the action, para.5; para.15, 120–121.

类由19世纪成文法所创设。

然而，对于除上述六类请求之外由成文法将其归入海事管辖权范围之内的新的海事请求类型，能否也同样可通过成文法将之纳入海事优先权请求范畴之内而成为新的海事优先权请求类型？

一种观点认为，海事优先权属于实体性或财产性权利，因而新的海事优先权类型无法依赖宪法第76条第3款所规定的授予海事管辖权的权力加以创设。①这意味着有关海事管辖权的立法本身无法创设新的海事优先权。然而法律改革委员会认为，海事管辖权这一术语应予以宽泛的解释，海事优先权的创设或废除也应包括在内，不把海事优先权问题作为海事管辖权的一个方面加以处理是令人奇怪的。然而，无论从英国法院的实践，还是从有关海事优先权国际统一立法的进展看，在国际层面就海事优先权的适当范围尚未达成一致之前，新的海事优先权类型不应创设，澳大利亚也不存在创设新的海事优先权类型的必要。②也就是说，将全新类型的海事请求纳入海事管辖权范围之内的事实或者说海事管辖权扩张的事实，并不创设新的海事优先权类型。相反，海事管辖权范围的扩张，意味着一种被称之为法定留置（statutory lien）的全新的诉讼形式，更加准确地讲法定对物诉讼权（statutory right of action in rem）的创设。③事实上，在不创设新的海事优先权的情况下，扩张扣船权利的范围较少遭致国际社会的反对。④

②新的海事请求类型与法定对物诉讼权的扩张

法定留置权或法定对物诉讼权是一种对物提起诉讼或通过司法程序扣押船舶的权利。其源于1840年和1861年英国《海事法院法》，⑤是成文法法定的产物。法定对物诉讼权和海事优先权的共存，使目前英国、澳大利亚等国家海事法呈现双层框架结构特征。然而，法定对物诉讼权不同于海事优先权：第一，法定对物诉讼权是以对物诉讼的获得为基础，并依赖于对物诉讼的获得。⑥因而是一种程序性权利，或者说提起诉讼并在对物诉讼中扣押船舶的权利，而海事优先权则是一种实体性权利。正如Watson勋爵

---

① See Report No 33 (Civil Admiralty Jurisdiction 1986) of the Australia Law Reform Commission, para 119–121.

② See Report No 33 (Civil Admiralty Jurisdiction 1986) of the Australia Law Reform Commission, para.121.

③ Ibid., 15; the Subject of the Action in rem, para.5.

④ Ibid., para.121.

⑤ 参见李海，上引著，第207页。See also D.C.Jackson, op.cit, p.429. See also Report No 33 (Civil Admiralty Jurisdiction 1986) of the Australia Law Reform Commission, para.15.

⑥ See D.C.Jackson, op.cit., p.427.

在Henrich Bjorn案[①]中所言，前者是有关救济，后者则有关起诉者的权利。第二，海事优先权在发生海事请求的时候即产生并黏附于应负责任的当事船舶上，因而不论船舶所有权转移至何人之手，海事优先权可对抗新船东之所有权，海事请求人可提起对物诉讼并扣船以实现其担保债权。而法定对物诉讼权却是在海事请求人在海事法院提起对物诉讼时才产生，因而在海事请求人针对应负责的当事船舶在法院发出对物传票之前，如果当事船舶所有人业已将所有权转移与他人，请求人即丧失其法定对物诉讼权，不能提起对物诉讼并扣押当事船舶。其法定对物诉讼权不能对抗善意的所有权转让。同时其效力也不能溯及至诉因产生之时，而只是在提起诉讼之时给予当事人以担保利益。[②]第三，海事优先权具有优先受偿效力，其所担保的债权可优先于船舶抵押权担保的债权而受偿。而法定对物诉讼权只是请求人提起对物诉讼的程序权，而无优先的效力。

然而，新的海事请求类型的增加和海事优先权的不可添设性，意味着大量海事管辖权的行使将与法定对物诉讼权而非海事优先权直接相关。[③]在其他英联邦国家，海事管辖权立法仅允许极其少量的海事请求附有海事优先权，而将大量的海事请求委诸于法定对物诉讼权，通过提起对物诉讼予以强制执行。在澳大利亚也同样如此。1988年《海事法》一方面在第6条明确规定本法规定不具有创设新的海事优先权或其他债务负担，或者在本法通过以前并不存在的诉因的效力。第15条规定，附有海事优先权的有关救助请求、船舶所致损害赔偿请求、船长船员工资请求以及船长垫支请求可对在其上附有海事优先权的船舶或财产提起对物诉讼予以执行。另一方面在第16—19条明确规定，有关财产性和一般性海事请求可通过对有关船舶或财产提起对物诉讼予以执行。可见，大量的海事请求是通过法定对物诉讼权的行使得以强制执行。不过，也有学者认为，从严格意义上讲，法定对物诉讼权一般适用于有关一般性海事请求。[④]

③影响法定对物诉讼权的行使程度的两大因素

“托运人国家”的政策目标的实现不仅有赖于法定对物诉讼权适用范围的扩展，而且更受到法定对物诉讼权行使条件的影响。而法定对物诉讼权的行使条件主要涉及法定对物诉讼权的行使对象范围的界定以及法定对物诉讼权的对象与对人责任之间的关系。前者关涉是否存在明确的当事船舶（wrongdoing ship）概念，并将之作为在特定的海事请求中确定何种船舶可予扣押的根据的必要；后者则涉及何时可对船舶提起对物诉讼，

① See Report No 33 (Civil Admiralty Jurisdiction 1986) of the Australia Law Reform Commission, para.16, 120. The Henrich Bjorn (1886) 11 App Cas 270, 278.

② 参见沈茂树，上引著，第240—241页。See also Report No 33 (Civil Admiralty Jurisdiction 1986) of the Australia Law Reform Commission, para.15.

③ See Report No 33 (Civil Admiralty Jurisdiction 1986) of the Australia Law Reform Commission, para.124.

④ See D.C.Jackson, op.cit., p.427.

尤其在当船东不是相关人（relevalant person）的情况下。[①]

I.法定对物诉讼权的对象——当事船的认定

当事船舶是指与所产生的诉因有关的船舶。法定对物诉讼权的行使对象是否仅限于当事船问题，与有关对物诉讼性质的两大基本理论——拟人化理论和程序理论密切相关。根据拟人化论，船舶本身被视为违法者，是对物诉讼中的被告。当事船在考量何种船舶可予以扣押问题时既是起点又是终点。因而当事船的认定是提起对物诉讼的前提。而根据程序理论，针对船舶的对物诉讼具有外国法中所存在的通过将位于法院管辖范围内的财产置于法院控制之下以迫使被告出庭的扣留（attachment）制度的功能。在英联邦国家海事法中，由于扣物具有赋予管辖权的功能，为防止扣物成为过度和不为国际社会所接受的取得管辖权的一种手段，两个基本条件必须予以满足：第一，诉因必须为海事请求；第二，物必须具有海事性质，包括船舶、货物、运费或残骸，从而使扣物管辖成为一项为国际社会所承认的属地管辖一般原则的例外规则。但即便如此，程序理论并不采用为拟人化理论所采用的方式来认定特定的船舶。尽管所产生的请求必须与船舶有关，并且有一艘船舶可供为该请求而扣押，但程序理论并不要求扣押的船舶与与请求相关的船舶必须保持同一性。换言之，请求必须与船舶相关，但可予扣押的船舶未必为该相同船舶。[②]

在起草1988年《海事法》过程中，受拟人化理论的影响，主张对当事船舶加以认定的观点认为，在此问题上，作为一项政策性问题，澳大利亚应同与澳大利亚法律体系相似的国家和1952年扣船公约所持的立场保持一致，作为对物诉讼对象的船舶必须满足与与所产生的请求相关的船舶保持同一性这一要求。此种要求的优点在于，就任何有效的海事请求而言，将存在一艘在对物诉讼中作为当事船舶的可认定的船舶。相反，如果缺乏这种要求，将不仅导致救济措施获取的极端任意性，而且使原告在任何类别的海事管辖权中所提及的船舶所有人的被告在碰巧拥有船舶时，可对该船舶提起对物诉讼。而另一种观点以程序化理论为依据，反对当事船的认定，主张放弃作为对物诉讼对象的船舶应该是与所产生请求相关的船舶这一要求，同时主张将替代船扣押（surrogate ship）的做法引入澳大利亚。[③]替代船扣押实践实际上取决于在有关当事船方面负有责任的人对其他船舶的偶然性所有（fortuitous ownership）。对替代船提起对物诉讼意味着即使在不存在当事船舶，或者在未能对当事船舶提起对物诉讼的情况下可扣

① See Report No 33 (Civil Admiralty Jurisdiction 1986) of the Australia Law Reform Commission, para.124.

② Ibid., para.124.

③ Ibid., para.125.

押该替代船舶。[1]然而两种观点孰优孰劣，难以取舍。正如澳大利亚法律改革委员会所指出，关键问题是对有效救济的需要。与其他国家所持的立场并与其立法模式保持一致具有相当的好处。而放弃同一性要求，可能促使船东对可能偶然拥有船舶的船舶的修理者、必需品的供应商、引航员或抵押权人提起针对该偶然性船舶的对物诉讼。如此扩张扣船权利不符合澳大利亚利益。但另一方面也应该看到针对替代船的对物诉讼旨在通过利用对物诉讼的管辖权和担保功能来改善和提高原告的受偿机会。[2]因而绝对地采纳某一主张而忽视另一主张未免合理。事实上，上述两种主张在1988年《海事法》中得到了不同程度的采纳。

II. 当事船舶与对人责任之间的联系

在当事船的所有人为相关人，即如果提起对人诉讼就应承担责任的人时，显然可以行使法定对物诉讼权。然而问题是如果当事船舶的所有人不是相关人，那么在何种情况下也可对该当事船舶行使法定对物诉讼权。对此不仅理论上存在不同的主张，在各国立法上也做法各异。

在制定《海事法》过程中，有关各方一致认为，对物诉讼权应当存在于相关人在诉讼提起时为当事船舶的所有人或光船承租人之场合。然在其他方面并未达成一致。澳大利亚托运人理事会指出，除在海事优先权场合外，如果只有在船东为相关人时方能扣押当事船舶，那无法令人满意。宽泛的扣押权是有利的。然而，也有反对者对扣押权利扩张的必要性提出质疑。The Universal Shipbrokers（Aust）Pty Ltd主席指出，“我并不认为存在着这样一种情况：如果将扣船权利的行使限于船东和光船承租人，则无法获得对物诉讼救济。经常提及的船舶经营人即属于可对之行使对物权利的一类。依我之见，此类人为船东或光船承租人的代理人，正如任何合法占有或控制船舶的人一样，其本身不是船东或光船承租人。期租或承租场合的燃料或服务提供商有其他的保护手段可为其所用，因而在此类案件中并不存在扩张对船舶提起对物诉讼权利的充分根据”。[3]

但澳大利亚法律改革委员会认为，对物诉讼权的扩张问题实质上是有关澳大利亚基本的贸易或运输政策问题。基于平衡考虑，不应主张将对物诉讼权扩张至有关国家普遍接受的程度之外。作为一项仅依附于当地对物送达的一般性管辖权，海事管辖的正当性有赖于广泛的国际认同，作为属地原则之例外的海事管辖权显然符合澳大利亚的利益。从扣船公约的规定至新加坡、新西兰、南非等国立法规定，均将对物诉讼权的存在限于船东和光船承租人责任之场合。据此，在澳大利亚，就直接涉及船舶占有或财产性利益

① See Report No 33 (Civil Admiralty Jurisdiction 1986) of the Australia Law Reform Commission, para.125.

② Ibid., para.125, 201.

③ PG Willis, Deputy Corporate Solicitor, BHP Co, Submission 23 (12 February 1985), pp.3–5.

的请求之外的有关其他请求而言，法定对物诉讼权应该仅当船舶的所有人或光船承租人在诉讼提起时为有关该请求的相关人时方可行使。[①]委员会的意见最终成为1988年《海事法》第17—18条规定。第17条规定，就有关涉及船舶或其他财产的一般性海事请求而言，如果相关人，在诉因产生之时为船舶或财产的所有人或承租人或占有或控制人，而在诉讼提起之时为船舶或财产的所有人，则关于该请求的诉讼可作为针对该船舶或该财产的对物诉讼而提起。第18条规定，就涉及船舶的海事请求而言，如果相关人，在诉因产生之时为船舶的所有人或承租人或占有或控制人，而在诉讼提起之时为该船舶的光船承租人，则有关该请求的诉讼可作为针对该船舶的对物诉讼而提起。

④揭开公司的面纱

在海事活动中，由于商业安排和投资经营方式的灵活性和多样化，相关人的身份及其与船舶之间的关系往往难以或甚至根本无法确定。类似现象也发生于姊妹船或替代船认定场合。这一问题的存在使得在海事法中是否制定揭开公司面纱条款成为争论的焦点之一。[②]

主张在海事法中引入揭开公司面纱条款的观点认为，该条款便于澳大利亚的托运人和供货商从外国船东处获得赔偿。但应注意的是此种条款的适用将面临举证的困难。为获得扣船令状，原告必须证明诸如意欲扣押的船舶为直接或间接地被相关人所控制或者控制相关人的公司所有的问题。然而现实中并没有现成的信息可供使用。而一些所谓开放登记国和避税地国的存在，一方面更加剧了取证的难度，另一方面使得该规定的实际适用将对那些在公布股东和公司结构信息国家设立的公司船东产生实质上的差别待遇。[③]

而持反对意见者认为，揭开公司面纱问题应留给澳大利亚公司法解决。第一，该问题属于设立公司团体的一般性问题，而并不是仅发生于海事领域的特殊问题，因而该问题应作为一般性法律问题而非管辖权问题加以处理。同时将问题留由公司法解决，有利于与公司法保持协调与一致。第二，允许揭开公司面纱将使本来业已高度复杂的问题更趋复杂。如发生海事破产即发生复杂的问题。第三，除南非1983年《海事管辖权调整

① See Report No 33 (Civil Admiralty Jurisdiction 1986) of the Australia Law Reform Commission, para.136.

② 在英国为扣船而揭开公司面纱问题发生于两种场合：第一，由于针对当事船的法定对物诉讼权不能对抗所有权的变化而发生。对此，当新所有人为一家构成旧所有人之组成部分的公司时，法院应调查此种所有权的变化。第二，所扣押船舶为作为相关人的公司的子公司所有。See Report No 33 (CivilAdmiralty Jurisdiction 1986) of the Australia Law Reform Commission, para.138.

③ See Report No 33 (Civil Admiralty Jurisdiction 1986) of the Australia Law Reform Commission, para.140.

法》第3条第7款略作规定外，其他国家立法中并不存在有关扣船方面的揭开公司面纱的一般性规定。第四，揭开公司面纱的立法规定面临难以实施之困难。南非将揭开公司面纱的立法规定建立在“控制”概念基础之上：一个人如果有权力直接或间接地控制公司，则被认为其控制着公司。然而何为间接控制则并未明确。[①]该主张为法律改革委员会所采纳。委员会认为在海事立法中对此作出特别规定并无必要。适用于船东和光船承租人责任方面的对物诉讼权利，与既存的有关海事优先权立法相结合，基本上涵盖各类情况。如果需要解决公司集团的责任或债务问题，则通过公司或破产法解决远比在诸如海事管辖权之类的特殊背景下解决更为适当，因而在海事法中并无必要引入解决公司面纱问题的条款，或对关联或相关公司予以定义。[②]这一立法建议在1988年立法中得到全面反映。

⑤对人诉讼与对物诉讼的共存

由于对物诉讼在海事管辖权制度中的重要地位，在起草海事法过程中，是否保留海事对人诉讼制度曾引发不少争论。

在海事对人诉讼中，由于境外令状送达规则与一般法院规则相同，因而确立对外国被告的管辖权并非易事。与海事对物诉讼相较，对人诉讼在判决之前并不在被告财产上产生担保利益，也不存在优先受偿问题。可以说海事对人诉讼在绝大多数方面类似于最高法院的一般诉讼。[③]但无论如何，海事法必须保留海事对人诉讼制度。海事对人诉讼的程序性功能即是其中的一项理由。有些海事诉讼，诸如责任限制诉讼、救助费用的分配诉讼、针对国王的诉讼等只能采用对人诉讼形式。可见，海事对人诉讼制度在海事领域也发挥某些独特的功能。1988年《海事法》对海事对人诉讼制度予以充分肯定。其第9条第1款规定，管辖权赋予联邦法院和区（Territories）法院，赋予州法院有关海事请求或船舶所受损害赔偿请求对人诉讼方面的联邦管辖权。第2款规定，第1款规定并不赋予联邦法院或区最高法院之外其他法院，或州最高法院以外其他州法院有关责任限制诉讼的管辖权。可见，《海事法》将海事请求的管辖权交由联邦法院、州法院和区法院在各自范围内行使，并排除低级法院对责任限制诉讼的一般性管辖权。[④]

① See Report No 33 (Civil Admiralty Jurisdiction 1986) of the Australia Law Reform Commission, para.139.

② Ibid., para.141.

③ Ibid., para.142.

④ See Draft Admiralty Legislation: Explanatory Memorandum of the Australia Law Reform Commission.

（2）法定对物诉讼权的类型和行使条件

与反对引入海事请求剩余条款的思想相一致的是，《海事法》排他性地规定了澳大利亚法院的海事对物诉讼管辖权。其第14条规定，对于海事或海商管辖事项，非依本法规定不得对船舶或其他财产提起对物诉讼，即实行严格的法定主义。同时与拥有海事对人诉讼管辖权的法院范围略有不同的是，该法将海事对物诉讼管辖权赋予联邦法院、州和区最高法院，①而原则上排除下级法院或中级法院行使对物诉讼管辖权的主体资格。但在需要此类法院行使对物诉讼管辖权的特殊场合，如由于地理遥远或其他本地环境因素等原因，可依一定程序宣布特定法院为享有特定范围对物诉讼管辖权的法院。《海事法》第11条第1款规定，总督可通过公告宣布州或区法院为本条规定所适用的法院。第2款规定，在受公告中所规定的任何条件或限制的制约下，赋予本条规定所适用的州法院以联邦管辖权，赋予本条规定所适用的区法院在根据本法可作为对物诉讼提起的诉讼方面的管辖权。而对于法定对物诉讼权的适用范围、类型和行使条件，《海事法》作了详尽的规定。

①有关财产性海事请求的法定对物诉讼权

如上所述，财产性海事请求是有关船舶的占有、物权或所有权、船舶或运费的抵押、船舶的运营或收益等方面的请求。由于此类诉因本身已蕴含着与船舶之间的特殊联系，因而直接赋予此类请求以法定对物诉讼权成为英联邦国家近乎一致的实践。基于同样理由，此类法定对物诉讼权的效力并不及于姊妹船或替代船。对此，《海事法》第16条规定，有关船舶或其他财产的财产性海事请求的诉讼可作为针对该船舶或财产的对物诉讼而提起。而所谓船舶并不限于澳大利亚登记的船舶。②因而，对财产性海事请求，可直接对与请求相关的“船舶或其他财产”提起对物诉讼，而不论在提起诉讼时由谁享有这些“物”的所有权，也不论是谁在对人诉讼中对请求负有责任。

②有关一般性海事请求的法定对物诉讼权

对于一般性海事请求，《海事法》根据法定对物诉讼权行使对象系当事船舶或其他特定财产还是姊妹船舶，而将之分为两类：

I. 针对当事船舶或其他特定财产的法定对物诉讼权

对于此类法定对物诉讼权，《海事法》根据相关人的不同身份而又将之分为两类别：

i. 针对所有人的法定对物诉讼权

就一般性海事请求而言，能正当地扣押船舶或其他财产的第一种情况即是物之所有人在诉讼提起之时为相关人。然而由于现代的海事管辖权并非仅是一种用以追究偶然

① See section 10 of Admiralty Act 1988.

② Report No 33 (Civil Admiralty Jurisdiction 1986) of the Australia Law Reform Commission, para.149.

拥有船舶的人的责任的手段，因而所有人在诉因发生之时与船舶或其他财产之间存在一定联系的要求，无疑适应海事管辖权的发展现实。①《海事法》第17条规定，就有关船舶或其他财产的一般性海事请求而言，当相关人在诉因发生之时为船舶或财产的所有人或承租人，或占有或控制人，并且在诉讼提起之时为该船舶或财产的所有人，有关该请求的诉讼可作为对物诉讼而针对该船舶或财产提起。据此，针对所有人的法定对物诉讼权的行使须符合两个条件：第一，产生的请求与船舶或其他财产相关。这一点显然与英国的相应立法规定有别，英国立法将“当事物”限于船舶。第二，相关人在诉因发生之时为船舶或财产的所有人或承租人，或占有或控制人，并且在诉讼提起之时为该船舶或财产的所有人。就“所有人”而言，与英国法不同的是，澳大利亚法直接使用了“the owner of the ship or property”之表述，而英国法则使用了“beneficial owner of that ship as respects all the shares in it”之表述。

ii. 针对光船承租人的法定对物诉讼权

光船承租实际上即为船舶租赁，光船承租人完全控制船舶的商业运营和航行，因而大多数英联邦国家均允许就光船承租人的责任提起对物诉讼。《海事法》第18条规定，就有关船舶的海事请求而言，当相关人在诉因产生之时为船舶的所有人或承租人，或占有或控制人，并且在诉讼提起之时为该船舶的光船承租人，有关该请求的诉讼可作为对物诉讼而针对该船舶提起。可见，针对光船承租人的法定对物诉讼权的行使须符合以下两个条件：第一，产生的请求与船舶相关。“其他财产”被排除在外。第二，相关人在诉因发生之时为船舶的所有人或承租人，或占有或控制人，并且在诉讼提起之时为该船舶的光船承租人。显然，立法并不允许就其他类型的承租人责任而对当事船舶提起对物诉讼。这一点与其他国家的立法实践相一致。②

Ⅱ. 针对替代船舶的法定对物诉讼权

针对当事船舶的法定对物诉讼权的行使已如上述，然而能否对其他船舶行使法定对物诉讼权问题则不免涉及不同理论与学说。《海事法》第19条第一次将国际社会普遍认可的替代船扣押救济制度引入澳大利亚，其规定，有关船舶的海事请求的诉讼可作为对物诉讼而针对某些其他船舶提起，如果（a）与请求有关的相关人在诉因产生之时为该第一次提到的船舶（当事船舶）的所有人、承租人、占有或控制人；（b）该人在诉讼提起之时为该第二次提到的船舶（替代船或姊妹船）的所有人。也就是说，如果相关人在诉因发生之时与当事船舶之间存在某些特定的联系（所有关系、承租关系、占有或控制关系），并且在诉讼提起之时为某一其他船舶的所有人（替代船舶或姊妹船舶），则可

① See Clause 17 of Draft Admiralty Legislation: Explanation Memorandum of the Australia Law Reform Commission.

② Ibid., Clause 18.

对该替代船舶提起对物诉讼。

i.程序理论与替代船的法定对物诉讼权

对物诉讼的拟人化理论将对物诉讼设想为一项针对当事船舶的诉讼的权利，结果是只有当事船舶才能被扣押，并且扣押物的价值即是原告在诉讼中可获得的最大赔偿额。而程序理论则以海事优先权由扣船程序发展而来以迫使物的所有人出庭进而获得担保这一假设为基础，其结果是在请求数额范围内的相关人的任何财产均可予以扣押。

尽管英国海事法在20世纪全面地接受了程序理论，但当时的海事法中仍存在诸多与该理论不相一致的特征，其中表现之一即是海事法只允许向当事船舶送达令状并予以扣押，当事船舶的价值即为可获赔偿的最高额，除非被告出庭。对物诉讼是海事管辖权制度得以存在与发展的基石。如果对物诉讼仅是一项用以确保对被告行使管辖权的程序性设计的话，那也就没有多少必要将其与这一海事领域的特殊管辖权制度联系在一起，并由此导致通过扣押被告任何财产以作为取得对不在法院管辖范围内的被告的管辖权之手段的普通法上扣押制度的广泛使用。①然而这种情势由于布鲁塞尔扣船公约对替代船扣押实践的引入和诸多国家对公约的批准而极大改变，继而使得有关海事请求的替代船扣押与以扣留被告任何财产（attachment of any property）为根据的宽泛管辖权主张之间的区别得以确立。

就澳大利亚而言，法律改革委员会认为将针对替代船的对物诉讼实践引入澳大利亚符合澳大利亚的利益。替代船扣押制度的缺漏致使某些请求无法向澳大利亚法院提起诉讼的现象频频发生。但问题是需要确定替代船、当事船与相关人之间应该存在何种联系。当然将替代船限于当事船舶的真正姊妹船，即两者在诉因产生之时为相同所有人所有无疑为其中的一种选择模式。在英国，1956年《司法管理法》允许对在提起诉讼之时为相关人受惠所有的任何其他船舶提起对物诉讼。“受惠所有人”这一表述可作如此解释：相关人为当事船舶的所有人，或相关人为当事船舶的所有人或光船承租人，或当事船舶的所有人或任何类型的承租人。从严格意义上说，只有在第一种情况下，当事船舶和其他船舶之间被认为存在姊妹船关系，即相同的所有权关系。但法院并未明言应该采纳何种解释。而1981年《最高法院法》则采纳最宽泛的解释，即将相关人视为当事船舶的所有人或任何类型的承租人，允许对为有关当事船舶的相关人受惠所有的任何船舶提起对物诉讼。这一做法与1952年扣船公约第3条第4款的规定相对应。公约允许对作为当事船舶的承租人的相关人所有的船舶提起对物诉讼，其也允许对在当事船舶出售或

① See Report No 33 (Civil Admiralty Jurisdiction 1986) of the Australia Law Reform Commission, para. 203.

毁损灭失后购买的船舶提起对物诉讼。澳大利亚立法也应采取类似的宽泛的方法。[①]

ii. 适当联系（appropriate nexus）的设计

如果说针对替代船的对物诉讼制度的目的在于迫使相关人出庭并提供担保的话，那么与替代船之间建立起适当联系的应该不是当事船舶，而是相关人。换言之，适当联系要求首先反映为海事请求与当事船舶之间的联系；其次为当事船舶与相关人之间的联系；最后表现为该人与该人的其他船舶之间的联系。这里并不存在要求在当事船舶与替代船舶之间建立起直接联系的理由。因而，适当的规则是：作为针对当事船舶的对物诉讼规则的替代，应允许对为相关人所有的船舶提起对物诉讼，即使该人并非是当事船舶的所有人。[②]这样，当不存在针对当事船舶的对物诉讼时也可对替代船舶提起对物诉讼。最明显的例子即是当事船舶沉没或出售之场合。而当海事请求系当事船舶的所有人针对根据期租或承租合同而使用该船舶的人而提出的请求时，也属此。在这种情况下，所有人虽业已占有着其所有的船舶，但其应有权对为被告所有的任何其他船舶提起对物诉讼。当然，如果从“诉讼权利的扩张只是为针对当事船舶的对物诉讼权提供替代”这一假设观之，这种结果显然是不合逻辑的。但是，替代船对物诉讼是一项程序性制度设计，其目的只是通过利用对物诉讼的管辖和担保功能来提高原告的受偿机会。因而，即使在不存在针对当事船舶的对物诉讼这种特殊场合，如果相关人与另一艘船舶之间不存在任何分离状态的话，允许对该替代船舶提起对物诉讼，并非不合时宜。

iii. 替代船的共有与承租

如果说可对为相关人所有的任何船舶提起对物诉讼是一项基本规则的话，则以下两个问题需进一步予以明确：（A）替代船的共有；（B）替代船的承租。

（A）替代船的共有

替代船的共有问题涉及两种不同的情况：第一，替代船为相关人部分所有。当替代船仅为相关人部分所有时可否对此提起对物诉讼，1952年扣船公约和其他诸如新西兰、英国及南非等国家立法对此予以否定。[③]但有观点主张，共有人相互之间寻求赔偿的能力以及相关人对船舶所享有的某些利益，足以证明在此种场合提起对物诉讼的正当性。但这一主张并未被法律改革委员会所采纳。其认为此类情况不仅极少发生，并且准许此类船舶被扣押并作为相关人责任的担保，对无辜的船舶共有人有失公平。同时背离扣船公约和其他国家立法所采取的立场并无充足的理由，因而在澳大利亚，只有当所有共有

① See Report No 33 (Civil Admiralty Jurisdiction 1986) of the Australia Law Reform Commission, para.204.

② Ibid., para.204, para.205.

③ Admiralty Act 1973 (NZ) s5 (2) (b); Supreme Court Act 1981 (UK) s 21 (4); Admiralty Jurisdiction Regulation Act (SAF) s 3 (7) (a).

人为有关请求的相关人时，方有可能对该船舶提起对物诉讼。[①]第二，替代船为部分当事船舶共有人所共有。这种情况与第一种情况不同，这里不存在被诉讼所影响的无辜所有人问题。如A,B,C既是当事船舶的共有人，又是有关请求的相关人，此时能否对为A所有，或者B和C共同所有的替代船舶提起对物诉讼？与上述场合一样，这些国家立法和1952年扣船公约对此持否定立场。对澳大利亚而言，出于国际统一性立法之考虑，也应采取相同立场。相应地，应该要求相关人为替代船舶的唯一所有人。[②]

（B）替代船的承租

所谓替代船的承租问题是指作为对物诉讼对象的替代船类型，能否从为相关人所有之船扩张至为相关人所承租之船的问题。1952年扣船公约以及英国、新加坡和南非立法均对此持否定态度。而新西兰立法则允许对为相关人所光船承租的替代船提起对物诉讼。对此在澳大利亚，有学者认为，将针对当事船舶的对物诉讼扩张适用于当事船舶的光船承租人场合的理由，同样可适用于将针对替代船舶的对物诉讼扩张适用于为相关人所光船承租的船舶之问题。但法律改革委员会认为，此主张并不具有说服力。在此场合的替代船是一个与当事船舶有别的拥有不同所有者的实体。扩张船舶B的所有人与光船承租人之间之关系，以准许在与船舶A有关的光船承租人的责任问题上扣押船舶B，未免显得牵强附会。在此种扩张缺乏任何其他国际认可的情况下，澳大利亚立法应要求替代船舶为有关特定请求的相关人所有。[③]

iv.替代船法定对物诉讼权效力所不及的请求

澳大利亚法律改革委员会认为，替代船的法定对物诉讼制度仅适用于一般性海事请求，而下列财产性海事请求只能通过当事船的法定对物诉讼权的行使予以实现：[④]A.有关所有权、共有权及抵押的请求。将此类请求排除在外是其他英联邦国家和扣船公约的一致做法。[⑤]B.对物判决的执行。对物判决使得针对任何其他船舶的对物诉讼权消灭，随后的执行程序限于所涉之船舶。C.海事优先权的执行。海事优先权有别于法定对物诉讼权，是不依附于对物程序启动的一项物上的不完全担保利益，因而立法将其与法定对物诉讼权分别规定。据此，在有关海事优先权方面，如果准许对替代船提起对物诉讼，显然不当，并且也没有一个其他国家如此立法。D.没收。由于其具有刑罚特性，准许对

① See Report No 33 (Civil Admiralty Jurisdiction 1986) of the Australia Law Reform Commission, para.206.

② Ibid., para.206.

③ Ibid., para.206, para.207.

④ Ibid., para.208.

⑤ Administration of Justice Act 1956 (UK) s 3 (4); Supreme Court Act 1981 (UK) s 21 (4); Admiralty Act 1973 (NZ) s5 (2) (b); Admiralty Jurisdiction Regulation Act 1983 (SAF) s3 (6); 1952 Arrest Convention art 3 (1).

不同船舶提起对物诉讼显然不妥，因而在有关没收案件中也就不存在针对替代船的对物诉讼权。

v.其他的替代物——替代货物和运费

如果说法定对物诉讼权的效力已不再限于当事船舶的话，那么其能否扩及至替代船舶之外的货物或运费？

对于所谓替代货物问题，法律改革委员会认为，还没有一个国家立法和国际公约将法定对物诉讼权的效力扩及至替代船舶之外的其他货物，即所谓替代货物。而属于海事管辖范围的海事请求类别中极少需要通过扣押替代货物而予以强制执行。因而在目前尚不存在规定针对替代货物的法定对物诉讼权条款的必要。①

替代运费的扣押问题。一般而言，如果没有扣押赚取运费的船舶之权，也就不能扣押运费。现在尚没有一个国内立法认为当事船舶和其运费可分离，或者说扣押替代船舶即意味着允许扣押其运费。为此，就原告而言，其显然可作如此选择：要么对当事船舶和其运费提起对物诉讼，要么仅对替代船舶（不包括运费）提起对物诉讼，要么扣押赚取运费的货物，以确保货主或收货人向法院而非船东或经营人支付所欠的运费。后者是扣押运费的常规方式。②不过有观点对只准许扣押替代船舶而不许扣押其运费的做法提出质疑，认为在历史上，之所以准许扣押船舶和运费是由于从船东角度看，船舶和运费代表在海事冒险活动中处于危险之中的财产。当人们试图就海上冒险活动寻求补偿之时，如果说扣押替代船舶本身是合理的话，那么准许扣押与替代船有关的未付运费也并非没有依据。在可允许将当事船舶与运费作为一个整体而予以扣押的场合，准许将替代船舶与其运费作为一个整体加以扣押也是符合逻辑的。但澳大利亚法律改革委员会认为，由于没有可资遵循的国际先例，也没有对这种制度的任何真正的明显的现实需要，因而如对当事船舶之外的其他船舶提起对物诉讼，则只能对该船舶而不能对该船舶和其运费一并提起对物诉讼。③

（3）针对海事优先权的对物诉讼

海事优先权是建立在海事诉物权利之上的附于船舶的不完全的财产权利。曾几何时，可以说对物诉讼与海事优先权之间是相互交融关系，可提起对物诉讼的诉因，也同时产生海事优先权。然到19世纪末，由于海事管辖权类别的增加，两者之间的关系发

① See Report No 33 (Civil Admiralty Jurisdiction 1986) of the Australia Law Reform Commission, para.209.

② See Nigel Meeson, op.cit., p.70.

③ See Report No 33 (Civil Admiralty Jurisdiction 1986) of the Australia Law Reform Commission, para.209.

生急剧变化，法定对物诉讼权与海事优先权之间的分离关系终于确立。[①]从而使得在海事管辖权立法中如何规范海事优先权与对物诉讼之间的关系成为一个颇为棘手的问题。

I.海事优先权问题的规范模式选择

由于海事优先权与海事对物诉讼之间的特殊关系，海事管辖权立法必须对海事优先权问题做出相应的规定，赋予法院对执行海事优先权的请求的对物诉讼管辖权，否则无异于否定海事优先权在澳大利亚法律中的存在。[②]但问题是应制定何种形式的立法条款。

一种观点主张应准确地界定根据澳大利亚法律产生海事优先权的请求，并只对这些海事优先权类别赋予法院以海事管辖权。此观点还认为不应该创设新的海事优先权类型，而应对现行的海事优先权立法进行穷尽性定界或法律重述。而另一种观点则主张立法只需对海事优先权请求的海事管辖权作出规定，而无须对现行海事优先权进行定界，或仅作提示性定界。并将实体法问题留归其他法律予以解决。法律改革委员会认为第一种观点缺乏可操作性、必要性和宪法依据。第一，进行海事优先权法律重述所面临的主要问题即是重述的程度和范围。因为这将涉及对曾是海事法基本内容的海事优先权立法的编纂，而在有关管辖权内容的立法中以相当准确的方式来完成这一编纂任务显然是相当困难的。第二，立法尚就产生海事优先权的近乎所有的请求赋予平行的法定对物诉讼权。就这些请求而言，只有当相关人在诉讼提起时非为所有人，或当产生优先受偿问题时方有依赖海事优先权而非法定对物诉讼权的必要。因而并无必要为此对海事优先权予以详尽的定界。第三，宪法第76条第Ⅲ项并未授予编纂海事优先权法律的权力。据此，在海事管辖权立法中对既存的海事优先权法律予以综合性重述显然不妥。而为便于了解，应在立法中提示性地列举四项重要的海事优先权类别。同时立法应明确告知不创设新的海事优先权类别。[③]

II.海事优先权的类别

《海事法》第15条第1款规定，就有关受制于海事优先权或其他债务负担的船舶或其他财产而言，海事优先权或其他债务负担的诉讼可作为针对该船舶或财产的对物诉讼而提起。第2款规定，上款所提及的海事优先权包括下列海事优先权：（a）救助；（b）船舶所致损害；（c）船长或船员的工资；或（d）船长的垫支。对此有两个问题尚需明确：第一，列举条款的性质。法律改革委员会认为，立法并未对“海事优先权或其他债务负担”予以穷尽性地列举，而是将之留归一般法律解决，该规定只是例示性列举当今最为

① See Report No 33 (Civil Admiralty Jurisdiction 1986) of the Australia Law Reform Commission, para.14.

② Ibid., para.122.

③ Ibid., para.122.

重要的海事优先权类别。[①]第二，其他债务负担的意义。“其他债务负担”这一术语旨在涵盖由规程（formula）所创设的法定债务负担。如果在立法中不使用该术语，则可能迫使立法者明确地利用海事诉讼程序以创设新的海事优先权。但另一方面，这一术语也被其他国家海事管辖权立法所使用。就海事法院而言，其应享有对类似于海事优先权的法定债务负担的管辖权，这在法院处理船舶破产或产生涉及此种债务负担的优先受偿问题时尤应如此。[②]从这一角度而言，《海事法》将海事优先权与其他债务负担一并予以规定显然具有一定的现实意义。

2.南非

统一各国扣船立法，将可扣押船舶的海事请求及可扣押的船舶限制在一定范围之内以尽量减少船舶的扣押，这是国际航运界自1930年起草《1952年扣船公约》以来所追求的目标。[③]但在今天的世界各国，非但没有收紧扣船的做法，反而为了争取生意，希望更多人去该国诉讼扣船，而尽量放松这方面的法律与做法。一个典型例子是南非。[④]

当代的南非由于其重要的贸易进口国的地位的确立、漫长的海岸线以及若干个繁忙的海港和发达的公路、铁路和航空运输网络，其海事立法自20世纪80年代起得到迅速发展。在海事管辖权方面，为了吸引更多的对物诉讼与扣船，南非一改昔日适用1890年《英国殖民地海事法院法》的传统做法，制定并实施1983年《海事管辖权调整法》。对此南非的律师也承认：“自‘1890年殖民地海事法院法’起失去活力的南非海事管辖权，在1983年得以从衰亡中获得再生。”[⑤]

包括海事管辖权在内的南非的海事诉讼程序受1983年《海事管辖权调整法》、1986年《海事法院规则法》和1997年《海事诉讼程序规则》调整，1992年南非再次修订其1983年法，并颁布了1992年《海事管辖权调整修订法》。与其他英联邦国家相比，南非海事管辖权立法的不同之处有：第一，扣押（arrest）与扣留（attachment）制度共存，从而在南非不仅存在对物诉讼扣押，而且也存在对人诉讼的扣留。[⑥]第二，存在宽泛的允许扣押所谓“关联船”（associated ship）的规定。第三，将揭开公司面纱制度引入对物诉讼制度之中，这是英联邦国家立法中仅有的一项立法实践。南非的做法已经引起国

① See Draft Admiralty Legislation: Explanatory Memorandum of the Australia Law Reform Commission, Clause 15.

② See Report No 33 (Civil Admiralty Jurisdiction 1986) of the Australia Law Reform Commission, para.122.

③ 参见李海，上引著，第280页。

④ 参见杨良宜:《海事法》，第51页。

⑤ 转引自李海，上引著，第280页。

⑥ 参见李海，上引著，第281页。The procedure of maritime attachment, parallel to arrest in rem, operates against any property within the jurisdiction belonging to an absent defendant.

际航运界的关注，但南非的做法并没有被国际航运界接受或认同。[1]

（1）对人诉讼

《海事管辖权调整法》第3条第1款规定，根据本法之规定，任何海事请求均可通过对人诉讼而予以强制执行。第2款规定，对人诉讼只能对下述之人提起：a.居住在或在南非共和国任何地方从事商业活动；b.其在法院管辖区域内的财产被原告或申请人扣留，以建立或确认管辖权；c.同意或承认法院管辖权；d.根据1943年《保险法》第六章之规定任何法院均可对其管辖之人；e.在涉及公司情况下，拥有在南非登记的事务所的公司。第3款规定，对人诉讼不可在其管辖区域非邻接共和国领水的法院提起，除非：a.在有关“海事请求”定义第（a），（b），（j）段所指的请求之场合，请求源自于在该法院管辖区域内所签订的协议；b. 在有关“海事请求”定义第（g）或（h）段所指的请求之场合，所涉货物是根据提单运往或来自该法院管辖的地方；c.所涉请求与在该法院管辖区域内的基金或应支付的运费有关。据此，在南非，对人诉讼是海事请求的基本执行方式，以债务人或违法者为原告。不过，对人诉讼的提起以被告就所涉海事请求对原告负有对人责任（personally liable to）为前提，而不论该责任系违约或非法行为或侵权责任。此外，除非被告住所或居所在南非，或在南非从事商业活动，或同意接受南非法院的管辖，否则扣留位于法院管辖区域内的被告的财产是使法院取得管辖权的必要条件。例如对于提单项下的针对承租人的请求，为使法院取得针对承租人的诉讼的管辖权，得扣留为承租人所有的燃料、储存品或必需品，但不得扣押船舶。

（2）对物诉讼

南非海事管辖权立法的最大特点即是其宽松的对物诉讼实践。其《海事管辖权调整法》第3条第4款规定，在不影响请求权人可获的其他救济或有关诉因合并规则的前提下，海事请求可通过对物诉讼而得以强制执行，（a）如果请求权人对扣押财产享有海事优先权；或（b）如果扣押财产的所有人在所涉诉因的对人诉讼中对请求权人负有责任。同条第5款规定，“对物诉讼应通过扣押位于所涉法院管辖范围内的请求所针对的或与请求有关的下列一项或数项类别的财产而予以提起……”同条第6款规定，在受第9款条款约束的情况下，除有关“海事请求”定义第（d）段所指的海事请求的对物诉讼之外的其他对物诉讼可通过扣押“关联船”（associated ship）而非与所产生请求相关的船舶而提起。据此，从提起对物诉讼的基础条件这一角度而言，与澳大利亚立法相同，南非法律将海事请求的对物诉讼分为二类：基于海事优先权的对物诉讼和法定对物诉讼。后者根据可扣押对象的不同又可分为针对当事“财产”的对物诉讼和针对关联船的对物诉讼。

---

① 参见李海，上引著，第282页。

①基于海事优先权的对物诉讼

在南非，受海事优先权担保的请求包括：有关船舶所致损害的请求、有关救助的请求、有关海员工资的请求、冒险押船贷款或货船抵押贷款以及船长的工资和垫支。对于不属于此类别范围但在其他地方被认为受海事优先权担保的请求，如果在南非满足对物诉讼的一般条件，可通过对物诉讼予以强制执行，但不可作为海事优先权请求而予以执行。

②法定对物诉讼

南非1983年立法不仅扩大了适用对物诉讼的海事请求的类别，而且放宽了对物诉讼的条件。

I.适用对物诉讼的海事请求类别的扩张①

1983年立法并没有明确界定适用对物诉讼的海事请求的范围，但从第3条所用措辞看，似乎所有的请求均可通过对物诉讼予以强制执行，并且尚包括昔日殖民地海事法院可行使对物诉讼管辖权的海事请求。可以说，在南非，只要请求人具有该法定义的海事请求，且被扣押的船舶处于或即将进入法院的管辖范围内，即使该请求与南非没有任何形式的联系，扣船也会被准许。执行就海事请求作出的外国仲裁裁决或判决也是一种海事请求。②尤为重要的是，与其他英联邦国家立法相比较，1983年立法增加了一些可通过对物诉讼予以执行的海事请求的类别：a.船舶之全部或部分份额买卖协议；b.集装箱或有关集装箱的协议；c.委派充当或作为下列角色而行事的人的酬劳，或所作付款或垫支：ⅰ.作为船舶或船载货物的代理人；ⅱ.租赁、买卖，或任何有关船舶或船载货物的协议，或有关船舶或财产保险协议方面的经纪人；ⅲ.有关上述事项的顾问或律师；d.船舶的设计、建造、修理或安装；e.船长、船上官员或海员的雇佣，包括此类人员的酬劳，有关向此类人员养老基金、福利备用基金、医疗救助基金、救济基金及其他类似基金，与船长、官员或海员有关或为其利益而成立的社团或机构的捐助。

II.针对“当事财产”的对物诉讼

按第3条第4—5款规定，如果扣押财产的所有人在所涉诉因的对人诉讼中对请求权人负有责任，海事请求可通过对物诉讼而得以强制执行。而对物诉讼应通过扣押位于所涉法院管辖范围内的请求所针对的或与请求有关的财产而予以提起。也就是说，针对“当事财产”的对物诉讼的提起须具备以下几个条件：第一，所谓的“当事财产”系为请求所针对或与请求有关；第二，该财产的所有人对请求人负有对人责任。而“当事财产”包括：(a)船舶，不论其是否拥有用具、缆具、储存品或燃料仓；(b)用具、缆具、储存品或燃料仓之全部或部分；(c)货物之全部或部分；(d)运费；(e)集装箱，如果

① 参见杨良宜:《海事法》，第51–52页。

② A.D.McArdle, International Ship Arrest:A Practical Guide (1988), p.266.

请求源自或与船舶上的该集装箱的使用，或者海上或水上集装箱货物运输有关；（f）基金。[①]可见，与其他国家立法相较，南非立法简化了针对“当事财产”的对物诉讼的条件，整个程序可以说是快速而有效。

III.针对“关联船”的对物诉讼

针对“关联船”的对物诉讼是南非海事立法不同于其他国家立法的最明显之处。《海事管辖权调整法》扩大了对物诉讼与扣船的对象，将“关联船舶”也纳入其中。该法第3条第6款规定，在受第9款规定约束的情况下，除有关“海事请求”定义第（d）段所指的海事请求的对物诉讼之外的其他对物诉讼可通过扣押“关联船”（associated ship）而非与所产生请求相关的船舶而提起。第9款规定，司法部长在其所设定的条件限制下，可就为在其通告中所指明的公司所有的船舶，或者其全部股份为在通告中所指明的公司所有或控制的公司所有的船舶排除本条第6款的适用。兹分以下几个层次加以分析：

i.针对“关联船”的对物诉讼所不适用的请求

按第3条第6款规定，有关“海事请求”定义第（d）段所指的海事请求的对物诉讼不可通过扣押“关联船”而提起。即有关任何抵押、船货抵押（hypothecation）、留置权、质押或其他船舶的债务负担，或者任何冒险押船贷款或货船抵押贷款协议请求的对物诉讼不可通过扣押“关联船”而提起。

ii.“关联船”的界定

该法第3条第7款就“关联船”的界定问题作了明确的规定。

其第（a）项规定，就第6款规定而言，“关联船”是指与所产生的海事请求有关的船舶（当事船）以外的下列船舶：

（Ⅰ）在诉讼提起之时为在诉因发生之时的所涉船舶的所有者（即当事船的船东）所有的船舶；或

（Ⅱ）在诉讼提起之时为在诉因发生之时控制所涉船舶的所有者——公司（即当事船的船东公司）的人所有的船舶；或

（Ⅲ）在诉讼提起之时为在诉因发生之时所涉船舶的所有者（即当事船船东）所控制的，或控制所涉船舶的所有者——公司（即当事船的船东公司）的公司所有的船舶（owned, at the time when the action is commenced, by a company which is controlled by a person who owned the ship concerned, or controlled the company which owned the ship concerned, when the maritime claim arose）。

其第（b）项规定，就第（a）项规定目的而言，

---

① See S3 (4) of Admiralty Jurisdiction Regulation Act 1983.

（Ⅰ）数艘船舶应被视为为相同的人所有，如果数艘船舶的全部股份从数量或表决权方面而言其大多数，或从价值方面而言其大部分为相同的人所有；

（Ⅱ）某个人应被视为控制着公司，如果其有权直接或间接地控制公司；

（Ⅲ）公司包括合伙、联合体、信托、基金或任何团体，不论其是否法人，并包括任何公司、法人或公司团体，不论法人或公司团体成员的利益是否由股份所组成。

其第（c）项规定，如果船舶在任何时候均是租船合同的标的物，就本法第3条第6款或本款之目的而言，承租人或分租人在其而非船东被指称应承担责任的任何有关请求方面，应被视为所涉船舶的所有人。

可见，南非立法通过引入关联船条款为在单船公司结构盛行的情势下执行海事请求提供了一项重要的机制。独特的“关联船”条款使得旨在执行针对当事船舶或与当事船舶相关的请求的对物诉讼，通过扣押当事船舶之外、基于共同所有关系或船东公司的控制关系而与当事船舶存有关联的船舶而在数小时之内提起，当事船舶的承租人从为将当事船舶与为他们所有或控制的其他船舶建立起联系之目的而言，应视为当事船舶的所有者。在这里也不存在光船承租与期租或承租之区分。某一艘船舶可作为当事船的关联船而予以扣押以执行针对当事船或与当事船有关的请求。该条款使得请求权人在本来可能由于单船公司的确立或当事船舶的不存在而受挫的场合，进行对物诉讼。如此立法，南非也不怕船东不敢去港口，因为附近一带船舶进港加油加水，实在没有太多的其他港口可供选择。①

“关联船”条款的核心即是船舶之间的“共同控制”关系（common control），不论是直接还是间接。其已不再仅以所有权关系为“关联”因素，不再针对表面的“姊妹船”，而是针对谁有权控制，只要存在所谓的控制关系就可以认定具有“关联”关系，并且控制既可以是直接的也可以是间接的。②简言之，The “associated ship” must be owned, at the time when the action is commenced by a person（or by a company controlled by a person）who owned the “wrongdoing ship”（or who controlled the company which owned the “wrongdoing ship”）, when the maritime claim arose. 因而假如有两家巴拿马公司A与B。它们各拥有单船：A拥有“X”轮，B拥有“Y”轮。本来不同公司是不同法人，“X”轮与“Y”轮谈不上是姊妹船。但如果A与B两家公司都是由同一公司C公司拥有（通过股份）与控制，则“X”轮与“Y”轮就成为“关联船”。而“Y”轮欠下的使费、或货损货差、或与承租人有争议，原告可在南非去对“X”轮进行对物诉讼与扣船。显然，这绝非如英国法院对受惠船东的解释，受惠船东只包括“合法船东”和“衡平船东”，但不包括

① 参见杨良宜：《海事法》，第51页。

② 参见杨良宜：《海事法》，第53页；李海，上引著，第281页。

占有和控制，即使是全面的占有和控制。[①]

扣押“关联船”是提起对物诉讼的方式之一。然而值得注意的是，南非立法现已允许在对人诉讼中扣留“关联船”（associated ship attachments）。这一立法举措产生如下重要的结果：第一，为使船舶获释，必须对请求提供担保，其数额并非如对物扣押程序中那样以船舶价值为限。第二，如果船舶的个人受惠所有人拥有某一船舶的股份或控制着经营该船舶的公司，根据揭开公司面纱理论，该船舶可予以扣留以确立对针对该船舶的受惠所有人诉讼的管辖权。

iii.揭开公司面纱制度的引入

在英国，虽然也存在揭开公司面纱的做法，但这主要是在涉及欺诈滥用的场合，即只有在“不正常”情况才有机会揭开公司的结构。因为当今的单船公司结构已是世界船东的普遍做法，不论是著名的船公司还是毫无声誉的小公司，它们一开始就这样做，与后来有无索赔无关。所以不可能它们都是欺诈滥用（a sham）。[②]然而在南非，1983年立法中宽泛的“关联船”条款使得请求人据此可在相当广泛的范围内揭开公司尤其是单船公司的面纱。

如上所述，“关联船”条款所界定的关联船包括四种类别：第一种为当事船舶的所有人所拥有的船舶，这属真正的姊妹船关系。而有关“所有”的时间标准是：当事船在请求发生之时而非诉讼提起或扣押之时为受惠所有人所有，“关联船”在诉讼提起之时而非请求发生之时为受惠所有人所有。如A在诉因发生之时是当事船“X”轮的所有者，在诉讼提起之时又是“Y”轮的所有者，则“Y”轮为“关联船”；第二种为控制当事船的船东公司的人所拥有的船舶。而有关“所有”或“控制”的时间标准是：“关联船”在诉讼提起之时或扣押之时为受惠所有人所有，而公司仅在请求发生之时而非扣押或诉讼提起之时为受惠所有人所控制，当事船也仅在请求发生之时而非扣押或诉讼提起之时为公司所有。如甲公司在诉因发生之时是当事船“X”轮的所有者，A在诉因发生之时控制着甲公司，A在诉讼提起之时又是“Y”轮的所有者，则“Y”轮为“关联船”；第三种为受当事船舶的所有者所控制的公司所拥有的船舶。如A在诉因发生之时是当事船“X”轮的所有者，A在诉讼提起之时又控制着甲公司，而甲公司在诉讼提起之时是“Y”轮的所有者，则“Y”轮为“关联船”；第四种为控制当事船舶的所有者——公司（即当事船的船东公司）的人所控制的公司所有的船舶。

如甲公司在诉因发生之时是当事船“X”轮的所有者，A不仅在诉因发生之时控制着甲公司，并且在诉讼提起之时又控制着乙公司，而乙公司在诉讼提起之时是“Y”轮

① 参见杨良宜：《海事法》，第53–54页。
② 参见杨良宜：《海事法》，第54页。

的所有者，则“Y”轮为“关联船”。此两类型“关联船”中的有关“所有”或“控制”的时间标准是：在诉讼提起之时，“关联船”为相关公司所有，而该公司又为受惠所有人所控制，在诉因发生之时，当事船舶为受惠所有人所控制的公司所有。

这四大类别的“关联船”，第一种类“关联船”为姊妹船，第二种类“关联船”为在当事船被公司拥有情况下直接所有的“关联船”（directly owned associated ships,where the ship concerned is owned by the company），第三,四种类“关联船”为公司所有的“关联船”（company-owned associated ships）。而就第二,三、四种类“关联船”而言，所谓“控制”即指如果某个人有权直接或间接地控制公司，其应被视为控制着公司。显然，第二,三、四种类“关联船”的认定即是运用揭开公司面纱理论的结果。就第一种类“关联船”而言，尽管其与当事船之间为“姊妹船”关系，然而1983年立法第3条第7款第（b）项规定，数艘船舶应被视为为相同的人所有，如果数艘船舶的全部股份从数量或表决权方面而言其大多数，或从价值方面而言其大部分为相同的人所有。第（c）项规定，如果船舶在任何时候均是租船合同的标的物，就本法第3条第6款或本款之目的而言，承租人或分租人在其而非船东被指称应承担责任的任何有关请求方面，应被视为所涉船舶的所有人。基于“所有”的丰富含义之考虑，“姊妹船”场合并非没有适用揭开公司面纱理论的条件。

揭开公司面纱理论的运用使得南非立法中“关联船”条款对世界各地的船东形成危险，请求权人据此可扣押诸如马士基或环球公司之类的世界船东的每一艘船舶，虽然它们都属不同的单船公司所拥有。尽管立法中不存在妨碍利用对物扣押程序以扣押关联船的障碍，但是关联船的指控与举证责任仍是在扣船方，并且也不容易。请求权人必须让人确信其拥有支持其有关“关联性”主张的充分证据，否则将承受由于错误扣船而负赔偿责任的风险。①

3.新西兰

在新西兰，海事管辖权由高等法院和地区法院行使，其中对物诉讼管辖权由高等法院专属行使。

（1）对人诉讼

与其他国家立法一样，所有的海事请求都可通过对人诉讼而予以强制执行。不过其受以下条件的限制：②

①由于船舶之间碰撞、船舶为避免碰撞而进行的操纵或疏于操纵、未遵守避碰规则所致的有关损害、死亡或人身伤害的赔偿请求不得提起对人诉讼，除非被告通常居住在

① 参见杨良宜:《海事法》，第54页。

② See s 6 of Admiralty Act 1973.

新西兰或在新西兰有营业所，或者诉因发生在新西兰领水之内，或者诉因源自正在新西兰法院进行诉讼或业已裁决的事件。

②除非原告先前在新西兰之外的任何法院对被告提起的任何诉讼业已中止或终止，否则不得在新西兰任何法院就相同事件或相同事件之系列提起对人诉讼。

（2）对物诉讼

新西兰的对物诉讼实践与英国基本相同。根据1973年《海事法》第5条规定，对物诉讼分以下几种：

①无须考虑所有权关系的对物诉讼

对于此类对物诉讼，可直接对与所产生的请求有关的“船舶、飞机或其他财产”提起对物诉讼，而不论在提起诉讼时由谁享有这些“物”的所有权，也不论是谁在对人诉讼中对请求负有责任，因而此类请求被视为真正的对物诉讼请求。此类请求又可分为：

I. 基于海事优先权或其他债务负担的对物诉讼

如果海事请求受在任何船舶、飞机或其他财产之上所附有的海事优先权或其他债务负担的担保，则可对该船舶、飞机或财产提起对物诉讼。①

II. 有关物权性请求的对物诉讼

对于有关船舶占有或所有或者其中之部分所有权的请求或问题，船舶共同所有人之间产生的有关占有、使用或收益的请求或问题，涉及船舶或其中之任何部分抵押或债务负担的请求或问题，关于船舶或船载货物没收或征收，被没收船舶或货物的归还以及海军夺获敌国财产权的请求或问题，请求权人只可针对与所产生的请求或问题有关的特定船舶或财产提起对物诉讼。②

②受所有权关系影响的对物诉讼

《海事法》第5条第2款第（b）项规定，除本条第1款所赋予的权利外，高等法院就本法第4条第1款所规定的所有问题和请求而提起的对物诉讼行使海事管辖权，如果（a）……（b）就与船舶有关的由本法第4条第1款第（d）—（r）项所规定的诸问题和请求，在对人诉讼中对请求负有责任的人在诉因发生之时，是该船舶的所有人、承租人或占有或控制船舶的人，高等法院的管辖权（不论该请求是否在船舶上产生海事优先权）均可通过针对下列船舶的对物诉讼而行使：（Ⅰ）该船舶，如果在诉讼提起之时该船舶所有份额为该人受惠所有，或该船舶为该人光船租赁；或（Ⅱ）任何其他船舶，如果在诉讼提起之时，如前所述那样被该人受惠所有或光船租赁。据此，此类对物诉讼不仅具有特定的适用对象，而且由于其所针对的对象的不同而分为针对当事船的对物诉讼和针对替

① See s5 (1) of Admiralty Act 1973.

② See s5 (2) (a) of Admiralty Act 1973.

代船的对物诉讼。

I.适用对象

此类对物诉讼仅适用于由《海事法》第4条第1款第（d）—（r）项所规定的诸问题和请求，即由船舶所致损害赔偿请求；由船舶所承受之损害赔偿请求；由船舶、属具或设备缺陷，或者船东、承租人或占有或控制船舶的任何人的不当行为、疏忽或懈怠，或者由船东承租人或占有或控制船舶的人负责的船长或海员或任何其他人的不当行为、疏忽或懈怠，包括航行和管船不当行为、疏忽或懈怠，货物装卸、运输或卸载及人员上船、运送和下船的不当行为、疏忽或懈怠所致死亡或人身伤害的赔偿请求；船载货物损失或损害赔偿请求；有关货物运输或船舶使用或租赁协议所产生的请求；具有海上救助性质的请求，包括为救助船舶或飞机上人命或根据《海上运输法》或其他有关救助的海事规则而为保存其货物、属具或残骸而提供的救助服务方面的请求；有关船舶或飞机拖带方面的请求；有关船舶或飞机引航方面的请求；有关为使船舶运营或维护而向船舶提供的货物、物质或服务方面的请求；有关船舶建造、修理或设备安装以及码头、港务费方面的请求；船长、海员关于工资的请求，以及根据1994年《海上运输法》可作为工资取得或像取得工资那样的方式取得的钱款或财产的请求；船长、承租人、代理人为船舶利益计而所作开支的请求；由共同海损行为所产生的请求；由冒险押船贷款所产生的请求。

II.针对当事船的对物诉讼

就此类请求而针对当事船舶所提起的对物诉讼必须具备以下条件：第一，该船舶与《海事法》第4条第1款第（d）—（r）项所规定的诸问题和请求发生有关；第二，该船舶在诉因发生之时为在对人诉讼中对请求负有责任的人（相关人）所有或承租，或占有或控制；第三，该船舶之全部在提起诉讼之时为在对人诉讼中对请求负有责任的人（该相关人）受惠所有或光船租赁。

III.针对替代船的对物诉讼

就此类请求而针对当事船舶的替代船所提起的对物诉讼必须具备以下条件：第一，与请求有关的当事船舶在诉因发生之时为在对人诉讼中对请求负有责任的人（相关人）所有或承租，或者占有或控制；第二，要对其提起对物诉讼的任何其他船舶，即所谓替代船之全部在诉讼提起之时为在对人诉讼中对请求负有责任的人（该相关人）受惠所有或光船租赁（charter by demise）。将为相关人光船租赁的船舶也纳入到替代船的范围之内，是新西兰立法一大创新，替代船的光船承租问题，1952年扣船公约以及英国、澳大利亚、新加坡和南非立法均对此持否定态度。[①]

4.加拿大

在加拿大，海事请求的执行方式与程序受1970年《联邦法院法》调整，海事请求通过对人诉讼或对物诉讼予以执行。

（1）对人诉讼

1970年法第43条第1款规定，在受第4款制约的情况下，由第22条赋予法院的管辖权在所有场合均可通过对人诉讼行使。第4款规定，不可在加拿大就船舶之间碰撞提起对人诉讼，除非被告在加拿大有居所或营业所，或者诉因发生在加拿大水域，或者当事人同意加拿大法院管辖。

（2）对物诉讼

1970年法中有关对物诉讼的规定比其他国家立法较为保守，替代船的规定即是其中一例。

①无须考虑所有权关系的对物诉讼

1970年法将此类对物诉讼的适用范围限于包括有关物权性请求在内的特定范围的请求，这与其他国家立法将此类对物诉讼主要限于物权性请求的做法显然不同。同时该法对受海事优先权担保的请求的对物诉讼未作专门的明示规定。

该法第43条第2款规定，在受第3款约束的情况下，第22条赋予法院的管辖权可通过针对作为诉讼标的的船舶、飞机或其他财产，或者因此而汇入法院的销售所得的对物诉讼而行使。结合第3款规定，此类对物诉讼的条件如下：

第一，适用对象限于第22条第2款第（e）、（f）、（g）、（h）、（i）、（k）、（m）、（n）、（p）、（r）项所规定请求之外的请求，即船舶物权、占有或所有权，或其中任何利益的请求，或有关船舶出售所得或其中任何利益的请求；在船舶共有人之间产生的涉及船舶占有、使用或收益的任何问题；与船舶抵押、船货抵押、船舶上债务负担或其中任何利益，或者具有以船舶或其中任何利益或货物作为担保物的冒险押船贷款或货船抵押贷款性质的任何债务负担相关的任何请求；由船舶在碰撞或其他场合所致的死亡或人身伤害的赔偿请求；因救助而产生的请求，包括在飞机如同船舶时对飞机上人员、货物或财产进行的救助或由飞机进行的救助而产生的请求；关于船舶引航或在飞机在水上时有关飞机引航所产生的请求；船长、船上官员或海员就工资、钱款、财产或由于雇用所产生其他酬劳或利益而提出的请求；有关共同海损分配的请求；因码头费、港务费或运河通行税，包括所提供的有关设施的使用费而产生的请求。

① See Report No 33 (Civil Admiralty Jurisdiction 1986) of the Australian Law Reform Commission, para.207.

第二，对物诉讼的对象限于作为诉讼标的的船舶、飞机或其他财产，或者因此而汇入法院的销售所得。

②受所有权关系影响的对物诉讼

此类对物诉讼基于所针对对象的不同又可分为两类：

I.针对“当事财产”的对物诉讼

1970年立法第43条第3款规定，尽管有第2款规定，第22条赋予法院的有关第22条第2款第（e）、（f）、（g）、（h）、（i）、（k）、（m）、（n）、（p）、（r）项所规定请求的管辖权不得通过对物诉讼而行使，除非作为诉讼标的的船舶、飞机、或其他财产在诉讼提起之时为在诉因发生之时的其受惠所有人受惠所有。据此，此类对物诉讼的提起必须具备以下两个条件：

第一，所适用的请求范围限于第22条第2款第（e），（f）、（g）、（h）、（i）、（k）、（m）、（n）、（p）、（r）项所规定的请求，即船舶所受损失或损害，包括在船舶上或在船舶装载或从船舶卸载的货物或属具或其他任何财产损失或损害的任何赔偿请求；基于根据联运提单或意欲签发的联运提单进行货物运输的协议，就运输中任何时空所发生的货物损失或损害所提出的任何请求；与船舶运营有关的死亡或人身伤害的赔偿请求，包括因船舶、属具或设备缺陷，船东、承租人、占有或控制船舶的人，或船长或海员以及包括船东、承租人或占有或控制船舶的人对其不当或疏忽或懈怠负责的任何其他人的不当行为、疏忽或懈怠所致的死亡或人身伤害的赔偿请求。不当行为、疏忽或懈怠行为包括管船，货物的装载、运输、卸载，人员的上船运输或下船中的行为；船载货物损失或损害的赔偿请求，包括旅客行李或私人财物的损失或损害的赔偿请求；产生于涉及货物运输或船舶租用协议的请求；关于船舶拖带或在飞机在水上时有关飞机拖带所产生的请求；与为船舶运营或维护而向船舶提供的货物、物质或服务有关的请求，包括涉及码头装卸和驳运有关的请求；产生于有关船舶建造、修理或安装合同的任何请求；船长、承租人或船舶代理人就为船舶利益而作的垫支，或托运人就为船舶利益所作的预付款而提出的请求；产生于或与海上保险相关的任何请求。

第二，作为诉讼标的的船舶、飞机、或其他财产在诉讼提起之时为在诉因发生之时的其受惠所有人受惠所有。即对物诉讼所针对的当事财产在诉因产生之时与在诉讼提起之时均为相同的人所受惠所有。

II.针对替代船的对物诉讼

1970年法第43条第8款规定，由第22条赋予法院的管辖权可针对在诉讼提起之时为作为诉讼标的的船舶之所有人的人受惠所有的任何船舶而对物行使（exercised in rem against any ship），即替代船舶必须是当事船舶的所有人所受惠所有的船舶。但立法并未就此类对物诉讼的适用范围作出明文规定。

（三）美国的独特立法实践

美国海事诉讼的法律与实践中也存在所谓的对人诉讼与对物诉讼，海事诉讼可以是对物诉讼，也可以是对人诉讼。海事请求可以通过对人诉讼的方式主张，如果该请求享有海事优先权，也可以通过对物诉讼或者以对物诉讼和对人诉讼合并的方式进行。单独的对物诉讼并不允许针对超过船价的被扣船舶执行判决。姊妹船扣押并不存在这样的情况，但姊妹船扣押已为海事财产查封所取代，这种查封是古老的英格兰海事财产查封的美国式产物。[①]这一点与英联邦国家大致相同。但为大部分英联邦国家所遗弃的海事财产扣留却在美国得以保留，成为美国传统海商法的一部分。因而可以说，美国的对物诉讼和对人诉讼以及作为保全措施的扣留令，与英国相应法律制度之间还是存在很大差异。[②]

1．对人诉讼

对人诉讼是指对自然人或法人主张对人责任（personal liability）而提起的诉讼。美国的对人诉讼对大陆法系的律师而言，应是驾轻就熟的事。[③]然而美国的对人诉讼制度中至少有两项制度值得注意。

（1）对人诉讼与保留条款

早在1789年，《司法法》授予地区法院以专属海事管辖权，并在任何情况下均应保留原告享有普通法能给予的普通法上的救济措施。1948年《司法法》变更了保留条款的措辞（1949年又作了细小的修正），其规定，除州法院外，地区法院对下列事项也享有初审管辖权：任何海事和海商管辖范围内的民事案件，在任何情况下均应保留原告在其他情况下有权享有的任何其他救济措施。显然前后两项规定在若干措辞和文体上均有变更，但正如高等法院在其1954年Madruga v. Superior Court of California案所作的暗示，新条文的规定在总体效力上与旧条文的规定是相同的。[④]据此，凡在海事管辖范围内能提起对人诉讼并要求强制执行的请求，则既可以向具有海事管辖权的联邦法院起诉，也可根据保留条款的规定，以一般的民事诉讼向适当的非海事法院起诉；但如果提起对物诉讼，则只有授予处理海事案件权限的联邦法院才有管辖权。[⑤]

（2）对人诉讼与海事扣留（maritime attachment）

海事财产扣留在19世纪末由于没有人采用而被遗弃。大部分英联邦国家，因其海事程序继承了英格兰的海事法，因而这些国家当今也只有对人诉讼和对物诉讼这两种海

① 威廉·台特雷：《国际海商法》，第335页。
② 参见李海，上引著，第277、825页。杨良宜：《海事法》，第141页。
③ 参见G.吉尔摩和C.L.布兰克，上引著，第21页。
④ G.吉尔摩和C.L.布兰克，上引著，第23—24页。
⑤ G.吉尔摩和C.L.布兰克，上引著，第25页；威廉·台特雷：《国际海商法》，第348—350页。

事诉讼形式。但海事财产扣留在美国却得以保留，因为美国在独立战争时期切断了与英国的政治联系，而这正好处于人们认为的该程序在英国消亡之前，同时也是因为第一届国会在1789年和1792年制定了第一部《司法法》和第二部《司法法》，这些法律极其关键地将美国的海事程序规定为附属于民法体系，因此美国法中就保留了法国和其他民法国家中的“保全扣留”。扎根于民法的海事法传统的海事财产扣留已经成为美国传统海商法的一部分。[①]

海事扣留，又称诉人扣押或“B规则扣留”，是与船舶扣押或诉物扣押并行的一项制度。[②]海事扣留源于对人诉讼中作为保全措施的扣留。美国法院实施扣留主要是基于三个理由：第一，取得对人的管辖权；第二，就可能胜诉的判决请求取得担保；第三，以扣留的财产来满足判决。[③]海事财产扣留现在成为一种管辖权的基础。由于通过扣留可使美国法院取得管辖权，也即在美国法院本无法实现对人诉讼管辖的情况下，通过扣留可使财产所有人不得不接受美国法院的管辖。正是基于此点，这种因扣留而确立的管辖权，常被称为“准对物管辖权”（quasi in rem jurisdiction）。[④]扣留作为一种保全措施在美国曾被广泛使用，不仅被适用于海事案件，而且也被适用于一般民商事案件。但在1977年Shaffer v. Heitner案中，美国最高法院明确指出，美国法院不能仅因为某人的财产在美国法院管辖范围内，就可取得对该人的管辖权，并且未经过正当的法律程序，任何人的财产不应被剥夺，否则构成违宪行为。为此，扣留曾一度在美国受到限制。但在美国最高法院制定《联邦民事诉讼规则》之后，又制定了一个“补充规则”，并被简称为“海事规则”，该补充规则中B规则和C规则分别规定了适用于海事案件的扣留及对物诉讼。[⑤]尽管如此，作为海事审判机构，其却获得了一种固有的权力，不依据规则B

① 威廉·台特雷:《国际海商法》，第335—336页。

② See Report No33 (Civil Admiralty Jurisdiction) of the Australian Law Reform Commission, para.202. Federal Rules of Civil Procedure, Supplemental Rules for Certain Admiralty and Maritime Claims r B. Arrest in rem is provide for: r C. Note that r B, and to a lesser extent r C, have come under attack the last decade or so as infringing the constitutional right to due process: see CJ Duzon, The Constitutionality of Supplemental Admiralty Rule C, (1983) 14 JMLC , p.281; DG Culp, Chartering a New Co Proposed Amendments to the Supplemental Rules for Admiralty Arrest and Attachment, (1984) 15 JLMC, p.353.

③ 参见张茂，上引著，第260页。

④ 美国的准对物管辖权是对州内的物或债权采取扣留而产生的管辖权。债权人对于债务人的诉讼往往需要本州法院对债务人有管辖权，但本州法院却没有。为了产生本州法院的管辖权，本州法院往往使用准对物管辖权这一手段。准对物管辖权与对物管辖权的区别在于，其是针对物之所有人的利益施加影响，其判决对特定人产生判决效力。如果原告胜诉就可在扣押的物（土地或汽车）或债权的范围内得到满足。参见邢海宝，上引著，第108页。威廉·台特雷:《国际海商法》，第335—336页。

⑤ 参见李海，上引著，第279—280页。

而签发扣留令，即使没有满足法律具体细节上的要求。①

补充规则B②规定，就任何海事或海商对人请求，如果被告不在管辖区域内，业经证实的起诉状可包含一项扣留被告货物和动产，或在请求数额范围扣留诉状中所指明的第三债务人控制下的债权和财产的诉讼请求。据此，诉人扣押不仅可扣留船舶、货物、燃油等海上财产，而且还可扣留诸如银行存款之类的陆上财产。不过，诉人扣押必须是，第一，被告是在“诉人”下会有责任；第二，属海事争议，即仅适用于海事案件或只是针对海事索赔或争议；第三，被告必须在境外或外国，或者说其只有在找不到被告时才适用。③然而，“补充规则”仅就海事案件中诉人扣留自身的管辖权的行使根据作了明确的规定，即被告特定财产在法院管辖区域内的存在便可行使针对该财产的诉人扣留的管辖权，而未就诉人扣留事实的存在能否使该法院取得针对该被告的有关海事案件实质争议的诉人管辖权作出规定。

2. 对物诉讼

习惯上对人诉讼就是对船东的诉讼，而对物诉讼就是对船舶提起的诉讼。美国诉物的立法是补充规则C（Supplemental Rule C），也就是说，诉物须根据美国最高法院制定的“联邦民事诉讼规则的补充规则”中的“C规则”进行。其规定，“对物诉讼可提起：（a）以执行任何海事优先权；（b）当美国成文法规定了海事对物诉讼或类似诉讼（When Available–An action in rem may be brought:（a）to enforce any maritime lien;（b）Whenever a statute of the United Stated provides for a maritime action in rem or a proceeding analogous thereto。”④然而，在美国，正如权威海事法学者所言，要了解对物诉讼的性质，就必须知道隐藏在对物诉讼背后独立存在的船舶优先权的概念。在美国海事法中，船舶优先权是成功提起对物诉讼的必要基础。⑤

（1）对物诉讼与海事优先权

在美国，海事优先权应采取法律手段来强制执行，即对设定海事优先权的船舶或其他财产提起直接的诉讼，这种诉讼方式给海事优先权在理论上的属性提供了线索，这种诉讼也被称为对物提起的诉讼。⑥美国的司法理论认为，只要存在海事优先权，就可提起对物诉讼。海事优先权的存在与提起对物诉讼具有相同的含义。Field法官在Rock

① 威廉·台特雷:《国际海商法》，第336页。
② 立法全名是:Attachment and Garnishment: Special Provisions; 28 U.S. Code, Appendix–Federal Rules of Civil Procedure–Supplement Rules for Certain Admiralty and Maritime Claims. 参见杨良宜:《海事法》，第141—142页。
③ 参见杨良宜:《海事法》，第142页。
④ 转引自杨良宜:《海事法》，第141—142页。
⑤ G.吉尔摩和C.L.布莱克，上引著，第21页。
⑥ G.吉尔摩和C.L.布莱克，上引著，第22页。

Island Bridge案中指出，海事优先权与对物诉讼是共存的，只要一项成立，另一项也就产生，反之亦然。对船舶提起对物诉讼，必须依赖于海事优先权的支持。[①]为此有学者言，在美国提起对物诉讼，仅限于行使海事优先权。[②]

海事优先权与对物诉讼之间的共存性使得在美国只有当事船舶可成为对物诉讼和扣押的对象，即使相关人不是船东，而替代船理论并无存在的必要和基础。[③]而对物诉讼管辖权只有联邦法院才拥有。在Moses Taylor案中，加利福尼亚州的某一法令赋予州法院有权行使对船舶提起的对物诉讼的管辖，结果被高等法院判称无效。而在Hine v.Trevor案中，高等法院更为明确地判称对物诉讼根本不是普通法上的救济措施，除海事法院外，任何其他法院一律不得为起诉人保留对物诉讼的权利。如果州法院仅仅是为了执行判决或保证其判决的执行而扣押或查封属被告财产之一的船舶，那仅仅是为了迫使被告出庭或者是为了拍卖被告之财物以满足法院判决的执行。由于这种程序不仅为普通法中所具有，而且也不具备对物诉讼所特有的特征，因此，根据保留条款，这种程序保留给了原告。[④]

除船舶之上的海事优先权外，为主张运费、因船货关系和提单合同而产生其他费用，船方可对货物行使留置权。这种留置权当然可通过对物诉讼强制执行，但在严格意义上讲，这种留置权究竟是不是真正的海事优先权不无疑问。因为货物一旦无条件地交付后，这种留置权就不复存在，因而更像普通法中承运人的占有留置权，而在船舶上设定的海事优先权并不因船舶的转让而消灭，但就货物而言，即使通过有条件的交付方式来保留留置权，当货物有偿转让给善意的第三人而未预先告知时，此项留置权也将不复存在。[⑤]然而就船舶上设定的海事优先权而言，根据美国海事司法实践的传统原则，对物诉讼判决的执行对象范围不能超过船舶的价值和运费，或者船舶变卖后的价款。只有当船东被卷入对人诉讼后才能作出更大金额的判决。该项原则在英国司法实践中并不流行，而被认为是美国采纳船舶人格化理论所带来的产物。由于对物诉讼就是对船舶提起的诉讼，因此从概念上讲，除非船东被卷入另外的诉讼中去，否则就不得对其作出判决。无论是根据目前适用的原则，还是以前的海事诉讼规则，凡能提起对物诉讼的案件几乎都能提起对人诉讼，从而也就不会出现共同诉讼的问题。此外，正如Brown法官在Monte A.案中所认为的那样，外国的船东可以在对物诉讼中出庭抗辩，但无须承担在对

---

① G.吉尔摩和C.L.布莱克，上引著，第834—835页。

② 参见李海，上引著，第277页。

③ See Report No 33 (Civil Admiralty Jurisdiction) of the Australian Law Reform Commission, para.202.

④ 参见G.吉尔摩和C.L.布莱克，上引著，第23页。

⑤ G.吉尔摩和C.L.布莱克，上引著，第233页。

人诉讼判决中不足金额的赔偿责任。①

（2）美国海事优先权的理论基础

为探索海事优先权所具有的真正属性，学者提出了各种学说和理论。不过在美国，颇具影响力的则是船舶拟人化理论。无论海事优先权法律源出何处，船舶拟人化理论在美国的司法实践中起着举足轻重的作用。这与英国的司法实践不同，英国海事优先权理论认为，海事优先权仅是程序上的权利，即对船舶提起对物诉讼的程序具有财产保全的性质，通过法院控制其地域管辖范围内的财产，迫使船东出庭应诉。

在美国，船舶拟人化观点是通过三个案件——Little Charles 案、Palmyra案以及 Brig Malek Adhel案的判决最后被美国法律所采纳。这三个案件都是由于船舶因从事违法活动而被处以没收的诉讼案件。②据此理论，船舶本身，即被人格化的船舶就是为强制执行海事优先权而提起对物诉讼中的被告。船舶就是“肇事物”。海事优先权本身与其说是物权（jus ad rem），还不如说是对物权（jus in rem）。③

不过也有学者对此提出异议，认为“在海事优先权法律的发展过程中，船舶人格化的假设并没有起到重要的作用。对船舶欲强制执行在诉讼时本不应由船东承担责任的某项请求，相应的问题也就随即产生。如果说人格化理论就是我们法律的基础，那么每一个案件都可得出这样的结论，即船舶都应承担责任，请求都可强制执行。这与目前的结果相距甚远。……船舶人格化这一虚构的假设至多只能是个文学课题而已。到19世纪末20世纪初，这种观点的流行程度已达到了顶峰。自此以后，即使作为文学作品也已无人问津了。不过虚构的假设在法律中还是具有多种用途的。这种假设最初被引进时往往伴随着混乱和兴起的征兆。但是即使像船舶人格化这种曾受到人们欢迎的而且也无任何害处的假设，一旦物尽其用，它的消亡也是人们所期待的。”④

（3）产生海事优先权的海事请求

海事优先权与对物诉讼之间的特殊关系使得在某一具有海事优先权的请求权人所提起的对物诉讼中，尽管某些不具有海事优先权的请求权人可参加变卖所得的分配，但就其本身而言却仅限于提起对人诉讼。⑤为满足对人诉讼作出的判决，可扣押船舶并将其变卖，但这项变卖却不能使存在的海事优先权归于消灭，而只有通过对物诉讼将船舶变卖才能消灭在船舶上设定的一切海事优先权，而且这种变卖所得价款较高，可用于请求权人之间的分配。此外，在分配该款项时，非海事优先权担保的请求由于不具有优先

① 参见G.吉尔摩和C.L.布莱克，上引著，第835页。
② G.吉尔摩和C.L.布莱克，上引著，第801—804页。
③ G.吉尔摩和C.L.布莱克，上引著，第801页。
④ G.吉尔摩和C.L.布莱克，上引著，第827—828页。
⑤ G.吉尔摩和C.L.布莱克，上引著，第835页。

受偿性，因而其得到清偿时，应首先充分满足海事优先权担保的请求，如有余额，才能用于清偿非海事优先权担保的请求。同时在美国，如果不享有海事优先权，就不能提起对物诉讼。[①]因此，请求权人的请求能否列入海事优先权担保的请求使之优先于非海事优先权担保的请求，请求权人能否通过对物诉讼单独执行海事优先权，这对请求权人而言，具有十分重要的意义。

从表面上看，在美国，可提起对物诉讼的海事请求要比英国的范围小，但事实上，美国法律所确认的可提起对物诉讼的海事请求项目，只会比英国广，而不会比英国少。[②]因为，如上所述，在美国，一旦海事请求由海事优先权予以担保，则该海事请求即可通过对物诉讼予以强制执行。而海事请求中虽然并非全部，但绝大多数都会产生海事优先权。[③]第一，美国未加入任何有关海事优先权的国际公约，而且国内法所确认的受海事优先权担保的海事请求的项目很多；第二，有关海事优先权的法律不仅存在于制定法中，而且还存在于判例法中。并且，不同州相互之间也存在一定的差异。根据美国《联邦海事优先权法》第971条规定，任何人根据船东或船东授权的人的指示，对任何船舶提供了修理、补给、拖带、干船坞或修理滑道或必需品，则对该船享有海事优先权，并可通过对物诉讼行使，而无须主张或证明信贷系给予该船舶。[④]第三，由于有关海事优先权的法律，至少在理论上讲具有开放性（open ended），在新的情况出现后，某一债权是否受海事优先权担保，由法院来决定。[⑤]因而关键问题是须明确哪些海事请求由海事优先权担保，而哪些海事请求则并无海事优先权担保。

在美国，与其他国家一样，海事优先权所担保的只能是海事请求，如果某一请求既不涉及到船舶、船上所载货物或运费，也并非产生于某一海商合同、某一海事侵权行为或某些特殊的海上作业如救助等，那么该请求就不能构成由海事优先权担保的请求。[⑥]同时与其他国家一样，并非所有的海事请求都由海事优先权予以担保，但与其他国家不同的是，由海事优先权担保的海事请求的种类繁多，其中还包括根据国家立法而取得此项地位的海事请求。[⑦]一般而言，此类请求大致包括：[⑧]（1）海员对工资的请求。Gray法

① 参见李海，上引著，第278页。
② 参见李海，上引著，第277—278页。
③ 参见G.吉尔摩和C.L.布莱克，上引著，第836页。
④ See Christopher Hill, Arrest of Ships (1985), p.84.
⑤ 参见李海，上引著，第278页。G.吉尔摩和C.L.布莱克，上引著，第839页。
⑥ 参见G.吉尔摩和C.L.布莱克，上引著，第836页。
⑦ 参见G.吉尔摩和C.L.布莱克，上引著，第836页。
⑧ 由于海事优先权的法律在理论上是不断发展的，因而所列由海事优先权担保的海事请求并不全面，事实上也不可能做到全面。参见G.吉尔摩和C.L.布莱克，上引著，第837页。李海，上引著，第278页。See also Christopher Hill, Arrest of Ships (1985), p.84.

官在John G.Stevens案中指出，这些请求是神圣的海事优先权，只要船舶还存在一块钢板，船员就有权对抗任何其他人，有权取得作为其工资担保的变卖价款。（2）救助报酬。此项海事优先权产生于履行救助合同或自愿提供的救助服务。一般认为，由于该行为保全了船舶和货物的价值而带来利益，因而从优先顺序排列角度言，其与工资请求一道处于优先的地位，能够最优先受偿。（3）因侵权行为产生的请求优先于因合同产生的请求，这一点似无任何异议。这一类受海事优先权担保的请求包括因碰撞和人身伤害产生的请求（唯一例外是海员根据《琼斯法》请求人身伤害赔偿时只能提起对人诉讼），如船舶造成的人身伤害、船舶造成的货物损坏、船舶造成的海岸建筑物的损坏、船舶因碰撞受到的损害等。[①]因碰撞和人身伤害而产生的请求权引起的大量诉讼，之所以列为由海事优先权担保的侵权之诉，其理论根据是，任何与船舶或与船舶使用有关的海上侵权行为，只要控制该船舶的人应对该行为负责，都将产生海事优先权。正如Ferguson法官在State of California v.S/S Bournemouth案中通过查阅若干权威判例后指出，作为一项普遍的原则，凡是与船舶或船舶的使用有关，并根据一般法律规定而构成侵权的任何行为都产生海事优先权。在其他侵权行为中，非法处理他人财产的行为和故意隐瞒破产的行为均应导致海事优先权的产生。（4）共同海损。因共同海损而产生的海事优先权可以由船方向货方主张，也可由货方向船舶及其运费主张。（5）优先船舶抵押权。《联邦船舶抵押法》赋予按照其规定设定的船舶抵押权以海事优先权及能较优先受偿的法律地位。这种法定抵押给贷款人提供了比冒险押船贷款更令人满意的融资担保手段。（6）物料供应和修理费用。此类请求目前在很大程度上，已由《联邦海事优先权法》所包括。（7）拖运费、码头费、引航费和装卸费等。（8）因装载、积载、照管等不当行为造成的货损。此类请求具有混合性，可看作是产生于合同或侵权。（9）船方就未付运费等对货物主张的海事优先权。此类海事优先权还包括在装卸港发生的滞期费，即所谓的“延伸运费”。对货物的海事优先权不同与对船舶或其运费的海事优先权，事实上前者是占有留置权，一旦将货物无条件地交付给收货人，其即告丧失。（10）租船合同。租船合同的任何违反即产生海事优先权。船东违约，承租人便对船舶享有海事优先权，承租人违约，船东便对货物或转租运费享有海事优先权。（11）冒险押船贷款和船货抵押贷款合同。前者是以船舶作为取得贷款的担保，后者是以货物作为取得贷款的担保。这两者都是以航次顺利完成为条件。也就是说，如果船舶沉没，贷款债务也就解除。此外，在美国，还有其他一些不常发生的合同之债和侵权之债也会导致海事优先权的产生。[②]

不过应注意的是，近年来，美国法院不太愿意在海事优先权家属中增添成员，目前

① 参见李海，上引著，第278页。

② See Christopher Hill, Arrest of Ships (1985), p.84. 参见李海，上引著，第278页。

盛行的看法，也是由来已久的看法，认为海事优先权失宠了。正如Grief法官在Yankee Blade案中所言，尽管这种特权或海事优先权依附于船舶，但却是一项秘密的权利；它对普通的债权任何不知情的受让人不利，因而它属于“严格控制的法律”，其范围不得通过解释、类推或推断加以扩大。①

然而并非任何海事请求都产生海事优先权。至于无海事优先权担保的海事请求的范围和类型，最高法院曾判决认为，海员对其人身伤害的索赔请求无海事优先权担保，不得提起对物诉讼。海上保险合同尽管是海商合同，但保险人对于未收到的保险费并不享有海事优先权。根据普通海商法的规定，船长尽管对于垫支费用可向船舶及其运费主张海事优先权，但对于其工资的请求权则并无海事优先权担保。而现在的成文法业已废除了此项规定。船舶所有人，包括合伙所有人和股份所有人对于预付款不享有海事优先权。而被称之为“一般代理”的隐名代理的预付款也不产生海事优先权。某船轮机长为使船长获释而支付的保释金不产生海事优先权。②

三、我国海事请求的执行模式

我国海事诉讼中不实行对物诉讼制度，所有海事请求均通过对人诉讼予以强制执行。而对于涉外海事对人诉讼问题，我国立法可以说极不完备，学术研究有待深入。③

（一）我国涉外海事对人诉讼立法的现状

我国海事诉讼立法从表面上看似乎相当发达，既有《民事诉讼法》第四编的“涉外民事诉讼程序的特别规定”和《海事特别程序法》专门规定，又有最高法院的2002年《关于适用中华人民共和国海事诉讼特别程序法若干问题的解释》（以下简称《海诉法解释》）和2001年《关于海事法院受理案件范围的若干规定》（《若干规定》）。然而，就海事管辖问题而言，其主要是针对国内而非涉外或国际海事裁判管辖权。而所谓专门规范涉外海事诉讼的条款可谓寥寥无几，《民诉法》第二十五章的规定可称得上是“稀世珍品”。

《海诉法解释》第二条规定，涉外海事侵权纠纷案件和海上运输合同纠纷案件的管辖，适用民事诉讼法第二十五章的规定；民事诉讼法第二十五章没有规定的，适用海事诉讼特别程序法第六条第二款（一）、（二）项的规定和民事诉讼法的其他有关规定。《民诉法》第243条规定，因合同纠纷或者其他财产权益纠纷，对在中国领域内没有住

① 转引自G.吉尔摩和C.L.布莱克，上引著，第839页。

② 参见G.吉尔摩和C.L.布莱克，上引著，第22、836页。

③ 参见邢海宝，上引著，第119页。冯立奇：“中国《海事特别程序法》的特点”，《海商法研究》2000年第1辑，法律出版社2000年版，第7页。王淑梅：“中国《海事诉讼特别程序法》的起草过程及其指导思想”，《海商法研究》2000年第1辑。

所的被告提起的诉讼，如果合同在中国领域内签订或者履行，或者诉讼标的物在中国领域内，或者被告在中国领域内有可供扣押的财产，或者被告在中国领域内设有代表机构，可以由合同签订地、合同履行地、诉讼标的物所在地、可供扣押财产所在地、侵权行为地或者代表机构住所地人民法院管辖。《海事特别程序法》第六条第二款（一）项规定，因海事侵权行为提起的诉讼，除依照《民诉法》第29条至第31条的规定外，还可以由船籍港所在地海事法院管辖。第（二）项规定，因海上运输合同纠纷提起的诉讼，除依照《民诉法》第28规定外，还可以由转运港所在地海事法院管辖。由此可见，我国涉外海事请求的对人诉讼制度与涉外非海事请求的对人诉讼制度基本相同。然而就涉外海事请求而言，应特别注意的是，第一，我国立法并未就所有的海事请求的对人诉讼问题做出规定，而仅规定了产生于海事侵权和海上运输合同的海事请求的对人诉讼。第二，引入诉人扣押的做法。包括加害船舶、作为诉讼标的物的船舶等在内的当事船舶的扣押，以及被告在中国领域内可供扣押的财产的扣押是行使对人管辖权的根据之一。此种立法实践与美国海事扣留或诉人扣押的做法相似。第三，规定了宽泛的对人诉讼的根据，包括被告的住所地、合同签订地、合同履行地、诉讼标的物所在地、可供扣押财产所在地、侵权行为地、代表机构住所地、事故发生地、船舶最先到达地、碰撞发生地、碰撞船舶最先到达地、加害船舶被扣留地、船籍港所在地、运输始发地、运输目的地、转运港所在地等。这些因素之一有一个在我国领域内，我国法院即对相应的海事请求拥有对人管辖权。

（二）我国涉外海事对人诉讼立法存在的主要问题

然而，我国现行的对人诉讼立法尚未臻完善，表现之一即是为作为据以确立对人管辖权的扣押的对象的范围不够宽泛，难以确实有效地保护海事请求权的合法权益。这一缺陷显然是由于对人诉讼的固有特点、民诉法中诉人扣押规定与《海诉法》中船舶扣押制度不协调性所致。

所谓对人诉讼系指申请法院用迫使被告实施某一种行为或停止实施某一种行为的方式来强制执行原告的请求权。对人诉讼是直接对人提起。[①]即对原告请求负有责任的人提起。因而，明确的被告的存在是提起对人诉讼的前提。而当被告在我国有住所时，我国法院毫无异议对其拥有对人管辖权。而当被告在中国领域内没有住所时，如果合同签订地、合同履行地、诉讼标的物所在地、可供扣押财产所在地、侵权行为地、代表机构住所地、事故发生地、船舶最先到达地、碰撞发生地、碰撞船舶最先到达地、加害船舶被扣留地、船籍港所在地、运输始发地、运输目的地、转运港所在地之一在我国领域内，我国法院同样对其拥有对人管辖权。

① 参见沈达明，上引著，第530—531页。

然而，由于海事关系的复杂性和海事事实跨度大、范围广、具有流动性和不确定性，因而当被告无法确定时，对人诉讼显然无法提起。但如果上述因素中没有一个位于我国领域时，我国法院同样也无法行使对人管辖权。在这诸多的作为行使管辖权基础的因素中，诉讼标的物所在地、可供扣押财产所在地、加害船舶扣留地无疑在海事诉讼中具有特殊意义。

我国《民诉法》借鉴外国立法，采用了诉人扣押的做法，规定诉讼标的物所在地、可供扣押财产所在地、加害船舶被扣留地也是行使对人管辖权的依据。这也就意味着通过扣押位于我国领域内的诉讼标的物、被告在我国领域内的可供扣押财产以及加害船舶，我国法院可对在我国领域内没有住所的被告行使对人管辖权。同时，《海诉法》又规定了船舶的扣押制度，扣押对象不仅包括当事船舶，还包括“其他船舶”。从表面上，我国的诉人扣押制度似乎相当宽泛。我国国内也存在着这样一种相当普遍的认识，即将用以确立海事管辖权的诉人扣押与作为海事保全的船舶扣押混为一谈，将《海诉法》中的船舶扣押也作为《民诉法》中诉人扣押的一部分。如有学者指出：“特别程序法作为民诉法的特别法，为适应海事诉讼的特殊需要，借鉴了国际公约中关于对物诉讼的内容，作了有别于民诉法的规定。”“虽然特别程序法第12条规定海事请求保全是‘对被请求人的财产所采取的强制措施’，似乎仍然以‘人’作为海事请求保全的主体，但在第23条‘可以扣押的当事船舶’中，却规定了在几种情况下扣押当事船舶时，海事法院可以不问谁是该船舶的所有人、谁是被请求人。……在这种情况下，无论在申请扣押时被请求人是否是该船舶的所有人，也不论该船舶所有人是否对该海事请求负有责任，海事请求人均可以申请扣押当事船舶。在这里，‘人’和‘物’是可以分离的。即使‘人’对海事请求没有任何责任，其‘物’也可能被扣押。海事请求人所要追究的仅仅是‘物’的过失和责任，通过扣押该‘物’以保证其海事请求得以实现，海事法院通过扣押该物可以取得对该纠纷的实体管辖权，无论该‘人’是否在该海事法院的管辖内，甚至是否在我国的管辖区域内。这里的‘物’就是指已经拟人化的‘当事船舶’，即指引起海事请求或发生的海事请求与其直接有关的船舶。”[①]然而，《民诉法》中诉讼标的物、可供扣押财产、加害船舶的扣押实际上具有双重功能：扣押位于我国领域内的诉讼标的物、被告在我国领域内的可供扣押财产以及加害船舶，既是法院就案件的实质问题行使对人管辖权的依据，又是为请求权提供“担保物”的中间或临时性救济措施。而《海诉法》所规定的船舶扣押则纯粹是海事请求保全措施，而并不具有作为行使对人管辖权基础的功能。当被请求人与当事船舶的所有人一致或者责任主体为船舶所有人时，扣押当事船舶即是为担保作为所有人的被请求人自身的责任的履行，而当被请求人与当事船舶的所有

① 参见冯立奇，上引文，第7—8页。

人不一致或者责任主体仅仅为船舶管理人或船舶经营人而非船舶所有人时，扣押当事船舶实际上是以他人的船舶来作为被告对人责任的担保物，而并非是在追究“物”的过失和责任。①

不过，从《海诉法》所规定的船舶扣押的实际效果而言，当扣押的船舶是诉讼标的物或被告可供扣押的财产或船舶碰撞的加害船舶时，此种扣押即与《民诉法》中的诉讼标的物、可供扣押财产、加害船舶的扣押相一致，但《海诉法》所指的作为扣押物的“当事船舶”或“其他船舶”的含义与作为民诉法中“诉讼标的物”和“可供扣押财产”的船舶的含义并不一致。一般而言，“当事船舶”是指引起海事请求或与所发生的海事请求直接有关的船舶。②作为“诉讼标的物”的船舶是指作为海事权利义务关系所指向的对象的船舶。由于并非所有的海事案件都存在诉讼标的物，而近乎所有的海事案件中都存在当事船舶，因而扣押当事船舶并非一定是扣押作为诉讼标的物的船舶，从而并非一定使法院得以行使对人管辖权。而“其他船舶”，按照《海诉法》第23条第2项规定，是指除当事船舶之外的对海事请求负有责任的当事船舶所有人、光船承租人、定期租船人或者航次租船人在实施扣押时所有的船舶。但其是否与作为被告“可供扣押财产”的船舶的含义同一，则尚无法律条款可据以明确。不过，我们据此可以认为，作为海事保全措施的扣押的对象——船舶的范围业已相当宽泛，而作为用以确立对人管辖权的扣押的对象——船舶的范围则相当的狭窄，其仅限于作为诉讼标的物的船舶或被告“可供扣押财产”的船舶。但如果对人管辖权无法确立，作为海事保全措施的扣押的对象——船舶的范围再宽泛，又有何用？从世界上其他国家海事诉人扣押的实践看，扣押当事船舶以确立对人管辖权是一种普遍的做法，并没有像在其他商事领域那样被视为过度管辖，因而在我国不承认对物诉讼的海事法制背景下，用《海诉法》中的“当事船舶”或“其他船舶”的观念来解释或替代《民诉法》中的相关概念，有助于保护我国海事请求权人的利益，消弭《民诉法》中的诉人扣押与《海诉法》中船舶扣押之间不相协调的现象以及由此引发的种种解释。

（三）对物诉讼：一项值得引进的诉讼制度

如上所述，对物诉讼在英美法系国家海事诉讼中占有重要地位，并为大陆法系国家所逐步认同和接受。③但在我国，无论在法学理论还是在立法实践上均不承认或认可对物诉讼。我国一些学者认为，对物诉讼的最大缺陷是以“物”的价值为责任限制，除非物主出庭应诉，判决方及于物主的其他财产。这一缺陷为被告逃避责任减轻债务、甚至

---

① 参见冯立奇，上引文，第7页。

② 参见冯立奇，上引著，第8页。

③ 参见司玉琢主编，上引著，第616页。

以转让船舶来转嫁债务提供了可乘之机，不利于确实保护债权人的利益。[①]然而，基于对物诉讼制度的不断完善以及我国作为贸易和航运大国地位的确立，在我国海事诉讼立法中引入对物诉讼制度可谓是有百利而无一害。具体言之，

第一，我国作为航运大国和贸易大国的地位，需要一种有效的诉讼制度与之相适应。就商船队规模而言，2002年我国远洋运输的能力已经达到3700万载重吨的规模。其中1700万载重吨船舶具有中国国籍，另外2000万载重吨的船舶挂的是方便旗，但是由中国公民出资或所有的。也就是说，所有权归中国公民或企业的船舶共有3700万载重吨，船舶的平均年龄为13.7岁，在世界上，我国商船队规模处于第五位。船队规模的扩大也就意味着发生海事事故的可能性增大，通过有效的诉讼制度来保护包括船舶所有人在内的船舶经营人利益也就显得尤为重要。而就集装箱吞吐量而言，2002年上海港处理的进出口集装箱量为800多万箱，在世界上处于第四大港。而深圳港的集装箱吞吐量也已超过700万箱。进出口贸易量的增加意味着货物利益方需要立法为其提供在其遭受损害时得以迅速有效救济的诉讼制度。[②]

第二，对物诉讼应因海事活动的独特理念和不断趋于完善的发展态势，使其成为一项对人诉讼所不可及的海事诉讼制度。海事活动范围广、流动性和不确定性强。海事关系又较复杂，涉及船舶所有人、租船人和实际营运人。单船公司和方便旗制度的存在，经一步加剧了海事法律关系的复杂性。一旦发生海事争议，真正的责任人往往一时难以确定，甚至往往难以寻觅，而即使可以确定，海事法律关系当事人可能处于不同的司法管辖区域，在这种情况下海事请求人对责任人提起对人诉讼，要受到诸如被告住所地、合同订立地、履行地、侵权行为地等因素的制约。确定这些联结因素本属不易，在理论和实践上有较大的难度。即使可以，根据这些因素确定的管辖法院又可能是另一外国法院，而该国由于其法律、送达制度、与请求人所属国之间关系、地理交通等原因而使诉讼可能不便，从而使海事请求人的权利的实现面临种种障碍。相反，通过扣押船舶来行使对物管辖权，则可摆脱确定法院对人管辖权时诸多因素的困扰，使海事请求人简便易行地提起诉讼。而扣押船舶一般又会使船舶所有人出庭应诉，并提供请求人所要求的担保，从而使请求人的请求获得可靠的保全。至于我国学者所谓的对物诉讼的缺陷，实际上此缺陷在英美国家现行的对物诉讼法律制度中并不存在。[③]如在美国，1966年最高法院颁布的“关于若干海事索赔的补充规则”就是针对由于对物诉讼的判决仅限于被告即诉讼标的的船舶或其他有关海事财产的公平市场价值，原告的索赔金额有时得不到满足

① 参见司玉琢主编，上引著，第614页。

② 参见於世成：“中国的航运法律体系”，载《海商法研究》第9辑，法律出版社2003年版，第273—274页。

③ 参见司玉琢主编，上引著，第614—615页。

的的缺陷而制定。根据其中的C规则和E规则，原告有两种选择，一是在提起对物诉讼时还可根据联邦管辖的其他理由在联邦地区法院或根据“保留条款”在州法院提起对人诉讼；二是不提起对物诉讼，而是根据联邦管辖的其他理由在联邦地区法院单独提起对人诉讼。在前者情况下，如果同在联邦地区法院提起对物诉讼和对人诉讼，法院可将对物诉讼和对人诉讼合并审理，原告索赔金额在对物诉讼中未获满足的部分，可以在对人诉讼中获得满足；如果在联邦地区法院提起对物诉讼，而在州法院提起对人诉讼，州法院可就索赔金额中未获满足的部分做出判决。在后者情况下，由于被告是船舶或其他海事财产的所有人，法院的判决不限于当事船舶或其他海事财产的价值，法院可以扣押该财产以外的被告其他财产以使原告的索赔金额得以满足。同样在英国，请求人在提起对物诉讼的同时也可以提起对人诉讼。因而从海事诉讼制度的整体设计和运行来看，对物诉讼的缺陷实际上通过对人诉讼的运作加以解决。当然如果责任人明确，且船的价值又满足不了诉讼请求，原告自然选择能实现其请求的对人诉讼。而只有当不知责任人为何人，才会发生提起对物诉讼从而使原告的诉讼请求仅以物的价值为责任限额的情况。而在此种情况下，大陆法系所采用的对人诉讼制度连这一点都无法实现。因为对人诉讼必须以责任主体的明确为前提，不知责任主体为谁，也就无法提起对人诉讼，而不提起诉讼，即使物已扣押，至期限届满也必须解除扣押。此外，即使法院已作出缺席判决，如果在执行时出现执行主体错误，则可能因诉讼期限已过而无法更换主体。因此基于对物诉讼制度的不断完善，其以物的价值为责任限制的缺陷逐渐被克服，从而能够有效地实现海事请求人的海事请求，弥补对人诉讼的缺陷。①

总之，对物诉讼作为一项针对以船舶为主的海事财产的诉讼，其重要作用在于其提供了一种程序方式，能够避免对人诉讼中许多难以克服的困难和缺陷。其不仅方便诉讼、易于确定管辖，而且为海事请求提供及时的担保，是保护海事请求人合法权益的最为有效的手段，是维护正义的唯一途径。不过，应该看到对物管辖原则并非绝对有效，其受到“不方便法院原则”和协议管辖原则的制约。②

（四）替代船扣押制度与单船公司结构的推行

如上所述，在60年代后，单船公司结构大行其道，成为世界船东的普遍做法，以免多艘船舶串在一起而被债权人诉物扣船，并能起到限制船东责任和满足银行借贷要求的功能。③为应对这一情势，普通法系国家（除美国外）海事管辖立法普遍建立替代船扣押制度，准许请求人通过扣押替代船以提起对物诉讼。而南非为吸引更多人去该国诉讼扣船，尽量放松这方面的法律与做法。基于普通法系国家替代船扣押制度，我国船公

① 参见司玉琢主编，上引著，第614—615页。

② 参见邢海宝，上引著，第116—118页。

③ 参见杨良宜：《海事法》，第46页。

司结构的改革势在必行。目前我国船公司，尤其是远洋运输公司均是国有大型企业，拥有多艘船舶。如在2002年的1700万载重吨的中国籍船舶中，有相当部分为中远船舶。此种船公司结构如在过去世界各国奉行绝对豁免制度时代，尚不存在问题，但在西方国家开始实行相对豁免制度，并在海事管辖权方面普遍建立代替船扣押制度的今天，则可谓风险巨大。船公司管理经营的船舶都是姊妹船，都可以作为替代扣押的对象。因而我国国有船公司应借鉴世界上私人船公司应对现行世界各国法律制度的成功经验，推行单船公司结构的做法。这样一样，如果两家单船公司各拥有1艘船驳，尽管公司背后的股东大致是同一个或同一批人，按照英国《最高法院法》“受惠船东”的规定，无法将它们作为姊妹船对待。因为公司是独立法人，股东不拥有船舶，即使股东各占股份完全一样，也谈不上有姊妹关系。除非揭开公司面纱，但即使如此，整个做法仍是不容易、不稳定，调查不易，在一些方便旗国家，公司注册中甚至往往连股东也不记载。在英国，法律仍是支持独立法人理论，原则上不赞成揭开公司面纱的做法，除非单船公司涉及欺诈滥用（sham）。因此，我国船公司结构若不改革，不仅以往好处丧失殆尽，也占不到新的商业和立法实践的便宜。[①]

另一方面，我国既存在作为海事保全措施的替代船扣押制度，又存在作为对人管辖权行使基础的替代财产扣押制度，即《民诉法》第243条所指的被告可供扣押财产所在地法院管辖制度。以扣押被告财产作为取得对人管辖权的做法，尽管在非海事的其他民商事领域被国际社会斥为过度管辖，但在海事领域则属例外。该项制度可起到补救对人管辖制度缺陷之功效，通过扣押被告在我国领域内的财产可使我国法院取得对人管辖权，也即在我国法院本无法实现对人诉讼管辖的情况下，通过扣押可使财产所有人不得不接受我国法院的管辖。这种因扣押而建立起来的对人管辖权，类似于美国的“准对物管辖权”。而就海事诉讼而言，“可供扣押财产”不仅包括船舶、货物、燃油等海上财产，而且还应包括被告的其他一些陆上财产。不过所谓“被告可供扣押财产”究竟指被告所有的“可供扣押的财产”，还是包括被告对之享有其他财产利益的“可供扣押财产”，“可供扣押的财产”究竟为被告享有全部所有权抑或部分所有权等问题，尚需立法进一步予以明确。

① 参见杨良宜:《海事法》，第46—47、43页。

第三章 海事诉讼的国际管辖权

第一节　海事诉讼国际管辖权制度的构建模式

自20世纪中后期始，不同法系国家国际民商事诉讼管辖权制度的趋同化进程加快，合理分配民商事诉讼管辖权的理念日渐为各国所接受，管辖权行使的方式和根据日趋统一和合理。然而，在一向被人们认为国际化程度最高的海事领域，海事诉讼国际管辖权制度的现代化和趋同化却步履维艰，1999年海牙国际私法会议特别委员会断然将海事和海商事项排除在管辖权公约的适用范围之外。各国过度管辖依然大行其道，管辖权冲突现象的发生依然频繁。海事诉讼国际管辖权制度的国际统一任重道远。这也许是由于船舶、海运以及海洋所涉及的法律问题从来就与陆上运输所涉及的法律问题不同，海事诉讼国际管辖权制度的产生与发展正是基于解决海事这一特殊背景下所产生的法律问题的需要之故。①鉴于此，在作为海运大国的我国，比较探究各国，尤其是英美法系国家海事诉讼国际管辖权制度，无疑具有重要的理论和实践意义。“知战之地，知战之日，则可千里而会战。”②

一、海事诉讼国际管辖权制度的构建模式

（一）海事诉讼管辖权的含义

在海事诉讼程序法中，海事管辖权有国际海事诉讼管辖权和国内海事诉讼管辖权之别。而国际海事诉讼管辖权是指一国法院受理、审判海事事件的权限。或者说，一国法

---

① Robert P. Grime, Shipping Law (1980), p.1.

② Tetley stated, “Essential to the practice of maritime law in any country is a knowledge of the procedures which provide pre–judgment security for claims , as well as post–judgment execution if a suit is allowed.” See Tetley, “Arrest, Attachment and Related Maritime Law Procedures.” address at McAlister Auditorium, Tulane University (1999).

院在受理海事事件时根据该国法决定自己究竟是否有权裁判该案的裁决管辖权。[①]国际海事诉讼管辖权制度就每一类海事事件规定应由哪一或哪些国家的国内司法机关裁判，或者说规定内国法院对海事事件有无裁判管辖权，因而其是规定海事事件的裁判任务在各国之间分配的法律制度，内国法院据此决定是否受理向其提起的海事请求。鉴于国际海事诉讼管辖权制度这一直接在各国法院之间分配海事事件裁判任务的功能，国际海事诉讼管辖权又可称为直接国际海事裁判管辖权，以别于在承认或执行海事判决时所涉及的承认或执行地国法院根据本国法判定判决作出地国法院是否有权裁判该海事事件的裁判管辖权，即间接国际诉讼海事裁判管辖权。

国内海事诉讼管辖权是指一国国内某一法院受理、审判海事事件的权限。而国内海事诉讼管辖权制度则是按照地域、事物、职能标准规定在一国国内各法院之间分配海事事件裁判任务的法律制度。就解决某一海事事件管辖权来说，某国法院只有依照该国的国际海事诉讼管辖权规则确定了该国法院对该事件具有直接国际海事裁判管辖权的前提下，才发生依该国的国内海事诉讼管辖权规则确定应由该国的哪个法院行使国内海事裁判管辖权的问题。[②]

（二）影响海事诉讼国际管辖权制度构建的基本因素

海商法产生于商务实践，它的形成与存在是为了通过法律途径来解决海上运输活动中产生的问题。[③]为此，海事诉讼国际管辖权制度的构建不可避免受到有关商业实践需要和海事活动性质的认识的影响。[④]

1．海事活动的特殊性

跨国性是海事活动的天然属性，而船舶在海事活动中处于中心地位。[⑤]船舶具有四大特征：动产的特殊性；高度的国际流动性；巨大的致损可能性；财产权益的不可分割性和牵连性。[⑥]作为一项用于运输货物和人员的特殊的动产，船舶具有相当的持久性和巨额的价值，许多人对船舶拥有不可分割的合法权益。除了船东或所有人之外，还有

---

① 参见李浩培：《国际民事程序法概论》，法律出版社1996年版，第44—46页。

② 法国学者将国际私法上的裁判管辖权，称之为一般的管辖权或国际的管辖权，国内诉讼法上的裁判管辖权称之为特别的管辖权或国内管辖权，而德国学者将前者之法院称之为抽象的法院，后者之法院，则称之为具体的法院，至于英美学者，也有将前者称之为国际管辖权，后者称之为国内管辖权。参见李浩培，上引著，第44—46页。刘铁铮：《国际私法论丛》，三民书局1982年版，第244页。Wolff, Private International Law (1950), p.52. F.Vischer, General Course on Private International Law, (1992) Ⅰ Recueil des cours, pp.202–203.

③ G.吉尔摩和C.L.布莱克，上引著，第7页。

④ See D.C.Jackson, Enforcement of Maritime Claims (second edition, 1996), pp.2–3.

⑤ S.Braekhus著，侯军译，“国际航运中的法律选择”，《远洋运输》编辑部编辑（1988），第1页。

⑥ 参见S.Braekhus, 上引著，第1—2页。

银行家和以船舶为抵押的其他贷款人、已经对船舶予以保险的保险人、依据契约获得了船舶的租船人、救助人、造船人、供应商以及因船舶行为而受损的人等等。然而，船舶穿梭于世界各国港口，因而除与其船旗国之间存有法律上的联系外，与其他国家之间并不存在稳固和自然的联系。而航海事业自古以来即被视为一项极具危险性的事业。即便在当今，由于海上的特殊环境和条件所决定，自然灾害或意外事故也时有发生，致使船舶，或船上货物，或海上或岸上设施，或海洋资源等遭受损害。对于在这种几乎不受国家疆界或其他民族性限制因素影响的特殊场合发生的与船舶相关的纠纷或事件，如果均委诸于由船旗国法院管辖，势必影响到权利人权益的保护。出于对权利人利益之保护，各国海事诉讼国际管辖权制度的构建更多地注重实效，关注商业实践的需要，而将船东或被告处于领域之外，并且在领域内除船舶之外无任何其他财产的情况作为海事诉讼国际管辖权制度构建的立足点。因而，各国的管辖法院基本上向整个世界开放。①

2．海事活动对国家利益之影响

航运事业对民族或国家发展之意义早在史前后期便被认识。当迦太基人横亘于意大利与西西里岛，对罗马帝国航运造成威胁时，罗马人提出"无航运则灭亡"之口号，击败迦太基人而称霸西方世界。②在当代，海事活动对国家利益之影响仍是各国构建海事诉讼国际管辖权制度的基本考虑因素。不同国家作为海运服务的使用国还是提供国的地位，均不可避免地影响到该国海事诉讼国际管辖权立法政策的制定。在美国，联邦法院的海事管辖权制度在很大程度上是为保护美国海商活动的强烈需要所左右的结果。③而在澳大利亚，澳大利亚目前基本上处于货物托运国的地位，而相当比例的澳大利亚海外贸易是通过在开放登记国或方便旗国登记的船舶进行。④尽管并非所有的开放登记船都应受到普遍的批评，但毫无疑问这种船舶比正常登记船更易于卷入法律争执。因而，澳大利亚对适用其特殊的海事法以确保在澳大利亚境内的人为对付外国船舶而在澳大利亚法院诉讼以实现其合理期望，有明显的利益，进而建立起尽可能广泛的对物管辖制度。为此，正如有的学者指出，海事管辖权制度的立法目的在于保护和促进航运事业。⑤

3．国际限制（international constraints）的现实

对海事活动性质以及其对国家利益影响的单方面考虑，势必促使各国在立法上极力扩大自己的管辖权，尽可能地将所有或任何纠纷囊括在内，消除管辖障碍，给诸如进口

① See K.Kerameus, Admiralty Jurisdiction in Continental Countries, (1983) Ⅷ Maritime Lawyer, p.354.

② 张新平著：《海商法》，中国政法大学出版社2002年版，第21页。

③ David J.Bederman, Admiralty Jurisdiction, (2000) 2 Journal of Maritime Law and Commerce, pp.190–191.

④ See OECD, Maritime Transport1982 (1983), p.73.

⑤ Christopher Hill, Maritime Law (fifth edition, 1998), p.92.

商、船舶供应商等之类的对付船舶的人提供充分有效的当地救济，从而使海事诉讼国际管辖权成为各国对海事事件总括行使的一项司法权力。[①]然而，对海事请求权人给予过多关注的海事诉讼国际管辖权制度，势必影响该国在国际海运界中的地位，给运价及相关费用的确定造成直接的不利影响，进而影响该国的进出口贸易。因而各国海事诉讼国际管辖权制度的构建应充分考量普遍接受的国际限制，将海事管辖，尤其是对物管辖置于属地管辖一般原则之例外的地位，避免使本国海事诉讼国际管辖权的行使被视为是对管辖权的过度主张，以确保由此作出的海事判决和进行的海事司法拍卖得到外国法院的承认。

（三）海事诉讼国际管辖权制度的构建模式：统一型、独立型与混合型

对海事活动特殊性的不同认识以及航运对各国经济的不同影响，使得各国海事诉讼国际管辖权制度的构建模式业已形成三种类型：统一型、独立型与混合型。

1．独立型构建模式

独立型构建模式将海事事项与其他民商事事项相区别，将海事管辖权作为不同于一般民事管辖权的一项独立的管辖权制度加以对待。独立型的海事管辖权制度规定有相对明确的管辖客体、管辖权的类型、管辖权的行使基础以及限制、海事诉讼程序、临时性海事保全措施管辖权的归属等事项。其以英联邦国家为代表，如澳大利亚1988年《海事法》、新西兰1973年《海事法》、南非1983年《海事管辖权调整法》和1997年《海事诉讼程序规则》、尼日利亚1991年《海事管辖权法令》和1993年《海事管辖程序规则》、新加坡1961年《法院（海事管辖）条例》。

然而在当代，海事管辖权制度的独立型构建模式开始受到质疑。不少学者认为，应当废弃现行的独立型的海事管辖权制度的构建模式，如果要重新设计的话，就没有必要创设任何独立类型的海事管辖权制度。首先，独立的海事管辖权制度的运作产生一些不必要的救济上的差异。就各国海事管辖权的行使状况言，现代海事管辖权制度所提供的救济似乎过分但又似乎略显不足。例如，一居民驾驶一辆卡车去渔港钓鱼，在拖网鱼船上钓了一天鱼后返回，其将鱼放在卡车上驶向市场。如果拖网渔船发生碰撞，则可启动以原告为中心的对物诉讼救济制度。而如果卡车发生碰撞，唯一的救济措施便是对人诉讼。但如此区别对待并没有令人信服的依据作支撑，同为本地所有的船舶和其他形式的运输工具却受不同的管辖权原则所支配。[②]同样，海事管辖权由于其仅提供有关海事请求方面的救济而存在明显缺陷。对于那些意欲起诉外国航空器或仅暂时出现于管辖区域的外国权利人而言，其则没有提起对物诉讼的能力。如果扣船是对付外国被告的有效

① K.Kerameus, op.cit., p.354.

② See Report No 33 (Civil Admiralty Jurisdiction1986) of the Australian Reform Commission (1986), Part Ⅲ.

的救济措施，那就没有理由不能扣押从事了违法行为的其他运输工具。[①]为避免此种现象的发生，海事管辖权制度构建的立足点不应是船舶或海事请求，而是外国被告。依据这一指导思想，各种救济措施便可在法院的基本管辖权制度范围内加以设计，这样足以应付任何基于船舶和海商活动所产生的具体法律问题。[②]其次，独立型海事管辖权制度的存在导致海事管辖权与一般民商事管辖权之间有关调整范围的界线难以界定。海事管辖权制度是历史的产物，其以船舶为立足点。如果仍将海事管辖权作为一种独有的管辖权制度，涉及海事管辖权与一般民事管辖权之间关系的诸如诉讼时效、破产、马瑞瓦禁令、普通法上的留置权、法定扣押权（statutory rights of detention）、预先判决（pre-judgment）利益等问题的发生仍然无法避免，而且至今也没有解决这些问题的令人满意的解决方案。[③]最后，用以专门处理船舶管辖问题的独立的海事管辖权制度并非是现代法律体系必不可少的组成部分，许多欧洲大陆国家并没有相应的独立的海事管辖权制度和对物诉讼救济措施。

然而，这种改革主张并未在实行独立海事管辖权制度的英联邦国家得到支持。尽管英国的海事管辖权制度日益向欧洲大陆国家靠近，但其他英联邦国家，尤其是澳大利亚，依旧坚持保留独立型构建模式，并对其予以进一步的完善。这些国家普遍认为，现行海事管辖权制度的废除将导致用以对外国被告主张管辖的诸如保全扣押（saisie conservatoire）或管辖扣留（attachment ad fundandam jurisdictionem）之类的其他一些新的管辖基础的引入，而这不仅将对现行的民商事管辖权制度结构产生重大的颇有争议的改变，而且将被告财产在管辖区域内的存在作为除海事请求之外的其他请求的管辖基础，为国际社会所不允。而对特定的海事请求来说，独立型海事管辖权制度的存在为在本国提起海事诉讼提供方面和可接受的管辖基础，可以避免向外国被告送达文书问题的发生，无须考虑法院国与诉因之间存有联系的任何要求，提供获得有形担保或保证的途径,等等。总之，海事管辖权制度作为一项独立的管辖制度的悠久的历史，业已产生国际商业社会的合理期待、安排和实践：通过特殊的方式对船舶和船东行使海事管辖权。因而在海事管辖制度宽泛的框架内，基本的需要是进一步完善海事管辖权制度，而不是废弃海事管辖权制度和重构法院的基本救济权力。[④]

2．统一型构建模式

统一型构建模式对海事事项与其他民商事事项不加区别，以统一的管辖权制度来解

---

① cf the comment of Goff J in Marazura Navegacion SA v Oceanus[1977]1 Lloyd's Rep283, 287.

② See Report No 33 (Civil Admiralty Jurisdiction1986) of the Australian Reform Commission (1986), Part Ⅲ.

③ See Report No 33 (Civil Admiralty Jurisdiction 1986)of the Australian Reform Commission, Part Ⅲ.

④ See Report No 33 (Civil Admiralty Jurisdiction1986) of the Australian Reform Commission, Part Ⅲ.

决海事和其他民商事事项的管辖问题，即建立统一的民商事管辖权制度。统一型构建模式主要为欧洲大陆法系国家所采用。[①]

3．混合型构建模式

混合型构建模式一方面将海事事项与其他民商事事项的管辖问题作统一安排，另一方面在统一框架内又针对海事事项的特殊性，设计一些仅适用于海事事项的管辖规则。美国、英国、[②]加拿大[③]和我国等国即采取这种构建模式。在美国，海事司法管辖的独立问题已经发生了变化。1966年以前，每个联邦地区法院均设有海事“处”，制定有处理海事案件所特有的程序规则，实行独立的立案备案管理制度。这些独立的“处”于1966年被合并后，海事诉讼也就成为通常适用《联邦民事诉讼规则》的一般民事诉讼，但保留了若干特别规定，某些案件可由授予海事管辖权的法院审理。尽管出现了这种“统一”，但根据宪法和成文法的有关规定，海事审判权目前仍保留其独立的司法管辖范围。不过，海事诉讼和民事诉讼在同一诉讼程序规则下出现的现代“统一”，不可避免地使海事管辖权问题的解决变得更加复杂。[④]在英国，由于作为欧盟成员国的地位，海事管辖权日益融入一般民商事管辖权制度框架之中，并形成两套分别调整涉及欧盟或欧洲自由贸易联盟国家的海事案件和涉及其他国家的海事案件的管辖规则。[⑤]其中1981年《最高法院法》、1982年《民事管辖权和判决法》（The Civil Jurisdiction and Judgment 1982）以及并行法规1991年《民事管辖权和判决法》（The Civil Jurisdiction and Judgment 1991）为海事管辖权的基本成文法渊源。这些成文法在规定一般民商事事项的管辖权问题的同时，设专款就海事事项的管辖问题作出特殊的规定，以应因海事事项的特殊性质。

而在我国，涉外海事事件的管辖问题由《民事诉讼法》和《海事诉讼特别程序法》共同予以规定。《民事诉讼法》第四篇设专章（第25章）对涉外民商事事件的国际管辖权问题予以原则性规定，以资解决包括海事事件在内的所有民商事事件国际管辖权归属。同时我国又基于海事事件的特殊性对海事事件的管辖权问题作了进一步的具体规定。[⑥]

（四）海事诉讼国际管辖权制度的规范价值

在海事诉讼中，由于各国海事实体法的不同，海事诉讼国际管辖权的确定直接关系

---

① See K.D.Kerameus, op.cit., pp.354–368. 参见邢海宝，上引著，第53页。

② 参见邢海宝，上引著，第53—54页。

③ 加拿大1970年《联邦法院法》（Federal Court Act 1970）；《联邦法院规则》，1998，SOR 98/106, 1998年4月25日生效，Part 13（海事诉讼），Rules 477 and 479 and Form 477.

④ G.吉尔摩和C.L.布莱克，上引著，第1—2，13页。

⑤ D.C.Jackson, Enforcement of Maritime Claims (second edition, 1996), p.9.

⑥ See K.X.Li, Maritime Jurisdiction and Arrest of Ships under China's Maritime Procedure Law (1999), (2001) 4 Journal of Maritime Law & Commerce, pp.658–660.

到不同实体法的适用，并进而影响到案件的审理结果。因而，各国为使自己的海事法律得到普遍适用，成为世界海事审判大国，在立法上都极力扩大本国法院的海事诉讼国际管辖权。然而，海事诉讼国际管辖权作为一种特殊的管辖权制度，尚具有一般民商事诉讼国际管辖权所不能的特殊功能，而这种独特的价值正是海事活动的特殊性使然。

第一，海事诉讼国际管辖权制度由于规定了基本的管辖基础——物的单纯的存在，从而便于国家行使司法管辖权和当事人提起对物诉讼。在英美法系国家，海事管辖权制度最显著之处即是其独特的对物诉讼制度。据此，物在领土内存在的事实即赋予当地海事法院以对物管辖权和当事人对该物提起诉讼的能力，而不论诉因发生于何处。①在大陆法系国家，尽管没有对物诉讼的概念，而相当国家也以此作为管辖权行使的基础。②在海事领域，基于物的单纯存在而行使海事管辖权在国际社会并未被视为一项管辖权的过度主张。③尽管也不乏存在一些主张以具体的管辖连接（jurisdictional links）替代物的单纯存在作为管辖基础的呼声，并已为个别领域的公约所吸纳，但这并没有损及物的单纯存在海事管辖基础中的地位。

第二，对物管辖制度的存在为海事请求担保的获得提供了便利的途径。对物管辖的存在使得对涉及船舶而不论发生于何处的海事争议行使国际管辖权成为可能。而对物管辖主要取决于向船舶送达文书以及法院扣押船舶。据此，原告从船舶扣押之时起即取得其海事请求的担保物，并通过随后的船舶拍卖以实现其海事请求。④尽管由于有时扣押物的价值不足以偿付原告的全部请求而使此种担保尚未臻完善，但终究使原告免受令状送达与判决作出之间的时间内可能发生的诸如被告逃匿、破产、挥霍财产之类风险所致损害之虞。实际上，船舶等物的扣押不仅总能迫使被告立即提供保证金或其他为原告所能接受的担保，并且能促使纠纷的及时解决。而作为一般救济制度的玛瑞瓦禁令制度的产生与发展也并未能改变扣押的担保效力。因而可以说，担保功能是海事诉讼国际管辖权的重要特征。

第三，海事诉讼国际管辖权制度中海事优先权制度的存在为优先债权人权益的实现提供充分保障。海事管辖权制度的一个重要特征即为其存在一套在海事领域所适用的用以确定在扣押物价值不足以偿付所有请求时优先受偿问题的衡平规则。由于产生于特定事项的请求权在海事法和破产法中受到特殊的待遇，因而当某一特定类型的请求如通过海事诉讼提出即给予优先受偿权的话，确定那一类型的请求是否应该归属海事管辖范围以考虑其优先受偿效力就具有特殊的意义。

① Aichhorn & Co KG v. the Ship MV Talabot (1974)48 AUR 403.

② K.D.Kerameus, op.cit., pp.329–343.

③ See eg I Congreso del Partido[1978]QB500, 534(Goff J) and [1983]1AC244, 272(LordWilberforce).

④ 参见沈达明编著:《比较民事诉讼法初论》，中国法制出版社2002年版，第533页。

海事诉讼国际管辖权制度的三大特殊功能，在大陆法系国家是通过二种不同的法典予以规定，具有担保功能的临时救济和优先债权规定于海商法典，管辖权规定于民事诉讼法典。而英美法系国家，尤其是英国的立法则缺乏这样的逻辑性。临时救济、管辖权与优先债权被结合在一起。[①]

不过，在我国，也有学者认为，海事诉讼国际管辖权规定的宽泛性和同一性为有利的实体海事法的适用提供了可能。各国海事诉讼国际管辖权制度的一个重要特征便是管辖规定的广泛性和同一性。[②]如在海运合同争议方面，几乎所有国家都在其立法中规定数个与合同有联系的国家法院具有管辖权。我国也不例外，只要当事人或海事争议与我国有一定联系，我国海事法院均可管辖。即使国际公约关于海事诉讼国际管辖的规定也具有广泛性和灵活性。[③]宽泛的管辖基础使得多国法院对同一海事案件由于不同连结因素而享有管辖权，从而为当事人选择有利的管辖法院和有利的实体法的适用提供了充分的可能。

二、海事诉讼国际管辖权制度之现状

海事管辖权制度的发展史揭示，现行的西方各国海事管辖权制度是历史事件和法院之间为争夺管辖权而相互斗争的产物，而非是任何基于对需要的一致认识的产物。[④]

（一）大陆法系与英美法系海事诉讼国际管辖权制度现状

观诸目前世界各国法制及海事司法实践，各国海事管辖权制度发展至今，仍未能殊途同归。两大类型的海事管辖权制度依然共存于海事诉讼法中。

英美法系国家海事管辖权制度的一个显著特征即是存在对人管辖与对物管辖之分。原告有权选择提起对人之诉还是对物之诉，并可分别或同时寻求对人或对物救济。[⑤]

在对物诉讼中，被告为船舶或有关的财产。这一做法最初以船舶是独立于船东的法律实体理论为依据。因而，在对物诉讼中所作的判决不可逾越物的价值。然而现代英国法业已将对物诉讼作为一项并不建立在船舶是人这一理论基础之上的程序设计，因而尽管对物诉讼意味着原告可扣押船舶，但如果船东在对物诉讼中出庭应诉，则意味着其同意法院对其自身的管辖权，法院进而可作出不受扣押船舶价值限制的对人判决。

在美国，法院在海事案件中的对人管辖权如同在非海事案件。在某些情况下，尤其

---

① 参见沈达明，上引著，第527页。

② 司玉琢等编：《海商法详论》，大连海事大学出版社1995年版，第497页。

③ 参见邢海宝，上引著，第67—68页。

④ See Report No 33 (Civil Admiralty Jurisdiction1986) of the Australian Reform Commission, Part Ⅱ.

⑤ See Walker, The Personification of the Vessel in United States Civil in Rem Actions and the International Law Context, (1991)15 Tulane Maritime Law Journal, p.177.

是当管辖权是以被告在法院地的商业行为为基础时，此种对人管辖权远比在其他国家更为宽泛。这种悬殊与其说是源于海事法的特殊理念，不如说是由于美国法所采取的宽泛的管辖权主张所致。[①]而特殊的管辖权规则则源自船舶的扣押。在美国，对物管辖权意味着法院可行使过度的管辖。即如果美国海事法院能够扣押在其领水内的船舶，其则有权裁判任何产生依附于该船舶的海事优先权的请求，而不论当事人与美国之间的联系程度。[②]尽管非方便法院原则起到了可便宜行事的安全阀的功能，但如果船舶在美国被扣押，联邦法院则有权就针对该船舶的任何责任作出裁决而并没有义务拒绝管辖。

美国海事法也承认准对物管辖权。准对物管辖权意味着法院在被告缺席从而无法对其行使对人管辖权的情况下，只要被告在法院管辖区域内有财产供原告扣留，法院即有权裁判针对该被告的海事请求。这种管辖权的行使纯粹以被告的财产位于法院管辖区域内的事实为基础，而并不要求被告出现在法院管辖区域内。事实上，如果被告出现在法院管辖区域内，则无使用海事扣留的必要。然而由于最高法院业已在非海事背景下将此种管辖权斥为是对正当程序的否定，因而在海事背景下此种管辖权的合法性值得怀疑。不过，有学者指出（尽管并不完全准确），美国是唯一允许此种建立在海事扣留基础之上的管辖权制度的国家。而其他国家几乎一致反对以被告在法院管辖区域内财产作为行使管辖权基础的做法，除非该财产与纠纷之间存在直接的联系。[③]

在英美法系的其他国家，也同样存在着判决前扣留（pre-judgment attachment）制度，但这种程序设计在所有民事诉讼中均可获得而并非只限于海事案件。在这些国家，判决前扣留是一项在管辖权业已存在的情况下的救济措施，本身不是确立管辖权的基础。[④]在英国，原告可以申请获得旨在冻结被告财产的判决前禁令，即玛瑞瓦禁令。此种禁令与判决前扣留具有同样的效果。在准许签发此种禁令之前，法院对被告拥有对人管辖权。此外，在包括英国在内的许多国家尚存在具有类似海事扣留功能但范围更为狭窄的程序设计。即在这些国家，可以扣押姊妹船或替代船，作为海事请求执行的担保。根据1952年《扣船公约》，姊妹船的扣押并不必然产生对被告的管辖权。相反，法院必须判定其是否对纠纷享有管辖权。可见在财产尤其是船舶扣押或限制方面，普通法系国家之间，确切地说美国与其他国家之间存在着重大的区别。不过随着1999年扣船公约的

---

① See W.H.Theis, op.cit., p.67.

② This view has been shaped over the years by the fiction that a ship, the defendant in an rem proceeding, s a separate entity that can be subjected to tag jurisdiction as if she were a natural person. See W.H.Theis, op.cit., p.67.

③ W.H.Theis, op.cit.pp.69–70.

④ For a recent comprehensive survey of the law in the United States, England, Canada, and France, see Tetly, Arrest , Attachment, and Related Maritime Law Procedures, (1999)73 Tul.L.Rev., p.1945. See also W.H.Theis, op.cit., p.70.

生效，这些区别虽会减弱，但在判决前扣留以创设管辖权的资格方面仍可能存在两大阵营。①

在大陆法系国家并不存在对人管辖与对物管辖的两分法，与任何其他诉讼一样，海事诉讼始终针对人——自然人或法人提起，船舶本身并不是诉讼主体，尽管如同允许对被告其他财产的判决前扣押那样，允许审前扣押（pre-trial seizure）船舶,但诉讼依旧是将责任施加予人之诉。②此外，在大陆法系国家也存在扣船的程序制度，但在这些国家，扣押船舶并不必然给予扣船法院以裁判针对该船的请求的管辖权。在理论上，它们并不认为船舶具有人格从而可作为法律实体予以对待，因而即使船舶被扣押，并且法院拥有裁判原告请求的管辖权，其也并不是建立在船舶扣押的事实基础之上。

不过值得注意的是，1952年《扣船公约》在一定程度上对两大法系之间以及英美法系内部各国家之间在海事管辖权方面的对立或互异起到协调作用。该公约第7条反映了有关船舶扣押与管辖权之间关系的国内立法实践和观点。其规定，船舶扣押地国家拥有裁判案件实质问题的管辖权，如果本地法赋予此种管辖权或案件属于六类列举类别之一。尽管这六类类别涵盖了大多数案件，但很明显公约的起草者拒绝接受美国将船舶扣押作为管辖权基础的观念，除非本地法允许扣押以创设管辖权。③不过，这一较为狭隘的管辖权观念仍在变化之中。1999年扣船公约更接近美国的管辖权观念。根据1999年公约第7条规定，扣押地拥有裁判案件实质问题的管辖权，除非当事人约定将案件提交给其他国家管辖或仲裁。这意味着公约开始承认以扣押为基础的管辖权，并规定了同美国法同样宽泛的对船舶有关的诉讼的管辖权。公约允许扣押船舶的法院拒绝管辖，如果本地法允许如此行使并且另一国法院接受管辖。但在1999年公约取代1955年公约之前，美国与其他国家之间存在相当广泛的理论上的分歧。④

（二）海事诉讼国际管辖权制度之国际统一立法实践

海商活动对各国利益的不同影响以及各国不同的法律传统铸就了各国海事管辖权制度的互异局面。直接反映国家主权权威的各国海事管辖权与程序法体现着明显的民族

① See W.H.Theis, op.cit., p.70.

② See W.H.Theis, op.cit., p.67.

③ As would be the case in the United Kingdom, which is a signatory to the 1952 Arrest Convention. This convention allows the United Kingdom to assert jurisdiction solely on the basis of arrest, but since it says nothing about recognition of judgments, it gives no assurance that other countries will recognize a judgment based solely on arrest.If the country asked to grant recongnition could not have exercised jurisdiction in a similar case, it does not have to recognize.Significantly, the 1999 Arrest Convention expands the jurisdiction and specifically provides for recognition of foreign judgments rendered under the 1999 Arrest Convention. See W.H.Theis, op.cit., p.68.

④ See W.H.Theis, op.cit., p.69.

性。然而，海事活动固有的国际性特征使国际社会早在20世纪初便已着手进行海事诉讼国际管辖权制度的国际统一。[①]回顾一个世纪以来海事诉讼国际管辖权制度国际立法的沿革，其统一化大致经历了两个阶段。

1．逐项统一阶段

运输领域法律统一化的一个显著特征即是某一具体事项实体私法规则的统一与司法管辖规则，乃至冲突规则一并进行。海事诉讼国际管辖权制度的统一也与海事实体私法规则的统一形影相随，并且统一化程度随着海事实体私法规则统一范围的扩展而提升。

海事诉讼国际管辖权制度的统一主要集中在海上运输、海事侵权及海难救助等领域。如1938年《统一对海上飞机的海难援助和救助及由海上飞机施救的某些规定的国际公约》第13条，[②]1952年《统一海船扣押某些规定的国际公约》第7条，[③]1952年《船舶碰撞民事管辖权某些规定的国际公约》第1条，1962年《核动力船舶经营人责任公约》第10条，[④]1969年《国际油污损害民事责任公约》第9条，1974年《海上旅客及其行李运输雅典公约》第17条第1款规定，[⑤]1977年《统一船舶碰撞民事管辖权、法律选择、判决承认与执行若干规定的国际公约》第2条，1978年《联合国海上货物运输公约》第21条。国际海事管辖权制度的局部统一不仅有利于确保这些统一实体规则的统一实施，而且有利于据此作出的判决的承认与执行。

2．全面统一阶段

至20世纪中后期，在欧洲大陆国家，海事诉讼国际管辖权制度出现了全面统一的趋势。1968年《关于民商事管辖权及判决执行布鲁塞尔公约》和1988年《关于民商事管辖权和判决执行卢加诺公约》在欧共体成员国之间和欧洲自由贸易协会成员国之间

---

① See Konstantinos D.Kerameus, op.cit., pp.360–361.

② 1938年《统一对海上飞机的海难援助和救助及由海上飞机施救的某些规定的国际公约》第13条第1款规定，有关补偿或报酬的诉讼，可由原告选择，并依据程序法规定和各国管辖权限，向被告住所地或救助作业发生地的司法机关提起，或者如果飞机或货物已被扣押，则可向扣押地的司法机关提起。

③ 1952年《统一海船扣押某些规定的国际公约》第7条第1款规定，扣留实行地国法院，或防止扣留或使船舶获得释放的担保提供地国法院，应具有根据案情判案的管辖权，除非当事方依据合法程序，同意或曾同意过将争端提交接受管辖权的另一国家的法院，或将其付诸仲裁。

④ 1962年《核动力船舶经营人责任公约》第10条第1款规定，经索赔人选择，任何赔偿诉讼既可向签发许可证的国家提出，也可向领土遭受核损害的一个或几个缔约国的法院提起。

⑤ 1974年《海上旅客及其行李运输雅典公约》第17条第1款规定，根据本公约产生的诉讼，经原告选择，应向下列某一法院提起，但该法院应在本公约缔约国内。

的生效，意味着对这些国家和公约的起草者而言，海事事件不再需要特殊的对待。[①]而2001年欧盟理事会《民商事案件管辖权与执行条例》（以下简称《欧盟理事会条例》）以在成员国内可直接适用规则之身份再次确认了以往的实践。海事诉讼国际管辖权制度的全面统一，不仅使海事诉讼国际管辖权基础得以统一，而且使海事诉讼国际管辖权制度与其他民商事诉讼国际管辖权制度实现了并合。民商事诉讼国际管辖权制度的"单轨制"模式初步形成。

然而，基于海事管辖权制度作为一项独立的具有显著特征的制度的悠久历史，[②]实现海事诉讼国际管辖权制度的彻底的全面统一还任重道远。《布鲁塞尔公约》和《卢加诺公约》第57条的一般性规定以及《欧盟理事会条例》中第67条有关该条例与其他公约之间关系的规定，使某些特定领域，尤其是海事领域的国际管辖权制度的现状得以维持。《布鲁塞尔公约》和《卢加诺公约》第57条规定，本公约不影响以本公约缔约国为当事方的支配有关特定事项的管辖权或者判决承认或执行的任何公约的效力。就海事诉讼国际管辖权而言，此规定承认《布鲁塞尔公约》或《卢加诺公约》当事国法院根据各种海事公约所享有的海事诉讼国际管辖权。而海事公约即是诸如以上所述的就某些特定事项的国际管辖权或判决承认与执行问题所制定的公约。

值得注意的是，海牙国际私法会议所起草的《民商事管辖权和外国判决公约》（草案）和2005年《协议选择法院公约》并没有遵循欧洲公约的实践，而将海事事件的管辖问题明确排除在公约的适用范围之外。[③]其之所以如此行事，一则由于各海牙国际私法会议成员国的海事诉讼国际管辖权制度差异悬殊，难以达成统一的共识；二则美国代表团认为，未来的公约若对海事事件的国际管辖权与其他民商事事项的国际管辖权问题作统一安排，将可能不适当地限制美国法院的对物管辖权、准对物管辖权和建立在法院地国所从事的商事活动基础上的管辖权的行使。[④]海事事项排除适用的做法也受到相当学者的支持。有学者认为，海事案件产生国际管辖权和判决承认与执行的特殊问题。当诉因发生于公海时，将被告惯常居所地作为一般性管辖基础的做法可能过于狭隘，而长臂管辖条款在此场合下也无助于扩大管辖法院的范围。尽管业已有人认为海事案件不应该与其他非海事案件区别对待，但悠久的历史实践允许对于在海事背景下产生的诉因在更为广泛的法院地国进行诉讼。船东和船舶经营人应受他们本国港口以外区域管辖，业

① W.H.Theis, Admiralty Proceedings and the Proposed Hague Convention on Jurisdiction and Judgments, (2001) 32 Journal of Maritime Law & Commerce, p.65.

② David J. Bederman, Admiralty Jurisdiction, (2000)31 Journal of Maritime Law & Commerce, p.189.

③ See W.H.Theis, op.cit., pp.63–65.

④ See Maritime Law Association of the United States, Minutes of Fall 1999 Meeting, Doc.747, at 12113.

已成为一般共识。公约对海事或海商事项的排除适用，使得有关海事事项管辖与判决承认执行的任何规则得以继续存在。[①]

第二节　海事诉讼国际管辖权的行使根据

一、英美法系国家的实践：令状送达与管辖根据[②]

在英美法系国家，法院管辖权传统上，或者由令状或启动诉讼的其他文件的送达予以确立，或者基于被告的承认（submission）而取得。然而，这项普通法系国家一般国内法律规则的运作由于管辖权国际统一立法在普通法系国家国内的实施而业已发生相当的变化。在适用法定管辖根据（statutory jurisdiction base）的场合，令状送达已不再具有创设管辖权和启动诉讼的双重功能，而仅具有启动诉讼的纯粹的程序性功能。[③]

（一）英美法系国家管辖权理论的嬗变与令状送达功能的转换

各国传统上均将国际民商事案件管辖权的行使在很大程度上建立在主权观念之上。国家作为主权者既可对在其境内的人、事件和行为行使属地管辖权，又可对位于本国之外的本国人行使属人管辖权，还可对发生于本国之外而其后果及于本国国家或臣民利益的域外行为行使保护性管辖权（或称客观属地管辖权）。由于此种管辖权能的发挥均建立在某种程度的权力控制基础上，故该种管辖权理论被称为权力理论。权力理论纯以个人与国家之间的联系或法律秩序对当事人的纯人身控制为要，而忽视案件本身与法院地国之间的实质联系。[④]

依权力理论，由于原告自愿地将其置于一国的权力之下，因而该国对原告通常可加

---

① See W.H.Theis, op.cit., pp.63–64.

② 英国《民事诉讼规则》于1999年4月26日起施行，适用于在英格兰和威尔士法院中进行的案件，也同样适用于在位于伦敦的商事法院和其他专门法院内处理的案件。这些法院在进行程序时，除了《规则》之外还要遵守新的《实务指引》（Practice Direction）。在《规则》施行后，一些传统的术语被重新起名。原告（plaintiff）成为请求人（claimant），令状（writ）成为请求格式（claim form），诉讼文件（pleading）成为案情陈述（statement of case），对物诉讼传票成为对物诉讼索赔函，玛瑞瓦禁令成为冻结禁令，安东·皮勒令成为搜查令，发现（discovery）成为披露（disclsure），准许（leave）成为许可（permission）。参见沈达明、冀宗儒主编：《1999年英国〈民事诉讼规则〉诠释》，中国法制出版社2005年版，第3页；威廉·台特雷：《国际海商法》，第334，356页。

③ See D.C.Jackson, op.cit., pp.77, 173.

④ 参见孙尚鸿："确立国际民商事事诉讼管辖权的基本理论问题研究"，载于《中国国际私法与比较法年刊》（2002年第五卷），法律出版社2002年版，第491—492页。

以控制，由此就实质而言起决定作用的是一国能否直接或间接地对被告加以有效控制。如果此种权力明确而全面，诉讼管辖权的主张就极为有力，相反管辖权之主张便相对地成了问题。由此，向出现在法院地国的被告送达了令状即构成确定的管辖根据。而基于确立管辖权的前提不同，权力论者将管辖权的性质区分为对人管辖权、对物管辖权及准对物管辖权。不过，权力理论的一个基本特征是很少涉及或不涉及公平性的考虑。当然这并非是说依权力理论所取得的管辖权一概不公平，然是在厘定管辖权时通常并不注入公平性的衡量，最多是在管辖权确立以后通过非方便法院规则而虑及公平。由此给管辖区域内的被告送达了令状或通过扣押财产通常便确立管辖权，除了方便原告提起诉讼之目的外，公平和方便诸因素通常与管辖权的确定无关。①

权力理论成为普通法系国家传统管辖权制度的基本理论依据。与大陆法系国家不同的是，传统上普通法系国家将诉讼启动的程序与裁判案件的实体权力相等同。除被告同意接受管辖外，法院管辖的基本根据即是令状的送达。对人令状必须送达给位于法院管辖范围内的被告或替代送达，对物令状则送达给位于法院管辖范围内的诉讼所针对的海事财产。如果令状得以适当送达，则法院管辖权的确立无须以争议与法院地国之间存有联系为前提条件。因而令状的送达除具有启动诉讼的程序功能外，尚具有在大陆法系国家所不具有的创设管辖权的功能，即管辖功能（jurisdictional role）。令状送达成为法院行使管辖权的基本依据。不过，通过令状来主张管辖权并非毫无限制：第一，对物令状只能送达给位于法院管辖区域内的物，而对人令状的域外送达也仅限于特别的类型，而即使令状能够域外送达，对于某些类型的诉讼，法院仍无管辖权；第二，赋予被告中止诉讼之权以平衡管辖权的行使。②

然而，以实力控制为基础并以被告及其财产或第三人在管辖区内的出现为依据而确立管辖权的权力理论，一方面因忽视案件争议本身与法院地国间联系而有其固有的偶然性和武断性，另一方面却使其他与案件有真实联系的国家难以行使其管辖权。基于权力理论本身的局限以及20世纪中叶始国际民商事活动的日益频繁和特殊管辖权概念的逐渐确立，使得传统的权力理论逐渐向公平理论演变。

公平理论与权力理论颇为不同，建立在公平基础上的管辖权理论不以权力理论所确认的人、物或其他类似事实的出现为根据而行使管辖权，因而权力理论下为行使管辖权的目的而将权利和义务的承受人与权利和义务所指向的标的物等同起来，以确立管辖权的对人管辖权、对物管辖权及准对物管辖权的诸观念，不复适于区分公平理论下管辖权行使的类型及其正当性。相反公平理论强调依管辖权的确立是以争议事实与法院地国之

① 参见孙尚鸿，上引著，第493—494页。

② See D.C.Jackson, op.cit., pp.77–78.

间的联系为基础，或无论争议事实与法院地国之间的联系而以被告与法院地国之间的联系为基础而将管辖权区分为特殊管辖权和一般管辖权。与权力理论以属地主权为基础而以事实控制为依据确立管辖权的实践不同，公平理论要求明确地权衡包括权力要素在内的诸如被告的负担、原告获取方便和有效救济的利益、对争议予以最有效解决的国际法律秩序的利益和相关利益关系国的社会根本政策、受案法院地国的利益等能够合理地影响到是否对包含涉外因素的争议行使管辖权的诸多因素。换言之，依公平理论，在确立管辖权时应以平衡多方利益和体现多元诉讼程序价值为基点的复合因素为依据而确立管辖权。这些复合因素大致可体现为三个方面：第一，独立于基础争议而存在的诉讼当事人和法院地国间的紧密联系可以构成确立管辖权的合理依据；第二，对与解决争议相关程序问题的考虑；第三，就基础争议与法院地国之间实质联系的相关考虑。[①]

在公平理论的影响之下，一些建立在公平理论基础之上的以国际条约为载体的管辖权规则在普通法系国家得以适用。这些管辖规则一方面统一适用于对人诉讼与对物诉讼，另一方面则设置了一系列体现争议与法院地国之间实质联系的法定管辖根据（jurisdiction bases）。鉴于其宽泛的适用范围，实质性管辖根据已不再是普通法系国家的例外的管辖依据。[②]在适用这些管辖规则的场合，法院是否拥有管辖权取决于法院地国与案件之间特定的实质联系的存在，而令状的送达仅具有启动诉讼的纯粹的程序功能。[③]

（二）海事对人诉讼管辖权的确立

如上所述，在英美法系国家，传统的管辖权规则是以权力理论为依据，法院管辖权的行使以被告或第三人或财产在管辖区域内的存在（presence）为前提。不过，由于各国海事管辖权立法的修订和完善，各国法院海事对人管辖权的行使的具体条件和程序有所不同。

1．英国及其他英联邦国家

目前，在英国，除非适用含有实质性管辖根据的管辖权规则，海事对人诉讼管辖权的确立取决于请求格式的送达：第一，请求格式在英国国内的送达；第二，在必要时经法院许可的的请求格式域外送达。[④]

（1）请求格式的域内送达

尽管请求格式的送达具有创设管辖权的功能，但其仍属于程序性事项，主要受《民事诉讼规则》和《实务指引》调整。一般而言，诉讼自请求格式签发之时始。请求格式

① 参见孙尚鸿，上引著，第504—508，512页。
② See D.C.Jackson, op.cit., p.86.
③ See D.C.Jackson, op.cit., pp.77–78.
④ See D.C.Jackson, op.cit., pp.172–189. See also Cheshire & North, op.cit., pp.183–211.

必须准确陈述请求的性质和要求的救济，并附有送达认收书（a form of acknowledgment of service）。除非被告代理律师在请求格式上签字以示代表被告认可请求格式送达，或被告承认送达，请求格式必须送达给位于英国国内的被告。不过，在请求格式上被记载为被告的人有权要求将请求格式送达给本人。

被告若在请求格式送达后的14日内未认收请求格式的送达，则应对在缺乏送达认收情况下作出的判决承担责任。但送达认收本身并不构成对管辖的承认，被告如对管辖权有异议，有权申请撤销请求格式。不过为对管辖权提出异议，被告必须在认收送达时告知抗辩诉讼的意图，并在规定的时间内提出申请。在此情况下抗辩意图的告知并非是对管辖权的承认，而当申请被驳回时，告知也随之失效。但如果被告未提出抗辩申请，对送达的认收即可视为对管辖权的承认。[①]

（2）请求格式的域外送达

请求格式的域外送达主要适用于与英国存有某种程度实质联系的案件，[②]其分两类：一类是由成文法所规定的，特别是有关属于1982年《民事管辖权和判决法》范围之内的请求的请求格式的域外送达，无须法院许可；另一类是有关属于原《最高法院规则》第11号令或第75号令第2，4项规则规定类型之列的任何案件，以及请求人请求法院行使有关允许送达的自由裁量权的案件中的请求格式的送达，则须经法院许可。[③]

无须法院许可的请求格式的域外送达发生于以下场合：第一，高等法院根据成文法规定具有管辖权，虽然被告不在管辖区域内或导致诉讼的行为并非发生在英国；第二，根据1982年《民事管辖权和判决法》，高等法院具有管辖权，并且（a）在英国或《布鲁塞尔公约》当事国不存在同一诉因的未决诉讼，（b）被告住所在英国，诉讼属于公约第16条适用范围之内，或管辖权系根据公约第17条规定的协议授予给英国法院。

而对于第二类的请求格式的域外送达，法院的许可至关重要。而“许可”的要件，上议院The Spiliada案（1986）[④]和Seaconsar Far East Ltd. v. Bank Markasi Iran案（1993）[⑤]判决确定了三个不同方面的要求和各自所适用的举证标准。特别是Seaconsar案判决强调了原告证明请求属于“可域外送达”类型范围以及英国法院是最为适当法院地国的重要性。上议院在该案中认为，为在据称属于《最高法院规则》第11号令适用范围之内的案件中对人令状域外送达获得准许，原告必须证明：第一，存在可充分论证的案件（good arguable case），而其中请求属于规则规定类别之一；第二，根据案件事实，存在

① See D.C.Jackson, op.cit., pp.176–177.
② See D.C.Jackson, op.cit., p.77.
③ See WilliamTetley, Marine Cargo Claims (4th edn), Chapter 37, pp.42–44.
④ [1986]3 All E.R.843.
⑤ [1993]4 All E.R.456.

需要审判的重大问题；第三，英国是适当的法院地国。

（3）管辖权选择条款（或协议）

基于船舶的移动性和海上运输的国际性事实，管辖权的选择在海事法中具有重要意义。然而，管辖权选择条款（或协议）对法院管辖权确立的影响程度，至少在英国是视其是否属于《布鲁塞尔公约》第17条所指的管辖权协议而定。①在普通法中，当事人约定将纠纷交由高等法院审理的协议本身并不足以使法院拥有管辖权，除非请求格式有效送达给英国境外的被告。而当当事人指定居住在英国的代理人代表其接受请求格式的送达时，该当事人则可被视为承认英国法院的管辖，并可向该代理人送达请求格式。但当授予英国法院管辖权的协议属于《布鲁塞尔公约》第17条所指的管辖权协议时，则无须所谓许可向境外送达请求格式。

至于管辖权条款有效性问题，在不同国家，做法并非一致：或否认管辖权条款的有效性，或限制管辖权条款的有效性。

在英国，片面地维护法院的管辖权，是过去英国的传统做法。因而，对于一项选择英国法院管辖的管辖权条款而言，当事人的意愿无疑会得到尊重。正如英国上诉法院法官丹宁勋爵所言，"到这儿（英国法院）的权利并不限于英国人。它适用于任何友好的外国人。如果他需要，它可以寻求我们法院的帮助。在英格兰，无论在质量和服务的速度上，它都是一个可供选择的好地方"。②不过，由于The Atlantic Star案、MacShannon案③、The Al Wahab案④的判决，上议院已逐渐采纳了非方便法院原则来确定英国法院是否根据管辖权条款来行使管辖权。⑤而对于选择外国法院管辖权条款，英国法院一方面也同样根据非方便法院原则来确定英国法院应否行使管辖权，另一方面也要求管辖权条款不得违反英国的公共政策。即管辖权条款不得减轻承运人根据所适用的法律承担的责任。在The Morviken⑥案中，所适用的法律是《海牙/威斯比规则》的英国文本，即1971年《海上货物运输法》。但如根据管辖权条款将案件移交给荷兰法院，将导致荷兰法的适用（因该条款同时援引荷兰法），即1924年《海牙规则》。这将意味着减低单位责任限制，因而违反了1971年法和《海牙/威斯比规则》第3条第8款。上诉法院和上议院均作出选择荷兰法院的管辖权条款无效。而在The Benarty案⑦中，法院却作出相反的判决，判决选择雅加达法院的管辖权条款有效。在该案中，受损的货物是从伦敦装船运往

① See Dicey & Morris, op.cit., pp.432–433.

② The Atlantic Star[1972] 2 Lloyd's Rep.446 at p.451, [1972] 3 All E.R.705 at p.709 (C.A.).

③ [1978] A.C. 795 at p.812, [1978] 1 All E.R.625 at p.630.

④ [1983] 2 Lloyd's Rep.365 at p.375.

⑤ 参见William Tetley,《海上货物索赔》（第三版），第626—627页。

⑥ [1983] 1 Lloyd's Rep.1, [1983] 1 A.C.565 (H.L.).

⑦ [1984] 2 Lloyd's Rep.244 (C.A.).

欧洲大陆的几个港口。尽管根据印度尼西亚法律，吨位责任限制要比英国法律的规定低得多，但法院裁定由于承运人寻求的是吨位责任制，而非单位责任制。既然《海牙/威斯比规则》和1971年法第8条使用了“任何法律”的措辞，这意味着所适用的诸如《印度尼西亚商法典》之类的某一外国吨位责任限制的法律，不受该规则规定的影响。因而该管辖权条款并不违反1971年法和《海牙/威斯比规则》第3条第8款的规定。

在加拿大，1910年《水上货物运输法》中订有禁止某些外国管辖权选择条款的规定，1936年加拿大采纳《海牙规则》的法律中没有这种规定。这表明外国管辖权条款并不违背1936年法律。目前，对于管辖权条款的效力问题的评判标准与英国采纳的标准相似。否认选择外国法院管辖的管辖权条款的效力，必须有“强有力的理由”，而所谓“强有力的理由”，可能是所有事实均在加拿大。同时如果某一管辖权条款指定的法院所在地国法律将允许承运人违反《海牙规则》第3条第8款的规定而规避其根据该规则承担的责任，则该管辖权条款不应得到尊重。[①]此外，加拿大2001年《海事责任法》[②]还对选择外国法院管辖的管辖权条款的效力问题采取了特殊的做法，即在某些特殊场合，在肯定其效力的前提下，允许请求权人选择在加拿大法院诉讼或在加拿大进行仲裁。这也就是对管辖权条款的效力采取限制性作法。该法第46条第1款规定，如果不适用汉堡规则的水上货物运输合同就由该合同所产生的请求规定在加拿大境外进行司法裁判或仲裁，在下列情况下，请求权人有权在加拿大法院或仲裁庭提起诉讼或仲裁程序：(a)实际装载或卸载港，或合同中的计划装载或卸载港在加拿大；(b)请求所针对的人在加拿大有居所、营业所、分支或代理机构；(c)合同在加拿大订立。可见，第46条规定尽管并没有像澳大利亚、新西兰和南非国家那样具有明显的限制性和民族性色彩，但其显然对本地管辖和仲裁采取偏袒立场。其一方面不禁止排除加拿大法院对提单争议的管辖权，另一方面又允许请求权人选择在加拿大诉讼或仲裁。这意味着如汉堡规则管辖权机制那样，请求权人根据该法第46条规定或根据管辖权选择条款在加拿大境外提起诉讼或仲裁，或直接在加拿大进行诉讼或仲裁。不过在后者情况下，有关请求必须是在管辖权条款订立之后产生，并且属于加拿大法院或仲裁庭有权裁决的事项之一，同时案件与加拿大之间必须存有如第46条所规定的那种真正的实质性联系。[③]

澳大利亚立法对管辖权条款效力问题采取明显不同于英国和加拿大的做法。其为1998年《海上货物运输规则》所修改的1991年《海上货物运输法》第11条第1款规定，修正海牙规则所适用的，或与修正海牙规则所适用的运输合同有关的涉及从澳大利亚境内任何地点至澳大利亚境外任何地点的货物运输的海运单据的所有当事人，或者由第

① 参见William Tetley，《海上货物索赔》(第三版)，第632—633页。

② S.C.2001, c.6, in force August 8, 2001.

③ See William Tetley, Marine Cargo Claims (4th edn), Chapter 37, pp.11–12.

10（1）（b）（Ⅲ）条所指的有关此种货物运输的非流通性单据的所有当事人，应被视为其意图根据装运地所实施的法律订立合同。同条第2款规定，任何协议（不论是否在澳大利亚或其他地方订立），如旨在：（a）排除或限制第1款关于提单或该款所提及的单据方面规定的效力；或（b）排除或限制联邦或某一州或区法院有关提单或第1款所提及的单据方面的管辖权；或（c）排除或限制联邦或某一州或区法院在有关（Ⅰ）修正海牙规则所适用的，或与修正海牙规则所适用的运输合同有关的涉及从澳大利亚境外任何地点至澳大利亚境内任何地点的货物运输的海运单据；或（Ⅱ）由第10（1）（b）（Ⅲ）条所指的有关此种货物运输的非流通性单据方面的管辖权，则无效。该项规定极其类似于1924年《海上货物运输法》，并应予以类似的解释。

就提单和其他海运单中的管辖权问题制定了与澳大利亚立法相类似的具有民族主义色彩的立法的国家，尚有新西兰和南非。这些立法禁止当事人剥夺本地法院的管辖权。新西兰1994年《海上运输法》第210条第1—2款规定，不得通过有关进出新西兰港口的货物运输的提单，或类似物权凭证或非流通性单据中的外国法院管辖权条款而剥夺新西兰法院管辖权。[①]

（4）其他的管辖根据[②]

除请求格式的送达是法院行使管辖权的依据外，目前易引人误解的是被告承认管辖（submission to the jurisdiction）[③]以及被告动产在英国的存在（presence）能否使英国法院拥有管辖权？

对实质问题管辖权的承认是指参与或者明示或默示地协议参与诉讼而非抗辩管辖权。此种参与也可发生于对物诉讼之中。但当法院管辖权是以被告承认管辖为根据时，同样需要遵守请求格式送达程序。[④]被告承认法院管辖的方式多种多样。[⑤]对请求格式

---

① That statute does permits arbitration of cargo claims outside, as well as inside, New Zealand, thus being slightly more liberal than the corresponding Australian statute which allows only Australian arbitration.

② See Cheshire & North, op.cit., pp.211–213.

③ Cheshire & North, op.cit., p.183. Another exception to the normal principle that the courts have no power to entertain an action against a defendant who is outside the jurisdiction was found to be necessary to deal with cases where the defedant submitted to the English court jurisdiction.The result of developments is that the English courts are now competent to try an action in personam in three situation: (a) where there has been service of a wit on a defedant present within the jurisdiction; (b) where the defedant has submitted to the English court jurisdiction; (c) where there has been service of a wit out of the jurisdiction under Order 11 of of the Rules of the Supreme Court.

④ See D.C.Jackson, op.cit., pp.173, 190. Cheshire & North, op.cit., pp.188–190.

⑤ See Cheshire & North, op.cit., p.189.

送达的认收本身不构成对管辖权的承认，但对管辖权不予异议，至少就管辖权的确立而言，可以构成对管辖权的承认。律师如果经授权接受请求格式的送达，即构成一项承认，除非请求格式无效送达。同时临时性救济措施管辖权与实质问题管辖权之间的区别开始得到司法承认，不过临时性救济措施管辖权的协议承认是否构成一项对实质问题管辖权的承认，尚不明确。但有判例认为这应取决于法院除对实质问题的管辖权外是否享有授予临时性救济措施的管辖权以及被告对其行为的认识。[①]此外，诉讼中止申请并不构成一项对管辖权的异议，而是对管辖权行使的异议。这也就意味着可能存在对管辖权的承认。[②]

而通过扣押被告动产取得管辖权的实践尽管存在于苏格兰和一些大陆法系国家，但英国法并不接受此种做法。除非请求格式送达给位于英国的被告或根据成文法规定而送达至位于外国的被告，否则不能提起针对被告的对人诉讼。至于能否引入新的管辖根据，Diplock勋爵在The Siskina案[③]中指出，法院对位于外国的被告的管辖权的扩张，如果说没有由议会制定的立法，则必须有由规则委员会制定的从属立法为依据。

在其他英联邦国家，由于因袭了英国的一般法律制度，因而对人诉讼管辖权问题习惯上被看作是程序问题，并且取决于依据法院规则将令状送达给在法院管辖范围内外的被告，或者被告接受法院的管辖。[④]在澳大利亚，1988年《海事规则》(Admiralty Rules 1988) 虽然并没有规定对人诉讼如何提起，但其规定这种诉讼不能通过与提起对物诉讼同样的程序启动。在联邦法院一般做法是通过呈交由《联邦法院规则》所规定的申请书而提起。而申请书正本的送达以通常的方式，即由《联邦法院规则》规定的方式进行。在新西兰，根据《海事规则》第769条第2、4款，第770条第1款规定，对人诉讼必须通过由法院官员所签发、记载有请求性质、需要的救济和请求的赔偿额等确切陈述的诉讼通知而提起。

2. 南非

1983年《海事管辖权调整法》第1条第2款第a项规定，海事诉讼基于任何相应目的应通过（a）据以提起诉讼的任何令状的送达，或（b）据以确立管辖权的财产扣留的申请,或（c）为提起对物诉讼而进行的令状的签发，或（d）提供本法第3条第10款第a

① For the earlier approach see Esal v. Pujara[1989] 2 Lloyd's Rep.479 (consent to a Mareva injunction) —a little hard unless it was made clear that such consent was submission to the merits jurisdiction. As to an application to strike out a claim see Eagle Star Insurance Ltd. v.Yuval Insurance Ltd.[1978]1 Lloy's Rep.357. See also D.C.Jackson, op.cit., p.189.

② See D.C.Jackson, op.cit., pp.189–190.

③ The Siskina[1979] AC 210.

④ 参见威廉·泰特雷著，刘兴莉译:《国际冲突法——普通法、大陆法及海事法》，法律出版社2003年版，第529—530页。

项所指的担保或保证的方式而启动。同款第b项规定，所提起的第a项所指的诉讼应基于下列原因而终止并无效：A. 第a项（b）所指的申请未被批准或确认或解除；B. 在根据当事人申请或有关申请的最终裁定而作出的命令颁布后的12个月内未进行财产的扣留；C. 第a项c所指的令状未在签发后12个月内送达；D. 有关财产根据第3条第10款第（a）项第Ⅱ段规定被认为业已释放或解除扣押。可见，南非虽属英联邦国家，但其海事对人诉讼管辖权的确立制度与其他英联邦国家之间存在较大差别。这不仅体现在管辖依据类型与特征方面，更体现为传票送达具有明显的启动程序的程序性功能方面。

（1）管辖根据的类别

《海事管辖权调整法》第3条第2款规定，对人诉讼仅能对此人提起：A.居住在南非或在南非任何地方从事商业活动；B.其在法院管辖区域内的财产业已为原告或申请人所扣留，以确立或确认管辖权。C.同意或承认法院管辖权；D.根据1943年《保险法》，南非法院对其享有管辖权的人；E.在公司情况下，如果该公司在南非有登记营业所。据此，南非法院对某一特定的对原告的海事请求承担责任的被告行使对人管辖权的根据有：A.被告在南非有住所或居所或登记营业所；或B.被告在南非从事商业活动；或C.被告同意南非法院管辖；D.被告在南非有可供扣留的财产。可见，南非立法在管辖权根据方面不仅增加了被告财产扣留这一管辖根据，而且很明显反映出强调作为法院地国的南非与案件之间的实质性联系的倾向。

（2）海事对人诉讼的启动

根据《海事管辖权调整法》第1条规定，海事诉讼基于相应目的应通过据以提起诉讼的任何传票的送达，或据以确立管辖权的财产扣留的申请而启动。而如果申请未获准许或被撤销，扣留未在扣押令授予后12个月内实施，则启动的诉讼失效或无效。因而在南非，虽然法院对管辖权的确立，只有管辖根据还是不够的，还必须向被告送达诉讼文书，但传票的送达并不具有创设管辖权的功能，而仅具有启动诉讼的功能。其中财产扣留程序在对人诉讼制度中具有重要地位。

①扣留财产的范围[①]

可供扣留的财产包括在对物诉讼中可予扣押的所有财产，然而与对物诉讼程序不同，在对人诉讼中用于确立或确认管辖权的可供扣留的财产的范围并没有严格的限制。

① The Act has now been amended to allow associated ship attachments (i.e. in respect of claims in personam), the important consequences of which are: (a) that to obtain the release of the ship, the full claim will have to be secured and not merely the value of the ship as is the case in an arrest in rem. (b) that a ship may arguably be attached to found jurisdiction (and to obtain security) in an action against the beneficial owner of the ship personally, if he owns the shares or controls the company which runs the ship, thereby piercing the corporate veil.

只要司法执行官能进行有效扣留，同时该财产具有一定的商业价值，任何财产均可予以扣留，不管其性质和价值，包括诸如支付款项请求权在内的无形财产。在The MV Snow Delta v. Discount Tonnage Limited案[①]中，法院认为承租人所享有的有关船舶使用和利用的权利或利益可予以扣留以确立或确认管辖权，尽管该权利具有无形性，也没有理由认为其不能同时存在于数个地方。该判决首次揭示南非法院将扣留对象扩张至无形财产的立场。

②扣留财产的程序

根据1997年《海事诉讼程序规则》(Admiralty Proceedings Rules 1997)第5条规定，旨在确立或确认管辖权的财产扣留申请可单方面作出，除非法院作出不同的命令。申请书应包含这些主要陈述：第一，请求属于被告应负责的海事请求，而法院根据所申请的扣留可行使管辖权；第二，欲予以扣留的财产属于被告所有或享有利益的财产；第三，是否为请求提供任何担保以及需要法院协助的理由；第四，签字者信息来源及誓言内容的真实性和准确性。第五，急迫扣留的理由。

而如何向法院提供证据，取决于扣留是否急迫。在急迫情况下，可通过传真、电子邮件或电报等方式向法院提供证据，同时向法院呈递誓言。若时间许可，应通过传真或邮差向法院递交有关文件，而誓言也可以类似的方式向法院提交。

为扣留财产，原告并无提供反担保的当然义务，而被告如果能够证明原告申请扣留无合理和充分的理由，则可提出要求原告提供反担保的申请，以确保在原告错误扣留时获得赔偿。

扣留令以中间令的方式颁布，并以规定的方式送达。其不仅命令扣留财产，而且还要求所有利益方在扣留令所规定的时间里陈述扣留令不应予以执行的理由。这一被称为撤销扣留令的司法审查程序旨在给予被告申诉的机会以异议原告的财产的扣留。该程序也使得原告在诉讼的早期阶段知晓扣留令的异议情况，以便及早解决管辖权问题及其他的预先诉讼问题。

被告有权通过提供与请求赔偿数额相当的担保以使被扣的财产得以释放，其也有权申请减少担保的数量。在就担保形式未达成一致协议的情况下，法院登记官一般会要求通过南非银行签发银行保函，或由外国银行提供在南非可流通的保函的方式提供担保。

3. 美国

在美国，海事属人管辖权由《联邦民事诉讼规则》加以规定，其中有关海事诉人扣留(attachment in personam)则规定在《联邦民事诉讼规则》“某些海事和海商请求的补充规则”(Supplement Rules For Certain Admiralty and Maritime Claims)。因而除特殊事项

① 2000 (4) SA 746 (80A).

外，海事属人管辖权的行使主要由《联邦民事诉讼规则》规则4加以界定。

（1）一般海事属人管辖权

美国对人诉讼管辖权的存在和生效，依赖于对被告有效的传票送达，以及被告是否与当地法院存在足够的“最低限度联系”，以满足美国宪法第5条与第14修正案的“正当程序”原则的要求。①

一般海事管辖权与其他联邦法院属人管辖权一样，受美国联邦地区法院一般民事程序规则，即《联邦民事诉讼规则》一般规则调整。规则4的规定涉及被告服从属人管辖权的义务以及对被告的有效送达方式。联邦法院对被告行使海事属人管辖权，必须符合这两方面的规定。②

服从义务是指法院可对被告行使属人管辖权的情形。规则4并未直接界定外国被告应当服从联邦法院属人管辖的情形，而由规则4第11款授权联邦地区法院，“借用”其他自身界定了属人管辖权服从义务的管辖权依据，特别是州或联邦的长臂管辖法律。具体言之，规则4第11款提供了三种有关管辖权的原则性授权，联邦法院未经立法授权不得行使属人管辖权：（a）规则4第11款第1项A授权联邦地区法院借用所在州的州法院管辖权；（b）规则4第11款第1项D确认任何规定了属人管辖权的联邦制定法的可适用性；（c）规则4第11款第2项授权联邦地区法院在某些联邦问题案件中属人管辖权仅受正当程序条款限制。③

最低限度联系的标准，可通过证明以下事实得以满足，被告与地区的正常商业联系是连续并有计划的，这将使地区法院享有对被告的“全面对人管辖权”，或者作为替代，被告在该地的行为与原告的诉因存在因果联系，因此建立起法院“特定的对人管辖权”。当被告与涉案地区的联系并不足以满足美国特定州的“长臂”法对正当程序的要求，并且针对其的请求来自联邦法（包括联邦海事法）时，足够“最低限度联系”仍然可以在被告与当作一个整体的美国之间的联系中得以发现。④

而送达是指通知被告开始诉讼的诉讼程序。规则4对此作了规定。其第11款第1项规定，如果被告受制于联邦法院所在州的州法院的一般管辖权，或者依据本规则规则14或规则19的规定参加诉讼，并且在美国司法辖区内离传唤状发出地不超过100英里的地方被送达的当事人，或者被告受制于《美国法典》第28编第1335条所规定的相互诉讼管辖权，或者经美国制定法授权，对其进行送达或其提出送达即可有效地确立属人

① 威廉·台特雷：《国际海商法》，第350页。
② 参见李海，上引著，第279—280页。张茂：《美国国际民事诉讼法》，中国政法大学出版社1999年版，第72—73页。
③ 参见张茂，上引著，第72页。
④ 威廉·台特雷：《国际海商法》，第350—351页。

管辖权。而规则4第11款第2项是专门为国际民事诉讼而设计，[①]进一步扩大了联邦法院在联邦问题案件中的属人管辖权。其规定，在依据联邦法律提起的诉讼中，如果行使管辖权符合美国宪法及法律，则送达传票或提交放弃送达书，可有效地确立对于那些不受任何州一般管辖的被告的属人管辖权。

（2）诉人海事扣留管辖权

如上所述，美国传统的司法管辖根据为被告本人或其财产出现在法院地境内，通过扣留被告财产行使对人管辖权曾不仅被适用于海事案件，而且也被适用于一般民商事案件。但在1977年Shaffer v.Heitner案[②]中，美国最高法院明确指出，美国法院不能仅因某人的财产在美国法院管辖范围内，就可取得对该人的管辖权，并且未经过“适当的法律程序”，任何人的财产不应被剥夺，否则将构成违宪行为。诉人扣留管辖权为此受到某种限制。但为适应海事诉讼的特殊需要，《联邦民事诉讼规则》“补充规则”B就海事扣留问题作了规定。规则B授权扣留任何被告所有的货物、动产、银行存款，如果这些财产位于地区范围内，但被告并不在该地，因为其与该地缺乏足以支持对人诉讼管辖权的“最低限度联系”，或者其不在该地无法接受传票送达，因为其在该地没有可供依法向其送达文书的办公地点或授权的代理人。为了获得扣留令，原告有责任证明：①在法院管辖区域内无法找到被告；②对于可在海事诉讼中审理的被告，原告可以提出对人索赔；③属于被告所有的财产正处于或者将处于法院管辖区域；④在成文法或普通海商法中没有关于该扣留令的禁止性规定。[③]

然而，“补充规则”B并没有就实施海事扣留的法院能否取得海事案件实质争议的诉人海事扣留管辖权作出明确规定。不过，有学者认为，尽管美国是一个普通法国家，但在海事法方面，却有明显的民法法系传统。海事财产扣留已经成为美国传统海商法的一个部分，其扎根于民法的海事法传统。海事财产扣留现在成为一种管辖权的基础，即所谓的准对物诉讼管辖权。[④]

（3）管辖权条款

①美国法院关于管辖权条款效力问题的基本立场

美国法院对待管辖权条款效力的态度曾有过较大的变化。起先，提单中的管辖权条款仅是审案法官在决定其承认还是拒绝管辖时所需衡量的众多因素之一。也就是说，按照目前美国法的观点，当提单中包含有此种管辖权条款时，其是法院在作判断分析时的

① 参见张茂，上引著，第75页。

② Shaffer v.Heitner, 433, U.S.186 (1977).

③ 威廉·台特雷:《国际海商法》，第353页。

④ 参见威廉·台特雷:《国际海商法》，第331、336页。

重要因素。[①]然在1955年Muller v.Swedish American Line案[②]中，第二巡回法庭判定管辖权条款有效，并指出，“假如国会企图使这种协议成为无效，它就会和在加拿大1910年法中所作的一样，以一种直率的方式作出。”但在十二年之后，第二巡回法庭在Indussa Corp.v.S.S.Ranborg案[③]中却采取了截然不同的态度。其裁定，“我们认为，在对提单中关于某一运往美国或从美国运出的货物损害的索赔只能在某一外国法院审理的条款予以认可时，Muller法庭过于依赖合同法的一般原则，没有赋予国会制定的有关调整进出美国的货物提单的法律以充分的效力。”问题的关键是外国法院将适用外国法而不适用美国COGSA。此后，美国法院在保留自由裁量权的同时，对此种条款采取了严格的态度。[④]

但在1972年M/S Bremen（and Unterweser G.m.b.H.）v.Zapata Off-Shore Co案[⑤]的这起国际拖带案件中，美国法院对待由合约所规定的外国法院管辖权条款效力的态度发生了重大的变化。美国最高法院在涉及一个同时应在英国诉讼的问题时，遵循了英国法院赋予管辖权条款以效力的传统做法，对某一赋予美国之外法院管辖权的条款予以承认。在该案中，美国法院和英国法院均根据相同条款，判令该问题应在英国法院提起诉讼。最高法院指出，在自由协商订立的国际合同中的外国法院管辖权条款应予以执行，除非原告能够充分证明该条款是不公平或不合理的，或是欺诈的产物，或与法院地国强有力的公共政策相违背。不过，在此值得注意的是，Bremen案及随后的其他判决所支持的管辖权条款属于强制性或排他性的（mandatory or exclusive）管辖权条款类型，而非单纯的任意性条款（merely permissive clause）。根据强制性条款，提单或合同当事人必须在特定的法院起诉。而后者，当事人只是约定特定法院管辖，而并未明示排除其他法院的

① 参见Willian Tetley:《海上货物索赔》（第三版），第618页。

② 224 F.2d 806 at p.807, 1955 AMC 1687 at p.1688 (2 Cir.1955).

③ 377 F.2d 200 at p.202, 1967 AMC 589 at p.593, [1967] 2 Lloyd's Rep.101 at p. 104 (2 Cir.en banc 1967).

④ 参见Willian Tetley:《海上货物索赔》（第三版），第618页。

⑤ 407 U.S. 1, 1972AMC 1407 (1972).

管辖。[①]

②管辖权条款无效的主要事由

尽管管辖权条款在目前一般会受到法院的支持，但美国法院依旧享有在某些情况下，尤其是在按常规本应予以适用的美国法律被规避，或者提单中管辖权条款被认为不合理时，拒绝执行管辖权条款或协议的自由裁量权。[②]管辖权条款如果违反COGSA第3条第8款，并且事实上已构成一种不负责条款，便无效。

在1967年IndussaCorp.v.S.S.Ranborg案[③]第二巡回法庭以要求在挪威诉讼并剥夺COGSA适用于从比利时至旧金山的货物运输的管辖权条款，违反COGSA第3条第8款规定，减轻承运人责任为由而裁定其无效。法庭指出，"某一使索赔只能在一个外国法院审理的条款，如果该法院将适用的法律既不是海上货物运输法，也不是海牙规则，则几乎肯定会减轻赔偿责任。即使该外国法院将适用这些制度中的一个或另一个，要求在外国审理仍可能减轻承运人的赔偿责任。这是因为，不能保证外国法院将以美国法院的同样方式适用它们。美国法院受最高法院的统一控制，并且第3条第8款可以理解为它包含了一种潜在的涵义，不能简单地加以论证而减轻赔偿责任。……我们认为，有关进出美国的货物运输提单中的任何合同条款，如果会阻止能够在美国法院获得对承运人管辖的货方使该法院维持诉讼并适用国会制定的实体性规则，则国会的意思是使这种条款

① For an example of a purely "permissive" forum selection clause, see Hartford Fire Ins.Co. v. Novocargo USA Inc. 156 F.Supp.2d 372, 2002 AMC 314, [2002] ETL 57 (S.D.N.Y.2002).Although the clause provided that disputes "--- shall be determined by the Court of Bremen", the merely use of "shall" did not make the clause "mandatory", as it did not exclude jurisdiction elsewhere or employ other mandatory venue language.Compare with Reed & Barton Corp. v. M.V.Tokio Express 1999 AMC 1088 at p.1090 (S.D.N.Y.1999), aff'd without opinion sub nom. Lucent Technologies, Inc. v.M.V.Tokio Express, 210 F.3d 355 (2 Cir.2000) ("any claim or dispute arising under this Bill of Lading shall be governed by the Law of Federal Republic of Germany and determined in the Hamburg courts to the exclusion of the jurisdiction of the courts of any other place."); Ferrostaal, Inc. v. M/V Sersou 1999 AMC 2352 (S.D.N.Y.1998 ("All and any claims and disputes under the Bill of Lading shall exclusively be refered to [a]rbition in Bremen[Germany] ---"). The mandatatory character of the clause may also be established by wording such as: "Any dispute arising under this Bill of Lading shall be decided in the country where the carrier has his principal place of business" (Bison Pulp & Paper Ltd. v. M/V Pergamos 1996 AMC 2022 at p.2030 (S.D.N.Y.1995)); or "any disputes under the Bill of Lading to be decided in London according to English Law, " (Central National–Gottesman, Inc. v. M/V Gertrude Oldendorff 204 F. Supp.2d 675 at p.678, 2002 AMC1477 at p.1479 (S.D.N.Y.2002). Note, however, that the words "shall" or "must" are not essential to the mandatory character of the clause, which may be just as mandatory where "will" is used.See Vogt–Nem, Inc. v. M/V Tramper 2003 AMC 21 at pp. 24–25 (N.D.Cal.2002).

② See William Tetley, Marine Cargo Claims (4th edn), chapter 37, pp.24–32.

③ 377 F.2d 200 at p.204, 1967 AMC589 at p.595, [1967] 2 Lloyd's Rep.101 at p.105 (2 Cir.1967).

无效”。[①]

在1997年Gibbs International Inc.v.Federal Ins.Co案[②]中，由于韩国法不允许货物保险人享有根据美国法可以享有的代位诉讼权，因而提单中所约定由韩国法院管辖的管辖权条款无效。

在2002年CentralNational-Gottesman,Inc.v.M.V.Gertrude Oldendorff案[③]中，约定适用英国法和英国法院管辖的管辖权条款被认为由于违反COGSA第3条第8款而减轻承运人责任而宣布无效。因为适用英国法的英国法院将会支持提单中的过户条款（a demise clause），而允许仅对作为承运人的船东提起诉讼，而按美国法院所解释的COGSA则允许对签发提单的期租承运人和船东提起诉讼，而不论提单中的过户条款。

在2003年Heli-Lift Ltd.v.M/V. OOCL Faith案[④]中，规定适用德国法和汉堡法院管辖的提单中包含有一项“一般性特权条款”（a general liberties clause），允许承运人在甲板上装载直升机。美国法院指出，此种条款在德国会得到尊重，托运人被视为同意甲板装载，除非其在收到提单之时立即予以反对。承运人将货物装载于甲板上的行为，即使属于疏忽，也不能突破德国法所规定的单位限制，除非货物利益方能够证明承运人如此装载货物，旨在使损害发生，或明知损害可能发生而仍轻率行事。相反，在美国，甲板装载初步构成对运输合同的不合理的绕航（unreasonable deviation），除非托运人明示同意或为一般性港口惯例所允许，提单中的此种“任择性装载条款”（optional stowage clause）不能被视为是对甲板装载的有效同意，并导致承运人丧失COGSA所规定的对所致货物损害或损失每件500美元的责任限制利益，除非承运人能够证明绕航是合理的。由于德国法院显而易见会对“特权条款”的效力采取与美国法院不同的立场，从而法院根据COGSA第3条第8款规定以公共政策为理由裁定该外国管辖权条款不予执行。

此外，在美国司法实践中尚存在一些在美国法院在不能确定管辖权条款是否会减轻承运人责任时裁定不执行管辖权条款的判决。在一些案件中，美国法院面对由外国法律专家提供的自相矛盾的证言，无法确定某一特定提单条款，在由指定的外国法院通过适用指定的外国法律予以解释时，实际上是否能被解释为将减轻或免除承运人责任，从而违背COGSA第3条第8款规定。在此情况下，管辖权条款往往被美国法院裁定为不可执行。[⑤]不过，海事法权威和一些判例认为，单纯地推断由外国法院所适用的外国

① 参见William Tetley:《海上货物索赔》（第三版），第621—622页。

② 1997 AMC 30 (C.D.Cal.2001).

③ 204 F.Supp.2d 675 at p.680, 2002 AMC 1477 at pp.1483–1484 (S.D.N.Y.2002).

④ 2003 AMC 30 (C.D.Cal.2001).

⑤ See Majestic Electronics, Inc. v. M/V Jin He 1999 AMC 1700 at p.1701 (C.D.Cal.1999); Nippon Fire & Marine Ins. Co. v. M/V Spring Wave 92 F.Supp.574 at p.576, 2000AMC 1717 at p. 1719, [2000] ETL 509 (E.D.La.2000).

法可能导致由美国COGSA所确保的承运人责任的减轻，是不充分的。这里必须要有积极证据证明外国法院适用其自己的法律将实际上使承运人的责任低于COGSA所规定的“门槛”。[①]

在美国，有效的管辖权条款还必须是合理的。多年来，美国法院认为承认或否认管辖权条款的基本标准是当事人在所选择的管辖法院进行诉讼是否合理。而是否合理是一个事实问题，由裁判法院裁定。尽管美国最高法院在Bremen案中并没有对如何确定当事人之间就裁判纠纷的法院所达成的契约性约定的合理性问题予以阐述，但随后美国法院的一系列判决基本上没有偏离Bremen案所确立的评判不合理性的三个基本理由：不公平、欺诈和违反美国法院的公共政策。在1993年Roby v. Corp.of Lloyd's案[②]，第二巡回法庭裁定，法院选择条款和准据法选择条款如果第一，其并入到契约之中是由于欺诈的结果；第二，原告由于管辖权选择条款严重不合理或不方便而实际上没有时间出庭；第三，准据法的严重不公平剥夺了原告的救济权；第四，管辖权条款违背了法院地国强烈的公共政策，则被认为是不合理的。在2000年Allianz Ins.Co.of Canada v.Cho Yang Shipping Co.,Ltd.案[③]中，法院指出，补充性考虑因素包括交易当事人的相对议价能力、不诚实行为、受害方的充分救济条款以及法院地国与合同之间方便和关联性。而在所选择法院中的审判与在美国法院中的审判之间所存在的纯粹的程序性差异，一般不足以构成据以证明避开所选择法院管辖为正当的不合理性。在1992年Interamerican Trade Corp.v.Companhia Fabricadora De Pecas案[④]中，法院认为，巴西不存在陪审团制度、巴西司法程序的缓慢、缺乏宣誓审判制度、需要汇寄220万美元作为担保、巴西法院作出的以克鲁赛罗而非美元为记账单位的判决、将货币汇出巴西的困难等诸因素，并不能作为不执行以巴西法院为管辖法院的管辖权协议的理由。其他证据显示巴西法院具有充分的裁判资格，在该国审判尽管对一方当事人不方便，但并不是不公正。[⑤]同样在2003年GlyphicsMedia,Inc.v.M/V Conti案[⑥]中，法院认为，所谓的“印度法院体制令人遗憾的状态”，尤其是迟延审判问题，并不是不执行海运承运人提单中有关印度法律排他适用和印度法院管辖的条款的充分理由，即使无船经营公共承运人向托运人签发了其自己的授

① See Sligan Plastics Corp. v. M/V Nedlloyd Holland 1998 AMC 2163 at p.2166 (S.D.N.Y.1998); Glyphics, Inc. v. M.V.Conti Singapore 2003 AMC 667 at p.675 (S.D.N.Y.2003).

② 996 F.2d 1353, 1363 (2 Cir.1993), cert.denied, 510 U.S.945 (1993).

③ 131F.Supp.2d 787 at p.790, 2000 AMC 2947 at p.2950 (E.D.Va.2000).

④ 973 F.2 d 487 at pp.489–490 (6 Cir.1992).

⑤ The Sixth Circuit noted: “speculative concern regarding fairness of a foreign court, which parties must have considered when negotiating the agreement, does not justify refusal to enforce the clause.”

⑥ 2003 AMC 667 at pp.672–673 (S.D.N.Y.2003).

予纽约地区法院专属和强制性管辖的提单。印度海事律师所作的有关典型的海事诉讼在孟买高等法院审理和处理最长为三年时间的证言，以及允许外国证人在印度通过宣誓作证的事实，可以作为执行管辖权条款的依据。

不过，在2002年LG Electronics Inc.v.Fritz Transportation International案[①]中，"浮动法律选择和管辖权条款"则被视为不合理而不予执行。在该案中，提单条款约定适用美国法和由美国法院管辖，同时赋予承运人选择在其他六个法院（货物接受地国、交货地国、装货港、卸货港、转运港或交货地）根据各自的法律提起诉讼的权利。然而，管辖权条款并未约定承运人行使选择权的时间，也未要求必须专门地在某一特定法院提起诉讼。因而该管辖权条款被认定为不合理而不予执行。

③管辖权选择条款对第三方的效力[②]

在美国，第三方当事人若被认定与纠纷之间存在密切联系以致其可预见受法院管辖选择条款之约束时，则受各类合同中的法院管辖选择条款的约束。而提单中的管辖权条款也同样适用于合同的第三方当事人，而不论其系货物的所有人、托运人或代位货物保险人。[③]但较为特殊的是当货运代理人或无船经营公共承运人（non-vessel-operating common carriers）[④]非以本人而仅以托运人的代理人之身份与海上承运人交易时，管辖权条款对托运人的效力问题，美国法院一般认为，托运人受海上承运人提单中的管辖权选择条款约束。[⑤]

（三）海事对物诉讼管辖权的确立与令状的送达

在英美法系国家，传统的海事对物诉讼管辖权规则是权力理论的典型代表，其以作为对物诉讼的对象的物在法院管辖区域内的存在（presence）作为行使管辖权的前提条

① 2002 AMC 106 (N.D.Cal.2001).

② See William Tetley, Marine Cargo Claims (4th edn), Chapter37, pp.34–35.

③ See Allianz ins. Co. of Canada v.Cho Yang Shipping Ltd.131 F.Supp.2d 787 at p.791, 2000 AMC 2947 at pp.2951–2952 (E.D.Va.2000).

④ A NVOCC is "a common carrier that does not operate the vessels by which the ocean transportation is provided, and is a shipper in its relationship with an ocean common carrier." See 46 U.S.C.App.1702 (17 (B). NVOCCs performa function similar to overland freight forwarders, consolidating small shipments from multiple shippers into large, standard–sized reusable containers that can be quickly loaded on and off ships and onto trucks or other types of transportation.See National Customs Brokers & Forwarders Ass'n v.United States 883 F.2d 93 at p.101, 1991 AMC 302 (summary) (D.C.Cir.1989).

⑤ Indemnity Ins. Co.of North America v.Schneider Freight USA Inc.2001 AMC 2153 at pp.2158–2160 (C.D.Cal.2001); Kukje Hwajae Ins.Co., Ltd.v.M/V Hyundai Liberty 294 F.3d 1171 at p.1175, 2002 AMC 1598 at p.1602 (Cir.2002); Glyphics Media, Inc.v.M.V. Conti Singapore 2003 AMC 667 at p.677 (S.D.N.Y. 2003).

件。[①]不过各国在有关对物管辖权行使的对象、对物诉讼启动的程序方面略有不同。

1．英国

在英国，如同对人诉讼管辖权一样，1981年《最高法院法》并未就海事对物诉讼管辖权的确立及对物诉讼程序的启动作出明文规定。虽然第21条第4款将通过对物诉讼而强制执行海事请求问题作为管辖权问题对待，但第21条第2—3款则完全未提及提起对物诉讼的前提条件，第20条第1款第（c）项也同样未规定管辖权的行使条件和程序。然而，由于在英国法中除有关对人诉讼的成文法规定外，传统上实体性管辖权（substantive jurisdiction）与程序启动（procedural commencement）相关联，因而有关海事对物诉讼管辖权确立的基本规则是：实体性管辖权与程序启动主要取决于诉物索赔函向“被告”，即向诉物索赔函所针对的船舶或财产送达。[②]对物管辖权的确立并不需要对船舶的实际扣押，但扣押本身具有通过诉物索赔函的送达而提供实体性管辖权和程序启动的功能。同时与诉人的请求格式不同的是诉物索赔函不能域外送达，即向英国或领水之外的物送达诉物索赔函。据此，英国法院海事对物管辖权的确立和行使取决于两个方面要求的满足：第一，在英国法院管辖区域内存在可提起对物诉讼的船舶或其他财产；第二，向该船舶或其他财产送达诉物索赔函。不过，该基本规则受以下规则的限制：第一，成文法条款（即以公约管辖权要求为依据的成文法规定）；第二，有关在特定场合无须向船舶送达诉物索赔函的规则：被告律师代表被告接受诉物索赔函的送达，或被告承认诉物索赔函的送达或签发。这些行为具有提起对物诉讼的作用，同时在不影响任何对管辖权异议的情况下提供了以往由具有创设管辖权功能的出庭行为所提供的接受管辖权的依据。[③]

（1）“联系”要件——在管辖区域内物的存在

在英国法院管辖权区域内物的“存在”是提起对物诉讼和行使对物诉讼管辖权的前提条件，物“存在”的事实反映了海事纠纷与英国之间的联系，从而使得英国法院行使对物诉讼管辖权成为可能。然而，由于具体的海事纠纷的不同，行使具体的海事对物诉讼管辖权时要求“存在”的物的类型也不同。

①有关《最高法院法》第21条第2款所规定请求的对物诉讼管辖权

根据《最高法院法》第21条第2款规定，第（a）、（c）、（s）项所提及的任何请求，

---

① 参见张茂，上引著，第75—77页。在美国，其他民商事对物管辖权的行使，按照1977年联邦最高法院Shaffer v. Heitner案的判决，须满足物与法院地之间的“最低限度联系”标准。See Eugene F. Scoles & Peter Hay, Conflict of Laws (1984), pp.222–223.

② 诉物索赔函是根据1998年《民事诉讼规则》作为替代以前的对物诉讼令状而出现的。见威廉·台特雷:《国际海商法》，第344、355—356页。

③ See D.C.Jackson, op.cit., pp.205–206. 参见杨良宜:《海事法》，第57页。

或在第20条第2款第（b）项所提及的任何问题，可向高等法院对与该请求或问题的产生有关的船舶或财产提起对物诉讼。因而有关此类请求对物诉讼管辖权的行使以与该请求或问题的产生有关的船舶或财产在英国法院管辖区域内存在为条件。

②有关《最高法院法》第21条第3款所规定请求的对物诉讼管辖权

根据《最高法院法》第21条第3款规定，当海事请求由附于任何船舶、飞机或其他财产之上的海事优先权或者其他债务负担所担保时，可向高等法院对该船舶、飞机或其他财产提起对物诉讼。因而有关此类海事请求的对物诉讼管辖权的行使以该船舶、飞机或其他财产在英国法院管辖区域内存在为条件。

③有关《最高法院法》第21条第4款所规定请求的对物诉讼管辖权

《最高法院法》第21条第4款规定，在有关由第20条第2款第e—r项所规定请求的任何案件中，当（a）当请求的产生与某一艘船舶（相关船）有关;（b）在对人诉讼中对请求负责的人（相关人），在诉因产生之时，是该船舶的所有人、承租人、占有或控制人时，可向高等法院对下列船舶提起对物诉讼:（a）该船舶（相关船），如果在诉讼提起之时，相关人是该船舶所有份额的受惠所有人，或该船舶光船租赁合同项下的承租人;（b）任何其他船舶（替代船），如果在诉讼提起之时，相关人是该其他船舶所有份额的受惠所有人。因而对此类请求的对物诉讼管辖权的行使取决于：第一，相关船舶在英国法院的管辖区域内，如果该相关船舶，在诉因产生之时，为相关人所有、承租、占有或控制，且在诉讼提起之时，其所有份额为相关人受惠所有，或为相关人光船租赁。第二，他船舶（替代船舶）在英国法院的管辖区域内，如果该替代船舶所有份额在诉讼提起之时，被在诉因产生之时作为相关船舶的所有人、承租人、占有或控制人的相关人受惠所有。

④有关《最高法院法》第21条第5款所规定请求的对物诉讼管辖权

《最高法院法》第21条第5款规定，在有关飞机的拖带或导航方面的请求案件中，如果在诉讼提起之时，该飞机为在对人诉讼中对请求负责的人受惠所有，则可向高等法院对该飞机提起提起对物诉讼。据此，对于有关飞机拖带或导航方面的请求的对物诉讼管辖权的行使，以在诉讼提起之时为相关人受惠所有的飞机存在于英国法院管辖区域内为条件。

（2）程序要件——诉物索赔函在管辖区域内的送达

诉物索赔函和扣押令是根据1998年《民事诉讼规则》和《实务指引》签发并送达的，并（在扣押当时）通常是由海事执行官执行。根据该程序，船舶是根据提供足额的担保（通常采取现金担保、现金帐户、银行保函或船东互保协会的担保函的形式）获得释放。[①]

①诉物索赔函的签发

对物诉讼应通过规定格式的诉物索赔函的签发而启动。[②]在诉物索赔函中，当事人可以被描述（described）而无须记名（named），如原告可被描述为“X船舶的所有人”或“较晚被装载在Y轮上的货物的所有人”，而被告通常被描述为“Y轮的所有人或光船承租人”。

诉物索赔函在对物管辖权根据《最高法院法》能够适当行使时始能签发。当错误签发诉物索赔函时，法院则可剔除诉物索赔函，并撤销索赔函的送达。当请求属于《最高法院法》第20条第2款第（e）—（r）项所规定范围时，则就一项请求仅允许送达一份诉物索赔函，并且仅能向一艘船舶送达，即使就相同的请求签发了针对不同船舶的多份诉物索赔函，或者一份诉物索赔函记载数艘船舶。因而请求人在诉物索赔函送达之时必须作出选择，同时当所签发的一份诉物索赔函记载有数艘船舶时，此索赔函必须在送达之后通过剔除被送达的船舶之外的其他所有船舶而予以修改。

但当第一艘船舶送达为错误时，仍可向第二艘船舶进行送达。虽然《最高法院法》第21条第8款禁止就相同的请求向一艘以上的船舶进行送达，并扣押一艘以上的船舶，然当被送达和扣押的船舶被误认为是对物诉讼所针对的船舶，这并不构成随后对对物诉讼所针对的船舶进行送达和扣押的障碍。

诉物索赔函的签发具有确立（crystallized）对物诉讼权利的效力。[③]当原告的请求有可能由于船舶所有权关系的变更而受挫时，迅速签发诉物索赔函至关重要。一旦签发诉物索赔函，即使索赔函尚未送达，原告对物诉讼的法定权利即予以确立而不可能由于随后所有权关系的变化而受挫。而即使所有权关系变更，仍同样可向该船舶送达诉物索赔函并将之扣押。因而作为原告而言，在面对单船方便旗船舶时，为保护自己利益，应尽快去出一张或多张诉物索赔函，在守株待兔的过程中，即使该船舶转售，原告也不会影响。[④]

诉物索赔函自签发之日起12个月内送达有效，但在一定条件下可到期更新（renewal）。诉物索赔函的更新与诉人请求格式一样同受相同规则调整，特别是为使之更新必须证明存在“正当理由”（good reason）。[⑤]但在诉物索赔函更新中所应考虑的相

① 威廉·台特雷:《国际海商法》，第355—356页。

② See D.C.Jackson, op.cit., p.207. Nigel Meeson, op.cit., p.109.

③ 参见杨良宜:《海事法》，第37页。See also Nigel Meeson, op.cit., pp.109–111.

④ 参见杨良宜:《海事法》，第37页。

⑤ See D.C.Jackson, op.cit., pp.207–208.

关因素，在1977年The Berny案[①]和The Helene Roth案[②]中得到阐释。在The Berny案中，Brandon J.认为，令状的更新并不是自动的，原告必须提出有效和充分的理由。“当不能有效送达即是令状更新的宽泛理由时，原告为显示有效和充分的更新理由必须证明以下三个方面内容：第一，不论系一个诉讼还是数个诉讼，相同请求的诉讼所针对的船舶中，没有一艘船舶在令状有效期内出现在管辖区域内；或者第二，如有一艘船舶在令状有效期限内业已或将出现在管辖区域内，但其停靠此地的时间或其他情势无法提供向其有效送达和将其扣押的合理机会；或者第三，如有一艘船舶在令状有效期限内业已或将出现在管辖区域内，但其价值不足以为请求提供充分的担保，不论诉讼所针对的所有船舶、某些船舶或一艘其他船舶足以或接近足以提供充分担保。”

②诉物索赔函的修正

诉物索赔函的修正遵循与诉人请求格式修正相同的原则。法院除了拥有有关修正的基本权力外，有权增加对物诉讼中的被告，甚至在判决后有权准许修正索赔函上的请求陈述。如果被告船舶在索赔函签发后被出售，应修正索赔函而将对物诉讼描述为针对“以前为Y船舶现为Z船舶的对物诉讼”，并将被告描述为“Y船舶现名为Z船舶的船东”。[③]

③诉物索赔函的送达

诉物索赔函的送达，或通过向诉讼所针对的财产的实际送达（actual service），或通过被告律师代表被告在索赔函上签字接受送达，或通过被告认收索赔函的送达，或通过被告认收索赔函的签发而实现。与诉人请求格式不同的是，诉物索赔函不可向管辖区域外送达，也不可作出诉物索赔函替代送达（substituted service）的命令。[④]

I.诉物索赔函的送达人

按英国法，诉物索赔函可由以正确的方式进行送达的任何人送达，而无须由海事法院执达官（admiralty marshal）送达。英国法院的做法是由原告或其律师送达索赔函。然而，如果诉物索赔函送达同时要执行扣船令（warrant of arrest），原告则可要求海事法院执达官或其代理人送达诉物索赔函。[⑤]为使海事执达官送达诉物索赔函，原告则必须向海事和商事登记官或地区登记官提交下列文件：规定形式的申请便笺（praecipe）、诉物索赔函和副本、一经要求即支付海事执达官或其代理人送达诉物索赔函费用的保证。

---

① [1977] 2 Lloyd’s Rep.533; [1978] 1 All E.R.1068.

② [1980] 1 Lloyd’s Rep.477; [1980] 1 All E.R.1078.

③ See Nigel Messon, op.cit., p.112. D.C.Jackson, op.cit., p.209.

④ See Nigel Messon, op.cit., p.112; D.C.Jackson, op.cit., p.208.

⑤ 参见杨良宜，上引著，第58页。See Nigel Messon, op.cit., p.112.

II. 送达的具体方式

送达的具体方式视所要送达的“物”系船舶，或货物，获运费，或出售所得而有所不同。

如果此物是船舶，诉物索赔函则钉在主桅，稍后则可移至船舶其他显著但在室内或遮盖部分。将索赔函送达给船上的船长并非有效送达。但送达中存在一些轻微的不规范现象则不影响送达的有效性。①

如果此物是货物，并且货物仍在船舶上，索赔函的送达与向船舶送达索赔函的方式相同，即将正本索赔函暂时钉在船舶的主桅上，或船舶上部结构适当部位的外部，而正本一旦移去，则将副本留在船舶显眼的遮盖部位。而如果货物已经卸下或转运，则将正本索赔函暂时放在货物上，而一旦移去则留副本在货物上，或者如果监管货物的人不容许接近货物，则将索赔函副本留给该人。

如果物是运费，则向为此支付运费的货物送达，或向装载货物的船舶送达。而就业已支付的运费而向船东雇用的职员送达索赔函，则不是有效的送达。②

而如果物是出售所得，即诉讼所针对的财产被海事执达官所出售，则将盖印的索赔函副本提交海事和商事登记官或地区登记官，索赔函被视为在提交日适当送达。然而对物诉讼只能针对在法院掌管之时被法院出售的财产所得提起，而不能对作为征用期间船舶灭失赔款而支付的款项提起对物诉讼。③

如果在有关诉讼所针对的财产方面存在有效的中止财产扣押的申请（caveat against arrest），则有必要向申请中止扣押者送达诉物索赔函，以便使其完成认收索赔函签发或送达，并提供保证或其他担保的保证。④

索赔函送达后，或者船舶所有人接受了索赔函送达后，诉讼程序就以一种对物诉讼和对人诉讼混合的形式继续。任何有利于原告的最终判决都可以针对被扣物（司法变卖所得）或替代的担保，以及被告所有的其他全部财产予以执行。⑤

2. 其他英联邦国家

（1）南非

在南非，法院海事诉物管辖权的确立取决于在管辖区域内的特定物的扣押和传票的送达，不过与英国传统司法实践根本不同的是，物的扣押而非物在管辖区域内出现的单

---

① 参见杨良宜，上引著，第63页。See Nigel Meeson, op.cit., p.113.

② 参见杨良宜，上引著，第63页。See Nigel Meeson, op.cit., pp.113–114. D.C.Jackson, op.cit., p.208.

③ See D.C.Jackson, op.cit., p.208. Nigel Meeson, op.cit., p.114.

④ See Nigel Meeson, op.cit., p.114.

⑤ 见威廉·台特雷:《国际海商法》，第356页。

纯事实是诉物管辖权行使的依据，传票的送达不具有创设管辖权的作用而仅具有启动诉讼的程序性功能。

①特定物的扣押——实体性管辖根据

《海事管辖权调整法》第3条第4款规定，在不影响请求权人可获的其他救济或有关诉因合并规则的前提下，如果（a）请求权人对扣押财产享有海事优先权；或（b）扣押财产的所有人在所涉诉因的对人诉讼中对请求权人负有责任，海事请求则可通过对物诉讼而得以强制执行。同条第5款和第6款规定，对物诉讼应通过扣押位于所涉法院管辖范围内的请求所针对的或与请求有关的财产，或可通过扣押“关联船”而非与所产生请求相关的船舶而提起。可见，特定物在法院管辖区域内出现的单纯事实，尚不构成法院行使诉物管辖权的基础。而只有物的扣押才是诉物管辖权行使的依据。当然，由于海事请求的类型不同，相应请求诉物管辖权的行使的具体依据也有所不同。

I. 由海事优先权担保的海事请求诉物管辖根据

对于此类海事请求，法院诉物管辖权的行使以海事优先权所附着的财产位于法院管辖区域内并予以扣押为前提。

II. 其他海事请求的海事诉物管辖根据

此类海事诉物管辖权的行使以下列物在法院管辖区域内被扣押为前提：

第一，当事“物”，即请求所针对或与请求有关的物。至于当事“物”的范围，根据《海事管辖权调整法》第3条第5款“对物诉讼应通过扣押位于所涉法院管辖范围内的请求所针对的或与请求有关的下列一项或数项类别的财产而予以提起”的规定，应包括：（a）船舶，不论其有无设备、缆具、补给品或燃料；（b）全部或部分设备、缆具、补给品或燃料；（c）全部或部分货物；（d）运费；（e）任何集装箱，如果请求产生于或与该集装箱在船舶上的使用，或海上或水上集装箱货物运输有关；（f）基金。[①]

第二，关联船（associated ship）。除有关任何抵押、船货抵押、留置权、质押或其他船舶的债务负担，或者任何冒险押船贷款或货船抵押贷款协议请求的对物诉讼管辖权的行使不可以“关联船”扣押为管辖依据外，“关联船”扣押可作为其他海事请求的管辖依据。而所谓关联船，根据《海事管辖权调整法》第3条第7款规定，包括在诉讼提起之时为在诉因发生之时的所涉船舶的所有者（即当事船的船东）所有的船舶、在诉讼提起之时为在诉因发生之时控制所涉船舶的所有者——公司（即当事船的船东公司）的人所有的船舶，以及在诉讼提起之时为在诉因发生之时受所涉船舶的所有者（即当事船船东），或控制所涉船舶的所有者——公司（即当事船的船东公司）的人所控制的公司所有的船舶。

① See section 3 (11) of Admiralty Jurisdiction Regulation Act.

②传票的送达——诉讼启动的程序要件

在南非，海事诉讼程序通过传票（summon commercing action）和扣押令（warrant of arrest）的送达而启动。而传票，根据《海事程序规则》第2条规定，应采用规定格式，并记载有关请求性质、所要求的救济和请求赔偿额的清楚和准确的陈述。而扣押令由法院登记官签发，但其也可将应否签发问题交由法官裁断。

传票以与扣押令相同的方式向与所提起诉讼相关的财产送达。而扣押令由执行官向所要扣押财产送达。当扣押物为船舶，或其设备、缆具、补给品或燃料，则将扣押令副本钉在主桅，或者船舶、设备、缆具、补给品或燃料的任何合适部分，同时将另一份副本递交给船长或负责船舶的其他人。当扣押物为货物时，则将扣押令副本递交给负责管理货物的人，并将另一份副本贴在货物上，除非该人无权管理货物，或货物并未装载于船上，或如此行事并非现实。当扣押物为运费时，则将扣押令递交给支付运费的人。当扣押物为集装箱时，则将扣押令递交给负责管理集装箱的人，同时将另一份副本贴于集装箱之上，除非该人无权管理集装箱，或集装箱并未装载于船上，或如此行事并不现实。而当扣押物为基金时，则将扣押令副本递交给登记官，同时当法院就有关基金任命受托人时，则将副本递交给受托人。而当财产根据《海事管辖权调整法》第3条第10款第a项被视为业已扣押时，则将扣押令副本送达到按《海事程序规则》第4条第6款规定所指定的地址。当然扣押令还可按法院所要求的其他方式送达。[①]而当财产业已出售时，扣押令则应送达给保管财产出售所得的人。[②]

（2）其他英联邦国家

在海事诉物管辖根据方面，诸如澳大利亚、新西兰、加拿大等一些主要的英联邦国家承袭了英国的传统做法而赋予令状的送达以创设管辖权和启动程序的双重功能。[③]

在澳大利亚，海事诉物令状只能向存在于澳大利亚法院管辖区域内的特定物送达。而物的类型随着具体的海事请求类别的不同而不同。联邦法院对位于澳大利亚任何地方，包括领海内的船舶和其他财产享有对物诉讼的管辖权。州法院或地方法院对位于下列地方的船舶或其他财产享有管辖权：a）在州或地区，或毗连的领海内；b）澳大利亚的任何地方，包括领海范围内，如果传票可以送达，船舶或财产位于法院可行使管辖权的地方。[④]根据《海事法》第15—19条之规定，第一，对于财产性海事请求，则要求与

① See section 6 (3) of Admiralty Proceedings Rules 1997.

② See section 6 (4) of Admiralty Proceedings Rules 1997.

③ 在加拿大，海事诉讼现在通过依据《联邦法院规则》签发的索赔声明而建立。具体规则见《联邦法院规则》，1998，SOR 98/106, 1998年4月25日生效，Part 13（海事诉讼），Rules 477 and 479 and Form 477. 见威廉·台特雷：《国际海商法》，第334页。

④ 见威廉·泰特雷：《国际冲突法》，第386—387页。

该海事请求有关的船舶或其他财产的存在；第二，对于一般性海事请求，则要求当事船舶或其他财产，或者替代船舶的存在；第三，对于有关海事优先权的请求，则要求海事优先权或其它债务负担所依附的船舶或其他财产的存在。不过由于物的类型的不同，令状的送达方式也有所差异。根据1988年《海事规则》的规定，[①]当诉讼系针对船舶或船舶上所载之其他财产的对物诉讼时，则将盖印令状副本贴于船舶之主桅或其他显著部分；当对物诉讼所针对的财产在令状送达之时并非载于船舶上时，则将盖印令状副本贴于该财产或装载该财产的包装袋或集装箱之上；当船舶或其他财产无法合理地接近时，则将盖印令状副本递交给显然是负责管理船舶或财产之人；当对物诉讼是针对业已交存于法院的船舶或其他财产的出售所得时，则将盖印令状副本递交给控制该出售所得的法院。按照《海事规则》第34条规定，令状的送达不得采用替代送达的方式。

在诉物程序启动之后，当事人即可向法院提出请求签发扣押令的申请。扣押令以与令状相同的方式，或与令状同时送达，或略迟送达。扣押令所指定之船舶或财产在扣押令执行时即被扣押直至船舶或财产被合法释放或根据法院命令而被出售。

在新西兰，法院诉物管辖权的确立以向法院管辖区域内存在的特定物送达令状为前提。而特定物，在海事请求系有关海事优先权或其它债务负担时，则为其上附有海事优先权或其它债务负担的船舶、飞机或其他财产；在海事请求为有关物权性请求时，则为与所产生的请求或问题有关的特定船舶或财产；而当海事请求为其他的债权性海事请求时，则为当事船舶或替代船舶。[②]

诉物程序基于由法院官员所签发并记载有有关请求性质、所要求的救济和请求赔偿额等事项的的诉讼通知（notice of proceeding）而启动。[③]而诉讼通知如向船舶或船舶之上的货物、运费或其他财产送达，则应将盖印之通知副本贴于驾驶台附近或其他显著部位，或通向船舶上部或就寝仓的入口处附近，同时将另一份副本留给显然是负责管理船舶之人；如向非装载于船舶之上的货物、运费或其他财产送达，则应将盖印副本附于货物、运费或其他财产，同时将所附着的副本留于此处；如向为个人所控制的运费送达，则向该人显示盖印副本并留于该人；如向为法院所控制的出售所得送达，则向法院登记官显示盖印副本并留于该人；如向无法见到的货物、运费或其他财产送达，则应向显然是管理该货物、运费或其他财产的人显示盖印副本并留于该人。[④]诉讼通知一旦签发，当事人即可向法院申请签发扣押令，扣押令由登记官或其他经合法授权的人以与诉讼通

① See section 30–31, 34 of Admiralty Rules 1988.
② See section 5 of Admiralty Act 1973.
③ See section 769 of Admiralty Rules.
④ See section 772 of Admiralty Rules.

知相同的方式送达。[①]然而，如果被告的代理律师以书面允诺接受送达、出庭应诉、提供担保或向法院交付款项，则无须送达诉讼通知和扣押令。

加拿大对物诉讼的开始是以实际扣押船舶为准，而不是以签发索赔声明为准。对物诉讼扣押程序现在由1998《联邦法院规则》调整，大部分内容与英国现行的程序相似，都涉及针对有关书面程序中列明的财产进行送达。1998年《联邦法院规则》规则482（1）要求由执行官负责送达原告的索赔函、扣押担保令和宣誓书。送达必须在索赔函签发之后的60日内完成。但加拿大法院并不受英国扣押严格规则的限制，因而在对物诉讼中，对船上船长的送达也被判为有效。[②]

3.美国

在美国，海事诉物管辖权的行使须根据“补充规则”中的“C规则”进行。[③]海事对物诉讼从原告向法院提交起诉状（complaint）时开始。诉物起诉状必须经过证实，其中应记载有关诉讼对象的财产的充分细节、财产位于管辖区域内的陈述等内容。法院必须对起诉状及其任何证明文件加以审查。如果存在对物诉讼的条件，法院必须签发命令指令书记官签发针对作为诉讼对象的船舶或其他财产的扣押令（warrant for the arrest）。而如果原告或其律师证明情况紧急而使法院不可能进行审查，则书记官必须迅即签发传唤状（summons）和扣押令。当作为诉讼对象的财产全部或部分为运费、出售财产所得或其他无形财产时，书记官必须在签发扣押令之外签发传唤状，指令控制财产的任何人说明其未将财产交存法院的原因。此外，书记官有权根据申请签发补充性传票以执行法院命令。

如果作为诉讼对象的财产是船舶或船载有形货物，扣押令和其他任何补充性传票（supplemental process）则必须交由执行官送达；如果作为诉讼对象的财产是其他的有形或无形财产，扣押令和任何补充传票则必须交由授权负责执行的人。[④]

不过，在海事诉物管辖权方面，值得注意的是诉物管辖根据与管辖权选择条款之间的关系问题。根据补充规则C，船舶的扣押使联邦地区法院拥有管辖权，但管辖权通过扣船而确立的事实，是否使法院在考虑管辖权条款的效力时受到影响？

---

① See section 776 of Admiralty Rules.

② 见威廉·台特雷:《国际海商法》，第358—359页。

③ 参见李海，上引著，第279页；杨良宜，上引著，第141页；威廉·台特雷:《国际海商法》，第353—354页。美国海上财产扣留由《联邦民事诉讼规则》补充规则作出规定，对物诉讼的扣船由补充规则C作出规定。而对《美国宪法》第五、第十四修正案下正当程序要求的关注，要求对规则B下财产扣留与规则C下的船舶扣押，在执行这些程序时进行司法审查（除非情况紧急，这种复审无实际意义），也包括对这两类案件扣押后立即举行听证程序。

④ Rule C of Supplemental Rules for Certain Admiralty aand Maritime Claims of Federal Rules of Civil Procedure.

在1959年S.S.Monrosa v.Carbon Black Export,Inc.,案①中，船舶由于在自得克萨斯和路易斯安娜至意大利各港口的航程中货物受损而在得克萨斯南区被扣押。提单管辖权条款尽管规定“不得在热那亚之外的地方对船长或船东或其代理人提起任何法律程序”，但并未专门提及对物诉讼。法院判定管辖权条款尚欠明确而将诉物请求囊括在内，因而地区法院拥有管辖权。然而与在Monrosa案中不同的是，大多数现代管辖权条款并不限于针对船长、船东或船舶代理人的请求。为了使管辖权条款适用于基于合同而产生的请求或纠纷，当事人在拟定管辖权条款时所使用的语言往往宽泛到足以包括诉物请求和诉人请求。在M/S Bremen v. Zapata Offshore Co.②案中，拖带合同中的管辖权条款规定，“所产生的任何纠纷均必须在伦敦法院解决”。最高法院将之与Monrosa案中狭隘的管辖权条款相区别，指出“Bremen案中的管辖权条款的用语显然具有强制性和总括性，而与Carbon Black案中的管辖权条款用语具有较大的差异”。在Fireman's Fund Ins. Co v.M.V.DSR Atlantic案③中，管辖权条款规定，“由此所产生或与此相关的任何请求或纠纷，均应该由汉城法院而非其他地方的法院裁决”。第九巡回法庭认为该条款也适用于诉物请求。在1999年Reed & Barton Corp. v. M.V.Tokio Express案④中，管辖权条款规定“提单项下所产生的任何请求或纠纷由汉堡法院根据德国法裁决，而排除其他任何地方法院的管辖权”。美国地区法院指出，不像Monrosa案中的管辖权条款，本案中的管辖权条款宽泛的足以包括诉物请求，尽管其并未明示提及诉物请求。可见，通过扣押船舶而确立的管辖权原则上应服从于基于当事人意思而确立的管辖权，除非管辖权条款由于为其所使用语言所限而被认为不适用于诉物请求。

此外，一些美国法院判例认为，既然通过诉物扣押而取得管辖权的法院通过赋予管辖权条款以法律效力而拒绝其本身的管辖权，同样，通过海事扣留（补充规则B）而拥有管辖权的法院通过赋予用词清晰的管辖权条款以法律效力，而拒绝自身的管辖，同时撤销扣留或命令解除被告所提供的担保。⑤

二、管辖权国际统一立法中的管辖根据

20世纪以来因应国际贸易、运输及技术的发展，海事法国际统一化进程加快，海事管辖权国际立法增多，两大法系海事管辖权制度出现较高程度的协调、统一或明显的

---

① 359U.S.180, 1959 AMC 1327 (1959).

② 407 U.S. 1 at p.2, 1972 AMC 1407 at p.1408 (1972).

③ 131 F.3d 1336 at p.1337, 1998 AMC 583 at p.584 (9 Cir.1997).

④ 1999 AMC 1088 (S.D.N.Y.1999).

⑤ Teyseer Cement v.Halla Maritime 583 F.Supp.1268 at pp.1270–1271, 1985 AMC 356 at pp.359–360 (W.D.Wash. 1984).

趋同化现象。其中有关海事管辖权的国际统一立法包括针对特定海事事项的程序或管辖权公约、针对特定海事事项的实体法公约以及适用于大多数或所有民商事事项的管辖权公约。而最具有意义、最为典型的即是欧洲1968年布鲁塞尔和1988年卢加诺《民商事事项管辖权和判决执行公约》。① 与普通法系国家传统实践不同的是，现行管辖权国际统一立法，不论专门性还是综合性管辖权条约，近乎一致地规定了非取决于令状送达的各种实质性管辖根据，令状的送达不再具有创设管辖权的功能，而程序事项主要交由国内法而非公约本身加以解决。②统一海事管辖权立法的出现，无疑对英美法系国家，尤其是英国的海事对物诉讼制度产生重大影响。③

（一）《布鲁塞尔公约》

1.《布鲁塞尔公约》④的管辖权制度设计

为加强对居住在欧共体内的人的法律保护，确定成员国法院的国际管辖权，便利、承认并引入一个简便的程序以确保各项判决、认证文书和法院和解协议的执行，《布鲁塞尔公约》不仅将与欧共体有关的民商事事项纳入公约的调整范围之内，以扩大公约的适用范围，而且采用“双重公约”（double convention）模式而规定了“直接管辖权规则”。⑤

（1）公约的适用范围

从公约序言所揭示的宗旨看，公约本身并不适用于完全与某一缔约国有关的纠纷，

---

① See D.C.Jackson, op.cit., pp.15, 78–79.

② See Cheshire & North, op.cit., p.324.

③ See Christopher Hill, op.cit., p.129.

④ The Brussels Convention on Jurisdiction and Enforcement of Judgments in Civil and Commercial Matters 1968 has been ratified by various Member States of the European Union over the Course of several years. This Convention has been enacted in the UK by virtue of the Civil Jurisdiction and Judgment Act 1982.The Lugano Convention on Jurisdiction and the Enforcement of Judgment in Civil and Commercial Matters 1988 is now in force between various member states of the European Union and various Member States of the European Free Trade Association.This has been enacted in the UK due to an amendment in 1991 (the Civil Jurisdiction and Judgment Act 1991 which came into force on 1 May 1992).It is not necessary to consider both Conventions separately as they are encompassed by the same Act.Both are referred to as the Brussels. 不过，欧洲理事会于2000年12月22日颁布的理事会2001年第44号规则，即欧洲理事会《民商事件管辖权及判决的承认与执行条例》于2002年3月1日生效，其第68条规定，在其成员国间，本规则将替代《布鲁塞尔公约》。欧盟条例对《布鲁塞尔公约》的某些条款作了修正和补充。因此，基于论述方便，本文若涉及两者相同的条款，则引用《布鲁塞尔公约》，新增加的条款和内容，则引用欧盟条例。

⑤ See W.H.Theis, op.cit., p.61. 参见肖永平主编:《欧盟统一国际私法研究》，武汉大学出版社2002年版，第77—79页。See D.C.Jackson, op.cit., p.96.

也并不限于完全与缔约国相关的当事人之间的纠纷。确切地说，当案件标的属于公约范围之内，并排除与非缔约国相关的事项（即受与非缔约国相关的除外事项之约束）时，公约适用于在一缔约国进行的属于公约范围之内的、有关并非完全与该缔约国相关的事项的任何诉讼或判决。[①]可见，公约的适用范围可从两个层面予以考察。

①公约适用的标的——民商事事项

公约第1条规定，本公约适用于民商事事项，而不论法院或法庭的性质，尤不扩及税收、关税或行政事项。公约不适用于:（a）自然人的地位和法律能力、婚姻关系所引发的财产权利、遗嘱和继承;（b）破产、资不抵债公司和其他法人的清算程序、司法安排、和解和类似程序;（c）社会保障;（d）仲裁。

虽然公约将民商事事项作为其调整对象，但其并未对“民商事事项”予以定义。然欧洲法院认为“民商事事项”应给予其公约上的意义，即不能局限于裁判国和被请求国的国内法，而应该从公约的宗旨和原则出发，结合各成员国的国内法，综合比较分析后做出判断。[②]而所谓“不论法院或法庭的性质”系表示公约只强调案件的性质，而不论审理案件的法院或者法庭的性质。即公约所适用的案件应是实质上的“民事和商事案件”，判断的主要标准是案件的性质，而不是受案法庭的性质。因而刑事附带民事诉讼中民事部分应属于公约的调整范围之内，在行政法庭提起的民事和商事案件也应适用公约。至于特别除外事项所列举的4类事项，虽然除第3项在大多数成员国被认为属于公法事项外，其他都属于“民商事事项”，但公约基于特殊原因之考虑而将其明确排除在公约适用范围之外。[③]

②公约所适用的诉讼的范围

某些案件的管辖权既可能属于公约范围之内，又可能属于公约范围之外。多方当事人案件的管辖权即属此类。这一现象显然由于公约体制的非普遍性使然。[④]

I.游离于公约之外的诉讼

下列诉讼基于公约的明示条款或内在目的而被排除在公约之外:（a）无涉外因素的案件。公约序言明确指出公约旨在解决缔约国的国际管辖权，因而公约对于仅与一缔约国关联的纠纷无适用效力。（b）无被告的诉讼。公约专注于人被起诉的特定国家，因而诉讼如果不是针对人的，其则游离于公约范围之外。例如旨在确立责任限制的诉讼即可能属于不涉及被诉之人的诉讼。（c）公约缔约国法院与非公约缔约国法院之间进行的

① See D.C.Jackson, op.cit., p.87, 90.

② See D.C.Jackson, p.88. D.Lasok and P.A.Stone, Conflict of Laws in the European Community (1987), p.167.参见肖永平主编，上引著，第85—86页。

③ 参见肖永平主编，上引著，第85—91页。

④ See D.C.Jackson, op.cit., p.94.

多方当事人诉讼。但英国高等法院曾裁定公约的管辖条款具有强制适用效力，并放弃行使考虑非公约缔约国法院为更适当法院之权，从而使此类诉讼属于公约范围内的诉讼。（d）执行非缔约国法院判决的诉讼。欧洲法院曾指出，公约的判决执行条款仅适用于当事国法院的判决，在公约中缺乏有关非缔约国法院判决执行管辖权的条款。①

II.公约范围之内的诉讼类型

公约适用于4类不同的诉讼，即（a）为执行诉因而提起的诉讼（公约第1—20条，初审诉讼 initial proceedings）；（b）在数个国家为执行相同或相关诉因而提起的诉讼（公约第21—23条，多方当事人诉讼 multiple proceedings）；（c）为获得保护性或临时性救济措施而提起的诉讼；（d）为承认或执行缔约国法院判决而提起的诉讼。

不同类型诉讼的不同目的导致公约范围方面的差异。就初审诉讼而言，从公约角度看，国内法适用于与欧共体无必要联系的案件是完全正当的。然而，对有关相同或相关诉因的多方当事人诉讼的控制并不能证明类似限制的合理性。在此方面需要的是防止缔约国之间不相协调的判决的产生。预防性救济措施的广泛的管辖权旨在给予在欧共体内进行的诉讼以支持。②

（2）管辖权体制的适用：公约体制抑或国内法体制

如上所述，《布鲁塞尔公约》具有广泛的适用范围，在受制于有关非当事国的这一限制性条件约束之下，公约适用于在缔约国进行的所有诉讼。然而，就公约所适用的所有诉讼的管辖权问题，公约并未绝对排除缔约国国内法和其他公约的作用，而是在公约的框架内就公约自身的管辖权体制、国内法体制以及其他公约的管辖权体制三者之间作了适当的安排。因而，当讼案基于其标的而属于公约范围之内，并且并不由于诉讼的性质而被排除时，管辖权问题将根据公约管辖权体制或法院地国国内法体制予以解决。而当管辖权问题不是交由国内法解决时，则仍需进一步确定是根据优先于《布鲁塞尔公约》的其他公约还是根据《布鲁塞尔公约》自身的管辖权体制予以解决。因而，可以说，除与非缔约国有关的诉讼外，适用《布鲁塞尔公约》的在缔约国进行的所有诉讼的管辖权问题，基于诉讼和事件的不同性质，以及欧共体与被告之间的联系而根据法院地国内法，或《布鲁塞尔公约》管辖权规则，或其他公约规则解决。公约范围内的案件的处理结果随管辖权问题是归由法院地法、其他公约还是《布鲁塞尔公约》管辖体制调整而不同。③

《布鲁塞尔公约》第2、4条就管辖权问题系根据公约管辖权体制还是法院地国国内法体制予以解决规定了一般性标准，其第2条规定，除本公约另有规定外，凡在一个缔约国有住所的人，不论其所属国籍，均应在该国法院被诉。在某国有住所而非该国的公

① Owens Bank Ltd v. Bracco (No.2)[1994] 4 All E.R.334. See D.C.Jackson, op.cit., p.95.

② See D.C.Jackson, op.cit, p.96.

③ See D.C.Jackson, op.cit., pp.86, 101, 90.

民，受适用于该国公民的有关管辖规则的支配。第4条规定，如果被告在任何一个缔约国无住所，则每一缔约国法院的管辖权，除应依照第16条的规定外，由各该国法律决定。任何在当事国内有住所的人，不问其国籍，都可以同这个国家的公民一样，在该国对被告援用该国现行的管辖规则，特别是第3条第2款规则。可见被告住所是否在缔约国，直接决定着公约体制的适用还是国内法体制的适用。[①]

①公约体制的适用

公约体制的适用以被告在缔约国有住所为条件。[②]《布鲁塞尔公约》第2条规定，除本公约另有规定外，凡在一个缔约国有住所的人，不论其所属国籍，均应在该国法院被诉。在某国有住所而非该国的公民，受适用于该国公民的有关管辖规则的支配。显然，公约第2条规定确立了公约基本的管辖权规则，即"在一个缔约国有住所的被告，必须在该缔约国法院被诉"。然而，这一基本管辖权规则的适用则受"除非公约另有规定"条件的限制，而所谓"公约另有规定"即指公约就"在一个缔约国有住所的人（被告）"的案件的管辖权问题所规定的例外规则，包括公约第3条所指的管辖规则，即公约第二节至第六节规定的规则，以及被本公约所保留的其他公约中的管辖规则。[③]可见，《布鲁塞尔公约》通过其自身的规则或其他公约规则规定了管辖权根据。或者说，《布鲁塞尔公约》体制由其自身的管辖规则和其他公约管辖权规则所组成。因而一旦公约管辖体制适用，首先得确定是否有优先适用的其他公约，而如果存在此类公约，则由此类公约规则而非《布鲁塞尔公约》自身的规则来进行管辖权的分配。由于其他公约的援引规则的适用是以《布鲁塞尔公约》管辖权根据的存在为前提，考量有别于法院地国国内法体制的《布鲁塞尔公约》体制的适用尤为重要。[④]

I.《布鲁塞尔公约》的基本管辖权规则——住所地规则

《布鲁塞尔公约》第2条规定，除本公约另有规定外，凡在一个缔约国有住所的人，不论其所属国籍，均应在该国法院被诉。因此，除非适用公约规定的例外规则，被告必须在其住所地法院被诉，被告住所地以外的其他缔约国法院无管辖权。从而确立了住所地原则在确定缔约国法院管辖权时的基础地位。[⑤]

II. 例外管辖规则

就《布鲁塞尔公约》自身的管辖规则而言，其由两类规则组成，即基本管辖权规则

---

① See Dicey & Morris, op.cit., p.447; D.C.Jackson, op.cit., p.101.

② See D.C.Jackson, op.cit., pp.87–88, 103.

③ See Christopher Hill, op.cit., p.131. 肖永平主编，上引著，第92页。See Nigel Meeson, op.cit., pp.98–102.

④ See D.C.Jackson, op.cit., p.103.

⑤ 参见肖永平主编，上引著，第92页。

和自身的例外管辖权规则。[①]而与公约基本管辖规则相对应的所有例外管辖规则则不仅包括其自身的例外管辖规则，而且还包括其他公约中的管辖规则。

i.例外管辖规则之一:《布鲁塞尔公约》自身的例外管辖规则

作为住所地规则之例外之一，[②]住所在一缔约国的被告在公约规定的情况下可在另一缔约国法院被诉。公约第3条规定，在某一缔约国有住所的人可以在另一缔约国法院被诉，但必须根据本章第二节到第六节的规定。即一个缔约国法院对于住所在另一缔约国的被告除可根据第5—18条规定具有管辖权外，不能依据其他的管辖根据行使管辖权。然而，第二—六节的条款，除两项条款外，其余均非专门针对海事诉讼。第一项例外即是第6a条关于责任限制诉讼的管辖权规则，第二项例外即是第5条第7项有关货物或运费海难救助报酬请求的管辖权规则。[③]不过，公约第5—18条是为统一当事国正常的管辖基础而设。为避免歧异，第3条第2款还列举了规定过分管辖根据的缔约国法的条款和规则，并且明确规定它们不能适用于住所在其他缔约国的被告。[④]由于公约其他例外管辖权规则的存在影响到公约基本管辖权规则的运作，因而有学者主张在方法论上首先得考虑被告住所以外的适用标准，其次才是被告的住所。[⑤]

然而，这些例外规则在适用方式上相互之间存在差异。相当一部分管辖规则采用被告住所以外的适用标准，并且有些例外规则还赋予原告选择管辖法院的权利，此类管辖权规则被学者称为任择性分配管辖权（optional allocation of jurisdiction）的规则，而与之相对应的则被称为强制性分配管辖权（mandatory allocation of jurisdiction）的规则。[⑥]

（i）强制性分配管辖权的例外规则

此类例外管辖规则包括专属管辖规则（第16条）、明示协议管辖规则（第17条）以及基于被告应诉的管辖规则（第18条）。在此类管辖权规则适用时，住所地国法院不得

---

① See Case 56/79, Zelger v.Salinitri, 1976年《欧洲法院报告》第89页;《共同市场法律评论》1980年第2期，第635页。罗剑雯:“欧盟布鲁塞尔公约第5条第1款浅析”，载《中国国际私法与比较法年刊》2000年第三卷，第661—662页。

② In the context of jurisdiction a primary connection is the domicile of the defedant in a contracting State. Care must be taken however that such domicile is not seen as the exclusive connection factor either for the Convention to apply or, when applicable, for jurisdiction to be allocated to the state of that domicile. And Domicile is also irrelevant as regards multiple proceedings, preventative and protective measures and recognition and enforcement of judgment. See D.C.Jackson, op.cit., pp.87–88, 103, 123.

③ See Dicey & Morris, op.cit., pp.447–448.

④ 参见刘卫翔:《欧洲联盟国际私法》，法律出版社2001年版，第237页。

⑤ See D.C.Jackson, op.cit., p.103.

⑥ See D.C.Jackson, op.cit., pp.103–104, 123, 136–137.

行使管辖权。这意味着住所地规则被完全替代。[①]

（ii）任择性分配管辖权的例外规则

任择性分配管辖权意味着在没有强制性分配管辖权场合，原告被赋予在特定情况下在被告住所地以外的当事国法院起诉的权利。《布鲁塞尔公约》第二章第二节到第四节具体规定了一些可以背离公约第2条的情况，使住所在一当事国的被告可在另一当事国法院被诉，这就赋予原告在这些情况下以选择权，原告既可以依据公约第2条在被告有住所的当事国对被告提起诉讼，也可以依据公约第二章第二节到第四节规定在被告住所地国之外的另一当事国对被告提起诉讼。这种选择权是赋予原告的，有关法院不能主动替原告选择，更不能以不适当性或方便性为由剥夺原告的选择权。[②]尽管选择权规则是作为被告住所规则的替代规则而运作，但有一个例外，即选择权赋予请求责任限制的人在审理责任请求的法院提起诉讼，从而该选择权依附于有关不同但相关事项的管辖权。[③]

任择性分配管辖权的例外规则包括：（a）责任限制请求的管辖权规则（第6a条）；（b）特别管辖权规则（第二节第5—6条）；（c）保险事件的管辖权规则（第二节第7—12条）；（d）有关消费合同的管辖权规则（第四节第13—15条）。[④]

ii. 例外规则之二：其他特别条约的管辖规则

鉴于欧共体国家对内对外缔结的双边和多边条约的事实，以及由于各公约制定思路、效力上的非自足性（self-contained）和内容上的相互重合而导致的相互冲突风险的存在，[⑤]公约专门就其与其他公约之间的关系作了详尽的安排。

（i）援引（reference）条款的范围和效力

《布鲁塞尔公约》在第七章及其他章节中就不同的条约作了不同的处理：[⑥]或替代或保留其他条约的适用效力，或容许缔约国制定与《布鲁塞尔公约》不同的其他条约。当然，援引条款的适用受公约第4条的制约，即当国内法适用时，援引条款也无适用的空间。

第一，被替代的条约

《布鲁塞尔公约》第55条列举了14个为布鲁塞尔公约所替代的成员国之间的双边条约，其中法比、荷比涉及到直接管辖，其余只规定承认与执行，因而间接涉及管辖问

① 参见肖永平主编，上引著，第92、94—95页。

② 参见肖永平主编，上引著，第94页。

③ See D.C.Jackson, op.cit., p.136.

④ See D.C.Jackson, op.cit., pp.136–158.

⑤ See D.C.Jackson, op.cit., p.78.

⑥ See D.C.Jackson, op.cit., pp.123–126, 89–90. 刘卫翔，上引著，第229—235页。

题。根据公约第55条和第56条的规定，这些双边条约的效力低于《布鲁塞尔公约》，但在后者适用范围之外的事项上他们仍然适用。[①]

第二，被保留优先适用效力的条约

公约第20条，第57—59条对与布鲁塞尔公约不一致的其他条约的保留适用作了规定。其中最为重要的即是第57条规定。这些被保留适用的条约有：

A.诉讼文书送达事项条约

《布鲁塞尔公约》在某些特定场合赋予1965年海牙《民商事司法文书和司法外文书域外送达公约》以优先适用效力。公约第20条第3款规定，上款规定应为1965年11月15日订立的《民商事司法文书和司法外文书域外送达海牙公约》第15条规定所替代，如果按照该公约，起诉书或者通知书必须向国外送达。

B.法国—瑞士双边条约

公约第58条规定，本公约不影响1869年6月5日在法国和瑞士联邦订立的关于民事案件法院管辖权及判决执行公约所给予瑞士公民的权利。

C.有关判决承认和执行条约

《布鲁塞尔公约》第19条授权成员国与非成员国就判决的承认和执行缔结条约，并在条约中承担义务，不承认其他成员国法院依据过分的管辖根据，对住所于或习惯居住于非成员国的被告作出的判决。[②]

D.有关特定事项（particular matter）管辖权（第57条）

《布鲁塞尔公约》第57条特别规定了与一个或几个缔约国为其当事方、并且涉及特殊事项的管辖权及判决承认或执行的条约（以下简称“特别条约”）的关系。第57条第1款规定，本公约不影响缔约国已经是或将来会成为其当事方的，在一些特殊事项支配管辖权以及判决的承认和执行问题的任何公约。第2款规定，基于统一解释之考虑，第1款应按以下方式适用：（a）本公约不应阻止作为特定事项公约当事方的缔约国的法院根据该公约行使管辖权，即使被告住所在并非该公约当事方的另一缔约国。审理案件的法院在任何情况下应适用本公约第20条规定；（b）行使特定事项公约所规定的管辖权的一缔约国法院作出的判决应由另一缔约国根据本公约予以承认和执行。当判决作出国和被请求承认执行国均是其当事方的特定事项公约就判决的承认或执行设置了条件时，这些条件应予以适用。无论如何，本公约中有关判决承认和执行程序的条款可予以适用。第3款规定，本公约不应影响包含在欧共体立法或实施该立法的国内法中支配有关特定事项的管辖权或判决承认或执行的条款的适用。

---

① 参见刘卫翔，上引著，第229—230页。See D.C.Jackson, op.cit., p.124.

② 参见刘卫翔，上引著，第233页。

尽管该规定给予有关“特定事项”的公约以优先适用的效力，[①]然第57条规定的范围并非完全明确。第一个问题即是相关公约是否是调整管辖权问题的公约。对此，有学者主张，除了明示管辖权条款外，实体规则的强制性适用即意味着对管辖权的控制。因而诸如海牙—威斯比规则之类的公约也含有默示的管辖权条款。[②]第二个问题是如果说其他公约调整管辖权问题，那么其他公约中的管辖权规则是否定《布鲁塞尔公约》还是作为《布鲁塞尔公约》补充条款或替代条款，取决于其他公约的规定。如果其他公约设置了排他性条款（exclusive rules），《布鲁塞尔公约》效力则被否定（overridden）。如果其他公约不具有排他性或并未设置一套完整的管辖权制度，则不可避免发生援引适用其他公约的程度问题。而《布鲁塞尔公约》第57条中的解释条款则强调其他公约的优先适用效力，强调即使被告住所在不是其他公约当事方的缔约国内的情况下也可以适用其他公约。此外，除另有明示规定外，原告的住所对于《布鲁塞尔公约》的适用无关紧要，第57条规定意味着其他公约的当事方应适用该公约，从而是该公约而非《布鲁塞尔公约》调整属于该公约范围之内的案件的管辖权问题，而不论原告的住所地国或国籍国是否是《布鲁塞尔公约》缔约国。同时，除非其他公约作了明确规定，这里也不要求该国家必须是其他公约的当事方。[③]

（ii）有关特定事项管辖权的特别条约规则的适用（第57条）

第57条所指的特定事项的公约大多是关于运输合同或运输的其他方面的公约，此外，包含管辖权或判决承认或执行的欧共体立法也与特别公约一样具有优先地位。如此规定的原因之一是公约的基础就是《经济共同体条约》第220条。这意味着具有共同体背景的管辖权可以不遵守《布鲁塞尔公约》的规定，且不影响相关判决的准自治地承认和执行的原则。[④]

在当今实体海事公约中包含管辖权条款的现象日益增多的背景下，上述规定对于海事请求的执行无疑相当重要。目前包含有管辖权条款的有关特定事项的程序或实体海事公约有:《海船扣押公约》、《船舶碰撞民事管辖权规则的布鲁塞尔公约》、《油污损害民事责任布鲁塞尔公约》、《核能领域第三方责任巴黎公约》、《海牙规则》和《海牙—威斯比规则》、《汉堡规则》、《旅客及行李运输雅典公约》、《国际货物多式联运公约》等。

---

① A Convention concerned generally with jurisdiction (or indeed recognition or enforcement of judgments)would not therefore be within Article 57—to be so a Convention must constitute a “special law”.

② See D.C.Jackson, op.cit., pp.79, 81, 125.

③ See D.C.Jackson, op.cit., pp.124–125.

④ 参见刘卫翔，上引著，第231—232页。

②法院地国内法管辖权体制的适用

I. 国内法的作用

除特定类型的案件，当被告在当事国无住所时，属于公约范围之内的所有诉讼的管辖权问题，委诸法院地国国内法加以解决。另一方面当公约管辖权体制适用时，欧洲法院一贯认为公约主要是建立在共同体概念基础之上。然而在公约体制背景下，国内法仍发挥着一定作用。公约明确规定自然人和法人的住所问题由国内法解决，同时在司法实践中，诸如第21条和第5条第1款中的“法院‘受理’（seized）案件”、“合同履行地”的事实的判断也根据国内法作出。①

II. 法院地国国内法的适用条件

按公约第4条规定，在受具体公约条款的制约情况下，针对住所不在公约缔约国的被告所提起的属于公约范围内的诉讼管辖权问题由国内法解决。显然，国内法的适用并不是由于公约不适用，相反是由于公约适用的结果。一旦国内法适用，除了扩张有关某些方面管辖权问题的国内法效力外，公约原则上不再适用。不过应注意的是，就第4条规定而言，尽管其中只规定了一项例外（第16条规定例外），然而仍存在许多适用公约体制的情况，即使被告在缔约国无住所。为此，有学者认为，为确定国内法是否适用，明确公约体制的适用条件是必要的。对公约而言，即使被告住所在缔约国，公约也并不必然适用，而即使被告在缔约国无住所，公约也并不必然不适用。②

III. 国内法规则范围的扩张

公约第2条第2款进一步强调了住所在公约中的核心地位，要求每一缔约国在有关管辖权问题上不应对住所在该国的人与该国的公民之间进行区别对待，在某一缔约国有住所而非该国的公民，受适用于该国公民的有关管辖规则的支配。而第4条第2款则旨在使第3条所列举的所谓过度管辖的国内法规则（这些管辖规则不得适用于住所在缔约国的被告）扩张适用于对在缔约国没有住所的被告提起诉讼的住所在缔约国的原告，防止国内法在赋予管辖权方面作有利于本国公民的区别对待。因而，将之与共同体内判决承认执行的规定结合起来看，公约实际上扩大了住所非在缔约国内的被告对在共同体内可执行判决的责任。③

公约第3条所指的国内管辖规则包括：（a）原告或被告的国籍规则，如法国民法典第14—15条，卢森堡民法典第14—15条，比利时民法典第15条，荷兰民诉法典第127条和葡萄牙民诉法典第165条。（b）对出现在缔约国的被告的送达程序规则，如丹麦民诉法第248条和英国及爱尔兰程序规则。（c）被告居所规则（如比利时法和丹麦法）或

① See D.C.Jackson, op.cit., pp.88–89.

② See D.C.Jackson, op.cit., pp.101–102.

③ See D.C.Jackson, op.cit., p.102.

原告住所规则（如荷兰法）。（d）财产出现或扣押规则（presence or seizure of property），如英国尤其是苏格兰法的规定，德国民诉法典第23条，希腊民诉法典第40条。此外，意大利民诉法中有关宽泛的管辖权和限制针对本国公民的管辖协议效力的条款也包括在内（第2条，第4条第1—2款）。

不过出于平衡考虑，公约第59条规定，除某些有关财产、占有，或担保诉讼外，公约成员国可与第三国签订条约以禁止根据公约第4条第2款而以第3条所列举的管辖基础为根据而作出的判决的承认或执行。因而公约第4条第2款扩大了其所保护的但公约缔约国国内法可能会采取区别对待的人的范围。①

2.《布鲁塞尔公约》的管辖根据

与《布鲁塞尔公约》所设计的管辖权制度架构相对应，公约中的管辖根据可分为以下两类：基本管辖根据和例外管辖根据，而后者包括公约自身的例外管辖根据例以及其他公约的管辖根据。②

（1）基本管辖根据——被告住所

公约规定缔约国法院管辖权确立的首要基础是被告住所。被告在缔约国有住所的，必须在该缔约国法院被诉，除非公约另有规定。这是公约中最基本的管辖规则。将住所作为基本管辖根据，基于以下考量：第一，能有效地保护被告利益，使其不被原告在远离其住所的缔约国法院起诉而难以进行辩诉；③第二，国际民事诉讼程序的连结因素已趋于采用住所或居所，采用国籍将是一种倒退；第三，这种管辖根据回避了繁杂的国籍规则以及多国籍案件中特殊规则的适用；第四，这种管辖根据使公约得以简单化、统一化，从而使公约的解释趋于统一；第五，各国国民，不仅仅是缔约国国民，只要他们居住在缔约国，就在为缔约国的经济活动和经济发展作着贡献，使他们从公约条款中受益也公平合理；第六，这种方法可实现“真正的法律系统化”，从而确保法律的确定性。④

《布鲁塞尔公约》从以下三个方面对住所作为基本管辖根据的地位加以保障：第一，违反住所地规则的诉讼原则上予以中止或撤销。⑤公约第20条规定，如在一个缔约国有住所的被告在另一缔约国法院被诉而未出庭应诉，除按本公约规定管辖权应属受诉法院者外，该另一缔约国法院应依职权宣布无管辖权。凡不能证明被告能及时收到起诉传票使其能有充分时间安排答辩或者为此目的采取一切必要的步骤时，法院应停止诉讼程

---

① See D.C. Jackson, op. cit. pp.102–103. 参见李浩培：《国际民事程序法概论》，法律出版社1995年版，第88—89页。

② 其他公约中的管辖根据主要指布鲁塞尔公约第57条所指的其他公约所规定的管辖根据。

③ 参见肖永平主编，上引著，第91—93页。李浩培，上引著，第86页。

④ Alan Dashwood, A Guide to the Civil Jurisdiction and Judgements Convention (1997), p.17.

⑤ See Nigel Meeson, op.cit., p.92.

序。第二，明示禁止缔约国过度管辖根据的适用。[①]公约第3条规定，在一个缔约国有住所的人得在另一缔约国法院被诉，但必须根据本篇第二节到第六节的规定；各缔约国国内法中有些过度管辖权规则对在缔约国境内有住所的人不能适用。这些管辖根据包括比利时《民法典》第15条和《司法法典》第638条所指的原被告国籍和被告居所，法国《民法典》第14—15条所指原被告国籍，德国《民诉法典》第23条所指的被告财产所在地或诉讼请求标的物所在地，以及丹麦《民事程序法》第246条第2—3款所指的被告居所，希腊《民事程序法典》第40条，爱尔兰有关向暂时出现的被告送达传票的规则、冰岛《民事诉讼法》第77条，意大利《民事诉讼法典》第2、4条，卢森堡《民法典》第14—15条，荷兰《民事诉讼法典》第126（3），127条所指的原告住所，挪威《民事诉讼法》第32条，奥地利《法院管辖权法》第99条，葡萄牙《民事诉讼法典》第65（1）（c）、65（2）、65A（c）条和《劳动诉讼法典》第11条，瑞士《联邦国际私法法典》第4条，芬兰《司法程序法典》第10章第1条第2、3、4段，瑞典《司法程序法典》第10章第3条第1段等所规定的管辖根据，和英国有关向暂时在英国境内出现的被告，或在英国境内存在的属于被告的财产送达诉讼文书，以及原告扣押位于英国的财产以确立管辖权的规则。[②]第三，任择性分配管辖权方法的采用。公约第3条设定了第二个原则规定，即在一缔约国有住所的人得在另一缔约国法院被诉，但该另一缔约国法院只有在以该公约规定对该人具有管辖权的情况下才有管辖权。除公约第16—18条（第五—六节）作了不同规定外，[③]公约第二—四节赋予原告选择在非被告住所地国的其他缔约国法

---

① See D.C.Jackson, op.cit., p.138.

② See D.C.Jackson, op.cit.., pp.102–103. See also Article 3 of Civil Jurisdiction and Judgements Act 1991. 参见李浩培，上引著，第86—89页。《布鲁塞尔公约》第4条所规定的第三个管辖原则规定，凡在任何缔约国境内都没有住所的人，即在欧盟境内没有住所的人，每一个缔约国所实施的直接国际裁判管辖权规则，包括过度裁判管辖权规则在内，都对之适用。而且一缔约国法院按过度裁判管辖权规则所作出的判决，其他缔约国法院按照该公约第三编的规定有承认和执行的义务。因此，在欧盟境内无住所的人因缔约国法院行使过度直接国际裁判管辖权而遭受的损害是很大的，该公约第4条规定遭受了很多学者的批评，认为是“无原则的沙文主义”。然而该公约完全以被告住所并且完全不顾原、被告国籍来规定直接国际裁判管辖权，包括过度裁判管辖权，是有其理论根据的：该公约认为在欧盟境内有住所的人，即使是外国人，由于其在欧盟境内设定住所因而对欧盟的经济活动和繁荣做出了贡献，所以应当享受该公约的规定所赋予的利益，而相反在欧盟境内无住所的人，即使是缔约国的国民，由于其住所不在欧盟境内因而对欧盟的经济活和繁荣并无贡献，所以应当忍受该公约的规定所带来的损害。至于非缔约国的国民由于缔约国国内法所规定的过度裁判管辖权而可能遭受损害的问题，该公约第59条第1款许可任何缔约国与任何第三国缔结条约，规定在任何其他缔约法院依据该公约第3条第2款所列举的过度裁判管辖权对在该第三国有住所或惯常居所的被告作出裁判时，承担不承认的义务。

③ 依此规定，被告住所地国法院不具有管辖权。参见刘卫翔，上引著，第236—237页。

院起诉的权利。然而若原告未作选择，则并不意味着缺乏公约管辖权，而只是在公约另行规定的缔约国法院，即被告住所地缔约国法院起诉。①换言之，这些背离住所地规则的条款赋予原告在公约规定的情况下以选择权，原告既可以依据公约第2条规定在被告有住所的缔约国法院对被告提起诉讼，也可在被告住所地之外的另一缔约国法院起诉被告。这种选择权属于原告，法院不能替原告行使选择权，更不能以适当性或方便性为由妨碍原告选择权的行使。②

既然住所是基本的管辖根据，因而被告住所地确定就尤为重要。不过，《布鲁塞尔公约》并未对住所作出实体性定义，而仅提供确定用以判定住所地的国内法的规则。这也就意味着没有统一的共同体意义上的住所概念，而仅有国内法上的住所概念，住所概念根据公约所规定的国内法予以界定。③

对于自然人的住所，公约第52条第1—2款规定，为确定一个人的住所是否在受理案件的法院所属的缔约国内，法院应适用其本国国内法；如果当事人在缔约国无住所，为确定其是否在另一缔约国有住所，应适用该另一缔约国国内法。这样，由每一缔约国国内法确定一个人是否在该国有住所。如在英国，根据1982年《民事管辖权与判决法》第41条规定，如果一个人居住在英国，并且其居住的性质和环境表明他与英国之间具有实质性的联系，则他在英国有住所。在意大利，一个人的住所是在其主要营业和利益所在地。又如比利时法认为当事人在人口登记处登记的地方为其住所所在地。但如果按法院地法该人在法院地国有住所，则他在其他缔约国的住所就不再考虑。④而对于附属性住所，公约第52条第3款规定，若依当事人本国法，一个人的住所依赖于另一个人的住所或一个机关所在地，则应依该当事人本国法确定其住所。这意味着当事人的国籍国法决定其在住所上是否具有附属性以及住所之所在。

至于法人、公司或社团（association）的住所，公约第53条第1款规定，就本公约而言，公司、或其他法人、或自然人或法人社团的所在地（seat）应视为其住所。然而，为确定该所在地，法院应适用其国际私法规则。同条第2款规定，为确定信托的住所是否在受理案件的法院所属缔约国内，法院应适用其国际私法规则。

（2）例外管辖根据

《布鲁塞尔公约》在其第2条规定了住所地规则这一基本管辖原则的同时，在第3条规定了公约的第二项管辖原则：凡在该公约缔约国境内有住所的人，另一缔约国法院只有在依该公约规定对其具有直接国际裁判管辖权的情况下，才对其具有这种裁判管辖

① See D.C.Jackson, op.cit., p.138.
② 参见肖永平，上引著，第94页。
③ See D.C.Jackson, op.cit., pp.118, 138.
④ 参见刘卫翔，上引著，第238—239页。

权。[①]这意味着公约在设置住所这一基本管辖根据的同时，也允许缔约国法院依据其他管辖根据行使管辖权。之所以作如此规定，是因为仅仅采取第一管辖原则而把一切民商事案件都归属被告住所地国法院管辖不仅对原告利益有损，而且使其他与该事件有密切关系的缔约国法院也不能行使直接国际裁判管辖权。[②]然从公约规定内容看，这些例外管辖根据包括公约自身的例外管辖根据以及公约第57条所指的其他公约中的管辖根据。

公约自身的例外管辖根据规定在公约第二节到第六节之中，然就其与住所这一管辖根据之间的效力等级关系而言，则又可分为任择性例外管辖根据和强制性例外管辖根据。[③]

①强制性例外管辖根据

强制性例外管辖根据规定在公约第五—六节之中。按照公约规定，当存在强制性管辖根据时，被告住所地的缔约国法院不得依据住所这一管辖根据而行使管辖权。[④]强制性例外管辖根据包括以下类型：

I. 专属管辖根据

鉴于管辖权在确保一国安全和利益方面的重要作用，《布鲁塞尔公约》第16条就某些事项规定由特定法院或缔约国法院行使专属管辖权，而不考虑住所位于何处。不过在海事领域具有可适用性的专属管辖根据大致有以下几类：

i. 公司、法人或社团所在地（seat）

公约第16条第2款规定，公司、或其他法人、或自然人或法人性质的社团所在的缔约国法院，对以其章程的有效性、无效或解散，或其机构的决定为诉讼标的的诉讼，享有专属管辖权。由于公约第53条将公司、法人或社团的所在地视为住所地，因而从该角度而言，有关这一事项的专属管辖权的确立以公司、法人或社团的住所为管辖根据。[⑤]

不过，由于海事请求的执行不可能以公司、法人或社团的无效或解散为目标，而仅可能取决于公司、法人的存在，或公司董事会是否有效地做出决定，因而在海事领域，缔约国法院以公司、法人或社团所在地为管辖根据来行使专属管辖权可能并不多见。

ii. 登记保管地

公约第16条第3款规定，有关公设登记效力的诉讼，登记保管地的缔约国法院具有专属管辖权。尽管该条款的适用范围尚未完全清楚，但就海事请求而言，以登记保管地

① 参见李浩培，上引著，第86页。
② 参见李浩培，上引著，第86页。
③ See D.C.Jackson, op.cit., p.136.
④ 参见刘卫翔，上引著，第236页。
⑤ See D.C.Jackson, op.cit., p.105.

作为管辖依据主要涉及公司法和商船法中登记事项的海事请求，包括股份转让的有效性、登记的债务负担、船舶登记或船舶抵押等。①

iii.判决执行地

公约第16条第5款还将有关执行判决的诉讼作为专属管辖事项加以单独规定，授予判决执行地国法院对有关判决执行诉讼的专属管辖权，以期尊重判决执行地国的主权。以判决执行地作为管辖根据的执行判决的诉讼是指请求使用强制方式，特别是请求强制交出或扣押动产或不动产以执行裁决的诉讼，它不包括在非缔约国的判决执行程序、旨在撤销处分行为的诉讼、附属于判决执行的命令的执行。②

II.当事人合意

将当事人合意作为管辖根据为世界各国普遍承认，《布鲁塞尔公约》第17条也作出规定，允许当事人以明示的协议选择处理其纠纷的管辖法院。对于当事人合意的效力和有效性，公约作了详尽的规定。不过，欧洲法院强调，第17条规定由于其旨在确保当事人业已确实同意减损一般管辖规则的管辖权条款以及其同意之意得以清楚和准确地表示，因而应予以严格解释。③

i.当事人合意的有效要件

公约第17条第1款规定，至少有一方在缔约国境内有住所的当事人，约定某一缔约国的一个或数个法院对于业已或可能发生的与某一特定法律关系相关的任何纠纷的解决拥有管辖权，则该法院或这些法院应拥有专属管辖权。这种授予管辖权的协议应该:（a）采用书面形式，或为书面形式所证明;（b）采用与当事人之间业已确立的惯例（practices）相符的形式;（c）在国际贸易或商业活动中，采用与为当事人已知悉或应该知悉、并为在此种贸易或商业活动中有关特定贸易或商业所涉同类合同当事人所广泛知道并经常遵守的惯例（usage）相符的形式。同条第2款规定，如果管辖权协议由在缔约国无住所的当事人所订立，则其他缔约国法院对其纠纷无管辖权，除非所选择的法院拒绝行使管辖权。可见公约第17条仅涉及特定类型的管辖权协议，而使协议符合公约第17条的要求，则必须具备两个要件：④

（i）实质要件

按照第17条第1款之规定，必须是至少有一方在缔约国境内有住所的当事人，约定某一缔约国的一个或数个法院对于业已或可能发生的与某一特定法律关系相关的任何纠纷的解决拥有管辖权。对此，有以下几个问题需要明确：

① See D.C.Jackson, op.cit., p.106.
② See D.C.Jackson, op.cit., p.107. 参见肖永平，上引著，第95页。
③ Dicey & Morris, op.cit., p.424.
④ Cheshire & North, op.cit., pp.314–315.

第一，协议的当事人。在影响管辖权协议有效性的有关当事人因素方面，公约作了三点要求：

（A）公约要求管辖权协议的当事人必须是至少有一方在缔约国境内有住所。然而至少有一方当事人在缔约国境内有住所的时间问题，欧洲法院并未予以解决。一般认为，如果其中有一方当事人住所在管辖权协议订立时在缔约国，即使在诉讼开始时当事人住所均不在缔约国，第17条也适用；相反亦然。不过，如果当事人住所均不在一缔约国，其他缔约国法院对其纠纷无管辖权，除非所选择的法院拒绝行使管辖权。①

（B）公约允许当事人仅为一方当事人利益而约定管辖法院。公约第17条第5款规定，如果授予管辖权的协议仅为一方利益而订立，该方当事人仍有权在根据本公约规定而拥有管辖权的任何其他法院提起诉讼。这意味着一方面，由于协议仅为一方当事人利益，因而该方当事人也被授予放弃该利益之权。另一方面，被授予管辖权的缔约国法院虽然拥有管辖权，但其并不享有专属管辖权。②但问题是授予管辖权的协议在何时系为一方当事人而订立。当一方当事人仅被允许在指明的一缔约国法院起诉，而另一方当事人则被赋予广泛的管辖权选择之权时即是典型的例子，管辖权条款明示显示是为该方当事人而订立。但当管辖权被授予给一方当事人有住所的缔约国法院时，该管辖权条款显然不能被视为是仅为该方当事人而订立。然而第5款规定是否适用于实力强大的一当事人将包含有管辖权选择条款的标准格式合同施加于弱当事方之情形，则尚不确定。不过，由于公约的诸多条款均旨在保护弱当事方，因而从有利于强当事方出发来解释该条款的适用毫无疑义是不能令人满意的。③

（C）被告不得无保留地向其他缔约国法院出庭应诉。这一影响管辖权协议有效性的限制性因素虽然并未规定在第17条之中，但欧洲法院认为被告根据公约第18条接受一缔约国法院管辖的行为在效力上高于公约第17条所指的授予管辖权的协议的效力。④

第二，协议所涉的纠纷。按照公约规定，协议是为确定“业已或可能发生的与某一特定法律关系相关的任何纠纷”的管辖法院，而公约旨在缔约国之间进行管辖权的分配，因而所涉纠纷必须具有涉外性。⑤据此即使当事人的住所在相同的缔约国，第17条也可适用，而不论所选的法院系该缔约国法院，抑或其他缔约国法院。⑥除了“选择”

① See Dicey & Morris, op.cit., pp.424–425.
② See Cheshire & North, op.cit., p.321.
③ See Cheshire & North, op.cit., p.321.
④ Case 150/80 Elefanten Schuh GmbH v.Jacqmain[1981] ECR 1671, [1982] 3 CMLR 1. See also Cheshire & North, op.cit., p.322.
⑤ See Dicey & Morris, op.cit., p.425. D.C.Jackson, op.cit., pp.112–113.
⑥ See D.C.Jackson, op.cit., pp.112–113. 我国国内一些学者也作不同解释，参见肖永平，上引著，第96页。

这一联接因素，公约并未就纠纷与法院之间的联系设置其他要求。而“特定（particular）法律关系”在解释上产生一定的麻烦。不过管辖条款限于特定法律关系的要求应解释为指向特定的交易或事故，而非一般性商业安排，因此可使一个合同包含管辖权条款，将产生于合同或与之有关的任何纠纷，或者与其谈判、缔结、履行、不履行等有关行为的任何方面，以及有关请求是基于合同还是侵权法等问题交由特定的法院。①同时，协议所涉的纠纷尚包括与特定法律关系有关的抵消和反诉。②

第三，协议所选择的法院。按照公约规定，当事人所选择的是一个缔约国的一个或数个法院。即当事人所选择的法院只能是缔约国法院。③然当当事人选择非缔约国法院为管辖法院，则产生不少争议。在法国，如果被告住所在一缔约国，授予非缔约国法院以管辖权的管辖权协议是无效的。而在英国有判例认为英国法院应该中止在英国进行的针对住所在英国或其他缔约国的被告的诉讼。④但英国海事法权威D.C.Jackson认为，公约第17条并未涵盖授予非缔约国法院以管辖权的管辖权条款。当被告住所在一缔约国，同时诉讼背离该条款而在该缔约国提起，认为该管辖权为公约管辖权实有争论。另一方面，公约中也并不存在否认非缔约国法院管辖权而课予缔约国法院管辖权的基本原则，也不存在禁止住所在一缔约国的原告在缔约国之外的法院提起诉讼或禁止被告同意此种管辖的禁止性规定。认为公约不承认在缔约国之外进行诉讼的协议的效力，是逾越公约所持有的在缔约国之间分配管辖权的宗旨。如果公约不适用，此种条款应否予以认可问题应交由国内法判定。如果被认定无效，则适用公约的管辖权规定。⑤

公约第17条要求协议授予一缔约国的一个或数个法院管辖权，选择行为必须具体、足够明确和直接，如当事人可作如此的直接选择——“所有纠纷由法国法院审理”，但如当事人约定纠纷由联合王国法院审理，则这样的约定尚欠具体，因为协议既没有选择某一法院，国内法也无法填补缺漏。⑥同时，公约不仅允许当事人选择一个法院，也允许选择多个法院。这种方法避免了在所选择的缔约国确定适当的地域管辖法院的问题。尽管缔约国仍可根据标的种类在不同类型的法院进行分配，但所选择的法院很明显不必具有地域管辖能力。如果当事人只一般地指定一特定缔约国的法院，则由该国国内法确定哪一法院具有管辖权。⑦

① 参见刘卫翔，上引著，第268页。See also D.C.Jackson, op.cit., p.109.
② See Cheshire & North, op.cit., p.317. D.C.Jackson, op.cit., p.113.
③ See Dicey & Morris, op.cit., p.425.
④ See Dicey & Morris, op.cit., p.425. Cheshire & Morris, op.cit., p.317.
⑤ See D.C.Jackson, op, cit., pp.113–114.
⑥ See D.C.Jackson, op.cit., p.113. Cheshire & North, op.cit., p.316.
⑦ 参见刘卫翔，上引著，第271页。

然而，在Meeth v.Glacetal Sarl案①中，管辖协议约定住所在不同缔约国的当事人只能在各自国家的法院被诉。欧洲法院认为，授予两个缔约国法院以管辖权的协议属于第17条的调整范围。由于Meeth案结果，英国法院在Kurz v. Stella Musical Veranstaltungs GmbH（1992）案中判定，诸如规定“英格兰和德国法院对于由任何一方当事人提起的诉讼拥有管辖权”的合同条款属于第17条的范畴。然而如果每一方当事人均对对方提起诉讼，则导致两个缔约国法院根据第17条均拥有专属管辖权的现象发生。不过有学者认为，在此可根据第23条规定予以解决。②

第四，特别事项管辖权条款的限制。公约第17条第4款规定，授予管辖权的协议或信托凭证条款，如果与公约第12条或第15条规定相悖，或者其意图排除根据公约第16条拥有专属管辖权的法院的专属管辖权，则无效。这意味着管辖权协议不能剥夺根据第16条享有专属管辖权的法院的管辖权，而涉及保险和消费合同事项的任何管辖权协议则必须同时符合公约第17条和第12条或第15条规定的要求。③

此外，管辖权条款的有效性尚受到个人雇用合同事项管辖权条款的限制。公约第17条第6款规定，涉及个人雇佣合同事项的管辖权协议，只有在其是在纠纷发生后订立，或者受雇人援引该协议以主张被告住所地国法院，或第5条第1款所规定的法院之外的法院有裁判管辖权，方有法律效力。这一限制性规定由1989年加入公约所引入，旨在保护处于弱势地位的受雇人的利益。前半部分规定管辖权协议仅在纠纷发生后订立方产生效力，而后一替代性规定意味着作为原告的受雇人能够依赖在纠纷发生之前所订立的管辖权协议。由于这一限制性规定的存在，涉及此类事项的管辖权协议并不授予约定法院以专属管辖权，因为作为原告的雇员有权在被告住所地国法院或雇佣合同履行地国法院起诉而非在所约定的缔约国法院起诉。另一方面，处于被告地位的雇员则不能依赖在纠纷发生之前订立的管辖权协议。而雇主，不论处于原告地位还是被告地位只能依赖在纠纷发生时所订立的管辖权协议。④

（ii）形式要件

管辖权选择条款可能包含在各种标准格式合同条款中，因而存有不为一方当事人所注意之虞。为此公约第17条对管辖权协议的形式作了特别规定，以便使当事人的真意得以证明。不过公约在此问题上采取了务实的态度，正如欧洲法院指出，一方面关于管辖权协议形式要件的目的和公约第17条在公约的位置致使须对此作严格解释，另一方面

① Case 23/78[1978] ECR 2133, [1979] 1 CMLR 520. See Cheshire & North, op.cit., p.316.

② See Cheshire & North, op.cit., p.316.

③ Under Greek law, where foreign choice of jurisdiction agreements are upheld even if they oust an exclusive Greek jurisdiction. See J.J.Fawcett, op.cit., p.57.

④ See Cheshire & North, op.cit., pp.321–322.

维持正常的商业实践的需要使非过于苛刻的形式要件成为必要。[①]因而，公约对管辖协议形式的要求是全面的、穷尽的，不需要缔约国再附加其他形式要求。[②]根据公约第17条规定，管辖权选择协议应采用以下几种形式：

（a）书面形式，或为书面形式所证明。

第一，书面形式。如果在一份书面合同文本中包含有一项管辖权选择条款，并且该合同有双方当事人签字，这一要件即得到满足。管辖权选择条款形式的任何变异均可能产生问题。当管辖权选择条款包含于书面的经签字的合同背面的一般条款之中时，虽然条款采用书面形式，但仍存在可能不为注意之虞。因而欧洲法院认为此类合同文本中必须包含有对这些一般条款的明示的援引条款（express reference）。[③]当在其文本中包含有管辖权选择条款的书面合同仅为一方当事人签字时，也同样存有不为另一当事人注意之虞。欧洲法院对此认为另一方当事人的同意之意也得采用书面形式，或记载在文件本身之中或以一份独立的文件加以表述。因此符合公约书面形式要求的管辖权选择条款，不仅条款本身采用书面形式，而且有关适用该条款的当事人意思也必须采用书面形式。[④]

第二，为书面形式所证明。这一替代性要件旨在解决由书面形式加以确认的口头合同问题。此要求的含义，欧洲法院逐渐放宽了对其的解释。早在1976年Galeries Segoura Sprl v.Firma Rahim Bonakdarian案[⑤]中，欧洲法院指出，当合同为口头成立后又由一方向另一方送达书面确认书，且该确认书采用了包含管辖条款的标准条件时，除非另一方书面接受该项确认，否则并不符合第17条的形式要求。后者没有反对确认还不够。即使在口头合同中明确同意适用前者的标准条件也是如此。此案后，欧洲法院认为，如果书面形式要件过于苛刻将损害正常的商业活动，因而采取了任意解释的立场。在Partenreederi MS "Tilly Russ" v.Novam NV案中，欧洲法院认为，提单印制条件中的管辖权条款，能够被视为是对早期明示提及该管辖权条款的当事人口头协议的确认。欧洲法院进一步指出，如果管辖条款对承运人和托运人具有拘束力，或者根据有关的国内法，在取得提单时提单持有人继承了托运人的权利和义务，则管辖条款对于承运人和提单持

① See Cheshire & North, op.cit., p.318.

② See Case 150/80[1981]ECR 1671.参见刘卫翔，上引著，第267—268页。

③ Case 24/76 Colzani v.Ruwa[1976] ECR 1831, [1977] 1CMLR 345.

④ See Cheshire & North, op.cit., p.318.

⑤ Case 25/76[1976] ECR 1851, [1977] 1 CMLR 361.

有人同样具有拘束力。[①]有学者对此作了如下归纳："提单印制条款和条件中包含的管辖权条款，在下列条件下，才满足公约第17条的要求：如果双方当事人书面同意订有管辖权条款的提单条款和条件；或如果双方当事人在事先口头协议中明确提到了管辖权条款，并且承运人签发的提单被认为是对该条款的书面确认；或如果该提单是双方当事人之间稳定的业务关系的一部分，并且这种关系受该条款中包含的一般条款和条件的制约。在承运人与第三方提单持有人之间的关系中，如果管辖权条款在托运人与承运人之间的关系中被认为有效，以及根据所适用的国内法，第三方提单持有人在其接到提单之时，便具有托运人的权利和义务，则便满足公约第17条的要求。"[②]在1985年F Berghoefer GmbH and Co KG v.ASA SA案[③]欧洲法院进一步认为，在口头协议对管辖权作明示约定情况下，如果一方当事人对协议的书面确认为另一方当事人所收到，而后者又未提出反对，则第17条所要求的书面要求得以满足。按照1978年公约第17条的修正，一方签发，另一方收到文件又不表示异议，将按照国际商业习惯在某些情况下被认为符合要求，即使不能证明以前存在关于管辖的口头协议。[④]

（b）采用与当事人之间业已确立的惯例相符的形式。

该形式要件由1989年的加入公约所添加，其仅是公约对欧洲法院某些判决的吸纳。欧洲法院认为，当事人的合意可以通过受制于包含有管辖权条款的一般条件约束的当事人之间的连续性商业关系予以证明。[⑤]

（c）在国际贸易或商业活动中，采用与为当事人已知悉或应该知悉、并为在此种贸易或商业活动中有关特定贸易或商业所涉同类合同当事人所广泛知道并经常遵守的惯例（usage）相符的形式。

---

① See Cheshir & North, op.cit., p.319, 320.参见刘卫翔，上引著，第266页。It is unclear whether the domicile of the successor to the shipper affects the applicability of Article 17.Whether it is the first or second part of Article 17 which is relevant depends on the domicile of the parties to the agreement.It may well be that it is the original agreement which triggers the application of the appropriate part.Once triggered the the provision may then operate as regards a third party only in accordance with the domicile of the third party now treating the thirds a third party as a party to the agreement.A similar problem arises as regards the formal requirements. From the Tilly Russ Judgment it appears that it is the original agreement which is critical.The question whether it binds the third party is a question of substitution by the national law.In other words the question is one of the validity of the transfer and rights and obligations by national law and not the validity under the Convention of the agreement as between carrier and third party. See D.C.Jackson, op.cit., p.115.

② 参见William Tetley著，张永坚等译：《海上货物索赔》（第三版），大连海运学院出版社1993年版，第616页。

③ Case 221/84[1985] ECR 2699, [1986] 1 CMLR 13.

④ 参见刘卫翔，上引著，第266页。Cheshire & North, op.cit., p.319.

⑤ See Cheshire & North, op.cit., p.319.

由于担心欧洲法院对原先公约文本中书面形式要求解释过严而无法满足商人们的要求，1978年加入公约添加了有关贸易惯例条款。而1989年加入公约补充规定，惯例必须一方面为有关特定贸易或商业活动所涉种类合同当事人所众所周知，另一方面又必须为他们所经常遵循。提单中的管辖权条款通常属于此条款的调整范围之内，而租约中的管辖权条款在何种程度上被并入到提单之中则更加不确定，这取决于当事人应该知悉的商业惯例，而在任何实际情况下，根据国内法该条款被并入到合同之中，是不够的。①

不过，哪一方当事人会对于管辖权条款的形式是否符合公约的要求问题提出异议？显然是未注意管辖权条款的一方当事人。这也是Colzani和Segoura案的立场。而如果一方希望依赖管辖权条款，而一开始便知悉管辖权条款的另一方当事人能否以管辖权条款未符合公约有关形式要求的规定为由而对管辖权条款提出异议？既然公约有关形式要件的规定旨在防止管辖权条款为一方当事人所忽视，因而应该是只有未注意管辖权条款的一方当事人才能对此加以异议。②

ii. 当事人合意的效力

虽然公约第17条只规定了一种类型的管辖权协议，但赋予其两种不同的效力：或赋予缔约国法院以专属管辖权，或仅排除其他缔约国法院拥有管辖权。③管辖权协议所产生的两种不同效力取决于协议当事人的不同住所地。

（i）赋予专属管辖权的管辖权协议

根据公约第17条第1款规定，至少有一方在缔约国境内有住所的当事人，约定某一缔约国的一个或数个法院对于业已或可能发生的与某一特定法律关系相关的任何纠纷的解决拥有管辖权，则该法院或这些法院应拥有专属管辖权。据此，此种管辖权协议产生如下两个效果：第一，由当事人所选择的缔约国法院享有管辖权，并且不拥有公约本身意义上的拒绝行使管辖权的任何自由裁量之权；第二，该缔约国法院拥有专属管辖权，而其他缔约国法院则被剥夺管辖权。

按照公约规定，只有当至少一方当事人住所在缔约国境内时，管辖权协议方产生赋予专属管辖权之效。然其并未规定住所在一缔约国境内的一当事方应是被告还是原告。④而如果原告住所在一缔约国，被告住所在非缔约国，则必然产生公约第17条与第4条规定之间的冲突。公约第4条规定，当被告住所不在一缔约国时，则每一缔约国法

① See D.C.Jackson, op.cit., pp.111–112.

② See Cheshire & North, op.cit., p.320.

③ See Cheshire & North, op.cit., pp.314–315.

④ Where both are domiciled in the same Contracting State, and particularly where the parties also agree on jurisdiction in that State, there is a basic problem of whether the dispute is international in character.If the dispute is not international in character it is outside the scope of the Convention. See Cheshire & North, op.cit., p.314. 肖永平，上引著，第96页。

院在受公约第16条规定制约的情况下应适用其本国的管辖权规则而非公约中的管辖权根据。因而有学者认为公约第17条规定与被特别提及的第16条规定一道，应作为第4条规定的例外条款来适用。[①]

（ii）仅排除其他缔约国法院拥有管辖权的管辖权协议

公约第17条第2款规定，当订立管辖权协议的当事人，没有一方住所在一缔约国时，其他缔约国法院对纠纷无管辖权，除非当事人所选择的一法院或数法院拒绝行使管辖权。据此，公约并未赋予当事人所选择的缔约国法院以管辖权。由于被告住所在非缔约国，所选择的缔约国法院必须适用其本国管辖权规则以确定其根据这些国内法规则是否享有管辖权。然而，此种管辖权协议并未排除其他缔约国法院享有管辖权，而只是在所选择的法院放弃管辖权之前没有管辖权，或者说只有当所选择的缔约国法院判定其无管辖权或运用其自由裁量权而决定拒绝行使管辖权时，其他缔约国法院方能确定其根据国内法规则是否享有管辖权。[②]

公约的上述规定标示着管辖权制度方面的重大法律创新与发展，意味着住所在非缔约国的国际合同当事人可以通过在合同中插入赋予某一缔约国法院以管辖权的管辖权条款以剥夺其他缔约国法院的管辖权。而该缔约国法院随之作出的判决根据《布鲁塞尔公约》应为其他缔约国所承认或执行。[③]

III.被告出庭应诉（appearance）

在各国国际民事诉讼法及司法实践中，被告不抗辩受诉法院的直接国际裁判管辖权而进行对本案的言词辩论时，该法院对本案有直接国际裁判管辖权。[④]《布鲁塞尔公约》第18条也对此作了规定。其规定，除源自于本公约其他条款的管辖权外，被告出庭的一缔约国法院也有管辖权。但这一规则不适用于被告出庭仅是为抗辩管辖权，或当另一法院根据第16条规定拥有专属管辖权之情形。这意味着被告承认一缔约国法院管辖，即给予该国法院以管辖权。

i.第18条的适用条件

对于该条规定的适用条件，公约并未作出明确无疑的规定。但一般认为应具备以下两个条件：

（i）被告住所必须在一缔约国。有一种观点认为，第18条没有涉及被告的住所情况，其谈判过程以及较少使用共同的意义表明，它是第4条规定的例外，即使被告住所

① See Cheshire & North, op.cit., p.314.

② 参见刘卫翔，上引著，第270页。Cheshire & North, op.cit., pp.314–315.

③ See Cheshire & Nouth, op.cit., p.315.

④ 参见李浩培，上引著，第64—65页。刘卫翔，上引著，第272页。

不在共同体内，或者住所在其出庭的法院所在地之外的缔约国也一样适用。[①]也有学者认为，既然第17条不论住所在何地而适用，第18条也应同样如此，因为此两个条款规定是调整管辖权的扩大问题，并且第18条规定在效力上高于第17条。[②]然而，权威意见认为，被告必须在一缔约国有住所，因为第18条必须结合第3条和第4条规定加以解释。除非第18条条款中有言词显示其适用不论被告的住所，否则该规定的适用应限于被告在一缔约国有住所之场合。第17条言词清楚显示其不论当事人住所而适用，然而不能说第18条的适用也如此。[③]

（ii）被告必须在一缔约国法院出庭应诉（enter an appearance）。公约未对“出庭应诉”予以定义，根据《杰纳德报告》（Jenard Report），该术语之涵义由受理案件的法院根据其本国程序规则加以确定。虽然公约第18条清楚揭示并非被告出庭应诉之所有情形均属于该条款的调整范畴之内，第18条也仅提及被告出庭应诉而未涉及原告为抗辩被告针对原告的原始请求所提起的抵消请求而出庭应诉之情形。但欧洲法院在Spitzley v.Sommer Exploitation SA案[④]中认为，缔约国法院由于原告出庭应诉而根据第18条规定对本无管辖权的抵消请求拥有管辖权。尽管这种解释表面上与第18条规定不符，但这对在缔约国法院寻求审判的当事人双方并非不公正，如果原始请求和抵消请求均能在同一缔约国法院得以解决，这也符合诉讼经济的原则。[⑤]

ii.第18条适用的限制

公约第18条对出庭应诉规则的适用设置了两项限制：

（i）第18条不适用于仅仅为抗辩管辖权而出庭应诉之场合。至于“仅仅为抗辩管辖权”的含义，欧洲法院在一系列案件中指出，被告可同时对管辖权和实质问题提出抗辩，假如其对管辖权的抗辩不迟于该法院地国程序法认为是第一次答辩的呈递而作出。根据国内程序法被认为作出第一次答辩后，再提出管辖权的异议就不能视为第18条的例外，而一样被视为承认法院的管辖权。可见，如何确定第18条意义上的出庭应诉，是由法院地国内法解决之事。[⑥]

（ii）第18条不适用于另一缔约国法院拥有专属管辖权之情形。[⑦]公约第18条仅提及其不适用于另一法院根据第16条拥有专属管辖权之场合，而并未言及其是否受制于公约第17条之规定。但由于其仅提及第16条，因而据此可以认为其并不受公约第17条

① 参见刘卫翔，上引著，第272页。
② See Cheshire & North, op.cit., 322.
③ See the Jenard Report, p.38.
④ Case 48/84[1985] ECR 787, [1985] 2 CMLR 507.
⑤ See Cheshire & North, op.cit., pp.322–323.
⑥ 参见刘卫翔，上引著，第272—273页。See also Cheshire & North, op.cit., p.323.
⑦ 参见刘卫翔，上引著，第273页。

限制。欧洲法院有关第18条出庭应诉的效力高于授予管辖权协议的判定也可证明这一点。由于第17条和第18条均是调整当事人选择管辖权问题，通过出庭应诉来选择管辖法院应优先于协议选择。正基于此，有学者认为尽管被告出庭被人称之为默示协议管辖，但就公约来看，其意义又不止于默示协议管辖。①

②任择性例外管辖根据

所谓任择性例外管辖根据即是特别管辖权根据，系指作为被告住所这一基本管辖根据的替代而运作的、在当事人未作选择时仍依据基本管辖根据来确定管辖法院的管辖根据。其规定在公约第二—四节之中。这些管辖根据反映了在公约所界定的特殊领域之中纠纷与管辖法院之间所存在的特殊联系。②据此规定，当某些事项的管辖法院系根据任择性管辖根据予以确定时，不仅被告住所所在地的缔约国法院拥有管辖权，而且任择性管辖权根据所在地的缔约国也同样有管辖权，最终由哪个法院实际行使管辖权由当事人选择决定。由于基本管辖根据与特别管辖根据二者是并行的，因而依据其中任一种而作出的判决都可以根据公约在其他缔约国得到承认与执行。③不过唯一例外的是第6a条有关责任限制请求管辖权的确定的规定。④公约第二—四节根据不同事项规定了不同的任择性管辖根据，但大致可分为两类：有关特别事项的任择性例外管辖根据和有关特别诉讼形式的任择性例外管辖根据。⑤

I.有关特别事项的任择性例外管辖根据

欧共体各国在1968年公约的谈判中很少注意到海事诉讼问题，因而公约的原始文本对海事诉讼没有作出特别规定，而其中有些特别管辖根据对海事请求并无任何意义。但在1978年公约的谈判中，这种态度有所转变，并引入了两项专门针对海事诉讼的条款：第6a条关于责任限制诉讼的管辖权规则，第5条第7项有关货物或运费海难救助报酬请求的管辖权规则。⑥

i.合同事项的任择性例外管辖根据

（i）一般合同事项的任择性例外管辖根据——“有关义务履行地”

这里所谓的一般合同是指公约第7—12a规定的保险合同和第13—15条规定的消费合同之外的合同。对于一般合同事项的任择性管辖权问题，公约第5条第1款规定，就有关合同事项，住所在一缔约国的人可在有关义务履行地的另一缔约国法院被诉。据

① 参见刘卫翔，上引著，第273页。
② See D.C.Jackson, op.cit., p.145.
③ 参见刘卫翔，上引著，第242页。
④ See Cheshire & North, op.cit., pp136, 137, 138. Article 6a brings within the liability jurisdiction of a court of a contracting State any claim for limitation of that liability.
⑤ 参见刘卫翔，上引著，第242、254页。
⑥ See Dicey & Morris, op.cit., pp.447–448. D.C.Jackson, op.cit., p.145. 刘卫翔，上引著，第253—254页。

此，结合公约第2条、第17条规定，就一般合同事项，当被告住所在缔约国时，原告可选择在以下法院提起诉讼：被告住所地缔约国或被告住所地国之外、但为有关债务履行地的缔约国。但这些管辖根据都可依照第17条通过管辖协议予以排除。①

公约第5条第1款虽对被告住所在缔约国情况下合同事项的管辖权根据进行了统一，但也引发了关于该条款所用术语的解释问题。

第一，有关合同的事项（in matters relating to contract）

“有关义务的履行地”仅作为确立“有关合同的事项”管辖权的依据，因而“有关合同的事项”在此显然是为了限制第5条第1款的适用范围。对于该术语的解释标准，欧洲法院在Peter v.ZNAV案②指出，考虑到公约的目标与基本框架，为尽可能地确保产生于公约的有关缔约国和所涉人员权利和义务的平等性和统一性，不将该术语简单地交由有关国家国内法予以解释是至关重要的，其必须根据公约的体制和目标予以解释以确保其得到充分的实施。可见，欧洲法院要求对这一术语以一个统一的共同体法的解释，甚至给予其“自治性的含义”。其限于由一方向另一方自由地成立的债（obligations），而不包括国内法给予与制造者无直接契约关系的购买者的救济，甚至不包括当事一方未依自由意志与他方订立的合同。③

第二，有关义务的履行地（the place of performance of the obligation in question）

这一术语也同样棘手，涉及两个问题需要澄清，即“有关义务”与“履行地”的含义。

（a）“有关义务”。与上述“有关合同的事项”一样，公约未能对此类义务所指以任何说明，欧洲法院虽曾在多个案件中对此作过解释，但总的观点仍主张赋予该术语以“自治性含义”。在De Bloos v.Boyer案中，欧洲法院主张，第5条第1款是针对构成诉讼基础的合同义务，并与诉讼所依据的合同权利相对应，因此，当原告以被告的不当行为为由请求解除合同并赔偿损失时，有关的义务应当是基于合同而产生的义务。然而，遗憾的是，欧洲法院难以以其判例全面揭示该术语的全部含义。④

（b）履行地。由于国际合同的履行地当然不会仅限于一国之内，而有可能要求履行的行为发生在几个不同的国家。这便使“履行地”在具体个案中的确定并不容易，同时也可能成为增加管辖权冲突的催化剂。与上述两个术语不同的是，“履行地”并非是一个共同体概念。早在Industrie Tessili Italiana v.Dunlop AG案⑤中，欧洲法院决定不将该术语的解释欧洲化，而要求缔约国法院依其本国的冲突法规定来确定应适用的法律，进而

① 参见刘卫翔，上引著，第242页。
② 34/82[1983] ECR 987; [1984] 2 CMLR 605.
③ See D.C.Jackson, op.cit., pp.147–148. 罗剑雯，上引文，第664—665页。
④ 参见刘卫翔，上引著，第244—245页。罗剑雯，上引文，第665—666页。
⑤ 12/76[1976] ECR 1473; [1977] 1 CMLR 26.

依此判定合同的履行究竟发生在何地。这一国内法层面上的解释方法在解释“履行地”一词时被沿用下来，在以后的案件中得以运用。①

与此相应的是，当事人在合同中选择履行地的有效性，在受公约条款约束的情况下也根据准据法加以判定。在Zelger v.Salinitri案②中，欧洲法院判定，如果合同中的选择合同履行地条款根据合同的准据法是有效的，基于第5条第1款的适用，该条款由此所致的对管辖法院的选择也是有效的。由于第5条第1款所授予的管辖权是以纠纷与国家之间的联系为基础，因而第17条所规定的要求并不适用。而如果第17条适用，则产生排除第2条和第5条的一般和特殊管辖权规则适用的效力。可见第5条第1款和第17条是独立的条款，只有关于管辖法院的协议才由第17条加以调整，而履行地选择条款则根据第5条第1款授予该地法院以管辖权，而不管该条款是否符合第17条的形式要求。③

此外，1989年加入公约就个人雇用合同履行地的确定作了明确规定，即履行地是受雇者惯常实施劳务之地，或在受雇者无惯常实施劳务地时，受雇者过去或现在受雇企业的所在地。这一规定是在缔约国和欧洲法院的有关判例基础上形成的，规定明确具体，便于操作，不仅有利于管辖法院的国内法得以适用，而且有利于保护弱方的受雇者利益。④

不过，总的来说，由于欧洲法院并未详尽地揭示该条款中所有术语的确切含义，致使“有关义务履行地”这一管辖根据实际适用结果并不太好，有些学者为此甚至认为应该废止第5条第1款，因为管辖权规则应旨在满足三项标准：其结果具有可预见性，案件由适当的法院审理，出于同一事实的多个争议应由一个法院审理而不分散于数国法院。公约有关合同的特殊管辖条款无法满足上述任何一项标准，近来一些判例更与确定性、可预见性和适当法院的目标背道而驰。⑤

（ii）保险合同的任择性例外管辖根据

公约除了将一般合同的特别管辖作出规定外，还规定了几种具体合同的特别管辖权，保险合同即是其中之一。公约中有关保险合同事项管辖权的详尽规定主要是为满足英国保险市场的需要。对于保险合同事项的管辖权的确立，公约根据被告的不同身份规定了不同范围的管辖根据。

第一，当被告为保险人时，公约第7—10条给予保险合同的保单持有人、被保险人

① 参见刘卫翔，上引著，第245—246页；罗剑文，上引文，第666—667页。D.C.Jackson, op.cit., pp.149–150.

② 56/79[1980] ECR 89; [1980] 2 CMLR 659.

③ 参见刘卫翔，上引著，第246页。See D.C.Jackson, op.cit., 151.

④ See Cheshire & North, op.cit., pp.297–299. 参见罗剑文，上引文，第667页。

⑤ 参见肖永平，上引著，第98页。

或其他受益人对住所在缔约国内的保险人起诉时可广泛选择的管辖根据，并且这种选择也可延伸到侵害事件的第三方受害人对作为侵权行为人的责任保险人提起直接诉讼的情况。根据公约，下列缔约国法院可根据这些管辖根据对该诉讼行使管辖权：(a) 被告保险人的住所所在地缔约国；或 (b) 在保险人住所在非缔约国情况下，在产生纠纷的保险人的分支机构所在的一缔约国，分支机构所在地此时被视为保险人住所所在地；或 (c) 保单持有人住所所在地缔约国；或 (d) 当保险人为共同保险人之一时，对主要保险人提起诉讼地的缔约国；或 (e) 责任保险、不动产保险以及同时包括动产和不动产的保险并受同一事件影响的情况下，在损害事件发生地国；(f) 在责任保险的情况下，如果有关法院允许第三人诉讼，可以作为第三人参加到受害人对被保险人提起的诉讼之中。即受害人对被保险人所提起诉讼的所在地国可对保险人作为第三人的诉讼行使管辖权。

第二，当原告为保险人时，公约第11条原则上以被告住所地为主要管辖根据，即要求原告在被告住所地缔约国提起诉讼。而被告不论是保单持有人、受益人还是被保险人。但同时允许在下列例外情况下在其他国家法院提起诉讼：可以在其经营活动产生纠纷的被告分支机构所在地国起诉；在本诉法院就同一保单提起反诉；作为第三人参加到受害人对所提起的直接诉讼之中；当事人选择管辖法院。①

第三，管辖权协议。为防止公约所规定的保险事项的管辖权规则的适用受到妨碍，公约第12条规定了较为苛刻的管辖协议有效条件，即管辖协议必须同时符合第12条和第17条规定的要求。②这意味着除极少数情况外，有关保险的管辖协议无效。公约第12条规定，本节之规定仅由于符合下列条件的管辖协议而不予遵守：(a) 在纠纷发生后达成管辖协议；(b) 管辖协议允许保单持有人、被保险人或受益人在本节所规定的其他法院起诉；(c) 管辖协议由住所在同一缔约国的保单持有人和保险人缔结，则即使损害事件发生在他国，管辖协议具有授予该国法院管辖权之效力，除非其与该国法律相抵触；(d) 管辖协议是与一个在缔约国无住所的保单持有人订立的，但强制保险或者关于在一缔约国的不动产保险除外；(e) 管辖协议关涉第12a条所列一种或数种风险的保险合同，即有关海事或空中险，但不包括旅客的人身伤害以及行李的丢失或损坏。③

(iii) 消费合同的任择性例外管辖根据

与保险合同一样，为保护处于弱势社会经济地位合同当事人，1968年公约第4节第13—15条特别规定了消费合同的管辖权，以保护最终的消费者。经1978年公约修改后的第13条将其适用范围限定为“一个人为其职业或专业之外的目的而订立的合同”。合

① See D.C.Jackson, op.cit., pp.140–141. 刘卫翔，上引著，第248页。

② See D.C.Jackson, op.cit., p.141. 刘卫翔，上引著，第248页。

③ See D.C.Jackson, op.cit., pp.141–143.

同一方为消费者，另一方为在营业过程中订立该合同的人。正基于此，大多数海事请求游离于第4节的调整范围之外，运输合同尤被排除在外，因而公约关于消费合同管辖权规定对海事请求的执行仅具有有限的意义，仅能解决一些诸如游艇或供应品买卖合同之类的管辖问题。①

公约第13—15条只适用于被告住所在缔约国内，或作为被告的商品或服务的提供者在缔约国有分支、代理或者其他附属机构，并且有关纠纷是产生于该分支的经营活动的由公约所明示界定的消费合同纠纷。在其他情况下，按第4条规定来确定管辖法院。对于消费合同管辖法院的确定，公约根据消费者的不同法律地位规定了不同的管辖根据：

第一，当消费者为原告时，公约第14条第1、3款规定供原告选择的数个管辖根据：消费者起诉合同另一方，可选择在后者住所所在地的缔约国，或其自己住所所在地的缔约国法院起诉；消费者还可以在合同另一方分支机构所在地的缔约国法院起诉；在反诉情况下，可以在合同另一方对其就相同交易提出本诉的法院以及被告无保留应诉的法院起诉。

第二，当消费者为被告时，根据公约第14条规定第2款规定，合同的另一当事人对消费者所提起的起诉，唯有消费者住所所在的缔约国法院拥有管辖权。不过，关于反诉以及被告无保留出庭应诉的规定也同样适用于消费者为被告时的消费合同纠纷。②

第三，管辖协议。与保险合同事项的协议管辖规定一样，公约第15条仅有条件地承认管辖协议作为有效的管辖根据。根据第15条规定，与第13—14条规定不一致的管辖协议无效，但下列三种情况例外：(a)管辖协议是在纠纷产生后达成的；(b)管辖协议允许消费者在本节规定的管辖法院之外的其他法院起诉；(c)管辖协议由在订立合同时其住所或惯常居所在相同缔约国的消费者与其他当事人所订立，并赋予该国法院以管辖权，除非该协议与该国法律相抵触。可见，与第17条不同的是。公约第15条很明显并不限于有关缔约国法院管辖权的选择，但当管辖协议选择缔约国法院为管辖法院时，其则必须同时符合第17条规定的要求。③

ii.侵权事项的任择性例外管辖根据——侵害事件发生地

公约第5条第3款规定了侵权事件的特别管辖权，将对侵权事件的管辖权授予损害事件（harmful event）发生地的缔约国。其规定，就有关侵权、违法行为（delict）或准违法行为（quasi-delict）事件，住所在一缔约国的人得在损害事件发生地的另一缔约国的法院被诉。这也就意味着在侵权事件中，原告既可根据第2条规定向被告住所所在的一缔约国法院起诉，也可根据第5条第3款向损害事件发生地的另一缔约国法院起诉。

① See D.C.Jackson, op.cit., p.143.
② 参见刘卫翔，上引著，第250页。
③ See D.C.Jackson, op.cit., p.144.

然而正如第5条第1款规定的合同事项管辖权一样，主要问题是该规定是以共同体概念还是国内法概念为基础。

（i）有关侵权、违法行为或准违法行为事件

欧洲法院认为，“侵权、违法行为或准违法行为”这一术语并不是国内法概念，而必须参考共同体的体制和目标加以解释，其包括能确立被告责任的任何行为，而不涉及与公约第5条第1款所指的合同有关的事项。①

（ii）损害事件发生地

公约并没有明确“损害事件发生地”的含义，这一概念是指被告侵权行为的实施地还是损害结果发生地？欧洲法院在Handelswekerij Gt Bier and Stichting Rein Water v.Mines de Potasse de'Alsace案②中认为，公约第5条所规定的管辖根据均反映了纠纷与国家之间的紧密联系，行为地与损害地对管辖、证据和程序来说都可以构成重要和有用的联系，只采用其中之一的连结因素并非妥适。而且行为地通常与被告的住所地是一致的，但当两者不一致时，行为地仍是一个有用的管辖根据。在各国关于管辖的法律中，损害事件发生地通常包括行为实施地和结果发生地。所以从现存规则的系统、统一角度出发，当所宣称的行为实施地与损害结果发生地不一致时，第5条第3款应解释为包括两者。从而给予原告起诉的选择权。③不过，为确定是否存在管辖权，有必要考虑“损害”是否发生以及举证标准和证据问题。而“损害”（harm）的评定，在不减损公约效力的前提下，是由国内法解决的事项，即根据国内冲突规则加以解决。而损害结果发生地，欧洲法院认为并不包括间接损害发生地（place of consequential damage）。同时“商业损失”不属于“损害发生地”（where the damage occurred）这一术语的范围之内。“所承受的损害”也不能等同于“所发生的损害”，这与“损害情势发生地有关”。④

值得注意的是，公约第5条第3款似乎并未注意到事件发生在公海上时的管辖权问题。一般认为，在此情况下，应视为发生在所涉船舶的船旗国。然而基于任择性管辖权的目的和作用，尤其是方便旗因素之考虑，这种观点似乎难以证明为正当。由于任择性管辖权是对被告住所地国管辖这一基本规则的背离，因而选择性管辖根据的缺乏意味着基本管辖根据和其他可适用的管辖根据的适用。⑤

iii.救助报酬（remuneration for salvage）支付请求事项的任择性例外管辖根据——货

① Kalfelis v.Schroder 189/87[1988] ECR 5565 (ECJ); Reichert v.Dresdner Bank (No.2)261/90[1992] I.L.Pr.404. See also D.C.Jackson, op.cit., p.151.

② 21/76[1977] 1 CMLR 284.

③ 参见刘卫翔，上引著，第250—251页；肖永平，上引著，第100—101页。

④ See D.C.Jackson, op.cit., p.152.

⑤ See D.C.Jackson, op.cit., p.152.

物或运费扣押地

为专门解决海事诉讼的管辖权问题，1978年公约通过一致同意解释1968年公约第57条规定，准许缔约国法院根据其他公约行使海事诉讼的管辖权。然而由于1952年扣船公约只涉及针对船舶的诉讼，1978年公约第5条第7款为此作了进一步补充规定，就有关货物或运费救助请求支付报酬的纠纷，住所在一缔约国的人，可在有关货物或运费据其批准（a）业已扣押以担保此种支付请求；或（b）本可扣押，但提供保释金或其他担保的法院被诉。本条款仅在被告对货物或运费享有利益或在救助时享有此种利益时方予以适用。据此，住所在一缔约国的对特定货物或运费享有利益的人得在该货物或运费扣押地的缔约国法院被诉。

此条款是应英国代表团的要求而予以规定。而以船舶扣押为根据的管辖权则通过公约第57条和1952年扣船公约予以保留。在英国法中所存在的有关货物或运费的管辖权是为执行有关救助方面的海事优先权，同时在涉及押船借贷契约和货船抵押贷款海事优先权方面以及船舶碰撞赔偿请求方面，也存在以货物或运费扣押为根据的管辖权。[①]不过，不论关于货物或运费的诉物请求的范围如何，如果被告住所在一缔约国，以货物或运费扣押为根据的管辖权仅限于第5条第7款范围内的救助报酬请求。

iv.海事责任限制请求事项的任择性例外管辖根据——海事责任事项管辖根据

由于1957年《船舶所有人责任限制公约》并没有涉及到司法管辖权，1978年公约为此对海事责任限制诉讼的管辖权作出进一步的规定。公约第6a条规定，当一缔约国法院根据本公约对产生于船舶使用或运营中的责任的诉讼有管辖权时，则该国法院或根据该国国内法为此目的的替代法院对此种责任限制的诉讼也拥有管辖权。由于原告据此有权向海事责任事项管辖法院提出海事责任限制请求，这意味着海事责任事项的管辖根据同时也构成海事责任限制请求的管辖根据。[②]

II.有关特别诉讼形式的任择性例外管辖根据

公约除在第5条就特殊事项的任择性例外管辖根据作出规定外，尚在第6条就特别诉讼形式的任择性例外管辖根据作出规定。这些所谓特殊形式的诉讼，即指多方当事人诉讼，包括共同被告诉讼、第三人诉讼、反诉以及有关不动产物权的合同的诉讼。[③]

i.共同被告

关于共同被告，公约第6条第1款规定，住所在一缔约国内的被告，若是数被告之一员，也可在任何一被告住所所在地国法院被诉。这意味着任何一个被告住所地国的法院都具有管辖权，同时也意味着该规定仅适用于至少有一被告被诉于其住所所在地国之

① See D.C.Jackson, op.cit., p.153.
② See D.C.Jackson, op.cit., p.155.
③ See D.C.Jackson, op.cit., pp.155–158.

情形。因而当一缔约国法院以诸如损害事件发生地（第5条第3款）或管辖协议（第17条）为管辖根据而对某一案件行使管辖权时，则不能根据第6条规定而将共同被告予以合并审理。而当被告住所不在缔约国内时，第6条第1款也不能适用。①尽管第6条第1款中并不含有禁止性规定，但该规定显然不能用以否定以被告住所为根据的基本管辖原则。因而法院对于纯粹出于排除某一被告受其住所地国法院管辖而提起的诉讼，无管辖权可言。②

为使该规定得以适用，数请求之间必须存在足以使其一并审理以避免出现不相协调的判决之必要的联系。尽管第6条第1款本身并没有限定对不同被告的各个请求之间的联系程度，但从公约第22条第3款中所使用的"关联诉讼"的措辞看，这些请求应是具有非常密切的联系，因而将它们一并审理，对于避免由于多个诉讼而出现判决不一致之虞是极其重要的。而此种联系是否存在在各案中由各国内法院判定。③

ii.第三人诉讼

公约第6条第2款规定，在保证、担保或者任何其他第三人诉讼中，第三人可以在审理原始诉讼的法院被诉，除非原始诉讼的目的仅仅在于将其排除在本来对其有管辖权的该法院的管辖之外。即原始诉讼管辖法院一般也可管辖原诉当事人对第三人提起的诉讼。公约所规定的此种管辖法院选择权的存在使原诉法院审理第三人诉讼成为可能，除非经证明原始诉讼的提起纯粹系为将第三人排除在本来对其具有管辖权的法院管辖之外。④

与共同被告诉讼的管辖条款相比较，第6条第1款的适用以被告住所在一缔约国为前提，而第6条第2款规定本身并不依附于在被告住所地国法院进行的诉讼。也就是说，与共同被告的情况不同，这里的主要管辖权不必基于住所。一项基本的原则即是第三人诉讼归属于原始诉讼所适用的管辖权规则。然而该附属管辖权也受适用于第三方诉讼的诸如管辖权协议之类的任何排他性管辖权的制约。⑤

从表面上看，第6条第2款提供了公约管辖权规范的一项宽泛的例外规则和任择性管辖根据。但欧洲法院在KongressAgentur Hagen GmbH v.Zeehaghe BV案⑥中指出，第6条第2款规定了申请人选择的特别管辖权，该选择来源于请求与法院之间所存在的特殊联系，公约据此使诉讼整个集中于同一法院。主要请求与传唤第三人作为担保的请求互

---

① 参见刘卫翔，上引著，第255页。

② Kalfelis v.Schroder 189/87[1988] ECR 5563.

③ 参见刘卫翔，上引著，第255页。See also D.C.Jackson, op.cit., p.157.

④ See D.C.Jackson, op.cit., p.157.

⑤ See D.C.Jackson, op.cit., p.157.参见刘卫翔，上引著，第255页。

⑥ 365/88 [1980] 1 ECR 1845.

相联系的事实，为申请所提交的法院行使管辖权提供了充分的根据，不管在主要纠纷中是哪一款提供了管辖根据。在这方面，第2条和第6条所提到的管辖权是平等的。至于按照公约第6条第2款，法院是否必须允许传唤第三人，或者法院是否可以根据其国内程序法审查请求的可接受性问题，法院指出，公约的目的不在于统一程序法，而是在各缔约国中分配民事诉讼纠纷的司法管辖权，并便利判决的执行。第6条第2款只说明哪一法院具有管辖权，但并没有说明接受请求的条件。在程序方面，有必要参照适用于国内法院的国内法上的规定。但国内程序法的适用不得损害公约的效力。也就说，按欧洲法院的意见，该条款的效力受制于国内程序法，国内法院能够适用其本国的程序法以拒绝在主要诉讼中考虑有关保证人的诉讼，但国内法院并不是不受限制地单纯以保证人住所或居所在其他地方为由而拒绝管辖。然而，欧洲法院的此项初步裁定令人不解，其切中了强制性分配公约管辖权问题的核心，尤其是其打开了利用“非方便法院”主义进行一般性限制之门。第三方诉讼是一个将据以进行管辖权分配的诸诉讼联系起来的概念，公约的目的在于分配管辖权而非规定提出请求所遵循的程序，因而将欧洲法院关于该条款适用的解释意见予以一般化几乎无任何意义。①

iii.反请求

反请求也称反诉。公约第6条第3款规定，住所在一缔约国的人，就产生于作为原请求（本诉）之根据的相同的合同或事实的反请求（反诉），也可在进行本诉的法院被诉。该规定将反请求管辖权隶属于本诉管辖权。而所谓反请求，即指产生于作为本诉之根据的相同的合同或事实的请求。同时该规定的适用以反诉的被告住所在一缔约国为条件，因而当本诉中的原告的住所不在缔约国内时，则不适用第6条第3款规定，应按公约第4条规定参照国内法确定这种反诉的管辖权。②

iv.有关不动产物权的合同的诉讼

公约第6条第4款规定，住所在一缔约国的人，就有关合同的事项，如果诉讼可与针对相同被告的有关不动产物权事项的一诉讼合并，可在不动产所在地的缔约国法院被诉。该条款是在西班牙和葡萄牙在加入《布鲁塞尔公约》时所增补，其将任何有关不动产的合同请求与针对相同被告的任何并存的财产请求相联系。由于该规定仅适用于被告在缔约国有住所之情形，因而其并不完全等同于第16条第1款所规定的物权事项管辖权。同时其适用范围限于根据国内法为相同被告的诉讼。③

（二）其他海事公约中的管辖权根据

如上所述，共同体各国在1968年公约的谈判中几乎未注意到海事诉讼的管辖权问

① See D.C.Jackson, op.cit., p.157.

② 参见刘卫翔，上引著，第256—257页。See D.C.Jackson, op.cit., p.158.

③ See D.C.Jackson, op.cit., p.158.

题，为此，《布鲁塞尔公约》1968年原始文本并没有对海事请求作出特别规定，而在1978年公约的谈判中，这种态度有所改变。而且当时的欧共体大多数国家也是1952年《关于扣押海运船舶的公约》的缔约国，这使得1978年公约可通过一致同意解释1968年公约第57条关于与其他有关国际公约的关系的方式，规定法院受理海事诉讼的管辖权问题。由于公约第57条的规定，①其他有关国际公约中的管辖根据不仅成为与《布鲁塞尔公约》自身所规定的例外管辖根据相并列的另一类例外管辖根据，而且由于在类型上包括诉人管辖根据和诉物管辖根据，从使英美法系国家海事诉物管辖权制度得以保留。不过，一些其他公约中的诉物管辖根据对传统的诉物管辖根据，尤其是英国法院的实践产生颇大影响。②也就是说，尽管《布鲁塞尔公约》第57条规定为普通法系对物管辖制度的存续提供了基础和空间，然而第57条所指向的一系列有关特定事项的海事公约对海事对物管辖权制度的立场也是互不相同，即使是肯定对物管辖制度的两个最重要的海事公约——《扣船公约》和《碰撞管辖权公约》也对传统诉物管辖权行使的根据作了不同程度的修改。③

1．船舶扣押公约

（1）1952年《关于扣押海运船舶的公约》（简称1952年《扣船公约》）

1952年《扣船公约》是于1952年5月10日在布鲁塞尔召开的第九次海商法外交大会通过，其吸收了英国1925年《司法条例》的一些基本内容。公约适用于特定的海事请求和在缔约国管辖范围悬挂缔约国旗帜的任何船舶，并且除保留外，悬挂非缔约国旗帜的船舶可由于公约所列举的任何海事请求而被扣押。

公约规定了基于海船扣押的对海事请求争议的管辖权。其第7条第1款规定，船舶扣押地国法院对引起扣船的海事争议具有管辖权，如果船舶扣押地国国内法赋予此法

① 《布鲁塞尔公约》第57条条特别规定了与一个或几个缔约国为其当事方，并且涉及特殊事项的管辖权及判决承认或执行的条约（简称“特别条约”）的关系，给予有关“特殊事项”的公约以优先适用的效力。第57条第1款规定，本公约不影响缔约国已经是或将来会成为其当事方的，在一些特殊事项支配管辖权以及判决的承认和执行问题的任何公约。第2款规定，基于统一解释之考虑，第1款应按以下方式适用：（a）本公约不应阻止作为特定事项公约当事方的缔约国的法院根据该公约行使管辖权，即使被告住所在并非该公约当事方的另一缔约国。审理案件的法院在任何情况下应适用本公约第20条规定；（b）行使特定事项公约所规定的管辖权的一缔约国法院作出的判决应由另一缔约国根据本公约予以承认和执行。当判决作出国和被请求承认执行国均是其当事方的特定事项公约就判决的承认或执行设置了条件时，这些条件应予以适用。无论如何，本公约中有关判决承认和执行程序的条款可予以适用。第3款规定，本公约不应影响包含在欧共体立法或实施该立法的国内法中支配有关特定事项的管辖权或判决承认或执行的条款的适用。

② 参见杨良宜：《海事法》，第147—151页。

③ See D.C.Jackson, op.cit., p.206.

院以管辖权，或属于下述情形之一，即（a）请求人在扣押地国有惯常居所或主营业所；（b）引起扣船的海事请求发生于扣船地国；（c）请求涉及到船舶的特定航次，而在该航次中船舶被扣押；（d）请求产生于船舶碰撞，或因《1910年关于船舶碰撞若干法律规定的国际公约》第13条规定的情形所产生；（e）因救助提出的请求；（f）请求是由于被扣押船舶的抵押或船货抵押而提出。第3款规定，如果当事人约定将争议提交给非扣船法院的某一特定法院或提交仲裁，在其管辖范围内实施扣船的法院或其他有关司法当局应当确定请求人必须开始有关程序的时间。由此可见，公约就第1款第（a）—（f）项所列举的情形规定了扣船地国法院对特定海事请求的强制性管辖权，并将管辖权问题交由国内法予以确定。同时第7条对管辖权协议的有效性予以了默示承认，但该条款缺乏任何要求，并且也不清楚基于协议所主张的管辖权是属于扣船公约的范畴还是布鲁塞尔公约的范围之内。[①]

1952年《扣船公约》构成布鲁塞尔管辖权框架的重要组成部分，尽管以财产扣留或扣押为根据的一般性管辖权被排除，但保留了以海船扣押为根据的有关海事请求的管辖权。由于公约要求扣押船舶以行使海事管辖权，因而如果由于保释金或其他担保的提供而未扣押船舶的话，法院则无管辖权可言。

（2）1999年《国际扣船公约》（简称1999年《扣船公约》）

1999年《扣船公约》是在联合国贸发会议和国际海事组织于1999年3月在日内瓦召开的扣船外交大会上通过的,其进一步修正和完善1952年扣船公约的原则。

就管辖权问题而言，国际民商事裁判管辖权制度自1952年以来已发生重大发展，而扣船作为一项旨在获得担保而又不影响在其他管辖法院进行的实体问题诉讼或仲裁的临时措施这样一项原则也已得到牢固确立。反映当代法律的发展现状，1999年《扣船公约》第7条以"案件的实体问题的管辖权"为标题，就扣船的法院对引起扣船的海事争议管辖权问题作出了不同于1952年公约的规定。其第7条第1款规定，扣船地国法院，或为释放船舶而提供担保的所在地国法院，对解决案件实体问题具有管辖权，但当事人有效地约定或已经约定将争议提交接受管辖的其他国家的法院或仲裁者除外。第2款规定，虽有上述规定，扣船地国法院，或为释放船舶而提供担保的所在地国法院，可拒绝行使该管辖权，如果该国法律允许此种拒绝并且另一国法院接受管辖。可见，与1952年公约不同是，1999年公约同时赋予扣船地国或担保提供地国法院以管辖权，而且该国拥有是否行使该管辖权的自由裁量权，这尤为非方便法院原则的运用提供了保障。不过，对于担保提供地国法院的管辖权，由于公约使用了"security provided to obtain the

① In Siamar v.Spedimex[1990] I.L.Pr. 266 the Italian Supreme Court considered the validity of a jurisdiction agreement in accordance with the Arrest Convention in an action on the merits under that Convention.

release of the ship”（为使船舶释放而提供担保）这一用语，似乎可以解释为，与1952年公约相同，船舶的实际扣押是担保提供地国法院拥有管辖权的前提。此外，1999年公约明确赋予当事人选择管辖法院的权利。

2. 船舶碰撞公约

（1）1952年《有关碰撞事项民事管辖权若干规则国际公约》（简称1952年《碰撞公约》）

1952年《碰撞公约》第1条第1款规定，海船之间或海船与内河船之间发生的碰撞的诉讼，只能（can only）向下述法院提起：（a）被告惯常居所地或营业地法院；或（b）被告船舶扣押地或得依法扣押的属于被告的任何其他船舶的扣押地，或本可进行扣押但业已提供保释金或其他担保地的法院；或（c）碰撞发生于港口或内河水域以内时，则在碰撞发生地的法院。第2款规定，究竟在本条第1款所列举的哪一法院起诉，应由原告确定。第3款规定，请求人不得在未撤销原有诉讼之前，就同一事实对同一被告提起诉讼。第2条规定，第1条规定在任何情况下都不得妨碍当事人向其业已选定的法院就碰撞事件提起诉讼，或将案件提交仲裁的权利。可见，公约提供了包括被告居所或营业所地、扣押地、担保提供地以及碰撞发生地在内的较为宽泛的任择性管辖根据。而与扣船公约显著不同的是，对于担保提供地国法院的管辖权，1952年《碰撞公约》使用了“or where arrest could have been effected and bail or other seculty has been furnished”用语，这是专门针对没有真正扣船而已自动提供了诉前保全的情况。也就是说，担保提供地国法院的管辖权确立无须船舶的实际扣押，而以“本可进行扣押但业已提供保释金或其他担保”为足。对此，有学者总结道，除了船舶碰撞适用1952年《碰撞公约》，其余的对物诉讼，如果原告要根据《扣船公约》对欧共体成员国的原告在英国法院提起诉讼，就必须真正扣船，除非被告肯在自动提供的诉前保全（如互保协会或银行保函）内明确同意英国法院的管辖权。①此外，公约第3条和第2条尚就多方当事人请求的管辖权和管辖协议问题作了规定。就管辖协议而言，公约并未明确其形式要件或有效标准。同时协议的效力很明显具有任意性（permissive），该管辖权是否行使属于国内法解决之事。②

（2）1977年国际海事委员会《统一船舶碰撞中有关民事管辖权、法律选择、判决承认和执行方面若干规则的公约》

该公约第2条第1款规定，除当事人另有协议外，原告只能在本公约缔约国的下列法院中提起诉讼：（a）被告在该地有习惯居所或住所，或主要营业所；或（b）碰撞发生在该国的内水或领海内；或（c）碰撞所涉及的船舶（原告自己的船舶除外）或属于

① 参见杨良宜：《海事法》，第151页。

② See D.C.Jackson, op.cit., pp.128–129.

同一所有人的可依法扣押的船舶，已在该地被扣押，或已提供担保以免由于碰撞而被扣押；或（d）被告在该地有依照该国法律可供扣押的财产，而且该项财产已被扣押或已提供担保以免由于碰撞而被扣押；（e）被告已在该国就碰撞适当提供了限额基金。

3. 1992年《油污损害民事责任国际公约》（简称1992年《油污损害责任公约》）和1992年《设立油污损害赔偿国际基金公约》（简称1992年《基金公约》）

（1）1992年《油污损害责任公约》

该公约就船舶所致油污损害缔约国领土的责任问题提供了一套实体规则框架，而将管辖权赋予损害发生地或预防性措施实施地国法院，以及基金设立地国法院。其第9条第1款规定，当事件导致在一个或数个缔约国的包括领海在内的领土内，或第2条所指的区域内的污染损害，或者业已采取预防性措施以防止或降低在此种包括领海或其他区域在内的领土内的污染损害时，赔偿诉讼仅可在此种一个或数个缔约国法院提起，并给予被告有关该诉讼的合理通知。第2款规定，每一缔约国应确保其法院拥有受理此种赔偿诉讼的必要管辖权。第3款规定，根据第5条规定而设立基金后，基金设立地国法院应拥有解决有关基金分配和分发所有事项的专属性管辖权。

（2）1992年《基金公约》

《基金公约》规定了基金的设立以满足《责任公约》规定不充分情况下的损害赔偿请求，并给予船东有关由《责任公约》所施加的额外财政负担方面的救济。然而此公约并没有规定独立的管辖根据，而是将针对基金的赔偿诉讼归为责任请求管辖国法院管辖。[①]公约第7条第3款规定，当污染损害赔偿诉讼业已在根据《责任公约》第9条规定具有管辖权的法院针对船东或其保证人提起时，该法院应对就本公约第4条或第5条所规定的有关相同损害的赔偿或补偿而针对基金的任何诉讼拥有专属管辖权。然而，当《责任公约》所规定的污染损害赔偿诉讼已在《责任公约》当事国而非本公约当事国的法院提起时，根据本公约第4条或第5条第1段规定而针对基金的诉讼，应应申请人的选择，或在基金管理中心所在地国法院，或在根据《责任公约》第9条规定具有管辖权的本公约当事国法院提起。

4. 1962年《核动力源船舶经营人责任公约》

公约第10条第1款规定，任何赔偿诉讼应该根据申请人的选择，或在特许国法院，或在其领土遭受核污染损害的一缔约国或数缔约国法院提起。第18条规定，核损害赔偿诉讼应向经营人，也可向保险人或特许国以外的根据第3条第2段规定向经营人提供财政担保的任何人提起，如果向保险人或该其他人提起诉讼的权利是由应适用的国内法规定。

① See D.C.Jackson, op.cit., pp.84, 129–130.

5．海上货物运输公约

（1）1924年《海牙规则》和1968年《海牙—威斯比规则》

在1968年《布鲁塞尔公约》的当事国中，有的仍为1924年《海牙规则》的当事国，如比利时、德国、法国、爱尔兰、葡萄牙、西班牙等；有的则是1968年《海牙—威斯比规则》的当事国，如比利时、丹麦、法国、意大利、卢森堡、荷兰、英国、芬兰、瑞典等。[①]在这两项规则中均没有明示的管辖权条款，但第3条第8项规定，运输契约中的任何条款、约定或协议，凡是解除承运人或船舶由于疏忽、过失或未履行本条规定的责任与义务，因而引起货物的或与货物有关的灭失或损害，或以本规则规定以外的方式减轻这种责任的，都应作废并无效。有利于承运人保险利益的条款或类似条款，应视为免除承运人责任的条款。然而，在The Morviken案[②]中，英国上议院根据该条规定判定，管辖权和法律选择条款就在其导致1968年规则明定以外的较低责任限制的施予这一范围内是无效的。就1968年规则致使管辖权条款无效的效力而言，在英国法中，管辖权问题很清楚受该规则调整。但该规则能否有资格作为《布鲁塞尔公约》第57条范围内的调整管辖权问题的公约的问题，实际上是一个有关Morviken案判决是否即是欧洲法院立场的问题。如果答案是否定的，那么在英国法中则存在与成文法管辖权架构的明显冲突。[③]

（2）1978年《汉堡规则》

旨在替代1924年《海牙规则》和1968年《海牙—威斯比规则》的1978年《汉堡规则》于1992年生效，其规定了相当完备的管辖权体制。

第一，《汉堡规则》将自身规定的管辖根据与法院地国国内法规定相结合，使管辖法院的管辖权同时符合其国内法与《汉堡规则》的要求。《汉堡规则》第21条第1款规定，对于与根据本公约进行的货物运输有关的司法诉讼，应原告的选择，可以向根据其所在的国家的法律有权管辖，并且下列地点位于其管辖范围之内的法院提起诉讼：（a）被告主营业所所在地，若无主营业所，则被告惯常居所所在地；或（b）合同订立地，如果合同是通过被告在该地的营业所、分支或代理机构订立；或（c）装货港或卸货港所在地；或（d）在海上货物运输合同中为此目的而指定的任何附加的其他地点。

第二，有限地认可诉物管辖制度及诉物管辖根据的效力。《汉堡规则》第21条第2款第1项规定，虽有本公约的前述规定，如果载货船舶或属于该同一船舶所有人的任何其他船舶，在一缔约国的任何港口或地点依照适用于该国的法律或国际法规则而被扣，便可向该港口或地点所在法院提起诉讼。但在这种情况下，经被告请求，原告须将诉讼

① See D.C.Jackson, op.cit., p.131.

② [1983] A.C.565.

③ See D.C.Jackson, op.cit., p.131.

转移到其所选定的本条第1款所述管辖法院之一，以作出对索赔的判决。而在诉讼转移之前，被告必须提供足够的保证，以偿付日后可能判归原告的赔偿金额。第2项规定，一切有关担保是否足够问题，应由扣押港口或地点的法院裁定。同条第3款规定，根据本公约而提起的有关货物运输的任何法律诉讼，不得在本条第2款所未规定的地点提起。本款上述规定，并不妨碍缔约国采取临时性或保护性措施的管辖权。据此，在汉堡规则项下，诉物管辖根据的效力受制于被告有关管辖法院选择权的行使。不过临时性或保护性措施的管辖权的行使不受实体问题管辖根据的影响。

第三，明示承认管辖权协议的效力。《汉堡规则》第21条第5款规定，虽有上述各款规定，在根据海上运输合同提出索赔之后，当事各方达成的有关索赔人可提起诉讼的地点的协议仍属有效。不过据此规定，管辖协议必须在请求提出之后达成方为有效。

（3）1980年联合国《国际货物多式联运公约》

1980年公约中的管辖根据与1978年《汉堡规则》类似，不过《多式联运公约》并未规定诉物管辖根据。

公约第26（1）条规定，原告可在他选择的法院根据本公约提起有关国际多式运输的诉讼，如果该法院按其所在国法律规定有权管辖，而且下列地点之一是在其管辖范围内：（a）被告主要营业所，或者，如无主营业所，被告的惯常居所，或者（b）订立多式运输合同的地点，而且合同是通过被告在该地的营业所、分支或代理机构订立，或者（c）接管国际多式联运货物的地点或交付货物的地点，或者（d）多式联运合同中为此目的所指定的并在多式联运单据中载明的任何其他地点。显然，依公约第28（1）条规定，原告只能向上述地点所在地的法院提起有关为多式联运公约所支配的国际货物多式联运的诉讼，只要该法院按其所在国法律有权管辖。而如果依公约第26（1）条第（a）—（d）项所确定的管辖法院依其所在地国法律无权管辖，则在此情况下，有关公约项下的国际多式联运争议的管辖权问题仍依《布鲁塞尔公约》规定予以解决。

《多式联运公约》尚赋予当事人享有广泛的协议选择法院的权利。公约一方面在第26条第1款第（d）项规定，原告可向多式联运合同中为此目的所指定的并在多式联运单据中载明的任何其他地点在其所管辖范围内的法院，提起有关公约项下的国际多式联运的司法诉讼，只要该法院按其所在国法律规定有权管辖。另一方面又在第26条第3款规定，虽有本条上述各项规定，如果当事双方在索赔发生之后达成协议，指定原告可以提起诉讼的地点，则该项协议有效。因此，当事人不仅有权在诉讼提起之前的任何时候协议选择管辖法院，而且所选择的管辖法院所在国不可能（依第（d）项规定）或并无必须（第26（3）条）是第（a）—（c）项所指地点所在国，也无须是公约缔约国，而依第26（3）条所选择的法院的管辖权，不受第26条第1款中管辖法院“按其所在地国法律规定有权管辖”这一条件制约及第26条第2款规定的限制。

（4）1978年《国际货物公路运输公约》

该公约由于适用于由船舶进行的车载货物的运输而对某些海事请求管辖权问题的确定具有意义。

公约第31条第1款规定，本公约中运输所引起的法律诉讼，原告可在双方协议约定的缔约国的任何法院和法庭提起，也可在下列地点所属国家的法院或法庭提起:（a）被告的通常住所或主要营业所，或者经手订立合同的分支机构或代理机构的所在地；或（b）承运人接管货物的地点或指定的交货地点。也就是说，在协议管辖情况下，原告可以在缔约国的任何法院和法庭提起诉讼，在不存在有效的协议管辖条款时，原告只要向被告通常住所或主要营业所，或者经手订立合同的分支机构或代理机构所在地，或承运人接管货物的地点或指定交货地点所属国法院或法庭所提起的诉讼，均符合公约关于管辖权的规定。而这些法院在按公约行使管辖权时无须考虑其国内法的不同规定。

《公路运输公约》所规定的管辖权体制属于《布鲁塞尔公约》第57条赋予优先适用效力的其他公约管辖权体制之一。这一点已为诸多国内法院所承认。安特卫普法院在1976年Agence Belgo-Danoise NV v.Rederij Hapag Lloyd AG案①裁定，船东不能根据1968年《布鲁塞尔公约》而依赖多式联运提单中的管辖权协议，合同由《国际货物公路运输公约》调整，根据其第31条规定，在本案中原告有权选择在货物交付地国法院（比利时）起诉。如果1968年公约适用，管辖权条款将赋予德国法院以专属管辖权。②而丹麦地区上诉法院在1984年Durbeck v.Arco International Transport BV案③中也是根据《公路运输公约》来考虑管辖权问题，并认为该公约的管辖权条款与《布鲁塞尔公约》第5条第1款所规定的履行地国法院管辖规定相一致。不过严格地说，《布鲁塞尔公约》第5条第1款规定不应予以考虑。④

（5）1974年《旅客及行李运输雅典公约》

根据《雅典公约》第17条第1款规定，本公约项下所产生的纠纷，应原告选择，应向下述所列的位于本公约当事国内的法院提起诉讼:（a）被告永久居所所在地国或主营业所所在地国法院；或（b）运输合同所规定的出发地或目的地国法院；或（c）原告住所所在地或永久居所所在地国法院，如果被告在该国有营业所，并受该国管辖；或（d）运输合同订立地国法院，如果被告在该国有营业所，并受该国管辖。而根据同条第2款规定，导致损害的事件发生后，当事人可约定将损害赔偿请求提交任何法院管辖或交付

① Judgment of 25 June 1976, ECD 1–57–B3.

② Also in 1976 the Landgericht Aachen upheld a jurisdiction clause in a case falling within the CMR despite its lack of enforceability under the Brussels Convention.

③ 1985 ECD 321.

④ See D.C.Jackson, op.cit., 133.

仲裁。

（6）1976年《海事请求责任限制公约》

《责任限制公约》并未含有明示的管辖权条款，而《布鲁塞尔公约》第6a条则专门规定责任限制诉讼由受理与所主张的责任限制有关的实体请求的法院管辖。因而《布鲁塞尔公约》的管辖权体制不受限制地适用于《责任公约》所规定的请求的管辖权问题。

不过，由于公约第13条规定了基金设立时的被扣押船舶强制释放制度，因而该规定对以扣押为根据的管辖权的行使起着间接控制作用，对于属于《布鲁塞尔公约》范围之内的直接依据第5条第7款之规定或间接依据《扣船公约》之规定而以扣押为管辖根据的诉讼，缔约国法院在适当之时必须考虑1976年《责任公约》的效力。①

（7）1993年《海事优先权和抵押权国际公约》

尽管1993年公约与前公约均未含有明示的管辖权条款，但仍为《施洛塞尔报告》（Schlosser Report）列为与该公约第57条规定有关的公约清单之内。然而该公约也暗示着在船舶处于强制拍卖进行地国法院管辖之下时有关受强制拍卖影响的利益方面的管辖权。此条款可能影响到特定请求方面管辖权，尤其是登记所在地国公设登记事项的专属管辖权。②

（8）1868年《莱茵河航行公约》

该公约是为解决巴塞尔与公海之间的莱茵河航行问题，是公私法的混合物，现经修正，成员国包括比利时、法国、德国、荷兰、瑞士和英国。该公约将审理某些特定事项纠纷的管辖权赋予莱茵河航行法庭。公约第34条规定，如果当事人受合同约束，莱茵河航行法庭根据第34 Ⅱ（c）条而无须援引第35条规定享有管辖权；但其管辖权不能扩及至以合同为根据、并且是就由应承担责任的所指船舶上的人或货物所致损害而对该船舶所提起的诉讼。第35条就法庭之间的管辖权分配作了规定，而第35（b）条进一步规定了航行法庭之外的其他管辖法院的选择。其规定，就第34 Ⅱ（c）条规定情况而言，当损害发生于两个沿岸国领土内，或不可能确定损害所发生的领域时，管辖权应归属于唯一受理案件的法庭或首先受理案件的法庭。第35（c）条规定，在民事诉讼中，当事人可以约定将案件交由第35，36（b）条规定的管辖法院之外的莱茵河航行法庭管辖，如果国内立法不禁止另一管辖法院。据此毫无疑义，公约规定了根据《布鲁塞尔公约》第57条规定应予以遵守的管辖权体制。

① See D.C.Jackson, op.cit., pp.134 –135.

② See D.C.Jackson, op.cit., p.135.

（三）管辖权国际统一立法对对物诉讼制度的影响

1.《布鲁塞尔公约》对对物诉讼制度的影响

1968年《布鲁塞尔公约》是迄今为止对英美法系国家海事管辖权制度影响最大的综合性公约，其对海事对人诉讼制度的影响如同对其他民商事对人管辖权制度，但对对物诉讼制度的影响程度，即在该公约项下对物诉讼能否提起以及能否根据公约规定的事由而中止业已发起的对物诉讼问题，尤引起英国司法与学术界的激烈争论。① 从公约第1条所规定的范围看，其适用于民商事事项，而不论法院或法庭性质，同时其受若干例外的限制，然没有一项例外事项涉及对物诉讼。②

《布鲁塞尔公约》对海事对物管辖权制度的适用问题在英国加入1968年公约之前的谈判中即予以讨论，最终所采纳的解决方案即是依赖公约第57条以解决对物诉讼制度的适用问题。③ 如上所述，《布鲁塞尔公约》第57条是专门解决《布鲁塞尔公约》缔约国是或将来成为其当事方的有关特定事项的特别公约适用问题的条款，并规定此类公约的运作不受1968年《布鲁塞尔公约》的影响。由于特别公约与1968年《布鲁塞尔公约》同是解决有关管辖权或判决执行问题的公约，只不过前者仅涉及特殊事项，而后者则一般性地解决此类问题，因而有关特定事项的特别公约即是属于1968年公约一般范围之内的公约。而特别涉及海事对物诉讼的公约也不例外。

《布鲁塞尔公约》第57条第2款明确规定作为有关特定事项的特别公约当事方的《布鲁塞尔公约》的缔约国法院，可根据该特别公约行使管辖权，即使被告住所在非为特定事项特别公约当事方的另一《布鲁塞尔公约》缔约国。而原告是否住所在或其国籍是否是《布鲁塞尔公约》缔约国，或者被告是否住所在或其国籍是否是特别公约当事国，均无关紧要。而由此作出的判决应为所有《布鲁塞尔公约》缔约国所承认，即使此类国家不是特别公约的当事国。由此推论，如果某一国家既是《布鲁塞尔公约》的缔约国，又是特别事项公约的当事方，其法院即可按照特别公约的规定行使对物诉讼管辖权，而不受《布鲁塞尔公约》第3条的约束。④

2. 管辖权国际统一立法与非欧洲国家的对物诉讼制度

《布鲁塞尔公约》之外的有关特别事项管辖权的国际统一立法也同样对实行对物诉讼制度的非欧洲国的对物诉讼立法产生不同程度的影响。由于特别事项管辖权公约在管辖权问题上的不同规定，这些公约对缔约国国内对物管辖权制度或保留，或更改，或排除。其中对国内对物管辖权制度持肯定立场的较为重要的特别公约有1952年《扣船公

---

① See Christopher Hill, op.cit., p.129. See also Nigel Meeson, op.cit., p.91.

② See Dicey & Morris, op.cit., p.447.

③ See Dicey & Morris, op.cit., p.448.

④ See Dicey & morris, op.cit., pp.448–449.

约》和布鲁塞尔《碰撞公约》。而持否定立场的如1974年《旅客和行李运输雅典公约》。

1952年《扣船公约》[①]规定悬挂缔约国国旗的船舶可为海事请求而被扣押，而悬挂非缔约国国旗的船舶可为海事请求或扣押地的缔约国国内法规定的任何其他请求而予以扣押。公约同时规定，扣押地国法院如果其国内法规定对引起扣船的海事争议具有管辖权，其则对海事争议具有实体管辖权。这意味着当船舶悬挂缔约国国旗时，扣押地的缔约国法院只就海事请求享有管辖权。然而在公约适用的范围内，扣船公约至少在两个方面对缔约国的对物诉讼制度产生影响：第一，公约仅赋予针对船舶的对物管辖权，而国内法一般还同时规定针对诸如运费和货物之类的其他类型财产的对物管辖权；第二，扣船公约仅在船舶被扣押时始赋予扣押法院以对物管辖权，船舶可以扣押。[②]这意味着被扣押的船舶如果释放，法院则丧失管辖权。不过当既向船舶送达对物令状，又扣押船舶时，如果船舶由于担保的提供而释放，则法院仍享有管辖权。[③]

1952年《布鲁塞尔公约》就海船之间或海船与内河航行船舶之间碰撞诉讼管辖作了规定。第1条第1款将管辖权赋予下列法院：(a)被告惯常居所或营业所地国法院；(b)被告船舶或属于被告所有的能够合法扣押的任何其他船舶扣押实施地，或者扣押本可以实施但提供了保释金或担保地国；(c)在港口或内河发生碰撞时的碰撞地国。这些管辖权根据中最为重要的即是第b项规定的管辖根据，其与扣船公约大体相同。不过，它们之间存在的最大不同即是碰撞公约规定在可以实施扣船并且提供了保释金或其他担保的情况下，则可行使管辖权。这意味着在碰撞案件中被告船舶的扣押并非至关重要。[④]

而值得一提的是，1978年联合国《海上货物运输公约》将对物诉讼程序的进行委诸于被告管辖法院选择权的行使。公约第21条第2款第1项规定，虽有本公约前述规定，如果载货船舶或属于同一船舶所有人的任何其他船舶，在一缔约国的任何港口或地点依照适用于该国的法律或国际法规则而被扣押，便可向该港口或地点所在法院提起诉讼。但是，在这种情况下，经被告请求，原告须将诉讼转移到他所选定的本条第1款所述管辖法院之一，以作出对索赔的决定。而在诉讼转移之前，被告必须提供足够的保证，以偿付日后可能判决向原告支付的赔偿金额。可见，在船舶扣押地国法院进行对物诉讼，

---

① 1999年《船舶扣押国际公约》业已在联合国贸发会和国际海事组织于1999年3月在日内瓦召开的扣船外交大会上通过，但该公约何时生效尚难以预料。我国已率先将该公约的一些主要内容纳入我国《海事特别程序法》之中。

② The Deichland[1990] 1Q.B.361 (C.A.).The court will, however, have jurisdiction in personam over the defendant if he voluntarily submits to its jurisdiction, for example by giving bail to prevent the ship's arrest or by acknowledging the issue of the writ.

③ If the defendant submits to the jurisdiction, arrest will not of course be necessary. See Dicey & Morris, op.cit., pp.449–450.

④ See Dicey & Morris，op.cit., p.450.

以被告未请求将诉讼转移至其他管辖法院为条件。

可见，有关特别事项管辖权的国际统一立法对对物管辖权制度的影响程度，完全取决于公约自身的规定。不过大多数特别公约为确保公约的缔约国具有广泛的代表性，充分尊重了普通法系国家海事对物管辖权制度存在的现实，并在此基础上根据公约调整事项的具体情况对国内法中的对物管辖制度作了不同程度的更改，从而使公约具有两大法系海事管辖权制度相互妥协的特征，并呈现出明显的趋同化迹象。

三、大陆法系国家国内立法中的管辖根据

大陆法系国家，尤其是一些欧洲国家，由于制订或参与制订了诸多双边或多边管辖权国际统一立法，因而存在两类不同的管辖根据，即国际统一立法中的管辖根据和传统的国内法中的管辖根据。在此仅探讨对与海事请求有关的传统管辖根据。

（一）一般性管辖权根据

与英美法系传统的管辖权确立根据不同的是，所有的大陆法系国家，仅有诉人管辖根据而无诉物管辖根据。同时，为划定私法案件的管辖权，均使用明确程度不同的将领土与诉讼客体或主体加以连结的实质性连结因素。①即实质性管辖根据，其中国籍和住所是两类一般性的管辖根据。

1．国籍

以法国为代表的拉丁法系各国一般依据有关当事人的国籍来确定一国法院的管辖权。其主张内国法院对有关本国国民的诉讼具有管辖权，而不论本国国民在诉讼中处于原告还是被告地位。原告或被告的国籍即被认为当事人与国籍国之间存有充分的联系，足以使该国法院行使对任何诉讼的管辖权。②如在法国，原则上，国内的管辖权规则适用于国际性纠纷。《法国民法典》第14条规定，“不居住在法国的外国人，曾在法国与法国人订立契约者，因该契约所生债务的履行问题，得由法国法院受理；其曾在外国订约对法国人负有债务者，也得由法国法院受理。”第15条规定，“法国人在外国订约所负债务，即使对方为外国人的情形，得由法国法院受理。”法国法院通过其司法实践对这些条文作了扩大解释，将它们运用到由法国人参加，除涉及国外不动产案件以外的所有其他案件中。③即法国公民或企业可对外国公民或企业向法国法院提起诉讼。④不过在法国，除国籍外，当事人住所、合同履行地等也是管辖权的行使根据。⑤此外，属于

① See Konstantinos D.Kerameus, op.cit., pp334–335.

② See Konstantinos D.Kerameus, op.cit., p.355.

③ 参见黄进主编:《国际私法》，法律出版社1999年版，第896页。

④ 见威廉·泰特雷:《国际冲突法》，第614页。

⑤ See Konstantinos D.Keramerus, op.cit., p.355; 黄进主编，上引著，第896页。

拉丁法系的法国、意大利、比利时、荷兰、卢森堡、西班牙和葡萄牙等国的法律均在不同程度上承认当事人选择管辖法院的权利。如在法国，法国法院原则上承认管辖权条款的效力。然而，对于海上货物运输合同，初审法院有一种明显的倾向，即依据正当的理由，如提单上没有托运人的签名、提单印刷错误、管辖权条款约定不明确等，不承认这些管辖权条款的效力。[①]

2．住所

德国法以及仿效德国法的其他国家的法律在管辖根据方面并未奉行与拉丁法系国家法律那样的民族主义观念，它们将国际背景下的管辖权视为地域管辖（venue）传统规则，或纯国内案件中属地管辖的“投射”。被告住所成为这些国家属地管辖的基本根据。不过，法院裁判管辖权也可建立在将法院的属地管辖范围与诉讼的各因素相联系的其他因素上，如合同的履行地、不法行为实施地或损害结果发生地。[②]如在希腊，若被告在希腊有住所，希腊法院即可对该外国被告行使管辖权。而当被告住所在国外，只要合同在希腊旅行，希腊法院即对有关该合同的争议拥有管辖权。此外，这些国家的立法都在相当广泛的范围内尊重当事人的意思自治，规定在不与内国专属管辖权相抵触的情况下，当事人双方可以自由地选择内国法院管辖或外国法院管辖。[③]

（二）有关海事诉讼的管辖根据

在一系列广泛的管辖根据中，以下的管辖根据对大陆法系国家法院海事管辖权的确立尤为重要。[④]

1．被告住所或主营业所

在海事领域，如同其他私法领域的管辖根据那样，被告住所或主营业所构成海事法院行使管辖权的基本根据。而所谓住所的构成，除存在现实的居住地外，还要求在该相同地方无明确期限地居住的意思。

由于在大多数海事案件中，被告系公司、合伙或法人，因而许多国家较为重视实际营业所的界定，或将其认定为公司官员居住和工作之地，或认定为采取重要的商业经营决策之地，或认定为发布主要决定或命令之地，或公司财政信息汇总和保管地。[⑤]然而，除实际营业地外，在公司章程中所记载的仅作为公司所在地的名义营业地是否具有类似于实际营业地的价值，在大陆法系国家中尚有争论。德国法将实际和名义营业地同作为行使管辖权的根据，希腊法并不接受名义营业地，因而不能作为行使管辖权的充分根

---

① 见威廉·泰特雷:《国际冲突法》，第615页。

② See Konstantinos D.Kerameus, op.cit., p.355.

③ 参见黄进主编，上引著，第896页。

④ See Konstantinos D.Kerameus, op.cit., pp.356–360.

⑤ See Konstantinos D.Kerameus, op.cit., p.356.

据。同时，若外国海运公司在希腊有代理机构，则有关由该代理机构所订立的合同的任何诉讼均可在希腊法院提起。

2．登记地、停泊地或船旗国

诸如奥地利、德国和希腊等大陆国家法律认为，船舶实际所在地国法院对住所在外国的船舶拥有管辖权。而船舶所在地，即指船舶实际停泊地，不论船舶系在航行中，而停泊是短暂的事实。希腊法甚至将船舶的登记地作为虚拟所在地（fictional location）。因而拥有在希腊港口登记并悬挂希腊国旗的船舶的外国个人或公司均可在希腊法院被诉，而不管在诉讼开始时船舶位于何地。

3．合同履行地、装货或卸货地、不法行为实施地

在下述情况下，大陆法系国家法院也可行使管辖权：海上运输货物装载或交付地位于法院管辖区域内；船舶供应品应付款在法院管辖区域内支付；在海上救助报酬请求案中，原告住所在法院管辖区域内，从而在无相反协议情况下有权作为一项契约性请求而在此地接受其救助报酬;尽管合同在国外履行，但合同系在法院管辖区域内订立。[①] 在数个案件中，希腊法院并非依据船舶的登记，而是依据被告的主营业所，或海事合同履行地作为管辖根据。就侵权损害赔偿请求而言，对于船舶碰撞损害请求、由船舶引起的任何损害赔偿请求、可航水域船舶上海员或任何其他人人身伤害赔偿请求，侵权行为发生地国法院拥有管辖权。而对于发生于公海上的侵权视为发生在船旗国领域内，该国法院对此拥有管辖权。[②]

4．船舶扣留与海事管辖权的行使

如上所述，普通法系国家在1952年之前，不准在判决前扣押被告财产以担保某项潜在的请求是一项基本原则，而源自于海事法院实践的船舶扣押则构成该项原则之例外，并且船舶扣押令状的签发和送达自动地赋予法院对案件实质问题的管辖权。与此不同的是在大陆法系国家，尽管针对包括船舶在内的被告所有财产的假扣押（saisie conservatoire）是一项普遍的实践，然而这并不当然地赋予该法院对案件实质问题享有

① Common law jurisdictions, like England or , for that matter, Cyprus, adopt this jurisdiction foundation as well. See Blue Star Port Lines v.Maritime Fruit Carriers, (1970) 5 Judgements of the Supreme Court of Cyprus 450, 452: “As the defendants were bound to deliver the goods in Cyprus, although the contract was entered outside Cyprus, the beach occurred within the jurisdiction and consequently this Court has jurisdiction to hear and determine the present action”.

② See Konstantinos D.Kerameus, op.cit., pp.358–359.

管辖权。[①]

按照大多数大陆法系国家法律之规定，船舶扣留本身并非属于用以确立管辖权的诸因素的范畴之内。管辖权的确立主要依赖纠纷的诸要素与法院所在的地理区域之间所存在的实质性联系。法院对有形诉讼对象的单纯的有形控制权力，由于是通过将船舶程序性地隶属于国家的执行机制之下而得以确立，因而在大多数情况下并不被视为是获得和行使管辖权的充分的正当理由。[②]何况“管辖权并非是毫无根据权力（naked power）的同义语，其是权力和政策的结合体。”[③]鉴于此，准诉物管辖权在大陆法系国家并未得到广泛地接受，即使在海事领域也如此。

普通法系国家与大陆法系国家在船舶扣押对管辖权确立所起所用方面所持的不同立场，在扣船公约中得到明显体现。1952年和1999年扣船公约均并不当然地赋予扣押船舶的法院对引起扣船的海事请求的管辖权，而将扣船法院管辖权委诸其国内法规定。如1952年公约第7条第1款规定，如果缔约国的国内法规定，扣押船舶的法院对引起扣船的海事争议具有管辖权，则扣船的法院得对引起扣船的海事争议行使管辖权。而1999年公约第7条第2款规定，扣船地国法院，或为避免扣船或释放船舶而提供担保的所在地国法院，可拒绝行使管辖权，如果该国法律允许此种拒绝并且另一国法院接受管辖。不过，1952年公约较多地顾及到大陆法系国家的做法，而1999年公约则较多地偏向于英美法系国家的实践。

（三）管辖权条款的效力

在大陆法系国家，管辖权条款或协议的效力比在美国更得到肯定和支持。大多数欧洲法律体系对于在国际背景下的管辖权条款的有效性问题，系根据在纯国内背景下所适用的相同标准予以审查。[④]然而在海事领域，由于许多国家对海商活动的特殊实体政策考虑，海商法往往被赋予强行法之地位，从而使得海事合同或提单中的管辖权条款的效力，不时地被国内法院所否定。

---

① Some Continental countries still adhere to the rule that pecuniary suits against defendants domiciled abroad may be brought in a domestic court provided the defendant has a piece of property there, even if there is no relation whatsoever between this piece of property and the subject matter of the litigation.An Austrian court once went so far as to affirm jurisdiction in a paternity suit based upon a piece of clothing left behind by a foreigner.In addition to Austria, Germany and Greece have also adopted this exorbitant base of jurisdiction.It must, however, be stressed that disturbing results connected with the application of this base of jurisdiction have been rather rare. See Konstantinos D.Kerameus, op.cit., p.357.

② See Konstantinos D.Kerameus, op.cit., p.359.

③ See Konstantinos D.Kerameus, op.cit., p.360. See also 379 U.S.378, 387–388 (1965)

④ See Konstantinos D.Kerameus, op.cit., pp.362–363.

1．法国

法国立法对海事管辖权条款效力的立场经历了从否定到初步支持的转变。①1136年颁布的海上货物运输法第10条禁止管辖权条款剥夺法国法院对法国船舶在法国港口之间运输案件的管辖权。1966年6月颁布的海上货物运输合同法则没有任何禁止管辖权条款的规定。②同年12月颁布的法令第54条也并未对管辖权条款予以限制。③除了规定可在装载或卸货的法国港口提起诉讼外，第54条仅涉及支配管辖权条款有效性的基本程序规则。而根据现行的民事诉讼程序法，基本规则是管辖权选择条款作为非书面形式对待，因而是无效的。《新民事诉讼法典》第48条在进一步强化这一基本规则的同时，确立了一项重要的例外，即以商事资格行事的当事人所约定的并在协议中明确订明的管辖权条款除外。这意味着提单中的管辖权条款仅能用来适用于商人，并且这些条款必须明显地记载于提单中。具体言之，有效的管辖权条款至少应符合以下几点：④

第一，条款必须清楚可见（clearly apparent）、易读（legibility），从而能够认为当事人业已受到告知，并明确地予以同意。即管辖权条款是双方真实的、共同的意思的反映。根据法国法，托运人在提单上签字，即表明其同意提单上的此种条款。⑤同时法国法院认为，只有当法院相信此种条款在合同订立之时已引起当事一方的注意，才能认定该当事人对此种条款已予以默示同意。因此，如果某一条款是用很细小的字体印刷在当事人签字的一行下面，并且也未为该当事人在签字时所指出，则不能认为该当事人同意该条款。⑥同样，如果某一条款是用当事人不懂的外语写成，也不能认为该当事人同意该条款。

第二，援引管辖权条款（jurisdiction clause by reference）必须规定得详尽和准确。在另一文件中援引管辖权条款，必须规定得详尽和准确。因此，当某一提单中只是简单地载有“运费和条件按租船合同”这一援引条款，并且租船合同中管辖权条款和仲裁条

---

① SeeWilliam · Tetley, op, Marine Cargo Claims (4th ed.), chapter 37, pp.10, 47–54.

② Law No.66–420 of June 18, 1966 sur les contrats d’affretement et de transport maritimes, (j.O.June 24, p.206), D.S.1966.4.295.

③ Decree No.66–1078 of December 31, 1966, sur les contrats d’affretement et de transport maritimes (J.O.January 11, 1967, p.483), D.S.1967.4.65.

④ 参见William Tetley，上引著，第615，634–639页。

⑤ Cour d’Appel de Rouen, February 13, 1996, DMF 1997, 802, obs.Y.Tassel.Art.37 of Decree No.66–1078 of December 31, 1966 required the shipper to sign the bill within 24 hours of the loading.See comment by R.Achard appended to Cour de Cassation, February 28, 1983, DMF 1983, 720.Art.37 was amended by Decree No.87–922 of November 12, 1987 so that the shipper is no longer obliged to sign the bill of lading.

⑥ The Supreme Court of the Federal German Republic in Allianz v. India Steamship Company declared a jurisdiction clause invalid, because the size of the print of the clause was too small.

款的全文并没有附在提单之上时，管辖权条款和仲裁条款不能用来有效地对抗提单持有人。[①]而在诸如简式提单的情况下，由于单证本身不订有管辖权条款，因而在某些案件中，基于该单证清楚地援引了另一订有该条款的单证，并且双方当事人的意思已清楚地扩及至该全式提单中的管辖权条款，对于这些案件，法院已赋予管辖权条款以效力。但是，由于《新民事诉讼法典》第48条要求此种条款“在协议本身中予以清楚地订明”，因而管辖权条款如果没有出现在签发给托运人的提单中，则似乎是无效的。因此，只是援引在另一单证中出现的管辖权条款，将是不够充分的。而当某一提单援引一全式提单，而该全式提单订有一管辖权条款，提单的这种不明确的规定由于未能使托运人知道管辖权条款的全部含义，因而也是不适用的。[②]

第三,管辖权条款的规定必须清楚而准确。除非管辖权条款的规定清楚和明确，否则不应予以尊重。因为规定不清楚和不明确的管辖权条款不能使当事人确切地知道应在什么法院进行诉讼。因而条款中必须清楚地指明被选定的法院。为此，如果某一条款指定船舶营运地港口的法院，由于这一港口可能随着航次的变化而变化，因而该条款不够确定。而规定应在承运人设有总部的国家进行诉讼的条款，指明承运人“主营业所所在地”的法院有管辖权的条款，也不够明确。与此相似，规定“在英格兰法院”进行诉讼的条款是不充分的。赋予由船东选择的两个法院以管辖权的条款，也因为不够清楚和不合理而被法院适当地宣布为无效。不过，经托运人签署的提单中条款由于规定“根据本提单以及作为其后果而产生的一切索赔和诉讼，应在苏联审理”，而被法院裁定为有效。[③]

但如果托运人和其他货物利益方是专业人员，或同承运人曾进行过交易，则法院有时在评价管辖权条款时，并非如此严格。然而由于这种条款毕竟背离了民事诉讼的通常规则，因而由法院对其予以限制性解释。特别是当管辖权条款指定承运人住所地的法院时，如果这一指定对托运人不利，基于提单中的条款是由承运人制定的，因而法院会根据“逆向解释规则”对其做出合理的解释。当然，如果整个协议由于诸如根本违约之事由而受到异议，管辖权条款的效力相应地受到危害。

---

① Cour d’Appel de Paris, January 5, 1976, DMF 1976, 335; see also Cour d’Appel de Paris, December 17, 1975, DMF 1976, 293.See also Cour de Cassation, June 27, 1995 (The Frauke), Revue Scapel 1996, 35, where the jurisdiction clause in a standard–form contract incorporated into a contract of carriage was held to be unenforceable.

② Cour d’Appel de Rouen, July 20, 1960, DMF 1961, 724. Seealso Cour d’Appel de Paris March 2, 1984, DMF 1985, 548.

③ In The Lisboa, a jurisdiction clause reading: “Any and all proceedings against the carrier shall be brought before the competent Court of London...” was not held to bind the “ship” and an action in rem could therefore be taken in Italy.

第四,管辖权条款不得违反法国的公共秩序或严重不公正。在确认托运人在签署提单时是否已正式地表明同意管辖权条款之后，法国法院必须考虑该条款一旦被赋予效力是否会违反法国的公共秩序这一问题。如果管辖权条款所指定的法院适用其本国法，托运人的权利有可能由于法院适用某一特殊的责任限制制度，或赋予提单中某些在法国被认为无效的条款以效力，而受到严重危害之虞。因而除在1966年颁布的法律允许的以外，或在国际海上运输情况下在海牙/威斯比规则允许的以外，对托运人权利的任何限制，都将被认为违反法国的公共秩序。在这种情况下，法国法院不可能赋予此种管辖权条款以效力。[①]同样，如果管辖权条款存在严重的不公平，或存在固有的不公平或不合理，或是承运人欺诈的产物，法院通常会拒绝执行此种管辖权条款。

至于管辖权条款对第三方当事人的效力问题。如上所述，根据法国国内法，管辖权条款的有效性取决于当事人是否以商人资格行事，以及该条款是否被清楚地予以订明。因而管辖权条款只能对合同的当事人或者被告知或同意提单中管辖权条款的人适用。依照法律规定而签署提单的托运人能够知悉该条款，从而通常受该条款的约束。但收货人和此后的提单的被背书人由于并不知道这一条款，因而产生其是否应受该条款约束的问题。当第三方手中的提单系根据租船合同签发，而租船合同中订有的管辖权条款只为租船合同当事人知道时，这一问题尤为突出。[②]

在法国，收货人通常并不被视为仅是提单项下的托运人权利的继承人。由于法院认为提单中的管辖权条款是对民法基本原则的减损，并且其也不是运输合同结构

① In Belgium, the courts had at one time given effect to foreign jurisdiction clauses, but only on the condition that the designated foreign court apply the Belgian equivalent of the Hague Rules.More recently, however, the Belgian courts have not considered such a condition to be sufficient, because the foreign courts might not interpret the Belgian version of the Hugue Rules in the same manner that a Belgian court could. French courts have not gone as far as Belgian court in this regard.

② In The Tilly Russ, the European Court of Justice answered this question, holdingthat, under art.17 of the 1968 Brussels Convention, a jurisdiction clause would be enforceable as against a third party holder if the clause would be valid as between the shipper and the carrier and if, by virtue of the applicable national law, the third party, in acquiring the bill became the assignee of the shipper's rights and obligations.

In Coreck Maritime GmbH v. Handelsveem BV, the European Court of justice, interpreting the final, re–amended version of art.17 of the Brussels Convention 1968, reaffirmed that a jurisdiction clause in a bill of lading, agreed to by a shipper and a carrier, produces effects with respect to a third party holder who, in acquiring the bill, has succeeded to the rights and obligations of the shipper under the applicable national law.If such is not the case, it is proper to verify the reality of the holder's consent to the clause by reference to the requirements of art.17, first para., of the Convention.It would appear that the same principle will apply under the almost identical art.23 of EC Regulation 44/2001.

（economy of the contract of carriage）的重要组成部分，因而为对收货人和其代位保险人产生拘束力，管辖权条款必须在不晚于接收之时被收货人明示接受。收货人或提单的领受人仅仅占有提单或其他的单据行为[①]的事实，均不足以构成能使管辖权条款对收货人、提单领受人或代位保险人产生可对抗性效力所要求的所谓对管辖权条款的“特别接受”。不过收货人通过签字或盖橡皮图章的方式而进行的纯粹的提单背书是否相当于此种明示接受，尚不明确。

如果管辖权条款仅是全式提单上印制条款之一，而且承运人只签发了简式提单，经托运人签署后转让至收货人，这一条款由于不仅收货人而且托运人均不能够适当地注意到这一条款的存在，而不能对抗收货人。[②]而第二承运人的提单中的管辖权条款，也不能被援引来对抗有权凭出示第一承运人的提单提取货物的收货人。[③]如果提单系根据租船合同而签发，并且概括性地援引包含有管辖权条款在内的租船合同中的条款，但没有实际再现管辖权条款本身，则这一条款由于不能认为第三方当事人已知道这一条款的内容，而对第三人而言不具有可执行性。然而如果证明收货人在货物交付完成时或之前业已知悉该条款，则其受该条款的约束。[④]

2．比利时

比利时法院的一般实践是当提单中管辖权条款的目的或可能产生的结果是承运人逃避《海牙—威斯比规则》的比利时国内立法海商法所课予的义务和责任时，提单中管辖权条款无效。因为该国内立法是“直接适用法”。为使提单中管辖权条款有效，其必须符合两个条件：其一,管辖权条款必须包含使上述国内立法第91条适用的首要条款；第二,必须存在这样一种合理的确定性：管辖权条款所指定的外国法院将以与比利时法院同样的方式有效地适用第91条。如果这两个条件没有得以满足，该管辖权条款则将视为与比利时国际公共秩序相冲突，因而是无效的。

然而这种判例法难以与布鲁塞尔公约相协调。布鲁塞尔公约第17条明确允许指定一缔约国法院的管辖权条款，如果当事人一方在该缔约国有住所，且该管辖权条款符合某些形式要件。为避免不得不宣布受《布鲁塞尔公约》约束的管辖权条款的有效性，比利时法院采取了一些魔法般的法律技巧。第一种方法是认管辖权条款不符合公约第17条的要件，即提单不构成承运人和持有提单的第三方之间的协议。因为后者不是合同订立时该合同的当事方。第二种方法是：一些法院区分形式的法律规则和实质的法律规

① I.e. its presentation to the carrier in return for delivery of the goods after discharge.

② Cour dapple de Paris, March 2, 1984, DMF 1985, 548, affirming Tribunal de Commerce de Paris, December 16, 1981, DMF 1983, 304.

③ Cour de Cassation, May 11, 1965, DMF 1965, 616, [1966] ETL 270.

④ See Cour dapple de Rouen, October 14, 1997 (The Istanbul Z), DMF 1998, 479, obs.R.Achard.

则。这种区分使得法院能拒绝承认依布鲁塞尔公约第17条形式上有效、但实质上违背比利时国际公共秩序的管辖权条款的效力。尽管比利时最高法院曾将提单中管辖权条款是否属于公约第17条所指的“协议”这一问题提交欧洲法院裁决，而欧洲法院也裁决：（a）提单中的管辖权条款如符合公约第17条规定的条件，能被视为承运人和托运人之间的协议；（b）如果提单中管辖权条款在托运人和承运人之间有效，提单的被背书人由于根据所适用的国内法继承了托运人的权利和义务，因而也受该管辖权条款的约束。[①]但由于欧洲法院并没有指示“所适用的国内法”如何确定，且实际上解决该问题的方法的数量几乎与受布鲁塞尔公约约束的国家的数量一样多，以致不可能期望有统一的方法。因此，比利时法院在遇到适用布鲁塞尔公约第17条的提单的管辖权条款时，仍判决不能依赖这种条款以对付持有提单的第三方。因为，根据比利时国内法，持有提单的第三方并不继承托运人的权利和义务。这些判决亦得到比利时学者的一致赞成。

3．荷兰

荷兰法院对提单中管辖权条款的立场取决于成文法干预的结果。此种成文法干预对解决提单中的管辖权条款问题比其他诸如非方便法院法技术等规避管辖权条款的方法更为清晰明确。《荷兰民事诉讼法典》（1986）第3编第629条第1款规定，有权裁判承运人和非发货人的受货人之间有关全部或部分地通过船舶将货物从荷兰境外一地点运至荷兰境内的最终目的地的运输合同争议的法院是荷兰境内的最终目的地所在地的法院。受货人包括对货物不交付提起诉讼的人。第2款规定，违反第1款的任何条款无效，除非该条款（a）赋予承运人或受货人住所所在国内指定地点的法院以管辖权，或（b）是不适用一般条件的一单独的书面协议内容。也就是说，荷兰法院原则上认定提单中管辖权条款无效，除非该管辖权条款指定收货人或承运人住所地国法院，或者除非规定在不适用一般条件的一份单独文件中。该立法明确排除法院挑选和诸如插入“主营业所地”条款等该受指责的实践而保留了承运人的正常法院。[②]

4．德国

依德国法，当事人可不受限制地约定德国法院的管辖权（扩大法院管辖权）或外国法院管辖权（限制法院管辖权）。如果当事人协议外国法院管辖，德国法院尊重该外国法院管辖权，只要选择的外国法院承认德国法院的管辖权。德国的管辖权原则不要求以德国法院在以后承认该外国法院判决作为外国法院行使管辖权的条件，也不援引非方便法院原则。但如果管辖权条款违背德国的公共政策，则可不承认外国管辖权。在海上货物运输中，如果管辖权条款约定的法院将不适用1924年《海牙规则》，则可不承认该外

① E.C.J., 19 June 1984, case 71/83, The Tilly Russ, Rep., 1984, 2417.

② 见威廉·泰特雷：《国际冲突法》，第636页。

国法院管辖权。①

四、我国有关海事诉讼管辖根据的立法规定

我国根据海事诉讼是否具有涉外性而规定了不同的管辖根据。对于国内海事案件，《海事诉讼特别程序法》第二章第6—11条对此作了较为详尽的规定，本书为此不予解释；而对于涉外海事案件，我国民诉法及有关司法解释对此作了一些规定。

我国《民事诉讼法》第二十五章就涉外案件的管辖根据作了统一规定。基于涉外海事案件与其他涉外民商事案件之间所存在的区别，最高人民法院分别于2001年和2003年颁布《最高人民法院关于涉外民商事案件诉讼管辖若干问题的规定》和《最高人民法院关于适用〈中华人民共和国海事诉讼特别程序法〉若干问题的解释》（以下简称《海事特别程序法解释》）就两者的管辖问题作了详尽规定。此外，我国缔结或参加的有关海事国际公约也就某些类型的海事案件的管辖根据作了规定。②这些公约、国内立法和司法解释基本确立了我国有关海事诉讼管辖根据立法的基本架构，但现行海事诉讼管辖根据的立法规定仍极为落后，亟需进一步的完善和系统化。③

《海事特别程序法解释》第2条规定，涉外海事侵权纠纷案件和海上运输合同纠纷案件的管辖，适用民事诉讼法第二十五章的规定；民事诉讼法第二十五章没有规定的，适用海事诉讼特别程序法第六条第二款（一）、（二）项的规定和民事诉讼法的其他有关规定。据此，我国立法所规定的涉外海事诉讼管辖根据基本如下：④

（一）海事诉讼平行管辖根据

平行管辖，也称为任意管辖或有条件管辖，是指国家在主张对某些种类的涉外海事案件具有管辖权的同时，并不否认外国法院对此类案件的管辖权。在平行管辖中，内国只是一般地规定行使国际海事管辖权的连结因素，如果该连结因素在内国，内国法院就具有管辖权，而如果该连结因素在外国，则由该外国法院行使管辖权。⑤在我国，平行管辖根据主要适用于涉外海事侵权纠纷案件和海上运输合同纠纷案件。

---

① 见威廉·泰特雷：《国际冲突法》，第617页。

② 我国已参加或缔结的涉及海事诉讼管辖权的国际公约主要有《1969年国际油污损害民事责任公约1976年议定书》、《1910年统一船舶碰撞某些法律规定的国际公约》、《1974年海上旅客及行李运输雅典公约》以及《1989年国际救助公约》。

③ 我国还没有专门的法律系统规定国际民事管辖权制度，而是将国内民事管辖权制度类推适用于涉外民事案件。参见韩德培主编：《中国冲突法研究》，武汉大学出版社1993年版，第385页。

④ 海事案例参见黄进、杜换芳："2002年中国国际私法的司法实践述评"，"2001年中国国际私法的司法实践述评"，载《中国国际私法与比较法年刊》（第6卷），法律出版社2003年版。

⑤ 参见李双元等主编：《国际私法通论》，法律出版社1996年版，第561—562页。

《民事诉讼法》第243条规定，因合同纠纷或者其他财产权益纠纷，对在中华人民共和国领域内没有住所的被告提起的诉讼，如果合同在中国领域内签订或者履行，或者诉讼标的物在中国领域内，或者被告在中国领域内设有代表机构，可以由合同签订地、合同履行地、诉讼标的物所在地、可供扣押财产所在地、侵权行为地或者代表机构所在地人民法院管辖。据此，我国海事诉讼平行管辖根据分为两类：

1. 海事诉讼普通管辖根据

对于涉外海事诉讼，以被告住所为基本管辖根据。虽然《民事诉讼法》第243条仅提及被告在我国领域内没有有住所的案件的管辖根据，但如果被告住所在我国领域内，我国海事法院自然可以此为根据行使管辖权。

2. 海事诉讼特别管辖根据

对于涉外海事侵权纠纷案件和海上运输合同纠纷案件的管辖问题，根据《海事特别程序法解释》第2条规定，包括四组管辖根据：

第一,《民事诉讼法》第243条规定的管辖根据，包括合同签订地、合同履行地、诉讼标的物所在地、可供扣押财产所在地、侵权行为地或者代表机构所在地。也就是说，对于住所不在我国领域内的人为被告的涉外海事侵权纠纷案件和海上运输合同纠纷案件，首先应根据此组管辖根据确定管辖法院，即可由合同签订地、合同履行地、诉讼标的物所在地、可供扣押财产所在地、侵权行为地或者代表机构所在地人民法院管辖。

第二,《民事诉讼法》第28—31条规定的管辖根据。对于《民事诉讼法》第243条没有规定的，则根据《海事特别程序法》第六条第二款（一）、（二）项的规定，适用《民事诉讼法》第28—31条规定的管辖根据。即将用以确定国内海事诉讼地域管辖的管辖根据用来作为确定涉外海事诉讼管辖法院的管辖根据。《民事诉讼法》第28条规定，因……水上……和联合运输合同纠纷提起的诉讼，由运输始发地、目的地或被告住所地人民法院管辖。第29条规定，因侵权行为提起的诉讼，由侵权行为地或者被告住所地人民法院管辖。第30条规定，因……水上……事故请求损害赔偿提起的诉讼，由事故发生地或者…船舶最先到达地……或者被告住所地人民法院管辖。第31条规定，因船舶碰撞或者其他海事损害事故请求损害赔偿提起的诉讼，由碰撞发生地、碰撞船舶最先到达地、加害船舶被扣留地或者被告住所地人民法院管辖。据此，补充《民事诉讼法》第243条规定之不足的管辖根据，海上运输合同纠纷案件方面，包括运输始发地和运输目的地；而涉外海事侵权纠纷案件方面，包括事故发生地、船舶最先到达地、碰撞发生地、碰撞船舶最先到达地、加害船舶被扣留地。

第三,《海事特别程序法》第六条第二款（一）、（二）项规定的管辖根据。该法第六条第二款（一）项规定，因海事侵权行为提起的诉讼，除依照《民事诉讼》第29条至第31条的规定外，还可以由船籍港所在地海事法院管辖。而所谓“船籍港”，根据

《海事特别程序法解释》第四条规定，指被告船舶的船籍港。被告船舶的船籍港不在中华人民共和国领域内，原告船舶的船籍港在中华人民共和国领域内的，由原告船舶的船籍港所在地的海事法院管辖。《海事特别程序法》第六条第二款（二）项规定，因海上运输合同纠纷提起的诉讼，除依照《民事诉讼》第28条的规定外，还可以由转运港所在地海事法院管辖。而所谓“转运港”，根据《海事特别程序法解释》第五条规定，指合同约定的或者实际履行的转运港。合同约定的转运港与实际履行的转运港不一致的，以实际履行的地点确定案件管辖。此类管辖根据也是属于将用以确定国内海事诉讼地域管辖的管辖根据用来作为确定涉外海事诉讼管辖法院的管辖根据。

第四，民事诉讼法的其他有关规定所规定的管辖根据。根据《海事特别程序法解释》第2条规定，对于涉外海事侵权纠纷案件和海上运输合同纠纷案件的管辖，若民事诉讼法第243条和海事诉讼特别程序法第六条第二款（一）、（二）项没有规定的，适用民事诉讼法的其他有关规定。

但令人遗憾的是，按《海事特别程序法解释》第2条之规定，上述管辖根据仅是用来确定涉外海事侵权纠纷案件和海上运输合同纠纷案件的管辖问题，对其他涉外海事合同或者其他涉外海事财产权益纠纷的管辖根据，则尚付阙如。而《民事诉讼法》第32—33条以及《海事特别程序法》第6条第2款第（三）—（七）项、第9条尽管专门规定了海难救助费用诉讼、[①]共同海损诉讼、[②]海船租用合同纠纷诉讼、[③]海上保赔合同纠纷诉讼、[④]海船船员劳务合同纠纷诉讼、[⑤]海事担保纠纷诉讼[⑥]以及海船船舶所有权、占有权、

① 《民事诉讼法》第32条规定，因海难救助费用提起的诉讼，由救助地、或者被救助船舶最先到达地人民法院管辖。

《海事特别程序法解释》第9条规定，因海难救助费用提起的诉讼，除依照民诉法第32条的规定确定管辖外，还可以由被救助的船舶以外的其他获救财产所在地的海事法院管辖。

② 《民事诉讼法》第33条规定，因共同海损提起的诉讼，由船舶最先到达地、共同海损理算地或者航程终止地的人民法院管辖。

③ 《海事特别程序法》第6条第2款第（三）项规定，因海船租用合同合同纠纷提起的诉讼，由交船港、还船港、船籍港所在地、被告住所地法院管辖。

④ 《海事特别程序法》第6条第2款第（四）项规定，因海上保赔合同纠纷提起的诉讼，由保赔标的物所在地、事故发生地、被告住所地海事法院管辖。《海事特别程序法解释》第6条规定，海事特别程序法第6条第2款第（四）项的保赔标的物所在地指保赔船舶的所在地。

⑤ 《海事特别程序法》第6条第2款第（五）项规定，因海船的船员劳务合同纠纷提起的诉讼，由原告住所地、合同签订地、船员登船港或者离船港所在地、被告住所地海事法院管辖。

⑥ 《海事特别程序法》第6条第2款第（六）项规定，因海事担保纠纷提起的诉讼，由担保物所在地、被告住所地海事法院管辖；因船舶抵押纠纷提起的诉讼，还可以由船籍港所在地海事法院管辖。《海事特别程序法解释》第10条规定，与船舶担保或者船舶优先权有关的借款合同纠纷，由被告住所地、合同履行地、船舶船籍港、船舶所在地的海事法院管辖。

使用权、优先权纠纷提起的诉讼[1]和申请认定海上财产无主诉讼[2]的管辖根据，但这些管辖根据仅是用来确定相应国内海事纠纷诉讼的国内管辖法院，其可否用来确定相应涉外海事纠纷诉讼的管辖法院，则尚需作如《海事特别程序法解释》第2条解决涉外海事侵权纠纷案件和海上运输合同纠纷案件的管辖问题那样的技术处理。

但在司法实践中，对于涉外海事侵权纠纷和海上运输合同纠纷，以及其他涉外海事纠纷案件，海事法院往往根据《民事诉讼法》第25章涉外民事诉讼管辖的特别规定来确定此类纠纷的管辖权。厦门海事法院所审理的“大连华兴船行诉日本国平城商事株式会社航次租船合同纠纷管辖权异议案”[3]即如此。

在该案中，大连华兴船行与日本国平成商事株式会社通过电传签订了一份租船合同，约定由华兴船行派船承运平成商社的一批钢材，装货港为日本大分港，卸货港为中国天津新港。合同签订后，华兴船行于同年二月派船从厦门港驶往日本大分港受载。船抵大分港后，平成商社以船舶不适航为由拒绝装货。为此，与华兴船行发生争议。后经双方协商，由中国船级社与日本NKKK船级社对船舶进行检验，检验结果认为船舶适航。平成商社仍然拒绝装货，致使船舶空载返回中国大连港。华兴船行认为，船舶从厦门港驶往日本大分港受载，厦门到大分是此租船合同的预备航次，预备航次的开始即是合同履行的开始。厦门是本次租船合同的履行地。鉴于此，华兴船行于1994年3月17日向厦门海事法院起诉，称平成商社违反合同约定，拒绝装货，导致船舶空载，造成其经济损失4.6万美元，要求平成商社赔偿经济损失，并支付利息。而平成商社在答辩中对管辖权提出异议，认为合同签订地为日本神户，装货港为日本大分港，卸货港为中国天津新港，履行港应是大分和新港。被告在大连设有分支机构，有可供执行的财产。对本案有管辖权的法院应为日本国法院和大连、天津海事法院。

厦门海事法院对日本国平城商事株式会社提出的管辖权异议，审查认为，原被告通过电传签订合同，被告确认时间在后，其所在地神户为合同签订地，装货港为大分港，卸货港为天津新港。日本大分、中国天津应为合同履行地。被告在大连设有分支机构，并有可供执行的财产。根据民诉法有关规定，日本国法院、中国天津海事法院和大连海事法院对本案有管辖权。至于船舶从厦门港驶往大分港受载，此空放航次是本次租

① 《海事特别程序法》第6条第2款第（七）项规定，因海船的船舶所有权、占有权、使用权、优先权纠纷提起的诉讼，由船舶所在地、船籍港所在地、被告住所地海事法院管辖。《海事特别程序法解释》第7条规定，海事诉讼特别程序法第6条第2款第（七）项规定的传播所在地指起诉时船舶的停泊地或者船舶被扣押地。

② 《海事特别程序法》第9条规定，当事人申请认定海上财产无主的，向财产所在地海事法院提起；申请因海上事故宣告死亡的，向处理海事事故主管机关所在地或者受理相关海事案件的海事法院提起。

③ 参见林准主编：《国际私法案例选编》，法律出版社1996年版，第123—127页。

船合同的预备航次。预备航次的开始即表明船舶开始履行该航次租船合同，即航次租船合同开始履行。但这并不表明预备航次的始发港即为航次租船合同的履行地。所谓合同履行地是指履行合同特征义务的地点。绝大多数合同是双务合同，一般情况下，总有一方当事人的主要义务是给付金钱的义务，另一方当事人的主要义务是履行非金钱义务。正是非给付金钱的义务体现了合同的特征义务，履行合同特征义务的地点才是合同的履行地。航次租船合同的特征义务，是船舶将货物由一港运往另一港，能体现这一特征只能是装货港和卸货港。船舶在预备航次的始发港并不装载货物，不能体现合同的特征义务，因此不能作为合同的履行地。就本案而言，厦门港不能作为履行地。因此厦门海事法院裁定，本案移送大连海事法院处理。

3．海事保全管辖根据

保全管辖原则是我国涉外海事管辖的又一大特色，它是指我国海事法院根据海事请求人的申请，为保障其海事请求的实现，对被请求人的财产或行为或证据采取一定的强制措施而取得涉外海事诉讼管辖权的管辖制度，它是海事诉讼的一项特别制度。海事保全制度具体分为海事请求保全制度、海事强制令制度和海事证据保全制度。《海事特别程序法》第19，61，72条规定，海事请求保全/海事强制令/海事证据保全执行后，有关海事纠纷未进入诉讼或仲裁程序的，当事人就该海事请求，可以向采取或作出海事请求保全/海事强制令/海事证据保全的海事法院或者其他有管辖权的法院提起诉讼。海事保全管辖，突破了属地管辖、协议管辖的限制，不要求当事人是内国公民或法人，也不要求有住所或争议事件发生在内国，或双方当事人协议到内国法院诉讼，只要内国法院应海事请求人的申请，依法对被请求人的财产或证据采取保全措施，对行为发出海事强制令，内国法院即取得对该涉外海事诉讼的管辖权。更为重要的是，保全管辖作为海事诉讼领域的一个全新概念和《特别程序法》的一大创新，补充了民诉法的不足。但其缺点是容易导致国际海事诉讼管辖权的积极冲突，因此，《特别程序法》第19条、第61条、第72条特意规定：海事请求当事人就该海事请求订有管辖协议或仲裁协议，应按管辖协议进行诉讼或按仲裁协议进行仲裁。

（二）海事诉讼专属管辖根据

最高人民法院《关于适用〈民事诉讼法〉若干问题的意见》第18条“涉外民事诉讼程序的特别规定”中将民事诉讼法第34条国内纠纷的专属管辖与第246条涉外民商事纠纷的专属管辖一并处理。其第305款规定，依照民事诉讼法第34条和第246条规定，属于人民法院专属管辖的案件，当事人不得用书面协议选择其他国家法院管辖。但协议选择仲裁裁决的除外。据此，用以确定国内案件专属管辖的管辖根据，同样可作为用于确定涉外的相应案件的专属管辖的管辖根据。以此推论，《海事特别程序法》第7条规定也同样可适用于相应的涉外海事案件。也就是说，下列四类涉外海事案件应由我国海事法院专属管辖：第一，因沿海港口作业纠纷提起的诉讼，由港口所在地海事法院管辖；第二，因船舶排放、泄漏、倾倒油类或者其他有害物质，海上生产、作业或者拆船、修船作业造成海域污染损害提起的诉讼，由污染发生地、损害结果发生地或者采取预防措施地海事法院管辖；第三，因在我国领域和有管辖权的海域履行的海洋勘探开发合同纠纷提起的诉讼，由合同履行地海事法院管辖。而所谓“有管辖权的海域”是指我国的毗连区、专属经济区、大陆架以及有管辖权的其他海域。“合同履行地”指合同的实际履行地；合同未实际履行的，为合同约定的履行地。此外，在专属管辖问题上应注意的是，专属管辖根据的效力优于管辖权选择协议，但低于仲裁条款。这足以显示我国立法对国际商事仲裁的支持立场。

（三）海事诉讼的协议管辖

在海事诉讼中，涉外海事争议的双方当事人，可在争议发生前或争议发生后，以书面协议的形式自愿将争议交由某国法院审理的管辖制度，又称合意管辖或约定管辖。协议管辖是“意思自治”原则在国际民事案件管辖问题上的具体体现，是当今国际上普遍适用的一种管辖制度。

我国《民事诉讼法》和《海事特别程序法》均对协议管辖问题作了原则性规定。然而两者所适用的对象与要求却有所不同。《海事特别程序法》第8条规定，海事纠纷的当事人都是外国人、无国籍人、外国企业或者组织，当事人书面协议选择我国海事法院管辖的，即使与纠纷有实际联系的地点不在我国领域内，我国海事法院对该纠纷也具有管辖权。可见，该条规定仅适用于当事人都是外国人、无国籍人、外国企业或者组织的海事纠纷案件，同时该条规定也并不要求当事人所选择的我国法院与海事纠纷之间存在着实际的联系。但《民事诉讼法》第244条却规定，涉外合同或者涉外财产权益纠纷的当事人，可以用书面协议选择与争议有实际联系的地点的法院管辖。即该条规定要求当事人所选择的法院与争议之间存在着实际联系。对于两者之间的关系，根据一般法与特别法关系之原则，当事人都是外国人、无国籍人、外国企业或者组织的海事案件中的管辖权协议适用《海事特别程序法》第8条的规定，而其余的案件中管辖权协议则适用《民事诉讼法》第244条的规定。

然而，《民事诉讼法》和《海事特别程序法》所认可的管辖协议均是选择我国法院为管辖法院的协议，而并未提及选择外国法院的管辖协议。但两法毕竟未明示排除选择外国法院的管辖协议。实际上，在海事司法实践中，我国海事法院既不一概否定此种协议的效力，也非对此予以全盘认可。而是将海上运输合同中的外国法院管辖权条款的效力建立在互惠原则基础上。即提单中的外国法院管辖条款只有在所涉外国承认提单中选择我国法院管辖的管辖条款之效力时方被认为具有法律效力。我国法院在“福建宁德地区经济技术协作公司诉日本国日欧集装箱运输公司”一案中，就没有承认日本国日欧集装箱运输公司签发的提单中的约定“凡涉及本提单的纠纷，适用日本法律由日本东京地方法院受理”的管辖权条款的排他效力。①

在“天津燕丰进出口公司诉深圳蛇口大洋海运有限公司和法国达飞轮船有限公司”案中，天津海事法院亦作了相同的裁决。在该案中，原告燕丰进出口公司于1997年10月7日出口72600公斤带壳花生，自天津新港海运至波兰格丁尼亚港。该批货物装载在承运人提供的五个40英尺集装箱内，深圳蛇口大洋海运有限公司代承运人法国达飞轮船有限公司签发了清洁提单。该批货物于同年11月30日在德国汉堡港转船，实际承运人TEAM LINES签发了集装箱有缺陷的不清洁提单，12月1日货物运到目的港波兰格丁尼亚，经波兰格丁尼亚卫生检疫部门对五个集装箱货物抽样检查，结果显示：“被检验的花生有霉变气味，霉变主要存在花生壳上，该批货物被认为不适合人类消费及不能被买卖。”燕丰公司无奈只好委托达飞公司将该批货物运回天津港销毁。货损事件发生后，燕丰公司向天津海事法院起诉，要求被告深圳蛇口大洋海运有限公司、法国达飞轮船有限公司赔偿货物损失，货物回程运费及相关费用损失，因未能交付货物遭客户索赔的损失、货物回到港后的费用及销毁费用等损失。天津海事法院受理此案后，被告法国达飞公司提出管辖权异议，认为原被告之间的权利义务关系应依据提单的规定确定。提单写明“本提单项下或因此产生的一切索赔和纠纷应由马赛法院而不得由其他任何国家的法院判决”。天津海事法院认为，尽管本案所涉及提单正面写有管辖权条款，该条款只能约束原告和被告达飞轮船有限公司，而不能约束本案另一被告大洋公司，上述二被告均为本案所涉货物的承运人，本案为不可分之诉，即必要的共同诉讼。而且被告大洋公司住所地在天津，被告法国达飞公司在天津设有办事处，天津又是货物运输的起运港，在天津海事法院审理本案有助于查清案件事实，便利各方当事人诉讼。而法国马赛除被告法国达飞轮船有限公司的注册地外，与本案再无任何实际联系。被告在提出管辖权异议时，还提供了法国马赛法院的上诉法院普罗旺斯法院承认我国中远公司提单管辖权条款的判例。但法国实行三审终审制，经了解普罗旺斯法院的裁决并未发生法律效力，该案件在三审时，三审法院否认了二审法院裁决的效力。因此本案也不存在适用对等原则的问题。被告达飞公司不服，就管辖问题提出上诉。对此问题，天津高级人民法院也认为，从本案造成的损害事实看与法国马赛除是达飞公司的注册地外，并无任何其他实际联系，大洋公司及法国达飞公司在天津均设有办事机构，天津海事法院审理本案有利于查清案件事实，且方便当事人诉讼，符合我国民事诉讼法的规定。天津高院作出维持天

① As of 1997, only Dutch and German jurisdiction clauses were recognized in the P.R.C.'s maritime courts. See Zhang Jinxian, China's Maritime Courts and Justice, I.C.C. International Maritime Bureau, 1997, p.48. 另参见肖永平：《肖永平论冲突法》，武汉大学出版社2002年版，第224—227页。

津海事法院裁定。[①]

可见，当事人选择外国法院管辖的权利受到相当大的限制。此外，在涉外海事诉讼中，协议管辖的形式复杂多样，货物运输合同、提单、租船合同、海上保险合同、打捞合同、拖航合同，通常都订有管辖权条款。这些管辖权条款的法律效力问题，情况非常复杂，需要具体情况具体分析。对此，笔者认为应通过司法解释的方式对一些主要的管辖权条款的效力评判标准作一些规定，以便使海事法院有一些可操作性标准可遵循。

（四）被告应诉答辩

被告应诉答辩是各国公认的行使管辖权的根据。对于这一管辖根据，有人称之为默示协议管辖。但其意义又不止于默示协议管辖。在存在有效的管辖协议的情况下，原告在其他法院起诉，被告出庭而不抗辩管辖权，则该法院因被视为有管辖权，从而使其效力高于明示的管辖协议。[②]我国《民事诉讼法》第245条规定，涉外民事诉讼的被告对人民法院管辖不提出异议，并应诉答辩的，视为承认该人民法院为有管辖权的法院。但何谓出庭应诉、提出管辖权抗辩的时间等问题仍需进一步的明确。[③]

① 中国涉外商事海事审判网，发布于2003–03–20 10:05:46。

② 参见刘卫翔，上引著，第272页。

③ 对于此类问题，欧洲法院在一系列的案件中指出，被告可以同时对管辖权和实质问题提出抗辩，假定其对管辖权的抗辩不迟于该法院地程序法认为是第一次答辩的呈递而做出的。根据国内程序法被认为作出第一次答辩后，再提出管辖权的异议就不能视为第18条的例外，一样被视为承认法院管辖权。参见刘卫翔，上引著，第272—273页。

第四章 国际海事诉讼中的临时性保全措施

第一节 临时性海事保全措施的类型和范围

一、临时性保全措施的概念与功能

基于海事活动的特殊性，临时性保全措施在国际海事争议解决机制中的地位举足轻重。香港著名海事法专家杨良宜先生将其与管辖地点的选择同视为“备战谋略”，临时性保全措施是一套“先发制人，先夺其所爱、令敌人陷入被动，任由摆布”的先胜与制敌的文明做法。①

临时性保全措施是各国民事或海事程序法上不可或缺的一项法律制度，然而由于各国在其称谓、②保全方式、类型、范围、申请条件等方面存在较大的差异，因而也并不存在一个能为国际社会普遍认可的定义。③欧洲法院曾将临时性保全措施定义为：为确保法院所裁决的案件的当事人的权利在任何情况下得以承认而就事实和法律现状加以保全所采取的各类措施。④而为国际法协会所采纳的Helsinki文本则将其定义为，旨在维持现状直至案件的是非曲直得以判定，或者扣押财产以满足终局裁决执行之需要的各类措施。⑤也有学者将其定义为旨在防止债务人蓄意破产的保全措施。⑥而欧洲委员会在对布鲁塞尔和卢迦诺公约提出的修正案中指出，临时性保全措施是指就争议的调查、或

---

① 参见杨良宜:《禁令》，第4—9页。

② Provisional and protective measures; Provisional remedies; Interim Relief.

③ See Note on Provisional and Protective Measures in Private International Law and Comparative Law, prepared by Deputy Secretary General Catherine Kessedjian.

④ see Case C–261/90, *Reichert II*, ECJ 26 March 1992, Rec/ I, 2149.

⑤ see ILA, Report of the Sixty–Seventh Conference, Helsinki, 1996 p. 202.

⑥ see Gilles Cuniberti, *Les mesures conservatoires portant sur des biens situés a l'étranger*, Paris I thesis. 1998 No. 10, p. 8.

者判决或执行之前的证据或财产的保存、或者为确保权利为审理实体问题法院承认之目的而就事实情势或法律情势予以保存或处置所采取的紧迫性措施。这一定义与欧洲法院在Reichert Ⅱ案中所下的定义相比，内涵上增加了“紧迫性”要求，外延上明确扩及至将证据保全、先予执行等措施包括在内。①

尽管不同的国家、不同的组织或个人从不同的角度来定义临时性保全措施，但一般认为临时性保全措施具有以下几个特征：第一，临时性。临时性保全措施的采取并不意味着法院对案件是非曲直的终局评判，案件的最终结果取决于法院此后的实体判决。同时在临时性保全措施实施后，若有新的情况出现，即可改变或撤销原来的临时性保全措施。第二，保护性。保护效力是临时性保全措施的根本特征，是判断临时性措施是否属于临时性保全措施的标准。②临时性保全措施通过维持现状以保证未来判决的有效执行，防止当事人利用诉讼或仲裁尚在进行或尚未开始的时机实施一些恶意行为以使他方的合法权益无法实现。第三，程序性。临时性保全措施无任何实体效力，其并改变保全措施所针对的对象的法律现状，并不赋予申请人对争议财产的任何物权以及在债务人破产的情况下的任何优先受偿权。临时性保全措施仅是一种程序性救济，当事人只要符合法定的申请条件和程序，即可获得批准。第四，强制执行性。从各国立法来看，就财产采取临时性保全措施，法院大多采取扣押、冻结、查封等方法来执行保全措施；而就行为采取临时性保全措施，则通常由法院强制要求当事人在一定期间内为一定行为或不为一定行为。如果当事人不遵守法院的保全措施令，则常以藐视法庭罪而被处以罚金或拘禁。根据上述特征，我们不妨尝试性地将临时性保全措施定义为：

法院或仲裁庭在可能由于当事人的行为或某种客观原因致使以后裁决不能执行或难以执行的情况下，依一方当事人的请求或依职权在终局裁决作出前，针对有关人的行为或财产所采取的旨在保障终局裁决得以有效和充分执行的临时救济措施。而所谓海事请求的临时性保全措施即是指海事法院根据海事请求人的申请，为使其基于海事请求的民事权利得以保障，而对被申请人的财产或行为所采取的临时性强制措施。③

对海事请求的临时性保护是一项为世界各国所承认的一般法律原则。在海事领域，除船舶游弋于世界各国港口之外，双方当事人或财产或案件的标的往往位于不同的国家，再加上当今大量皮包公司和在方便旗国家注册的公司大行其道。而海事权利自争执至确认又需要相当长的时间，在此期间内，由于某些主客观因素会直接影响终局裁决的

① 参见刘萍：“国际民事诉讼中临时性保全措施的管辖权研究”，中国国际私法学会2001年年会论文。

② See Note on Provisional and Protective Measures in Private International Law and Comparative Law, prepared by Deputy Secretary General Catherine Kessedjian.

③ 参见金正佳、翁子明：《海事请求保全专论》，大连海事大学出版社1996年版，第13页。

充分有效执行。为消弭这些因素的影响，确保海事诉讼或仲裁的顺利进行，保证当事人的合法权益得以保护，民事和海事诉讼法上设置海事请求保全措施乃成为一项普遍的立法实践。

在罗马法中，保全措施系为了防止暴力性的自力救济所设计的一项制度。[①]保全措施的这一原始功能一直成为近代各国临时性保全制度立法的动因。然至近现代，临时性保全措施已不再局限于防止暴力使用这种单一的消极功能，而转向追求保护当事人合法权益及其他更高的价值目标。从微观上讲，临时性保全措施的功能在于保障民商事裁决的有效执行，以实现当事人的合法民事权益；从宏观上讲，则在于达到各国法律制度所追求的基本目标及司法保护的有效性，尽可能防止由于权利的存在与权利的确认的不同时性事实对权利的有效性和权利确认的目的所造成的损害。[②]

同时，临时性保全措施尚具有作为诉讼策略使用之功能。[③]临时性保全措施虽然不是用来解决诉讼本身的根由问题，但由于法官在决定是否颁布临时性保全措施令时往往考虑案件本身的是非问题，而当事人在申请临时性保全措施时必须初步证明其对他方拥有的权利。这通常会导致海事纠纷的迅速解决，甚至于诉讼或仲裁提起前和解。[④]正如杨良宜先生所言，现实中，诉讼到底的，要开庭并有判决/裁决的情况并不多。这是劳民伤财的“攻城”一步，非善战者所喜爱，智者所为。临时性保全措施的威慑十分巨大，对手不懂也不敢去合法反击，正是孙子所说的“敌不及拒”，一般都会去息事宁人，签下城下之盟。即使对手不是马上投降，诉讼仍要继续下去，好处仍是数不尽：第一，以后也一路有和谈机会，有诉前保全在手，已夺对手所爱，就令自己谈判中占优，令对手受压；第二，诉讼中，被告的对手会比原告心急，尽量合作为求早日结案取回部分或全部的诉前保全。这对原告有利，省钱省时间，因为正常情况下是索赔原告想便宜快捷地索赔成功；第三，另有情况是原告索性去拖延，毕竟诉讼到底没有一定胜诉把握。看见对手的被告心急，再估计其会是现金周转有困难，就借此去加压，迫对方不必等待最后攻城已去同意签下城下之盟。[⑤]当然，这不应是临时性保全措施的直接功能，而仅仅是间接或派生功能而已。

---

① See L. Collins, Provisional and protective measures in International Litigation, (1992) Ⅲ Hague Recueil, p.23.

② See L.Collins, op.cit., p.19.

③ See Gerry Maher and Barry J.Rodger:Provisional and Protective Remedies:The British Experience of the Brussels Convention, (1999) 48 International & Comparative Law Quarterly, p.302.

④ Axel Bosch, Provisional Remedies in International Commercial Arbitration (1996), pp.338–339.

⑤ 参见杨良宜:《禁令》，第4—5、11页。

二、海事请求临时性保全措施的类型

目前，由于各国关于临时性保全措施的界定标准的互异，使得海事请求临时性保全措施的类型或范围在各国互不相同。

（一）各国国内法中临时性保全措施形式比较

1．英美法系国家

（1）英国及其他英联邦国家

①英国

在英国，由于法官特殊的地位，临时性保全措施种类繁多，历史悠久。正如伦敦的一位律师在其撰写的有关临时性保全措施英国立法的论文中将英国法官与高级餐厅主管相比拟：餐厅主管在菜单中写道："我们极其在意我们的菜单，如果你喜爱的菜肴不在其中，告诉主管，他会极其乐意为你烹饪。"英国法院在其案件中涉及帮助诉讼当事人的问题时也极具创造力。[①]Schlosser教授在其关于1968年《布鲁塞尔公约》的1978年《加入公约》的报告中指出，自1975年英国程序法领域的重大司法改革以来，英国临时性保全措施的立法发生了三大重要变革：第一，上议院American Cyanamid Co. v.Ethicon判决[②]废除了要求申请临时性保全措施的原告证明其拥有最终胜诉可能或至少强有力初步证据案件的实践。第二，Anton Piller KG v.Manufacturing Processes Ltd.案[③]后Anton Piller禁令的形成与发展。第三，对国际商业活动具有重大意义的玛瑞瓦禁令的出现和

① See Note on Provisional and Protective Measures in Private International Law and Comparative Law, prepared by Deputy Secretary General Catherine Kessedjian.

② [1975]AC 396.

③ [1976]Ch.55(CA): See Denning, The Due Process of Law (1980), pp.123–130.

发展。[①]目前海事请求的临时性保全措施主要包括以下几种：[②]

I. 中间禁令（Interlocutory injunction）。中间禁令是指旨在维持特定情势直至纠纷最终裁决的命令。因而中间禁令只是为了维持现状，在形式上一般体现为否定式，即禁止被告去做某一些事或采取某一些行动。故又称为阻止禁令（prohibitory injunction）。但法院也可命令被告去做某些事或采取某一些行动。故又称为强制禁令（mandatory injunction）。[③]在时间效力上，其有效期只是维持至最后审理为止。这一特点使其与临时禁令（interim injunction）不同。临时禁令虽与中间禁令一样，但其有效期不是延至最后审理，而是较早的日子。正如Spry所言，中间禁令只限于在法院对当事人权利进行最终审理或作出最终裁决之前申请，相应地，其应在最终审理之前存续。[④]可见，中间禁令是法院所颁布的旨在保护当事人的财产或权利在纠纷解决之前免受损害的命令，其至少

---

① See L.Collins, op.cit., pp.26–29.

② Axel Bosch, Provisional Remedies in International Commercial Arbitration (1994), p.201.Also see Note on Provisional and Protective Measures in Private International Law and Comparative Law, prepared by Deputy Secretary General Catherine Kessedjian.We were uncertain whether to include in the description which follows a note on the "anti–suit injunction", *i.e.*, the injunction by which a court forbids a party to enter his suit before a foreign court or, if proceedings have already started, to continue them. On the one hand, it could be said that this is a protective measure, in the sense that it enables the party awarded it to preserve his rights in his chosen forum. But in fact, this measure applies in cases of contested jurisdictional competence, and does not relate to the merits of a case, so that in our opinion it cannot be regarded as falling within the definition given above. We also note that, in the United States, there is no uniform approach among the courts to this question. The standard principle is that where there are two parallel sets of proceedings they should be continued, and that the authority of *res judicata* of the first judgment to be rendered should be argued in the ongoing proceedings (*Laker Airways Ltd.* v. *Sabena Belgian World Airlines*, 731 F2d 909, 926.27 (DC Cir 1984)). An anti–suit injunction will only be granted in exceptional circumstances. But the fifth and ninth circuit courts have been more willing to award these injunctions. See for instance *Kaepa Inc.* v. *Achilles Corp.* 76 F3d 624, 632 (5th Cir. 1996). As for the Restatement (Third) Foreign Relations Law, it states as follows: "All the courts agreed that anti–suit injunctions are exceptional remedies inconsistent with normal relations between States, and that challenges to the application of a State's law to a transnational controversy should ordinarily be raised before the courts of that State" (403, *Reporter's Notes No.* 7, p. 252). In our view, all these reasons militate in favour of excluding anti–suit injunctions from the category of protective measures. See also Prel. Doc. No. 7, p. 33, No. 59 and notes 74 and 75, and A. Lowenfeld, *Forum Shopping, Anti–Suit Injunctions, Negative Declarations and Related Tools in International Litigation*, IBA, 26th Biennial Conference, Berlin, 20–25 October 1996; and "Forum non conveniens and Anti–suit Injunctions: an update", ajil, 1998, pp. 41–43.

③ 参见杨良宜:《禁令》，第224。Axel Bosch, op.cit., p.201. 沈达明，上引著，第557页。

④ 转引自杨良宜:《禁令》，第223页。

可以产生以下两大效果：第一，防止争议财产为当事人所滥用，防止当事人将财产转移至英国境外；第二，产生一些对合同的临时性特定履行（interim specific performance）。如果争议问题是有关租约是否为被告所合法中止，法院则可颁布此禁令以禁止被告以不符合租约规定的方式来利用船舶，从而迫使其使船舶在纠纷解决之前处于船舶承租人的使用之下。由于中间禁令旨在维持现状，因而中间禁令的颁布或当事人申请禁令悬而未决的状态不能阻止法院对就实体争议所提起的任何诉讼颁布中止令。[①]

II. 玛瑞瓦禁令（Mareva injunction）。[②]玛瑞瓦禁令是在判决之前所颁布或为执行判决而颁布的阻止当事人处置或处理其所拥有的财产的中间禁令。[③]或者说是一项禁止被告在有关命令或裁决作出之前出售、处置或以其他方式处理金钱或财产或者将其转移出英国境外的中间禁令。[④]玛瑞瓦禁令并不使财产脱离其所有人控制，而仅仅是禁止所有人处置其财产或将财产转移到英国境外。即玛瑞瓦禁令的适用对象，只限于在英格兰和威尔士境内的财产。但从1988年开始，其逐渐适用于位于其他地区的财产，以限制被告处分或者放弃位于其他管辖区域的财产。[⑤]然而法院仅可在特殊情况下，颁布在全球各地实施的玛瑞瓦禁令，以禁止当事人处置其财产，即使该财产在英国境外为该当事人所占有。也就是说，全球玛瑞瓦禁令仅适用于特殊场合。[⑥]

在英国，玛瑞瓦禁令与Anton Piller命令一道被誉为两大核子武器。[⑦]玛瑞瓦禁令之所以享有如此美誉，乃因为有两种方法确保了玛瑞瓦禁令在法院管辖区域内的效力。第一，法院可颁布辅助命令命令被告披露有关其财产的文件或资料，或者禁止被告离开法院管辖区域或要求其提交护照，以支持玛瑞瓦禁令的有效实施。第二，被告不遵守玛瑞瓦禁令，或者第三人，尤其是有被告账户的银行有意帮助违反法院命令，如明知玛瑞瓦禁令的条款而故意帮助被告违反命令，则负藐视法庭罪之责。在第三人负藐视法庭罪之责的场合，被告是否已经被送达或知道禁令，在所不问。因为第三人所实施的使法

① See Axel Bosch, op.cit., pp.201–202.

② 在英国法院改革后，（1999的Civil Procedure Rules），玛瑞瓦禁令正式改称为冻结禁令(freezing injunction）。参见杨良宜:《禁令》，第274页。

③ See Steven Gee, Mareva Injunction(third ed.), p.13. 参见杨良宜:《禁令》，第274页。杨良宜先生指出《这“中间阶段”(interlocutory stage）的禁令非是局限在一个诉讼的中间阶段，很大部分的玛瑞瓦禁令申请是在一早告票尚未出或仲裁尚未开始，以免打草惊蛇。这中间禁令也包括了已获判决或裁决后，但尚未执行的一段时间：Orwell Steel v.Asphalt Ltd (1984) 1 WLR 1097.

④ See Axel Bosch, op.cit., p.202. L.Collins, op.cit., p.29.

⑤ 见威廉 · 台特雷:《国际海商法》，第337页。

⑥ See Axel Bosch, op.cit., p.24.

⑦ 玛瑞瓦禁令和AntonPiller命令属于中间禁令，但由于其对被告产生严重甚至致命后果，因而对它们的申请所要去支持的宣誓书，法律有更严格的要求。参见杨良宜:《禁令》，第243页。

院命令未被遵守的行为是对司法管理行为的明知干预，故应对其行为承担藐视法庭罪之责。[①]

玛瑞瓦禁令的产生是Denning勋爵时代的最重要的法律改革。而其产生主要由于在英国法中并不存在如大陆法系法律中所存在的有效的诉前财产扣留制度。债权人在赢得对债务人胜诉之前，绝不能占有债务人的任何财产，这对债权人来说是十分苛刻的。从起诉到审判总要花费一段时间，债务人可能施展所有伎俩进行拖延，以便在这段时间内采取各种手段转移他的财产。而对付这种行径的宣告债务人破产的惯用手段不甚有效，在债务人跨国转移财产的情况下更是没有任何价值。[②]而诉前扣船虽已有悠久的历史，然而对于诸如租船合约，曾一直存在不平等，索赔的租船人可以去扣船，以保障将来的判决或裁决胜诉后得以有效执行，但索赔的船东却无法以类同手段去对付不拥有船舶的租船人，也对付不了租船人的银行资金、所租其他船舶上的燃油等。现实中，赖皮与无法捉摸的租船人比船东数目上多得多。因此，英国法律进一步发展去平衡双方利益也是理所当然的事。[③]因而在1975年5月22日，在NipponYusen Kaisha v.Karageorgis案中[④]丹宁开始了一生中最伟大的一次司法改革。案情是：两个希腊人与一家日本轮船公司签订了一项租船合同。然而由于海上运输业的萧条使承租人蒙受了损失，承租人未付租金就跑了，并关闭了在皮雷埃夫斯的办公处。不过承租人在伦敦的一家银行尚有一笔存款。日本船东担心希腊承租人将该存款转移至瑞士或其他国家。因此船东律师根据法律程序呈递了诉状，要求法院受理此案，并且在法院受理此案之前，及时向法院提出申请，要求发布一项禁止令，禁止希腊承租人将该存款转移至英国之外的国家。法院以英国没有这种规矩为由拒绝了船东的申请。日本船东上诉至上诉法院。丹宁勋爵认为："有人告诉我们以前没有发布过这种禁止令。是的，在判决前就占有被告的财产或限制被告处置自己的财产，这种做法在英国确实是从未有过的。我们听说法官内庭查普曼法官最近还拒绝过这一类申请，在此案中，唐纳森法官也不接受这种申请。当然，我们知道欧洲大陆国家的做法不是这样。我认为，现在已经到了应该修改我国做法的时候了。高等法院或上诉法院没有理由拒绝此案当事人要求他们发布的命令。1925年《最高司法法院（合并）法》第45条规定高等法院可以这样做。该条法律说，高等法院可以发布一项训令或禁止令或以一项中间禁止令指定一位案件受理人，只要在某个案件中这样做对法院来说是正当的、适合的。我认为此案就是这种案件。这是一个应该得到租金而没有确凿证据的案件。如果不发布一项禁止令，那笔钱就会被转移到管辖区域之外的地方，而

① See L.Collins, op.cit., p.114.

② See L.Collins, op.cit., p.29. 丹宁：《法律的正当程序》，法律出版社1999年版，第143—144页。

③ 参见杨良宜：《禁令》，第274—275页。

④ [1975] 2 Lloyd's Rep.137.

船东想要追回欠款就会遇到极大的困难。因此，我们发布了一项单方面禁止令，这项禁止令应该继续有效。”[①]在四个星期以后，即1975年6月23日的Mareva v. International Bulkcarriers案[②]中，丹宁法官再次坚持自己的观点而颁布了同样的禁止令。案情是：船东向期租人巴拿马公司出租其货船——玛瑞瓦号，租约规定租金必须提前半个月支付。期租人拖欠了第三批租金，但其在伦敦银行有一笔存款，该款项是分租船人的印度政府以前所付的运费。巴拿马公司本应以该笔款项来偿还所拖欠的租金，但其并未如此行事。在该案中，尽管船东大律师Rix先生提请注意上诉法院在上世纪曾处理过的案例，当时的一般看法是在判决之前不能发布禁止令，但丹宁法官并没有理会这些案例，他说：“如果债务应当偿还而没有偿还，[③]那么就存在着债务人可能转移其财产以便在判决之前将其化为乌有的这样一种风险。[④]因此法院在审理一个适当案件时就有发布一项中间禁令以防止债务人转移财产的裁判权。我认为目前这个案件是行使该种裁判权的适当的案件。”[⑤]由于上述两个案件仅涉及单方面禁令（ex parte order），因而尚不足以构成明确支持玛瑞瓦禁令有效性的根据。然而1977年3月的Rasu Maritima S.A. v. Pertamina案[⑥]中的玛瑞瓦禁令由于是经双方争辩后颁布的，因而使得玛瑞瓦禁令的合法性和有效性得到充分的明确的支持。在该案中，被告律师Michael Mustill先生声称法官对法律的任何改革都是错误的，法律的重大改革是国会议员的立法职责。但这一说法为上诉法院所反对，丹宁法官指出，“NipponYusen Kaisha v.Karageorgis案和Mareva v. International Bulkcarriers案是正在演变中的程序的一部分。这两个案件向法院提出了很多急切要求法院发布禁止令进行干预的事实。研究一下这些事实，你就会发现法院制止债务人转移他在伦敦的存款是正当的，也是适宜的。如果不发布单方面的中间禁令，债务人就会发一份电报，使船东失掉应该属于他的钱。正是因为新的诉讼程序非常正当、非常适宜，从那以后它才常常被商事法院所援用，才常常得到商事法院所有法官和受益人的赞同。现在，经过充分的争论，我认为这些案件已经得到了正确的判决……”[⑦]

玛瑞瓦禁令在普通法中得到确立后，其有效性又为成文法所确认。1981年《最高法院法》第37条第3款规定，高等法院根据第1款所拥有的发布中间禁令以限制任何诉

① 丹宁，上引著，第145—146页。
② [1975] 2 Lloyd’s Rep.509.
③ 这句话后来演变为申请玛瑞瓦禁令的先决条件之一的“表面良好论据案情（good arguable case）”。参见杨良宜:《禁令》，第279页。
④ 这句话后来演变为申请玛瑞瓦禁令的先决条件之二“财产流失的实际风险（real risk of dissipation of assets）”。参见杨良宜:《禁令》，第279页。
⑤ 丹宁，上引著，第147页。
⑥ [1977] 2 Lloyd’s Rep.397.
⑦ 丹宁，上引著，第148—152页。杨良宜:《禁令》，第280页。

讼中的当事一方将位于高等法院管辖区域内的财产转移至高等法院管辖区域之外，或以其他方式处理该财产的权力，可以在该当事人不论其住所或居所是否在管辖区域内或是否出现在该管辖区域内的案件中行使。实际上，玛瑞瓦禁令填补了英国法中由于缺乏大陆法系国家诉前财产扣留制度所存在的法律漏洞，[①]正如丹宁法官在the Assicos案中所言，玛瑞瓦禁令对于伦敦城和在世界各地从事海运事业的人而言，具有极其重要的实践价值。[②]不过，必须注意是，玛瑞瓦禁令是一项直接针对被告的对人命令，因而不能将其等同于财产扣留令。玛瑞瓦禁令也不同于作为对物诉讼之组成部分的船舶或其他财产的扣押，其并不为申请人的请求提供担保，而仅通过使任何人知道违背禁令的行为是藐视法庭的行为从而排除财产转移之风险。对于两者之间的具体区别，英国权威海事法专家D.C.Jackson作了如下详尽比较：

（a）扣押仅作为对物诉讼之组成部分而存在，并作为在英国法院管辖区域内所进行诉讼之附属物而予以使用；玛瑞瓦禁令属于对人救济，除《民事管辖权和判决法》另有规定外，其仅当被告在英国法院管辖区域内时所进行的对人诉讼之附属物而予以使用。（b）仅可间接地在对物令状签发后利用扣押来支持仲裁程序；对于玛瑞瓦禁令，则可直接利用以支持仲裁程序。（c）一个请求只能扣押一艘船舶或一艘船上的货物或适当运费；而玛瑞瓦禁令，除受请求数额限制外，不受财产数量的限制。（d）出于任何目的而使用被扣财产是与执行官的监管目的不相符；而受禁令约束的财产可以背离禁令而使用于经营或个人生活。（e）扣押的实施取决于接受符合程序要求的申请的登记官员所签发的扣押令；而玛瑞瓦禁令则取决于司法自由裁量权的行使。（f）扣押仅根据通过对物令状的签发而进行的对物请求主张而单方面获得；玛瑞瓦禁令的单方面获得则应证明有表面良好论据案情和被告不履行判决或裁决的风险。（g）除可能适用《民事管辖权与判决法》第26条外，原告申请扣押无须提供担保或保证；而准许玛瑞瓦禁令则通常要求原告提供保证。（h）被扣船舶、货物、运费由海事执行官监管；而玛瑞瓦禁令不涉及监管或占有。（i）对物令状签发后实施的扣押创设一个优先请求，并可对任何购买者主张请求权；而玛瑞瓦禁令并不在任何财产上创设财产性利益。（j）第三人可以干预对物诉讼，并可通过中止扣押申请（caveat）来保护其利益；而第三人除了提起实质性程序外几乎没有干预玛瑞瓦禁令程序的权利。（k）就扣押而言，对于海事执行官的费用偿还，必须作出一个律师保证；玛瑞瓦禁令的有关费用则由原告作出保证。（l）扣押对第三人的效力与扣押令的签发没有关系；而玛瑞瓦禁令对第三人的效力则是法官在行使是否准许申请的自由裁量权时所考虑的一个重要因素。（m）在英国法院作出判决或外国法院作出判决

① See L.Collins, op.cit., p.29.

② [1979] 1 Lloyd's Rep.331. 参见杨良宜：《禁令》，第275页。

后是否可以扣押尚有疑问；而玛瑞瓦禁令可以为执行判决之目的而申请。（n）扣押具有作为请求担保与取得管辖权之根据的双重功能；而玛瑞瓦禁令不能作为取得管辖权的根据。（o）法院在玛瑞瓦程序中比在扣押程序中更倾向于撕开公司面纱。（p）只有当财产在英国境内时才能实施扣押；玛瑞瓦禁令可针对英国境内或外国的财产而实施。（q）对物诉讼中的被告与扣押之间没有关系；而玛瑞瓦禁令中，被告必须受英国法院的对人管辖。（r）实质诉讼程序的中止并不意味着不能实施扣押；而在这种情况下法院则无权颁布玛瑞瓦禁令。①

尽管玛瑞瓦禁令阻止被告全部或部分转移或者不当处置其财产，包括与案件争议无关的财产，其仍然步能完全填补因为放弃古老的海事财产扣留而产生的空白。特别是其冻结涉案的财产，而不能把冻结的财产置于法院的管辖地域内，也不能通过司法拍卖执行生效判决的方式对扣留财产进行处分。②

III. 债务人公开财产令（Disclosure order）③

在英国，尤其是玛瑞瓦禁令，其所针对的资产包罗万象，只要这资产最后可用作判决、裁决的赔付。而玛瑞瓦禁令、财产扣留令（attachment orders）以及扣押令（sequestration measures）等临时性救济措施只有在债权人知道债务人的资产构成状况和所在位置时方能发挥其应有的功能。然而在实践中，债权人极少能了解这些信息。为此，英国法院创设了这一极其有效的保全措施，迫使债务人向债权人公开其资产的构成。由于公开财产令属于禁令的范畴，因而其是针对债务人本人的。④

目前这一有效的保全措施业已为许多英联邦国家所采纳。新西兰枢密院司法委员会在Brannigan et al v.Davison案⑤就肯定了这一保全措施。此外，公开财产令将来有可能作

① See D.C.Jackson, op.cit., pp.347–348, 361, 364–366.

② 参见威廉·台特雷:《国际海商法》，第338页。在美国，玛瑞瓦禁令并不存在，因为美国有海事财产扣留制度。

③ See Note on Provisional and Protective Measures in Private International Law and Comparative Law.该命令和其他一些命令由于是为辅助诸如玛瑞瓦禁令之类的禁令的实施，故被称为辅助禁令。辅助命令的范围，参见杨良宜:《禁令》，第378—391页。David Capper, Mareva Injunctions(1988), pp.92–108.

④ Because of the principle in English legal proceedings that there must be a hearing, proof is given by means of a deposition on oath by the debtor before the court. The debtor may also have to answer questions by the creditor in the course of this hearing. However, in spite of this oral procedure the court may require the debtor to furnish dsocumentary proof of the statements he has made in court. The court may also appoint an expert to appraise the composition of the debtor's assets. These decisions carry the same sanctions as those provided for *Mareva* injunctions.参见杨良宜:《禁令》，第317—321页。

⑤ This decision is cited by C. McLachlan, "*The Jurisdictional Limits of Disclosure Orders in Transnational Fraud Litigation*", 47 *I.C.L.Q.* 3 (1998).

为支持在外国法院进行的诉讼所采取的一项救济措施而被采用，从而使得当事人无须在英国申请玛瑞瓦禁令。然而值得注意的是，债务人公开其资产构成和位置的义务受被告不得自证其有罪这一特权的限制。因而，如果申请人所欲获得的信息可能涉及针对被告的刑事诉讼，法院则不能颁布这种禁令。[①]

IV. 债务人财产调回本国令（Repatriation order）

目前英国法院拥有通过发布债务人财产调回本国令而要求债务人将其在国外拥有的财产调回英国的权力。从法院角度而言，这一保全措施具有使国际案件转变为纯国内案件的优点，并且一旦财产调回至英国法院管辖区域内，法院即可颁布玛瑞瓦禁令。然而，由于这一救济措施具有影响债务人在国外财产的域外效力，因而其执行必然涉及诸多的棘手问题。为此有学者建议应通过建立国际合作条约机制以替代债务人财产调回本国令的做法。

V. 安东·皮勒令（Anton Piller order）[②]

该命令是丹宁勋爵在Anton Piller KG v. Manufacturing Processes Ltd. 案[③]的判决中所创设，其系指由法院在经原告一面之词（ex parte）申请后作出的、要求被告准许原告或其代表进入其住所或营业所搜查并提取物件、文件或资料，以便在将来决定起诉被告时可予使用的证据或证物的中间禁令。[④]因而安东·皮勒令往往同时使被告承受额外的附加义务：递交所涉住所或营业所的钥匙；打印存储于电脑中的信息；协助原告或其代表人进行调查。

在英国，安东·皮勒令与玛瑞瓦禁令同被誉为两大核武。[⑤]安东·皮勒令虽然与玛瑞瓦禁令同属中间禁令，但玛瑞瓦的适用范围十分广泛，特别是在外贸航运都极其受欢迎。而前者主要适用于侵犯专利、假冒商品或“骗卖”（passing off）与“机密”（confidence）之类的案件。[⑥]理论上，其他类型案件也可适用，但一般而言，主要是由于英国对侵犯专利等行为极其愤恨，所以一般商业纠纷，即使涉及欺诈也不易申请与取得安东·皮勒令，但侵犯专利等案件相对十分容易申请成功，特别是在早期，可以说是百发百中。[⑦]然而，与在其他诉讼中一样，在海事诉讼中，该命令对于保全证据具有重要的实践作用。

---

① *Sociedada Nacional de Combustiveis de Angola OEE et al. v. Lundgvist et al.* [1991] 2 Q.B., 310.

② 在英国，法院改革后，安东·皮勒令正式改称为搜查令（seach order）。

③ *Anton Piller K.G. v. Manufacturing Process Ltd.*, [1976] Ch. 55 (C.A.).

④ 参见杨良宜：《禁令》，第409—410页。See Steven Gee, Mareva Injunctions(third ed.), p.243.

⑤ *Bank Mellat v. Nikpour* [1985] FSR 87, p. 92.

⑥ See *Waardle Fabrics Ltd.* v. *G. Myristis Ltd.* [1984] F.S.R. 263; *Columbia Picture Industries* v. *Robinson* [1987] Ch. 38. But, see also *W.E.A. Records* v. *Visions Channel 4* [1983] 1 *WLR* 721 (C.A.).

⑦ 参见杨良宜：《禁令》，第410—s411页。

安东·皮勒令之所以具有如此威力是由于其是单方面作出的，被告无法出庭以陈述其抗辩。这一事实以及禁令对被告所产生的严重后果是人们对安东·皮勒令是否符合欧洲人权公约颇有看法。[①] 然而，在著名的C[②]happell v.United Kingdom案[③]中，尽管上诉法院也曾承认在实践中安东令经常以一种不恰当和令人遗憾的方式予以使用，[④]然而，斯特拉斯堡的人权委员会认为，英国法本身规定了保护人权所必要的保障措施，如安东令通常课予原告的代表将命令的确切用意告诉被告，以及告知被告咨询权利的义务。委员会最终一致裁定，英国法院颁布安东禁令并不违反人权公约第8条。但英国学者Lawrence Collins在其关于该案的简单评注中猛烈批评了这些单方面保全措施的扩张倾向，指出这些保全措施在实践中往往被滥用。[⑤]

安东·皮勒令的成文法依据是英国1997年的《民事程序法》(C.12，sect.s7).该命令目前被称作“搜查命。有关签发、送达和执行搜查令的具体规则规定在1998年《民事诉讼规则》”。

VI. 接管官任命令(Appointment of receiver)

接管官是指在法院认为财产于纠纷解决之前不宜由任何一方当事人占有的情况下由法院所委任的在最终裁决之前占有和谨慎处理该财产或其孳息的法院官员。[⑥]一般而言，法院在下列两种情况下中有必要委任接管官：第一，纠纷的存在妨碍财产的商业利用，以致不论纠纷的最终结果如何，双方当事人均为损失者；第二，财产需要保护，以免使之承受由于纠纷而不能有效防止的风险，或者一方当事人不当干预的可能。

VII. 扣留、保管、保存财产令(Detention,custody and preservation)

法院有权对任何作为诉讼标的物的财产发布扣留、保管、保存财产令以促进公正审

---

① See L. Collins, “Anton Piller Orders and Fundamental Rights”, (1990)106 *The Law Quarterly Review*, p. 173.

② 参见威廉·台特雷:《国际海商法》，第342页。

③ [1989] *Series A*, Vol. 152.

④ In this case, in fact no fewer than 16 or 17 people had arrived at the premises belonging to Mr Chappell, which were also his home. Of these 16 or 17 people, more than half were police officers endeavouring to enforce search warrants as well as the *Anton Piller* order.

⑤ an *Anton Piller* order may only be made if the applicant can persuasively show that he has a genuine case on the merits, that he would suffer significant damage if the order were not granted, clear proof that the defendant holds documents or evidence constituting the offence and, finally, that there is a real and admitted possibility that if the order is not executed, the defendant can destroy the evidence before proceedings can be brought on the merits. In view of these conditions, this type of order has been most frequently granted in the area of intellectual property, forgery, and the unlawful copying of video films or software.

⑥ See Axel Bosch, op.cit., p.202.

判。这一广泛的权力使法院能够保护诉讼标的免受损害或变质，或者为保管或控制财产的当事人侵占。如果作为诉讼标的物的货物易腐烂或变质，或者基于其他原因而应该出售，则法院有权命令出售该货物，并将出售所得交存法院保管。

VIII．争议款项担保令（Securing the sum in the dispute）

当某一特定款项当事人的权利发生争议时，法院有权命令将款项交存法院或以其他方式予以担保。而担保的主要形式即是银行保函或以当事人或其顾问共同的名义将款项存入银行账户。

IX．费用担保令（Security for costs）

法院有权命令对在仲裁或在诉讼程序中的费用提供担保。费用是否予以担保的问题仅关涉双方当事人，而一般与司法管理无关。法院因而可对当事人之间所达成的关于该问题的任何清楚的协议的法律效力予以承认。费用担保令一般适合于在伦敦海事仲裁中使用。

X．扣船令

扣船在英国法律上是一种历史悠久的保全措施，不过长期以来，英国法律将作为保全措施的扣船与对物诉讼纠缠在一起。其实对物诉讼与扣船取得诉前保全是两码事。扣船作为一种诉前保全，做法上容易、廉宜，没有什么风险。这种对寻求担保一方的优越之处，至今仍明显比玛瑞瓦禁令胜出一筹。如果可选择既可扣船，也可以玛瑞瓦禁令“扣押”（attach）该船舶，明显应以诉物扣船做法为优。[①]

②其他英联邦国家

其他英联邦国家，海事请求临时性保全措施的类型与英国基本相同。在澳大利亚，法院有权颁布的保全令包括：Ⅰ.禁令。即禁止当事人在争议最终解决前作某事，直至发布另一命令。但禁令也可要求当事人去做某些事或采取某一些行动，即强制履行令（Mandatory injunction），而非仅仅禁止当事人从事某事，即禁止令（Prohibitory injunction）。一般而言，强制履行令的效果比禁止令更为严厉，因而即使其用于执行契约义务，其颁布往往以存在充分和清楚的案情为前提。也就是强制履行令颁布的条件不同于并且高于禁止令颁布的条件。[②] Ⅱ.玛瑞瓦禁令。Ⅲ.安东·皮勒令。Ⅳ.财产查验令（Order for inspection of property）。Ⅴ.财产披露和查验令（Discovery and inspection of property）。其是指由法院所颁发的要求一方当事人向另一方当事人提供其所拥有或由其所控制的与争议标的有关的财产的具体细节，并予以查验的命令。Ⅵ.接管官任命令。Ⅶ.争议款项或财产担保令。即指将争议款项交存法院或以其他方式予以处理，以

① 参见杨良宜:《海事法》，第7—8页。The Rena K (1978) 1 Lloyd’s Rep.545.

② See Leisure Data v. Bell(1988)F.S.R.367C.A.; Jakeman v. South West Thames Regional Health Authority (1990) LRLR 62. 参见杨良宜:《禁令》，第224—225页。

便确保最终裁决或者任何其他扣留、保管、保存财产令得以执行的命令。Ⅷ.扣船令。Ⅸ.争议标的临时性保护令（Order granting interim protection in regard to the subject matter in dispute）。法院拥有发布其他命令的一般性权利，即使其他命令不属于上述所列的临时性保全令的范畴，以保全或保护争议财产。

在加拿大，不同法系法域的临时性保全措施的类型并不相同。在属英美法系的法域，在海事对物诉讼中，临时性保全措施主要是船舶或货物的扣押。同时玛瑞瓦禁令也用于扣留银行账户或货物。[①]同玛瑞瓦禁令一样，安东·皮勒令也被引入加拿大。[②]在魁北克，临时性保全措施包括：Ⅰ.假扣押（le saisie conservatoire）。根据民诉法典第337条之规定，其是指当债权存在不能实现之虞时允许当事人在判决之前扣留另一方当事人的财产。Ⅱ.行为保全令。根据民诉法典752条规定，高等法院有权颁布禁令，禁止当事人或其职员，或代理人，或其雇员不得作某事，或停止作某事，或要求实施某特定行为或活动。而在不列颠哥伦比亚省，最高法院有权发布扣留、保管、保存作为诉讼标的物的财产的命令。当事人还有权向联邦法院申请玛瑞瓦禁令和船舶扣押令。

在南非，根据南非经修正的《海事管辖权调整法》第5条“法院的权力”之规定，临时性海事保全措施包括：Ⅰ.费用担保令；Ⅱ.查验、扣留、保存船舶、货物或财产或文件令；Ⅲ.临时禁止令（Interim interdict）；Ⅳ.争议款项担保令；Ⅴ.接管官委任令；Ⅵ.船舶货物等扣押令（Order for arrest）；Ⅶ.财产扣留令（Order for attachment）。扣押令与财产扣留令不同，后者用于对人诉讼中，而前者则用于对物诉讼中；并且扣押的对象是有限的，而扣留的对象则并没有类型上的限制，其不仅包括可供扣押的财产，而且包括其他财产。可以说，任何财产，不论其性质或价值如何均可被扣留。

在新加坡，临时性保全措施与英国相类似，并且有关此方面的英国判例在新加坡仍然适用。主要的保全措施有：Ⅰ.禁令；Ⅱ.玛瑞瓦禁令；Ⅲ.安东·皮勒令；Ⅳ.费用担保令；Ⅴ.扣船令。[③]

（2）美国[④]

在美国，有关临时性保全措施的司法判例十分稀少，《美国对外关系法重述》（3rd）

---

① See Axel Bosch, op.cit., pp.137–138.

② 参见威廉·台特雷:《国际海商法》，第342页。

③ See Axel Bosch, op.cit., pp.616–619.

④ See Axel Bosch, op.cit., pp.745–746; See Note on Provisional and Protective Measures in Private International Law and Comparative Law, prepared by Deputy Secretary General Catherine Kessedjian; Rule 64–71, Supplemental Rule B–C of Federal Rules of Civil Procedure; 沈达明编著，《比较民事诉讼法初论》，中国法制出版社2002年版，第337—341，561—566页。

也未触及此问题。[①]而临时性海事保全措施主要见于《联邦民事诉讼规则》第64—71条和补充规则B–C,以及各州法之中。因而临时性保全措施的形式相当广泛，不过这些保全措施大致可分为两类：第一类保全措施旨在确保有供未来判决执行的财产，包括船舶扣押（arrest）、财产扣留（attachment）等；第二类保全措施旨在维持现状，直至争议得以最终裁决。这类保全措施如禁令等。对于这些临时性保全措施，所有联邦法院均有权颁布禁令，但颁布其它临时性保全措施的类型则取决于联邦法院所在州的法律的规定。因而可以说，在美国存在着五十多个不同的临时性保全措施法律制度，而在联邦法院诉讼的当事人则必须谨慎考虑其所申请的临时性救济措施是属于禁令还是属于为州法所调整的其它临时性救济措施。由于各州关于临时性救济措施的申请程序和条件各不相同，对所要申请的临时性救济措施性质的错误认识可能导致无法获得临时性救济。[②]在美国，主要的临时性保全措施包括：

①禁令（Injunction）。按照美国法院的判例，禁令是非常的法律救济，是按照严格的法律规则为保护所有的当事人才给予的救济。法院使用禁令是在被告提出所有的证据和论证之前，有时甚至在其得悉有人对其提起诉讼之前，以制止被告的行动。[③]据《联邦民事诉讼程序规则》第65条之规定，法官有在民事诉讼中作出禁令的权力，包括冻结当事人的争议资产。显然其比英国的玛瑞瓦禁令更具有局限。而玛瑞瓦禁令针对被告“所有”的有流失危险的资产，而非仅限于争议的资产。不过，联邦法院1998年判例称，禁令可冻结被告所有的资产。但在1999年联邦最高法院Grupo Mexicano de Desarollo,S. A. v.Alliance Bond Fund,Inc.案判决却又推翻了联邦法院的判决。在该案中，多数法官拒绝跟从英国玛瑞瓦禁令的做法，认为要扩大法院在这方面的权力，应是美国国会的职责，由其立法来确立这一政策。故判决法院无权在案件审结之前冻结被告所有的资产。[④]根据《联邦民事诉讼规则》第65条之规定，禁令分为两种：初步禁令（preliminary injunctions）和暂时制止令（temporary restraining orders）。暂时制止令类同于英国法中的中间禁令。而初步禁令又可分为禁止性（prohibitory）初步禁令和强制性（mandatory）

① See Note on Provisional and Protective Measures in Private International Law and Comparative Law, prepared by Deputy Secretary General Catherine Kessedjian:Unless we are mistaken, the Restatement refers only to the *Laker* case and the saga of anti–suit injunctions and counter anti–suit injunctions awarded by English and US courts (*cf.* Vol. 1, p. 252 No. 7) and the bans against transferring assets abroad in the case of *United States* v. *First National City Bank (Omar)*, 379 US 378(1965), a decision rendered on the application of the US tax authorities(*cf.* Vol. 1, p. 326, No. 4).

② See Axel Bosch, op.cit., pp.743–744.

③ 参见沈达明，上引著，第561页。

④ Alliance Bond Fund v.Grupo Mexicano de Desarrollo, No.97–9610 2 d Cir, May 6, 1998. 参见杨良宜：《禁令》，第403—405页。See L.Collins, op.cit., p.24.

初步禁令。前者禁止个人或实体从事某特定行为，后者则要求个人或实体从事某特定行为。对于禁令，凡是联邦法院有管辖权的所有案件中，其均有权颁布禁令，而州法或法院有关禁令的实践则大致可分为三类：[①]第一类州法明确具体地规定了各类禁令，以防止禁令所针对的当事人处置财产；[②]第二类州法仅以一般性条款提及旨在阻止当事人从事某些行为以减损将来判决效力的禁令；[③]第三类州或将禁令问题留由判例法解决，而在成文法中不作任何规定，[④]或者虽在成文法中提及禁令问题，但不明言禁令的功能。[⑤]

②财产扣押令（Seizure of person or property）。美国关于财产扣押的法律主要为成文法，各州法律关于在何种情况下债权人能申请何种扣押的规定出入很大。[⑥]《联邦民事诉讼规则》第64条对此仅作例示性规定，并规定联邦法院应适用法院所在地州的法律。财产扣押令主要有：

I. 债务人财产扣留（Attachment）。债务人财产扣留是指根据令状、传票或其他司法命令，提取或扣押债务人财产，并将其置于法院监管之下的行为或程序。[⑦]在早期的普通法中，扣留被告的财产是迫使被告在收到传票或起诉令状后到案并应诉的一种诉讼程序。司法行政官扣留财产后，如果被告应诉就退还其财产，否则就予以没收。后来扣留的性质就改变为判决前的临时救济。被扣留的财产不再在其应诉时退还，而是一直维持到作成判决，被告付款为止。因而扣留令状的作用在于确保债权人胜诉后其金钱债权或请求权能得到清偿。《联邦民事诉讼规则》不仅在第64条对债务人财产扣留作了原则性规定，而且在“某些海事或海上请求权补充规则”规则B对财产扣留令的申请条件和程序作了具体规定。

---

① These are the categories suggested by T. McEvoy, *The Preliminary Injunction as a Prejudgment Security Device in the United States*, Chapter 5 of a thesis on protective measures in preparation for the University of Virginia. Also see Note on Provisional and Protective Measures in Private International Law and Comparative Law, prepared by Deputy Secretary General Catherine Kessedjian.

② Alaska, California, Idaho, Indiana, Montana, Minnesota, North Dakota, South Dakota, Washington.

③ Arizona, California, Kansas, Kentucky, Missouri, Nevada, New York, North Carolina, Oklahoma, Oregon, Texas, Wisconsin.

④ This applies to West Virginia.

⑤ Most States have provisions of this kind in their codes of civil procedure.

⑥ 参见沈达明，上引著，第337页；Also see Note on Provisional and Protective Measures in Private International Law and Comparative Law, prepared by Deputy Secretary General Catherine Kessedjian.

⑦ Blacks Law Dictionary(6th ed. 1990), p.126, defines this measure as an “act or process of taking, apprehending, or seizing persons or property, by virtue of a writ, summons or other judicial order, and bringing the same into the custody of the court”.

虽然财产扣留这一临时性保全措施具有对物性（in rem），[①]但根据规则B之规定，债务人财产扣留以及第三人手中的债务人财产扣留临时性保全措施适用于海事对人诉讼中，因而属于诉人扣押的范畴。[②]同时，这诉人扣押可针对任何财产，不限于船舶，并且包括船上燃油、银行存款等。而“船上燃油”也包括期租合约租船人拥有的燃油，即诉人扣押也可用在债权人对付期租租船人拥有的燃油。如某船东出租船舶给一家经营人跑一个航次。后者欠下租金余额5万美元。该船东无论怎样努力也拿不到这笔款项。后在航运市场知悉后者又承租属其他船东的一艘船舶，并在美国港口装卸或经过巴拿马运河。这样一来，如果是期租，表示该另一船舶的燃油属赖债的经营人所有，则可考虑在美国诉人扣押，这样做并不困难昂贵。但在英国法律下，属租船人的燃油已不是船舶的一部分，因而也不再是诉物的物，所以只能通过申请玛瑞瓦禁令。但这样做不仅困难也不能肯定，因为这并不方便，也往往影响无辜第三者，如其他船东因燃油被禁而无法开航，所以法院会拒绝给予。[③]但无论如何，申请财产扣留令必须：第一，被告在“诉人”下会有责任；第二，属海事争议；第三，被告必须在境外或国外。而扣留银行存款表面看来似乎与英国玛瑞瓦禁令一样，但实质上大不相同，美国的诉人扣押对原告而言肯定、容易与安全，其不存在需要原告去显示一个“可充分论证的案情”（good arguable case），与被告将来败诉后赖债等问题，其也不存在要作为申请人的原告提供“损害赔偿保证”（undertaking in damages）。这意味着没有所谓错误诉人扣押的说法。此外，玛瑞瓦禁令针对任何索赔或争议，不论海上或岸上，但美国的诉人扣押只是针对海事索赔或争议。玛瑞瓦禁令针对本土或外国的被告，但美国的诉人扣押只针对外国或外地的被告（not be found in the district）。[④]不过，值得一提的是，对于英国的玛瑞瓦禁令，虽然有美国法官对此大加赞赏，认为“法院必须，并且确实需要有裁判权去阻止当事人通过将其财产转移至管辖区域外以挫败法院命令，或以各种方法挥霍财产以抵制将来的判决。”[⑤]但在最高法院在1999年审理的Grupo Mexicano de Desarollo,S.A. v.Alliance Bond Fund,Inc.案[⑥]中，尽管少数大法官（四位大法官）的看法与英国上诉法院丹宁勋爵看法一样，但其他的五位大法官拒绝追循英国玛瑞瓦禁令的做法。因而目前事实上在美国没有玛瑞瓦禁令做法，但将来难说。[⑦]

① See Note on Provisional and Protective Measures in Private International Law and Comparative Law.

② 参见杨良宜:《海事法》，第141页;《禁令》，第406页。

③ 参见杨良宜:《海事法》，第143页。

④ 参见杨良宜:《禁令》，第406—407页。

⑤ See L.Collins, op.cit., p.29; Jet West Ltd. v. Haddican[1992] 2 All ER 545, 547(CA).

⑥ 119 Sup.Ct.1961(1999).

⑦ 参见杨良宜:《禁令》，第404—405页。

II. 第三人手中的债务人财产扣留（Garnishment）。扣留在第三人手中的债务人的财产程序规定于《联邦民事诉讼规则》第64条和关于海事事项的补充规则规则B中。其是指告知第三债务人不得向被告清偿债务的一种程序。目前许多州通过成文法对此作了规定。①这种程序在有些州又被称为“受托人程序”（trustee process），其特点是其不是指向债务人，而是指向第三人（garnishee）。该第三人是债务人金钱之债之债务人的人、占有债务人财产的人，或者债务人对其财产拥有权益的人。这种程序旨在通知该第三人，原告即债权人主张其有权要求将该项金钱债权或财产作为清偿其债务之用，该第三人应持有这笔金钱或该项财产直至原告的诉讼经过审理、判决，乃至执行判决时为止。如果在执行判决时，该第三人不再持有该项财产，原告则有权要求该第三人本人清偿。属于这类第三人的人主要是为债务人开立往来帐户的银行。②

这种程序一般称为债务人财产扣留的一种特殊形式，在许多方面与债务人财产扣留有相似之处：两者都以成文法为渊源；其申请条件适用有关州法；两者均是对非居民取得准对物管辖权的依据。但两种程序显然有别：第一，第三人程序在有些州不是独立的程序，而是债务人财产扣留程序的辅助程序。而在有些州则作为独立的程序。第二，援用这种程序的理由不同于债务人财产扣留的申请理由。第三，债务人财产扣留适用于判决之前，而第三人程序则可适用于判决之前或之后。第四，债务人财产扣留直接扣留财产，而第三人扣留则将财产留给第三人保管。第五，债务人财产扣留一般从扣留之日起设定担保权益，而第三人扣留在少数州不设定担保权益，而在大多数州自向第三人送达诉讼文件之日起设定担保权益。③

第三人手中的债务人财产扣留令主要用于冻结银行账户，即银行对其存款人的债务。同时其也可用来冻结工资账户。不过，对于工资债务的扣留问题，联邦成文法对此有严格的规定，所有有关第三人手中的债务人财产扣留的州法规定不得与联邦法所给予的保护相悖。④

III. 追回债务人财产令（Replevin）。在实践中，美国法院有时也发布追回禁令，

① See Axel Bosch, op.cit., p.743.
② 参见沈达明，上引著，第339页。
③ 参见沈达明，上引著，第339—340页。
④ See Axel Bosch, op.cit., p.743.

取回位于国外的债务人财产。[①]通过追回债务人财产令，原告能对作为诉讼标的的财产实施直接占有。[②]追回禁令的使用实际上是为弥补债务人财产扣留令的不足。债务人财产扣留令针对的是债务人位于法院管辖区域内的财产，有关当事人具有外国国籍对法院是否作出扣留令并无影响。而对位于国外的债务人的财产，财产扣留令显然力不从心。为此，法院通过创设并使用追回财产令使债务人财产置于受案法院的管辖区域内。[③]

追回债务人财产令尽管在实践中并不经常使用，但不是所有的债权人均有权申请，只有对该项动产拥有所有权或占有权的人才能申请。无担保权益的债权人，在债务得不到清偿时，对债务人的财产并没有占有权，但有担保权益的债权人对担保财产有占有权，故其有权要求取回动产的占有。追回的财产由郡司法行政官交给原告，等待诉讼结果。被告欲取得占有则必须提供交付保证。追回债务人财产令的法律渊源为成文法。联邦法院在执行时适用所在州的州法。[④]

Ⅳ. 财产扣押令（Sequestration）。在美国，有些州还规定有Sequestration程序，其功能与债务人财产扣留令一样，均在于确保被告不能转移财产以挫败将来的终局判决。[⑤]

Ⅴ. 海事扣押令（ Arrest）。这一保全措施规定在《联邦民事诉讼规则》“补充规则”规则C之中。其内容已在海事管辖权部分作了介绍。

③委任接管人（Appointment of receiver）。其是指由法院指定与诉讼标的无利害关系的人，由其管理、照料、接收、处分财产或财产的收入。接管人只有法院和有关法律赋予的权力，除法律另有规定外，委任接管人只产生其所接管的财产的占有上的改变，而不是所有权的改变。委任接管人的裁定可能只要求其占有财产、保持财产，但也可以规定诸如继续经营、收取利润、出售财产之类的义务。委任接管人与扣留债务人财产、扣留在第三人手中的债务人的财产一样，都可以被原告用来迫使被告进行和解，争取有利

---

① In the case of Inter–Regional Financial Group, Inc. v. Hashemi[*562 F. 2d 152(2d Cir. 1977) cert. denied*, *434* US 1046 (1978)], under the law of Connecticut, the defendant was enjoined to place the share certificates in the hands of the court's registrar so that they could be attached. On several occasions the Securities and Exchange Commission, which polices the stock exchange in the United States, has succeeded in obtaining repatriation of holdings derived from profits which were gained in breach of the law on securities.Other decisions may also be cited from purely commercial cases in which the repatriation of funds in bank accounts was ordered, regardless of whether the accounts were held in the United States or abroad[*Bank of Crete S.A*. v. *Koskotas*, 1989 U.S. Dist. Lexis 4289 (SDNY 1989) and Rosco v. Saxon Energy Corporation, 758 F. Supp. 164 (SDNY 1991)].

② See Axel Bosch, op.cit., p.743.

③ See Note on Provisional and Protective Measures in Private International Law and Comparative Law.

④ 参见沈达明，上引著，第341页。

⑤ See Axel Bosch, op.cit., p.743.

于原告的和解条件。但与这两种程序不同的是原告并不能据此得到债务人财产上的担保权益，因而原告得不到对其他债权人的优先权。[①]

④置存法院（Deposit in court）。根据《联邦民事诉讼规则》第67条规定，如果诉讼是关于金钱支付或金钱处置或任何其他可交付之物的判决，当事人在通知另一方当事人，并经法院准许后，可将所有或部分金钱或物置存法院。进行置存的当事人应将准许置存的令状送达给法院书记官。

此外，在美国法中还存在所谓民事扣押（civil arrest）或身体扣留令（body attachment）、财产扣押（Impoundment）等救济措施。民事扣押（civil arrest）或身体扣留程序通过对被告进行实际扣押令其提供担保以终局判决履行之需。而后者则要求将财产交付给法院或由法院所委任的人。[②]

2. 大陆法系国家

在大陆法系国家，临时性保全措施立法具有一定的共性，即存在为英国法所未曾有的审前财产扣留制度（pre–trial attachment of assets）。[③]

（1）法国

根据法国法，临时性救济措施包括扣押（saisie）、司法担保（suretes judiciaries）、禁令或暂时阻止令（ordonnances de refere）。[④]而海事请求的保全措施主要是扣押和禁令或暂时阻止令。

①扣押。在法国程序法中，“扣押”一词是程序上的一个总体意义的术语。按照被广泛接受的看法，其系指“对债务人的财产实行控制，直至将此财产变现的整个程序”。也就是说，直至将财产变卖，以所得价款清偿债权人的债务，这整个程序都称为扣押。[⑤]然而，法国法比较重视区分保全扣押和执行性扣押，前者仅仅是以保存债务人整体财产的某些构成要件为目的，实施这种扣押旨在使债务人不能自由处分（对债权人

---

① 参见沈达明，上引著，第340页。

② See Axel Bosch, op.cit., pp.744, 760.

③ 有学者认为大陆法系国家的财产扣留制度的有效的保全功能促使英国法院创设类似的保全制度，即玛瑞瓦禁令。See L.Collins, op.cit., p.29.

④ See Axel Bosch, op.cit., p.256.

⑤ 1991年民事执行程序改革以后，法国法所规定的扣押可作如下分类：一、以执行为目的的扣押，包括：（1）无形财产扣押，其分为归属扣押、劳动报酬扣押、公司股权与有价证券扣押；（2）有形财产扣押，其分为动产变卖扣押、待收获作物扣押、陆路机动车扣押、存放在保险柜的财产扣押、不动产扣押。二、以单纯保全为目的的扣押，包括：（1）普通法的保全扣押，其分为有形动产保全扣押、债权保全扣押；（2）特别保全扣押，其分为股权与有价证券保全扣押、存放在保险柜的财产保全扣押、航空器保全扣押；三、以返还有形财产为目的的扣押，其分为有形财产转移扣押、有形财产追还扣押。

的）担保物；[①]而后者的目的则是直接拍卖被扣押的财产，以满足债权人的利益。1991年民事执行程序改革时，立法者比以前更加突出执行性扣押与保全性扣押之间的区别，只有持有执行根据的人（即债权人）才能实施执行性扣押，其他债权人则仅仅能实施保全性扣押。为了方便前者实施扣押，程序上也进行了简化。当然，实际上，任何一种扣押首先都具有保全功能，但对于某些扣押而言，程序到此即告终止；而以执行为目的的扣押，程序还要继续进行，进入第二个阶段，直至将被扣押的财产出售，执行程序才告终结。[②]

保全扣押是单纯以不让债务人有可能处分其财产或者减少财产价值，并将其所针对的财产置于法院掌握之下为目的的扣押，其唯一目的是使债务人的某些财产成为不得处分的财产。也就是旨在通过阻止当事人在争议最终解决之前处分财产以确保法院的终局判决得以执行。[③]其具有以下几个特征：第一，目的。保全扣押的目的并不是要将被扣押的财产变现，而仅仅是将它们保管起来。第二，标的。保全扣押通常针对有形财产实施，因此保全扣押被经常运用来针对商人实施的扣押。但也可对无形财产实施保全扣押，如对债务人的债权实施保全扣押。这种主张业已得到法院判例的承认。第三，程序。保全扣押的程序比执行性扣押的程序更为简单、迅速。在实施保全扣押时，法律并不要求像执行扣押程序那样必须事先送交支付催告令。因此保全扣押具有立即效果。第四，临时性质。在实施保全措施扣押的情况下，债权人应当获准将保全扣押转变为执行性扣押。[④]

典型的扣押都具有执行性质，目的不仅仅是要使被扣押的财产不得处分，其最终目的是要拍卖被扣押的财产，以便债权人能够从价款中获得清偿。但是并不是在所有的情况下都必须实行这样的程序。如果债务人有支付能力，只不过是不肯偿还债务，那么一

---

① 丹宁在其《法律的正当程序》（中文版，第143页）中写道："在世界大多数国家中，债权人在赢得对债务人的胜诉判决之前可以在诉讼开始时扣押债务人的财产，要是以后赢得了胜诉，他即可把这笔钱财产或相当于这笔财产的等价物作为偿还债务的保证留归己有。这个过程在法语中称为Saisie conservatoire。我想它在字面上意味着一种'保留占有'或'为债权人可能胜诉临时占有。'"又写道（第150页）："像在罗马帝国的其他省份流行一样，这种诉讼方式在很早的时候就在伦敦流行了。对于那些把信用贷款交给一个商人的公民来说，这一诉讼方式是极为重要的，因为商人有可能到法院管辖权以外的地方逃避对这公民的偿还。同时他还可能把足够的财产暗地里转移到第三人手中，……这种习惯上的诉讼方式在欧洲大陆的多达数沿海城镇保留着。在法国，这种方式称为saisie–arret。"参见沈达明，上引著，348页。See L.Collins, op.cit., p.26.

② 参见让·文森，雅克·普雷沃著，罗结珍译：《法国民事执行程序法要义》，中国法制出版社2002年版，第50—55页。

③ See L.Collins, op.cit., p.25.

④ 参见让·文森，雅克·普雷沃，上引著，第220—221页。

种简单的扣押使债务人不能处分自己的财产便可以促使其自动清偿债务。如果债务人是善意的，其只不过是暂时有困难，对其实施执行性扣押反而会加重他的困难处境。这正是单纯保全性扣押的用途。具体言之，保全性扣押有以下两方面的作用：第一，保全扣押具有威慑作用，其构成一种精神压力，往往会导致债务人自愿清偿债务；第二，保全扣押为债权人设立一种保证。①

在法国，保全性扣押的类型几经变革。1806年《民事诉讼法典》仅仅规定了四种保全性扣押，即行商财产扣押、追还扣押、质物扣押，以及商事方面的保全扣押，而并不存在所谓“一般性保全扣押”。由于当时这一立法上的严重缺陷，这些专门的保全扣押仅仅能够包含一定数量的典型情况，而不能扩张适用于法典条文没有明文规定的情形。鉴于此，1955年11月12日关于保全措施的法律在保留《民事诉讼法典》中已有规定的保全扣押的同时，创设一种“一般性保全扣押”。这种一般性保全扣押并非专门适用于民事方面，其还包含了商事方面的保全扣押。而1992年7月31日法令又对之作了一些重要规定：第一，该法令按照所针对的财产类型设置了“普通法保全扣押”；第二，法令创设了新的专门保全扣押，如公司股票保全扣押，有价证券保全扣押，以及存放在银行保险柜的财产的保全扣押。至此，一个较为完整的保全扣押体系的构建宣告完成。

I. 一般性保全扣押（普通法保全扣押）。一般性保全扣押是一种针对债务人的动产实行的临时性扣押，其单纯目的是要阻止债务人处分其财产。其特点是程序简单、迅速，要求履行的手续也有所减少。②一般性保全扣押是由1955年11月12日法律所设置，但后来为1991年和1992年法令稍有修改而又称为普通法保全扣押。现在，普通法保全扣押适用1991年7月9日法令第74—76条。这些条文确定了普通法保全扣押的原则。而1992年7月31日法令第220—243条是对这种扣押程序的具体规定。

尽管法律规定设置一般性保全扣押的时间不长，但由于一般性扣押可针对属于债务人的所有有形或无形动产实施，因而这种类型的扣押经常得到运用，而新的法令也对其赋予了更加广泛的适用范围。1991年7月9日法律第74条第1款规定，保全扣押得对属于债务人的所有有形动产或无形动产实施。同条第2款规定，实施保全扣押，即告受到扣押的财产不得处分。第75条第1款规定，如对以款项为标的的债权实施扣押，扣押书即告该项债权在法官批准的数额之内不得处分；或者如果不必要经法官批准即实施扣押，该项债权在受扣押的数额内不得处分。对款项债权实施扣押，当然意味着将该不得处分款项予以寄存，并且产生《民法典》第2075—1条所规定的效果。同条第2款规定，除前款规定之外，一项财产得为多项保全扣押之标的。第3款规定，在法律授权有资格

① 参见让·文森，雅克·普雷沃，上引著，第220—221页。

② 参见让·文森，雅克·普雷沃，上引著，第230页。See L.Collins, op.cit., p.25.

设置存款账户的机构之手实施保全扣押的情形，适用第47条之规定。第76条第1款规定，债权人已经取得或持有确认可追偿之确定债权的执行凭证者，得在其债权数额限度之内，请求拍卖债务人不得处分的财产。同条第2款规定，如保全扣押是对某一债权实施，持有执行凭证的债权人得请求清偿该宗债权。此项请求即告将受扣押的债权立即归属债权人，但以法院所判处的数额以及受扣押申请第三人所承认的款项或者其宣告为债务人的款项数额为限。而1992年7月31日法令第220条规定，视具体情况，依据所提交的法官批准书或者提交法律准许据以采取保全措施的证书，得对属于债务人的有形或无形动产实施扣押，即使财产是由第三人持有或者在此以前已经对其采取了保全措施。根据这些条款的规定，一般性保全扣押分为有形动产的保全扣押和债权的保全扣押。而且，即使所针对的财产在第三人手中，或者如果所针对的财产在此前已经作为保全扣押的标的，仍然可以实施保全扣押。[①]

II.特别保全扣押。特别保全扣押分为：（a）股权与有价证券保全扣押。此种扣押规定于1992年7月31日法令第244—249条之中。股权与有价证券保全扣押是民事强制执行途经改革的一项创新，但其只不过是普通法保全扣押的一种变化形式，以适应其所针对的财产的特别性质。（b）存放在保险柜的财产保全扣押。（c）航空器保全扣押。自1924年5月31日有关航空运输的法律以来，债权人有权以保全名义对外国航空器或者其所有人住所在国外的航空器实施固定，以保护可能的债权人的利益。《民用航空法典》重申了1924年法律的规定。

②临时裁定。临时裁定又称为禁令或暂时阻止令，或紧急审理裁定。[②]其是指法律授权不受理讼争实质的法官根据一方的请求，在另一方到案或经传唤后立即命令采取必要措施的临时性裁判决定。临时裁定一般适用于紧急情况，并由法院单方面作出（granted ex parte）以维持现状直至争议得以最终解决。[③]法国新民事诉讼法第484—492条对此作了一般性规定，而第808—811条对大审法院的紧急审理裁定作了特别的规定。其中第808条规定，紧急情况下，大审法院院长得紧急命令采取不会遇到严重争议的任何措施，或者命令以存在的争议证明有必要的一切措施。第809条第1款规定，为防止即将发生的损害，或者为制止明显非法的扰乱，法院院长得始终紧急规定采取保全措施，或者规定采取必要的恢复原状措施，即使存在严重争议，亦同。同条第2款规定，在对债务的存在没有严重争议的情况下，法院院长得同意给予债权人预付款，或者

① 参见让·文森，雅克·普雷沃，上引著，第231页。

② See Axel Bosch, op.cit., p.256. 参见沈达明，上引著，第566页；罗结珍，上引著，547页。

③ See L.Collins, op.cit., p.24.

命令履行债务，即使涉及的是作为之债，亦同。[①]同时第872—873条对商事法院的紧急审理裁定又作了特别规定。其规定，所有紧急情况下，商事法院院长均可在其权限内，紧急命令采取一切不会遇到严重争议的紧急措施，或者命令采取存在的争议证明属必要的一切措施。为防止即将发生的损害，或者为制止显然非法的扰乱，法院院长得在相同的权限内，以及甚至在有严重争议的情况下，紧急命令采取保全措施或者必需的恢复原状。在对债务之存在没有严重争议的情况下，法院院长得同意给予债权人预付款，或者命令履行债务，即使涉及的是作为之债，亦同。

（2）德国

德国的临时性保全措施规定在《联邦德国民事诉讼法典》第916—945条之中。临时性保全措施制度堪称为德国民诉法典最完善的制度，债权人据此能在诉讼开始之前，或在诉讼进行之中就其请求取得担保，而败诉的债务人据此也能得到保护，使其在原告的请求权最后被法院驳回时，有行之有效的损害赔偿请求权。如果被告居住在联邦德国境外，临时性保全措施更容易被申请，所以在涉外诉讼中，经常适用这一制度。[②]根据民诉法典规定，临时性保全措施分为假扣押（Arrest）和假处分（Einstweilige Verfugung）。两类保全措施的最根本区别在于前者适用于金钱请求，而后者适用于非金钱请求。[③]

①假扣押

假扣押是指扣押将来败诉债务人的财产或人身以确保将来金钱判决的执行。即假扣押所保全的债权人的请求权必须是金钱债权或可以转化为金钱的债权。而假扣押所针对的主要是债务人的财产，即对物假扣押，也可以是债务人人身，即对人假扣押。而对人假扣押实际上并不使用，因而假扣押总是指对物的假扣押。在对物假扣押情况下，被扣押的财产不需要同将来胜诉债权人的请求权有任何联系，除一些不能供清偿债权人请求之用的财产外，债务人的任何财产都能被扣押，包括在第三人占有中的财产，以及债务人对第三人的请求权。[④]

假扣押是冻结债务人财产的一种手段，而法院就假扣押申请的裁判具有一般性，其无须指明所涉的具体财产即可生效，因而这种冻结措施在债权人未列明冻结措施所针对的具体财产时就无法发挥其功能。同样，由于第三人并无尊重假扣押裁判的义务，这势

① It is well known that there is a controversy whether an order for an interim payment of damages (refere– provision) is a provisional or protective measure within the meaning of Article 24 of the Brussels Convention.See L.Collins, op.cit., pp.20, 56–57.

② 参见沈达明，上引著，第188页。

③ See Note on Provisional and Protective Measures in Private International Law and Comparative Law.

④ 参见沈达明，上引著，188—189页。

必也影响到假扣押的保全功能的发挥。因此，假扣押裁判的执行往往需要一些具体的执行措施作为保障，如财产的扣留（attachment）、扣押（sequestration）或具体的登记措施。这种现象源于假扣押的双重性格：假扣押本身并不是对物措施，而具体的执行措施则产生对物效力。[①]

②假处分

假处分，又称初步禁令，[②]是指旨在阻止现状发生改变，或阻止重大损害的发生或者防止急迫的强暴行为，或因其他理由，对于有争执的法律关系，特别是继续的法律关系规定其暂时状态的一种中间裁定。根据德国民诉法的规定，假处分分为关于争执标的物的假处分和规定暂时状态的假处分。前者目的是为阻止现状发生改变，这种改变会使当事人之一的权利不可能实现或难以实现；后者是临时对付某种事实状态以避免重大损害的发生，或防止急迫的强暴行为，或者因其他理由而有必要对于有争执的法律关系，特别是继续的法律关系规定其暂时状态。这种确保在诉讼中维持平静状态的假处分，旨在防止发生永久性的损害或目前的暴行，而不是防止请求权的不能实现。[③]

（3）日本

日本的临时性保全措施制度类同于德国，其由于1991年实施的《日本民事保全法》予以规定。根据该法规定，临时性保全措施或称民事保全分假扣押和假处分。前者适用于以金钱支付为目的的债权，即对以金钱支付为目的的债权，在存在不能强制执行或有对强制执行产生显著困难之虞时，而对债务人的财产实施的司法扣押命令。后者则是在因变更系争物现状而有使债权人不能实行其权利或实行权利产生显著困难之虞时，或者为避免所争执的权利关系给债权人造成显著的损失或紧迫的危险而要求债务人为或不为一定行为的命令。

（4）其他大陆法系国家

在荷兰，临时性保全措施规定在民事诉讼法典及其他相关成文法之中。由于荷兰民诉法典源于拿破仑法，因而临时性保全措施的类型类似于法国。[④]根据荷兰民诉法典，

① See Note on Provisional and Protective Measures in Private International Law and Comparative Law.

② See Axel Bosch, op.cit., p.277.

③ 参见沈达明，上引著，第191—192页。

④ See Axel Bosch, op.cit., p.472; See Note on Provisional and Protective Measures in Private International Law and Comparative Law.

临时性保全措施主要为以下几种：①保护性扣留财产令（Conservatoir beslag）[①]。保护性扣留令规定于民诉法典第700—770条之中，是指为阻止债务人对财产的处分而对债务人财产予以扣押直至终局判决的命令。其由法院在紧急情况下由申请人单方面申请下作出。在实践中，保护性扣留令主要用于冻结债务人财产以确保权利的实现。而扣押的对象则是债务人的有形或无形财产，包括不动产、动产、有限权利、货物或公司的股权、股票、证券、船舶、飞机、非在船舶上的救助的货物等。申请人还可请求法院将扣押财产置存于法院或委托于由法院指定的保管人。此外，扣留令也可直接针对为第三人所占有的债务人的财产或第三人对债务人所承担的债务，如债务人的银行账户。②初步救济令（Preliminary relief）。初步救济令课予债务人作或不得作某事之义务，其规定于荷兰民诉法典第289—297条之中。这种命令在实践中意义重大，其往往导致诉讼的终结。[②]初步救济令由法院在断定存在紧急情势时依职权单方面作出。初步救济令类型广泛，而临时支付令（kort geding），即命令债务人支付一笔款项的命令，为其中之主要表现形式，其类似于法国法中的临时支付令（*référé-provision*）。③初步盘问证人令（Preliminary questioning of witnesses,Voorlopig Getuigenverhoor）。根据荷兰民诉法典第214条规定，初步盘问证人令也属于临时性保全措施之一。

在比利时，临时性保全措施分为三种：①预备性措施（Preparatory measures）②临时性措施（Interim measures）③保护性措施（Conservatory measures）。[③]预备性措施旨在确保证据的收集。包括搜查令，即准许申请人搜查被告的住所，提取或保存证据；专家委任令、接管人委任令、命令当事人或第三人提供文件令等。临时性措施旨在阻止当事一方实施某种行为，或稳定当事人之间的法律关系，其包括禁令和命令。保护性措施则包括债务人财产扣押令（saisie conservatoire）和扣押——阻止支付令（（saisie–arret）。前者直接针对为债务人所拥有的财产；而后者则扣押第三人所欠债务人的金钱或财产。

在丹麦，临时性保全措施规定于1988年修正的《司法行政法》(Administration of Justice）中。其分为审前扣押（pre–trial attachments）和初步禁令（preliminary

---

① There are two types of arrest known to Dutch law:conservatory arrest and arrest in execution. Conservatory arrest serves to protect one's right of recovery and consequently should ultimately be transformed into an arrest in execution.One of the interesting aspects of conservatory arrest is that the arrest may creat jurisdiction on the merits, "jurisdiction on the merits"; The arrest in execution leads to recovery of the claim from the proceeds of the arrested assets.See Jan Theunis, Arrest of Ships–2(1986), p.33.

② See Note on Provisional and Protective Measures in Private International Law and Comparative Law.

③ See Axel Bosch, op.cit., pp.81–82.

injunction）两种。[①]审前扣押是通过扣押债务人的财产使债务人无权处分该财产从而保障债权人的权利实现的临时性措施，其旨在确保债权人可予执行的债务人财产的存在，但审前扣押并不限制其他债权人从所扣押的财产中获得求偿。而初步禁令则是禁止当事人从事与申请人权利相悖的特定行为的临时性救济措施，其旨在确保与申请人权利相冲突的现在或将来的行为的发生。两者的主要区别在于前者确保权利人金钱请求权的实现，而后者则是确保债务人践行其不得从事某特定行为之义务。

在希腊，民诉法典在第682—738条规定了极为广泛的临时性救济措施。其第682条第1款和第692条第1款规定法院有权就与实体权利或财产事项、契约责任和侵权事件有关的任何请求采取任何必要和适当的临时性救济措施。根据民诉法典之规定，临时性救济措施主要有以下几种：[②]①支付保证和抵押函（guarantee payment and mortgage note）。该保全措施规定于民诉法典第704—706条，其旨在确保债权人金钱请求权或可转化为金钱请求权的请求的实现。②扣押（arrest）。其规定于民诉法典707条以下。扣押措施旨在禁止当事人处分被扣押的财产，而能扣押的财产包括债务人所有的任何财产，不论其是在债务人的现实占有还是在第三人占有之下。③司法接管（judicial receivership）。其规定在民诉法典第725条以下。在发生有关动产或不动产所有权纠纷的情况下，法院可指定置于接管之下的特定财产，并委任接管人予以接管。④临时裁决（provisional award of claims）。其规定于民诉法典第728条以下，主要适用于涉及迟延支付津贴或酬金、劳动合同终止或劳动事件或有关劳动合同的履行或违反的赔偿金、人身伤亡赔偿金的案件。⑤情势的临时处置（provisional settlement of the situation）。其规定于民诉法典第731条以下。该保全措施通过阻止侵害债权人权利的现在或将来的行为的发生以保护申请人的财产权利。

在意大利，临时性保全措施规定在民事诉讼法典第4篇第1章第1—5条第669—705款之中。据此规定，主要的临时性保全措施有：①扣留（attachment）。其规定于670—687条之中。据此规定，扣留分为两种：Ⅰ.司法接管（judicial receivership,sequestro giudiziario）。当财产或明确界定的财物、不动产或财产权发生争议时，或者当可作为证据使用的账簿或文件或样本必须置于法官临时保管时，当事人即可向法院申请司法接管令。Ⅱ.保存性扣留（conservative attachment, sequestro conservativo）。当债权人有理由怀疑其债权实现存在无法保障之虞时，债权人即可向法院申请保存性扣留令，要求将被告的财产置于法院的保管之下，以确保终局判决的履行。②证据的初步收集（preliminary collection of evidence,procedimenti diistruzione preventiva）。当申请人有合理理由相信其证

① See Axel Bosch, op.cit., p.176.

② See Axel Bosch, op.cit., pp.309–310.

言有助于纠纷解决的一个或数个证人可能消失时，即可申请这种救济令。[①]

在菲律宾，根据法院规则，临时性保全措施包括财产扣留令、初步禁令、接管令、动产交付或扣押令等。[②]

而在西班牙，根据民诉法典之规定，临时性保全措施主要包括：①预防性扣留令。这种保全令旨在阻止财产所有人自由处分其财产，其不仅适用于支付特定数量金钱的请求，而且也适用于约定以货代款之债。②货物和动产扣押令。这种扣押令针对的是为债务人占有中的作为诉讼标的的货物或动产。③预防性说明请求令（preventive annotation of claim）。该项保全令旨在将就某一财产业已存在所有权请求的事实告知潜在的买主，以有效地剥夺第三人在随后的诉讼中作为善意购买者的地位。预防性说明请求令可限制权利拥有者处分财产的权力。④无名的临时性保全措施（unnamed provisional remedies）。根据西班牙民诉法典，法官拥有颁布其他任何必要的临时性保全措施的自由裁量权。该法典第1428条规定，法官拥有广泛的根据案件情势发布执行判决所必要的所有临时性保全措施的自由裁量权。[③]

在瑞典，旨在确保未来判决或仲裁裁决有效执行的临时性保全措施包括：适用于金钱请求的扣押和适用于非金钱请求的诸如禁止被告不得从事某种行为或要求其从事某种行为的其他救济措施。[④]而在土耳其，临时性保全措施分为两种：适用于金钱请求的临时性扣押和适用于非金钱请求的临行命令。

3．中国

在我国，临时性保全措施规定于《民事诉讼法》和《海事特别程序法》中。按照《民事诉讼法》第九章之规定，临时性保全措施包括财产保全和先予执行。又按照《海事特别程序法》第2条“在中国领域内进行海事诉讼，适用《民事诉讼法》和本法。本法有规定的，依照其规定”的规定，海事请求的临时性保全措施应包括以下五种：

（1）海事请求保全。此种保全措施规定于《海事特别程序法》第三章之中，其是指海事法院根据海事请求人的申请，为保障其海事请求的实现，对被请求人的财产所采取的强制性措施。海事请求保全针对的是财产，故其为对物保全。扣押的对象包括被请求

① See Axel Bosch, op.cit., pp.375–376.

② See Axel Bosch, op.cit., p.535.

③ See Axel Bosch, op.cit., p.655.

④ See Axel Bosch, op.cit., p.676.

人的当事船舶、其所有的其他船舶，即姊妹船、船载货物、[1]船用燃油以及船用物料。[2]而扣押的方式分为“即地扣押”或“死扣押”和“活扣押”。“死扣押”是一种传统的扣船方式。船舶在被扣押期间，其所有人丧失了对船舶的处分权和使用权。船舶不能投入营运，不能驶离港口，更不能处分或设置抵押权。因而“死扣押”是限制船舶处分和使用的一种严厉措施，其保全效果较佳，船舶难以逃脱，在扣押期间船舶灭失、损害或产生优先权债务的可能性较小。而且由于剥夺了船东对船舶的使用权，可迫使船东尽快提供担保。然而，“死扣押”方式也存在一些缺陷。船舶一旦被扣押，便不能发挥其使用价值，而且扣押期间船舶还需保留船员并保持供应，费用很大。在多数情况下，还需对其进行监管而产生监管费用。在船东无力提供担保的情况下，船舶可能被长期扣押，直至案件最终得以裁判。这一期间可能长达数年，损失无可估量。在符合法律规定的条件下，船舶还可能在案件审结前被拍卖，造成无法挽回的损失。[3]随着扣船实践的不断丰富，海事司法实践中出现了“活扣押”的扣船方式。这种扣押方式仅限制被扣押船舶的处分权和抵押权，不限制船东对船舶的使用权。船东在船舶扣押期间，仍然可以使用船舶从事运输。[4]这种较为温和的扣船措施现为《海事特别程序法》所认可。该法第27条规定，海事法院裁定对船舶实施保全后，经海事请求人同意，可以采取限制船舶处分或者抵押等方式允许该船舶继续营运。[5]

（2）海事财产保全令。由于海事请求保全所扣押的对象仅限于船舶、船载货物、船用燃油以及船用物料，因而债权人欲扣押海事债务人的其他财产，则不能向海事法院申请海事请求保全令。为此，最高人民法院《关于适用<中华人民共和国海事特别程序法>若干问题的解释》第18条规定，对其他财产的海事请求保全适用民事诉讼法有关财产保全的规定。可见，财产保全令虽与海事请求保全同属于对物保全，但两者所针对的对象不同，其是一种有别于海事特别程序法所指的海事请求保全的临时性海事保全措施。

此外，财产保全的对象不仅包括债务人的有形财产，而且包括包括其到期应得收益以及对第三人所拥有的债权。最高法院《关于适用<民事诉讼法>若干问题的意见》第

① 最高人民法院《关于适用<中华人民共和国海事特别程序法>若干问题的解释》第19条规定，海事诉讼特别程序法规定的船载货物指处于承运人掌管之下，尚未装船或者已经装载于船上以及已经卸载的货物。

② 参见《海事特别程序法》第50条，《关于适用<中华人民共和国海事特别程序法>若干问题的解释》第18条。

③ 金正佳、翁子明，上引著，第61页。

④ 参见金正佳、翁子明，上引著，第61页。

⑤《关于适用<中华人民共和国海事特别程序法>若干问题的解释》第29条规定，海事法院根据海事诉讼特别程序法第二十七条的规定准许已经实施保全的船舶继续营运的，一般仅限于航行于国内航线上的船舶完成本航次。

104条规定，人民法院对于债务人到期应得的收益，可以采取财产保全措施，限制其支取，通知有关单位协助执行。第105条规定，债务人的财产不能满足保全请求，但对第三人有到期债权的，人民法院可以依债权人的申请裁定该第三人不得对本案债务人清偿。该第三人要求偿付的，由人民法院提存财物或价款。这实际上相当于法国法中的支付扣押或扣押——阻止支付或债权扣押措施。

（3）海事强制令。海事强制令规定于《海事特别程序法》第四章之中，其是指海事法院根据海事请求人的申请，为使其合法权益免受损害，责令被请求人作为或者不作为的强制措施。此种保全措施适用于当事人的非金钱请求，针对的是当事人的行为，故有学者称之为行为保全。①

海事请求保全与海事强制令均属于临时性海事保全措施，两者性质相同。但两者又存在明显区别：第一，保全的客体不同。前者保全的是申请人的金钱请求，而后者则保全申请人的非金钱请求。第二，对象不同。前者所针对的是被请求人的特定的财产，而后者所针对的则是被请求人的行为。第三，方法不同。两者所指向的对象的不同，决定了两者所使用的方法也不相同。海事请求保全的方法即是对被请求人的船舶等财产予以扣押，后者采取的方法是强制被请求人为一定行为或不为一定行为。然而，海事请求保全与海事强制令有时可以相互转化。一方当事人的行为通常会导致另一方当事人的财产损失，被侵害的一方当事人可以申请海事强制令，借助法院的强制力强制对方当事人作为或不作为，也可以放任对方当事人作为或不作为，而向其提出损害赔偿请求，同时申请海事请求保全，扣押对方当事人的船舶等财产。在有些情况下，经采取海事强制令保全措施后，被请求人仍拒不履行作为或者不作为义务时，申请人也可以转而申请海事请求保全。②

（4）海事先予执行令。先予执行规定于《民事诉讼法》第97—99条之中，其是指法院对某些民事案件作出终审判决之前，为解决当事人一方生活或生产的紧迫需要，根据其申请，命令另一方当事人给付申请人一定的钱物，或者实施或停止实施某种行为，并立即执行的裁定。它是民事诉讼中一种特殊的执行制度。③但先予执行是否属于临时性保全措施的范畴，在我国鲜有人论及，唯有我国海事法专家金正佳先生对此作了一定的研究。其认为，保全与先予执行的共同之处，是在实体争议尚未作出结论的情况下对被申请人采取的强制措施。但是保全与先予执行是两个不同的范畴，两者有着较大的区别。从性质上讲，保全是一种保障措施，目的是保障请求人的权利不受侵害或者得到实现；先予执行是一种执行措施，是把在将来判决的部分或全部提前在判决前执行。此

① 参见金正佳、翁子明，上引著，第222—223页。

② 参见金正佳、翁子明，上引著，第231—232页。

③ 江伟主编：《民事诉讼法学原理》，中国人民法学出版社1999年版，第554页。

外，两者在依据、目的、条件、范围、阶段、结果等方面都存在明显的区别。[①]

我国民事诉讼法将财产保全与先予执行并列予以规定，而民诉法学学者一般将两者在同章中加以探讨。但这仅意味着财产保全与先予执行是不同的两种制度，而并不能由此得出先予执行是或不是临时性保全措施的结论。如前所述，尽管不同的国家、不同的组织或个人从不同的角度来定义临时性保全措施，但一般认为临时性保全措施具有临时性、保护性、程序性和强制执行性等特征，其根本目的在于防止将来实体判决的执行由于未决诉讼当事人的行为而受挫，从而确保终局判决的完整性。而所谓当事人的行为即是导致另一方当事人的权利受损或对另一方当事人权利构成受损威胁，并且这种行为所产生的这种后果是仅凭作出对受损方有利的判决是无法充分地恢复受损的权利或提供损害救济。[②]而先予执行令的作出尽管以当事人之间存在明确的民事法律关系为前提，但其也是以存在迫切需要为条件。而所谓“迫切需要”即是指若不立即执行，便会严重影响申请人的生活或生产经营，使申请人的生活无法维持，或者生产经营活动无法继续。具体言之，“迫切需要”或“情况紧急需要”包括需要立即停止损害、排除妨碍；需要立即制止某项行为；需要立即返还用于购买生产原料、生产工具贷款；追索恢复生产经营急需的保险理赔费等。据此而言，将先予执行纳入到临时性保全措施的范畴也未尝不可。同时，在我国海事特别程序法未制定之前，为弥补有关海事强制令立法之缺漏，海事司法实践中也不乏存在将先予执行作为保全措施加以运用的判例。[③]

在国际社会，由于并不存在能为各国所普遍接受的临时性保全措施的概念，在一些国家立法中所存在的与我国先予执行相类似的临时支付令（interim payment order）是否属于临时性保全措施，也存在争议。不过，法院颁布临时性支付的权力为许国国家立法所肯定，大多数发达国家立法均规定了类似的救济措施。[④]如在英国，原告如果进行诉讼将会获得有利于其的有关实质损害的判决，法院将会准许原告有关临时支付令的申请。当然，在此类案件中，法院在审理之前必须确信原告将会胜诉。并且在此类程序中，法院尽管并不对案件的实质问题予以裁判，但毫无疑问其实际上对在以后审判中予以裁判的有关问题提前作了处理。在法国，临时支付款项裁定（refere-provision）也如此。根据法国民诉法典第809条第2款规定，在对债务的存在没有严重争议的情况下，大审法院院长得同意给予债权人预付款。原告也无须证明存在紧急情况，而被告负有证明其对案件事实有抗辩事由的责任。在司法实践中，法国在数个案件中将临时支付款项

① 金正佳、翁子明，上引著，第228页。

② See L.Collins, op.cit., p.23.

③ 参见金正佳、翁子明，上引著，第228—229页。

④ See L.Collins, op.cit., p.57.

裁定作为临时性保全措施来对待。[①]

（5）海事证据保全令。除上述四个临时性保全措施外，尚有争议的是海事证据保全可否作为临时性保全措施。海事证据保全是指海事法院根据申请人的申请，在申请人对海事请求证据难以取得，或者不立即提取就会发生证据灭失时，对证据予以提取、保存或者封存的强制措施。目前我国海事特别程序法对海事证据保全问题另列一章加以规定，而学者也往往将此作为一项与临时性保全措施不同的法律制度予以对待。不过，海事证据保全与海事请求保全、海事强制令最大的不同之处在于保全的对象，而在其他方面均符合临时性保全措施的法律特征，因而将海事证据保全纳入临时性海事保全措施的范畴也不是毫无道理。同时值得注意的是，许多国家的民事诉讼立法将证据保全归为临时性保全措施的范围。在荷兰，保全性讯问证人命令即作为临时性保全措施，并且在司法实践中法院也曾颁布过保全性讯问证人命令，以支持在比利时法院进行的诉讼。而在比利时、法国和荷兰，法院也曾裁定指定专家令是临时性保全措施。[②]

（二）国际条约或文件中的临时性保全措施

目前有关临时性保全措施国际文件的主要内容基本上在于解决临时性保全措施的管辖权和执行方面的国际协调，而将临时性保全措施类型或范围交由有关国家国内法予以确定。而其中对海商事活动极有意义的《国际扣船公约》则专门对扣船这一临时性保全措施作了较为全面的规定。而所谓扣船，《公约》第1条规定，是指经法院命令，为保全海事请求而对船舶作出的任何滞留或对其离开作出的任何限制，但不包括为执行或履行法院判决或其他可执行文书而扣留船舶。[③]此外，在1996年第67届赫尔辛基国际法协会上通过的《国际法协会关于国际诉讼中临时性保全措施的原则》则将临时性保全措施限于两类，即维持现状直至争议得以裁决的保全措施和保全财产以满足最终判决的保全措施。至于这两类保全措施的具体表现形式，《原则》则未作规定。不过，《原则》第22条明确地将临时支付令排除在临时性保全措施的范围之外。

（三）临时性保全措施的类型

尽管各国临时性保全措施的形式不同、范围宽窄不一，不过比较各国临时性保全措施立法，海事请求的临时性保全措施可作如下分类：

---

① See L.Collins, op.cit., pp.57–58.

② See L.Collins, op.cit., pp.56–57.

③ Arrest as part of an action in rem should be distinguished from seizure as part of an execution of a judgment.The function of both types of seizure overlap(A ship may be arrested although in possession of a sheriff as part of an execution process.see the James W.Elwell[1921] p.351). However, the basis of “arrest” as independent of if not necessarily prior to judgment of an action in rem, is security in an action in rem and the more general seizure the satisfaction of a judgment.See D.C.Jackson, op.cit., p.346, Chap.25.

1．临时性对人保全措施和临时性对物保全措施

以临时性保全措施所直接作用的对象为划分标准，是临时性保全措施的最为基本和最为重要的分类方法。作用对象的不同，意味着临时性保全措施之间在其性质、申请的条件、效力范围等方面存在显著差异。临时性对人保全措施是指法院或仲裁庭所采取的旨在迫使当事人实施或停止实施某种行为以保障终局裁决有效和充分执行的保全措施。其以有关人的行为为对象。英美法系国家法律中的各种禁令，德国、日本法中的假处分，法国法中的临时裁定以及我国的海事强制令均属之。临时性对物保全措施是指法院或仲裁庭所采取的通过扣押被申请人财产以禁止其处分财产的保全措施，其直接针对的是被申请人的有关财产。英美法国家中的扣船令、财产扣留令，大陆法系国家中的假扣押以及我国法中的海事请求保全和财产保全均属之。

2．诉前或仲裁前保全措施和诉讼或仲裁过程中的保全措施

以采取临时性保全措施的时间为标准，可将临时性保全措施分为诉前或仲裁前保全措施和诉讼或仲裁过程中的保全措施。两类保全措施的区别不仅仅在于采取保全措施的时间不同，而且由于采取的时间不同而致使采取保全措施的机构也不尽一致。在前者情况下，如果海事争议是通过仲裁方式解决，由于当事人尚未依仲裁协议提起仲裁，因而即使仲裁庭依仲裁程序规则或其所在地的程序法有权采取保全措施，当事人也只能向有关法院申请，并由其作出保全裁定或命令。不过，临时性保全措施主要是审前救济措施，但并非绝对如此。由于临时性保全措施是用以确保一方当事人的利益得以保护，因而如果法院作出有利于该方当事人的判决，除非保全措施持续到判决或裁定执行之时，否则保全的意义将会丧失殆尽。正基于此，在英国玛瑞瓦禁令可在审前或审后作出。①

3．维持现状的临时性保全措施和限制当事人处分财产的临时性保全措施

以临时性保全措施所产生的效果为标准，临时性保全措施可分为维持现状的临时性保全措施和限制当事人处分财产的临时性保全措施。前者是指法院或仲裁庭命令当事人停止实施某些行为或者命令当事人采取某些行为以除却其已实施的行为的后果，使争议得以最终解决前现状得以维持的保全措施。英美法系国家中的各项禁令以及大陆法系国家的假处分、临时裁定，以及我国海事强制令均属之。而限制当事人处分财产的临时性保全措施则指法院或仲裁庭依当事人申请或依职权所采取的通过对另一方财产加以扣押而阻止其转移、处分被扣财产的保全措施。英美法系国家的扣船令、财产扣留令，大陆法系国家的假扣押以及我国的海事请求、保全财产保全均属之。

4．有域外效力的临时性保全措施和无域外效力的临时性保全措施

以保全措施的效力范围为标准，可将临时性保全措施分为有域外效力的临时性保全

① See D.C.Jackson, op.cit., p.295.

措施和无域外效力的临时性保全措施。前者则产生域外效力，如英美法系国家的玛瑞瓦禁令；而后者的效力仅限于发布保全措施的法院地国。对物保全措施一般属于此类。

有些学者还将临时性保全措施分为为债权人创设优先请求权的保全措施和效力中性的保全措施。[①]

5. 支持原告的临时性保全措施和支持被告的临时性保全措施

英国著名海事法学者D.C.Jackson从临时性保全措施有利于哪一方当事人出发，将临时性保全措施分为支持原告的临时性保全措施和支持被告的临时性保全措施。[②]其认为，在英国，前类保全措施有：获得证据的措施、在庭审前控制当事人行为的措施、阻止被告处置财产的措施（包括财产保全、玛瑞瓦禁令和扣船令）以及审前的实体性救济措施。而属于后类的保全措施有：费用担保措施、损害赔偿担保或反担保措施。

第二节　临时性保全措施的管辖权归属

一、临时性海事保全措施的管辖根据

海商事案件固有的国际性使得临时性海事保全措施的裁判管辖权也同样需要在各国之间进行分配。临时性海事保全措施管辖根据问题实际上即是临时性海事保全措施国际裁判管辖权与海事案件实质问题国际裁判管辖权之间的关系问题。其主要体现为：第一，临时性保全措施管辖权可否作为一个不同于案件实质问题管辖权的独立问题，或者说一国国内法可否就临时性保全措施设置不同于案件实质问题管辖规则的独立的管辖规则，从而使该国法院据此独立地行使保全措施的管辖权；第二，管辖权选择条款能否剥夺他国法院的临时性保全措施的管辖权；第三，一国法院行使临时性保全措施管辖权的事实是否当然地使该国法院取得对案件实质问题的管辖权。[③]

（一）临时性保全措施管辖权问题的独立性

历史上，临时性保全措施管辖权问题是作为案件实质问题管辖权的附属问题加以对待，唯有对案件实质问题拥有管辖权的法院才有权命令采取临时性保全措施。这一处理方式至今仍不同程度地为许多国家有关临时性保全措施管辖权立法所坚持。不过目前，临时性保全措施管辖权问题的独立性日益得到国际立法及越来越多国家国内法所接受，

① See Note on Provisional and Protective Measures in Private International Law and Comparative Law.

② See D.C.Jackson, op.cit., pp.295–309.

③ See L.Collins, op.cit., p.32.

并在保留案件实质问题管辖法院对临时性保全措施享有管辖权的同时，另行独立地设置相应的临时性保全措施管辖权的行使根据。

《布鲁塞尔公约》第24条规定，即使按本公约规定，某一缔约国法院对案件的实质性问题有管辖权，亦得向另一缔约国法院申请该国法律所容许的临时措施或保护措施。显然，公约将案件实质问题的管辖权与临时性保全措施的管辖权相分离，并将前者置于公约的统一控制之下，而将后者仍留归缔约国国内法调整。但Evrigemis和Kerameus报告指出，作出临时性保全措施的管辖权原则上独立于实体诉讼的管辖权。①

国际法学会1996年通过的《关于国际诉讼中临时性保全措施原则》也同样对此问题作了明示规定。《原则》第10条直接规定，临时性保全措施管辖权应独立于案件实质问题管辖权。第11条规定，财产在一国内的单纯存在（mere presence）应构成颁布有关这些财产的临时性保全措施管辖权的充分根据。第12条规定，法院应以原告于适当的时间内向该法院（如果其有实体性管辖权）或者外国法院提起实体问题的诉讼（如果外国法院就实体问题作出的判决在保全措施实施法院所属国执行无合理的可能性，则法院不应实施临时性保全措施以支持在外国法院进行的诉讼）作为行使临时性保全措施管辖权的条件。

而1999年《国际扣船公约》在处理海事案件实质问题管辖权与扣船措施管辖权之间关系问题上也是以扣船措施管辖权问题的独立性为指针。公约第2条第3款规定，为获得担保可以扣押船舶，尽管根据相关合同中的管辖权条款或仲裁条款，或者根据其他规定，与所实施的扣押相关的海事请求应于扣押实施地国之外的其他国家法院裁决，或者根据另一国家法律裁决。在就海事案件实体管辖权问题上，公约第7条第1款规定，扣押实施地或为使被扣船舶得以释放而提供担保地国法院应有裁判案件实质问题的管辖权，除非当事人有效地约定或业已有效地约定将纠纷提交协议管辖的另一缔约国法院，或者仲裁解决。第2款规定，尽管有本条第1款规定，扣押实施地国或为使被扣船舶得以释放而提供担保地国法院，如果该国法律准许拒绝管辖，并且另一国法院同意接受管辖，则可拒绝行使该管辖权。据此规定，原则上，扣押实施地国或为使被扣船舶得以释放而提供担保地国法院基于行使扣船措施管辖权的事实可以行使海事案件实质问题的管辖权，但有两项例外：第一，当事人之间订有管辖权条款或仲裁条款；第二，扣船实施地国法律准许拒绝管辖，并且另一国法院同意接受管辖。这实际上即是非方便法院例外。扣押实施地国或担保提供地国法院在其无实体管辖权或拒绝行使实体管辖权的情况下，可以或者应当事人要求应规定申请人向适格法院起诉或提起仲裁的时间。②

---

① (1986)O.J.C298/a, 3. See also Gerry Maher & Barry J.Rodger:Provisional and Protective Remedies:The British Experience of The Brussels Convention, (1999) 48 I.C.L.Q., p.311.

② 1999年《国际扣船公约》第7条第3款。

在国内立法层面上，一向将临时性保全措施管辖权从属于案件实质问题管辖权，尤其是将扣船管辖权作为right of arrest对待的英国法律也业已开始承认保全措施管辖权的独立性。其之所以如此，一方面是由于商业活动国际化现象的普遍化，“今天，不论是公司或私人有一个外国银行户口绝不希奇。而户口在伦敦或纽约的国际金融/银行更是正常。但他/它们的商业活动会是在世界各地，可以在任何地点遇上官非，或是同意任何地点的仲裁条款，与纽约/伦敦毫无关系。”另一方面，英国上议院The Siskina案判决将玛瑞瓦禁令的管辖权归属于对将来胜负有实质管辖权的英国法院。也就是当事人仅能向对案件实质问题享有管辖权的英国法院申请玛瑞瓦禁令，而不能纯粹地出于获得担保之目的而向英国法院申请玛瑞瓦禁令。这给玛瑞瓦禁令的进一步发展设置了障碍。尽管这一障碍由于1982年《民事管辖权和判决法》而有所克服，但除了欧共体国家，The Siskina案的障碍仍在。而彻底实现将保全措施管辖权与案件实质问题管辖权相分离的则是1997年4月1日生效的Civil Jurisdiction and Judgments Act（Interim Relief）Order 1997。①该法规定，高等法院应有权根据1982年《民事管辖权和判决法》就有关所规定的下列诉讼准许临时性救济：（a）在非布鲁塞尔或卢迦诺公约缔约国法院业已提起或将提起的诉讼；（b）其客体不属于1968年《布鲁塞尔公约》范围之内的诉讼。换言之，现在无论在世界任何地点进行实质性的诉讼或仲裁，英国法院都有权力去作出玛瑞瓦禁令。这确也是填补了一个黑洞。②此外，澳大利亚《海事法》和南非《海事管辖权调整法》也业已不同程度地承认临时性保全措施管辖权问题的独立性。

而在我国，有关该方面的立法吸纳了国际社会成功的立法经验，尤其是《扣船公约》的做法，《海事特别程序法》一方面单独地就临时性海事保全措施设置了独立的管辖根据，当事人在起诉前申请海事请求保全或海事强制令或海事证据保全，应当向被保全财产所在地或海事纠纷发生地或被保全证据所在地海事法院提出申请。③另一方面，其明确规定了临时性海事保全措施管辖权与诉讼管辖协议或仲裁协议或其他海事实质管辖根据之间的关系。其规定，临时性海事保全措施不受当事人之间关于该海事请求的诉讼管辖协议或者仲裁协议的约束。④临时性海事保全措施执行后，有关海事纠纷未进入诉讼或者仲裁程序的，当事人就该海事请求，可以向采取临时性海事保全措施的海事法院或者其他有管辖权的海事法院提起诉讼，但当事人之间订有诉讼管辖协议或者仲裁协议的除外。⑤

① 参见杨良宜:《禁令》，第281—293页。
② 参见杨良宜:《禁令》第285页。
③ 参见《海事特别程序法》第13，52，63条。
④ 参见《海事特别程序法》第14，53，64条。
⑤ 参见《海事特别程序法》第19，61，72条。

（二）临时性海事保全措施管辖权的行使根据

然而，由于各国对有关临时性保全措施管辖权与案件实质问题管辖权之间关系的不同认识，以及临时性保全措施的不同类型，各国在临时性海事保全措施管辖权根据方面的实践不尽一致。这一现象恐怕在相当长时间难以消除。鉴于此，有关此问题的国际立法直接将保全措施的管辖根据委诸于相关国家国内法予以确定。①

1. 英美法系国家

（1）英联邦国家

传统上，英国将对人保全与对物保全分别作为对人诉讼与对物诉讼的有机组成部分加以对待，尤其在对物保全方面，赋予扣船措施以三大功能，即临时性救济措施、案件实质事项管辖根据以及确保司法拍卖或通过对物诉讼实现财产性利益之基本手段。②临时性保全措施管辖问题是从属于案件实质事项的管辖问题。也就是说，临时性保全措施由对案件实质事项拥有管辖权的法院管辖。这一实践直至1968年《布鲁塞尔公约》在英国实施后方有所改变。③临时性保全措施开始作为一个相对独立的问题规定在相关立法中。

①玛瑞瓦禁令及其他中间禁令。④英国贵族院在1979年The Siskina案⑤的判决中确立了玛瑞瓦禁令的管辖原则。其指出，玛瑞瓦禁令的管辖权是一项对人管辖权，⑥因而应遵守相应的裁判管辖权的一般规则。根据这一原则，当被告现实地出现在英国境内，并能接受令状的送达，或者虽然被告在英国境外，但符合《最高法院规则》第11号令所规定的情形，即案件与英国存在一定联系时，英国法院就有管辖权。在前者情况下，英国法院的管辖权属于强制性管辖，而在后者情况下则属于任意性管辖。⑦但在The Siskina案中，争议与英国并没有联系，被告也从来未到过英国，也没有在英国实施过实

① 1968年布鲁塞尔《关于民商事件管辖权与判决执行公约》、1979年美洲国家国际私法特别会议《关于执行保全措施的公约》便如此规定。

② See D.C.Jackson, op.cit., p.311.

③ See D.C.Jackson, op.cit., pp.303–309.

④ 英国玛瑞瓦禁令管辖根据规则的发展变革参见杨良宜:《禁令》，第281—293页。

⑤ Siskina v.Distos S.A.[1979]AC210. See Note on Provisional and Protective Measures in Private International Law and Comparative Law.

⑥ Jurisdictional competence in personam brings with it the possibility of giving effect to a *Mareva* injunction, not only for assets located in the United Kingdom, but also for assets located abroad. This is what the Court of Appeal decided in three 1988 decisions (Babanaft Co. S.A. v. Bassatne [1990] Ch 13; Rep of Haiti v. Duvalier, [1990] QB 202; Derby and Co. Ltd. v. Weldon, [1990] Ch 48 and 65). 同时见威廉·台特雷:《国际海商法》，第338页。

⑦ See D.C.Jackson, op.cit., p.306. See Note on Provisional and Protective Measures in Private International Law and Comparative Law.

质性行为，合同在意大利缔结，其中的法院选择条款也选择意大利热那亚法院，该条款也不受英国法支配。唯一与英国有联系的是船舶受劳埃德保险社承保，因而保险赔偿金可视为位于英国境内。但《最高法院规则》第11号令并没有将财产在英国境内的存在作为管辖根据。因而法院并没有准许玛瑞瓦禁令的申请。①The Siskina案判决在1995年Mercedes Benz AG v. Leiduck案②的上诉案中得到确认。该案由香港法院判决后，上诉至英国枢密院。在该案中，被告居住在摩纳哥，而该国法院以临时性保全措施所针对的被告财产并不位于摩纳哥境内为由拒绝了原告Mercedes Benz的保全申请。虽然原告不可能在被告居住地国法院获得临时性保全措施，而案件与香港的唯一联系即是被告有财产在香港，但枢密院仍然遵循The Siskina案判决而拒绝颁布玛瑞瓦禁令。但是值得注意的是，目前上述两个判例的适用范围业已受到限制。在1997年之前，基于布鲁塞尔和卢迦诺公约在英国的实施，英国传统的管辖权规则为1982年《民事管辖权与判决法》所修正。但根据非公约法，上述两个判例依旧有效适用。然而，所幸的是，由于1997年的1982年民事管辖权与判决法修正案的实施，英国立法机关将为布鲁塞尔和卢迦诺公约所特有的管辖权规则扩大适用于所有的其他案件及不受公约影响的诉讼。从而，上述两个判例在英国境内不再有效，但在适用判例法的其他所有地区仍然有效。③

目前，一些普通法系国家或地区也遵循了英国的做法。爱尔兰、泽西岛、马恩岛及加拿大等地法院均作出了与上述英国两个判例类似的判决。而澳大利亚和香港法院也采取了同样的解决办法。④

玛瑞瓦禁令的管辖规则也同样适用于其他诸如债务人财产公开令、债务人财产调回本国令之类的对人保全措施。也正因为这些保全措施的对人性和管辖权的对人属性，与玛瑞瓦禁令一样，这些临时性保全措施令的效力并非仅及于位于英国境内的债务人的财

---

① See L.Collins, op.cit., pp.48–53.

② [1995] III *WLR* 718.

③ 英国上议院在The Siskina案中所确立的颁布玛瑞瓦禁令以英国法院或仲裁庭必须对案件有实质管辖权为条件的做法由于《布鲁塞尔公约》而被部分废除。而完全废除则是由于Civil Jurisdiction and Judgments Act 1982 (Interim Relief) Order 1997(SI 1997 No.302). This amendment to the Civil Jurisdiction and Judgments Act of 1982 came into force on 1 April 1997. 从而无论由何国法院行使实质管辖权，英国法院均能颁布玛瑞瓦禁令。参见杨良宜:《禁令》，第283—293页;《海事法》，第132页。See Note on Provisional and Protective Measures in Private International Law and Comparative Law.

④ 爱尔兰: Deutsche Bank AG v. Murtagh [1995] I ILRL 381 (HC); 泽西岛: Maugher v. VHM [1989] JLR 295; 马恩岛: In Re Acet Management Ltd. [1993–1995] I MLR 185; 加拿大: Mooney v. Orr [1995] I WWR 517 (BSSC). See also Epp, “Worldwide Mareva Injunctions in Common Law Canada”, LQR 460 (1996).See Note on Provisional and Protective Measures in Private International Law and Comparative Law.

产，而是及于其位于全球的所有财产。

②安东·皮勒令。英国有学者认为，只有当法院能够执行安东·皮勒令时，该命令的颁布才有正当理由。因而安东·皮勒令也只能在颁布该命令的法院管辖区域内实施。[①]但英国法院似乎并没有完全采纳该观点。在Cook Industries Inc. v. Galliher案[②]中，尽管有争议的物件位于巴黎的公寓内，但Templeman法官还是颁布了安东·皮勒令。而在Altertext v. Advanced Data案[③]中，Scott法官虽拒绝颁布安东·皮勒令，但其并不否定Cook案的判决。两案的区别在于事实情势的不同。在前案中，被告一年中有部分时间居住在英国，因而英国法院对其拥有管辖权。而在后案中，英国法院无对人管辖权，因而英国法院更倾向于拒绝颁布命令。然而正如英国学者C. McLachlan所言，即使法院对被告拥有管辖权，这也并不意味着法院有权力就位于外国的处所作出安东·皮勒令。[④]

③扣船令。与其他国家一样，在英国，扣船措施是一项对物保全措施，因而如同案件实质事项的对物管辖权一样，船舶所在地的法院拥有颁布扣船令的裁判管辖权。

（2）美国

在美国，由于不同类型的禁令分别规定在州法和联邦法之中，因而临时性保全措施的裁判管辖权问题显得相当复杂。

①禁令。在美国，法院颁布任何种类的禁令都必须拥有对被告的对人管辖权。[⑤]而过去，衡平法上救济措施的传统管辖权是以被告在作出救济裁定的法院管辖区域内的实际存在为根据。这一方面是由于临时性救济措施的实际执行是针对被告的，另一方面是由于“藐视法庭”这一制裁措施的性质使然。然而这一传统的管辖原则由于International Shoe Co. v. Washington案[⑥]的判决而发生重大改变。在该案中，被告主张由于其并不出现在华盛顿州，因而华盛顿州法院不能对其行使管辖权。为此，法院采用了更为灵活的原则以替代这一刻板的既存的管辖标准。即“法院所在州必须与公司之间存在一定的联系，而这种联系使得在我们联邦政府体制的背景下要求公司对在该州法院所提起的诉讼

① C. McLachlan, “The Jurisdictional Limits of Disclosure Orders in Transnational Fraud Litigation”, (1998) 3 C.L.Q. , pp.20–21.

② [1979] Ch. 439.

③ [1985] 1 *WLR* 457.

④ See C. McLachlan, op.cit., p.20.

⑤ This principle is stated by G.A. Bermann, “Transnational Provisional Relief in the Courts”, in J.L.Goldsmith ed., International Dispute Resolution – The Regulation of Forum Selection, Transnational Publishers Inc., New York, 1997, p. 99 et seq., citing in support the cases of *Securities and Exchange Commission* v. *Capital Growth Co., S.A.*, 391 F. Supp 593 (SDNY 1974) and *Milstead v. O. Records & Visuals, Ltd.*, No 84 Civ 3657 (SDNY 5 June 1984). See also *Hitchman Coal & Coke Co.* v. *Mitchell* 245 US 229 (1916).

⑥ 326 US 310 (1945).

提出抗辩具有合理性。”[①]然而，这一管辖原则的适用也存在诸多的问题，特别是该原则在司法实践中的适用并不始终能够易于理解和把握，“明确的答案少而又少，而更多的是灰色和不明。”[②]法院除依该原则行使管辖权外，对被告行使管辖还须符合适当程序原则。[③]不过，值得注意的是，依上述原则来行使禁令管辖权的话，如果居住在国外的被告并不前来参加在美国进行的诉讼以行使抗辩权，而其所在的外国法院又拒绝承认或执行由美国法院颁布的禁令，那么针对被告的禁令将可能无任何实际意义。[④]不过，在这种情况下，正如美国学者T. McEvoy所言，如果法院意识到其将所颁布的禁令不可能产生任何结果，其则可能会拒绝准许当事人的申请。[⑤]

②债务人财产扣留令和第三人手中的债务人财产扣留令。在美国，债务人财产扣留令属于“诉人扣押”（attachment in personam），[⑥]但其裁判管辖权问题并非如人们想象的那样清晰。而这种不确定状态始于Shaffer v. Heitner案。[⑦]在该案中，法院裁定债务人财产扣留令的裁判管辖权的行使必须符合最高法院在International Shoe案判决及此后一些判决中所确立的一般管辖原则。在International Shoe案中，最高法院法院裁定，根据适当程序原则，对不在法院管辖区域内的被告行使管辖权必须考虑最低程度的联系，以便

① This is generally called the “minimum contact” test.

② Justice Marshall in the case of Kulko v. Superior Court, 436 US 84 (1978), on p. 92. Yet it is possible to identify certain key principles, which we cannot define in detail in the framework of this study, but which have been described by Professor Dubinsky in a document submitted to the members of the Special Commission in March 1998. Cf. Paul Dubinsky, The Reach of Doing Business Jurisdiction and Transacting Business Jurisdiction over Non–U.S. Individuals and Entities, Working Document No. 64, 6 March 1998.

③ there does not seem to be any indication, in the decisions made since International Shoe, that the decision on jurisdiction is to be made any differently when the court is considering an application for an injunction.

④ See for example Securities and Exchange Commission v. International Swiss Investments Corp. 895 F. 2d 1272 (9th Cir. 1990).

⑤ T. McEvoy, The Preliminary Injunction as a Prejudgment Security Device in the United States, Chapter 5 of a thesis on protective measures in preparation for the University of Virginia, typed pages 15 and 16. He cites Hamilton v. MacDonald 503 F.2d 1138 (9th Cir. 1974) on p. 1146.

⑥ 参见杨良宜:《海事法》，第142页。

⑦ 433 US 186 (1977). See Note on Provisional and Protective Measures in Private International Law and Comparative Law.但英国学者L.Collins则持不同看法，其认为：The decision in Shaffer v.Heitner does not mean, of course, that attachment of property is no longer possible in the United States. In particular, a court in the United States may exercise attachment jurisdiction if the defendant or the cause of action have links with the state in which the court sits sunch that the exercise of jurisdiction is consistent with due process.See L.Collins, op.cit., pp.37–38.

使程序符合公平待遇和自然正义的传统原则。[①]然而，在Shaffer案中，法院并没有就是否有权准许颁布债务人财产扣留令以阻止被告为逃避其债务而将其财产转移出法院管辖区域之外的问题作出裁决。[②]实际上，法院就是否准许颁布债务人财产扣留令以获得对被告行使解决实质事项的管辖权，即准对物管辖权问题作出裁决。同样，法院也没有就财产扣留地法院的管辖权的范围，即扣押管辖法院（forum arresti）问题加以裁决。[③]据此，可以认为在债务人财产扣留令管辖权问题上，正如美国学者L. Silberman所言，在大多数情况下，采取财产扣留措施的法院拥有对被告的对人管辖权，并且被扣留的财产也位于法院管辖区域内，因而在大多数情况下难以以上述判决为根据而得出结论。[④]不过，也有一些美国学者认为，实质事项管辖权的行使不能纯粹以被告财产在管辖区域内的存在为根据，被告财产在管辖法院管辖区域内的单纯的存在并不构成行使案件实质问题管辖权所要求的适当联系，但财产的存在可以证明准许采取保全措施的正当性。也就是说，"被告财产在法院管辖区域内存在的事实，充其量显示该财产所在州的法院应有权扣留该财产，以作为由在其中进行的诉讼符合最低限度联系这一正当程序要求的法院所作出的判决之担保。"[⑤]然而，这一观点在Barclays Bank v. Tsakos案[⑥]得到采纳。在该案中，英国银行的法国子公司向居住在法国的希腊人Tsakos夫妇的儿子提供1.4百万美元的贷款，并由Tsakos夫妇担保。后借款人违约。银行遂在法国和瑞士对Tsakos夫妇提起诉讼。但Tsakos夫妇早已将其财产转移出法国和瑞士境外。银行为此向哥伦比亚地区法院申请扣押位于此地的被告的一套公寓。上诉法院裁定Tsakos夫妇与哥伦比亚地区法院管辖区域之间所存在的联系足可使法院有权颁布扣留令，因为颁布扣留令的目的纯粹是

① "Certain minimum contacts ... such that maintenance of the suit does not offend traditional notions of fair play and substantial justice" 326 US 310 (1945).

② P. Trooboff, "Provisional and Protective Measures Development of a Limited Security Attachment in the US Cases and Practice", paper drafted on 29 March 1995 for the ILA Committee on International Civil and Commercial Litigation.

③ The Supreme Court says: "[We do not have to consider] the question whether the presence of a defendant's property in a State is a sufficient basis for jurisdiction when no other forum is available to the plaintiff". See also L.Collins, op.cit., pp.46–47.

④ L. Silberman, "Shaffer v. Heitner: The End of an Era", N.Y.U.L. Rev. 33 (1978), on p. 54.

⑤ See Von Mehren and Trautman, Jurisdiction to Adjudicate:A Suggested Analysis, (1966) 79 Harv. L.Rev., p.1178; Beal, Jurisdiction in Rem to Compel Payment of a Debt, (1913) 27 Harv.L.Rev., pp.123–124; Hazard, A Genaral Theory of State Court Jurisdiction, (1965) Sup.Ct.Rev., pp284–285. See also L.Collins, op.cit., pp. 36–37.

⑥ 543 A. 2d 802 (DCCA 1988). See L.Collins, op.cit., pp.47–48. See also Note on Provisional and Protective Measures in Private International Law and Comparative Law.

程序性的。[①] 然而，在该案中，法院竭尽全力援用Tsakos夫妇与管辖法院之间所存在的所有联系因素。不过，如果说仅仅财产的存在可提供足够的联系，那么法院也就没有必要如此行事。[②] 而在Carolina Power案[③] 中，法院详细引证了用以支持法院颁布扣留令管辖权的各种事实。该案是有关法国公司向哥伦比亚地区公司所欠的一笔债务，而按照有些州的做法，债权请求权被视为位于债权人的所在地。法院裁定由于该债权在哥伦比亚地区的存在并不是偶然的，因而法院有权扣押该债权请求权。同时，对法国被告而言，由于扣留程序从其性质而言极其有限，因而迫使其前来哥伦比亚法院抗辩扣留令并不是一项沉重的负担。[④]

到此，对于美国法院关于债务人财产扣留令和第三人手中的债务人财产扣留管辖权的实践，我们不妨可以得出这样一个结论：准许扣留申请的法院并不一定拥有对被告人身的管辖权（have jurisdiction over the person of the defendant），也并不一定拥有对案件实质事项的管辖权。对颁布扣留令的法院来说，被告财产位于该法院管辖区域内的事实对其此种管辖权的行使已经足够。并且这种联系不仅必要，而且是充分的。[⑤] 从美国现行的成文规则来看，这一结论似乎也是可以成立的。《联邦民事诉讼规则》“关于某些海事请求的补充规则”规则B规则第1条规定，如果被告并不在管辖区域内，则经证明属实的诉状可包含一项申请扣留在第三债务人手中、其价值不超过原告请求支付数额的被告的有形或无形动产程序的请求。原告或其代理律师必须签署并随诉状一同递交一份誓证，其中陈述：据宣誓者所知，或根据情报和判断，被告不可能在法院管辖区域内。而法院必须审查诉状和誓证，并且如果规则B所规定的条件可能存在的话，则发布准许扣留债务人财产和在第三人手中的债务人财产程序的命令。书记官则可无须法院的再次命令而根据申请签发补充执行令以执行法院命令。也就是说，只要第一，被告在“诉人”下有责任；第二，属海事争议；第三，被告必须在境外/外国，则可针对法院管辖区内的船舶、船上燃油、银行账户等等颁布债务人财产扣留令或第三人手中的债务人财产扣

---

① On the same point, see Mendes v. Dowelanco Indus. LTDA, 651 So. 2d 776 (Fla. Dist. Ct. App. 1995) cited by G. Bermann, p. 121, note 63.

② See also Note on Provisional and Protective Measures in Private International Law and Comparative Law.

③ 451 F. supp. 1044 (D.C. N. Cal. 1977).

④ See also Note on Provisional and Protective Measures in Private International Law and Comparative Law.The case of Omni Aircraft Sales Inc. v. Actividades Aereas Aragonesas, No. 77–669 (D. Arizona, Nov. 15, 1977), cited by McEvoy, op. cit. , rests on similar circumstances. The court refused to order an attachment, but this was only because it was not authorised to do so by the law of the state of Arizona, which makes no provision for attachment in such cases.

⑤ See also Note on Provisional and Protective Measures in Private International Law and Comparative Law.

留令。[①]而1988年修订的《冲突法重述》第66条第1款规定，在一诉讼中，对于某物所有人的请求，如果:（a）该法院根据第27—65条的规定得适当行使司法管辖权以审理该请求；或（b）该诉讼是以执行针对该物所有人的一项判决；或（c）该诉讼以协助有关该请求的诉讼程序为目的；或（d）管辖权的行使在其他方面均是合理的，则一州法院有权通过查封、扣押或类似诉讼程序，以控制位于该州的有体物。第67条规定，对于动产占有人的扣押令，一州法院有权行使司法管辖权，以属某债权之被请求者所有，但由他人占有或控制的动产来满足该项债权请求，只要，（a）该他人属本州司法管辖范围，而且（b）将被用来清偿的动产位于本境内，而且（c）第66条第1款的要求得到满足。第68条规定，关于对主债务人之债务人的扣押令，如果第66条第1款的要求得到满足，一州有权行使司法管辖权，以受其司法管辖的债务人应向该项债权之被请求者履行的义务来满足该项债权。据此可以认为，就一项有关针对财产所有人的请求的诉讼，法院可以行使扣留财产措施管辖权，如果该法院依据其他的对人或对物管辖根据可适当地行使管辖权以对实质请求作出裁判，或者该项诉讼之目的在于执行针对财产所有人的判决，或者该项诉讼之目的在于支持有关该请求的其他诉讼，或者此项管辖权的行使是合理的。[②]

③船舶扣押令。根据美国法律，船舶扣押（arrest of a vessel）不同于船舶扣留（attachment of a vessel）。行使船舶优先权时才发生船舶扣押，这种诉讼被称为对物诉讼，船舶是被告。当船舶是某一被告的财产并被法院占有时，即该船舶被扣留时，这种诉讼被称为对人诉讼，自然人或公司是被告。同时美国的对物诉讼和对人诉讼中作为保全措施的扣押令和扣留令与英国的船舶扣押和玛瑞瓦禁令存在很大区别。[③]

在美国，由于其没有加入《1952年扣船公约》，因而船舶扣押程序须根据《联邦民事诉讼规则》“补充规则”中的“C规则”进行。[④]“C规则”第2条规定，在海事对物诉讼中，诉状必须陈述作为诉讼客体的船舶的合理特征，并说明船舶在法院管辖区域内，

① 参见李海，上引著，第280页；杨良宜:《海事法》，第142页。杨良宜先生在其《海事法》一书第143页所介绍的其所代理的申请第三人手中的债务人财产扣留令的案例也可证明这一结论。其写道:“另一次笔者涉及诉人扣押是一位美国骗子利用巴拿马公司出面做租船人行骗。笔者代表船东，在新加坡以Mareva禁令冻结了银行账户后，一无所得，但知悉金钱（是一笔分租约下的运费）已汇去美国西雅图的银行。笔者于是跟进，委托西雅图律师以这诉人扣押冻结银行账户，因为被告的巴拿马公司是在境外/外国，而索赔/纠纷是有关租约的。”

② See L.Collins, op.cit., p.38. 谭岳奇译:“美国法学会：第二次冲突法重述”，载《中国国际私法与比较法年刊》（第三卷），法律出版社2000年版，第714—715页。

③ 参见李海，上引著，第277页。

④ 参见李海，上引著，第279页。

或在诉讼未决期间将在法院管辖区域内。而法院必须对诉状和其他证据文件予以审查。如果对物诉讼的条件可能存在，法院则必须签发命令指示书记官签发对作为诉讼客体的船舶或其他财产加以扣押的令状。而如果原告或原告律师证明紧急情势的存在使法院不可能对诉状进行审查，则书记官必须迅速签发传票和扣押作为诉讼客体的船舶或其他财产的令状。据此可见，法院行使船舶扣押措施的管辖权，以作为扣押对象的船舶或其他财产在法院管辖区域内为条件。而当船舶或其他财产不在法院管辖区域时，法院则不可能行使针对该船舶或其他财产的扣押措施的管辖权。

2．大陆法系国家

（1）德国

在德国，临时性保全措施的管辖权问题规定于《民事诉讼法典》第919条和第937条之中。尽管该管辖权规则主要是规定非涉外民商事案件中临时性保全措施管辖问题的国内法律规则，但其也同样适用于国际民商事案件中保全措施的管辖权行使问题。①

根据该民事诉讼法典，临时性保全措施管辖权的行使根据随保全措施类型的不同而不同。

就假扣押而言，民诉法典第919条规定，关于假扣押命令，由审判本案的法院，以及假扣押标的物所在地的初级法院，或人身自由应受限制的人所在地的初级法院管辖之。而所谓本案法院，根据民诉法典第943条之规定，指第一审法院，如本案系属于控诉审时，指控诉法院。由此可见，在德国法中，假扣押的管辖法院有三：对案件实质问题有管辖权的法院，拟扣押财产所在地法院以及被扣押人的所在地法院。

对于假处分管辖权的行使问题，德国民诉法典分别不同情况规定了不同的管辖根据。民诉法典第937条第1款规定，假处分，属于本案法院管辖。第942条第1款规定，在急迫情况下，管辖争执标的物所在地的初级法院，可以命令实施假处分，同时命令申请人在一定期间内向管辖本案诉讼的法院申请传唤对方当事人，就应否实施假处分进行言词辩论。同条第2款规定，即使在非急迫情况下，管辖船舶的船籍港或船籍地、或管辖建造中船舶的建造地的初级法院，可以发出假处分，准许在船舶登记簿或造船登记簿上就其内容的正确性登记异议；船舶的登记港不在国内时，此项假处分由汉堡初级法院发出。据此，德国民诉法典就假处分的管辖根据设置了一项原则性规则，四项例外性规则。即假处分原则上由案件实质性问题管辖法院管辖，但第一，在急迫情况下，争议标的物所在地法院可行使假处分管辖权；第二，船籍港或船籍地法院可行使假处分管辖权；第三，假造中船舶的建造地法院可行使假处分管辖权；第四、对于登记港不在德国

① See also Note on Provisional and Protective Measures in Private International Law and Comparative Law.

境内的船舶，汉堡初级法院可行使假处分管辖权。[①]

（2）法国

在法国，临时性保全措施国内属地管辖权规则同样适用于包括海事案件在内的国际民商事案件中的临时性保全措施的管辖权问题。[②]原则上，临时性保全措施的管辖权通常由对案件实质问题享有管辖权的法院行使，但实际上，当事人往往必须得从审理案件实质问题的法院之外的其他法院申请临时性保全措施，[③]因而法国法律对不同类型的保全措施管辖权问题又作了不同的例外规定。

就扣押措施而言，民诉法典第493条规定，法国法院有权在申请人有理由不经传唤对方当事人的情况下，不经对席审理作出假执行决定。因而对于位于法国境内的财产，法国法院有权命令采取针对该财产的保全性扣押措施，即使双方当事人不在法国境内，或者即使法国法院对案件的实质问题无管辖权。[④]因为从理论上讲，临时性保全措施是为执行实质事项判决而设置的预备性程序，其旨在确保该判决的效力。从这个意义上讲，临时性保全措施构成执行措施之组成部分，其受执行地法律所支配，也就是被扣押

① See also Note on Provisional and Protective Measures in Private International Law and Comparative Law.

② The exception is articles 14 and 15 of the Civil Code, which base the jurisdiction of the French courts on the nationality of the claimant (art. 14) or of the defendant (art. 15). This is only a subsidiary jurisdiction, if no ordinary jurisdiction is available (Cass. Civ. 1, 19 Nov. 1985, *Rev. crit. dr. int. priv*. 1986.712, note by Y. Lequette; *J.D.I.* 1986.719, note by A. Huet; *JCP* 1987.II.20910, note by Courbe and 7 June 1989; *JCP* 1990.II.21448, note by Remery). For a decision which barred the application of article 14 when the contested protective measure was ordered abroad, see CA Paris 18 December 1996, *Rev. crit. dr. int. pr*. 1997.527, note by M. Santa–Croce.

③ But the very principle of a provisional or protective measure is that it will often have to be sought from a court other than the court dealing with the merits. The difficulty then arises that this court may not encroach too far on the prerogatives of the court for the merits of the case. It is possible to avoid doing so for attachment orders and other protective measures taken in advance of enforcing the decision on the merits, but more difficult for the other provisional and protective measures, such as investigative measures and the summary provision. This distinction has been suggested by V. Delaporte, "Les mesures provisoires et conservatoires en droit international privé", *Travaux du Comité français de droit international privé*, 1987–1988, Paris 1989, p. 147 *et seq*. p. 148. See also Note on Provisional and Protective Measures in Private International Law and Comparative Law.

④ Cass. Civ. 1, 14 March 1984, *Bull*. I No 98; *Rev.crit.dr.int.pr*. 1984, 598, note by Oppetit; *D*. 1984, 629, Fabre report, note by J. Robert; *JCP* 1984 II, 20205, Conclusion Gulphe, note by Synvet; *Rev. Arb*. 1985. 69 note by Couchez; Cass. Civ. 1, 18 November 1986, *Rev. crit. dr. int. pr*. 1987, 760, note by Audit; *JDI* 1987, 124, note by Gaillard.

财产所在地法律支配。这一规则并没有为1992年7月31日法令所改变。①该法同时赋予当事人一个选择权，即当事人也可向债务人居住地法院提出保全申请。然而，如果债务人居住在国外或居所不明，唯一适格的法院即为保全措施执行地法院。但1992年法令第211条接着规定，拥有采取保全措施管辖权的法院即为债务人居住地的执行法院。该规定似乎是对第9条规则效力的减损，然而法国学者认为，当债务人居住在国外时，第211条的规定必须结合第9条第2款的规定进行解释，以避免使当事人无奈地使用保全措施。因为在这种情况下，申请人必须首先向外国法院申请，经其批准后再在法国对位于法国的财产执行保全措施。②

而对于紧急审理裁定的管辖权问题，法国民诉法典第484条明确规定，非受理讼争实质的法官在法律赋予其命令立即采取必要措施之权力的情况下，应一方当事人的请求，另一方当事人到场或传唤其到场之后，即可作出临时裁定，立刻命令采取必要措施。也就是说，紧急审理裁定的管辖权并非专属于受理讼争实质的法院，其他法院是否有权行使紧急审理裁定的管辖权，则由法律确定之。而依何原则确定其他法院的紧急审理裁定管辖权，上述有关扣押措施的管辖权规则是否也可用以确定紧急审理裁定的管辖权，在法国并没有关于此问题的太多的判例。不过，现已公布的判例对此持肯定立场。③

（3）日本

日本法律有关临时性保全措施管辖权的规定较为简单和明晰。《民事保全法》第12条第1款规定，保全命令的案件，由本案的管辖法院或者管辖应予假扣押的物或系争的物所在地的地方法院管辖。第6条规定，本法所规定的法院管辖，为专属管辖。可见，日本法律原则上将临时性保全措施的管辖权授予受理实质争议的管辖法院。

---

① Its article 9 provides that the court of execution with territorial jurisdiction is the one where the measure is enforced.

② P. Mayer, Droit international privé, 5th ed. Paris 1994, No. 287, p.194; P. de Vareilles–Sommières, “La compétence internationale des tribunaux français en matière de mesures provisoires”, *Rev. crit. dr. int. pr.* 1996, p.397, p.423. See also Note on Provisional and Protective Measures in Private International Law and Comparative Law. 但也有法国学者认为，尽管旧《民事诉讼法典》第48条以及1958年12月22日法令第26条（经1959年3月21日法令修改）为申请人提供了一种选择权：保全措施申请人可以在债务人住所地的法院法官雨带扣押的财产所在地的法官之间选择。但现在这种选择已不存在，1992年7月31日法令第211条规定，对批准保全措施有管辖权的法官使债务人居住地的执行法官。参见让·文森和雅克·普雷沃，上引著，第227条。

③ *Tron* TGI Nanterre, 9 October 1978, *Rev. crit. dr. int. pr.* 1979, 128, note by E. Mezger, set aside on a different issue by Versailles, 27 June 1979, *JDI* 1980, 894, comment by D. Holleaux. This form of jurisdiction is however endorsed by one writer: *cf.* P. de Vareilles–Sommières *op. cit. supra* Note 6 on p. 425.

但对于假扣押的管辖权，除由受理实质争议的管辖法院行使外，管辖应予假扣押的物或系争的物所在地的地方法院也有权管辖。而所谓“管辖应予假扣押的物或系争的物所在地的地方法院”，《民事保全法》作了不同的规定。第一，当应予假扣押的物或系争物为债权时，该债权是在债权的债务人（以下称“第三债务人”）普通审判籍的所在地。以交付船舶或动产为目的的债权和以财产担保权担保的债权，是在物的所在地。这一规则也准用于应予假扣押的物或系争物为民事执行法第167条第1款规定的财产权而有第三债务人或有按第三债务人看待人的情况。第二，当应予假扣押的物或系争的物为其他的财产权而且对权利的转移需要登记或登录的，该财产权是在该登记或登录之地。[①]

而对于假处分的管辖权的归属，《民事保全法》并没有像对待假扣押的管辖权问题那样作出例外性规定。也就是说，假处分措施由受理案件实质问题的法院专属管辖。

（4）荷兰

正如法国一样，有关国内案件中临时性保全措施的国内属地管辖规则一般也适用于国际案件中临时性保全措施管辖权的确定。[②]

就保护性扣留财产措施而言，根据民诉法典第765—767条之规定，如果拟扣留的财产位于荷兰境内，即使债务人并不居住在荷兰，荷兰法院拥有颁布保护性扣留财产令的管辖权。这种扣留被称为涉外扣留（saisie foraine）。而对于初步救济令，根据民诉法典第126条第1款之规定，被告住所所在地的法院院长原则上拥有颁布初步救济令的管辖权。而该法同条第3款同样赋予申请人住所所在地法院院长颁布初步救济令的管辖权。不过，当案件与荷兰法律体系之间并不存在足够的联系时，法院院长一般倾向于不行使此种管辖权，而由与案件之间存在更密切联系的外国法院行使管辖权。[③]

3．国际立法或文件

基于各国关于临时性保全措施管辖权规定的互异事实，除一些海事公约之外，现行涉及保全措施问题的国际立法一般均将临时性保全措施管辖权的行使交由有关国家的国

① 《日本民事保全法》第12条第3，4，5款。

② See also Note on Provisional and Protective Measures in Private International Law and Comparative Law.

③ See also Note on Provisional and Protective Measures in Private International Law and Comparative Law. This solution may be seen as akin to the theory of forum non conveniens. In fact, this flexibility reflects the extremely informal character of the *kort geding* procedure, which has grown to such dimensions that the question arises whether it can be regarded as a “provisional measure” within the meaning of article 24 of the Brussels/Lugano Convention.

内法予以确定。布鲁塞尔《民商事管辖权和判决执行公约》第24条即是其例。[①]但这些海事公约也仅规定船舶扣押措施的管辖权。

《汉堡规则》第21条就海上运输纠纷的管辖权问题作了专门规定，但该条第2款实际上也涉及到扣船措施的管辖权归属问题。该款第1项规定，虽有本公约前述规定，如果载货船舶或属于同一船舶所有人的任何其他船舶，在一缔约国的任何港口或地点依照适用于该国的法律或国际法的规则而被扣，便可向该港口或地点所在法院提起诉讼。但是，在这种情况下，经被告请求，原告须将诉讼转移到他所选定的本条第1款所述管辖法院之一，以作出对索赔的决定。而在诉讼转移之前，被告必须提供足够的保证，以偿付日后可能判定归原告的赔偿金额。第2项规定，一切有关担保是否足够等问题，应由扣留港口或地点的法院裁定。从表面上看，该规定针对的是扣押对案件实质问题管辖权行使的影响问题，即扣押管辖法院（forum arresti）问题，但其实际上也意味着对船舶所在地法院有权行使扣押管辖权这一各国国内立法和司法实践的认可。

1952年《扣船公约》第4条规定，船舶只能由执行扣押的缔约国法院或适当的司法机关扣押。1999年《国际扣船公约》第1条规定，扣押是指经法院命令，为保全海事请求而对船舶作出的任何滞留或对其离开作出任何限制，但不包括为执行或履行法院判决或其他可执行文书而扣留船舶。而第2条规定，只有实施扣押的缔约国法院的授权才能扣押船舶或释放被扣押的船舶；并且，为获得担保，可以扣押船舶，即使根据有关的合同中的管辖权条款或仲裁条款或其他条款，引起扣船的海事请求应由非扣船实施地国审理，或应付诸仲裁或应适用另一国的法律。这意味着公约不仅承认扣押船舶的管辖权是独立于海事案件实质问题的管辖权，而且只有船舶所在地国法院才拥有扣押船舶的管辖权。

在此值得注意的是国际法协会于1996年第67届赫尔辛基会议上通过的《关于国际诉讼中临时性保全措施原则》关于临时性保全措施管辖权的规定。第一，《原则》第10条郑重申明：准许临时性保全措施的管辖权应独立于案件实质问题的管辖权。第二，《原则》第11条指出，财产在一国内内单纯的存在/出现（mere presence）应该构成行使有关该财产的临时性保全措施管辖权的充分根据。可见，临时性保全措施管辖权行使根据/标准并没有像实质争议管辖权行使根据/标准那样严格。第三，《原则》第16条规定，适当地行使实质争议管辖权的法院应有权颁布针对被告本人的临时性保全措施，以冻结其财产，而不论该财产位于何地。第四，与第16条规定明显不同的是，《原则》第17条

① 1980年《联合国国际货物多式联运公约》第26条第2款规定，本条各款并不妨碍各缔约国对于临时性或保全性措施的管辖权。美洲国家国际私法特别会议1979年通过的《关于执行保全措施的公约》第3条规定，保全措施的根据，依诉讼地的法律并由诉讼地法官决定。汉堡规则第21条第2款第1项也反映了这一实践。

规定，当一法院不行使实质争议事项的管辖权，而仅行使有关临时性保全措施管辖权时，其所行使的管辖权应仅限于位于该法院管辖区域内的财产。而财产的所在地根据国际法应依国内法规则（包括冲突法规则）确定。

4. 我国关于临时性保全措施管辖权的规定

我国关于临时性保全措施管辖权的规定见之于《海事特别程序法》。该法针对不同类型的保全措施规定了不同的管辖权行使根据。

对于海事请求保全，《海事特别程序法》第13条规定，当事人在起诉前申请海事请求保全，应当向被保全的财产所在地海事法院提出。而所谓“财产所在地”，指船舶的所在地或者货物的所在地。当事人在诉讼前对已经卸载但在承运人掌管之下的货物申请海事请求保全，如果货物所在地不在海事法院管辖区域的，可以向卸货港所在地的海事法院提出，也可以向货物所在地的地方人民法院提出。[①]对于海事强制令，《海事特别程序法》第52条规定，当事人在起诉前申请海事强制令，应当向海事纠纷发生地海事法院提出。但何谓“海事纠纷发生地”，该法并没有做出解释。对于海事证据保全，《海事特别程序法》第63条规定，当事人在起诉前申请海事证据保全，应当向被保全的证据所在地海事法院提出。然而，上述有关临时性保全措施的独立的管辖根据仅适用于诉前保全措施，这意味着对于诉讼中所采取的临时性保全措施得由审理案件实质问题的管辖法院管辖。

然而美中不足的是我国《民事诉讼法》并没有就在案件的实质纠纷通过诉讼途径解决时有关财产保全措施以及先予执行措施管辖权的归属问题单独地作出规定。这似乎意味着唯有对案件实质争议拥有管辖权的法院方能行使财产保全措施以及先予执行措施的管辖权。但对纠纷通过仲裁途径解决时，民诉法则对财产保全措施管辖权的归属作了明确的规定，该法第258条规定，当事人申请财产保全的，中华人民共和国涉外仲裁机关应当将当事人的申请，提交被申请人住所地或者财产所在地中级法院裁定。

二、管辖权选择条款对行使临时性保全措施管辖权的影响

（一）管辖权选择条款效力之概览

海事合同中管辖权选择条款的重要性无论怎样说都不过分，其业已成为国际海事活动的一项基本特征。[②]当当事人订立管辖权选择条款授予一国法院以排他性管辖权时，

① 最高人民法院《关于最高人民法院《关于适用<海事特别程序法>若干为题的解释》第20条。

② See L.Collins, op.cit., p.60.

其不仅授予该法院以管辖权，而且排除了其他法院的管辖权。[①]管辖权选择条款在18世纪末即在英国得到承认，随后在其他大多数国家得到不同程度的认可。当然在许多国家，包含在标准格式合同中且剥夺弱方当事人求助本地法院保护之权利的管辖权选择条款，由于减损了这些国家法院的管辖权而不具有法律效力，同时在普通法系国家，传统的做法是尽管管辖权选择条款一般应被赋予法律效力，但法院在公平原则的要求下保留否定管辖权条款效力的自由裁量权。如在美国，对管辖权条款的敌视态度由于最高法院M/S Bremen v.Zapata Offshore Co.案[②]而结束。该案涉及关于将石油钻塔由深海拖带船从路易斯安纳拖拽至意大利的拖带合同纠纷。石油钻塔为一家美国公司所有，而拖带船为一家德国公司所有。合同约定任何纠纷都应由英国法院裁决。石油钻塔在墨西哥湾由于风暴而受损。美国公司为此向佛罗里达法院对德国公司提起诉讼，而德国公司依据管辖权选择条款对此提出抗辩。第五巡回法院的上诉法院大多数法官认为，剥夺原告的诉讼权利是违背美国的公共政策，因为有证据证明英国法院会赋予合同中的免责条款以效力，而美国法院是不会承认其效力的。但最高法院裁定，管辖权条款初步有效，并应予以执行，除非试图不履行该条款的当事人能够证明该条款的履行是不合理的，不受欺诈、不当影响或过分的议价能力所影响的充分协商的私的国际协议应给予其充分效力。

（二）英美法系国家的实践

1．英国

在英国，在有关管辖权选择条款对原告向实质问题管辖法院之外的其他法院寻求临时性保全措施的权利的影响问题上，存在不同的司法实践。但总的来说，在英国，即使当事人约定由外国法院管辖，如果英国法院对采取临时性保全措施拥有管辖权，不论是对物管辖权还是对人管辖权，英国法院一般是会准许采取临时性措施的。[③]

早在Law v. Garrett案中，该问题就已被论及。在该案中，法院认为，尽管管辖权选择条款选择圣彼得堡商事法院管辖，该法院对产生于该合同的任何纠纷拥有排他性管辖权。但如果当事人未能在俄罗斯获准采取临时性保全措施，英国法院应保留命令采取临

① So–called “non–exclusive” jurisdiction clauses confer jurisdiction on the courts of more than one county:see Evans Marshall & Co.Ltd. v.Bertola S.A.[1973] 1 WLR 349, at 360; Commercial Bank of the Near East plc v.A [1989] 2 Lloyd’s Rep.319, 321; Kurz v.Stella Musical Veranstaltungs GmbH[1992] Ch.196.

② 407 US 1 (1972), on which see Collins, “Forum Selection and an Anglo–American Conflict–the Sad Case of the Chaparral”, 91971 20 ICLQ 530, “Choice of Forum and Exercise of Judicial Discretion–the Resolution of an Anglo–American Conflict”, (1973)22 ICLQ329. See also Carnival Cruise Lines Inc.v.Shute, 111 S.Ct.1522 (1991).

③ See L.Collins, op.cit., p.63.

时性保全措施的自由裁量权。[①]在此后的其他类似案件中，法院也曾认为，管辖权条款可以执行，并且担保物也可予以释放，但必须以被告提供其他相当的担保以满足外国法院判决的执行为条件。[②]而在The Siskina案[③]中，提单规定应由热那亚法院行使排他性管辖权。英国法院裁定，其没有采取临时性保全措施的管辖权。但如此裁决的理由并不是因为排他性管辖权选择条款的存在，而是因为在最高法院规则第11条中并没有相应的可据以使法院行使保全措施管辖权的对人管辖权条款。如果被告受制于英国法院的对人管辖权，或者被告船舶在英国被扣押，外国法院管辖选择条款存在的本身并不是英国法院行使准许采取临时性保全措施管辖权的障碍。[④]同样在The Rena K.案和The Tuyuti案中[⑤]，法院认为，法院应拥有管辖权以准许扣船措施继续进行直至外国法院做出裁决，该管辖权的行使并不是为给外国诉讼提供担保，而仅是为业已中止、但在被告未履行外国法院判决时即可重新启动的英国法院对物诉讼提供担保。目前，根据1982年《民事管辖权和判决法》第26条的规定，当英国法院以纠纷应提交外国法院裁决为由而中止或撤销海事诉讼时，如果船舶业已扣押，英国法院既可命令继续扣押船舶以担保外国法院判决之履行，也可以被告提供相当的担保以保证任何判决的履行为条件而中止或撤销在英国法院进行的诉讼。

如上所述，尽管在外国被告不受英国法院对人管辖权支配的情况下，英国法院没有有效的方法为原告提供针对外国被告的临时性保全措施，但对有效的临时性保全措施的需要可能会使英国法院无视外国法院选择条款的存在。在若干个海事案件中，英国法院曾拒绝赋予管辖权选择条款的效力，因为否则将剥夺原告通过扣船而获得担保的权利。[⑥]Evans Marshall & Co.Ltd.v. Bertola案即是其中的一例。[⑦]

然而，相反，如果英国法院是当事人所选择并被赋予管辖权的法院，即选择管辖法院，而当事一方却在作为非选择管辖法院的外国法院申请临时性保全措施，英国法院将

---

① [1878] 8 Ch. D. 26. See also Note on Provisional and Protective Measures in Private International Law and Comparative Law. See also L.Collins, op.cit., pp.63–64. A similar solution was adopted about a century later in the case of *Mike Trading & Transport Ltd.* v. *C.R. Pagnan & Tratelli (The Lisboa)*, [1980] 2 *Lloyd's Rep*. 546.

② The Eleftheria[1970] p.94.

③ [1979] AC 210.

④ See L.Collins, op.cit., pp.63–64. In WAC Ltd. v. Whillock, 1990 SLT 213, 219 the Scots court held that it had jurisdiction to interdict a threatened wrong in Scotland even if the parties had agreed to the exclusive jurisdiction of the Northern Ireland courts.

⑤ The Rena K.[1979] QB 377; The Tuyuti[1984] QB 838(CA).

⑥ See L.Collins, op.cit., pp.62–68. See The Athenee(1922)11 L1.LR 6(CA); The Fehmarn[1957] 1 WLR 815(CA).

⑦ [1973] 1 WLR 349(CA). See also L.Collins, op.cit., pp.65–66.

对此如何应对？

这种情况在The Lisboa案[①]中得到论证。在该案中，提单规定所有诉讼均应在伦敦提起。原告船舶装载为被告所有的大麦从阿根廷的布宜诺斯艾利斯运往意大利Chioggia。在运输途中船舶发动机出现故障，并在突尼斯海域停航。船舶随后最终被拖至Chioggia。而货物所有人要求支付一笔巨大的拖带费。为此，其违反提单中的管辖权条款而向威尼斯法院提起诉讼，威尼斯法院院长也准许其扣船申请。而船东则向英国法院提起诉讼，要求货主赔偿由于其违反排他性管辖权选择条款而违法扣船所致损害。货主随即向英国法院就案件实质问题提起诉讼，主张船舶不适航。而船东为此则向英国法院申请颁布禁令以制止货主在威尼斯法院进行的扣船诉讼。对此，上诉法院三名法官一致裁决不支持船东的禁令申请。丹宁勋爵认为，提单中管辖权选择条款所指的"针对承运人的任何和所有诉讼"术语并不能用以阻止针对船舶的诉讼，而对该术语的任何其他解释均可能剥夺货主针对单船公司的唯一有效的救济措施。同时就管辖权条款目的言，所谓的"法律诉讼"仅指旨在确立责任的诉讼，而不能扩及至旨在获得担保的诉讼。丹宁勋爵进一步论证："然而，假如这样的解释是错误的，管辖权选择条款禁止货主在英国之外的其他国家扣押船舶，而货主违反该禁止规定而在其他的国家，诸如本案的意大利威尼斯法院扣押船舶，那么英国法院将会颁布禁令以停止船舶的扣押吗？在本案中，我们所面临的给予我们本国法院以排他性管辖权的条款，这与规定在伦敦仲裁的仲裁条款相似。如果一方当事人违反该条款并在外国法院提起诉讼，本国法院就拥有禁止其在外国法院继续进行诉讼的管辖权……，当然这种管辖权应谨慎行使以避免对他国法院的不当干预……。我认为我们不应为了迫使被扣船舶得以释放而颁布禁令。当然我能想象应颁布禁令的一些情况。例如，如果货主没有可据以对船东提出任何请求的任何根据而仍然扣押船舶，本法院可以颁布禁令以阻止扣押的继续。但当当事人善意扣船——旨在获得正当请求的担保，那么我认为英国法院不应通过颁布禁令而加以禁止，即使扣押被认为违反排他性管辖权条款，……法院也不应该要求当事人就其违反此种管辖权条款而予以损害赔偿。我认为，根据世界各国的海事法，扣船的权利应该属于债权人，其就其海事请求应善意行使该扣船权利，而不论船舶位于何处，即使纠纷的实质问题应由另一国法院裁决或由在另一国的仲裁机构裁决。"而Waller和Dunn法官也认为在任何情况下都不应颁布禁令，否则将会剥夺货主请求担保的权利。但Dunn法官似乎认为，在审理中法院可以裁决船舶被非法扣押，船东从而可以要求损害赔偿。[②]

① [1980] 2 Lloyd's Rep.546(CA). .See also L.Collins, op.cit., pp.66–68.

② [1980] 2 Lloyd's Reps rep.at 549–550.

2. 美国

在美国，有关该问题的司法判例颇不一致。在Sanko S.S. Co. v. Newfoundland Refining Co.案[①]中，法院就管辖权选择协议对临时性保全措施管辖权行使的影响问题作了肯定回答。在该案中，船东与海运代理公司所签订的期租合约规定，纠纷由英国法院管辖或在伦敦仲裁。而船东则向纽约州南区法院提出申请请求扣留期租人在纽约的银行账户。海运代理公司为此以期租合约中管辖权选择条款授予英国法院管辖权为由提出抗辩。法院根据最高法院在M/S Bremen v.Zapata Offshore Co.案的判决，认为被告有权利撤销诉讼，而诉讼一旦撤销，扣留措施也随之应予解除。而本案租约中的管辖权条款授予外国法院以管辖权，因而不能准许船东的扣留申请。也就是说，当案件的实质问题由当事人所选择的外国法院裁决时，美国法院没有权力通过采取临时性保全措施为当事人提供担保。这也就意味着在这种情况下原告将没有任何有效的救济手段。然而所幸的是该案判决并没有多大的权威性，并被认为是一个错误的判决。不过，与该案判决类似的尚有其他几个美国法院的判决。在这些案件中，法院均认为如果当事人约定将纠纷提交由纽约公约支配的仲裁，法院则应拒绝准许原告要求采取临时性保全措施的申请。[②]

在适当的案件中，即使当事人约定由外国法院管辖，并将纠纷的实质问题提交外国法院审理，美国法院也没有理由拒绝颁布临时性保全措施令。实际上，大多数美国法院就此问题作出了不同于上述判决的判决。[③]Polar Shipping Ltd. v. Oriental Shipping Corporation案即是其中一例。[④]在该案中，法院裁决指定英国法院管辖的管辖权选择条款并不能阻止一方当事人向美国法院申请采取临时性保全措施。不过该案判决以这样一个事实为根据，即管辖权选择条款并没有明示规定其所授予的管辖权具有排他性，也没有禁止当事人向对案件实质问题拥有管辖权的法院之外的其他法院申请临时性保全措施。

（三）大陆法系国家的实践

在欧洲许多国家，法院有权命令采取临时性保全措施，即使当事人约定由另一国法

① 411 F. Supp. 285 (SDNY) *aff'd without op.*538 F. 2d 313 (2d Cir.), *cert. denied*, 429 US 858 (1976).

② See L.Collins, op.cit., pp.64–65.

③ Some of the comments found in US case law and legal writings indicate that the US courts sometimes take the view that they are required to order provisional or protective measures not only to assist one of the parties to a case being settled abroad, but also to assist the courts of the country concerned. For an echo of this approach, one may consult G.A. Bermann, "Transnational Provisional Relief in the Courts", in J.L.Goldsmith ed., International Dispute Resolution – The Regulation of Forum Selection, Transnational Publishers Inc., New York, 1997, p. 99 et seq.

④ 680 F. 2d 627 (9th Cir. 1982). See Note on Provisional and Protective Measures in Private International Law and Comparative Law. See also L.Collins, op.cit., p.64.

院拥有排他性管辖权。而在《布鲁塞尔公约》体制下，毫无疑问，尽管管辖权选择条款除受制于一些形式上的限制外被赋予充分的效力，然而公约第24条允许被选择法院之外的其他缔约国法院根据本国国内法命令采取临时性保全措施。①

1．法国

在法国，法院对待管辖权选择条款对行使临时性保全措施管辖权的影响问题的态度与英国不同，②即使在《布鲁塞尔公约》适用场合也是如此。

在《布鲁塞尔公约》适用场合,尽管根据《布鲁塞尔公约》第24条规定，即使当事人选择另一缔约国法院为管辖法院，法国法院有权颁布命令采取临时性保全措施。但问题是法国法院并非始终会无条件地行使临时性保全措施的管辖权。在Menegatti v.Soc. Metallurgica Nova Stefano e Giuseppina案③中，居住在法国的一意大利商业代理人请求法国法院作出临时支付令，命令该代理人的本人向其支付380000法郎。合同规定由意大利科摩法院管辖。巴黎上诉法院拒绝了当事人的请求，但拒绝的理由并不是有关临时支付令可否被视为公约第24条所指的临时性命令范畴之内的问题，而是认为意大利法院更适合就该请求作出裁决。这种处理方式类似于非方便法院原则。

而在《布鲁塞尔公约》不适用的场合，法国学界和法院对待该问题的态度相当保守。法国学界倾向于赞成这样一种处理方式，即尽可能尊重临时性保全程序与实质问题诉讼程序之间司法统一。④也就是说，一项有效和合法的管辖权选择条款应同样适用于合同当事一方试图对另一方所采取的任何临时性措施，即使管辖权选择条款并没有作这样的明示要求。因为法国法一项基本原则是当事人所选择的法院拥有排他性管辖权，除非当事人作不同的约定。⑤这意味着如果管辖权选择条款赋予外国法院管辖权，法国法院则无命令采取临时性保全措施的管辖权。在Compagnie de Signaux et d’Entreprise é lectrique案⑥中，法国最高法院认为，由于本案所涉及的管辖权选择条款赋予外国法院管辖权，本对实质问题享有管辖权的法国法院应宣布其无权命令采取作为临时措施的

① See L.Collins, op.cit., pp.61–62.

② T. McEvoy, *The Preliminary Injunction as a Prejudgment Security Device in the United States*, Chapter 5 of a thesis on protective measures in preparation for the University of Virginia.See also Note on Provisional and Protective Measures in Private International Law and Comparative Law.

③ Paris, 17.11.1987, 1989 Clunet 96, note Huet, who cites other cases in France and Belgium in which provisional measures were granted notwithstanding a jurisdiction clause. See also L.Collins, op.cit., p.62.

④ See Note on Provisional and Protective Measures in Private International Law and Comparative Law.

⑤ P. Mayer, Droit international privé (5th ed. Paris 1994), No. 378, p. 252.

⑥ Cass. Civ. 1, 17 December 1985, *Rev. crit. dr. int. pr.* 1986.537, note by Gaudemet–Tallon.

专家调查，尽管调查活动在法国进行。不过，在法国，如果当事人没有将保全措施的管辖权授予其所选择的法院，法国法院拥有命令采取临时性保全措施的管辖权，即使当事人约定外国法院对案件实质问题拥有管辖权。如在C de Signaux et d'entreprises electriques v.Soc.Sorelec案[①]中，法院拒绝颁布临时性措施，因为合同被视为其将临时性措施的管辖权授予了当事人所选择的利比亚法院。

尽管如此，但法国最高法院还是承认紧急情况例外。即在紧急情况或存在风险情况下，法国法院有必要介入以保护位于法国境内的财产或债权。也就是在案情紧急时，不涉及案件实质问题的临时性救济措施可向法国法院提出申请。Lafitte v.Soc.les Transitaires reunis案[②]即是其中一例。在该案中，法国法院裁定，尽管本案中存在授予越南法院管辖权的排他性管辖权选择条款，但法国法院有权任命临时性管理人以管理外国公司所有的位于法国境内的财产。对此，有学者认为，这是效率原则使然，也就是说效率原则要求法国法院在例外情况下应拥有命令采取临时性保全措施的管辖权，即使存在选择外国法院管辖的法院选择条款。[③]

2．德国

在德国，管辖权选择条款对临时性保全措施管辖权行使的影响问题则视保全措施类型的不同而不同。就假扣押措施的管辖权而言，德国民诉法典第919条规定，关于假扣押命令，由审判本案的法院，以及假扣押标的物所在地的初级法院，或人身自由应受限制的人所在地的初级法院管辖之。由于该条赋予当事人选择假扣押管辖法院的选择权，因而即使当事人选择外国法院为案件实质问题的管辖法院，当事人也有权向假扣押标的物所在地的德国法院申请采取假扣押措施。而与假扣押不同的是，假处分的管辖权专属于案件实质问题的管辖法院，因而在当事人订有外国法院管辖条款时，当事人原则上不得向德国法院申请假处分，除非德国法院行使对案件实质问题的管辖权。

3．荷兰

在荷兰，管辖权选择条款的存在并不使荷兰法院失去扣押措施的管辖权，而仅使其丧失基于扣押法院管辖原则而取得的对实质问题的管辖权，即使当事人所选择的外国法

① Cass.civ. Ⅰ, 17.12.1985, 1986 Rev.crit.537, note Gaudemet–Tallon. See also L.Collins, op.cit., p.62.

② Paris, 8.10.1964, 1965 Clunet 901, note Sialelli. See also L.Collins, op.cit., p.62.

③ See Note on Provisional and Protective Measures in Private International Law and Comparative Law.

院所作出的判决由于没有条约关系而不能在荷兰得以执行。[①]同样，选择外国法院管辖的管辖权选择条款的存在也并不必然使荷兰法院院长丧失通过简易诉讼颁布初步禁令的管辖权。在阿姆斯特丹上诉法院于1991年10月17日审理的案件中，尽管其拒绝行使简易程序中有关临时性措施管辖权，但其认为在某些急迫情况下，尽管存在外国法院管辖条款，法院仍然有可能行使此种管辖权。[②]

（四）国际公约的有关规定

当今不少有关管辖权问题的国际公约不同程度地承认临时性保全措施管辖权与案件实质问题管辖权之间的相互独立关系，反映在管辖权选择条款与临时性保全措施管辖权相互关系问题上，管辖权选择条款的存在不应成为另一国法院行使临时性保全措施管辖权的障碍。

对于管辖权选择条款，《布鲁塞尔公约》第17条除规定一些限制性条件外，赋予其充分的法律效力。然其第24条规定，即使按本公约规定，某一缔约国法院对案件的实质性问题有管辖权，亦得向另一缔约国法院申请该国法律所容许的临时性措施或保全措施。尽管该公约将一缔约国法院能否行使临时性保全措施管辖权问题委诸于该国国内法予以确定，但如果该国法院根据本国国内法规定有权行使保全措施的管辖权，那么当事人所订立的管辖权选择条款不能剥夺该国法院依其本国法所享有的临时性保全措施的管辖权。

尽管1952年《扣船公约》就当事人之间所存在的仲裁协议或管辖权协议对扣船管辖权行使的影响问题付之阙如。[③]而1999年《国际扣船公约》对此问题则作了更为明确详尽的规定。根据该公约规定，为获得担保可以扣押船舶，即使根据任何有关合同中的管辖权选择条款或仲裁条款，或者其他规定，与该扣船措施有关的海事请求将由扣船法院所属国之外的另一国法院裁判，或根据该另一国的法律予以裁判。而与船舶的扣押或

① The applicant must therefore, having obtained an award in his favour abroad, apply afresh to the Dutch court to obtain a writ guaranteeing enforcement of the attachment (*Hoge Raad* 16 June 1995, *RvdW* 1995, No. 139, confirming *Hoge Raad* 17 December 1993, *NJ* 1994 Nos 348, 349 and 350.). In that case, jurisdiction on the merits will be conferred according to article 431–2 of the Code of Civil Procedure. In all cases where a foreign decision cannot be enforced in the Netherlands because there is no treaty (or specific legal provision), a new procedure may be instituted in the Netherlands; the Dutch court will then have jurisdiction on the merits under article 431–2 of the Code of Civil Procedure. See Note on Provisional and Protective Measures in Private International Law and Comparative Law.

② *NIPR* 1992, No 123. See Note on Provisional and Protective Measures in Private International Law and Comparative Law. See also R.C. Gisolf, *Kort geding en rechter 1993*; Ch. 5, p. 79–97, (Th. M. de Boer).

③ 参见李海，上引著，第269页。

释放有关的程序，除了适用本公约的规定外，应受扣船地国家或当事人申请扣船法院所属国家法律支配。[①]该公约第7条第1款进一步规定，扣押实施地国或为使被扣船舶得以释放而提供担保地国法院应拥有裁判案件实质问题的管辖权，除非当事人有效约定或业已有效约定将纠纷交由同意管辖的另一国法院管辖，或交付仲裁。第7条第3—5款规定，扣押实施地国或为使被扣船舶得以释放而提供担保地国法院在其对案件实质问题无裁判管辖权或根据本条第2款规定拒绝行使管辖权的情况下，可以或应当事人的申请，应规定申请人向适格法院提起诉讼或提起仲裁的期间。而当事人如未能在规定的时间内提起诉讼或提起仲裁，则应另一方的要求，被告船舶或提供的担保应予以释放。而如果当事人在法院根据本条第3款所规定的时间内提起诉讼，或如果当事人是在扣押地国法院未规定起诉时间的情况下向适格法院提起诉讼或在另一国提交仲裁，则任何由此产生的终局判决应予以承认，并对所扣船舶或为释放被扣船舶而所提供的担保具有效力，如果:（a）已将该扣船或担保程序合理地通知了被告，并给予其提呈事实予以抗辩的合理机会;（b）对判决的此种承认不违背公共政策。

《汉堡规则》第21条第3款规定，根据本公约而提起的有关货物运输的任何法律诉讼，不得在本条第2款所未规定的地点提起。但本款上述规定并不妨碍缔约国采取临时性或保护性措施的管辖权。这意味着：第一，根据本公约有关货物运输的任何法律诉讼只能向公约第21条第1—2款所规定的地点所在国法院提起，即被告主营业所或惯常居所、契约订立地、装货港或卸货港、或海上运输契约中为此目的而指定的任何其他地点（即当事人所选择的法院）、船舶扣押地。第二，案件实质问题管辖管辖法院固然拥有采取临时性保全措施的管辖权，但其他缔约国法院也可行使临时性保全措施的管辖权。可见，管辖权选择条款并不能剥夺其他国家法院的保全措施管辖权。

而《国际货物多式联运公约》也作了类似于《汉堡规则》的规定。该公约第26条第2款规定，根据本公约有关国际货物多式联运的任何诉讼程序均不得在本条第1款所没有规定的地点进行。[②]但本条各款规定并不妨碍各缔约国对于临时性或保护性措施的管辖权。

（五）我国的实践

我国有关该方面的立法吸收了国际上成功的立法经验，使临时性保全措施管辖权的

① 1999年《国际扣船公约》第2条第3，4款。

② 《国际货物多式联运公约》第26条第1款规定，原告可在他所选择的法院根据本公约提起有关国际多式联运的诉讼，如果该法院按其所在国法律规定有权管辖，而且下列地点之一是在其管辖范围之内:（1）被告主要营业地，或者如无主要营业地，被告的惯常居所地;（2）订立多式联运合同的地点，而且合同是通过被告在该地的营业所、分支或代理机构订立;（3）为国际多式联运接管货物的地点或交付货物的地点;（4）多式联运合同中为此目的所指定的并在多式联运单证中载明的任何其他地点。

行使不受管辖权选择条款的影响。《海事特别程序法》第14，53，64条规定，海事请求保全、海事强制令及海事证据保全不受当事人之间关于该海事请求的诉讼管辖协议或者仲裁协议的约束。该法第19，61，72条进一步规定，海事请求保全或者海事强制令执行后，或者海事证据保全后，有关海事纠纷未进入诉讼或者仲裁程序的，当事人就该海事请求，可以向采取海事请求保全，或者作出海事强制令，或者采取证据保全的海事法院或者其他有管辖权的海事法院提起诉讼，但当事人之间订有诉讼管辖协议或者仲裁协议的除外。而中国国际私法学会《国际私法示范法》则作了更具一般适用性的规定。其第55条规定，外国法院对案件实体内容行使的审判权，并不影响中华人民共和国法院对案件有关的财产采取保全措施和其他临时性保全措施，也不影响中华人民共和国法院对该案件判决的承认和执行行使管辖权。其理论依据是，对同一案件有三种管辖权：实体审判管辖权、采取保全措施管辖权及判决承认和执行方面的管辖权。它们是彼此分开的，且无国界的限制。①

三、扣押地法院管辖原则（forum arresti）②

扣押地法院管辖原则是指扣押被告财产的法院仅凭其扣押被告财产的事实便可行使对案件实质争议的管辖权。从上可见，临时性保全措施管辖根据与案件实质问题管辖根据之间的相互独立关系业已不同程度地得到许多国际立法或文件和国内立法的认可，一国法院可依据其国内法就临时性保全措施所设置的独立的管辖规则行使保全措施的管辖权。然而，在有关临时性保全措施管辖权与案件实质问题管辖权之间关系问题上，其中之一即是一国行使临时性保全措施管辖权的事实能否当然地使该国法院取得对案件实质问题的管辖权。对扣押措施而言，即是扣押财产管辖权行使本身在何种程度上赋予扣押法院审理纠纷实质问题的管辖权。尽管有学者和一些国家的实践认为，必须区分以取得对案件实质问题行使管辖权为目的的扣押与作为临时性保全措施的扣押。前者是过度的，不合理的，与礼让相背离的。③但由于不同国家对临时性保全措施管辖权问题独立

---

① 中国国际私法学会编:《中华人民共和国国际私法示范法》，法律出版社2000年版，第116页。

② The forum arresti relates to the assumption of jurisdiction over foreigners by the attachment of their property, with the assumption of jurisdiction being limited to the value of the property attached.The expression forum patrimonii is used for those systems where the presence of assets is sufficient to justify the assumption of jurisdiction to an unlimited extent.See Nadelmann, Conflict of Laws:International and Interstate (1972), pp.226 – 228, 248–249.See also L.Collins, op.cit., p.32. 国际法协会1996年《国际诉讼中临时性保全措施原则》第21条。

③ See D.C.Jackson, op.cit., pp.311, 314–315. 参见林欣:《国际私法理论诸问题研究》，中国人民大学出版社1996年版，第52页；韩德培:《美国国际私法（冲突发）导论》，法律出版社1994年版，第59—60页。

性的不同认识，有关此问题的实践也不尽一致。

（一）英美法系国家

在英联邦国家，除南非外，一般而言，属于扣押财产保全措施范围的唯有船舶扣押。[①]在这些国家，无论传统上还是当今实践中，海事财产的扣押始终具有作为海事案件实质争议管辖权的行使根据的功能。如在英国法中，扣押是对物诉讼的有机组成部分，扣押措施的实施有赖于对物令状的送达，因而其附属于实质争议的管辖权。正是基于这个原因，扣船措施的管辖权问题通常是作为“扣押权利”（right to arrest）问题予以讨论。[②]不过，当今扣船措施管辖权与案件争议管辖权之间的分离业已为英国成文立法所承认，[③]但扣船措施的采取仍然是英国法院取得实质争议管辖权的根据，只不过英国法院是否行使由此所确立的管辖权得考量非方便法院原则以及其他限制管辖权行使的规则。[④]

而在南非，不仅财产扣押包括财产扣押和财产扣留，而且任何的财产扣押均可使实施扣押的法院取得对海事案件实质问题的对人管辖权或对物管辖权。第一，对于财产扣留，《海事管辖权调整法》第3条第2款规定，对人诉讼仅能对下列之人提起：…（b）其在法院管辖区域内的财产业已为原告或申请人为确立或确认管辖权而被扣留的

---

① Arrest as part of an action in rem should be distinguished from seizure as part of an execution of a judgment.The function of both types of seizure overlap, a ship may be arrested although in possession of a sheriff as part of an execution process (See The James W.Elwell[1921] p.351). However, the basis of “arrest”as independent of if not necessarily prior to judgment of an action in rem, is security in an action in rem and the more general seizure the satisfaction of a judgment.See D.C.Jackson, op.cit., p.346.

② See D.C.Jackson, op.cit., pp.311–312.

③ The separation of arrest as a provisional measure and jurisdiction on the merits causes little difficulty, for English law has moved to a position where at least this can be achieved. By English law as for a ship to be arrested requires a writ in rem to be issued substantive proceedings must be instituted even if only security is sought.But a plaintiff siiuing a writ in rem may now do so simply to obtain security and by virtue of the Civil Jurisdiction and Judgments Act, s.26, proceedings may be stayed and the ship retained under arrest.Provide a plaintiff may obtain a stay the division of security and substance may be attained—although only through divorce of the initial union.
So while initial separation has still not been attained the method of suit is not now being allowed to create an artificially mandatory link between security and merits jurisdiction.England is becoming a little more integrated with the maritime world. See D.C.Jackson, op.cit., p.315.For further recognition of the distinction in holding that provisional measure jurisdiction does not mean merits jurisdiction, see The Sargasso[1994] 2 Lloyds Rep.6.

④ See D.C.Jackson, op.cit., pp.327–328.

人……[1]关于财产扣留的程序和规则，该法第4条第4款第a项规定，尽管在有关旨在确立或确认管辖权的扣留的立法中有相反的规定，行使海事管辖权的法院可以颁布扣留相关财产的命令。[2]第b项规定，法院可以颁布命令，扣留在当事人申请时或在法院作出命令时并不在该法院管辖区域内的财产，并且这种命令可以在被扣留财产位于法院管辖区域内时实施。第二，对于财产扣押，第3条第4款规定，在不影响请求权人可获的其他救济或有关诉因合并规则的前提下，海事请求可通过对物诉讼而得以强制执行，（a）如果请求权人对扣押财产享有海事优先权；或（b）如果扣押财产的所有人在所涉诉因的对人诉讼中对请求权人负有责任。第5款规定，对物诉讼应通过扣押位于所涉法院管辖区域内的海事请求所针对的或与海事请求有关的下列海事财产而提起：船舶，不论其有无设备、缆具、补给品或燃料；全部或部分设备、缆具、补给品或燃料；全部或部分货物；运费；任何集装箱，如果请求产生于或与该集装箱在船舶上的使用，或海上或水上集装箱货物运输有关；基金[3]。同条第6款规定，除有关任何抵押、船货抵押、留置权、质押或其他船舶的债务负担，或者任何冒险押船贷款或货船抵押贷款协议请求的对物诉讼管辖权的行使不可以“关联船”扣押为管辖依据外，其他海事请求对物诉讼可以通过“关联船”[4]而非海事请求据以产生的当事船舶的扣押而提起。而对于财产扣押的程序和规则，该法第4条第4款第c–d项规定作了规定。[5]其中第c项规定，在受第3条

① The property which can be attached includes all property which can be arrested in proceedings in rem, as described in paragraph 2 (a) below.However, contrary to the procedure, there is no limited list of property which can be attached to found or confiem jurisdiction; any property can be attached, whatever its nature and whatever its value, including intangible property, such as the right to claim payment of debts, provided that the Sheriff can make an effective attachment and the property in question has somecommercial value.

② Notwithstanding anything to the contrary in any law relating to attachment to found or confirm jurisdiction, a court in the exercise of its admiralty jurisdiction may make an order for the attachment of the property concerned although the claimant is not an *incola* either of the area of jurisdiction of that court or of the Republic.

③ 基金的含义，参见《海事管辖权调整法》第3条第11款。

④ 关联船的含义，参见《海事管辖权调整法》第3条第7款。

⑤《海事管辖权调整法》第4条第4款第c—d项规定同样适用于财产扣留，即作为财产扣留的程序和规则。

第3款[①]约束的情况下，Ⅰ.为确立管辖权，法院可以命令扣押或扣留不在该法院管辖区域内的财产，如果（a）该财产在南非共和国境内，或者在作出命令后可能进入南非共和国境内；并且（b）除此之外，南非共和国境内没有法院拥有有关该请求的管辖权，或者通过实施旨在确立管辖权的扣押或扣留而拥有此种管辖权；或（c）在法院管辖区域内的其他财产业已或将为确立有关相同请求的管辖权而被扣押或扣留。Ⅱ.任何此类命令，以及由此所致的扣押或扣留在南非共和国的任何地方予以执行并具有法律效力；Ⅲ.根据此种命令而对任何财产进行的扣押或扣留应该是使命令扣押或扣留的法院取得相关管辖权的扣押或扣留。而第d项规定，为确立管辖权，法院可以命令扣押任何船舶，如果所涉诉讼是对物诉讼，该船舶可以是与所涉海事请求的产生有关的船舶的关联船舶。第三，通过扣留或扣押所确立的管辖权应受非方便法院原则或中止诉讼规则的约束。《海事管辖权调整法》第7条第1款第a项规定，法院如果认为南非共和国的任何其他法院，或者其他地方的任何其他法院、仲裁庭、法庭或机构将就该诉讼行使管辖权，并且由该任何其他法院、仲裁庭、法庭或机构就该诉讼作出裁决更为适当，则可拒绝行使管辖权。第b项规定，如果双方当事人同意将争议事项提交南非共和国境内或其他地方的仲裁机构仲裁，或者基于任何其他充分理由而认为应该中止诉讼，则法院可以中止根据本法进行的任何诉讼。

在美国，在海事领域涉及财产扣押的保全措施有海事扣押和海事扣留两种措施。前者在行使船舶优先权时才发生，由此所发起的诉讼为对物诉讼，并且在此种诉讼中，被告是船舶。因而可以说，船舶的扣押是扣船法院行使对物管辖权的根据。而财产扣留作为取得准对物管辖权根据的做法由来已久。这种建立在财产扣留基础上的扣押地法院管辖原则据说是在美国殖民地时期由于引入英国涉外扣留程序这一伦敦惯例后确立起来的，[②]并在美国曾被长期广泛地使用，不仅被适用于一般民商事案件，而且也被适用于海事案件。但在1977年Shaffer v.Heitner案中，美国最高法院明确指出，美国法院不能仅因为某人的财产在美国法院管辖范围内，就可取得对该人的管辖权，并且未经过正当的法律程序，任何人的财产不应被剥夺，否则构成违宪行为。因此通过扣留被告的财产而取得实质争议管辖权的做法，即扣押地法院管辖原则在美国从此受到限制。而《联

① An action in personam may not be instituted in a court of which the area of jurisdiction is not adjacent to the territorial waters of the Republic unless– a. in the case of a claim contemplated in paragraph (a), (b), (j) or (u) of the Definition of 'maritime claim', the claim arises out of an agreement concluded within the area of jurisdiction of that court; b.in the case of a claim contemplated in paragraph (g) or (h) of that definition, the goods concerned are or were shipped under a bill of lading to or from a place within the area of jurisdiction of that court; c.the maritime claim concerned relates to a fund within, or freight payable in, the area of jurisdiction of that court.

② See L.Collins, op.cit., p.32.

邦民事诉讼规则》“补充规则”规则B尽管就海事扣留程序作了规定，但其并没有改变Shaffer v.Heitner案所确立的原则，而仅进一步明确海事扣留自身的管辖权的行使根据或条件。这一点还可从美国法学会《第二次冲突法重述》（1986年修订本）中有关司法管辖权的规定予以佐证。就对物司法管辖权而言，《重述》第56条规定，对物司法管辖权的基本规则是：（1）一州因其与某物的联系而能够合理地行使司法管辖权以影响该物中的权益时，该州即有权行使这种司法管辖权；（2）据以影响司法管辖权以影响某物权益的联系，由第59—68条规定。而《重述》第66条规定，在一诉讼中，当对于某物所有人的请求符合本条第1款诸项所规定的条件时，一州即有权通过查封、扣押或类似诉讼程序，以控制位于该州的有体物；第67条规定，当符合本条所规定的诸条件时，一州有权行使司法管辖权，对属某债权之被请求者所有，但由他人占有或控制的动产予以扣押以满足该项债权请求；第68条规定，当第66条第（1）款的要求得到满足时，一州有权行使司法管辖权，对受其司法管辖的债务人应向该项债权之被请求者履行的义务予以扣押以满足该项债权。《重述》的上述规定意味着，当一州法院通过查封、扣押或类似程序控制位于该州的有体物，或者扣押由第三人占有或控制的被请求者所有的动产，或者扣押被请求者对第三人所享用的债权时，即表明该法院所在地州与该物之间存在据以合理地行使司法管辖权的联系，该法院从而有权行使针对案件实质争议的对物司法管辖权。与对物司法管辖权不同的对人司法管辖权的行使条件，《冲突法重述》第24条规定，对人司法管辖权行使的一般原则是：（1）如果一人与一州之间的联系使该州能够合理地对人行使司法管辖权；（2）何种联系可据以对人行使司法管辖权，由第27—52条规定。而第27—52条规定据以证明存在联系的依据有出现、住所、居所、国籍、同意、在诉讼中出庭、在该州营业或完成的行为、在该州造成影响而于他处完成的行为、对州内物的所有、使用或占有等。而“对州内物的所有使用或占有”仅指位于州内的并在为被请求人所有、使用或占有时产生诉因的物，而非指被请求人所有、使用或占有的所有的物。因而如果扣留的被请求人的某物尽管位于州内，但并没有产生导致对人诉讼的诉因时，扣留法院并不能基于其扣留被请求人所有的物而行使对案件实质争议的对人管辖权。

（二）大陆法系国家

扣押地法院管辖原则在不同程度上为大陆法系许多国家的国内立法所承认。在德国，其民事诉讼法第23条规定，对于在国内无住所的人，因财产上的请求而提起的诉讼，该项财产或诉讼中请求标的位于某一法院管辖区时，该法院有管辖权。如为债权时，以债务人的住所视为财产所在地。如该债权有担保物时，以担保物所在地视为财产所在地。尽管此种管辖权为《布鲁塞尔公约》斥为过度管辖权，该项过度管辖规则不得适用于其住所在公约缔约国内的人为被告的案件。但在1991年之前，扣押地法院管辖原则仍可适用于其住所非在公约缔约国内的人为被告的案件。至1991年，德国最高法院终于在MudurogluLtd. v.T.C.Ziraat Banksi案[①]中裁决，民事诉讼法典第23条所规定的管辖权仅在争议与德国之间存在足够联系时方能行使。而就海事扣押而言，由于德国是《布鲁塞尔公约》的缔约国，而《布鲁塞尔公约》第57条规定其不影响缔约国是或将成为当事国的有关特定事项的任何公约支配管辖权和判决的承认或执行。因而在为一些海事公约所调整的事项上，对在德国境内的海事财产予以扣押的事实无疑使实施扣押的德国法院拥有对海事争议的管辖权。

而在法国，有关临时性保全措施国际管辖权方面的国内立法业已发生重大变化。在1995年之前，法国法院承认扣押管辖法院规则。这种形式的管辖权在Nassibian案[②]判决中得到承认。根据该管辖规则，法国法院有权就案件的实质问题，或者作为保全措施之根据的请求的有效性问题作出裁决，以便使保全措施发挥其其应有的功能，并继而转变为执行措施。[③]但在1995年和1997年，法国最高法院推翻了这一判决，宣布法国法院今后不得仅凭其有权作出保措施裁定而主张对案件实质问题的管辖权。[④]不过在海事领域，与德国一样，由于布鲁塞尔公约第57条的规定，海事扣押仍可使扣押法院获得对海事实质争议的管辖权。

在荷兰，如上所述，根据民事诉讼法典第765—767条的规定，如果债务人的财产位于荷兰境内，即使债务人并不居住在荷兰，荷兰有权扣留该财产。这一扣留也被称为涉外扣留（saisie foraine）。原则上，保全措施的管辖权并不为扣留法院创设案件实质争议的管辖权。然而，民事诉讼法典第767条补充性地规定，当案件实质争议的管辖权通常由外国法院行使，但该外国法院的判决不能在荷兰得以执行时，财产所在地的荷兰法院根据扣押地法院管辖规则可行使对案件实质争议的管辖权。[⑤]当然，这种情况在实践

① [1986] QB 1225 (CA). See also L.Collins, op.cit., pp.39–40.

② Cass. Civ. 1, 6 November 1979, *Rev. crit. dr. int. pr.* 1980.588, note by Couchez, *JDI* 1980.95, report by Ponsard.

③ A similar decision had been made in a case concerning the validity of a protective attachment: *Banquecamerounaise du développement*, Cass. Civ. 1, 18 November 1986, *Rev. crit. dr. int. pr.* 1987, 773, note by H. Mui Watt, *JDI* 1987, 632, note by P. Kahn. See Note on Provisional and Protective Measures in Private International Law and Comparative Law.

④ *Cobenan*, Cass. Civ. 1, 17 January 1995, *JCP* 1995, No. 22430, note by H. Muir Watt; *Rev. crit. dr. int. pr.* 1996, 133, note by Y. Lequette; Cass. Civ. 1, 11 February 1997, *Bull.* No. 47, p. 30. See Note on Provisional and Protective Measures in Private International Law and Comparative Law.

⑤ This will apply, for instance, if the foreign country on whose territory jurisdiction is based is not linked to the Netherlands by an agreement on the recognition and enforcement of foreign judgments.

中并不多见。①

（三）国际公约或文件的立场

当代的国际裁判管辖权立法愈益强调管辖权行使的合理性，即管辖法院地国与案件之间存在合理的联系。布鲁塞尔公约便是如此。国际法协会《关于国际诉讼中临时性保全措施原则》更是直接宣称：准许临时性保全措施的管辖权应独立于案件实质问题的管辖权；财产在一国内的单纯的存在应构成行使有关该财产的临时性保全措施管辖权的充分根据；法院准许临时性保全措施的事实本身并不能使其拥有对实体请求的管辖权，而不论其是否限于被冻结的财产的价值。②这意味着财产的扣押并不当然地赋予扣押法院有关实质争议的管辖权。也就是说，《原则》并不承认扣押地法院管辖原则。然而，基于海事活动的特殊性和海事诉讼的特殊需要，扣押地法院管辖原则却往往得到一些海事公约不同程度的首肯。

在1952年《扣船公约》起草过程中，“关于在其国内实施船舶扣押的法院是否对该案的实质问题具有管辖权的问题，已在1937年在巴黎召开的大会上得到解决，扣船法院应当具有管辖权，采用的是英美法系国家的处理办法，即扣船是取得管辖权的一种手段”。但是“这一在巴黎取得的解决方案，在1947年安特卫普召开的大会上重新考虑这一问题时，却遭到法国海商法协会的反对。理由是在法国法中有关管辖权的行使根据有着明确的规定，并且船舶扣押不具有赋予那些依据管辖根据没有管辖权的法院以管辖权的效力。这种原则被许多其他大陆法系国家所采用”。③后来作为妥协的结果，1952年《扣船公约》最后文本一方面规定，如果扣船地国的国内法规定扣船的法院对案件的实质问题具有管辖权，则该法院具有管辖权；④另一方面，公约在第7条第1款中又增列了六种情况：(a) 申请人的惯常居所或主营业所所在地位于扣船地国；(b) 请求发生于扣船地国；(c) 请求关涉船舶的航次，并且扣船是在船舶航次期间实施；(d) 请求产生于为1910年在布鲁塞尔签署的《统一船舶碰撞某些规则的国际公约》所规定的船舶碰撞或其他情势；(e) 请求关涉救助费用；(f) 请求是关于所扣押船舶的抵押权或抵押求偿。扣船法院若符合上述其中之一者也具有管辖权。

1999年《国际扣船公约》第7条第1款规定，扣押实施地国或为使被扣船舶得以释放而提供担保地国法院应拥有裁判案件实质问题的管辖权，除非当事人有效约定或业已有效约定将纠纷交由同意管辖的另一国法院管辖，或交付仲裁。同条第2款规定，尽管

① See Note on Provisional and Protective Measures in Private International Law and Comparative Law.

② 国际法协会《关于国际诉讼中临时性保全措施原则》第10—11，21条。

③ See F.Berlingieri:Arrest of Ships (1996), pp.134–135. 参见李海，上引著，第269页。

④ 1952年《扣船公约》第7条第1款前半段。

有本条第1款的规定，扣押实施地国或为使被扣船舶得以释放而提供担保地国法院在该国法律准许拒绝管辖，而另一国法院同意管辖的情况下可以拒绝行使该案件实质问题的管辖权。据此可见，国际扣船公约完全接受扣押法院管辖原则，其所规定的扣押具有作为临时性保全措施和实质争议管辖根据的双重功能。[①]不过，当存在有效的管辖权选择条款或仲裁条款时，扣押法院不得行使案件实质问题的管辖权，[②]而在其他情况下，扣押法院在符合公约规定的条件下可以拒绝行使案件实质问题的管辖权。

对扣押法院管辖原则持相同立场的还有1952年《船舶碰撞中民事管辖权方面某些规定的公约》和1978年《汉堡规则》。《船舶碰撞公约》第1条第1款规定，关于海船与海船或海船与内河船发生的碰撞，只能向下列法院起诉：被告经常居住地或营业所在地的法院，或者扣押过失船舶或得依法扣押的属于被告的任何其他船舶的法院，或本可进行扣押并已提出保证金或其他保全的地点的法院，或者碰撞发生于港口或内河水域时碰撞发生地的法院。而汉堡规则第21条第2款第1项规定，虽有本公约前述规定，如果载货船舶或属于该同一船舶所有人的任何其他船舶，在一缔约国的任何港口或地点依照适用于该国的法律或国际法的规则而被扣，便可向该港口或地点所在法院提起诉讼。但是在这种情况下，经被告请求，原告须将诉讼转移到他所选定的本条第1款所述管辖法院之一，以作出对索赔的决定。而在诉讼转移之前，被告必须提供足够的保证，以偿付日后可能判归原告的赔偿金额。同条第3款规定，根据本公约而提起的有关货物运输的任何法律诉讼，不得在本条第2款所未规定的地点提起。本款上述规定并不妨碍缔约国采取临时性或保护性措施的管辖权。第4条第1款进一步规定，如已向根据本条第1款或第2款而有管辖权的法院提起诉讼，或已由此种法院作出判决，则除非受理第一次诉讼的法院的判决不能在提起新的诉讼的国家执行，相同当事人之间不得就同一案情提起新的诉讼。

与上述公约不同的是，1976年《海事索赔责任限制公约》则有条件地承认扣押法院管辖原则，即该原则的适用受制于责任限制基金的设立。[③]该公约第13条第1款规定，如果责任限制基金已按第11条的规定设立，则已向基金提出索赔的任何人，不得针对该项索赔而对由其设立或以其名义设立基金的人的任何其他财产，行使任何权利。同条第2款规定，责任限制基金已按第11条规定设立之后，则以其名义设立基金之人所属的任何船舶或其他财产，凡是因向基金提出索赔而已依缔约国有管辖权予以扣押或扣留的属于基金设立人名下的任何船舶或其他财产，或是由他提交的抵押物，均可由该国法院

① See D.C.Jackson, op.cit., p.313.

② 管辖权选择条款或仲裁条款这一管辖根据在效力上高于扣船或其他管辖根据。

③ See D.C.Jackson, op.cit., pp.313, 319.

或其主管当局下令开释或退回。[①]而如果此项基金已在下列地点设立，则应一律发出此种开释命令：已在事故发生港设立，而如果事故发生在港外，则已在下一停靠港设立；对于人身伤亡的索赔，已在登陆港设立；对于货损，已在卸货港设立；已在执行扣押的国家设立。[②]同条第3款规定，第1款和第3款的规则，仅在索赔人向管理责任限制基金的法院就该基金提出索赔，而且就该项索赔而言，确有基金可用，并可自由划拨时，才可适用。

不过，在此值得一提的是1980年联合国《多式联运公约》则对扣押法院管辖原则的适用予以更为严格的限制。该公约第26条第2款规定，根据本公约有关国际多式联运的任何诉讼程序均不得在本条第1款所没有规定的地点进行。本条各款并不妨碍各缔约国对于临时性保全措施的管辖权。而同条第1款规定，原告可在他所选择的法院根据本公约提起有关国际多式联运的诉讼，如果该法院按其所在国法律规定有权管辖，而且下列地点之一是在其管辖范围之内：（1）被告主要营业地，或者如无主要营业地，被告的惯常居所地；（2）订立多式联运合同的地点，而且合同是通过被告在该地的营业所、分支或代理机构订立；（3）为国际多式联运接管货物的地点或交付货物的地点；（4）多式联运合同中为此目的所指定的并在多式联运单证中载明的任何其他地点。这也就意味着，如果原告选择在被告财产被扣押地国法院提起诉讼，而该国法律承认扣押法院管辖原则，并且该国是被告主要营业地或习惯住所地国，或者订立多式联运合同地国，或者接管货物地或交付货物地国，则扣押地国有权管辖有关国际多式联运的诉讼。据此可见，公约不仅承认临时性保全措施管辖权的独立性，而且将扣押法院管辖原则的适用受有关国内法和公约本身规定的双重限制。

（四）我国的立法和实践

扣押法院管辖原则完全得到我国《民事诉讼法》和《海事特别程序法》的认可。[③]我国《海事特别程序法》不仅明确承认临时性保全措施管辖权的独立性，而且完全赋予行使保全措施管辖权的法院对案件实质问题的管辖权。这表现为海事特别程序法不仅承认扣押法院管辖原则，而且承认其它临时性保全措施实施的事实是该法院行使案件实质问题管辖权的根据。

对于海事请求保全措施对海事案件实质问题管辖权的影响问题，即扣押法院管辖原

① It provides for discretionary release of any property arrested or attached. See D.C.Jackson, op.cit., p.319.

② It provides for mandatory release of any property arrested or attached.

③ 在国内经济纠纷案件中，扣押法院管辖原则仅得到有限的承认。最高法院《关于在经济审判工作中严格执行〈民事诉讼法〉的若干规定》第6条规定，人民法院在审理国内经济纠纷案件中，如受诉人民法院对该案件没有管辖权，不能因对非争议标的物或者对争议标的物非主要部分采取诉前保全措施而取得对案件的管辖权。

则，《海事特别程序法》予以了充分的肯定。[①]该法第6条第2款第7项规定，因海船的船舶所有权、占有权、优先权纠纷提起的诉讼，由船舶所在地、船籍港所在地、被告住所地海事法院管辖。最高法院《关于适用〈海事特别程序法〉若干问题的解释》第10条规定，与船舶担保或者船舶优先权有关的借款合同纠纷，由被告住所地、合同履行地、船舶的船籍港、船舶所在地的海事法院管辖。而所谓“船舶所在地”即指起诉时船舶的停泊地或者船舶被扣押地。[②]该法第19条更加直接明确地规定，海事请求保全执行后，有关海事纠纷未进入诉讼或者仲裁程序的，当事人就该海事请求，可以向采取海事请求保全的海事法院或者其他有管辖权的海事法院提起诉讼。而《民事诉讼法》第243条也规定，因合同纠纷或者其他财产权益纠纷，对在中华人民共和国领域内没有住所的被告提起的诉讼，如果合同在中国领域内签订或者履行，或者诉讼标的物在中国领域内，或者被告在中国领域内设有代表机构，可以由……可供扣押财产所在地人民法院管辖。该法第31条规定，因船舶碰撞或者其他海事损害事故请求损害赔偿提起的诉讼，由碰撞发生地、碰撞船舶最先到达地、加害船舶被扣留地或者被告住所地人民法院管辖。

而对于其他临时性保全措施对海事案件实质问题管辖权的影响问题，我国《海事特别程序法》作了独创性的规定。该法第61条规定，海事强制令执行后，有关海事纠纷未进入诉讼或者仲裁程序的，当事人就该海事请求，可以向作出海事强制令的海事法院或者其他有管辖权的海事法院提起诉讼。第72条规定，海事证据保全后，有关海事纠纷未进入诉讼或者仲裁程序的，当事人就该海事请求，可以向采取证据保全的海事法院或者其他有管辖权的海事法院提起诉讼。

第三节　临时性海事保全措施的申请条件和程序

临时性保全措施虽然具有临时性，但其所具有的强制性特征使得是否实施临时性保全措施直接关系到当事人的合法权益：拒绝采取保全措施则可能损害原告利益，而准许采取保全措施则可能损害被告利益。因而，无论国内法院还是国际法庭，准许临时性保全措施权力的行使毫无疑问均必须深思熟虑。正如英国Hoffmann法官所言:是否准许实施临时性保全措施属于法院的自由裁量权。在准许采取临时性保全措施时所面临的主要窘境是，这里确定地存在法院作出错误裁决这样一个风险：或者将保全措施授予给在审

① 参见邢海宝，上引著，第120页。

② 最高人民法院《关于适用〈海事特别程序法〉若干问题的解释》第7条。

判中未能证明其权利的当事人（即败诉方），或者未将保全措施授予给胜诉的当事人。因而，一个最基本的原则是法院应该采取能使有关可能作出错误裁决这一不公平的风险降低至最低程度的任何措施。而据以作出临时性保全措施裁决的指针即源于该原则。[①]为确保法院正确地行使实施临时性保全措施的权力，充分发挥临时性保全措施的应有功能，各国国内法主要从临时性保全措施的实施条件、程序以及错误实施时的救济等几个方面来规范临时性保全措施实施权力的行使，以期降低其所固有的风险。

临时性保全措施属于程序性问题，因而不仅一国法院可否行使保全措施管辖权由该国国内法确定，而且一国法院实施临时性保全措施的条件和程序也应适用该国国内法。目前，尽管临时性保全措施的实施条件和程序在一定程度上为一些海事公约有所统一，但其仍是主要受国内程序法支配的事项。而各国国内法有关此方面的规定却相差甚大。

一、临时性保全措施的申请条件

（一）英美法系国家的实践

1．英国[②]

在英国，临时性保全措施的申请条件随临时性保全措施类型的不同而不尽一致。

（1）中间禁令。中间禁令实施条件的规则是由上议院American Cyanamid Co. v. Ethicon Ltd案[③]的判决所确立。该判决被英国学者视为临时性保全措施方面的一项重大司法改革，结束了一直践行的要求申请中间禁令的原告必须证明其有最终胜诉的可能或至少拥有强有力的初步案件事实（strong prima facie case）的规则。[④]在该案中，上议院认为，只须使法院确信当事人的请求并非是无足轻重或无理缠讼，如存在一个需要审理的重大争议（serious issue to be tried）就已足够。而Diplock勋爵很明显反对在临时禁令程序阶段进行诉讼请求的初步审理这一做法。目前的实践至少在理论上是，法院在禁令申请阶段不必考虑潜在的诉讼实质问题，而在当事人之间存在需要审理的重要争议的前提下着重考虑原告在审判后能否通过损害赔偿而得到充分的赔偿，而如果其不能获得充分赔偿，则应考虑便利权衡（balance of convenience）结果是否要求准许禁令的申请。然而，当禁令申请的准许或拒绝将有效地地影响整个案件的处理，而不论最终哪一方

---

① Fims Rover International Ltd. v. Cannon Film Sales Ltd.[1987] 1 WLR 670, 680.See also L.Collins, op.cit., pp.24–25.

② 1999年《民事诉讼规则》和《实务指引》就中间申请和中间救济作了详尽的规定。

③ [1975] AC 396.

④ See L.Collins, op.cit., p.26.

胜诉时，法院则必须考虑原告方面有关实质问题案件事实陈述的力度。[①]具体言之，在判定是否准许实施中间禁令时应遵循以下几条规则：[②]第一，原告得证明存在一个需要审理的重大争议。而所谓“重大争议”并非是指一个可能（probality）胜诉案件或表面可争辩案件（a arguable case），而是原告拥有实际和真正胜诉机会的争端（prospects of success which exist in substance and reality）。而原告拥有90%还是20%的胜诉机会无关紧要。第二，损害赔偿是否是一个充分的救济。法院得考虑如果不准许中间禁令申请，不保持现状，原告因此遭受的损失能否在后来胜诉时以金钱上的损失赔偿予以足够赔偿。同样，法院也得考虑被告在其胜诉时能否得到足够的损害赔偿。第三，权衡便利。如上所述，如果不保持现状而以金钱上的损害赔偿对原告已足够的话，法院则不会准许中间禁令的申请。但不少案件非黑白分明，这使得法院通过便利权衡来行使是否准许中间禁令的自由裁量权。“权衡便利”并非去平衡或比较对谁便利，而是考量公平与不公平。而法院权衡便利时应考虑哪些因素？ Diplock在该案中指出，列举出需要考虑的所有因素是不明智的，更不要说去说明它们所占的分量。这完全要看每一个不同案件而定。[③]第四、其他特殊因素。Diplock勋爵在该案中提出了最后一个弹性标准。他说，“除了我所提及的上述准则外，我得强调，还有许多其他特殊因素需要在具有特殊情况的个案中予以考虑”。

由上述规则可知，在中间禁令申请阶段，法院没有责任在该阶段去试图解决有关当事人请求最终所依赖的事实的宣誓证据的矛盾和冲突，或是判断复杂的法律问题。这些都需留待至开庭审理时双方详尽的争辩和法院成熟的考虑。[④]然而，潜在的案件实质问题在中间禁令程序阶段所具有的重要意义并不是纯粹的理论性问题。[⑤]许多案件为此未经审判即得以解决，并且法院在早期阶段所表达的有关案件实质问题的临时性看法通常会导致纠纷的解决。在德国，法院在面临临时性保全措施的申请时得考虑案件的实质问题，有关实质问题的事实越可信，原告越能证明临时性救济措施为维持现状或防止重大损害发生之虞所必要。在法国，原告也必须得证明案件初步事实。[⑥]而Diplock勋爵在该问题上的介入所导致的令人遗憾的结果是，在英国使法院得以解决纠纷的机会在

① N.W.L.Ltd. v.Woods[1979] 1 WLR 1924, 1306 (HL0; Cayne v.Global Natural Resources plc[1984] 1 WLR 225 (CA); Lawrence David Ltd. v.Ashton[1989] ICR 123 (CA); Lansing Linde Ltd. v.Kerr[1991] 1 WLR 251 (CA). See L.Collins, op.cit., pp.26–27.

② See Axel Bosch, op.cit., pp.205–206. 参见杨良宜:《禁令》，第248—264页。

③ 参见杨良宜:《禁令》第257—258页。

④ 参见杨良宜:《禁令》，第244页。

⑤ See L.Collins, op.cit., p.27.

⑥ Although in case involving freedom of expression (e.g.privacy cases or actions to prevent publication) a higher test may be required.

许多情况下得以丧失，因为这背离了这样一个普通的常识：在决定是否准许中间禁令时，对法官而言，正确的方法即是考量整个案件事实。其不仅必须考虑原告请求的力度，而且必须考虑被告抗辩的力度，从而决定该如何行事最好。①正如美国法院所指出的：用以确定所适用标准的重要因素即是使当事双方所承受的相对艰难性（hardship to the parties）。如果关于损害的比较结果决定性地偏斜原告，则原告不必像在比较结果非决定性地偏斜于原告时那样有力地证明在事实问题方面的胜诉可能。②

（2）玛瑞瓦禁令（Mareva injunction）。准许实施玛瑞瓦禁令必须符合以下标准：第一，原告必须证明有关其请求的实质问题方面存在一个"表面良好论据案情"（a good arguable case）。③第二，必须有根据相信被告在法院管辖区域内有财产，④并且存在在判决执行之前财产被转移或流失或消失的危险。第三，符合公平与方便要求。实施玛瑞瓦禁令所要求的公平和方便，其平衡的考虑点与其它中间禁令不尽相同，不必遵循American Cyanamid Co. v. Ethicon Ltd.案所确立的要求或准则。其大致上应考量三个方面的因素：资产的性质或本质、是否不适当地干预无辜第三方、是否毁灭被告的生意或生活。⑤然而，对于适用于位于英格兰和威尔士境外的其他地区财产的全球玛瑞瓦禁令，除以被告应该服从英格兰管辖权之外，申请人必须证明，被告在法院管辖区域内缺乏足够的财产，同时案件的具体情况特别要求采用玛瑞瓦救济方式。当然，签发这样世界范围并超出法院地域管辖司法命令的权力，在行使时必须十分慎重，尤其是当这种禁令影响到第三方时。如果该第三方是必须服从外国法律的。当然该外国法律也包括英国法律。⑥

在申请玛瑞瓦禁令时，原告有义务全面和坦诚地披露重要事实，而事实的重要性由法院而非原告或其律师确定。披露义务适用于为原告所知道的重要事实，以及根据案件所有情况而应该知道的任何其他事实。而披露义务的违反将会使寻求禁令的原告从中受益。而问题是未披露的事实是否足以证明立即解除禁令的正当性，取决于该事实对所要裁决的争议的重要性。在申请玛瑞瓦禁令时，当事人之间的诉讼正在或将被安排在外国法院进行的事实是一个必须告知法院的极其重要事实，因为法院必须得确信被告在数个

① Hubbard v. Vosper[1972] 2 QB 84, 96, per Lord Denning M.R.

② Benda v. Grand Lodge of International Ass'n. Of Machinists and Aerospace Workers, 584 F.2d 308, 315(9th Cir. 1978), cert. Dismissed 441 US 937(1979), applied in Republic of the Philippines v. Marcos, 862 F.2d 1355, 1372(9th Cir.), cert.den.490 US 1035(1988). See L.Collins, op.cit., p.27.

③ 这与中间禁令和安东•皮勒令不同。参见杨良宜:《禁令》第248—250，321—327页。See Axel Bosch, op.cit., p.206; See also D.C.Jackson, op.cit., pp.347–366。

④ 玛瑞瓦禁令所针对的财产范围，参见杨良宜:《禁令》第304—320页。

⑤ 参见杨良宜:《禁令》，第341—343页。Also see David Capper, op.cit., pp.23–56。

⑥ 见威廉 · 台特雷著:《国际海商法》，第338页。

法院受类似于玛瑞瓦禁令之类的禁令的约束不会产生不公正的结果。原告未披露此种诉讼将会导致解除禁令或拒绝禁令申请。法院的倾向性态度是原告必须严格遵守这一全面披露的条件。①

（3）安东·皮勒令。在海事诉讼中，安东·皮勒令对于证据的保全具有重要的实践作用。申请安东·皮勒令必须符合由Ormrod大法官和丹宁勋爵在Anton Piller KG. v. Manufacturing Process Ltd.案中所确立的四个条件。其中Ormrod大法官提出了三个条件，故称为“Ormrod准则”。这四个条件是：第一，必须存在一个极其强有力的初步案件事实（extremely strong prima facie case）。这一条件与玛瑞瓦禁令和中间禁令相比，标准最高，玛瑞瓦禁令的申请所要求的存在“表面良好论据案情”的标准次之，而中间禁令的申请要求被上议院从“初步案件事实”（prima facie case）调低至“需要审理的重大争议”。层次最低。②第二，不颁布安东·皮勒令会对原告造成极其严重的损害。而中间禁令只要求考虑如果原告胜诉，以金钱赔偿的一般救济是否足够。第三，被告拥有相关资料或文件或其他东西，并且有被处置或毁灭的危险。第四，对被告的影响。③丹宁勋爵提出不要对被告造成损害。但这样的先决条件是不可能的，也是不正确的，因为安东·皮勒令的实施总免不了对被告造成或多或少的损害。为此，1992年Staughton Committee报告将这一先决条件改为：“安东·皮勒令的执行对被告或其商业事务所可能造成的损害不应该过度，或与该命令的立法目的不成比例。”这意味着按照Staughton Committee的理解，安东·皮勒令的执行不可能不损害被告，只是程度而已。为此，法院在考虑原告的一面之词申请时，应充分考虑与审查对被告的影响，然后去比较作出或否定安东·皮勒令的得失优劣。而这意味着法院要了解被告的业务是什么，会如何受到影响或损害，然后再去平衡或比较原告是否必须获得安东·皮勒令，原告与被告之间的得失利弊如何等等。为说服法院作出安东·皮勒令，原告必须提供全面和坦诚的陈述，原告履行这一披露义务的要求以及不履行所致的后果，与玛瑞瓦禁令的做法基本一样。④

（4）接管官任命令。根据《最高法院规则》第37条第1款规定，高等法院在所有案件中可以通过颁布中间禁令任命接管官，如果如此行事是公正和便利的话。⑤

（5）扣留、保管、保存财产令。申请此类命令的当事人必须证明：第一，该财产是诉讼或仲裁的客体：第二，所产生的纠纷是有关该财产的；第三，财产在另一方当事人

① See Axel Bosch, op.cit., pp.206–207.

② 参见杨良宜：《禁令》，第432—433页。

③ 见威廉·台特雷著：《国际海商法》，第342页。

④ 参见杨良宜：《禁令》，第444—445页。See also David Capper, op.cit., pp.104–105.

⑤ See Axel Bosch, op.cit., p.207.

占有之中；第四、当事人之间存在着为担保该财产而应该做的事情。[①]

（6）扣船令。扣船令的申请适用于对物诉讼，而船舶的扣押以被扣船舶位于英国领水为条件。

2. 澳大利亚

在澳大利亚，申请人向法院申请临时性保全措施必须同时提供担保，法院通常仅在申请人就其申请临时性保全措施而可能给债务人或第三人造成的损害提供担保的情况下准许申请人的申请。因而对于申请人而言，担保项下的赔偿金数额至关重要，并且可能是一个据以影响是否寻求保全措施的重要考量因素，这在所寻求的保全措施将干涉被告的经营能力时尤其如此。除了申请人提供担保外，申请人所申请的保全措施必须是适当的。[②]为此法院得就各种不同的保全措施考虑判例或成文法就不同的保全措施所设置的不同的标准。

（1）禁令。澳大利亚法院在决定是否准许中间禁令时所适用的标准由澳大利亚高等法院在Castlemaine Tooheys Ltd v.South Australia案[③]中所确立。其具体如下：第一，原告必须证明存在一个需要审理的重大问题，或初步案件事实；第二，原告必须证明如果法院不准许中间禁令，其将遭致无法予以充分赔偿的不可弥补的损害；第三，便利权衡的结果支持授予中间禁令。

（2）玛瑞瓦禁令。申请人申请玛瑞瓦禁令必须具备以下条件：第一，申请人必须证明如果法院不准许玛瑞瓦禁令申请，则将存在被告逃避债务的可能，或者存在被告将其财产转移出境、或在境内处置财产，或以其他方式处分财产从而使申请人即使胜诉也无法使其判决得以执行之虞。申请人必须使法院相信其有根据认为存在一个将会发生的真正的风险。同时申请人特别应陈述其之所以如此看法的由来。第二，申请人必须确立其请求具有充分的特殊性，并且得证明存在一个有充分论据的案件事实（a good arguable case）。

（3）安东·皮勒令。申请人申请安东·皮勒令必须具备以下条件：第一，申请人必须证明存在有关其实体争议的极其强有力的初步案件事实；第二，对申请人的现实或潜在损害非常严重；第三，必须存在一个证明被告拥有重要资料的清楚的证据，并且申请人必须使法院相信其有合理的根据认为在要求获得有关证据的申请作出之前该重要资料可能被损坏或处置；第四，申请人必须承诺不将由于颁布安东·皮勒令所得到的信息用于颁布安东·皮勒令的目的之外的其他目的；第五，补偿第三人由于实施安东·皮勒令和其他合理行为所遭致的费用或损害。

---

① See Axel Bosch, op.cit., p.207.

② See Axel Bosch, op.cit., pp.26–29.

③ [1986] 161 CLR 148 at 153.

（4）扣船令。当原告对某一艘船舶提起对物诉讼，并且扣押该船为海事法所允许时，法院则会准许原告的扣船申请。澳大利亚海事法允许原告出于单纯的扣船目的而提起诉讼。

3．南非

（1）临时强制令（interim interdict）。在南非，临时强制令是法院所颁布的禁止被告从事某些行为或要求被告从事某些行为的命令，旨在维持现状或恢复现状直至当事人的权利得以最终裁决。因而临时强制令并不涉及也不影响实体权利的最终裁决。根据南非法，颁布临时强制令须满足以下几个条件：第一，存在一个清晰的权利，或者至少存在初步的权利（prima facie right）；第二，有较充分的理由认为如果不准许临时强制令将导致不可弥补的损失，并且申请人将最后被授予最终救济；第三，权衡便利的结果支持准许颁布临时强制令；第四，申请人没有其他令人满意的救济。①

（2）扣押或扣留财产令。根据《海事管辖权调整法》，申请或颁布扣押或扣留财产令的条件较为宽松。第一，关于财产扣留的程序和规则，该法第4条第4款第b项规定，法院可以颁布命令，扣留在当事人申请时或在法院作出命令时并不在该法院管辖区域内的财产，并且这种命令可以在被扣留财产位于法院管辖区域内时实施。第二，对于财产扣押，第3条第5—6款规定，对物诉讼应通过扣押位于所涉法院管辖区域内的海事请求所针对的或与海事请求有关的海事财产以及“关联船”。第4条第4款第c项规定，在受第3条第3款②约束的情况下，为确立管辖权，法院可以命令扣押或扣留不在该法院管辖区域内的财产，如果（a）该财产在南非共和国境内，或者在作出命令后可能进入南非共和国境内；并且（b）南非共和国境内没有法院除此之外拥有有关该请求的管辖权，或者通过实施旨在确立管辖权的扣押或扣留而拥有此种管辖权；或（c）在法院管辖区域内的其他财产业已或将为确立有关相同请求的管辖权而被扣押或扣留。而第d项规定，为确立管辖权，法院可以命令扣押任何船舶，如果所涉诉讼是对物诉讼，该船舶可以是与所涉海事请求的产生有关的船舶的关联船舶。

4．美国

在美国，由于每一个州均有其自己的临时性保全措施法律制度，因而临时性保全措

① See Axel Bosch, op.cit., p.638.

② An action in personam may not be instituted in a court of which the area of jurisdiction is not adjacent to the territorial waters of the Republic unless– a. in the case of a claim contemplated in paragraph (a), (b), (j) or (u) of the Definition of “maritime claim”, the claim arises out of an agreement concluded within the area of jurisdiction of that court; b.in the case of a claim contemplated in paragraph (g) or (h) of that definition, the goods concerned are or were shipped under a bill of lading to or from a place within the area of jurisdiction of that court; c.the maritime claim concerned relates to a fund within, or freight payable in, the area of jurisdiction of that court.

施的颁布条件和程序在各州之间存在极大的差异。基本的规则时，保全措施的申请或实施条件由命令采取保全措施的法院所在州的州法确定，而联邦法仅在其可适用的范围内支配相关问题。[①]

（1）财产扣留令。[②]在美国，财产扣留令分为两类：海事扣留令和一般扣留令。

海事扣留令规定于《联邦民事诉讼规则》之补充规则的B规则，故又称“B规则扣留”或“诉人扣押”。根据规则B之规定，债务人财产以及第三人手中的债务人财产的扣留令适用于海事对人诉讼中，因而属于诉人扣押的范畴。同时，这诉人扣押可针对任何财产，不限于船舶，并且包括船上燃油、银行存款等。但必须是：第一，被告在“诉人”下会有责任；第二，属海事争议；第三，“找不到的被告”（the defendant cannot be found within the district），即被告必须在境外或国外。但以什么标准来认定“找不到被告”，各个法院之间存在很大差异。一般来说，如果被告是一个非美国人，包括法人和自然人，海事扣留令申请获准的可能性还是很大的。[③]而扣留银行存款表面看来似乎与英国玛瑞瓦禁令一样，但实质上大不相同，美国的诉人扣押对原告而言肯定、容易与安全，其不存在需要原告去显示一个“可充分论证的案情”（good arguable case），与被告

---

① Rule 64 of Federal Rules of Civil Procedure—Seizure of Person or Property: At the commencement of and during the course of an action, all remedies providing for seizure of person or property for the purpose of securing satisfaction of the judgment ultimately to be entered in the action are available under the circumstances and in the manner provided by the law of the state in which the district court is held, existing at the time the remedy is sought, subject to the following qualifications: (1) any existing statute of the United States governs to the extent to which it is applicable; (2) the action in which any of the foregoing remediesis used shall be commenced and prosecuted or, if removed from a state court, shall be prosecuted after removal, pursuant to these rules. The remedies thus available include arrest, attachment, garnishment, replevin, sequestration, and other corresponding or equivalent remedies, however designated and regardless of whether by state procedure the remedy is ancillary to an action or must be obtained by an independent action.

② 参见李海，上引著，第279页：除“对物诉讼”外，美国也存在“对人诉讼”。而且，在“对人诉讼”中也存在作为保全措施的“扣留令”。美国法院实施扣留令主要是基于三个理由：1.取得对人的管辖权；2.就可能胜诉的判决请求取得担保；3.以扣留的财产来满足判决。而且扣留令可适用于各种请求，并可针对任何形式的财产。即不仅可扣留船舶、货物、燃油等海上财产，而且还可扣留其他一些陆上财产。从这意义上讲，美国的“海事扣留令”与英国的“玛瑞瓦禁令”有着许多相似之处。由于通过扣留可使美国的法院取得管辖权，亦即在美国法院本无法实现“对人诉讼”管辖的情况下，通过扣留可使财产所有人不得不接受美国法院的管辖（这实际上是由于美国法律以presence作为管辖根据使然，因为按照美国《冲突法重述》之规定，对保全措施令进行抗辩并不意味着被告承认美国法院的管辖——引者注）。正是因为这一点，这种因扣留而建立的管辖权，在美国常被称为“准对无管辖权”（quasiin rem jurisidiction）。

③ 参见李海，上引著，第280页。

将来败诉后赖债等问题，其也不存在要作为申请人的原告提供“损害赔偿保证”。这意味着没有所谓错误诉人扣押的说法。此外，玛瑞瓦禁令针对任何索赔或争议，不论海上或岸上，但美国的诉人扣押只是针对海事索赔或争议。玛瑞瓦禁令针对本土或外国的被告，但美国的诉人扣押只针对外国或外地的被告。①

而一般财产扣留令的申请条件则主要适用法院所在州的州法。有关一般扣留令申请条件的州法中最典型的是纽约州《民事诉讼法和规则》(New York's Prac.L.& R.)。该法第6201条规定，当（1）被告是非本州居民，或者是一个没有资格在本州从事商业活动的外国公司；或者（2）被告居住或住所在本州，并且尽管竭尽努力而仍不能对其本人进行送达；或者（3）被告为诈骗债权人或使所作出的有利于原告的判决的执行失败，业已让与、处置、使之承担债务或隐匿财产，或将财产转移出本州，或者即将实施上述任何行为；或（4）诉因是以美国法院或者在本州充分诚信地作出的判决、裁定或命令，或者能够根据第53条之规定被予以承认的判决为根据时，法院应准许扣留命令的申请。同时，原告通常必须得证明在请求的实质问题上有胜诉的可能。②而在佐治亚州，财产扣留令获准的条件是：第一，债务人非居住在本州；第二，债务人将其住所迁至现辖区之外；第三，债务人逃避债务；第四，债务人实施藏匿；第五，债务人抵制合法的扣押；第六，债务人正将其财产转移出本州。伊利诺伊州关于该问题的规定与上述两个州的规定相类似，但其又增设了若干项准许财产扣留的根据。根据该州法，拥有数额超过20美元的金钱请求的债权人，不论该请求属合同还是侵权，其金额是否确定，在下列任何一种情况下，可在提起诉讼之时或之后向任何有管辖权的法院申请扣留其债务人之财产：第一，债务人并不是本州居民；第二，债务人进行隐匿，或对抗官员，以致无法向其送达传票；第三，为使其财物转移出本州，债务人业已或即将离开本州；第四、债务人即将将其财产转移出本州以损害债权人；第五，在提呈誓证之前或之后的两年内，债务人欺诈性地转让或让与其全部或部分财物，以阻碍或拖延债权人实现其请求；第六，债务人欺诈性地隐匿、让与或以其他方式处置其财产或财物，以阻碍或拖延债权人实现其权利。③

（2）海事扣押令。这一保全措施规定在《联邦民事诉讼规则》海事补充规则规则C之中，并且是作为提起对物诉讼的条件，故又称“C规则扣押”或“诉物扣押”。根据海事补充规则C第1款之规定，在美国提起对物诉讼仅限于行使海事优先权或美国成文法所规定的海事对物诉讼或类似诉讼。海事优先权是海事诉讼中提起对物诉讼的必要基础。或者说如果不享有海事优先权，在美国就不能提起对物诉讼。从而在行使海事优先

① 参见杨良宜:《海事法》，第142页;《禁令》，第406页。
② See Axel Bosch, op.cit., pp.747–748.
③ See Axel Bosch, op.cit., p.748.

权时才发生船舶扣押。由于美国未加入任何有关海事优先权的国际公约，故由海事优先权担保的海事请求的项目由国内法确认。而有关海事优先权的法律不仅存在于制定法，而且还存在于判例法之中，并且不同州相互之间也存在一定差异。根据美国《联邦海事优先权法》第971条规定，任何人根据船东或船东授权的人的指示，对任何船舶提供了修理、补给、拖带、干船坞、或修理滑道或其他必需品，则对该船享有海事优先权。并可通过对物诉讼行使，而无须证明或主张信贷系给予该船舶。同时，有关海事优先权的法律至少在理论上是不封口的，在新的情况出现后，某一债权是否受海事优先权担保，由法院来决定。[①]不过，在美国诉物扣押，原告如果不能肯定自己的索赔是否属于所规定的类别，一般会同时进行诉物扣押和诉人扣押，反正目标就是不让船舶开航直至船东提供了诉前保全。[②]

（3）禁令。在美国，向州法院申请禁令适用该州法，而向联邦法院申请禁令，则受由联邦法院所解释的一般衡平法原则支配。一般来说，申请禁令的先决条件与英国的玛瑞瓦禁令大同小异，主要是叫法不一样，好像"自然公正"在英国叫"natural justice"，而在美国则叫"due process"。[③]根据联邦法院的实践和《联邦民事诉讼规则》第65条规定，向联邦法院申请禁令必须符合下列条件：第一，原告如果不能获得禁令，将会受到无法补救的损害。被告资产流失或损失，使原告索赔即使将来胜诉也得不到实现即属于典型的"无法补救损害"。第二，原告有可能胜诉或有足够严重的问题。这显然比英国法"表面良好论据案情"，并由原告在宣誓书中予以陈述，特别是陈述被告抗辩这一要求要低得多。第三，"艰难的权衡"（balance of hardships）结果支持原告的申请。法院进行"艰难的权衡"时得比较原告如果未获准申请时所遭受的损害与被告由于颁布禁令所遭受的损害之间的轻重差异，被告是否可靠或可信等因素。不过，这些条件在法院判断是否准许禁令申请时所占的分量并不相同。[④]第四，申请人必须提供适当的担保。根据《联邦民事诉讼规则》第65条第（c）款之规定，除申请人提供担保外不得颁布初步禁令和暂时制止令，而担保的数额应当适于支付该禁令的费用和如果当事人被不当禁止或限制时所可能承受或遭致损害的赔偿。

（二）大陆法系国家的实践

1．德国

在德国，假扣押和假处分的申请条件和程序一并规定在《民事诉讼法典》第五章之中。

① 参见李海，上引著，第277—278页。

② 参见杨良宜：《海事法》，第143页。

③ 参见杨良宜：《禁令》，第403—404页。

④ 参见杨良宜：《禁令》，第403—404页；See also Axel Bosch, op.cit., pp.748–749.

（1）假扣押。假扣押的申请条件规定于该法第916—918条。根据此规定，无论是财产的假扣押还是人的假扣押，原告申请假扣押时均必须符合一个共同适用的条件：假扣押措施所保全的请求权必须是金钱债权或可以转换成金钱债权的请求权。并且此种请求权可以附有条件或期限，但附有条件的请求权因条件成就的可能性甚微，而无现在的财产价额的不在此限。

对于财产假扣押的申请，《民事诉讼法典》第917条还必须符合这样一个条件，即判决的执行由于存在即将发生的危险（imminent danger）而有不能实现之虞或者判决需要在外国执行。而“判决执行无法实现”包括判决无法执行和甚难执行两种情况。“即将发生的危险”主要指被告出售、隐匿或转移财产。根据《民事诉讼法典》第917条第2款之规定，即使没有“即将发生的危险”，但如果不采取假扣押措施，原告必须在外国执行判决，这也可作为准许假扣押申请的理由。这种情况主要包括外国被告在德国仅有极其有限的财产和德国被告在外国有大量的财产。[①]该规定的立法目的即在于确保德国法院判决的执行。同时从理论上讲，假扣押救济措施也只能适用于产生德国判决的案件。不过，如果判决依照布鲁塞尔公约及其附加议定书或依照卢迦诺公约应予执行时，上述规定不予适用。

对于人的假扣押，根据《民事诉讼法典》第918条规定，当为执行判决而绝对必要，并且即使被告拥有有价值的财产而扣押财产是徒劳时，可以准许对人假扣押。而合理的扣押期限须视请求的数额而定。对人假扣押的目的在于防止被告隐匿其财产，特别是将其财产转移出境，而并非强迫其交出财产。同时对人假扣押对外国被告和德国被告同样适用，不存在区别对待。因为根据1954年《海牙民事诉讼程序公约》第26条规定，作为确保判决执行之手段的对人扣押仅在与适用于本国人相同的条件下适用于外国人。不过，申请对人假扣押还必须满足《民事诉讼法典》第917条规定的条件。[②]

（2）假处分。有关假处分的申请条件规定于《民事诉讼法典》第935，940条。对于有关争执标的物的假处分的申请，根据该法第935条规定，必须满足“如现状变更，当事人的权利即不能实现或难于实现”这一条件。而对于规定暂时状态的假处分的申请，根据该法第940条规定，必须符合存在“为避免重大损害，或防止急迫的强暴行为，或因其他理由对于有争执的法律关系，特别是继续的法律关系得规定其暂时状态之必要”这一条件。而法院在有关假处分的内容和事项的处置方面拥有绝对的自由裁量权，但其必须得考虑处置的充分程度和内容的足够清晰程度。同时假处分的目的并不是在于

① Foreign property may also be the subject of a seizure order of a German court, however the enforceability of the seizure will be regulated by the laws of civil procedure of the country in which the property is situated. OLG Karlsruhe OLGZ 73, p.60. See Axel Bosch, op.cit., p.284.

② See Axel Bosch, op.cit., p.285.

满足而仅是保全申请人的请求，因而假处分命令应尽可能避免作出有关事实的终局性结论。[①]

2. 法国

（1）财产扣押。扣押的申请必须符合以下三个实质条件：第一，扣押申请人有申请的资格。1991年7月9日法律准许“债权没有争议但有必要采取谨慎态度确保其债权得到保护的任何人”采取保全措施。第二，存在针对债务人的看来在原则上有依据的任何类型的金钱请求。1991年7月9日法律规定只要所援引的“债权看来在原则上有依据”，即可据以请求采取保全措施。所援引的债权是否具备这种特点，要由基层法官确认。该法第67条规定，“债权原则上有依据的任何人，如能证明具体情形可能威胁到该项债权的实现，均可以请求法官批准，不经事先催告，就债务人财产采取保全措施。保全措施采取保全扣押的形式，或者经法院裁判设置的担保形式。”在债权人尚未持有执行根据的的情况下，受请求批准保全措施的法官应当审查债权人所援引债权是否现实存在，债权人所援引的债权是否建立在虚假不实的基础之上。惟有对作为所援引的债权之基础的合同的存在或其有效性提出异议，才能阻止采取保全措施。同时法国法认为并无必要要求所援引的债权是“可追偿的债权”，也无必要要求其已经是数额确定的债权。债权的性质如何，可在所不问。因此据以申请保全措施的债权可以是民事债权也可以是商事债权。而就履行“作为之债”而言，不能申请实施保全措施。在这种情况下，债权人首先必须就债务之不履行获准法院判处债务人给予损害赔偿，由于这种赔偿是有具体数额的金钱款项，所以可以据以申请实施保全措施。[②]第三，紧急状态的存在。1955年11月12日法律要求有“情况紧急”以及“债权的实现看来处于危机时”，才能请求采取保全措施。只要“情况紧急”，即使所援用的根据被向上诉法院提出上诉，也仍然准许采取保全措施。但是如果债权人在保全扣押申请中并没有提出足以让人相信债务人即将没有支付能力的各项因素，那就有可能不具备申请采取保全措施的条件。如债务人是一家显然有支付能力的银行。同样，当被扣押申请的公司的资产负债表显示其经营良好，处于盈利状态，财务管理也很好，并且有充分的不动产作保证，如果债权人说其债权处于危机状态，这种说法就不能得到证明。而法院判例也对“情况紧急”与“债权处于危机之中”的概念予以相对广义的解释。这两个概念被视作相类似的概念。而1991年7月9日法律则使用了更为宽泛的表现形式，债权人只需要证明“有情况足以威胁其实现债权”时，便可以申请采取保全措施（第67条）。仅仅是持有执行根据，并不足以证明需要采取保全措施，还应当证明债权的实现已经面临着严重的威胁。[③]

---

① See Axel Bosch, op.cit., p.285.

② 让·文森和雅克·普雷沃，上引著，第224—225，231页。

③ 让·文森和雅克·普雷沃，上引著，第224—226页。See Axel Bosch, op.cit., pp.260–261。

（2）禁令或暂时阻止令。法国民事诉讼法典就禁令或暂时阻止令的申请条件设置了不同的标准：

原则上，禁令或暂时阻止令的申请必须符合两个条件：第一，存在诉因或基本请求；第二，存在一定的紧急状态。对此问题，《民事诉讼法典》分别在第808，872条和第809，873条作了不同的规定。其第808条规定，紧急情况下，大审法院院长得紧急命令采取不会遇到严重争议的任何措施，或者命令以存在的争议证明有必要的一切措施。第872条规定，所有紧急情况下，商事法院院长均可在其权限内，紧急命令采取一切不会遇到严重争议的紧急措施，或者命令采取存在的争议证明属必要的一切措施。据此两条规定，对于这两条规定所规范的禁令或暂时阻止令，请求人仅须证明：（a）其面临一项紧急情势；（b）所申请的救济措施或者没有受到重大的反对，或者被眼下的争议证明为正当。而与这种情况下的禁令或暂时阻止令申请条件不同的是，该法第809条第1款则规定，为防止即将发生的损失，或者为制止明显非法的扰乱，法院院长得始终紧急规定采取保全措施，或者规定采取必需的恢复原状措施，即使存在严重争议亦同。第873条第1款规定，为防止即将发生的损失，或者为制止明显非法的扰乱，法院院长得在相同的权限内，以及甚至在有严重争议的情况下，紧急命令采取保全措施或者必需的恢复原状。据此两条规定，对于这两条规定所规范的禁令或暂时阻止令，请求人则必须证明：（a）损害即将发生，或者明显违法的行为正在发生；（b）申请人所申请的救济是为防止损害发生，或阻止明显违法的行为所必需。

然而，对于特定类型的禁令或暂时阻止令，民事诉讼法典规定了不同的申请条件。民事诉讼法典第809条第2款和第873条第2款规定，在对债务之存在没有严重争议的情况下，法院院长得同意给予债权人预付款项，或者裁定履行债务，即使所涉及的是作为之债，亦同。也就是说，在下述情况下，禁令或暂时阻止令的申请只需满足“存在诉因或基本请求”这一条件，申请人无须证明紧急情事的存在：债务人对申请人所负担的债务的存在问题没有受到严重的争议，并且所寻求的救济即是该债务的履行，如到期款项的支付；或者所寻求的救济是为了结束明显违法的行为。当然，对申请人请求存有严重争议的举证责任由被告承担。[①]

3．日本

日本《民事保全法》就假扣押和假处分分别规定了不同的申请条件。对于假扣押，根据该法第20条之规定，其申请必须符合两个条件：第一，存在以金钱支付为目的的债权。而金钱债权可以附有条件或附有期限。第二，该债权可能不能强制执行或强制执行有显著困难。对于假处分，《民事保全法》第23条区分两种情况设置了不同的条件。

① See Axel Bosch, op.cit., pp.262–263.

第一，对于系争物假处分，以“因变更该系争物现状而有使债权人不能实现其权利或实现权利显著困难之虞”作为申请条件；第二，对于确定临时地位假处分，以“为避免所争执的权利关系给债权人造成显著的损失或紧迫的危险所必要”为申请条件。

4. 其他大陆法系国家

（1）荷兰

①初步救济令。根据荷兰民事诉讼法典第289条第1款之规定，基于所涉各方当事人利益之考虑，其申请以存在颁布禁止性救济措施之必要为条件。①

②保护性扣留财产令。荷兰民诉法典的一个重要特征即是就不同形式的保护性扣留措施详尽设置不同的标准，其中涉及海事领域的一些重要的保护性扣留的申请条件如下：②

I. 财产扣留令。此类扣留令所针对的动产，无论是未登记动产或无记名权利，还是经登记的股票和证券，无论是被告对第三人所享有的请求权或被告基于现存的法律关系所享有的直接请求权，还是为被告所有但为第三人所持有的动产，其申请应具备以下条件：第一，存在金钱请求；第二，申请人必须证明其有合理的根据担忧拟扣留的动产有消失或被侵吞之虞。而这种担忧或消失之虞可能具有客观性，并不一定是由于被告的行为。

II. 船舶扣押令。在荷兰，船舶扣押令的申请无须证明该船舶有消失之虞，但如果所扣押的是登记船舶，则须在船舶登记处进行扣押登记。

III. 船舶运输货物或获救财产的扣押。承运人在某些特定情况下就其运输费用的支付可以申请扣押业已由船舶运输的货物，不过这种扣押只能在货物从船上卸下后一个月内进行。海上救助人也可在某些特定情况下就救助费用的支付申请扣押不在船上的救助财产。对于此类扣押措施，有关债务人手中的动产扣押规则应予适用，但申请人无须证明其有合理的根据担忧拟扣押财产有消失或被侵吞之虞。

（2）比利时

根据比利时法，申请人向比利时法院申请临时性保全措施必须证明存在紧急情事。而法院在颁布保全措施令前应考虑双方当事人之间利益权衡结果和对被告可能造成的损害后果。然而对于海事财产扣押，申请人则无须向法院提呈有关紧急情事的证据。③

（3）丹麦

①审前扣押。根据《司法行政法》，扣押措施的申请必须具备以下几个条件：第一，存在金钱支付请求；第二，申请人必须证明如果不采取扣押措施将对请求的实现产生相当

① See Axel Bosch, op.cit., p.476.

② See Axel Bosch, op.cit., pp.476–481. See also Jan Theunis, op.cit., pp.36–47.

③ See Axel Bosch, op.cit., p.87. See also Jan Theunis, op.cit., pp.5–24.

严重的损害。申请人必须向法院提呈有关债务人个人或财政状况的具体情况说明以支持采取扣押措施的必要性。[①]

②初步禁令。禁令所针对的是非法行为，因而申请人申请禁令必须得证明被告业已或即将实施非法行为。为支持禁令的申请，申请人应进一步证明如果通过一般的法律程序来行使其权利，禁令的目的将会丧失。而如果法院认为有关损害赔偿和惩罚的一般法律规则的适用已经充分的话，则会拒绝禁令的申请。[②]

（三）国际扣船公约

在有关扣船条件问题上，1952年和1999年扣船公约均从所保全的请求的范围和所扣押的船舶范围两个方面来作出规定，但两公约的规定有所不同。

1．1952年《统一某些有关海船扣押规则国际公约》

对于所保全的请求的范围，1952年公约仅将其限于公约自身所规定的，即第1条第1款所规定的海事请求。公约第2条规定，悬挂缔约国旗子的船舶可在任何缔约国管辖区域内就任何海事请求，而非其它请求而被扣。本公约的规定不应视为扩张或限制任何政府或其部门、公共当局、码头或港口当局根据其现行国内法所赋予的扣押、滞留或以其他方式阻止在其管辖区域内船舶的航行的任何权利或权力。

而至于可扣押的船舶的范围，公约将其限于"当事船"和"关联船"。"当事船"的扣押，公约第3条第1款规定，请求权人可以扣押与所产生的海事请求有关的特定船舶；对于公约第1条第1款第（o）、（p）、（q）项所规定的请求，[③]则只能扣押与所产生的该请求有关的特定船舶而非其他船舶。同条第4款规定，在承租人而非船舶登记所有人对与特定船舶有关的海事请求承担责任的光船租赁或其他情况下，请求权人可以扣押该特定船舶（当事船舶）。而对于"关联船"的扣押，公约第3条第1款规定，请求权人可以扣押在海事请求产生时为当事船舶之所有人的人所有的任何其他船舶，即使所扣押的船舶准备启航。同条第4款规定，在承租人而非船舶登记所有人对与特定船舶有关的海事请求承担责任的光船租赁或其他情况下，请求权人可以扣押为承租人所有的任何其他船舶，但就该海事请求而言，请求权人不能扣押为当事船舶的登记所有人所有的其他船舶。

2．1999年《国际扣船公约》

对于所保全的请求的范围，与1952年公约一样，1999年公约也将其限于公约自身

① See Axel Bosch, op.cit., p.178.

② See Axel Bosch, op.cit., p.179.

③ (o)disputes as to the title to or ownership of any ship; (p)disputes between co–owners of any ship as to the ownership, possession employment or earnings of that ship; (q)the mortgage or hypothecation of any ship.

所规定的，即第1条第1款所规定的海事请求。公约第2条第2款规定，船舶仅可就海事请求，而非其它请求而被扣。而对于可扣押的船舶范围，公约也将其限于“当事船”和“关联船”。但对“当事船”和“关联船”作了更为详尽的界定。

对“当事船”的扣押，公约第3条第1款作了如下要求：第一，该船舶与所主张的海事请求有关；并且，第二，（a）该船舶在海事请求发生时为对海事请求负有责任的人所有，而在实施扣押时仍为该人所有；或者，（b）该船舶在海事请求发生时为对海事请求负有责任的人所光船租赁，并且在实施扣押时仍为该人光船租赁或所有；或者，（c）海事请求是以设在该船舶上的抵押或船货抵押或相同性质的债务负担为根据；或者，（d）海事请求关涉该船舶的所有权或占有；或者，（e）海事请求是针对该船舶的所有人、光船租赁人、管理人或经营人，并且由所申请的扣押地国法律所授予或根据该国法律所产生的海事优先权所担保。不过，根据公约第3条第3款规定，对非为对海事请求负有责任的人所有的船舶的扣押必须符合这样一个条件，即根据所申请的扣押地国法律，有关该海事请求的判决能通过对该船舶的司法或强制拍卖而予以执行。

对“关联船”的扣押，公约第3条第2款作了如下要求：第一，海事请求并非关涉船舶所有权或占有问题；并且，第二，该船舶于扣押实施时为对海事请求负有责任的人所有；并且，第三，（a）该人于海事请求发生时是与所发生的海事请求有关的当事船舶的所有人；或者，（b）该人于海事请求发生时是该当事船舶的光船租赁人或期租人或承租人。

（四）我国的相关立法实践

1. 海事请求保全令。海事请求保全是指海事法院根据海事请求人的申请，为保障海事请求的实现，对被请求人的船舶或船载货物或船用燃油或船用物料所采取的强制措施。然而，我国《海事特别程序法》除了间接地规定海事请求保全的申请以该法所规定的海事请求的存在为条件外，并没有就其应否具备其他条件作出明确的规定。那么，《海事特别程序法》是由于疏忽而未作规定，还是认为没有必要作出规定？从国际扣船公约和一些国家有关海事扣押的立法规定来看，基于海事扣押的特殊性，均未作进一步的要求。不过，我国有学者认为，海事请求保全的申请应具备以下几个条件：第一，存在海事请求。即申请人具有《海事特别程序法》第21条所规定的海事请求。第二，被申请人对海事请求负有责任。第三，存在采取海事请求保全措施的必要。享有海事请求，是申请人申请海事请求保全措施的必要条件，但其还必须具备另一重要前提：不采取保全措施将会使判决难以执行或不能执行，或者情况紧急，不采取保全措施将使申请人遭致难以弥补的损失。这是《民事诉讼法》第92—93条所规定的财产保全的条件，也应作为海事请求保全措施申请的原则性条件。第四，海事请求保全措施所直接针对的是《海事特别程序法》所规定的被请求人的船舶或船载货物或船用燃油或船用物料。[①]第五，在海事法院责令申请人提供担保时，则应提供担保。[②]

2．涉外海事财产保全令。最高人民法院《关于适用<中华人民共和国海事诉讼特别程序法>若干问题的解释》第十八条规定，海事诉讼特别程序法第十二条规定的被请求人的财产包括船舶、船载货物、船用燃油以及船用物料。对其他财产的海事请求保全适用民事诉讼法有关财产保全的规定。而《民事诉讼法》则区分诉前财产保全与诉中财产保全规定了不同的条件。结合民事诉讼法和海事特别程序法的相关规定，适用于海事领域的财产保全的申请应具备如下条件：第一，存在《海事特别程序法》所规定的海事请求；第二，存在采取财产保全措施的必要。具体地说，对于诉中财产保全，根据《民事诉讼法》第92条的规定，必须存在因当事人一方的行为或者其他原因而使判决不能执行或难以执行之虞。如诉讼争议的财产有毁损、灭失等危险，或者有证据表明被申请人可能采取隐匿、转移、出卖其财产的行为。[③]而对诉前财产保全，根据《民事诉讼法》第93条规定，必须存在"紧急情况，不立即申请财产保全将会使申请人合法权益受到难以弥补损害之虞"。第三，财产保全措施所针对的对象为海事请求保全措施所针对的财产之外的被申请人所有的其他财产，包括第三人对被申请人所承担的债务和为第三人所占有的被申请人的财产。[④]不过，人民法院采取财产保全措施时，保全的范围应当限于当事人争议的财产，或者被告的财产，对案外人的财产不得采取保全措施，对案外人善意取得的与案件有关的财产，一般也不得采取财产保全措施。[⑤]第四，申请诉前财产保全的，或者虽然申请诉中财产保全，但法院责令提供担保的，则必须提供相当于请求保全数额的担保。

3．海事强制令。与海事请求保全不同的是，《海事特别程序法》对此作了明确的规定。根据该法第56条规定，作出海事强制令，应当具备下列条件：第一，请求人有具体的海事请求；第二，存在作出海事强制令的必要。具体地说：（a）需要纠正被请求人违反法律规定或者合同约定的行为；（b）情况紧急，不立即作出海事强制令将造成损害或者使损害扩大。第三，在海事法院责令申请人提供担保时，则应提供担保。

4．海事证据保全令。对于海事证据保全措施的申请条件，《海事特别程序》作了明确的规定。根据该法第67条规定，采取海事证据保全，应具备下列条件：第一，请求人是海事请求的当事人；第二，请求保全的证据对该海事请求具有证明作用；第三，被

① 参见邢海宝，上引著，第151—176，280—281页。

② 参见《海事特别程序法》第16条。

③ 参见最高法院《关于在经济审判工作中严格执行〈民事诉讼法〉的若干规定》第13条。

④ 参见最高法院《关于适用〈民事诉讼法〉若干问题的意见》第102—105条。

⑤ 参见最高法院《关于在经济审判工作中严格执行〈民事诉讼法〉的若干规定》第14条。

请求人是与请求保全的证据有关的人；第四，情况紧急，不立即采取证据保全就会使该海事请求的证据灭失或者难以取得。第五、在海事法院责令申请人提供担保时，则应提供担保。

5．海事先予执行令。根据《民事诉讼法》及有关司法解释，海事领域的先予执行的申请必须具备以下条件：第一，申请人只能向受理案件实质问题的管辖法院提出。民事诉讼法规定的先予执行是一项诉中保全措施，人民法院应当在受理案件后终审判决作出前采取。①在管辖权尚未确定的情况下，人民法院不得裁定先予执行。②第二，案件的基本事实清楚，当事人间的权利义务关系明确，被申请人负有给付、返还或者赔偿义务。③第三，先予执行的请求属于法定范畴。即属于《民事诉讼法》第97条所规定的项目：（a）抚恤金、医疗费用；（b）追索劳动报酬；（c）其他因情况紧急需要先予执行的请求；第四，存在需要先予执行的紧急情况，不先予执行将严重影响申请人的生活或者生产经营。所谓“紧急情况”包括：（a）需要立即停止侵害、排除妨碍；（b）需要立即制止某项行为；（c）需要立即返还用于购买生产原料、生产工具贷款；（d）追索恢复生产、经营急需的保险理赔费；④（e先予执行的财产为申请人生产、生活所急需，不先予执行会造成更大损失。⑤第五，先予执行的限度符合法定要求，即先予执行应当限于当事人诉讼请求的范围，并以当事人生活、生产的急需为限。⑥第六，被申请人有履行能力。第七、在法院责令提供担保的情况下，申请人应提供担保。

二、临时性保全措施的申请、实施与撤销程序

在临时性保全措施的程序要求方面，各国立法的规定也存在极大的差异：有的国家将临时性保全程序分为申请、裁决、上诉、执行诸阶段，而有的国家则将之分为申请、裁决、异议、抗告、执行等阶段。所幸的是临时性保全措施的实施程序业已呈现一定程度的统一化趋向。

（一）英美法系国家的实践

1．英国

（1）有关禁令的程序。包括玛瑞瓦禁令在内的中间禁令的有关程序目前受1998年

① 参见最高法院《关于适用〈民事诉讼法〉若干问题的意见》第106条。
② 参见最高法院《关于在经济审判工作中严格执行〈民事诉讼法〉的若干规定》第16条。
③ 参见《民事诉讼法》第98条第1款；最高法院《关于在经济审判工作中严格执行〈民事诉讼法〉的若干规定》第17条。
④ 参见最高法院《关于适用〈民事诉讼法〉若干问题的意见》第107条。
⑤ 参见最高法院《关于在经济审判工作中严格执行〈民事诉讼法〉的若干规定》第17条。
⑥ 参见最高法院《关于适用〈民事诉讼法〉若干问题的意见》第106条。

《民事诉讼程序规则》支配。[①]

①申请。申请人申请海事禁令应向英国高等法院皇座法庭提出。尽管高等法院所有分支都有权作出禁令，但几乎所有涉及国际贸易、货物买卖、保险与航运的禁令都属于皇座法庭（包括商事庭和海事庭）的权限范围。[②]根据《最高法院规则》29号令规则1，申请人可在诉因审理前或后申请禁令；当申请人为原告，并且案情紧急时，申请则可通过宣誓书单方面（ex parte）作出,除此之外，申请禁令应通过动议（motion）或传票（summon）作出；[③]除案情紧急外，原告应在令状或传唤令签发之后作出申请，并且在这种情况下，如果法院认为适当，则可根据令状或传票据以签发的条件和其他此种条件而准许禁令的申请。[④]

I. 申请方式。禁令的申请视是否存在“案情紧急”情况而分为单方面申请（ex parte application）与“双方出庭争辩”申请（inter parties application）。

在一般情况下，禁令的申请和作出需经过双方当事人出庭争辩。但在案情紧急时，原告可以单方面向皇座法庭申请。尤其是玛瑞瓦禁令，除了极少数情况外，原告是单方面进行申请。单方面申请虽然严重违反自然正义，但由于为避免向被告透露风声，并且不存在通知，尤其是向外国被告送达通知的可能而不得不采用之。[⑤]在英国，单方面申请只要符合二个条件，英国法院是允许的。正如Hoffmann大法官在Re First Express Ltd.案中所言：“根据基本正义原则，在未给予当事人予以陈述机会的情况下不应该对其发布命令。但在符合两个条件的情况下则例外：第一，给予陈述机会很可能由于迟延或被告或其他人在命令作出之前可能采取的行动而使申请人遭致不公平结果；第二，对被告的损害可以通过交叉保证（cross-undertaking）予以赔偿，或者不能赔偿的风险明显低于不颁布命令而给原告所造成不公平风险。申请人认为根据第二个条件而考量利与损的权衡结果已足以证明单方面命令的正当性。然而这种看法不应予以支持，除非第一个条件得以满足，否则是无法对利与损进行权衡。”此外，在英国法院的实践中，除玛瑞瓦禁令或安东令本身具有秘密性本质外，之所以允许单方面申请一般中间禁令的理由是存

---

① See David Capper, op.cit., p.56; Axel Bosch, op.cit., p.212. 1999年民事程序规则（Civil Procedure Rules）对此作了一些重大的改革。参见杨良宜:《禁令》第399页。

② 参见杨良宜:《禁令》，第366页。

③ 一般申请是以动议或传票送达或告知被告。动议是向高等法院大法官法庭（Chancery Division）申请中间禁令，而皇座法庭负责商业争议，以传票作出申请。参见杨良宜:《禁令》，第226页。

④ See David Capper, op.cit., pp.56–57; Axel Bosch, op.cit., p.212; 杨良宜:《禁令》，第277页。

⑤ Injunction without notice or ex–parte injunction包括玛瑞瓦禁令、安东·皮勒令和一部分的中间禁令（如信用证的支付）。参见杨良宜:《禁令》，第18—20，233，236，346页。See Axel Bosch, op.cit., p.212。

在延误或对原告造成不公平之虞。因而法院会去考量原告事前有否尽量让被告知道其在背后干什么。这可能是原告先向被告私下要求一个保证，如在The Nema案中被告船东所作出的保证不把船舶出租给其他人，直至仲裁审结完毕。被告拒绝保证后，原告才向法院申请同样内容的中间禁令，即使是单方面申请，也不致令被告感到太意外。①

II. 申请文件。原告申请禁令一般应准备三份主要文件呈交法院：

i. 令状或传票。该文件最好附有“索赔陈述或请求书”，但对于Free-standing Mareva，该文件可免。②

ii. 宣誓书。无论申请属于单方面申请还是双方出庭争辩申请，原告或双方当事人均以宣誓书支持各自主张。③宣誓书内有全面和坦率披露。当然对这两种宣誓书要求并不一致。④

A. 双方出庭争辩情况下的宣誓书。这种宣誓书的内容一般应注意以下几个方面的问题：第一，全面清楚陈述原告所受的侵犯或威胁。第二，尽量只针对事实，而非法律，并且不要太长。第三，在宣誓书内可以使用传闻证据，这为《最高法院规则》41号令规则5所允许。因为以宣誓书支持一个中间禁令的申请，都是在紧急情况之下，宣誓人根本没有时间调查，只能是间接得来的证据。第四，宣誓书的内容与索赔请求内容应保持一致。在索赔请求之前申请并取得的中间禁令，如果宣誓书的内容与索赔请求内容不一致，甚至有矛盾的话，可导致该中间禁令被撤销。第五，宣誓书的宣誓应在令状或传票签发之后。第六，由于每一中间禁令的原告应向法院作出交叉保证，所以原告的宣誓书应说明其愿意自动提供并有能力遵守交叉保证，以保证在中间禁令后来被撤销而法院认为应赔偿被告因中间禁令错误作出所蒙受损失予以赔偿。此外，原告应在宣誓书中说明其经济状况。⑤

B. 单方面申请宣誓书。对于此种宣誓书的内容，其要求更高。而对玛瑞瓦禁令和安东令申请的宣誓书，法律则有更为严格的要求。这种宣誓书的内容一般应注意以下几个方面的问题：第一，必须清楚说明原告知悉权利被侵犯的时间，马上申请中间禁令的必要性，以及不能或来不及通知或送达被告的原因。第二，对所有重要事实进行全部陈述。第三，宣誓书不应该有太多附件。重要事实在宣誓书中予以陈述，而不必包含在附件内，以便让法官尽快全面知道重要事实的陈述内容。第四，必须绝对善意。⑥

---

① 参见杨良宜:《禁令》，第233—235页。

② 参见杨良宜:《禁令》，第366页。

③ 根据Civil Procedure Rules 1999，中间禁令已不必以誓词证据予以支持，可以一份“事实陈述”(statement)，而马瑞瓦禁令和安东令，仍要求誓词证明。参见杨良宜:《禁令》，第244页。

④ 参见杨良宜:《禁令》。第237，366页。

⑤ 参见杨良宜:《禁令》，第237—240页。

⑥ See David Capper, op.cit., p.58; 参见杨良宜:《禁令》，第240—247页。

C. 全面和坦率披露

由于单方面申请禁令，尤其是玛瑞瓦禁令，违背自然公正，因而英国法律对其作了不少限制，[①]而其中之一即是要求申请人的代表律师以“宣誓书证据”（affidavit evidence）加上文件“证件”（exhibites）向法官进行全面和坦率的陈述，而如果内容有错漏，可能遭受法官惩罚性的否决/撤销原来的禁令，情况严重的甚至构成藐视法庭罪。[②]

对于全面和坦率披露义务，第一，申请人必须披露所有重要资料/事实。而所谓重要资料和事实则由法官根据不同案件的具体情况加以认定，而并不是由申请人自己决定。凡是法官希望知道的所有资料和事实，申请人都应在申请禁令之前调查清楚，并在之后予以全面与坦诚陈述。就申请玛瑞瓦禁令而言，重要资料和事实必须涉及五个方面的问题，即存在诉因、在英国有资产、存在一个表面良好论据案情、被告资产有流失或消失之虞、作出禁令是公平与方便的。第二，必须陈述被告可能会提出的对原告不利的抗辩。这是全面和坦率披露义务的核心内容之一，也往往使申请人处于十分矛盾的状态之中。但披露义务既并不要求原告细枝末节地描述案情或事实背景，也并不要求申请人设想各种不太可能提出的抗辩（possible but unlikely defences）。第三，对于一些极其机密的资料，申请人也必须予以披露。不过申请人不能在宣誓书中加以披露，以免被告知悉并采取相应行动。而是在宣誓书之外的文件中做出这方面的陈述，并口头向法官披露，以便使法官在作出禁令之前了解所有、全面与广泛的资料。第四，对于在成功申请禁令后所出现的新的资料和事实，申请人负有“连续的责任”，连续向法官陈述，以便使法官重新考虑，直至被告出面进行双方争辩。全面和坦率披露义务是否履行对申请人的影响是致命的：对申请人律师来说，故意隐瞒资料和事实则可能承受藐视法庭与纪律处分之后果；而由于不合理、疏漏或遗漏导致未尽义务，则承担所有费用。而对于申请人来说，未尽披露义务，则或禁令被撤销，或赔偿被告损失。[③]

iii. 草拟命令（draft order）。申请人之所以准备一份“草拟命令”，是因为申请玛瑞瓦禁令时间紧迫以及避免麻烦法官。提呈“草拟命令”以使法官可以对此进行必要的修改后予以批准。一般来说，“草拟命令”包括以下方面的内容：惩罚通知、法院命令、

① 例如，单方面禁令只能是“暂时性”。即表示禁令生效以后，不再怕对手知道，申请人应去让对手知道其权利之一是可到法官面前全面争辩，让法官不再只听一面之词后重新决定是否决/撤销原来的禁令，或是继续下去，或做出更改。而现实中这种单方面禁令时候被对手成功撤销或更改的比例相当高。而对手撤销禁令不仅使原告劳民伤财，而且自己的底牌也会通过宣誓书的陈述而给对手完全了结。所以要否申请，原告要权衡利弊而且也要充分理解英国法律对单方面禁令的各种管制和态度。参见杨良宜：《禁令》，第18—19页。

② 参见杨良宜：《禁令》，第19页。

③ 在申请人为全披露义务时，法院是否撤销玛瑞瓦禁令，英国法院业已出现宽松对待的倾向。See David Capper, op.cit., pp.58–61; 参见杨良宜：《禁令》，第346—366页。

例外情况、期限、更改或撤销命令、命令的效力以Babanaft条款（Babanaft Proviso）。①

III.交叉保证或担保。一般而言，原告申请玛瑞瓦禁令必须向法院作出交叉保证或为“加固”原告业已作出的交叉保证而进一步提供担保。这主要基于三个方面考虑：第一，如果原告有错或有责任而使玛瑞瓦禁令错误作出，法院则根据交叉保证下令赔偿被告由于玛瑞瓦禁令所导致的损失；第二，如果无辜第三者受损，法院则可命令原告赔偿；第三，作为一项“严厉措施”促使原告在申请玛瑞瓦禁令前予以慎重考虑。②

②上诉。申请人在其禁令申请被否决时，则可向上诉法院上诉。③

③撤销或抗辩。对于法院所作出的单方面禁令，被告有权向法院申请撤销，并将之通知对方当事人。正如Millett大法官所言，如果法院同意紧急聆讯单方面禁令申请，其也同样应准许紧急聆讯撤销禁令的申请。④不过，法院也有权基于具有充分说服力的根据撤销或变更所作出的单方面禁令。⑤

而对于“双方出庭争辩”申请的禁令，被告有权在禁令颁布之前出庭抗辩，对颁布禁令的必要性进行异议。⑥

④执行。禁令是一项衡平救济，因而必须对人实施。在禁令执行前必须向被告本身送达刑事通知（penal notice）。执行或通过行为实施令（order of committal）或通过查封财产令状（writ of sequestration）两种方式进行。⑦

（2）扣押令

①申请。为扣押船舶，申请人首先必须向法院申请签发对物索赔函。⑧在签发对物

---

① 如果申请World wide Mareva禁令，则应加入Babanaft Proviso，其意指禁令指针对被告，完全不影响外国第三者，他们的行为不构成藐视英国法院。期望借此减少外国的不满。参见杨良宜:《禁令》，第371，294—295页；See also David Capper, op.cit., pp.61–62.

② 参见杨良宜:《禁令》，第372页。

③ See Axel Bosch, op.cit., pp.214–215.

④ 为体现自然公正，法院在作出单方面禁令后必须告知被告关于原告向法院所作披露的内容。参见杨良宜:《禁令》，第352，235—236页。

⑤ See Axel Bosch, op.cit., pp.219–220. 如果法官撤销较早作出的玛瑞瓦禁令，原告可根据新证据提出新的玛瑞外禁令申请，以补上。但时间上不能有空当，否则诸如银行存款马上会汇走。所以原告必须自己准备好一份内容有新证据的宣誓书，一旦在被告成功撤销第一个玛瑞瓦禁令就去补上，务求继续冻结这笔资金。参见杨良宜:《禁令》，第358—359页。

⑥ See Axel Bosch, op.cit., pp.219–220.

⑦ See Axel Bosch, op.cit., p.216.

⑧ See D.C.Jackson, op.cit., pp.322, 327; Axel Bosch, op.cit., p.213.

索赔函之后，申请人方可申请扣押令（warrant of arrest）。[①]由于扣船产生严重后果，使船东遭致一连串其他的毁约、违约与不便，不得处置自己的财物等等。而当时的争议又胜负未分。所以法律要求申请扣押令的原告律师作出誓词（affidavit），以支持扣押令申请。根据《最高法院规则》75号令规则5（8）规定，誓词必须包含以下几项内容：（a）索赔或反索赔的性质，以便使被告知道船舶被扣的原因，以及被告船东对此未予支付；（b）；所扣押财物的性质，如果是扣船，则其船名与注册港；（c）在对人诉讼项下负有责任的人的姓名；（d）该人是在争议发生当时与索赔有关的船舶的所有人或承租人；（e）该人是在令状签发当时该将被扣押船舶的受惠船东或光船租船人。[②]

同时，与申请玛瑞瓦禁令时必须提供誓词一样，申请人为获得扣船令必须得作出“全面与坦率的披露”。由于扣船令的签发并不是自由裁量性救济，因而只有符合这一法定程序要求，其才有权获得扣船令。而如果申请人未履行“全面与坦率的披露”义务，即使扣船或诉前保全均已作出，也会被撤销。不过与申请玛瑞瓦禁令要求不同的是，扣船申请人“全面与坦率披露”的事项是有限的，[③]其仅限《最高法院规则》第75号令所指的上述各项事实。同时，誓词还必须清楚陈述请求是否以姊妹船为根据。因为被告或对被扣船舶拥有利益的其他人均有权知道财产被扣的根据。[④]同时，申请人在申请扣船时，不必为扣船而事先提供反担保。在很特殊情况下扣船法院才会下令要求申请人提供扣船反担保。[⑤]

②上诉。当法院拒绝签发扣船令时，申请人能否根据《最高法院规则》提起书面训令程序尚有争议。[⑥]

---

① In strict legal procedure, and since 1883, a writ in rem and a warrant are two separate document, but in practice, in a vast majority of cases, they are served at the same time on the res. 现在，对物索赔函和扣押令是根据1998年《民事诉讼程序规则》（修订）或《海事实务之指引》签发和送达，并通常由海事执行官执行。对物索赔函的送达按英国法院做法是原告或其律师的事，但如果诉船令状送达同时也要去扣船，则送达一定要通过海事法院执行官（Admiralty Marshal）去做。See Christopher Hill, op.cit., 115–116; 杨良宜：《海事法》，第58页；威廉·台特雷：《国际海商法》，第355—356页。

② See D.C.Jackson, op.cit., pp.332, 333; Axel Bosch, op.cit., pp.213–224. Christopher Hill, op.cit., p.115；杨良宜：《海事法》，第58—59页。

③ 申请玛瑞瓦禁令所作的“全面与坦率披露”却在范围和内容上无边无际，例如在整个事件的经过，事无大小，或是被告的资产经济状况，被告会有的抗辩等等。一有遗漏很容易在事后被告去挑毛病，例如誓词漏了提及合约的担保人，或是漏了提及被告有反索赔，或是漏了提及被告另有一艘船舶或另租了几艘船舶等等，法院即会去撤销原先所给的玛瑞瓦禁令。参见杨良宜：《海事法》，第60页。

④ See Christopher Hill, op.cit., p.116; 参见杨良宜：《海事法》，第60—62页。

⑤ 参见杨良宜：《海事法》，第70页。

⑥ See Axel Bosch, op.cit., p.215.

③执行。扣船令应申请人的要求而签发，并在就相关的费用提供担保后由海事执行官实施。扣船令和对物索赔函必须向有关财产送达。如果该“财产”是船舶，扣押令则钉在主桅，稍后可转移至船舶其他显著的室内或遮盖部分，（一般是驾驶台门口或窗子），以免风吹雨打。而把扣押令送达给船长手中并不可以；如果没有梯子上不了船而钉在船壳旁边，则不一定足够。如果财产是货物，则将扣押令短暂地放在该票货物上，然后取走，但留一副本在货物上与另一副本在报关货物的人手中。而如果财产是运费，由于运费不能单独扣押，则扣押令送达给预付运费的一票货物或运载相关货物的船舶。有效送达后，海事执行官就监管而非占有这些被扣财产，任何干预执行官监管权的人都将以藐视法庭之罪而被起诉。①

至于扣船的具体程序，Sheen大法官在The Johnny Two案中作了如下归纳：“扣押令一旦签发，海事执行官则电话告知HM关税与消费税局（HM Customs and Excise）有关官员，并指示扣押船舶，告诉海关官员确保船舶担保的要求。然后电传一份‘诉讼通知’（Note of Action）以确认扣船指示，并给予诉讼号、原告以及原告律师的姓名。HM关税与消费税局通过将‘诉讼通知’附在船舶上实施扣押。随后根据海事执行官指示妥善保管被扣押的船舶。实施行为在非常短的时间内进行。扣押令状或对物索赔函通过邮寄送至HM关税局，并分别送达。但通常是在这些文件为HM关税局收到之前，被告律师接受送达并提供担保以免船舶被扣押。如果船舶预计到达一知晓的港口，则应签发扣押令。指示海关官员‘到达即扣’的‘诉讼通知’随即送达给有关海关官员。船舶一到预知港口则根据‘诉讼通知’予以扣押，或者如果扣押令业已送至关税局即予以执行。在伦敦的扣押则由执行扣押令的海事执行官亲自参与下进行。如果在扣押令签发之后但在扣押实施之前，业已预先登记有‘不得扣船通知’（caveat），则应将此情况通知原告律师，并征询其是否仍希望扣船的意见。如果扣押令是在船舶的到达港未知时签发，扣押令可留给海事执行官，并在允诺支付其执行费用的保证予以担保的情况下，指示其在其通常的工作期间内在所建议的港口实施扣押。这些程序使得律师可在接到通知后的极其短暂时间内实施扣押，特别是当他们业已事先采取了签发扣押令的措施。”②

④被告的救济。被告尽管在扣船令执行之前没有机会出庭抗辩，但法律赋予其采取措施使被扣船舶得以释放的救济权。

I.上诉或执行中止。被告有权就给原告提供临时救济的任何措施提起上诉。被告也有权在上诉期间申请中止执行。但上诉既不能中止下级法院的执行命令，也不能中止诉

① See Christopher Hill, op.cit., p.117; D.C.Jackson, op.cit., pp.332–333; Axel Bosch, op.cit., p.217. 杨良宜:《海事法》，第62页。

② [1992] 2 Lloyd’s Rep.257. See D.C.Jackson, op.cit., pp.332–333; Christopher Hill, op.cit., pp.117–118; 参见杨良宜:《海事法》，第63—65页。

讼。是否中止属法院自由裁量权的行使范围。①

II.不得扣船预告（caveat）。船舶被扣是船东的噩梦。为防止船舶被扣，消极的办法如避免去某些港口，或拆船或转售。但一个正规的做法是向海事注册官预先登记“不得扣船预告”,同时保证船东律师接受诉物令状的送达，不必送达上船；另保证在通知开始诉讼3天时间内将保证金放入法院或提供保释担保。而对原告来说，如果在申请扣船令时不理会“不得扣船预告”而又没有好的理由实施扣船，则可能会面临船东就扣船引起的所有损失所提出的索赔。②

III.放船担保。船东为使被扣船舶得以释放，可考虑以下四种办法：保释担保、钱存银行、银行保函以及互保协会保函或其它同类保函。③

⑤司法拍卖。如果船东无力为早日放船而提供担保，则可能遭致被扣船舶被法院出售的问题。在法院下令估价与出售船舶命令后，则根据《最高法院规则》第75号令规则23规定委托海事执行官作出安排与具体实施。④出售所得则根据请求权的优先顺序分配给各请求权人。而船舶的购买者获得不受所有海事优先权或抵押或其它负担影响的清洁所有权。⑤

2.南非

（1）禁令

①申请。禁令的申请通过由记载有相关事实的誓词支持的书面申请书提出，唯有在例外情况下，法院无须将申请事项通知被告。被告在接到通知后即向法院提出答辩誓词，双方随后在一名法官主持下进行辩论。⑥

②申请人的上诉。申请人的禁令申请若为法院拒绝，其则有权经法院准许就此裁决提起上诉。如果申请人上诉未被批准，其则可向大法官提出上诉申请。经获准后，申请人则可上诉。⑦

③通知被申请人。除单方面禁令外，法院在准许申请人禁令申请之前必须通知被申请人，由其出庭陈述在最终裁决之前不能授予禁令或不得继续实施禁令的原因。

④被申请人的上诉。被申请人有权反对禁令申请，并说服法官使其相信申请人无权

---

① See Axel Bosch, op.cit., pp.220–221.

② 参见杨良宜:《海事法》，第65—66页。See D.C.Jackson, op.cit., p.341.

③ 参见杨良宜:《海事法》，第90—100页。See Axel Bosch, op.cit., p.221; Christopher Hill, op.cit., pp.118–120; D.C.Jackson, op.cit., pp.341–346.

④ 参见杨良宜:《海事法》，第127页。

⑤ See Christopher Hill, op.cit., p.120; D.C.Jackson, op.cit., p.340. 参见杨良宜:《海事法》，第125—126页。

⑥ See Axel Bosch, op.cit., p.640.

⑦ See Axel Bosch, op.cit., p.641.

申请禁令。而一旦法院同意作出禁令，被申请人仍有权经法院准许就此裁决提起上诉。

⑤执行。禁令的执行由法院执行官进行，从而使法院对被申请人或其财产实行一定程度的控制。

（2）扣押或扣留令

①财产扣留令。I.申请。申请人向法院申请扣留令必须由誓词支持，而誓词必须包含下列以下内容：a.请求属于被告对之应负责任的海事请求，并且法院基于拟实施的扣留而对该请求拥有管辖权；b.拟扣留的财产为被告所有，或被告对该财产拥有一定利益；c.该请求是否有任何担保，以及请求法院支持的原因；d.签署人信息来源，誓词内容的真实性和准确性；e.情况紧急的原因。II.证据。提交法院的证据取决于时间。在紧急情况下，信息可通过电传、电子邮件、电话等方式发送给法院，扣留则可在数小时内即可实施。而如果时间允许的话，原告还需提供相关文件。III.反担保。申请人并无提供反担保的义务，而被告如果能证明申请人的扣留无合理根据和可能诉因，则可提出申请，要求申请人提供反担保，以备将来赔偿由于错误扣留所致的损害赔偿及必要费用。IV.扣留令的撤销。扣留令以临时命令的方式作出，该命令要求所有相关利益人在命令所规定的时间提出不应准许扣留的事由。这一司法审查程序使被告有机会参加聆讯，通过提出反对誓词对扣留令加以抗辩。同时也使原告在诉讼阶段早期知晓扣留令是否受到异议，进而使管辖权问题和其他初步问题得以迅速解决，或者使基本诉讼毫无迟延地得以进行。V.执行。扣留令由法院执行官负责执行。⑥被扣财产的释放。被告有权通过提供与原告请求数额相当之担保要求释放被扣财产，也有权申请减少担保数额。在缺乏有关担保方式的协议时，法院注册官一般会要求提供由南非银行或外国银行签发的并可在南非兑现的担保函。

②船舶扣押令。I.申请。扣押令的申请通过提交原告或其律师所签署的证明书（certificate）而非誓词或申请书的方式进行。证明书应陈述以下内容：（a）请求属于海事请求，并且是关涉法院具有管辖权或法院有权实施扣押的请求；（b）拟扣押的财产是请求据以发生的财产，或符合法定条件的姊妹船；（c）是否提供担保或保证以防止财产扣押或使被扣财产得以释放，如果当事人已提供担保或保证，则应陈述试图扣押的根据；（d）证明书的内容是真实和准确的。II.扣押令的签发。扣押令由法院注册官签发，但其也可将是否签发问题交由法官裁决。除法官命令扣押财产外，法院注册官应在诉讼传唤令签发后签发扣押令。III.扣押令的执行与抗辩。扣押令由海事执行官送达至被扣财产，而被告则可提出撤销扣押令的申请。IV.被扣财产的释放。被扣财产的释放只能根据法院注册官签发的释放令进行。而释放令的签发则或须经导致扣押实施的人的同意，或由被告提供担保。不过，法院也可命令签发释放令。V.被扣财产的强制拍卖。法院可在任何时候根据《海事管辖权调整法》所规定的条件行使管辖权以出售被扣财产。出售所得

或作为一个基金由法院掌控，或以其他方式予以处理。根据法院命令所作的出售不受任何抵押权、海事优先权或其它债务负担的约束。

3.美国

在美国，临时性保全措施有关程序性问题适用相关州法。而不同州法的程序要求存在一定的差异。

（1）禁令

一般而言，申请禁令通过提交由誓词和有关文件支持的动议（motion）的方式进行。这些文件应当证明诉因的存在，原告胜诉的可能以及其他支持颁布禁令的事由。而禁令的签发要否通知被告，不同的州就不同的禁令设置了不同的规定。大多数州法规定禁令的签发无须通知被告。[①]而《联邦民事诉讼程序规则》则就初步禁令和暂时制止令作了不同的规定。其第65条第a款规定，初步禁令的签发无须通知对方当事人。而第b款规定，暂时制止令仅在符合以下条件时可无须书面或口头通知对方当事人：第一，誓词或经证明属实的诉状（verified complaint）所陈述的具体事实清楚表明在对方当事人或其律师出庭作反对陈述之前申请人将可能遭受直接的不可弥补的伤害、损失或损害；第二，申请人律师向法院书面证实不应给予通知的理由。在暂时制止令不经通知而被准许时，初步禁令的动议应在尽可能早的时间内予以听审。而在动议听审开始时，获得暂时制止令的当事人应提出初步禁令的申请，否则，法院将撤销暂时制止令。第c款规定，除非申请人提供适当数额之担保，不得签发初步禁令和暂时制止令。

（2）海事扣留令和扣船令

《联邦民事诉讼规则》之“海事补充规则”一方面分别规定了海事扣留令和扣船令各自独特的程序，另一方面又规定适用于两者的共同程序规则。

①海事扣留令：规则B程序

I.获得的时间、诉状（complaint）、誓词、司法许可及程序。在对人诉讼中，（a）如果未发现被告在管辖区域内，一份经证明属实的诉状可包含一项申请扣留在受托人（garnishees）手中的被告无形或有形动产的诉讼请求；（b）原告或其律师必须签署并随同诉状递呈一份誓词，其中陈述：据申请人所知，或根据情报或推断被告不可能在法院管辖区域内被发现。法院必须对诉状和誓词进行审查，如果规则B规定的条件可能存在的话，则签发一项命令，准许扣留或第三人手中财产扣留程序。书记官则可根据申请人的申请而无须法院的进一步命令签发补充令以执行法院命令。（c）如果原告或原告律师证实存在紧急情势使法院不可能进行审查，书记官则必须签发传票和扣押令。原告在任何以后的扣留程序中有责任证明紧急情势的存在。（d）如果被扣留财产是船舶或船上有

① See Axel Bosch, op.cit., p.750.

形财产，传票、扣留令以及任何补充命令均必须交由执行官送达；而如果被扣财产是其他有形或无形财产，传票、扣留令以及任何补充命令均必须交由授权送达的人或组织送达，该人或组织或是执行官，或与美国有联系的一些人，或法院为送达之目的而特别任命的人，或在由美国所提起的诉讼中，美国的官员或雇员。（e）原告也可为确保判决履行之目的而援用《联邦民事诉讼规则》规则64项下的人或财产扣留的州法救济措施。

II.被告之通知。除非根据由誓词所提供的证据证明以下情况，否则不得作出缺席判决：（a）诉状、传票以及扣留令业已根据《联邦民事诉讼规则》规则4所准许的方式送达给被告；或（b）原告或受托人业已使用要求回执的邮寄方式将诉状和扣留令送达给被告；或（c）原告或受托人业已恪尽职责试图将诉讼之事通知被告，但未果。

III.答辩。（a）受托人的答辩。受托人应在扣留令送达给受托人后的20天内将答辩书和所送达的质询书的答辩书，一同送达给被告。对受托人的质询书可不经法院许可与诉状一并予以送达。如果受托人就债务、债权或在受托人手中的被告财产，或者由原告提出的涉及此种债务、债权或财产的任何质询书拒绝或忽略作宣誓答辩，法院则可作出针对受托人的强制令。如果受托人承认债务、债权或财产，其则应由受托人控制或交由法院注册官，并且无论哪种情况，这些财产均应受此后法院所作命令的约束。（b）被告的答辩。被告应在扣留令执行——无论是以扣留财产方式还是以向受托人送达方式——后的30天内送达答辩书。

②扣船令：规则C程序

I.诉状。在对物诉讼中，诉状必须：（a）经证明属实；（b）描述作为诉讼客体的财产的合理特征；（c）在海事或海商诉讼中，陈述在诉讼未决期间财产位于或将位于法院管辖区域内。

II.司法认可和命令。（a）扣押令。除没收以外其他诉讼，法院必须审查诉状和任何支持文件。如果对物诉讼的条件可能存在，法院则必须签发命令指令书记官签发针对作为诉讼客体的船舶或者其他财产的扣押令。如果原告或其律师证实存在使法院不可能进行审查的紧急情势，则书记官必须迅速签发传票和针对作为诉讼客体的船舶或者其他财产的扣押令。（b）送达。如果作为诉讼客体的财产是船舶或船舶上的有形财物，扣押令和任何补充文件则必须交由执行官送达。如果作为诉讼客体的财产是其他有形或无形财产，则扣押令和任何补充命令均必须交由授权执行该命令的人或组织，该人或组织或是执行官，或与美国有联系的一些人，或法院为送达之目的而特别任命的人，或在由美国所提起的诉讼中，美国的官员或雇员。（c）寄存法院（deposit in court）。如果作为诉讼客体的财产全部或部分是运费、出售财产所得，或其他无形财产，书记官在签发扣押令之外还须签发传票，指示控制财产的任何人说明不寄存法院以服从判决的理由。（d）补充命令。书记官可根据申请而无须法院的进一步命令，签发补充命令以执行法院的命令。

III.通知。当作为诉讼客体的财产根据规则E（5）[①]予以释放时，除需要命令执行外无须通知。如果财产在命令执行后10天内未予释放，原告则必须或在法院认可的适当

---

① **Release of Property:** (a) Special Bond. Except in cases of seizures for forfeiture under any law of the United States, whenever process of maritime attachment and garnishment or process in rem is issued the execution of such process shall be stayed, or the property released, on the giving of security, to be approved by the court or clerk, or by stipulation of the parties, conditioned to answer the judgment of the court or of any appellate court. The parties may stipulate the amount and nature of such security. In the event of the inability or refusal of the parties so to stipulate the court shall fix the principal sum of the bond or stipulation at an amount sufficient to cover the amount of the plaintiff's claim fairly stated with accrued interest and costs; but the principal sum shall in no event exceed (i) twice the amount of the plaintiff's claim or (ii) the value of the property on due appraisement, whichever is smaller. The bond or stipulation shall be conditioned for the payment of the principal sum and interest thereon at 6 per cent per annum. (b) General Bond. The owner of any vessel may file a general bond or stipulation, with sufficient surety, to be approved by the court, conditioned to answer the judgment of such court in all or any actions that may be brought thereafter in such court in which the vessel is attached or arrested. Thereupon the execution of all such process against such vessel shall be stayed so long as the amount secured by such bond or stipulation is at least double the aggregate amount claimed by plaintiffs in all actions begun and pending in which such vessel has been attached or arrested. Judgments and remedies may be had on such bond or stipulation as if a special bond or stipulation had been filed in each of such actions. The district court may make necessary orders to carry this rule into effect, particularly as to the giving of proper notice of any action against or attachment of a vessel for which a general bond has been filed. Such bond or stipulation shall be indorsed by the clerk with a minute of the actions wherein process is so stayed. Further security may be required by the court at any time. If a special bond or stipulation is given in a particular case, the liability on the general bond or stipulation shall cease as to that case. (c) Release by Consent or Stipulation; Order of Court or Clerk; Costs. Any vessel, cargo, or other property in the custody of the marshal or other person or organization having the warrant may be released forthwith upon the marshal's acceptance and approval of a stipulation, bond, or other security, signed by the party on whose behalf the property is detained or the party's attorney and expressly authorizing such release, if all costs and charges of the court and its officers shall have first been paid. Otherwise no property in the custody of the marshal, other person or organization having the warrant, or other officer of the court shall be released without an order of the court; but such order may be entered as of course by the clerk, upon the giving of approved security as provided by law and these rules, or upon the dismissal or discontinuance of the action; but the marshal or other person or organization having the warrant shall not deliver any property so released until the costs and charges of the officers of the court shall first have been paid. (d) Possessory, Petitory, and Partition Actions. The foregoing provisions of this subdivision (5) do not apply to petitory, possessory, and partition actions. In such cases the property arrested shall be released only by order of the court, on such terms and conditions and on the giving of such security as the court may require.

时间内在法院命令所指定的并在法院管辖区域内具有一般发行量的报纸上作出有关诉讼和扣押的公告，但如果财产在公告之前被释放则可中止公告。公告必须根据规则C（6）规定①指明提出对被扣财产拥有利益或权利申明和答辩的时间。但本规则不影响美国法典所规定②的取消优先船舶抵押诉讼中的通知要求。

IV.附随命令（Ancillary process）。在有关命令业已根据本规则规定的方式予以送达的任何对物诉讼中，如果作为诉讼客体的财产之一部分由于业已转移或出售，或由于其属于未向其送达命令的人所控制的无形财产，而未放置在法院控制范围之内，则法院可根据动议命令占有或控制此类财产或其孳息的任何人，说明其未将财产交由执行官或拥有财产扣押令的任何人或组织监管，或者交存法院的事由；并且在聆讯后法院可根据法律和公平之要求而作出此种判决。

V.请求和答辩；质询书。（a）海事扣押和其他诉讼程序。在不受规则C（6）（a）规则支配的对物诉讼中，（i）对作为诉讼客体的财产主张占有权或任何所有权利益的人必须在命令执行或公告完成后的10天内，或者法院所许可的时间内提呈关于该权利或利益的经证明属实的陈述；（ii）权利或利益陈述必须描述支持其抗辩诉讼权利或恢复原状主张的财产上利益；（iii）主张占有权利或任何所有权利益的人必须在提呈利益或权利陈述后的20天内送达答辩状。（b）质询书可无须法院同意与对物诉状一同予以送达。对质询书的答辩必须与对对物诉讼状的答辩一同送达。

③共同规则：规则E程序

I.诉状与担保。（a）诉状。在对物诉讼和准对物诉讼中，诉状应当陈述请求据以产生的情势的特征，从而使被告或请求人无须重新提出一个更为明确的陈述而能够进行有关事实的调查并拟定应辨之答辩。（b）费用担保。法院可以基于诉状之提出，被告、请求人或其他当事人之出庭，可要求原告、被告、请求人或其他当事人提供担保或附加担保，以便使法院可通过任何质询命令或最终裁决或根据上诉法院之请求，指示支付就该当事人所作出的所有费用。

II.命令（Process）。（a）在海事诉讼中，诉物或海事扣留命令仅能在法院管辖区域内进行送达；（b）签发和交付。如果原告有要求，诉物令或海事扣留令应根据该要求签发和交付。

III.命令的执行；执行官执行报告；财产的监管；释放程序。（a）一般规则。命令一旦签发和交付，或在扣留令与传票一并签发之场合，如果未发现被告在管辖区域内，

① **Reduction or Impairment of Security:** Whenever security is taken the court may, on motion and hearing, for good cause shown, reduce the amount of security given; and if the surety shall be or become insufficient, new or additional sureties may be required on motion and hearing.

② Under 46 U.S.C. 31301 et seq., as amended.

执行官或其他有扣押令的人或组织应立即根据本规则执行命令，并作出适当和即时的执行报告。（b）有形财产。如果扣押或扣留的是有形财产，执行官或其他拥有扣押令的人或组织为安全监管起见而应将该财产置于执行官占有之下。如果财产的性质或状况使对该财产的实际占有不可能，执行官或执行命令的其他人应将一份副本贴于财产的显著部位，并将一份诉状和命令副本留给占有财产的人或其代理人。为确保执行官监管船舶，执行官有权力向关税征收人作出一份书面要求，要求其不得准许该船舶的结关，直至执行官或代理执行官或书记官通知该船舶业已释放。（c）无形财产。如果扣押或扣留的是无形财产，执行官或其他拥有扣押令的人或组织应通过将诉状和命令副本留给受托人或其他债务人，并要求其按照规则B（3）（a）和规则C（6）的规定作出答辩的方式来执行命令。执行官也可同意钱存法院注册官的方式执行命令。不过在这种情况下，受托人或其他债务人无须作出答辩，除非命令应予送达。（d）有关监管财产的指示。执行官或其他拥有扣押令的人或组织可在任何时候向法院申请有关被扣押或扣留财产的指示，并应将该申请通知法院可能指令的任何或所有当事人。（e）释放程序。当财产被扣押或扣留时，对该财产主张利益的任何人应有权申请即时听审，要求原告说明不撤销扣押或扣留或其他救济的原因。

Ⅳ.被扣财产的释放。（a）特别保证金。无论海事扣留令或诉物命令何时签发，经法院或书记官同意或根据当事人约定，在被告提供担保作为执行法院或任何上诉法院判决之条件时，命令的执行应予中止，或财产应予释放。当事人可以约定此种担保的数量和性质。在当事人无能力或拒绝如此约定的情况下，法院应确定保证金或保证的基本数量，或规定一个足以包括公正陈述的原告请求数额、应记利息和费用的数额。但在任何情况下，基本数量不应超过原告请求书的两倍，或经适当估价的财产的价值。（b）一般保证金。经法院同意，船舶的船东可提供一般保证金或保证，以作为执行法院判决之条件。如果该保证金或保证所提供的数量至少是原告在所有已经开始并未决的诉讼中所请求总数量的两倍，针对船舶的所有命令的执行应予中止。该保证金或保证可以担保判决或救济，如同在每一此种诉讼中业已提出特别保证金或保证一样。法院在任何时候可以要求提供进一步的担保。如果在某一特定案件中提供了特别保证金或保证，一般保证金或保证责任在该案件中应予停止。（c）因同意或保证释放被扣财产；法院或书记官的命令；费用。在执行官接受、同意经代表被扣财产的当事人或其律师签署的保证、保证金或其他担保，并明示准许释放时，在执行官或其他拥有扣押令的人或组织监管之下的任何船舶、货物或其他财产应立即予以释放，而法院和其官员的所有执行费用应首先予以支付。否则，在执行官或拥有扣押令的其他人或组织，或其他法院官员监管之下的财产未经法院命令不应予以释放。当然，此种命令可由书记官在当事人提供法律所规定的担保或基于诉讼的中止或撤销事实而作出。但在法院官员的执行费用未首先支付之前，执行官或拥有扣押令的其他人或组织不应交付被释放的财产。

V. 担保金的减少或增加

在当事人提供担保时，法院可根据动议和审理，基于所陈述的充分事由，减少所提供的担保数量。如果担保不充分，则可根据动议和审理，要求被告提供新的或附加担保。

VI. 反请求的担保。当就原诉中的损害赔偿请求业已提供担保的一方就作为原诉客体的交易或事件主张反诉时，受益于担保的原告必须就反诉中所主张的损害赔偿请求提供担保，除非法院根据所陈述的事由作了不同的指令。关于原始请求的诉讼必须中止直至提供反请求之担保，除非法院作了不同的指令。

VII. 限制性出庭（Restricted appearance）。对业已签发诉物令、扣押令的海事和海商请求所进行的抗辩出庭可明示限于有关该请求的抗辩，并且在这种情况下的出庭不是为了尚未签发此种命令的其他请求而进行的出庭。

VIII. 财产的处分和出售。（a）中间出售令（Interlocutory sales）和交付。如果被扣财产易腐烂，或在诉讼期间易毁损，或保管财产的费用巨大或不成比例，或者不合理地迟延提供释放财产的担保，法院则可根据一方当事人、执行官或其他监管财产的人的请求，命令出售全部或部分财产，出售所得交付法院以待法院的进一步命令。在上述情况下，法院根据被告或主张利益或权利的一方当事人的动议，在其提供担保时可命令将该财产交付给 the movant。（b）出售和出售所得。财产的出售应由执行官或代理执行官或拥有扣押令的其他人或组织，或者当执行官或拥有扣押令的其他人或组织是拥有利益的一方当事人时由法院所委派的任何其他人进行。出售所得应立即交付给法院注册官依法处置。

IX. 财产的保存。当被扣财产所有人或其他人根据规则 E（4）（b）规定[①]占有被扣财产时，法院可根据一方当事人的动议或依职权决定，作出必要的命令以保存财产并防止其转移。

（二）大陆法系国家的实践

1. 德国

（1）假扣押。有关假扣押的程序适用《民事诉讼法典》第920—934条之规定。

①申请。为获得假扣押，申请人必须向法院提交假扣押申请，或向法院书记官说明，使之作成笔录。申请书应指明请求权，其金额或以金钱计算的价额以及假扣押理由。同时对请求权和假扣押的理由应予释明。

②对申请的裁判和送达。裁判可不经言词辩论为之。如申请人对对方当事人可能受到的损害提供担保，即使就请求权或假扣押理由未能释明，法院也可命令假扣押。即使对请求权和假扣押理由已经释明，法院可命令于提供担保后实行假扣押。对假扣押申请

① That permit execution of process without taking actual possession.

的裁判，如经过言词辩论，法院则以终局判决为之，否则则以裁定为之。命令假扣押的裁判，如要在外国主张时，应附理由。在假扣押命令内，应记载债务人要求停止假扣押时，以及债务人申请撤销已执行的假扣押时所应提存的金额。命令假扣押的裁定应由申请假扣押的当事人送达；而驳回假扣押申请的裁定，或命令提供担保的裁定，不必通知对方当事人。

③抗告。申请人的假扣押申请如未经言词辩论审理而被法院驳回，其则可对该驳回裁定根据《民事诉讼法典》第567条规定以抗告的方式提出上诉。抗告由上级法院裁判之。而对于抗告法院的裁判，只在该裁判中有新的独立的抗告理由时，才许提起再抗告。而如果申请人的申请被法院以判决驳回（即经过言辞辩论审理），则申请人可根据《民事诉讼法典》第511条以下的规定提起上诉。[①]

④异议及对异议的裁判。对于假扣押命令的裁定，可以提出异议。提出异议的当事人应在异议中陈述其提出撤销假扣押的理由。法院应依职权指定言词辩论期日。假扣押的执行并不因提出异议而停止，但法院可依《民事诉讼法典》第707条规定签发暂时命令。提出异议后，法院应以终局判决对假扣押的合法与否作出裁判。法院可准许、变更或撤销假扣押的全部或一部，也可于提供担保后准许、变更或撤销之。

⑤假扣押的撤销。假扣押可在以下情况下撤销：第一，法院可依职权撤销之；第二，在提供担保后撤销之；第三，申请假扣押的当事人未在法院规定期间内起诉，法院则应依申请以终局判决宣布撤销假扣押。第四、因情况变更而撤销。即即使在准许假扣押后，如果情况变更，特别是假扣押理由消灭，或者申请提供担保时，可以申请撤销假扣押。而对该申请的裁判，应以终局判决为之。

⑥假扣押的执行。假扣押执行准用强制执行的规定，但《民事诉讼法典》第928—934条又对其作了一些特殊的规定。I.执行条款和执行期间。假扣押如为假扣押命令内所载的债权人以外的人执行，或对假扣押命令内所载的债务人以外的人执行时，必须有执行条款。自执行假扣押命令宣告之日起，或命令送达于申请假扣押的当事人之日起，已逾一月时，不得再执行假扣押。执行假扣押，可以在将假扣押命令送达于债务人之前为之。但如在执行后已满一周时，或在上述所定期间已经届满时，还未送达，其执行不发生效力。II.对动产与债权的执行。对动产的假扣押，以扣押的方法加以实施。此种扣押，依与其他各种扣押相同的原则实施，并且发生具有《民事诉讼法典》第809条所定效力的质权。扣押债权时，假扣押法院为有管辖权的执行法院。被扣押的金钱与在分配程序中归属于债权人的卖得金，应予以提存。有体动产显然有价额减少的危险时，或保管此项动产需要过多的费用时，执行法院可依申请命令将该项动产拍卖而提存其卖得

① See Axel Bosch, op.cit., pp.287–290.

金。III.对登记船舶的执行。对于已登记的船舶或建造中的船舶执行假扣押除应遵守扣押动产的规定外，还应依下述方式实施之：第一，扣押后，在扣押的船舶与建造中船舶上发生质权；此种质权在与其他权利的关系上赋予债权人与船舶抵押权同样的权利。第二，扣押由作为执行法院的假扣押法院依债权人的申请实施之；法院应同时嘱托登记法院将保全假扣押质权的登记记入船舶登记簿；如假扣押不实施时，这种登记失效。第四、执行员在实施扣押时，应对船舶或建造中船舶予以监视或保管。第五、执行假扣押时，如将船舶或建造中船舶强制拍卖，在此程序中所实施的船舶或建造中船舶的扣押视为《民事诉讼法典》第826条中的第一次扣押，扣押纪录的缮本应送交执行法院。第六、假扣押质权应依债权人的申请登记于船舶登记簿或造船登记簿。IV.对人假扣押的执行。执行对人保全假扣押，如用拘留的方式，依《民事诉讼法典》第901，904—913条的规定实施；如用其他限制人身自由的方法，依假扣押法院所发以拘留限制为标准的特别命令实施。V.假扣押执行的撤销。如将假扣押命令中所确定的金额提存，执行法院应即撤销已执行的假扣押；如继续实施需要特殊的费用，而申请假扣押的当事人又不预交必要的款项时，执行法院可以命令撤销假扣押。撤销假扣押执行的裁判可以不经言词辩论为之，对于撤销假扣押执行的裁定，可以提起即时抗告。

（2）假处分。有关假处分的程序适用《民事诉讼法典》第936—944条规定。其中第936条规定，除以下各条有特别规定外，关于假处分的命令与其他程序，准用关于假扣押命令与假扣押程序的规定。①单方面裁决。假处分申请仅在极其紧迫情况下可以不经言词辩论予以裁决。②提供担保后的撤销。只有在特殊情形，可以提供担保而撤销假处分。③嘱托登记。根据假处分应在船舶登记簿或造船登记簿中登记时，法院有权嘱托船舶登记机关进行登记。④争执标的物所在地初级法院的管辖权。第一，在急迫情形，管辖争执标的物所在地的初级法院，可以命令实施假处分，同时命令申请人在一定期间内向管辖本案诉讼的法院申请传唤对方当事人，就应否实施假处分进行言辞辩论。第二，即使在非急迫情形下，管辖船舶的船籍港或船籍地，或管辖建造中船舶的建造地的初级法院，可以发出假处分，准许在船舶登记簿或造船登记簿上就其内容的正确性登记异议；船舶的船籍港不在国内时，此项假处分由汉堡初级法院发出。第三，期间经过后而未起诉者，初级法院应依申请撤销假处分。第四、初级法院依上诉规定所作的裁判，可以不经言辞辩论为之。

2．法国

（1）扣押

法国法不仅就各类扣押保全措施设置了共同适用的程序规则，而且还设置了专门适用于某类保全措施的特别规则。

①共同规则

I.申请。申请人请求批准采取扣押保全措施必须以申请的形式提出。

II.批准。1991年7月9日法律保留了“事先应当经过法院批准”才能采取保全措施的原则，以免使扣押或担保为那些不怀好意、援引其主观想象的债权，意图损害对方利益的人所利用。与此相反，对于并没有争议的债权，法律则取消了必须经法院批准的要求。A.免于事先经过法院批准的情形。1991年7月9日法律第68条规定，当债权人处于下列情况时，如其采取某项保全措施，可免于经过法院批准：(a)债权人已经持有执行凭证；(b)债权人取得有利于自己的法院裁判，虽然其援引的这一裁判尚未产生既判力；(c)债权人持有已经承兑的汇票、期票、支票，但未得到付款。免于事先经法官批准即可对债务人的财产采取保全措施，但并不因此就取消“债权的实现面临着危险”这样一个条件。债务人保留向执行法官请求并不具备法定条件的保全措施的权利。B.事先应经法院批准。如果法官在对采取保全措施的请求进行审查以后，决定批准债权人所请求的措施，则要作出一项裁定。该项裁定应当具体说明保全措施所针对的标的、这些措施予以保证的款项的数额，以及它们所针对的财产的性质。1992年7月31日法令第212条规定，法官应当确定其批准保全措施予以保障的债权的数额，并且具体说明用以设置保全措施的财产的性质，否则法官的命令无效。同时，这一裁定的执行要通知债务人，并且此项通知即告中断债权的时效。

III.上诉。对执行法官的这一裁定可以向上诉法院提出上诉。

IV.重新审查。尽管法官已经同意暂时采取债权人所请求采取的措施，但是法官可以保留经过对审辩论，对其决定及决定的执行进行重新审查的权力。如果法官保留对其作出的决定经过对审辩论重新审查的权力，则可以确定开庭日期，但债务人可以向法官请求在较近的期日开庭。债权人应当向债务人发出传唤状，传唤状也可以在上述通知文书中写明。

V.撤销。如果根据债务人提供的各项资料并且听取债权人或者对其传唤之后发现并不具备1992年法令第210—216条所规定的各项条件，法官可以撤销已经采取的保全措施，即使债权人持有执行根据，即使并不需要法官事先批准即可实行这种措施。此外，如果债务人提供了银行不可撤销的担保，当然撤销保全措施。[①]

VI.保全措施的替代。应债务人请求并且传唤债权人或者听取债权人的意见，法官可用任何适于保护当事人利益的措施来代替原来采取的保全措施。

VII.执行。如果债权人持有执行根据，考虑采取的保全措施有可能立即实施；在债权人免于经过法院事先批准的情况下，也是如此，尽管其执行根据并未取得执行力。在

① 参见让·文森和雅克·普雷沃，上引著，第230页。

不能免于事先经法官批准的情况下，如果在批准裁定书作出后3个月后仍然未采取法官同意采取的措施，法官的批准书即告过期。1992年法令第214条对此有明确规定，如果拟采取的保全措施在命令之日起3个月期限内没有执行，法官的命令即告失效。如果有必要事先经法官批准，按照1992年法令第215条规定，债权人在保全措施实施之当时尚未取得执行根据的，应当在保全措施开始执行起一个月期限内就债权的实体提起诉讼程序，或者完成取得执行根据所必须履行的各项手续，否则保全措施即失去效力。但是如前款所指期限内提出的指令支付申请被驳回，在驳回裁定作出后一个月期限内，基层法官仍然对案件实行管辖。该法令第216条规定，如果在第三人手中实施保全措施，债权人应在8日期限内向该第三人送达用以证明其已经完成第215条所要求的各项文书。8日期间自取得各项文书之日分别计算，非如此，所采取保全措施即失去效力。[①]

②各别规定

I.一般保全扣押。1992年7月31日法令第220—243条对一般性保全扣押程序作了具体规定。

i.有形动产的保全扣押。[②]

A.扣押程序。按照该法令第221条规定，实施有形动产保全扣押，司法执达员首先要向债务人重申其有义务指明哪些财产此前已被扣押，并且有义务向执达员传达这些扣押的笔录，执达员随后制作扣押书。扣押书应当载明以下事项，否则无效：

第一，提及法官的批准书或者据以实施扣押的凭证，这些文书附于扣押书内。如果所涉及的是经公证的债务或国家、地方行政部门或其公立机构的债务，则只需写明证书的日期与性质以及债务的数额。

第二，扣押书要详细表述被扣押的财产的情况。

第三，在对债务人本人手中财产实施扣押时的记载事项。如实施扣押时债务人在场，要询问债务人此前是否对该财产实行扣押，并由债务人作出申明。扣押书还应当用极为明显的字体写明被扣押的财产为不得处分的财产，这些财产置于债务人的照管之下，既不得将其转让，也不得将其转移，否则依《刑法典》第314—316条规定处罚，但第91条第2款所指情况除外。同时，扣押书还要指明债务人有义务将此实行的扣押通知所有就同一财产实施扣押的债权人。扣押书应用极为明显的字体写明如果有关扣押有效性的条件并不具备，债务人有权向其居住地的执行法官申请撤销扣押。扣押书指明其他异议，尤其是有关扣押执行的异议，应当向哪一法院提出；指出列席扣押行动的人的姓名与资格，这些人员应当在扣押书的正本与各份副本上签字，如其拒绝签字，扣押书

① 参见让·文森和雅克·普雷沃，上引著，第226—230页。

② 以下内容参见让·文森和雅克·普雷沃，上引著，第230—237页。

应予记明；照录《刑法典》第314—316条规定以及本法令第210—219条规定；如果实施扣押当时债务人在场，执达员应口头向其重申第221条第4—5项所提及的内容；与正本有相同签字的扣押书的副本一份立即交给债务人。此项交付即等于执达员送达。而如果在实施扣押时债务人不在场，应向债务人送达扣押书副本，并规定债务人在8日期限内向司法执达员报明此前可能已经实施的扣押的情况，同时向执达员送达扣押笔录。如果没有任何可实施扣押的财产，执达员要制作没有可扣押财产的笔录。

第四，在对第三人手中财产实施保全扣押的记载事项。司法执达员如同实施动产变卖扣押一样对在第三人手中的有形动产实施保全扣押，具体程序按照1992年法令第99条与第106条规定办理。扣押书在8日之内送达债务人。扣押书还应载明以下事项，否则无效：第一，法官批准书的副本或者据以实施扣押的执行根据的副本；第二，用极为明显的字体指出如扣押有效性的条件并不具备，债务人有权向其本人住所地的执行法官请求撤销保全扣押；第三，照录第210—219条的规定。

B.扣押的效果。保全扣押发生如下效果：第一，保全扣押使被扣押的财产成为不得处分的财产，但债务人仍然享有财产的使用权。这种不得处分是全面的，不过债务人可以请求法官具体划定扣押的范围。第二，被扣押的财产的保管。被扣押的财产交由债务人保管。第三，债务人如果没有事先通知债权人，不得转移被扣押的财产，将被扣押的财产转让他人将受到刑事制裁。

C.保全扣押向动产变卖扣押的转化。动产变卖扣押是一项执行扣押。保全扣押具有临时性质，在实施保全扣押失败的情况下，债权人应当获准将保全扣押转变为执行性扣押。[①]（a）转变为动产变卖扣押的条件。提出这种请求的债权人必须持有或者在实施保全扣押之后取得其享有数额确定的可追偿之债权的执行根据。（b）转变为动产变卖扣押的程序。按照1992年法令第226条规定，已经取得确认其债权存在执行根据的债权人，应当向债务人送达转换扣押文书，转换扣押文书应当写明以下事项，否则无效：第一，提及实施保全扣押的笔录；第二，对执行根据的表述；第三，分别列出要求清偿的债务本金、费用与到期利息，并指明适用的利率；第四，催促债务人在8日期限内支付该款项的催告令，如果债务人在8日内不履行债务，被扣押的财产将予出售。转换文书得用送达判决的同一文书送达。如果是在第三人手中实施的保全扣押，转换扣押文书应当送达该第三人。自转换扣押文书的日期开始8日期限届满，司法执达员对被扣押的财产再次进行审核，对短缺或损害的财产应制作文书一份。在同一文书中，执达员应告知债务人其可在一个月期限内按照1992年法令第107—109条规定的条件自愿出售被扣押的财产。如果债务人在规定的期限内不能自愿协商出售财产，财产将予强制拍卖。而且，如

① 让·文森和雅克·普雷沃，上引著，第221页。

果受到扣押的财产不再放在原来实施扣押的场所，司法执达员指令债务人在8日期限内向其报明放置财产的场所；如果这些财产又受到动产扣押，债务人应当告知执达员实施动产扣押的执达员的姓名，或者告知为本身利益实施扣押的债权人的姓名。如债务人不予回答，债权人得请求执行法官命令提供这些情况，并规定逾期罚款。采取这些措施不影响按照隐匿受扣押之财产罪提起刑事诉讼。

ii.债权的保全扣押。[①]

1955年11月12日法律在创设一般保全扣押时只考虑到对有形动产的扣押，因而在涉及无形财产时则会发生困难。为弥补这一立法缺漏，1991年7月9日法律确立了无形财产的扣押制度，而1992年7月31日法令则对无形财产扣押程序作了具体规定。

A.扣押程序。(a)扣押书。扣押程序由司法执达员送达扣押书开始，并由执达员送达第三人。这一文书应载明以下事项，否则无效：第一，具体写明有关债务人的情况，姓名和住所，或者法人的名称与总机构所在地；第二，指明据以实施扣押的法院批准书或者执行根据；第三，分别列出实施扣押的款项的数额。扣押文书还应写明禁止第三人处分受到扣押请求的款项，并且应指出第三人有义务申报其对债务人的债务范围。(b)扣押通知。在第三人手中对债务人所享有的债权实施扣押，应当在8日内用执达员文书向债务人送达通知书。该通知书载明能够证明扣押所依据的法院事先给予的批准书，或者指明据以实施扣押的执行根据的副本，同时应指明在有异议的情况下哪一法院有管辖权。(c)受扣押申请的第三人的义务。受扣押申请的第三人应当向执达员提供扣押书中写明的要求其提供的一切情况，否则有可能要由其本人来清偿作为扣押原因的债务，即负责清偿债权人所要求清偿的债权数额，即使这一数额超过了该第三人对债务人所欠的债务数额。如果第三人有过错、懈怠或者提供不确实的情况，则可能负损害赔偿责任。原则上，受扣押申请第三人保管扣押所针对的债权，但任何有利益关系的人都可请求将此债权寄存至当事人自愿协商选择的或者法官指定的争讼物保管人之手。

B.扣押的效果。债权的扣押使被扣押的债权在法官批准的数额内成为不可处分的债权，或者如果没有必要经过法官批准即实施扣押，则在实施扣押的数额限度内，该债权不得处分。因此债权的不得处分仅仅是部分不得处分。同时债权扣押当然意味着将不得处分的款项予以寄存，债权扣押使寄存的款项归属申请扣押的债权人并且享有质权债权人的优先权。因而在各债权人之间并不存在竞合受偿。

C.转换为归属扣押。持有“确认其享有数额确定、可追偿之债权”任何债权人，都可以将保全扣押转换为归属扣押。为此目的，债权人应当向第三人送达转换扣押文书。该文书应提及原来实施的保全扣押的笔录，写明执行根据以及分别计算的应当偿还的款

① 以下内容参见让·文森和雅克·普雷沃，上引著，第237—240页。

项数额。转换扣押文书即等于将被扣押的债权在判决的数额内以及在第三人承认的款项限度内或者第三人被宣告为债务人的款项数额限度内归属申请扣押的债权人。转换扣押文书的副本送达债务人。债务人应在15天内对此提出异议。在没有提出异议的情况下，第三人即可进行支付。

II.特别保全扣押①

i.股权和有价证券的保全扣押

A.扣押程序。(a）扣押书。债权人通过向1992年法令第178—181条所指的人送达扣押文书实施扣押。该扣押文书应载明以下事项，否则无效：第一，债务人的姓名和住所，或者法人的名称和总机构所在地；第二，据以实施保全扣押的法官的批准书或者执行根据；第三，分别列出债务人所欠的款项的数额；第四，指出实施扣押即告与债务人持有的公司股份和有价证券相关的金钱权利为不得处分的权利；第五，催告当事人报明此前是否已经实施动产抵押或扣押。(b）扣押书的送达。制作扣押书的司法执达员应当将此文书送达发行有价证券的法人，或者送达对以债务人名义登记的所有有价证券享有资格的中间人。(c）扣押通知书。在实施扣押后的8日期限内，应通过执达员将实施保全扣押的事由通知债务人，否则保全扣押失去效力。经司法执达员送达的扣押通知书应当记明以下事项，否则无效：第一，法官批准实施保全扣押的批准书的副本一份，或者据以实施扣押的执行根据的副本一份。但是如果涉及的是经公证的债务，或者是国家、地方行政部门以及其公共机构的债务，则仅需写明证书的日期与性质以及债务的数额。第二，扣押通知书还应当包括扣押笔录的副本一份。第三，用极为明显的字体指出如果不具备扣押有效性的条件，债务人有权向其本人住所地的执行法官请求撤销扣押。第四，指出应向哪一法院提出其他争议，尤其是有关扣押程序的争议。第五，通知书应照录1992年7月31日法令第210—219条有关保全措施有效性的规定。B.扣押效果。对公司股权或有价证券实施保全扣押，使债务人所享有的金钱权利成为不得处分的权利，但如果债务人寄存足够的款项以满足债权人的利益要求，即可请求撤销扣押。C.转换为动产变卖扣押。将股权和有价证券的特别保全扣押转换为动产变卖扣押的前提条件是，债权人已经持有确认其债权存在的执行根据。在此情况下，债权人应通过司法执达员向债务人送达转换扣押文书。依据1992年法令第247条规定，持有确认其债权存在的执行根据的债权人，向债务人送达转换扣押文书。转换扣押文书应载明以下事项，否则无效：第一，提及实施保全扣押的笔录；第二，对执行根据作出表述；第三，分别列出要求清偿的款项、费用和到期利息的数额以及适用的利率；第四，要求支付这些款项的催告令，并向债务人告明，如果其不支付款项，被扣押的股权和有价证券将予拍卖；第五，用极为明

① 以下内容参见让·文森和雅克·普雷沃，上引著，第240—246页。

显的字体指出债务人享有一个月的期限，如果其同意，可以按照第187条规定的条件自愿出售被扣押的有价证券（公开上市公司的证券），如果所涉及的是股东权益或没有公开挂牌上市的有价证券，则依照第107—109条规定的条件自愿出售；第六，如果被扣押的是公开挂牌上市的证券，转换扣押文书则应指出债务人在受到强制拍卖这些证券的情况下，直至拍卖变现为止，可向受扣押申请的第三人下达出售这些证券的命令。第七，照录第107—109条及第187条的规定。转换文书的副本应送达受扣押申请的第三人。如果有必要进行强制拍卖，应按照第187—193条对有价证券与股权拍卖所确定的方式进行。

ii.对存放在银行保险柜中的财产的保全扣押

A.扣押程序。（a）扣押书。该扣押书是一种执达员文书，应遵守与“存放在银行保险柜的财产变卖扣押”相同的条件。1992年7月31日法令第278条规定，对寄存在保险柜的财产实施保全扣押适用第210—219条及第266—267条的规定。（b）扣押通知书。扣押书应在实施扣押之日后第一个工作日送达债务人。此项送达文书应载明以下事项，否则无效：第一，据以实施扣押的法官批准书或者执行根据。这些文件应附于扣押书，但如果涉及的是经过公证的债务，或者是国家、地方行政部门以及其公共机构的债务，则仅需写明执行根据的日期与性质以及债务的数额。第二，扣押通知书应指出禁止债务人开启保险柜，但如果依债务人提出的请求在执达员当面开启时，不在此限。第三，用明显的字体写明，如果不具备扣押有效性的条件，债务人有权向其本人住所地的执行法官请求撤销扣押。第四，扣押通知书应照录第210—219条有关保全措施有效性的规定。（c）被扣押财产的变现。当债权人取得执行根据时，则可请求变卖被扣押的财产，或者请求将这些财产交给提出请求的人。如果财产已经从保险柜中取出，而且执行根据确认债权的存在，则将保全扣押转变为动产变卖扣押。如果执行根据规定将被扣押的财产交付或返还，则依第163条规定办理。如果保险柜尚未开启，依债权人所追求的目标不同，适用第268—274条规定实行动产变卖扣押，或者按照第275—277条规定实行财产转移扣押。

iii.航空器的保全扣押

《民用航空法典》第123—8条第1款将行商财产扣押的规则转用于此，准许任何债权人经过航空器降落地的法官的批准，对符合条件的航空器实施保全扣押。航空器所有人可以提供与要求偿还的债权数额相等的担保，以获准撤销对航空器的扣押（《民用航空法典》第123—9条第2款）。但1987年6月19日法律又极大地限制了对航空器实施扣押的可能性。因为这项法律规定，“……用于国务与公务的法国或外国航空器，只有在债权是因其所有人为取得这些航空器或者与航空器的经营有关的培训和维护合同而拖欠的款项时，才能作为实施保全扣押的标的”（《民用航空法典》第123—2条）。

（2）禁令或暂时阻止令。

法国新民事诉讼法典第484—492条就禁令或暂时阻止令程序作了一般性规定，而第808—811条则特别适用于大程序法院，第872—878条特别适用于商事法院。上述规定区分了单方面程序和对立辩论程序。[①]

①申请。当事人以申请书方式请求法院颁布禁令，申请书应附有所有的支持文件。在提呈法官时，通常对案情进行简短的言词陈述。申请书还含有空白的命令以供法官签署。[②]在对立辩论程序中，法官应当保证在当事人传唤与开庭之间有足够的时间，以便受到传唤的另一方当事人能够准备辩护（新民诉法典第486条）。对于当事人的申请，如因案情要求应当迅速处理，紧急审理法官可以允许经当事人传唤，在指定的时间，甚至在节日或假日或者停工休息日开庭，或者在其可以处理案件的场所，作出紧急审理。紧急审理法官也可以将其受理的紧急审理案件移送本法院的合议庭，并在其确定的期日开庭审理。在单方面程序中，法官不经传唤对方当事人，不经对立辩论即可作出决定（新民诉法典第493条）。依申请作出的裁定应当说明理由。

②上诉和异议。在对立辩论程序中，对法官作出的裁定，得向上诉法院提起上诉，但如此项裁定系由上诉法院第一院长作出，或者依诉讼请求数额或标的，此项裁判是终审裁判时，得提起上诉，而对缺席作出的终审裁定，得提起异议。提起上诉和异议的期限为15日（新民诉法典第490条）。在单方面程序中，如法官认为申请不成立，对此可以向上诉法院提出上诉。但如裁定系由上诉法院第一院长作出，不在此限。上诉期限为15日。上诉按非诉讼案件提出、审理与裁判（新民诉法典第496条）。在单方面程序中，法国法还规定了一项特殊的救济制度，即如法官认为申请成立，任何利害关系人均可就此向作出裁定的法官提出紧急审理申请（新民诉法典第496条第4款），申请适用对立辩论程序。[③]

③执行。经单方面程序作出的裁定或由司法执达员应申请人请求执行，或由申请人律师执行。而经对立辩论程序作出的裁定，则通过向被告送达裁定副本，并要求其遵守的方式予以执行。[④]

3. 日本

日本《民事保全法》对假扣押和假处分程序作了统一规定。

（1）申请

民事保全的命令，根据申请由法院作出。申请人申请保全命令，应明确其目的、应保全的权利或权利关系以及保全的必要性；对于应保全的权利或权利关系及保全的必要

① 参见沈达明，上引著，第566，569页。See L.Collins, op.cit., p.24.

② See Axel Bosch, op.cit., p.265.

③ See Axel Bosch, op.cit., p.270.

④ See Axel Bosch, op.cit., pp.267–270.

性，应予以释明。[①]

（2）裁判

有关民事保全程序的裁判，可不经过口头辩论。但对于确定临时地位的假处分命令，如果未经过口头辩论或债务人能参加的审问期日，不得发出。但如经过该期日而有无法达到申请假处分命令的目的的情况，不在此限。[②]

发出保全命令，可使人提供担保，或者可以在认为一定的适当期间内以提供担保作为实施保全执行的条件，或者可以不使人提供担保。在根据《民事保全法》规定提供担保时，应当向作出应提供担保命令的法院或管辖保全执行法院所在地的地方法院管辖区内的提存所，以金钱或作为应提供担保命令的法院认为适当的有价证券提存的方法或者以最高法院规则所规定的方法提供。但当事人之间缔结特别合同的，依该合同。[③]在提供担保的情况下，如果提存所迅速地提存有困难的理由，经法院许可，可向管辖债权人的住所地或事务所所在地或者法院认为合适的地方法院的管辖区域内的提存所提存。[④]

保全命令，仅限于紧急情况下，审判长可以发出。对于保全命令的申请作出裁定，应附上理由。但在不经过口头辩论作出裁定的情况下，只表示理由的要点即可。保全命令，应当向当事人送达。[⑤]

（3）撤回

申请人可以撤回保全申请。撤回保全命令的申请，即使在提出保权异议或撤销保全的申请之后，也不必经过债务人同意。

（4）债权人的抗告

对于驳回保全命令申请的裁判，债权人在接到告知之日起两周不变期间内，可以提出即时抗告；对于驳回即时抗告的裁判，不得再度提起抗告。[⑥]而对于撤销保全命令的裁定提出保全抗告时，限于原裁定作为撤销原因的情况明确并且对于因撤销该命令而可能产生不能补偿的损失进行释明的。抗告法院根据申请，使其提供担保或以提供担保作为条件，在对保全抗告作出裁判之前的期间，可命令停止撤销保全命令裁判的效力。[⑦]

（5）债务人的保全异议、撤回、撤销和抗告

①保全异议。债务人对于保全命令，可以向作出该命令的法院提出保全异议的申请（《民事保全法》第26条）。《民事保全法》第26条第1款规定，当提出保全异议申请时，

① 《日本民事保全法》第2条第1款，第13条。
② 《日本民事保全法》第3条，第23条第4款。
③ 《日本民事保全法》第14条第1款，第4条第1款。
④ 《日本民事保全法》第14条第2款。
⑤ 《日本民事保全法》第15—17条。
⑥ 《日本民事保全法》第19条。
⑦ 《日本民事保全法》第42条。

对于作为撤销保全处分原因的情况很明确或释明由于保全执行而有可能产生无法补偿的损失时，法院根据申请，可使其提供担保或以提供担保作为条件，在对保全异议的申请作出裁判之前的期间内，可以命令停止保全执行或撤销已经进行的执行处分。同条第2款规定，在抗告法院已发出保全命令的情况下，如果案件记录保存在原审法院，该法院也可以作出本条前款所规定的裁判。同条第3款规定，在保全异议申请的裁定中，法院应当作出撤销、变更或认可根据本条第1款规定已经作出的裁判。第4款规定，对于根据本条第1款及第3款规定作出的裁判，不得提出不服声明。

对于保全异议的审理，《民事保全法》第29条和第31条规定，法院不经过口头辩论或双方当事人参加的审问期日，不得对保全异议的申请作出裁定。法院要终了审理，应当多留出适当的期间指定终了审理的日期。但经过口头辩论或双方当事人参加审问的期日，可以立即宣告终了审理。对于保全异议申请的裁定，《民事保全法》第32条第1款规定，法院对于保全异议作出的裁定中，应当认可变更或撤销保全命令。同条第2款规定，在本条前款规定的裁定中，法院可规定在认为适当的一定期间内使债权人提供担保或者规定在增加本法第14条第1款所规定的担保金额，并在认为适当的一定期间内以债权人对所增加的金额提供担保作为实行或继续实行保全执行的条件。同条第3款规定，在撤销本条第1款所规定的保全命令的裁定中，法院可以债务人提供担保作为条件。第33条规定，基于假处分的命令，如果债权人已经接受交付或腾出的物或支付的金钱，或者正在使用或保管物，法院根据债务人的申请，可对债权人作出返还债务人所支付或腾出的物，返还债务人所支付的金钱，或者返还债权人所使用和保管的物的命令。法院在根据本法第32条第1款的规定作出的撤销保全命令的裁定中，自收到该裁定的送达之日起不超过两周的期间范围内，可宣告如果不经过认为适当的一定期间，则不产生该裁定的效力。

②保全异议的撤回。债务人撤回保全异议的申请，不必经过债权人的同意（《民事保全法》第35条）。

③撤销保全。根据《民事保全法》，撤销保全有以下三种情况：I.不提起本案之诉而撤销保全。《民事保全法》第37条第1款规定，发出保全命令的法院，根据债务人的申请，应当对于债权人在认为适当的一定期间内提起本案之诉的同时，提出证明提起该诉讼的文书，或者已经提起本案之诉的，命令提出证明该案件正在系属的文书。同条第3款规定，如果债权人在本条第1款所规定的期间内不提出该款所规定的文书，法院根据债务人的申请，应当撤销保全命令。II.因变更情况而撤销保全。《民事保全法》第37条第1款规定，应保全的权利或权利关系或者保全必要性的消失及其他的情况变更时，发出保全命令的法院或本案的法院，根据债务人的申请，可以撤销保全命令。同条第2款规定，对于本条前款规定的变更情况，应予以释明。III.根据特殊情况而撤销保全。

《民事保全法》第39条第1款规定，由于假处分命令而产生不能补偿的损失之虞时或有其他的特殊情况时，发出假处分命令的法院或本案法院，根据债务人的申请，以其提供担保为条件，可以撤销假处分命令。同条第2款规定，对于本条前款的特殊情况，应予以释明。

④保全抗告。对于保全异议或撤销保全的申请作出的裁判，从收到送达之日起两周不变期间内，可提出保全抗告。但对于抗告法院对保全命令的保全异议申请作出的裁判，不在此限。原审法院受到保全抗告时，对保全抗告有无理由不作判断，应将案件交付给抗告法院。对于保全抗告作出的裁判，不得再度提出抗告。[①]

（6）保全执行

《民事保全法》一方面设置了假扣押和假处分执行所共同适用的一般程序规则，另一方面又针对假扣押和假处分分别设置了不同的执行规则。

①一般规则。《民事保全法》第43条第1款规定，保全执行，应基于保全命令的正本实施。但是对于保全命令所表示的当事人以外的人或为该人而进行的保全执行，应基于付与执行签证的保全命令的正本实施。保全执行，从向债权人送达保全命令之日起经过两周后，不得实施。保全执行，在向债务人送达保全命令之前，也可以实施。该法第44条第1款规定，根据本法第32条第2款的规定，以提供担保作为继续实施保全执行条件作出裁判的，债权人应当在本法第32条第2款规定的提供担保期间最后一日起一周之内，向保全执行法院或执行官提出证明其在第32条第2款所规定的期间内提供担保的文书。同条第2款规定，在债权人不提出本条前款所规定的文书的情况下，如果债务人提出本条前款的裁判正文，保全执行法院或执行官，应当撤销已经实施的执行处分。

②假扣押的执行。I.对船舶假扣押的执行。对于船舶假扣押的执行，以假扣押登记的方法或命令执行官没收证明船舶国籍的文书及其他的船舶航行所必要的文书并应向保全执行法院提出的方法执行。这些方法，可以并用。以假扣押登记的方法执行假扣押，由发出假扣押命令的法院管辖；以没收船舶国籍证书等的命令方法执行假扣押，由管辖船舶所在地的地方法院作为保全执行法院管辖。[②]II.对于动产假扣押的执行。对于动产假扣押的执行，由执行官以占有标的物的方法进行。执行官应当提存有关假扣押执行的金钱。对于假扣押执行有关的票据、支票及其他的以支付金钱为目的的有价证券，在为其权利行使而规定的期限内接受或为支付而出示或者要求支付请求的，执行官接受支付的金钱，亦同。有关执行假扣押的动产有产生显著降低价格之虞时，或者为保管该物而需要付出不适当的费用时，执行官根据民事执行法所规定的动产执行的拍卖，应将该

① 《日本民事保全法》第41条。

② 《日本民事保全法》第48条。

物出售并将其所得提存。[①]III.对于债权及其他财产权的执行。《民事保全法》第50条第1款规定，对于民事执行法第143条所规定的债权假扣押的执行，保全法院以发出禁止第三债务人向债务人偿还的命令进行。同条第2款规定，对于本条前款规定的假扣押执行，由发出命令的法院作为保全执行法院进行管辖。第3款规定，第三债务人提存与以支付金钱为目的的债权金额相当的金钱时，视为债务人提存与本法第22条第1款所规定的金额相当的金钱。但超过该金额的部分，不在此限。第4款规定，本条第1款和第2款的规定，准用于对其他财产权的假扣押执行。

③假处分的执行。《民事保全法》第52条规定，对于假处分的执行，除本节的规定外，依照假扣押的执行或强制执行的规定。对于命令给付物及其它作为或不作为的假处分执行，将假处分的命令视为债务名义。为保全有关不动产权利以外的权利的登记或登录请求权而作出的禁止处分的假处分执行，《民事保全法》第54条规定，为保全不动产权利以外的权利的请求登记的权利而作出的禁止处分的假处分执行，以登记禁止假处分的方法进行；为保全对于不动产权利以外的权利的保存、设定或变更的登记请求权而作出的禁止处分的假处分执行，在按照上述规定进行禁止处分的登记的同时，以依照假处分假登记的方法进行。

（三）1999年国际扣船公约

1999年《国际扣船公约》在维持扣船程序适用扣押地国法律这一传统做法的同时，就扣船程序中诸如被扣船舶的释放、再扣押和多重扣押、被扣船舶所有人和光船租赁人的保护等一些重要问题作了统一规定。

1.基本规则

《国际扣船公约》将扣押实施地国国内程序法对扣船程序的适用作为一项基本原则。其第2条第4款规定，在受本公约规定约束的情况下，有关船舶扣押或释放程序应受扣押实施地或申请地国法律支配。

2. 被扣船舶的释放

《国际扣船公约》第4条第1款规定，当以适当的方式提供充分担保时，被扣船舶应予以释放，但就本公约第1条第1款第（s）—（t）项所指的海事请求而扣押船舶的情况除外。在这种情况下，法院可许可占有船舶的人在其提供充分担保时继续运营船舶，或可以其他方式处理船舶在扣押期间的经营问题。同条第2款规定，在缺乏当事人之间有关担保的数量和形式协议时，法院应确定担保的性质及不超过被扣船舶价值的担保数量。同条第3款规定，基于所提供的担保而要求释放船舶的任何请求不应被解释为对责任的承认，也不应解释为放弃任何抗辩或责任限制的任何权利。同条第4款规定，如果

① 《日本民事保全法》第49条。

船舶在非公约当事国被扣，并且虽在一当事国就相同请求而提供有关该船舶的担保，但船舶未予释放，该当事国法院应根据申请而命令释放担保。同条第5款规定，如果船舶在非公约当事国基于就该船舶所提供的适当担保而被释放，就相同请求而在一公约当事国所提供的任何担保应在两个国家所提供的担保总数额超过针对被扣船舶的请求或者船舶价值（以低者为准）的限度内予以释放。然而除非在非公约当事国所提供的担保能为请求人所实际获得，并且能够自由转移，否则不应命令释放担保。同条第6款规定，根据本条第1款规定而提供担保时，提供该担保的人可在任何时候请求法院减少、变更或取消该担保。

3．船舶的再扣押（rearrest）和多重扣押（multiple arrest）

再扣押概念始见于《1985年扣船公约草案》，其是指基于同一海事请求两次或多次扣押同一船舶，或者被申请人所有的或光租的其他船舶。其特点是扣船所依据的海事请求相同；所扣押的船舶相同。当然“相同”并不单指同一船舶，还包括被申请人所有的光租的其他船舶。再扣押船舶，原则上是禁止的，但也存在一些例外。而多重扣押是指基于不同的海事请求两次或多次扣押船舶。其与再扣押的区别在于扣船所依据的海事请求是否相同。基于同一海事请求多次扣押同一船舶或同属被申请人所有的其他船舶，是再扣押；而基于不同的海事请求多次扣押同一船舶则为多重扣押。理论上，各个不同的海事请求是相对独立的，只要符合扣押船舶的条件，不同的申请人基于各自不同的海事请求都可以申请扣押船舶，即使各个申请都是针对同一船舶。多重扣押的情况在实践中已不属罕见。《国际扣船公约》仅就再扣押作了规定，该公约所称的多重扣押并不是严格意义上的多重扣押，而实际上是多次再扣押，属于再扣押的范畴。[①]《国际扣船公约》第5条第1款规定，当船舶在任何公约当事国业已被扣押并予以释放，或为担保海事请求而业已就该船舶提供担保时，该船舶此后不应就相同海事请求而被再次扣押或扣押，除非：(a）在累计担保总额不超过船舶价值的前提下而就相同请求而业以提供的有关该船舶的担保的性质或数量不充分；或（b）业已提供担保的人未能或不可能履行其一些或所有债务；或（c）被扣押的船舶或以前所提供的担保由于请求权人基于合理的根据而申请或同意，或请求权人未能采取合理的措施阻止释放而被释放。同条第2款规定，就相同海事请求而可被扣押的任何其他船舶应予以释放，除非：(a）就相同海事请求而业已提供的担保的性质或数量不充分；或（b）符合第1款第（b）—（c）项情况。[②]

4. 被扣船舶所有人和光船租赁人的保护

《国际扣船公约》第6条第1款规定，作为扣押船舶或维持业已实施的扣押之条件，

① 参见金正佳、翁子明，上引著，第111—113页。

② “Release” for the purpose of this article shall not include any unlawful release or escape from arrest.

法院可课予寻求扣押或已获得扣船措施的请求权人根据法院所确定的条件提供担保的义务，以赔偿被告可能由于船舶扣押所遭受且请求权人可能对此负有责任的任何损失，此种损失包括但不应限于由于错误或不当扣船，或者被要求提供或提供过量的担保而使被告可能遭受的损失；同条第2款规定，扣押实施地国法院应有权力确定请求权人对由于扣船所致损失或损害，包括但不限于由于错误或不当扣船，或者被要求提供或提供过量的担保而使被告可能遭受的损失或损害之责任的限度。第3款规定，本条第2款所指的请求权人责任应根据扣船实施地国法律予以确定。第4款规定，如果一当事国法院或仲裁庭根据公约第7条规定裁判案件实质问题，有关本条第2款的请求权人责任的诉讼在案件实质问题裁判作出之前应予中止。第5款规定，在根据本条第1款业已提供担保的情况下，提供该担保的人可在任何时候请求法院减少、变更或取消该担保。

（四）我国的临时性保全措施申请、实施与撤销程序

1．海事请求保全

（1）申请

海事请求人申请海事请求保全，应当向海事法院提交书面申请。申请书应当载明海事请求事项、保全的标的物以及要求提供担保的数额，并附有关证据。海事请求人申请扣押当事船舶，不能立即查明被请求人名称的，不影响申请的提出。海事请求人不得因同一海事请求申请扣押已被扣押过的船舶，除非被请求人未提供充分的担保，或者担保人有可能不能全部或者部分履行担保义务，或者海事请求人因合理的原因同意释放被扣押的船舶或者返还已提供的担保，或者不能通过合理措施阻止释放被扣押的船舶或者返还已提供的担保。海事请求人申请扣押船载货物、船用燃油，以及船用物料的价值，应当与其债权数额相当，但船载货物为不可分割的财产除外。海事法院受理海事请求保全申请，可责令海事请求人提供担保。海事请求人不提供担保的，驳回其申请。①

（2）裁定

海事法院接受申请后，应当在48小时内作出裁定。裁定采取海事请求保全措施的，

① 《中华人民共和国海事特别程序法》第15—16，24，45，50，25条。对于扣船担保问题，杨良宜先生对此提出质疑：第一，扣船要反担保，是否在各方面都能兼顾公平合理？第二，对中国而言，扣船去增加困难会吓怕原告，不敢在中国港口扣船。这进一步影响律师、海事法院等的生意与磨练学习机会。尤其是其他会竞争的国家（主要是英美法系国家或地区）不是这样做，而南非、法国等国家更是努力在放松。第三，对原告，特别是中国原告而言，面对欠债的外轮，其是否有能力在很短时间内提供反担保。提供不了担保，扣不了船，眼看外轮开航，心知道索赔完蛋，因为不可能去外国诉人，而外轮再来中国的可能性，可允许去执行中国法院判决，是微乎其微。第四，反担保以何种方式提供、金额多少等也会带来许多做法上的不稳定。第五，这方面的讨价还价也会令被扣的船舶延长被扣时间，对原告和被告都不是好事。参见杨良宜：《海事法》，第70—72页。

应当立即执行；对不符合海事请求保全条件的，裁定驳回其申请。[1]

（3）复议与异议

当事人对海事法院作出的驳回其海事请求保全措施申请的裁定不服的，可在收到裁定书之日起5日内申请复议一次。海事法院应当在收到复议申请之日起5日内作出复议决定。复议期间不停止裁定的执行。利害关系人对海事请求保全提出异议，海事法院经审查，认为理由成立的，应当解除对其财产的保全。认为理由不成立的，应当书面通知利害关系人。[2]

（4）解除或失效

根据《海事特别程序法》规定，海事请求保全措施应基于以下原因而被解除：第一，被请求人提供担保，或者当事人有正当理由申请解除海事请求保全的，海事法院应当及时解除保全；第二，海事请求人在本法规定的期间内，未提起诉讼或者未按照仲裁协议申请仲裁的，海事法院应当及时解除保全或者返还担保。第三，申请人为申请扣押船舶提供限额担保，在扣押船舶期限届满时，未按照海事法院的通知追加担保的，海事法院可以解除扣押。[3]

最高人民法院《关于适用<中华人民共和国海事诉讼特别程序法>若干问题的解释》第27条规定，海事诉讼特别程序法第十八条第二款、第七十四条规定的提供给海事请求人的担保，除被请求人和海事请求人有约定的外，海事请求人应当返还；海事请求人不返还担保的，该担保至海事请求保全期间届满之次日失效。

（5）海事请求保全措施的执行

①船舶、船载货物、船用燃油及船用物料的扣押。海事法院在发布或者解除扣押船舶命令的同时，可向有关部门发出协助执行通知书，通知书应当载明协助执行的范围和内容，有关部门有义务协助执行。海事法院认为必要，可以直接派员登轮监护。根据最高法院1994年《关于执行领事条约中对派遣国船舶实行强制措施时保护条款的通知》，执行扣押船舶的海事法院必须在发布扣船命令的同时，书面通知船籍国驻中国使、领馆。在扣押船舶时，因情况紧急未能在发布扣船命令的同时通知的，应在扣押船舶后立即通知。如该国使、领官员请求提供扣船的全部情况的，海事法院应当迅速提供。通知送达的程序是，海事法院将通知报送其所在地的高级法院审查后，送外交部领事司，再

① 《中华人民共和国海事特别程序法》第17条第1款。

② 《中华人民共和国海事特别程序法》第17条第2—3款。《最高人民法院关于适用<中华人民共和国海事诉讼特别程序法>若干问题的解释》第22条。

③ 《中华人民共和国海事特别程序法》第18条。《最高人民法院关于适用<中华人民共和国海事诉讼特别程序法>若干问题的解释》第25条第1款，第26条。

由领事司转给被通知的船舶派遣国驻中国的使、领馆。①

海事请求保全扣押船舶的期限为30日，海事请求人在30日内提起诉讼或者申请仲裁以及在诉讼或者仲裁过程中申请扣押船舶的，扣押船舶不受这一规定期限的限制；而海事请求保全扣押船载货物、船用燃油或物料的期限为15日，海事请求人在15日内提起诉讼或者申请仲裁以及在诉讼或者仲裁过程中申请扣押船载货物、船用燃油或物料的，则不受这一规定期限的限制。②海事法院裁定对船舶实施保全后，经海事请求人同意，可以采取限制船舶处分或者抵押等方式允许该船舶继续营运，而准许已经实施保全的船舶继续营运的，一般仅限于航行于国内航线上的船舶完成本航次。③

②船舶、船载货物、船用燃油及船用物料的拍卖。船舶扣押期间届满，被请求人不提供担保，而且船舶不宜继续扣押的，海事请求人可在提起诉讼或者申请仲裁后，向扣押船舶的海事法院申请拍卖船舶；不申请拍卖被扣押船舶的，海事法院可以根据被申请人的申请拍卖船舶。拍卖所得价款由海事法院提存。船载货物、船用燃油或船用物料扣押期间届满，被请求人不提供担保，而且扣押物不宜继续扣押的，海事请求人可在提起诉讼或者申请仲裁后，向扣押船载货物、船用燃油或船用物料的海事法院申请，对无法保管、不易保管或者保管费用可能超过其价值的物品，海事请求人可申请提前拍卖。④海事法院在收到拍卖船舶的申请后，应当进行审查，作出准予或者不准予拍卖船舶的裁定；而对于拍卖船载货物、船用燃油或船用物料的申请，海事法院应在7日内作出准予或者不准予拍卖的裁定。当事人对裁定不服的，可在收到裁定书之日起5日内申请复议一次，海事法院应当在收到复议申请之日起5日内作出复议决定。复议期间停止裁定的执行。⑤

海事法院裁定拍卖船舶，应当通过报纸或者其他新闻媒体连续公告三日。公告应包括被拍卖船舶的名称和国籍、拍卖船舶的理由和依据、拍卖船舶委员会的组成、拍卖船舶的时间和地点、被拍卖船舶的展示时间和地点、参加竞买应当办理的手续、办理债权登记手续及需要公告的其他事项。拍卖船舶的公告期间不少于30日。⑥

海事请求人提交拍卖船舶申请后，又申请终止拍卖的，是否准许由海事法院裁定。

---

① 参见邢海宝，上引著，第215条。

② 《中华人民共和国海事特别程序法》第26，30，46条。

③ 《中华人民共和国海事特别程序法》第27条。《最高人民法院关于适用<中华人民共和国海事诉讼特别程序法>若干问题的解释》第29条。

④ 《中华人民共和国海事特别程序法》第29，47条。《最高人民法院关于适用<中华人民共和国海事诉讼特别程序法>若干问题的解释》第30条。

⑤ 《中华人民共和国海事特别程序法》第30，48条。

⑥ 《中华人民共和国海事特别程序法》第32条。《最高人民法院关于适用<中华人民共和国海事诉讼特别程序法>若干问题的解释》第31条。

海事法院裁定终止拍卖船舶的，为准备拍卖船舶所发生的费用由海事请求人承担；利害关系人请求终止拍卖被扣押船舶的，是否准许，海事法院应当作出裁定；海事法院裁定终止拍卖船舶的，为准备拍卖船舶所发生的费用由利害关系人承担。拍卖船舶申请人或者利害关系人申请终止拍卖船舶的，应当在公告确定的拍卖船舶日期届满七日前提出。[①]

海事请求人和被请求人应当按照海事法院的要求提供已知的船舶优先权人、抵押权人和船舶所有人的有关确切情况。海事法院应当在拍卖船舶30日前向被拍卖船舶登记国的登记机关和已知的船舶优先权人、抵押权人和船舶所有人发出通知。通知内容包括被拍卖船舶的名称、拍卖船舶的时间和地点、拍卖船舶的理由和依据以及债权登记情况等。通知方式包括书面方式和能够确认收悉的其他适当方式。[②]

拍卖船舶由拍卖船舶委员会实施，拍卖船舶委员会由海事法院指定的本院执行人员和聘请拍卖师、验船师3人或者5人组成。拍卖船舶委员会组织对船舶鉴定、估价；组织和主持拍卖；与竞买人鉴定拍卖成交确认书；办理船舶移交手续。拍卖委员会对海事法院负责，受海事法院监督。而拍卖船载货物、船用燃油或船用物料由海事法院指定的本院执行人员和聘请的拍卖师组成的拍卖组织实施，或者由海事法院委托的机构实施。[③]

竞买人应当在规定的期限内向拍卖船舶委员会登记。登记时应当交验本人、企业法定代表人或者其他组织负责人身份证明和委托代理人的授权委托书，并交纳一定数额的买船保证金。拍卖船舶委员会应当在拍卖船舶前展示被拍卖的船舶，并提供查看被拍卖船舶的条件和有关资料。买受人在签署拍卖成交确认书后，应当立即交付不低于20%的船舶价款，其余价款在成交之日起7日内付清，但拍卖船舶委员会与买受人另有约定的除外。买受人付清全部价款后，原船舶所有人应当在指定的期限内于船舶停泊地以船舶现状[④]向买受人移交船舶。拍卖船舶委员会组织和监督船舶的移交，并在船舶移交后与买受人签署船舶移交完毕确认书。拍卖的船舶移交后，海事法院应当及时通知相关的船舶登记机关，发布解除扣押船舶命令，通过报纸或者其他新闻媒体发布公告，公布船舶已经公开拍卖并移交给买受人。买受人接收船舶后，应当持拍卖成交确认书和有关资

---

① 《中华人民共和国海事特别程序法》第31条。《最高人民法院关于适用<中华人民共和国海事诉讼特别程序法>若干问题的解释》第32—33条。

② 《中华人民共和国海事特别程序法》第33条。《最高人民法院关于适用<中华人民共和国海事诉讼特别程序法>若干问题的解释》第34条。

③ 《中华人民共和国海事特别程序法》第35，49条。

④ 《最高人民法院关于适用<中华人民共和国海事诉讼特别程序法>若干问题的解释》第35条规定，船舶现状指船舶展示时的状况。船舶交接时的状况与船舶展示时的状况经评估确有明显差别的，船舶价款应当作适当的扣减，但属于正常损耗或者消耗的燃油不在此限。

料，向船舶登记机关办理船舶所有权登记手续。原船舶所有人应当向原船舶登记机关办理船舶所有权注销登记。原船舶所有人不办理船舶所有权注销登记的，不影响船舶所有权的转移。①

2．涉外海事财产保全②

（1）申请。涉外财产保全只能以当事人或利害关系人的申请进行，法院不依职权主动采取。申请原则上应当采取书面形式，申请书中写明请求保全财物的名称、数量或价值，财物所在的地点，需要保全的原因等。但对于采用书面形式确有困难的，由法院记录笔录。③

利害关系人申请诉前财产保全的，应当提供担保；对于诉讼中的财产保全，法院要求当事人提供担保的，当事人也必须提供担保。申请人提供担保的价值应相当于请求保全的数额。

（2）裁定。为防止财产保全被滥用，法院应审查申请人的申请是否符合法定条件，对符合法定条件的，作出采取保全措施的裁定，而不符合条件的，应当裁定驳回。审查应当在法律规定的期限内完成：对诉前保全和情况紧急的诉讼保全申请，法院应当在48小时内完成审查并作出裁定，对情况不紧急的，应当在一个合理的时间内完成。④

（3）复议。根据民诉法第99条规定，当事人对财产保全裁定不服的，可以申请复议一次，但复议期间不停止裁定的执行。对当事人的复议申请，法院应及时审查，裁定正确的，通知驳回当事人的申请，裁定不当的，应当作出新的裁定以变更或撤销原裁定。

（4）解除。根据民诉法规定，财产保全可基于以下原因而被解除：第一，申请人在法院裁定准许诉前保全后的30日内未提起诉讼的，法院应当解除财产保全；第二，被申请人在法院裁定准许财产保全后提供担保的，应当解除财产保全。解除保全的命令由执行员执行。

（5）执行。法院一旦裁定采取财产保全，就应当立即开始执行。执行可由承办案件的法官执行，也可由执行员执行。诉讼中的财产保全裁定的效力一般应维持到生效的法律文书执行时止。但财产保全限于请求的范围，或者与本案有关的财物。对抵押物、留置物可采取财产保全措施，但抵押权人、留置权人有优先受偿权。财产已被查封、冻结的，不得重复冻结、查封。

---

① 《中华人民共和国海事特别程序法》第35—40条。《最高人民法院关于适用<中华人民共和国海事诉讼特别程序法>若干问题的解释》第37条。

② 《最高人民法院关于适用<中华人民共和国海事诉讼特别程序法>若干问题的解释》第18条规定，海事诉讼特别程序法第十二条规定的被请求人的财产包括船舶、船载货物、船用燃油以及船用物料。对其他财产的海事请求保全适用民事诉讼法有关财产保全的规定。

③ 参见江伟主编：《民事诉讼法学原理》，中国人民大学出版社1999年版，第552，946页。

④ 参见江伟，上引著，第553页。

财产保全采取查封、扣押、冻结或者法律规定的其他方式。法院冻结财产后，应当立即通知被冻结财产的人。法院决定保全的财产需要监督的，应当通知有关单位负责监督，费用由被申请人承担。具体言之，（a）法院对季节性商品、鲜活、易腐烂变质以及其他不宜长期保存的物品采取保全措施时，可责令当事人及时处理；由法院保存价款，必要时，法院可予以变卖，保存价款。（b）对不动产或特定的动产进行财产保全的，可采用扣押有关财产权证照并通知有关财权登记部门不予办理该项财产的转移手续的财产保全措施，必要时可以查封或扣押该项财产。（c）对于债务人到期应得的收益采取财产保全措施的，限制其支出，通知有关单位协助执行。（d）债务人的财产不能满足保全请求，但对第三人有到期债权的，法院可依债权人的申请裁定该第三人不得对本案债务人清偿，该第三人要求偿付的，由法院提存财物或价款。①

3．海事强制令

（1）申请。当事人在起诉前申请海事强制令，应当向海事争议发生地海事法院提出，起诉后申请海事强制令的，一般应向受理案件实质问题的法院申请。但在仲裁前后申请海事强制令的，申请人应如何提出申请及向哪个法院提出，《海事特别程序法》未作规定。鉴于海事强制令实质上是一种行为保全，仲裁中海事强制令的申请程序可参照仲裁中财产保全的申请程序。具体做法是，由当事人向仲裁委员会提出，再由仲裁委员会转交被申请人住所地或者海事纠纷发生地海事法院裁定作出。②

海事请求人申请海事强制令，应向海事法院提出书面申请，申请书应包括双方当事人的名称、海事保全的事项、事实和理由，并附有关证据。海事法院受理海事强制令申请，可责令海事请求人提供担保，海事请求人不提供的，驳回其申请。

（2）裁定。海事法院接受申请后，应当在48小时内作出裁定。准予申请人海事强制令申请的，应当制作民事裁定书并发布海事强制令。对不符合海事强制令条件的，裁定驳回其申请。

（3）复议与异议。当事人对裁定不服的，可在收到裁定书之日起5日内申请复议一次，海事法院应在收到复议申请书之日起5日内作出复议决定。复议期间不停止裁定的执行。而利害关系人则可对海事强制令提出异议。

（4）解除。利害关系人对海事强制令提出异议，海事法院经审查认为理由成立的，应当撤销海事强制令。

（5）执行。裁定作出海事强制令的，应当立即执行。被请求人拒不执行海事强制令的，海事法院可以根据情节轻重处以罚款、拘留，构成犯罪的，依法追究刑事责任。

---

① 最高法院《关于适用〈民事诉讼法〉若干问题的意见》第99—105条。

② 参见邢海宝，上引著，第314页。

4．海事证据保全

（1）申请。海事请求人申请海事证据保全，应当向海事法院提交书面申请。申请书应载明请求保全的证据、该证据与海事请求的联系、申请理由，同时还应当载明证据收集、调取的有关线索。海事法院受理海事证据保全申请，可责令海事请求人提供担保。海事请求人不提供担保的，驳回其申请。

（2）裁定。海事法院接受申请后，应对申请人的申请和担保进行审查。对符合证据保全条件，确有必要进行证据保全的，应在48小时内作出裁定。对不符合海事证据保全条件，裁定驳回其申请。

（3）复议与异议。当事人对裁定不服的，可在收到裁定书之日起5日内申请复议一次。海事法院应当在收到复议申请之日起5日内作出复议决定。复议期间不停止裁定的执行。被申请人申请复议的理由成立的，应当将保全的证据返还给被申请人。利害关系人可对海事证据保全提出异议，海事法院经审查认为理由不成立的，应当书面通知利害关系人。

（4）撤销。利害关系人对海事证据保全提出异议，海事法院经审查认为理由成立的，应当裁定撤销海事证据保全；已经执行的，应当将与利害关系人有关的证据返还给利害关系人。

（5）执行。海事法院裁定采取海事证据保全的，应当立即执行。海事法院进行海事证据保全，根据具体情况，可对证据予以封存，也可以提取船名、船舶登记证书、船舶所有权证书、航海日志、轮机日志、船舶检测手册、工班表、理货单、提单、甲板记录、装货纪录、事实记录、离港签证等全部船舶资料的复制件、副本，或者进行拍照、录像、制作节录本、调查笔录等。确有必要的，也可以提取证据原件。海事法院也可检验主机和推进装置。根椐1994年最高法院《关于执行领事条约中对派遣国船舶实行强制措施时保护条款的通知》，海事法院因海事海商纠纷需要在缔约国船舶上进行正式调查的，应事先通知船籍国驻我国使、领馆，如情况紧急，不能事先通知的，应在调查之后立即书面通知。凡因情况紧急，事后通知船籍国驻我国使、领馆的，如该国领事官员请求提供扣船的全部情况的，海事法院应当迅速提供。[①]

海事法院采取海事证据保全后，应负责保存所提取的证据材料。海事请求人可在复议期间届满后，申请复制海事法院提取的证据材料，在向采取海事证据保全的海事法院提起诉讼后，可以申请复制保全的证据材料；相关海事纠纷在我国领域内的其他海事法院或者仲裁机构受理的，受诉法院或者仲裁机构应海事请求人的申请可以申请复制保全的证据材料。经法院确认的复制材料具有证据效力。海事法院对保全的船舶碰撞事故的

① 参见邢海宝，上引著，第324—325页。

有关证据材料，在当事人就船舶碰撞纠纷提起诉讼或者仲裁前予以保密。[①]

5. 海事先予执行

（1）申请。当事人应向法院提出申请，请求法院裁定先予执行。法院可责令当事人提供担保，申请人不能提供担保的，驳回申请。

（2）裁定。法院对符合民诉法第97—98条规定的申请，应作出先予执行裁定。

（3）复议。当事人对先予执行的裁定不服的，可以申请复议一次，复议期间不停止裁定的执行。法院应对复议申请及时审查，裁定正确的，通知驳回当事人的申请，裁定不当的，作出新的裁定以变更或者撤销原裁定。

（4）执行。法院对于先予执行应当在受理案件后终审判决前采取。先予执行后，依发生法律效力的判决，申请人应当返还因先予执行所取得利益的，适用民诉法第214条规定，即对已被执行的财产，法院应当作出裁定，责令取得财产的人返还，拒不返还的，强制执行。

三、临时性海事保全措施不当实施的救济

临时性海事保全措施的保全功能和强制特性使得法院在行使保全措施权力时必须谨慎行事，拒绝准许保全可能损害申请人的权益，而准许保全又可能损害被申请人的权益。因而法院应将如何将风险降至最低限度作为考量是否准许保全措施的一个根本准则。[②]但在实践中，法院往往不当实施临时性海事保全措施，从而损害被申请人的权益。因而如何为被申请人提供救济成为各国立法者和法院所最为关心的问题。但由于临时性保全措施不当实施的情形不同，救济方法也不尽相同。

（一）管辖法院“错误”时的救济

在目前缺乏完整的临时性海事保全措施裁判管辖权国际统一规则的情况下，原则上，一国法院能否行使临时性海事保全管辖权依本国法律确定。但如果行使保全措施管辖权的法院非为当事人所选择的裁判实质问题的法院或在存在仲裁协议情况下非为仲裁地国家法院，即所谓的“错误”管辖法院，则产生何种法律后果？如果该法院认为其所采取的临时性保全措施是为帮助在外国进行的诉讼，因而属正当时，则被申请人能否向其他适当的法院申请救济以阻止在外国法院进行的有关保全措施程序或获得由于采取临时性保全措施所受损失之赔偿？

对于前一问题，被申请人所获的救济主要是申请中止有关程序或者解除禁令或扣押

① 《最高人民法院关于适用<中华人民共和国海事诉讼特别程序法>若干问题的解释》第49条。李国光：《在全国民事审判工作会议上的讲话》（2000年10月28日）。邢海宝，上引著，第325页。

② See L.Collins, op.cit., pp.24–25.

令。[①]而后一问题，法国法院尚未就外国法院所采取的扣押措施的效力或者有关损害赔偿问题作出裁断。在美国尽管里斯教授认为对管辖权选择协议的违反可能产生违约损害赔偿，但美国法院也未就此问题作出裁断。与此不同的是，该问题则已为英国法院所考虑。英国法院所采取的基本方法即是基于对管辖权条款或仲裁协议的正确解释，以确定当事人是否意图排除向所选择的管辖法院之外的其他法院申请临时性保全措施。[②]

在Marazura Navegacion S.A.v.Oceanus Mutual Underwriting Assin案[③]中，海事互保协会在与船东发生支付停靠费责任纠纷时在荷属安的列斯群岛扣押船东一艘船舶。根据互保协会规则中的伦敦仲裁条款，船东向英国法院申请禁令以阻止互保协会在荷属安的列斯群岛继续所启动的程序，但遭英国法院拒绝。Robert Goff法官认为仲裁条款的效力即是英国仲裁庭是唯一能对条款意义内的任何分歧或纠纷作出裁断的法庭，但难以理解的是此种仲裁协议为何要明示或默示地排除任何当事人出于纯粹获得担保之目的而在外国法院启动诉讼程序，并在有必要获得担保之阶段提起此种诉讼，即使该诉讼程序涉及属于仲裁条款所指纠纷之内容的请求主张。由于Robert Goff法官基于方便之权衡，即损害赔偿对船东而言已属充分之救济，并且船东不可能提供一项有效的损害赔偿担保（如果最终裁定不应准许禁令时供赔偿互保协会之用）而拒绝了船东的禁令申请，因而未能就此问题表述最终的观点。

在The Lisboa案[④]中，英国上诉法院认为，尽管提单赋予英国法院排他性管辖权，但船东无权向英国法院申请禁令以禁止在意大利法院实施的扣船。丹宁勋爵将其判决建立在对“任何和所有法律诉讼程序”的宽松解释之上。其认为“任何和所有法律诉讼程序”应被解释为仅是有关确立责任的诉讼，而不能扩张至包括执行判决或裁决，或者获得担保的诉讼。任何其他的解释可能剥夺货物所有人唯一有效的针对单船公司的救济权利。其同时指出，“为获得担保而善意扣押船舶，我认为尽管可能会被认为违反排他性管辖权条款，但英国法院不应通过颁布禁令而对其加以限制。英国法院也不应基于违反此种管辖权条款而裁定损害赔偿。根据世界各国海商法，扣船权应该为债权人所享有，不论在何处发现船舶，均可就海事请求而善意行使该权利，即使纠纷的实质问题应由另一国家法院裁断或应在另一国家仲裁。”实际上，就违反管辖权协议的临时性保全措施程序而言，布鲁塞尔公约对此予以了充分的肯定。英国法院以当事人业已同意英国法院管辖为由而试图阻止一方当事人在外国法院申请临时性海事保全措施，确实与公约规定

① See L.Collins, op.cit., p.92.
② See L.Collins, op.cit., pp.92–93.
③ [1977] 1 Lloyd’s Rep.283.
④ [1980] 2 Lloyd’s Rep.546 (CA).

相悖的。[①]

（二）临时性海事保全实施错误时的救济

尽管各国程序法均对临时性保全措施申请或实施的实质条件和程序作了详略不等的规定，以尽量减少临时性海事保全救济措施的滥用，但由于保全措施实施的急迫性、程序的简单性以及单方面申请程序的频繁使用，法院作出的保全措施裁定在此后被证明为不当或错误的现象在所难免。问题是应给予被申请人包括损害赔偿在内的充分的救济手段，以恢复申请人与被申请人之间的利益平衡。

1．英美法系国家的实践

（1）英国

英国法院对申请人错误实施临时性海事保全措施时应否赔偿被申请人由此所致损失的立场，随保全措施类型的不同而不尽相同。

①错误扣押。根据英国法律，错误扣船要赔偿船东损失。但错误扣船的成立标准，至今仍援用的权威判例The Evangelismos案[②]确认，以申请人在申请扣船过程中存在“恶意疏忽”（malicious negligence）或“恶意”（malice）为条件。[③]也就是说，关于错误扣船的识别，英国法采主观标准。采用主观标准，毋须等待本诉审理结束，即可确定申请人的行为是否构成错误扣船。同时仅凭事实上或法律上的错误结果，被申请人不能请求损害赔偿。所谓事实上的错误结果，是指申请人在识别责任人或肇事船等方面出现错误，导致无辜被申请人的船舶遭到扣押，或者船东已经同意提供银行担保而申请人仍申请扣船，或者要求的担保金额过多，或者借扣船向船东施压等。所谓法律上的错误结果，是指申请人在诉前或诉中申请扣押了被告船舶，申请人主张的海事请求由于缺乏法律上的依据而最终被法院驳回。毕竟索赔理由或证据强弱，见仁见智；有时法官或仲裁员裁判错误；有时胜负不明或各有胜负。因此根据原告最终胜败决定较早的扣船是否错误，实在不妥。[④]

由于成立恶意疏忽或恶意扣船绝非易事，因而尽管理论上有错误扣船要赔偿船东损

① See L.Collins, op.cit., p.97.

② The Evangelismos (1858) 12 Moo.P.C.352. 参见邢海宝，上引著，第131页。

③ See Axel Bosch, op.cit., p.212; D.C.Jackson, op.cit., pp.337–338; Christopher Hill, op.cit., p.120. 杨良宜：《海事法》，第66—67页。

④ 参见邢海宝，上引著，第131页。

失的说法，但现实中绝少会成立。[①]在英国的海事司法实践中，虽然经常会出现原告弄错船名，或提出过量的诉前保全金额，或申请人借扣船去加压以敲诈船东等，但以上种种，似乎申请人疏忽或过于精明，都不足以构成英国法律上所指的“错误扣船”。船东已事先同意给申请人银行担保但申请人仍去扣船也不足以说明，因为申请人可抗辩其并不接受提供担保的银行，或保函的某些措辞。申请人的索赔很弱，不太站得住脚，或申请人最终败诉，也不足以说明申请人是恶意的，而只能说其天生乐观，好打官司。The Silver Yu案即是典型一例。在该案中，期租租船人要该船去伊朗装货。照说伊朗是租约订明的禁区，船舶不必去当时是极危险地区。但租船人指责船东构成弃权与禁止翻供，因为在较早通讯中船东公司的一职员已“轻率”答应去伊朗，从而导致确立这“分租约”。船东事后反悔，租船人无法履行分租约，带来经济损失等。为此租船人在澳大利亚扣押Silver Yu船并逼迫船东提供100万美元的诉前保全。船东在伦敦仲裁抗辩过程中，租船人不断要求和解，要求船东赔偿50万美元不等。但船东不为所动。此后文件披露与私下调查中，发现该分租约实因租船人已另有船舶履约，根本不存在任何利润损失。为此租船人只好撤销这个索赔，并退回诉前保全。而船东则向租船人提出反索赔扣船损失。照说仲裁员明知事情的真相。但船东反索赔依然失败。由于错误扣船难以成立，相应地，也不存在英国法院要求申请人为扣船而先提供反担保。因为这反担保不会有用武之地。只在很特殊的情况下扣船，英国法院才会下令要求申请人提供扣船反担保。[②]

②禁令。I.中间禁令。对于中间禁令，英国法院的做法是，申请人在获得中间禁令时通常必须提供保证以赔偿另一方当事人在其证明不应准许禁令情况下由于实施禁令所遭受之损失。如果被申请人成功地解除了禁令，法院则可能命令申请人赔偿损失。[③]II.玛瑞瓦禁令。相同的原则也同样适用于玛瑞瓦禁令场合。不过被申请人必须证明：第一，如果不准许实施玛瑞瓦禁令，损失或损害则可能不会发生；第二，玛瑞瓦禁令的实施与损失或损害之间存在关联，并且损失的类型应为当事人所预见。在无相反证据情况下，法院则会命令申请人赔偿由于玛瑞瓦禁令的实施而给被申请人和无辜第三人所遭受

① 在香港，诉物扣船已有无数次，但船东从未成功地向原告索赔过扣船损失。但错误扣船也非决无。在新加坡，The Evmar (1989)2 M.L.J.460 (Sing.H.C.)案，诉物扣船前，双方几乎谈妥接受提供互保协会，但因船东于做一点保留而导致谈判破裂与扣船。其后，船东在让步并抗议下接受原告要求，并请求放船。但原告置之不理，改为要求船东提供保释金。从而导致船舶延误。法院认为构成重大过失扣船。在马拉西亚也有类似案件。参见杨良宜：《海事法》，第67—70页。

② 参见杨良宜：《海事法》，第66—70页。

③ See Axel Bosch, op.cit., p.222.

的损失。不过这里必须强调的是，损害的根由是玛瑞瓦禁令的实施而非诉讼的提起。[①]

（2）美国

美国法院对待临时性保全措施错误实施的损害赔偿问题的立场与英国法院基本相同。

①禁令。申请人在申请禁令必须提供适当的担保，以备在禁令错误实施时赔偿被申请人损失之用。《联邦民事诉讼规则》第65条第（c）款之规定，除申请人提供担保外不得颁布初步禁令和暂时制止令，而担保的数额应当适于支付该禁令的费用和如果当事人被不当禁止或限制时所可能承受或遭致损害的赔偿。

②扣押与扣留。在美国，诉人海事扣留管辖权的确立对申请人而言肯定、容易和安全。它不存在需要申请人去显示一个“强而有力的案件”及被申请人将来败诉后会赖债等等。它也不存在要申请人的原告提供“保证赔偿损失”，即错误的“诉人扣押”的说法。[②]而对于诉物扣押，理论上也有错误扣船而要赔偿船东损失的说法，但现实中绝少会成立。要成功构成错误扣船，船东必须证明申请人的恶意。但这并不是说美国法院没有判决过申请人错误扣船赔偿船东损失。在The Maritime Prosperity案[③]中，扣船申请人不提及其已经扣过船，而取得互保协会保函。但后由于不满该保函所指的南非法律使一部分索赔时效已过。申请人在美国实施再扣押。为此美国法院判扣船申请人恶意，赔偿船东9天延误的损失及有关律师费用。[④]

（3）澳大利亚

1988年《海事法》第34条对不正当扣押的损害赔偿问题作了规定。该法第34条第1款规定，在有关根据本法所提起的诉讼中，如果（a）一方当事人不合理并没有充分事由要求提供过分的担保；或根据本法扣押船舶或其他财产；或者（b）一方当事人或其他人不合理并没有充分事由而就被扣船舶或财产的释放问题作出本法所要求的同意表示，该当事人或其他人应对由此直接遭受损失或损害的诉讼当事人或对船舶或财产享有利益的人承担损害赔偿责任。同条第2款规定，根据本法而向其提起诉讼的法院的管辖权应扩及至第1款项下的请求。

（4）南非

对于诉人扣留，申请扣留财产的申请人并没有提供交叉担保的当然义务，但被申请

---

① The principles of the award of damages are based on breach of a notional contract that the plaintiff would not prevent the defendant from doing that which he was restrained from dong.See Axel Bosch, op.cit., p.222；D.C.Jackson, op.cit., pp.355–357; 杨良宜：《海事法》，第136页；《禁令》，第360，374—377页。

② 参见杨良宜，上引著，第142页。

③ (1994)LMLN No.429.

④ See Axel Bosch, op.cit., pp.756–757. 参见杨良宜：《海事法》，第69页。

人可提出一份正式的要求提供此种担保的反申请（conuter-application），并且如果其能证明申请人扣留财产没有合理的可能的诉由（reasonable and probable cause），法院则可作出命令要求申请人提供反担保以赔偿被申请人所提出的由于错误扣留所致的损害及有关的法律费用。

而对于诉物扣押，《海事管辖权调整法》第5条第4款规定，提出过分请求或要求过分担保并获得财产扣押或法院命令的任何人，应对任何人由于扣押所遭受的损失或损害承担赔偿责任。①

2. 大陆法系国家的实践

（1）法国

在申请人无正当理由申请保全措施的情况下，被申请人根据法国民法典中有关民事责任规则有权提出损害赔偿请求。受害人应证明由于保全措施所致的损害程度。损害赔偿金的数量与所遭受的损害程度相当。②

（2）德国

根据《德国民诉法典》第945条规定，假扣押或假处分的命令经判明自始为不合法时，或者依第926条第2款或第942条第3款发出的命令在规定的期间内未起诉而被撤销时，请求发出命令的当事人，对于对方当事人因执行该命令而受到的损害，或因免除执行或撤销处分而提供担保发生的损害，负赔偿之责。

（3）日本

《日本民事保全法》仅规定保全命令的担保问题，而未就保全措施错误实施的赔偿作出明示规定。该法第14条第1款规定，发出保全命令，可使人提供担保，或者可在认为一定的适当期间内以提供担保作为实施保全执行的条件，或者可以不使人提供担保。第32条规定，在对于保全异议作出的裁定中，法院可规定在认为适当的一定期间内使债权人提供担保或者规定在增加本法第14条第1款所规定的担保金额，并在认为适当的一定期间内以债权人对所增加的金额提供担保作为实行或继续实行保全执行的条件。第44条规定，根据本法第32条规定，以提供担保作为继续实施保全执行条件作出裁判的，债权人应当在本法第32条规定的提供担保期间最后一日起一周内，向保全执行法院或执行官提出证明在所规定的期间内提供担保的文书。在债权人不提出文书的情况下，如果债务人提出裁判正文，保全执行法院或执行官，应当撤销已经实施的执行处分。

① Prior to the amendment of this section in June 1992, the test was "good cause" and not "reasonable and probable cause." The amendments have narrowed the ambit of the section and reduced a Plaintiff's risk of being held liable for damages for wrongful arrest.

② See Axel Bosch, op.cit., p.271.

3．国际扣船公约

扣船实是法律赋予海事请求权人的权利。在国际海事诉讼中，扣船作为一种临时措施，一般只要求存在一个好的诉因，即使扣船申请人最后在诉讼中败诉，船东极少能在错误扣船之诉中胜诉，扣船这一临时措施也不会被认定为侵权行为。被申请人在错误扣船之诉中很少胜诉。因而扣船意在帮助申请人获得诉前保全，而且是否存在好的诉因并不是问题的关键。但权利不得滥用。随着扣船案件的增多，错误扣船时有发生。关于错误扣船的识别、错误扣船人的责任、补救措施等，各国国内法对此均有不同程度的规定。扣船公约也基本上将此问题交由各国国内法解决。

（1）1952年《扣船公约》

在有关错误扣船的赔偿与反担保问题上，由于英国的反对使得该公约未能就此问题直接作出统一的规定，而是通过冲突法方法来解决这一问题。1952年公约第6条规定，在任何案件中，请求人是否必须对因扣押船舶而引起的损害，或者为释放或防止扣押船舶而提供的保证金或其他保全的费用负责等问题，都应根据在其管辖区内实行扣押或要求扣押的缔约国法律决定。

（2）1999年《国际扣船公约》

与1952年公约不同的是，1999年国际扣船公约对此问题作出了较为全面的规定。公约第6条第1款规定，作为扣押船舶或允许维持已实施的扣押的条件，法院可课予寻求扣押的请求人或已实施船舶扣押的请求人就因扣押而可能使被申请人遭受的并且可能应由请求人负责的任何损失提供某种担保的义务，担保的数额和条件可由法院判定。此种损失或损害包括但不限于被申请人因非法或不正当扣押，或要求并提供过分的担保而可能造成的损失或损害。第2款规定，扣押实施地国法院应有裁判请求人对扣船造成的损失或损害而可能负有的责任的程度的管辖权，此种损失或损害包括但不限于由于非法或不正当扣押，或要求并提供过分的担保而可能造成的损失或损害。第3款规定，请求人根据本条第2款而可能负有的责任应依扣押实施地国家法律予以确定。第4款规定，如果一当事国法院或仲裁庭根据公约第7条规定将对案件的实质问题予以裁断，根据本条第2款而进行的有关请求人责任的诉讼在此判决之前可予以中止。第5款规定，如果已按本条第1款规定提供了担保，则提供此担保的人可随时申请法院减少、变更或取消该担保。

4．我国的立法实践

对于申请人就临时性海事保全措施错误实施的责任问题，我国民诉法及海事特别程序法作了相对宽泛的规定。

（1）海事请求保全

《海事特别程序法》第20条规定，海事请求人申请海事请求保全错误的应当赔偿被请求人或者利害关系人因此所遭受的损失。该规定显然适用于扣押船舶、船载货物、船用燃油和船用物料错误时的赔偿问题。

①错误扣船。被请求人或者利害关系人依海事诉讼特别程序法第二十条规定要求海事请求人赔偿损失而向采取海事请求保全措施的海事法院提起诉讼的，海事法院应当受理。[①]

对错误扣船的认定标准，我国法律未作明确的规定。学者认为我国采客观标准。[②]在我国，申请扣船错误主要表现为以下几种形式：第一，申请人不具有海事请求而申请扣押船舶。法院经审查发现申请人的确不具有海事请求，理所当然应认定其申请扣船错误，就像原告没有诉权而提起诉讼应当驳回一样。[③]第二，被申请人对海事请求完全不负责任。但如果被申请人对海事请求负有那怕是很小的责任，也不能认定为申请扣船错误。第三，扣押船舶的对象错误。所谓扣船对象错误，即指申请扣押了与海事请求无关的船舶。这在船舶碰撞而申请扣船的情况下偶有发生。第四，申请人要求并获得在种类或数量上过分的担保。这种形式的申请扣船错误在实践中较为常见，几乎每一宗扣船案件申请人要求并获得的担保数额都高出最终确定的债权额。海事特别程序法规定申请人要求的担保额应当与其债权额相当，应该说，“相当”是一个不确定但又比较能够操作的尺度。第五，有证据表明申请不符合法定条件而不主动申请法院释放船舶，或者因扣船遭受的损失确定后不及时降低担保要求，致使船舶不合理滞留。[④]在我国，诉前海事请求保全时实体案件未经审理，申请错误可能性大，诉中保全时实体案件经过了立案审查或审理，申请错误可能性小。根据客观标准，申请扣船是否错误须待本诉法院对案件实体问题进行审理后才能确定。客观标准虽易于操作，有助于防止海事请求人滥用权利，保障船舶所有人的利益，但我国一般认为申请扣船错误构成侵权行为，而客观标准只涉及侵权行为成立的一个要件，以扣船后的法院判决作为申请扣船错误与否的标准，使得申请人在申请扣船时无法预见自己行为的法律后果。适当的做法是，既然申请扣船是申请人的一项法定权利，在向海事法院提出扣船申请时，申请人只要善意谨慎地初步履行举证责任，证明申请符合法律规定的扣船条件，海事法院就应该接受申请实施扣船，即使本诉法院判决结果与初步证据相反，也不构成错误申请扣船。反之则因滥用扣

① 《最高人民法院关于适用<中华人民共和国海事诉讼特别程序法>若干问题的解释》第23条。但所使用的措辞是否意味着被请求人或者利害关系人可向其他法院提起损害赔偿之诉？有学者认为申请扣船错误提起诉讼的管辖权，与因扣船所依据的海事请求提起诉讼的管辖不一样，两者遵循不同的管辖原则。前者具有管辖权的法院是唯一的，即是对海事请求保全具有管辖权的海事法院；后者具有管辖权的法院不是唯一的，依据具体的海事请求的性质而定，可能会出现多个海事法院都有管辖权的情况。参见金正佳、翁子明，上引著，第104—105页。

② 参见邢海宝，上引著，第132页。

③ 参见金正佳、翁子明，上引著，第99页。

④ 参见金正佳、翁子明，上引著，第99—100页；邢海宝，上引著，第130—132页。

船权利而构成申请扣船错误。因而在申请扣船错误的认定标准上，不妨可以借鉴英国在有关此问题上的做法，即恶意申请保全而致被申请人或其他利益相关人损害的应负赔偿责任。①

对于申请扣船错误责任的分配问题，有学者认为扣船是经海事法院审查同意，由海事法院裁定实施的，属于海事法院的司法行为。申请扣船错误的责任在于海事法院审查不严，应由海事法院按照国家赔偿法进行赔偿。这种观点对于海事法院在诉讼中依职权作出的扣船而言，有一定道理。②但对于海事法院依据申请人的申请而实施的扣船则是不成立的。依据申请人的申请而实施的扣船发生错误，其实质是申请错误，应由申请人承担赔偿责任。尽管对扣船申请的审查是海事法院的职责，申请扣船错误从某种意义上讲也是海事法院对申请审查不严的过错，但海事法院所应负的不是对被申请人的赔偿责任，而是按海事法院内部的错案追究制度追究承办人员的责任。③

至于错误扣船的赔偿范围，根据《最高人民法院关于适用〈中华人民共和国海事诉讼特别程序法〉若干问题的解释》第24条规定，应包括因船舶被扣押在停泊期间产生的各项维持费用与支出、船舶被扣押造成的船期损失和被申请人为使船舶解除扣押而提供担保所支出的费用。

在海事实践中，还经常发生申请卖船错误的现象。申请卖船错误至少包括两种情况：拍卖了无责任当事人的船舶和拍卖了案外人的船舶。当然，船舶所有人如认为自己是案外人，可提出异议。故案外人的船舶被错误拍卖的可能性不大。对于申请卖船错误的法律适用问题，有学者认为，申请卖船错误属于申请海事请求保全错误范畴，应适用《海事特别程序法》第20条规定。④

②错误扣押船载货物⑤、船用燃油、船用物料。根据《海事特别程序法》第20条规定，申请人申请扣押船载货物、船用燃油、船用物料错误的，应当赔偿被申请人和利害关系人因此所遭受的损失。申请扣押船载货物错误主要表现为：第一，申请人不享有海事请求权。实体上申请人没有损失，而程序上申请人不具有申请扣货的主体资格；第二，被申请人对海事请求不负责任。实体上被申请人不负支付有关款项的义务，程序上被申请人不是适格的主体；第三，货物不属被申请人所有。不过申请扣货不符合形式要

① 参见杨良宜:《海事法》，第70页；邢海宝，上引著，第132—133页。

② 根据《海事特别程序法》第12条的规定，海事请求保全是海事法院根据海事请求人的申请而采取的强制措施，不存在海事法院依职权进行保全的情形。故不必规定海事法院赔偿。

③ 参见金正佳、翁子明，上引著，第100—101页。

④ 参见邢海宝，上引著，第136页。

⑤《最高人民法院关于适用〈中华人民共和国海事诉讼特别程序法〉若干问题的解释》第四十条规定，申请人依据《中华人民共和国海商法》第八十八条规定申请拍卖留置的货物的，参照海事诉讼特别程序法关于拍卖船载货物的规定执行。

件不构成申请扣货错误。申请书格式和内容不符合要求、申请人提供的证据不足以及提供的担保类型、方式和内容不符合要求等，不构成申请错误。而申请扣货过量或要求担保过分，仅为申请不当非申请错误。[①]此外，申请人申请拍卖船载货物、船用燃油、船用物料错误的，应当赔偿被申请人和利害关系人因此所遭受的损失。

（2）涉外海事财产保全

在法院应当事人申请实施财产保全而发生错误，并因此使被申请人遭受损失的，被申请人应当得到赔偿。《民事诉讼法》第254条规定，申请有错误的，申请人应当赔偿被申请人因财产保全所遭受的损失。[②]而法律要求申请人提供担保的目的，就在于使可能出现的赔偿能切实得到执行。错误申请大致有三种情况：第一，申请人申请诉前财产保全，在法院采取保全措施后30天内不起诉，被法院解除财产保全的；第二，申请人在法院采取保全措施后败诉的；第三，申请人部分胜诉，胜诉部分小于请求法院保全的范围。[③]

（3）海事强制令

《海事特别程序法》第60条规定，海事请求人申请海事强制令错误的，应当赔偿被请求人或者利害关系人因此所遭受的损失。而被请求人依据《海事诉讼特别程序法》第60条的规定要求海事请求人赔偿损失的，由发布海事强制令的海事法院受理。[④]

（4）海事证据保全

《海事特别程序法》第71条规定，海事请求人申请海事证据保全错误的，应当赔偿被请求人或者利害关系人因此所遭受的损失。而被请求人依据《海事诉讼特别程序法》第71条的规定要求海事请求人赔偿损失的，由采取海事证据保全的海事法院受理。[⑤]

（5）海事先予执行

在先予执行裁定的内容与判决结果相一致的情况下，自然不发生给予被申请人救济的问题，但如果申请人败诉，或者虽未败诉但判决给付的数额小于先予执行的数额，那就意味着申请人通过先予执行所取得利益已失去了法律依据，而被申请人却因此而蒙受了损失。为此，《民事诉讼法》第98条第2款规定，申请人败诉的，应当赔偿被申请人

---

① 参见邢海宝，上引著，第135—136页。

② 根据《民事诉讼法》第251条规定，涉外财产保全只能依当事人的申请进行，法院不依职权主动采取财产保全。因而也就不存在法院对其依职权错误实施财产保全而造成的损失承担赔偿责任问题。这与国内财产保全不同。

③ 参见江伟主编，上引著，第554页。

④ 《最高人民法院关于适用〈中华人民共和国海事诉讼特别程序法〉若干问题的解释》第46条。

⑤ 《最高人民法院关于适用〈中华人民共和国海事诉讼特别程序法〉若干问题的解释》第51条。

因先予执行而遭受的损失。[①]

第四节　临时性海事保全措施实施的国际合作

20世纪70年代以来整个国际贸易和航运环境发生急剧变化：方便旗现象屡禁不止，单船公司结构风靡一时，海事或贸易欺诈频频发生，等等。这一与以往大异其趣的海事商业环境促使一些海运业发达的国家一方面重新审视、修订、完善包括临时性保全措施在内的国内海事诉讼立法，以顺应新的海事商业形势；另一方面则试图克服传统的司法主权观念对临时性保全价值的减损，积极探寻在有关临时性保全措施实施方面的国际合作模式，以进一步发挥临时性保全措施的应有功能。[②]

一、临时性海事保全措施的域外效力

（一）传统实践：临时性保全措施的属地效力

传统民事保全理论认为，临时性保全措施的实施是一国法院行使本国司法主权行为，具有严格的属地性，因而临时性保全措施只在颁布保全命令的法院所属国领土内产生效力。这一传统的观念可见于各国立法和司法实践之中。

在英国，早期的立法和司法实践也对玛瑞瓦禁令的地域效力采限制性立场。玛瑞瓦禁令的创设者丹宁勋爵在论及玛瑞瓦禁令的运作机制时指出，玛瑞瓦禁令是一项对物措施，应如扣船措施、英格兰古代涉外扣留、美国诉人扣押以及大陆法系国家保全扣押程序那样运作，其具有扣留被告在英国法院管辖区域内的任何财产的效力。[③]尽管丹宁勋爵关于玛瑞瓦禁令对物性质的观点并未被英国学者所认同，但其关于玛瑞瓦禁令实施条件和地域效力的主张则为英国司法界和立法所接受。[④]玛瑞瓦禁令的实施应遵循这样一个原则，即原告证明存在一个表面良好论据案情；被告在英国法院管辖区域内有财产；原告所获得胜诉判决存在由于被告将其财产转移出英国法院管辖区域而有不能履行之真正风险。从玛瑞瓦禁令的地域效力角度来说，玛瑞瓦禁令仅对位于英国法院管辖区域内

---

① 除赔偿损失这一救济措施外，最高法院《关于执行民诉法若干问题的意见》第111条规定，人民法院先予执行后，依发生法律效力的判决，申请人应当返还因先予执行所取得的利益的，适用民事诉讼法第214条的规定。

② 参见杨良宜:《禁令》，第9—11，274—275页。See Gerry Maher and Barry J.Rodger: Provisional and Protective Remedies:The British Experience of The Brussels Convention, (1999)48 I.C.L.Q., p.302。

③ See L.Collins, Essays in International Litigation and the Conflict of Laws (1994), pp.192–193.

④ Mareva injunction is relief in personam. See L.Collins, op.cit., 113.

的被告财产有拘束力。而1981年《最高法院法》进一步确认了这一实践。其第37条第3款规定，法院拥有权力颁布中间禁令，以禁止任何诉讼的一方当事人将位于高等法院管辖区域内的财产转移出该管辖区域，或以其他方式处置该财产，而不论该方当事人住所是否在该管辖区域，或其是否居住或出现在该管辖区域内。可见英国成文法所认可的玛瑞瓦禁令仅禁止当事人对位于英国法院管辖区域内的财产加以转移或处置的行为。而对于被告位于外国的财产则无法律效力。[①]英国Donaldson M.R.勋爵在论及玛瑞瓦禁令的域外效力问题时指出，玛瑞瓦禁令的实施不应与国际法的一般原则相冲突，国际礼让禁止一国法院颁布命令以侵犯他国法院的排他性管辖权。而Staugton L.J.在Derby & Co.Ltd. v.Weldon（No.6）案[②]中以更为强烈的措辞指出，玛瑞瓦禁令域外效力的扩张是对在国外从事的交易和财产的干涉，如果这一做法成为英国法院对在外国的被告主张管辖权并命令其转移财产以使最终判决得以确实执行的一项普遍实践的话，那是一种不为国际社会所接受的沙文主义行为。[③]玛瑞瓦禁令管辖权不能扩张至位于国外财产的观点在上诉法院审理的Ashtiani v. Kashi案[④]中达到顶峰。审理该案的Dillon L. J. 认为，玛瑞瓦禁令的管辖根据很清楚限于位于法院管辖区域内的财产。在颁布玛瑞瓦禁令问题上所采取的有限地域效力方法作为一项实践问题业已为1981年《最高法院法》第37条第3款所确认。该规定很清楚揭示了法院行使玛瑞瓦禁令管辖权的实践。而Neill L. J. 也认为，自1975年以来玛瑞瓦禁令管辖权行使方法清楚说明玛瑞瓦禁令仅限于限制被告处置位于法院管辖区域内的财产。这一对玛瑞瓦禁令效力的限制是与1981年《最高法院法》第37条第3款规定相符的。

而在美国，根据《联邦民事诉讼规则》“海事补充规则”规则B规定，海事诉人扣押虽然只针对外国或外地的被告，但扣押令只能对位于法院管辖区域内的财产发生法律效力。[⑤]

在法国，财产保全扣押具有排他的属地性，如果债务人在法国有财产，不论其住所是否在国外，也不论外国法庭是否有排他性管辖权，法国法院毫无疑问拥有颁布保全扣押命令的管辖权。而支付扣押也如此。如果第三债务人住所在法国，不论债务人住所在何地，根据债务人居住地即为债之所在地，也就是财产所在地规则，法国法院即有权

① See L.Collins, Essays in International Litigation and the Conflict of Laws (1994), pp191–198. The Supreme Court Act 1981 confirmed that a Mareva injunction may be granted whether or not the defendnt is domiciled, resident or present within the jurisdiction.The Mareva injunction now extends not only to the removal of assets, but also to their dissipation.See L.Collins, op.cit., p.112.

② [1990] 1 WLR 1139, 1153 (CA).

③ See L.Collins, op.cit., pp.128–129.

④ [1987] QB 888 (CA).

⑤ See L.Collins, op.cit., p.110.

颁布支付扣押令。同样，如果居住在外国的第三人为被告利益而持有的有形动产位于法国，法国也有颁布保全扣押令的权力。尽管也有法国学者曾提出过临时性保全措施域外效力的设想，但这种思想并未得到学界和官方所认可。如Huet教授指出，如果被告住所在法国，即使财产位于国外，法国法院应有权作出保全扣押。但其也承认，法国法院尚未就此种扣押的有效性作出过裁决，只有当财产位于法国境内时，法院才能作出保全扣押。相反，法国法院则不能就在外国作出的扣押的有效性作出裁决，而不论原告或被告的住所或国籍为何。①

而在我国，临时性保全措施属地效力的观念根深蒂固，丝毫没有松动的痕迹。这可能与我国长期以来只有对物保全制度的现实有关。尽管目前在海事领域由于《海事特别程序法》的实施而诞生了海事强制令这一对人保全措施制度，但迄今为止，我国海事法院仍然固守着传统的观念。在这一观念支配下，我国法院不仅不会主张保全措施的域外效力，而且也反对外国法院作出的临时性保全措施在我国发生法律效力。早在1994年辽宁省大连市中级法院在“日本籍人五味晃申请承认与执行日本国法院债权判决、债权扣押令和债权转让命令”案的裁定中指出，五味晃针对日本国法院作出的债权判决、债权扣押令和债权转让命令申请在我国执行没有法律依据，实属侵犯中华人民共和国司法主权行为，中国法院不能承认。

（二）临时性保全措施空间效力的扩张

如果说在昔日船舶是债务人所有的主要财产，扣船措施足以保护债权人利益的话，那么在金融工具业已成为债务人资产构成之重要部分、大多数国家放弃外汇管制、现金和证券离岸金融业务日益发达的当今时代，债务人轻松转移资金以挫败法院判决执行的现象司空见惯，扣押措施之不足明显凸现，而具有严格属地效力的禁令也日渐难以起到对法院判决有效实现的保障功能。②为应对这一新的形势，国际社会，尤其是英美法系国家纷纷扬弃传统实践，试图扩张临时性保全措施，尤其是对人保全措施的空间效力，赋予其不同程度的域外效力。

1．美国

在美国，昔日原告在判决前寻求保全自己的主要救济措施即为财产扣押，而其空间效力仅限于位于颁布扣押命令的法院管辖区域内的被告财产。该种保全措施在当时保全

① See L.Collins, op.cit., p.107. 法国1993年1月1日实施的《民事执行程序法》第9条规定，除另有规定外，依申请人之选择，有地域管辖权的执行法官是被告居住地的法官或措施执行地法官。在已经向这些法官之一提出执行申请的情况下，不得再向另一法官提出此种请求。如债务人居住在国外，或者居住地不明，有管辖权的法官是措施执行地法官。该规定明确规定被告居住地法院有管辖权，但这是否包括被告居住在法国，而拟执行的财产位于国外的情况。

② See L.Collins, Essays in International Litigation and the Conflict of Laws (1994), pp.189–190.

债权人利益的有效性使得美国法院深感没有必要发展类似英国玛瑞瓦禁令那样的禁令。而在当今，美国法院不仅在认为没有充分的扣押措施时更加愿意以禁令的形式为当事人提供救济，而且竭力扩张禁令的域外效力。①

早在United States v. First National City Bank案②中，最高法院裁定，美国法院拥有禁止纽约银行转移为其乌拉圭分支机构所持有的顾客的任何财产的管辖权。因为纽约银行实际控制着其各个分支机构，从而银行的事务处于诉人命令的效力范围之内。一旦确立对当事一方的诉人管辖权，联邦地区法院就有权力命令冻结为其控制的财产，而不论该财产是否在美国法院管辖区域内。

在Ebsco Industries Inc. v. Lilly案③中，美国法院更是积极扩张禁令的空间效力范围，使被告位于法院管辖区域外的财产置于禁令的支配之下。在该案中，买方公司以欺诈为由对被告卖方提起诉讼，被告采取措施隐匿财产，并拒绝披露其财产之所在。法院为此颁布禁令，并将其效力扩张至位于法院管辖区域外的被告财产。

而在著名的Marcos案④中，第九巡回上诉法院裁定，美国法院拥有颁布初步禁令以禁止菲律宾前总统马科斯及其夫人处置财产的管辖权，并且针对马科斯的禁令也适用于位于美国境外的财产。法院指出："禁令是针对人的，而非针对财产，其禁止马科斯夫妇及其助手转移位于任何地方的某些财产。由于禁令是作为诉人措施而非诉物措施运作，因而也就没有理由要涉及禁令的地域效力范围……法院有权力阻止被告处置财产以保存衡平救济的可能性。而此种禁令即是为阻止被告隐匿为保存衡平救济可能性所必要的财产。"

2．意大利

当今大多数国家的法院通常是针对不同的保全措施赋予不同的效力：对于对物保全措施，由于法院管辖权是以拟颁布的保全措施所针对的财产在该法院管辖区域内为根据，且对物保全保全措施所针对的是位于法院管辖区域内的财产，因而对物保全措施具有严格属地性，对于位于法院管辖区域外的被告的财产不受对物保全措施效力的支配。

---

① In Re Feit & Drexler, Inc.the Court of Appeals for the Second Circuit referred to the general rule that a party may not obtain injunctive relief where it is claiming a loss which can be adquately remedied by an award of money damages.But the court also accepted that, even where the ultimate relief sought is money damages, federal courts had jurisdiction to grant preliminary injunctions where it was shown that the defendant intended to frustrate any judgment on the merits by transferring its assets out of the jurisdiction. 760 F.2d 406 (2d Cir.1985). See also USACO Coal Co. v. Carbomin Energy, 689 F.2d 94 (6th Cir.1982). See L.Collins, op.cit., pp.110–111.

② 379 US 378 (1965).

③ 840 F.2d 333 (6th Cir.1988), cert.den.488 US 825 (1988).

④ Republic of the Philippines v. Marcos, 862 F.2d 1335 (9th Cir.), cert.den 490 US 1035 (1988).

而对于对人保全措施，由于其所针对的是被告的行为，且法院行使对人保全管辖权以法院对被告拥有对人管辖权为前提，因而试图赋予其域外效力，并对不遵守保全措施的当事人课以藐视法庭罪来达到对人保全措施域外效力的实际效果。然而，在意大利，法院则不区分临时性保全措施的类型而主张有权颁布发生域外效力的对人保全措施和对物保全措施，保全命令可能发生域外效力的事实并不构成对法院命令临时性保全措施之权力的限制。①

在Gagliardi v. Larocca案②中，原告根据《民事诉讼法典》第670条规定就位于意大利境内外，特别是瑞士和委内瑞拉的财产申请Sequestro Giudiziario。③高等法院认为就有关位于国外的财产颁布扣押令是合法的。至于这种保全措施在国外可能难以执行问题，无关紧要。执行问题应由外国法院根据其本国的程序规则，包括相关国际公约予以解决。而在Brennero SAS v.Wendel GmbH案④中,欧洲法院认为，意大利法院有权在双方当事人相互辩论的诉讼（in inter partes proceedings）中颁布旨在影响位于德国财产的临时性保全命令。

3．英国及其他英联邦国家

（1）英国的“全球玛瑞瓦禁令”（Worldwide Mareva Injunctions）

玛瑞瓦禁令原先是为了禁止被告对英国法院管辖区域内的财产加以转移或处置而发展起来的，玛瑞瓦禁令管辖权的行使仅限于被告位于法院管辖区域内的财产。然而1979年英国取消外汇管制从而导致位于英国的被告比以往更容易处置国外财产的事实，终促使英国上诉法院在1988年审理的三个著名案件中抛弃以往所奉行的实践：⑤在Babanaft International Co.S.A. v. Bassatne案⑥中，在有关欺诈诉讼案的判决作出后，法院同意颁布玛瑞瓦禁令以禁止判决债务人处置其在全球的任何财产；在Republic of Haiti v. Duvalier案⑦中，为支持在法国法院进行的未结诉讼，法院颁布玛瑞瓦禁令禁止被告处置位于任何地方的财产，并命令被告披露有关位于全球各地的财产的情况；在Derby & Co.Ltd. v. Weldon案⑧中，法院裁定，在英国法院未结诉讼进行过程中，就被告在全球各

① See L.Collins, op.cit., p.106.

② Cass.No.3464 0f 8 June 1985, 1987 Riv.dir.int.priv.proc.79.

③ In Italy ***sequestro giudiziario*** is attachment to ensure that judgment can be satisfied; ***sequestro conservativo*** is a protective attachment to preserve property in dispute.

④ Case 258/83[1984]ECR 3971.

⑤ See L.Collins, Essays in International Litigation and the Conflict of Laws (1994), pp.192, 190; L.Collins, op.cit., p.115. See Gerry Maher & Barry J.Rodger, op.cit., p.323.

⑥ [1990] Ch.13 (CA). See Gerry Maher & Barry J.Rodger, op.cit., pp.322–324.

⑦ [1990] 1 QB 202 (CA).

⑧ [1990] Ch.48 (CA); (Nos.3 & 4)[1990] CH.65 (CA).

地的财产，法院可以颁布判决前的玛瑞瓦禁令和辅助披露令，而不论被告在英国是否有财产。[①]

从仅具有属地效力的玛瑞瓦禁令向具有域外效力的全球玛瑞瓦禁令的发展，是英国司法改革的又一重大突破。玛瑞瓦禁令拥有“核子武器”的美誉名副其实。全球玛瑞瓦禁令的有效性，从1981年《最高法院法》角度言，并未有违反该成文法之嫌。该法第37条第3款所使用的措施根本没有去局限被告的英国或全球财产。[②]从法理上讲，英国法院所颁布的禁令的运作是对人的，命令所针对的人必须处于英国法院的管辖范围之内，或者服从英国法院的管辖。因而如果所申请的禁令所针对的人在英国法院管辖范围内或者接受英国法院的传票，法院则可行使管辖权而不论被告的行为地。该管辖权并非建立在在国外行使司法或行政权的基础之上，而是以命令所针对的人处于法院管辖范围之内的情势为根据。[③]因而如果被告受英国法院的属人管辖，并且案件与英国之间存有某些适当的联系，那么原则上就没有理由说英国法院不应颁布玛瑞瓦禁令以限制被告对其在国外的财产的处置。[④]

全球玛瑞瓦禁令的创设使得原告对于有英国境外财产的被告，在向法院申请玛瑞瓦禁令时总会顺便要求一个全球玛瑞瓦禁令。海事法院更是经常如此行事。对原告的好处是：第一，这做法比去不同的外国法院，在找到当地有被告财产时去一个一个冻结容易，省钱与快捷；第二，原告通常无法清楚知道被告如何分散其财产，在英国法院申请玛瑞瓦禁令时可同时附上辅助命令，要求有关银行披露这方面资料，从而就可容易抖露被告的机密底牌。[⑤]不过，与传统的玛瑞瓦禁令相比，全球玛瑞瓦禁令的运作机制与传统玛瑞瓦禁令有所不同：第一，原告有一个表面良好案情，并且能够证明存在被告通过处置或隐藏其财产而挫败任何最终判决执行之虞；第二，被告必须服从英国法院的属人管辖，并且必须出现在英国法院管辖区域之内，或者服从英国法院的管辖，或者案件属于《最高法院规则》第11号令规则Ⅰ（1）或（2）；第三，即使涉及位于英国法院管辖区域内的财产，如果被告处在英国法院管辖区域之外，并且不服从英国法院管辖，则不能颁布玛瑞瓦禁令，因为根据《最高法院规则》第11号令规则Ⅰ（1）(c)，所申请的

---

① 尽管玛瑞瓦禁令的适用对象最初只限于在英格兰和威尔士境内的财产，但从1988年开始，其逐渐适用于位于其他区域的财产，以限制被告处分或者放弃位于其他管辖区域的财产。当然，签发这种世界范围并超出法院地域管辖司法命令的权力，在行使时必须十分慎重，尤其是当这种禁令影响到第三方时。

② 参见杨良宜:《禁令》，第294页。

③ Paterson: Kerr on Injunctions (6th., 1927), p.11.See also L.Collins, op.cit., pp.108–109, 116.

④ See L.Collins, Essays in International Litigation and the Conflict of Laws (1994), p.204; L.Collins, op.cit., p.108.

⑤ 参见杨良宜:《禁令》，第294页。

玛瑞瓦禁令是命令被告做或不得做位于法院管辖区域内的任何事。第四，法院也可作出针对国外财产的披露命令，其若在判决前作出，则从属于玛瑞瓦禁令，而若在判决后作出，则通常根据《最高法院规则》第48号令作出。[①]一般而言，英国法院比较乐意在针对被告的终局判决作出后，或者当原告的请求是一项财产权请求时行使全球玛瑞瓦禁令的管辖权。同时，即使玛瑞瓦禁令将不会得到财产所在地国家法院承认，作出玛瑞瓦禁令也并非不当，因为英国法院可通过在被告不遵守命令时使抗辩无效的方法而仍然保持玛瑞瓦禁令的效力。但英国法院通常在有关执行外国法院判决或外国仲裁裁决的英国诉讼中不会准许颁布全球玛瑞瓦禁令。[②]

赋予玛瑞瓦禁令以域外效力，必然发生与外国法院行使司法主权的冲突和对外国第三者，尤其是银行权益的损害。为减少由于实施全球玛瑞瓦禁令而遭致外国法院的批评，在实践中，全球玛瑞瓦禁令的实施受以下条件的限制：[③]

第一，Babanaft条款的制约。在英国传统的禁令实践中，知道禁令而仍实施挫败禁令效力行为的第三人同样应负藐视法庭罪之责。然而，对于完全在国外，并且完全在国外行事的第三人，尤其是银行来说，即使其知道有全球玛瑞瓦禁令，也不存在第三人负藐视法庭罪之责之说。在Babanaft案中，上诉法院指出，其所作出的禁令仅限于被告，并且受第三人不受禁令影响的条款的制约。[④]此后在全球玛瑞瓦禁令中则插入Babanaft条款，明示规定，就任何旨在发生域外效力的全球玛瑞瓦禁令而言，没有人将受该命令条款的影响或与该命令条款有关联，直至其被外国法院宣布可予以执行或被执行，并且他们也仅在外国法院所作的宣告或执行的范围内受该命令的影响，除非他们是：A.禁令所针对的人或者根据该人的律师的授权所任命的官员或代理人；或者B.受本法院（即英国法院）管辖权拘束的人，并且（a）在法院管辖区域内的其居所或营业所业已被给予有关该命令的书面通知；（b）能够防止在本法院管辖区域外发生帮助违反本命令规定的行为或疏忽。[⑤]据此，在国外的第三人实施的行为原则上不产生藐视法庭罪之后果，除非并且直至外国法院承认或执行英国法院的禁令。但这一原则在下述情况下则不能适用，即第三人受英国法院管辖权约束，并且在其英国的居所或营业所业已被给予了通知，其能够防止在本法院管辖区域外发生帮助违反本命令规定的行为或疏忽。

Babanaft条款主要针对银行，因为银行最有可能在有关玛瑞瓦禁令的案件中是相关

① See L.Collins, Essays in International Litigation and the Conflict of Laws (1994), p.224.

② See L.Collins, Essays in International Litigation and the Conflict of Laws (1994), pp.220–223. See also L.Collins, op.cit., p.116.

③ See L.Collins, Essays in International Litigation and the Conflict of Laws (1994), pp.224–225; See also L.Collins, op.cit., 117; 参见杨良宜:《禁令》，第294—301页。

④ See L.Collins, Essays in International Litigation and the Conflict of Laws (1994), p.202.

⑤ 参见杨良宜:《禁令》，第294—295页。See also L.Collins, op.cit., pp.118–119.

第三人。而受英国法院管辖权约束的银行主要是在英格兰根据1985年《公司法》注册登记或在威尔士登记但在英格兰有营业所的银行，或者是在英国境外成立但在英国有营业所的银行。在后者情况下，银行通常得向公司登记机构提呈居住在英国的经授权代表银行接收传票的人的姓名和地址。在理论上，没有在英国设有营业所的外国银行，如果在英国实施主要的控制和管理，也有可能被认为在英国有居所。相应地，Babanaft条款所包含的原则的例外主要针对英国银行或在英国有分支机构的外国银行。大部分英国银行在全球有分支机构，因而根据该例外规则，如果英国银行允许被告从其外国分支机构提款，则应负藐视法庭罪之责。而在伦敦有分支机构的外国银行仅在能够制止在英国法院管辖区域外的行为或疏忽的发生这一例外情况下始可能负藐视法庭罪之责。①

第二，谨慎对待。英国法院在Bananaft案中指出，如果被告受英国法院对人管辖权的管辖，则法院可在适当情况下颁布玛瑞瓦禁令以控制其在外国实施的行为。也就是，全球玛瑞瓦禁令是一项“特殊措施，应尽量少作出”。在Derby & Co.Ltd. v. Weldon(No.1)案中，法院也表达着一思想。其指出，申请人证明存在一个表面良好证据案情和被告转移或隐藏英国财产的真正风险这一国内玛瑞瓦禁令之前提条件的事实本身，很明显不足以证明颁布具有域外效力的全球玛瑞瓦禁令的正当性。如果在英国存在足够数额的财产，或者不能使法院相信在外国存有财产或处置该财产的真正风险，或者在所有情况下作出全球玛瑞瓦禁令会造成过分的压迫，则颁布全球玛瑞瓦禁令显然是不正当的。但如果被告在外国有财产，法院相信该财产有被处置的高度风险，在英国的财产完全不足以为申请人提供保护，被告很清楚是个精明的经营者，其已充分显示了使财产无法被追索的能力并决意不披露该财产的情况，则这些情况下，颁布全球玛瑞瓦禁令则是可以接受的。②不过，虽然在理论上英国法院一直说要小心对待全球玛瑞瓦禁令的申请，但现在呈现出日渐放松的迹象。在较早的Republic of Haiti v.Duvalier案中，原告得证明被告有将国内外财产转移至法律无法触及的地方的明显意图。但这一被告主观意图证明的要求在Derby & Co.Ltd. v. Weldon（No.1）案就不再要求，只要从客观上去看被告已是足够。这意味着过去信誉不好的被告，或是历史不久尚未有名气的公司，或者巴拿马公司或一些发展中国家的公司，更容易成为全球玛瑞瓦禁令的对象。③

第三，原告的保证。在Derby & Co.Ltd. v. Weldon（No.1）案中，Kerr L.J.认为，如果原告向英国法院保证在未事先获得英国法院批准的情况下不向外国法院申请执行禁令，也可以颁布全球玛瑞瓦禁令。或者如果原告保证未经英国法院同意不在外国法院提

① See L.Collins, op.cit., pp.119–120.

② 参见杨良宜:《禁令》，第295—296页。

③ 参见杨良宜:《禁令》，第300—301页。

起扣留程序，则法院通常可颁布全球玛瑞瓦禁令和附属披露令。[①]同样，为防止给被告造成扰乱及不必要的多重诉讼，原告通常得保证未经法院许可不使用被告根据禁令所披露的信息。[②]

第四，尽量不与外国法院冲突。在Credit Suisse v. Cuoghi案[③]中，原告向英国法院申请全球玛瑞瓦禁令以辅助在瑞士法院进行的诉讼。英国法院同意作出禁令，但同时提出了一些"适宜检验标准"（test of expediency）。Bingham勋爵指出，"如果禁令可能妨碍或束缚进行实体诉讼的法院（原审法院）对案件的审理，或者将可能产生与其他法院命令的冲突、矛盾或重复，这极其不利于临时性救济措施命令的作出。如果原审法院可能会作出此种救济措施，但没有作出，特别是如果原审法院曾被要求授予此种救济措施但被拒绝，这也不利于本法院作出同意救济措施的命令。另一方面，当被告出现在本国以致能有效执行对人命令，这将有利于作出此种救济措施，只要法院作出这种救济措施不会干扰审理案件实质问题的原审法院。对于根据《最高法院法》第25条所提出的任何申请，法院必须认识到其角色具有从属性，并且是辅助原审法院的诉讼。"[④]同样在TheXing Su Hai案[⑤]中，船舶属青岛远洋公司，期租给德国公司Grace Shipping（代理是Transatlantic）。德国公司再分租给Glencore并装载货物，收取95%运费后不再支付青岛远洋公司第二期租金，使青远自费完成这一提单航次。青远公司在伦敦开始仲裁，并向英国法院单方面申请针对Grace Shipping、Transatlantic及后台老板Ode三位被告的全球玛瑞瓦禁令，冻结金额是190万美元。但Gatehouse大法官只作出了一个130万美元的禁令。之后在将禁令送达给德国租船人后，德国租船人申请撤销全球玛瑞瓦禁令，并获成功。Rix大法官以禁令的颁布"不合适"（inexpedient）为由撤销禁令。其指出，"我认为当在本法院管辖区域内没有确定的财产，但在Transatlantic及Ode先生住所地的德国有财产，并且本法院被请求采取临时性救济措施以支持在德国法院进行的诉讼时，对推定要在德国法院进行诉讼的船东而言，恰当和适宜的方法即是向德国法院寻求救济。毕竟这些法院比目前的我更准确知道船东在那里想要寻求的实体性救济的内容和根据。"[⑥]从上述案例可见，英国法院对全球玛瑞瓦禁令是持相当谨慎的态度，但由此也使被告如果想撤销全球玛瑞瓦禁令，一个方法就是从"适宜检验标准"着手，如通过外国原审地的法律专家意见说明原审法院会受影响干扰，甚至不希望这种情况发生，或不会认同禁

① See L.Collins, Essays in International Litigation and the Conflict of Laws (1994), p.202. See Also L.Collins, op.cit., p.117.

② 参见杨良宜:《禁令》，第117页。

③ [1997] 3 All ER 724.

④ 参见杨良宜:《禁令》，第298—299页。

⑤ [1995] 2 Lloyd's Rep.15.

⑥ 参见杨良宜:《禁令》，第299—300页。

令的一些条件与金额等，或者被告财产在原审法院地国，去向原审法院申请临时性救济更为适宜，不必英国法院重复。正如欧洲法院在Denilauler v. Couchet Freres[（1980）ECR1553]案中所言，"临行救济措施所针对的财产所在地国法院是最佳的能评估情势进而作出保全措施的法院"。[①]

（2）其他英联邦国家的实践

英国1981《最高法院法》第37条第3款和上诉法院Ashtiani v. Kashi案[②]判决就玛瑞瓦禁令效力所采取限制性立场，即玛瑞瓦禁令管辖权的行使限于法院管辖区域内的财产，并未被英联邦国家或地区所接受。[③]

在澳大利亚，新南威尔士上诉法院Ballabil Holdings Pty. v. Hospital Products Ltd.案[④]的判决即认可了玛瑞瓦禁令的域外效力。在该案中，被告在原告提起诉讼后第二天即将其财产从新南威尔士转移至美国。而在同一天法院颁布了玛瑞瓦禁令，禁止被告转移在新南威尔士内外的作为原被告之间任何交易之客体的金钱或其他财产。并在此日任命临时管理人管理被告公司的财产。在一审中，Rogers J.认为，基于国际交易的跨国性质和转移财产之方便，玛瑞瓦禁令能够并且应该予以颁布。如果将玛瑞瓦禁令这一救济措施仅限于被告的本地财产，则显然是对法院权力的不当限制，使法院难以确保命令不致成为一纸空文。而在上诉法院，Priestley J. A完全同意Rogers J.的观点，但其他两位法官则对Rogers J.判决作了限制性解释。他们认为，法院有权力对被告在国外的财产作出针对被告的对人命令，但该财产必须在诉讼提起时在新南威尔士，而后被转移出去。按照他们的观点，没有必要就玛瑞瓦禁令管辖权空间范围的广泛问题作出裁决。[⑤]尽管根据Ballabil案判决报告尚不清楚被告将财产转移至外国还是将财产转移至澳大利亚其他州，但毫无疑问，在联邦体制下的澳大利亚法院在适当情况下，对位于其他州的财产比对位于外国的财产可能更愿意作出玛瑞瓦禁令。在Coombs & Barei Construction Pty. Ltd. v. Dynasty Pty. Ltd.案[⑥]中，当证据显示被告的大量财产位于澳大利亚的其他地区时，南澳大利亚法院就被告的财产颁布了玛瑞瓦禁令。Millhouse J. 对Rogers J.在Ballabil案中的观点予以认可，但同时指出，就玛瑞瓦禁令管辖权的目的而言，将澳大利亚其他州视为外国国家是荒谬的。[⑦]

① 参见杨良宜:《禁令》，第299页。See also Gerry Maher & Barry J.Rodger, op.cit., pp.323–324.

② [1987] QB 888 (CA).

③ See L.Collins, Essays in International Litigation and the Conflict of Laws (1994), p.198. See Also L.Collins, op.cit., p.115.

④ [1985] 1 NSWLR 155.

⑤ See L.Collins, Essays in International Litigation and the Conflict of Laws (1994), p.198.

⑥ [1986] 42 SASR 413.

⑦ See L.Collins, Essays in International Litigation and the Conflict of Laws (1994), pp.198–199.

4. 我国香港法域的实践

我国香港法域有关临时性保全措施的司法实践在禁令的空间效力问题上，就外国法院的禁令和本地法院的禁令采取区别对待的做法。对于外国法院的禁令，坚持保全措施具有严格属地性的立场，而对于本地法院的禁令则主张域外效力。

香港高等法院在1990年“Nanas Asia Co.,Inc. v. Standard Chartered Bank”案中认为，美国纽约地方法院所颁布的命令位于香港的渣打银行香港分支机构将被告李和王存款转移到纽约地方法院账户的保全令在香港没有直接或间接效力。如果香港法院执行纽约地方法院保全令，将违反法院没有权力直接或间接执行外国公法行为的法律规则，因而美国法院保全令不能在香港执行。[①]而在Asean Resources Ltd. v. Ka Wah International Merchant Finance Ltd.案[②]中，法院则并未接受英国上诉法Ashtiani v. Kashi案的判决。在判决前，法院即作出玛瑞瓦禁令禁止被告处分新加坡公司的股票，并任命了监管人。Sears J.将Dillon LJ关于Ashtiani v. Kashi案的判决理解为法院有权力就位于国外的财产颁布命令，但在实践中并不颁布这种命令。其继续指出，“我承认我并不理解这位渊博的法官在说这些话时的意思，但如果我对国外的财产有管辖权，则必须行使该管辖权。否则，法院的管辖权将完全毫无意义”。[③]

二、临时性海事保全措施的国际合作

由于大多数国家外汇管制的取消和国际金融业的发展所导致的资金在国际间通畅无阻地流动的现实，使得临时性保全措施在国际海商事争议解决机制中的地位更加凸显。[④]但对物保全措施由于其管辖权的行使是以保全措施所针对的财产位于该国法院管辖区域内的事实为根据，且对物保全措施所针对的是位于该法院辖区内的财产，因而对物保全措施具有严格的属地性。[⑤]而尽管越来越多国家或地区主张对人保全措施的域外效力，但外国法院并无当然地执行他国法院临时性保全措施命令的义务。对物保全措施的属地特征和各国对他国法院对人保全措施域外效力的抵制，使得临时性保全措施对于被告在外国的财产或在国外从事的行为无能为力，从而极大地妨碍了保全措施功能的发挥。为应对当今不利于债权人的国际商事和海事商业环境，国际社会积极寻求临时性保全措施国际合作的途径，并在世界部分地区和国家业已取得可喜的成果。根据目前的国

---

① See L.Collins, op.cit., pp.132–138.

② [1987] LRC (Comm.)835.

③ See L.Collins, Essays in International Litigation and the Conflict of Laws (1993), p.199.

④ See W.A.Kennett: Enforcement of Judgment In Europe (2000), p.130.See also Gerry Maher & Barry J.Rodger, op.cit., p.303.

⑤ See L.Collins, op.cit., p.123.

际公约和文件，以及各国的立法和司法实践，可适用于临时性海事保全措施的临时性和保护性措施国际合作机制主要有以下几种模式：

（一）相互辅助模式

1.《布鲁塞尔公约》第24条

申请人或判决债权人寻求临时性保全措施通常可在诉讼的三个阶段进行：实体性判决作出前；判决作出后但在另一国家获得执行许可令（exequatue）前；执行许可令签发后但在最终执行判决之前。但在国际商事和海事诉讼中，判决的作出地、执行地和意欲保全的财产、证据或事实状态所在地往往分布在不同国家，在这三个不同的阶段申请或实施临时性保全措施的条件和目的也可能各不相同。为此，布鲁塞尔公约针对不同情况设置了不同的条款，从而创设了临时性保全措施国际合作的三种模式,即辅助模式、判决执行地国申请模式以及执行模式。

辅助模式是指一国法院应当事人申请而准许颁布临时性保全命令以协助当事人在外国法院业已进行或即将进行的有关案件实质性问题的诉讼。其主要用以解决实体性判决作出前和判决作出后但在另一国家获得执行许可令前的这二个阶段中临时性或保护性措施国际合作问题，①是临时性或保护性措施国际合作机制的主要或基本形式。辅助模式规定在布鲁塞尔公约第24条。其规定，即使按本公约规定，另一缔约国法院对案件的实质性问题享有管辖权，亦得向某一缔约国法院申请该国法律所容许的保全性措施在内的临时性措施。②该条款的内容极其宽泛，可适用于整个欧洲司法领域进行的属于公约范围之内的所有诉讼。③从而也就成为《布鲁塞尔公约》缔约国法院之间进行临时性保全措施国际合作的主要法律依据。尽管该条款在公约和缔约国法院司法实践中的价值举足轻重，但该条款在司法实践中所暴露出来的问题以及对临时性保全措施有限规范的不足也相当惊人，这主要包括临时性措施的范围、管辖权的分配以及与公约中判决执行条款之间的关系问题，以致于欧盟成员国不得不对包括该规定在内的整个《布鲁塞尔公约》进行细致的审查和磋商。④

（1）第24条适用的对象：临时性保全措施的范围

辅助模式中所涉及的最为关键的问题莫过于临时性保全措施的概念。⑤公约第24条使用了“包括保护性措施在内的临时性措施”（provisional, including protective measures）

① See W.A.Kennett, op.cit., p.130.

② Application may be made to the courts of a Contracting State for such provisional, including protective, measures as may be available under the law of that State, even if, under this Convention, the courts of another Contracting State have jurisdiction as to the substance of the matter.

③ See Gerry Maher & Barry J.Rodger, op.cit., p.303.

④ See W.A.Kennett, op.cit., pp.130–131.See also Gerry Maher & Barry J.Rodger, op.cit., pp.303–304.

⑤ See See also Gerry Maher & Barry J.Rodger, op.cit., p.304.

这一术语。据此，临时性是作为公约第24条适用对象的中间措施的基本法律特征，保护性措施包括在临时性措施这一宽泛的范畴之内。[①]但公约并未对此作出一个明确的定义，由此产生两大问题：第一，临时性保全措施的界定是由每一个国家法院根据本国的法律概念和原则确定还是根据自治或独立的欧洲法原则确定？第二，根据国内法被视为临时性保全措施的措施是否必然属于公约第24条所谓的“包括保护性措施在内的临时性措施”？

①《布鲁塞尔公约》本身的处理方式

就《布鲁塞尔公约》中的一些重要术语而言，某些术语，诸如公约第5条第1款中的“合同”和第5条第3款中的“侵权或不法行为或准不法行为”，欧洲法院强调对此应依自治性界定标准予以解释的必要性。但对于第21条所谓的“最先受理法院”，欧洲法院则指出这是一个属于由国内法确定的事项。欧洲法院对于不同的术语运用不同的方法予以处理并非不妥。毕竟欧洲法院就第21条所涉及的程序性事项创设出一项独立的原则显然要比根据各国实体法归纳出一个独立的自治的合同或侵权概念更为不易。[②]临时性保全措施也同样处理。各国有关临时性保全措施概念之间的重大互异事实，[③]使得公约第24条本身不可能直接提供一项临时性保全措施的界定标准，更没有创设任何类型的临时性措施或保全措施，而是将之交由各国国内法确定。即“包括保全措施在内的临时性措施”是根据第21条规定拥有管辖权的法院所属国法律所容许的保全性措施在内的临时性措施。

然而，在不同缔约国国内法中，临时性保全措施的类型极其广泛。这些国内法往往将这些措施或归类为临时性措施（provisional），或归类为保护性措施（protective），或归类为暂时性措施（interim）。但必须注意到公约本身并没有使用“interim”这一术语。[④]同时，有诸多学者也认为，暂时性救济措施实际上是诸如临时支付令或临时损害

---

① See W.A.Kennett, op.cit., pp.130–131.

② See also Gerry Maher & Barry J.Rodger, op.cit., pp.304–305.

③ The Commission Communication of 26 November 1997 note that:A Comparative survey of national legislation reveals that there are virtually no definitions of provisional/protective measures and that legal situations vary widely.The only convergence that can be ascertained is between the function of such measures, which is to secure the subsequent enforcement of judgment on the substance of a case (or their anticipated enforcement), organize factual situations or the parties rights pro tem and safeguard all interests affected pending settlement of the dispute. See W.A.Kennett, op.cit., pp.130–131.

④ Interim也有“临时性”的意义，本文为与provisional相区别，选用了“暂时性”这一词语，但涉及特定术语，如interim payments, interim damages时，按照通行译法，仍将其译为临时支付令和临时损害赔偿令。

赔偿令之类的部分判决（part judgmnets），不应属于第24条所指的措施的范畴。[①]此外，尽管旨在作为原告胜诉的最终判决之担保的冻结被告财产的保全措施显然属于公约第24条的范围之内，但其他保护性措施是否属于公约第24条的范围,也并不十分确定。如在苏格兰法中，在某些情况下，法院可命令被告将诉求款项之全部或一部交存法院以待诉讼结果。不过，由于公约第24条使用了“包括保全措施在内的临时性措施”的措辞，据此可以说，公约所指的临时性或保护性措施的范围远比那些保护诉讼中当事人以确保最终判决的措施广泛的多。在这里，特别值得一提的是有关证据的保全措施。有关文件或具有证据价值的财产的保全措施很显然具有保护性，但该类措施并不涉及最终判决的担保，而涉及对诉讼进程有影响的资料的保全。一些学者认为公约第24条并不涉及诉讼中证据的提呈或提取问题，或专家证人委托或任命的证据的采集问题。无疑，直接针对当事人之间关系的临时性和保护性措施与关涉诉讼程序本身的临时性和保护性措施之间存有区别，但问题是一些保护性措施均具有这两方面的功能。[②]而有些学者则对公约第24条中的保全措施的范围采取相当宽泛的立场。英国学者Gerry Maher和Barry J.Rodger指出，所有的法律体系实际上赋予诉讼当事人各种暂时性和临时性救济措施。这些救济措施具有不同的功能和理念，但其中两个是基本的：第一，保护性措施通过确保现状在诉讼进行时得以维持而给诉讼当事人提供一定程度的保护；第二，这些救济措施不仅确保诉讼当事人在诉讼进行时的地位，而且也确保在诉讼结束获得判决时的地位，其中最为典型的即是冻结另一诉讼当事人财产的救济措施；第三，保护性措施还具有其他功能。有些救济措施确保当事人利益在诉讼前得以实现，如披露证据令；而另一些救济措施则为当事人提供其在诉讼中努力获得的全部最终救济或判决之部分实现之手段，如临时支付令或临时损害赔偿令。[③]可见，在有关临时性保全措施范围问题上可谓是众说纷纭，尽管公约第24条确认由缔约国国内法来确定当事人可申请的临行或保护性措施，但这也并不意味着在某一缔约国根据其国内法为某一特殊类型的保全措施必然属于公约第24条意义上的保护性或临时性措施，国内法所许可的临行或保护性措施要归属公约第24条的范畴，必须满足某些标准。从这意义上讲，为使公约第24条有效运作，需要设置用以释明临时性或保护性措施范围，并供判定缔约国法律中各种临行保全

① See L.Collins, Essays in International Litigation and the Conflict of Laws (1993), pp.5, 37–39. See also W.A. Kennett, op.cit., p.132.

② For example, in Scots law the court may allow evidence to be taken on commission where the witness is suffering from illness or is of an advanced age.One rationale for this procedure is that the witness may no longer be alive or will be unable to attend when a trial is heard.Yet at the same time the report which results from examination of the witness on commission can undoubtedly be used as evidence at the subsequent trial. See Gerry Maher & Barry J.Rodger, op.cit., pp.305–306.

③ See Gerry Maher & Barry J.Rodger,op.cit.,p.302.

措施是否属于公约第24条范畴的一套原则。[①]

②欧洲法院的实践

在有关临时性保全措施范围问题上，诸多的《布鲁塞尔公约》解释报告并没有提供具有实质性价值的指导性意见。[②]Jenard报告指出，根据第24条所能采取的措施应依申请地国家的国内法。这一意见意味着将救济措施归类为包括保护措施在内的临时性措施，并不是依自治的独立的根据进行。[③]相反，欧洲法院在此方面的贡献卓越。在四个案件中，公约第24条所谓的“包括保护性措施在内的临时性措施”的范围成为欧洲法院裁决的直接焦点。当然一些重要的观点至今仍值得商榷。

I.Reichert and others v.Dresdner Bank AG[④]

在该案中，一家德国银行对住所在德国的两个自然人就位于法国的财产的转移问题在法国法院提起“撤销诉权之诉”（action paulienne）。据说财产的转移与作为被告债权人的银行的权利相冲突。法国法院行使管辖权的根据之一即是公约第24条，而这又涉及到在法国法中被作为包括保护性措施在内的临时性措施的“撤销诉权之诉”的特性。在辩论中，各当事方均援引了Jenard报告中所谓“临时性和保护性措施应依法院地国家的国内法确定”的意见，以及将“撤销诉权之诉”定性为保护性措施的有关法国法的各种著作。

在法国法中的“撤销诉权之诉”确实是一项仅为主张债务人所作的财产转移违背债权人利益的债权人所利用的救济措施。为保护债权人利益，并且只能基于该目的，债务人的财产转移交易可通过在诉讼中作出一项判决而被宣告无效。欧洲法院将“包括保护性措施在内的临时性措施的”一般性特征描述为“临时性措施旨在通过保全一项事实或法律情势以保护为对案件实体问题拥有管辖权的任何地方的法院所进行的诉讼所约束的权利。”但欧洲法院认为，法国法中的“撤销诉权之诉”不符合临时性措施的一般特征，因为“撤销诉权之诉”的效力并非是纯粹保全一些事实或法律情势，而实际上是通过使

① See Gerry Maher & Barry J.Rodger, op.cit., pp.305–306.See also W.A.Kennett, op.cit., pp.131, 133.Drawing on this debate, the Commission, in its Communication of 26 November 1997 which inter alia contained its proposals for the renegotiation of the Brussels Convention, suggested an amendment to the Covention containing a uniform definition of provisional an protective measures:For the purposes of this Convention, provisional, including prodective, measures mean urgent measures for the examination of a dispute, for the preservation of evidence or of property pending judgment or enforcement, or for the preservation or settlement of a situation of fact or law for the purposes of safeguarding rights which the courts hearing the substantive issues are, or may be, asked to recognise.

② See Gerry Maher & Barry J.Rodger, op.cit., pp.310–311.

③ The Jenard Report (1979) O.J.C59/1, 42, section 9.

④ Case C–261/90, [1992] E.C.R. Ⅰ –2149.

以前进行的交易无效而变更相关财产的法律情势或地位。这里必须注意到，欧洲法院在裁断“撤销诉权之诉”是否符合临时性或保护性措施的定义时并不想使其自身受法国法中对“撤销诉权之诉”定性的拘束，而似乎是说定性问题应依一项独立的根据予以解决。欧洲法院在该案中将临时性或保护性措施定义为保全事实或法律情势的措施，使得尽管具有禁止性效力但也具有赋予债权人以优先受偿地位之效力的一些保护性措施无法轻易地被归入“包括保护性措施在内的临时性措施”的范围之内。[①]

II.CHW v.GJH[②]

在该案中，荷兰法院作出一项命令，命令一方当事人向另一方当事人交付在当事人之间纠纷中具有证据价值的文件。荷兰法将该救济措施定性为中间诉讼中暂时性救济措施（interim relief）的一种形式。但问题是其是否属于公约第24条的适用范围。欧洲法院并未对此作出直接的回答，而是认为不能指望公约第24条能使与被公约所排除的事项相关的临时性或保护性措施归入公约的范畴。与具有证据价值的文件相关的临时性命令由于涉及为公约所排除适用的诸事项之一，因而并不属于公约的范围之内。然而，没有人反对有关证据保全的命令可被视为临时性或保护性措施的观点。

III.De Cavel v. De Cavel[③]

该案是有关在法国家事法院提起的离婚诉讼。法国法院颁布命令，冻结当事人在德国的包括银行账户在内的财产。问题是《布鲁塞尔公约》承认与执行条款是否适用于该命令。尽管根据公约第1条规定，有关自然人地位或婚姻财产的事项排除在公约的适用范围之外，但有观点认为，法国法院的保护性命令是一个独立类型的命令，属于《布鲁塞尔公约》的范畴之内。然而欧洲法院裁定，一项判决或命令是否归入公约的范畴，对确定的判决和临时性或保护性命令同样适用，但就后者而言，是否属于公约适用范围问题与其说是由保护性措施本身的性质确定，不如说是由该措施意欲保护的权利的类型确定。在本案中，法国法院的命令是与有关婚姻财产的权利相关，因而属于公约的范围之外。据此，这一判决是否意味着当适用公约第24条时，必须得考虑与临时性或保护性措施相关的权利或利益是否不属于公约适用范围？在上述CHW v.GJH案中，欧洲法院认为不能指望公约第24条能使与被公约所排除的事项相关的临时性或保护性措施归入公约的范畴。与具有证据价值的文件相关的临时性命令由于涉及为公约所排除适用的诸事项之一，因而并不属于公约的范围之内。CHW v.GJH案和De Cavel案清楚揭示，公约第24条本身不可能使此种性质的命令归入公约的范畴。[④]

---

① See Gerry Maher & Barry J.Rodger, op.cit., p.312.

② Case 25/81, [1982] E.C.R.1189.

③ Case 143/78, De Cavel v. De Cavel (No.1)[1979]E.C.R.1055

④ See Gerry Maher & Barry J.Rodger, op.cit., p.313.

IV.The Van Uden[①]

该案是有关荷兰公司van Uden与德国公司Deco-Line之间的纠纷。根据当事人签订的合同，Deco-Line公司应按约定的时间向van Uden支付款项。合同中含有仲裁条款。van Uden主张Deco-Line公司已经拒绝支付货款，并根据合同规定在荷兰提起仲裁，同时向荷兰法院申请临时支付令（interim relief）。荷兰法院准许颁布临时支付令，要求Deco-Line公司支付包括合同项下到期款项在内的一笔具体数额的金钱。Deco-Line公司上诉至荷兰最高法院。荷兰法院申请欧洲法院，请求其就数个问题作出初步裁决。其中一个问题即是临时支付令是否属于公约第24条所指的临时性或保护性措施。欧洲法院认为，在本案中，尽管合同中含有仲裁条款，但仲裁条款本身不属于公约适用范围的事实，并不能将合同项下的有关商事事项的请求排除在任何相关公约条款的范围之外。就临时支付令的性质而言，欧洲法院尽管认同在Reichert and others v.Dresdner Bank AG案中有关临时性和保护性措施的描述，但法院认为，不可能以概括或抽象的方式说明合同之债的临时支付令是否属于公约第24条的范畴。在一些案件中，此种命令可很好地保护原告的地位。然而，法院也注意到临时支付令不单单具有单纯的保护性功能，临时支付令经常可替代有关争议实质问题的判决，而原告住所地国法院作出的命令比被告住所地国法院作出的命令更有可能产生这样的结果。因而根据公约第24条命令采取措施的法院必须考虑设置条件或条款以确保措施的临时性或保护性的必要。合同项下的临时支付（interim payment of a contractual consideration）不能构成第24条意义上的一项临时性措施，除非第一，被告所支付的裁决款项在原告的实体请求未胜诉时能保证予以返还；第二，原告申请的措施仅与被告已位于或将位于申请作出地国法院管辖区域内的特定财产有关。如果有关国内法未向被告提供返还临时支付款项的保证，临时支付措施就不可能被认为属于公约第24条的范畴。[②]就本案而言，法院裁决，荷兰法院的临时支付令如果仅是保护原告利益，而没有其他功能，则可归入第24条的范畴。为此其必须符合两个前提条件：第一，必须保证被告其根据临时支付令所业已支付的款项在原告实体请求未胜诉时得以返还；第二，临时支付命令限于被告位于作出此命令的法院管辖区域内。[③]然而，欧洲法院所提出的附加条件的含义仍嫌模糊。第一，"位于申请作出地国法院管辖区域内的特定财产"这一限制是属于一般性限制，即也可包括位于法院管辖区域内的证据，还是属于仅限于临时支付令的申请这一特定情况的特殊限制；第二，"位于或将位于"申请作出地国法院管辖区域内的特定财产，是否意味着可以申请仅在被告财

① Case C-391/95, Van Uden Maritime BV v. Kommanditgesellschaft in Firma Deco-Line, Peter Determann KG, judgment of the ECJ, 17 Nov.1998.

② See W.A.Kennett, op.cit., pp.133-134.

③ See Gerry Maher & Barry J.Rodger, op.cit., pp.313-314.

产进入申请作出地国法院管辖区域内时方发生效力的浮动性措施（floating measure）？①

（2）临时性保全措施管辖权行使的条件

①《布鲁塞尔公约》本身的各种学理解释

《布鲁塞尔公约》第24条的适用所引发的争议，不仅涉及该条款所指的“包括保护性措施在内的临时性措施”的范围问题，而且涉及到临时性和保护性措施管辖权行使的条件。而后者实际上涉及到该条款本身的性质问题，即该条款是否是一项有关管辖根据的条款。

Ⅰ.公约第24条性质

从条款安排角度看，《布鲁塞尔公约》第24条规定在公约第二篇“管辖”的第九节之中。由于第二篇是专门规定民商事件管辖权问题，因而第24条可被理解为其也是关涉管辖权的分配问题。但问题是第24条所涉及的管辖权问题是否同时涵盖实体性事项管辖权和临时性措施管辖权两个方面，对其所涉及的管辖根据的解释应采狭义解释法还是广义解释法。

从公约第24条措辞来看，公约第24条赋予缔约国法院在特定情况下，即在另一缔约国法院根据公约的其他条款对纠纷实质事项拥有管辖权时采取包括保护性措施在内的临时性措施的管辖权。同时从欧洲法院有关第24条所涵盖的临时性和保护性措施的性质的判决来看，这些判决业已确立涉及案件实质事项的措施，如临时性损害赔偿令不属于第24条的适用范围。据此，第24条本身并不是解决有关实体性事项管辖权问题，而仅仅是解决临时性和保护性救济措施这一补充性问题。否则，主要诉讼进行地国法院之外的他国法院颁布了涉及诉讼实体性内容的临时性措施，即使该措施（如临时性损害赔偿令）仅部分或暂时涉及实体性内容，则可能发生诉讼实体事项管辖权之间的竞争问题。②

至于第24条的解释方法，有学者指出对此应予以狭义解释。在解释公约第5条的各项条款时，欧洲法院强调公约的基本管辖根据是被告的住所，既然第5条中的各个管辖根据背离了公约的根本性管辖根据，该条款自然应予以狭义解释。同样，对第24条来说，对其解释也不应减损有关争议实质问题的任何基本管辖原则。③

Ⅱ.第24条管辖权规则的特征：直接性（positive）抑或授权性（permissive）

学界比较一致认为公约第24条是关涉临时性和保护性措施管辖权的规则，然而问

① See W.A.Kennett, op.cit., pp.139–140.

② See Gerry Maher & Barry J.Rodger, op.cit., pp.306–307. This approach provides support for the view that measures which deal with the substance of a case are beyond the scope of Article 24.The difficulty here is precisely that there is yet no clear statement of the types of measure which fall within the scope of that Article.

③ See Gerry Maher & Barry J.Rodger, op.cit., pp.306–307.

题是第24条是否本身赋予缔约国法院准许采取临时性和保护性措施的管辖权，还是要求缔约国法院在作出采取临时性措施命令前必须拥有一个附加的管辖根据？从第24条字面看，一缔约国法院根据《布鲁塞尔公约》享有实质性管辖权的事项的存在这一事实本身即足以授予另一缔约国法院采取第24条所指措施的管辖权。而第24条又规定，包括保护性措施在内的临时性措施是申请作出地国“法律所容许的包括保护性措施在内的临时性措施”（Application may be made to the courts of a Contracting State for such provisional, including protective, measures as may be available under the law of that State）。这样表述既可以将第24条理解为其只涉及临时性或保护性措施的各种类型，也可赋予其更宽泛的意义而将其理解为其内容涉及适于采取临时性或保护性措施的所有情势，包括国内法所规定的管辖权。其实，赋予第24条宽泛的意义似乎更有理由。公约第24条本身并不含有有关临时性或保护性措施的定义，也并不含有临时性或保护措施管辖权分配的直接或积极规则（positive rules），而仍将这些问题留归国内法解决。[①]

准许缔约国国内法来确定临时性或保护性措施的管辖权行使，应该说较为合理。审理案件实质问题的法院无疑拥有采取临时性或保护性措施的管辖权，但其单方面做出的判决（ex parte judgment）并不一定根据《布鲁塞尔公约》而被承认。因为其并不始终是采取临时性或保护性措施的最佳法院，申请人意欲保全的证据、财产或事实状态并不必然在该法院所属国。相反，申请人应在临时性或保护性措施能被执行的国家去申请临时性或保护性措施。而临时性或保护性措施能被执行地国实际上即是意欲保全的证据、财产或事实状态所在地国。欧洲法院在Denilauler v.Couchet Freres案中指出，保全措施所针对的财产所在地的缔约国法院是评估据以作出或拒绝作出保全措施命令之情势的最恰当法院。[②]从有关此方面的国内立法实践看，许多国家，尤其是欧洲大陆的许多国家的旨在分配保护性措施管辖权的国内规则长期以来将意欲保全的财产、证据或事实状态所在地作为连结因素。只不过在过去，这种方法并不必然扩张使用于国际纠纷之中。而商业环境的变化提升了保护性措施在诉讼的重要性，也促使改变国际背景下分散或不完善的保护性措施条款，然而，许多国家通过重新解释现行法律或进行新的立法，这些国家法院更愿意扩张其提供给诉讼当事人的保护范围。在欧洲的许多国家，对财产实行保护性扣押是一项具有悠久历史的实践。财产所在地法院有权力采取保护性措施，在冻结财产案件中，属地管辖权通常被分配给审理案件实质问题的法院，或者财产所在地法院。这一规则原先是用于解决在国内案件中的管辖权分配，而目前则被解释为在某些场合可同样适用于实质性诉讼在外国法院进行的案件中。[③]

① See W.A.Kennett, op.cit., pp.131, 135.

② Case 125/729 [1980] ECR 1553, at 1570.See L.Collins, op.cit., p.55.

③ See W.A.Kennett, op.cit., pp.134–135.

不过，由缔约国国内法来确定临时性或保护性措施的管辖权也同样存在一些不尽人意的局限：第一，基于第24条目的之考虑，临时性或保护性措施管辖权的行使能否以公约第3条所例示的过度管辖根据为基础？有学者指出，这些过度管辖根据仅在涉及公约第2篇第2—6节中的管辖规则时被排除适用，而第24条位于公约第2篇第9节。这意味着第2—6节中的管辖根据以外的其他管辖根据，包括第3条所指的过度管辖根据，可在行使第24条所指的管辖权时被采用。同时，公约第3条仅涉及“住所在一缔约国的自然人可在另一缔约国被诉（be sued）”这种情况。而“被诉”意指实质性事项的诉讼，而非公约第24条所指的救济措施。①第二，与上述问题相关的一个问题时，各国临时性或保护性管辖根据的互异事实可能为债务人所利用，使债权人得不到应有的保护。各国国内法将保全措施管辖权分配给审理案件实质问题的法院，或者财产、证据或事实状态所在地法院的做法，在被告财产位于与其没有其他联系的国家境内，并且其也没有压力遵守该国家法院作出的保护性命令的案件中尤为重要。但问题是一方面，财产、证据或事实状态所在地法院实际上能否在判决前阶段行使临时性或保护性措施的管辖权；另一方面，各国临时性或保护性管辖根据的互异，尤其是过度管辖根据的使用，在缺乏管辖权之间的协调机制以确保保护性措施体制有效运作的情况下，所存在的任何法律缺漏均有可能为债务人所利用。如A国仅主张以债务人的出现或居所作为行使临时性或保护性措施管辖权的根据，而B国则仅主张以财产的所在作为行使管辖权的根据。在这种情况下，如果债务人居住在B国，而其主要财产在A国，债务人则可有效挫败债权人申请临时性或保护性措施。第三，任由国内法来确定临时性或保护性措施管辖权的行使也可能导致债权人通过提起多重诉讼而给债务人造成不公平的压力。因而最佳的选择即是在欧洲层面上创设一项包括统一的直接的管辖权规则在内的统一协调机制，以改善各国之间的司法合作，避免由于实施临时性或保护性措施而导致各国法院之间的冲突。②

---

① See Gerry Maher & Barry J.Rodger, op.cit., p.307. See also W.A.Kennett, op.cit., p.138.

② See W.A.Kennett, op.cit., pp.138–139. The Commission’s suggested amendments to the Convention sought to introduce clear rules on the allocation of jurisdiction to grant provisional and protective measures, but did not deal with the issues of co–ordination between jurisdictions and of recognition of provisional orders.The proposed amendment to Article 24 allocated jurisdiction as follows: Where such provisional or protective measures as are available under the law of a Contracting State are to be enforced in its territory, they may be sought in that State, irrespective of the place where they produce their effects, even if, under this Convention, the courts of another Contracting State have jurisdiction as to the substance of the matter. The phrase “irrespective of the place where they produce their effects”was specifically intended to clarify the fact that the Article does not exclude the grant of worldwide Mareva injunctions–under which the relevant issue is whether the court has jurisdiction over the defendant and can therefore exercise control over him, rather than the location of the assets.

Ⅲ.公约第24条与第16—17条之间的关系

临时性或保护性措施管辖权与案件实质问题排他性管辖权之间的关系问题，在《布鲁塞尔公约》中即体现为公约第24条与第16—17条之间是相互独立关系还是前者受制于后者关系。在《布鲁塞尔公约》中，非以被告住所为管辖根据的排他性管辖权规定在公约第16条和第17条之中。第16条规定了缔约国法院可据以行使排他性管辖权而无须考虑被告住所所在地的若干个特定情况。就其中的大部分管辖根据而言，很难设想会到其他缔约国去申请影响主诉的临时性或保护性措施。而一些管辖根据则根本不可能涉及两者之间的关系问题。唯有“有关判决执行的事项，专属执行地的缔约国法院”的规定则在一些国家可能引发两者之间的直接重叠现象。因在诸如苏格兰之类的这些国家，并不对旨在确保最终判决执行的诉中临时性措施和用以执行判决的判决后临时性措施予以区分。而第17条规定，当事人约定将纠纷交由某一缔约国法院解决时，该缔约国法院即享有排他性管辖权。而一缔约国法院据此享有排他性管辖权的事实能否排除当事人向其他缔约国法院申请第24条项下的临时性措施？答案同样取决于关涉案件实质问题的临时性救济措施与不涉及案件实质问题的临时性救济措施之间的区分。实际上，《布鲁塞尔公约》第二篇是承认两者之间存在区别。有学者主张，实质性事项的管辖权问题由第1节至第6节条款（第2—18条）予以解决，但还存在涉及管辖权其他方面问题的一些其他补充性或从属性事项。而第7节至第9节条款并不涉及实质性诉讼管辖权的分配问题，而是专门解决源自上述各节规定的各种问题。据此，一缔约国法院拥有排他性管辖权的事实并不能排除申请人就有关实质案件的诉讼，根据第24条规定申请临时性和保护性措施。①

②《布鲁塞尔公约》解释报告

《布鲁塞尔公约》的各种解释报告也并没有提出有助于解决该问题的指导性意见。Evrigem和Kerameus报告尽管指出，采取临时性和保护性措施的管辖权原则上独立于案件实质问题的管辖权，但其并没有进一步阐述这一区别的意义。②

③欧洲法院的实践

若干个欧洲法院判决涉及到第24条所指的临时性或保护性措施管辖根据的性质。尽管这些案件并不是海商事案件，但对于海事诉讼中如何适用第24条也同样具有指导意义。

在De Cavel v. De Cavel（No.1）案中，欧洲法院指出，公约第24条条款本身要求该条款项下的管辖权行使以另一缔约国法院根据公约对实质性事项拥有管辖权为前提。

① See Gerry Maher & Barry J.Rodger, op.cit., p.308.

② (1986) O.J.C298/a, 3. See also Gerry Maher & Barry J.Rodger, op.cit., p.311.

然而，第24条并未明言其他缔约国法院是必须实际行使以公约为根据的管辖权，还是将行使以公约为根据的管辖权，甚至说，虽然不可能有实质性诉讼或没有预料有实质性诉讼，但存在此种性质的法院这一事实本身是否已经足够。然而，这一问题由于CHW v.GJH案的判决而略显棘手。在该案中，住所在比利时的两个荷兰公民之间的两个诉讼在荷兰法院进行。这两个诉讼其中一个是离婚诉讼，另一个是有关财产的诉讼。由于荷兰法院行使管辖权的根据之一即是公约第24条，从而也就产生了这样一个问题，荷兰法院是否拥有管辖权？一般认为，由于并没有在另一缔约国法院进行或将进行有关基于临时性或保护性措施而与荷兰法院的管辖权相关的纠纷的实质性诉讼，第24条不应予以适用。尽管在听取了Rapporteur法官的报告和欧洲法院总法律顾问（Advocate General）的意见后，欧洲法院本身也对发生第24条适用问题的原因有所疑虑。然在判决中，法院尽管注意到第24条使用了“另一缔约国法院对实质性事项拥有管辖权”的措辞，但其还是以这样的理由否定了荷兰法院的主张：“该条款实际上设想了这样一类案件：一缔约国法院在另一缔约国法院根据公约拥有实质性事项的管辖权时作出临时性措施的命令。因而不能根据第24条而将与为公约所排除的事项相关的临时性或保护性措施纳入到公约的范围之内。”

而在van Uden 案中，欧洲法院就有关临时性或保护性管辖权行使的三个问题发表了意见：第一个问题涉及临时性或保护性措施管辖权的行使是否以临时性或保护性措施所针对的对象与申请人提出申请的法院所属缔约国之间存在真正联系为必要。在该案中，欧洲法院指出，临时性或保护性措施限于位于申请作出地国法院管辖区域内的特定财产。不过这一限制是属于一般性限制，即包括位于法院管辖区域内的证据保护性措施在内，还是仅限于临时支付令的申请，尚不清楚。如果属于后者，则有必要考虑在其他案件中何种其他真正联系是充分的。[①]第二个问题涉及到一缔约国法院以为公约第3条所禁止的管辖根据为依据行使临时性或保护性措施管辖权的问题。欧洲法院指出，由于第24条并不包含在公约第2篇第2—6节之中，公约第3条所禁止的管辖根据并不适用于第24条的适用问题。而第三个问题则涉及对公约第24条“某一缔约国法院对案件的实质性问题拥有管辖权”的解释。在该案中，欧洲法院尽管注意到当一缔约国法院根据公约拥有实质性事项的管辖权时，另一缔约国法院则可以行使有关临时性或保护性措施的

① While the van Uden case undoubtedly imposes significant, and on the whole sensible, limits on the exercise of jurisdiction to grant provisional measures it may be regretted that the opportunity was not taken during the renegotiation of the Brussels and Lugano Conventions to provide some clearer regulation of the jurisdiction of courts to grant such measures.Co–ordination of provisional and protective measures is certainly on the agenda for further consideration following the Tampere summit.See W.A.Kennett, op.cit., pp.139–140.

通常的权力，而不会发生该权力行使的管辖根据问题。然而，由于在该案中当事人之间所签订的合同中含有一项仲裁条款，并且仲裁程序已经启动，因而关于保护性措施的任何申请只能以第24条为根据。欧洲法院则出乎意料地认为，仲裁条款或仲裁程序的存在并不能排除公约第24条的适用。因为第24条所规定的临时性或保护性措施涉及属于公约范围的权利，本案中所涉及的合同项下的权利即属于此类权利。Van Uden公司所申请的措施无论如何不附属于仲裁程序，而是保护其契约权利。据此可以得出这样一个结论：尽管存在仲裁程序，但由于临时性措施涉及属于公约范围的Van Uden公司的权利，因而第24条授予荷兰法院以管辖权。欧洲法院的这一推理至少可以说并不完全令人信服。当一缔约国法院根据公约拥有实质性事项的管辖权时，公约第24条则赋予另一缔约国法院有关临时性或保护性措施的管辖权。欧洲法院判决的这一部分内容无法与公约第24条清晰的措辞相协调。同时在目前情况下，仲裁条款的效力则是使任何缔约国法院无管辖权，就此而言，人们则可能更倾向于认为第24条根本不可能予以适用。①

2.海事公约的规定

1978年联合国《海上货物运输公约》(《汉堡规则》)和1980年联合国《国际货物多式联运公约》也对临时性或保护性措施的相互协助问题作出了类似于《布鲁塞尔公约》模式的规定。《汉堡规则》第21条第3款规定，根据本公约而提起的有关货物运输的任何法律诉讼，不得在本条第2款所未规定的地点提起。本款上述规定并不妨碍缔约国采取临时性或保护性措施的管辖权。也就是说，第一，海上货物运输实质性问题的管辖权必须根据公约所规定的根据予以行使，而临时性或保护性措施的管辖权则根据缔约国国内法所规定的根据行使，而不受公约有关管辖权规则的约束；第二，海上货物运输实质性问题诉讼在一缔约国法院进行的事实并不妨碍另一缔约国法院根据本国法规定行使临时性或保护性措施的管辖权。这也就意味着一缔约国法院可根据本国法规定采取临时性或保护性措施以协助在另一缔约国法院进行的有关实质性问题的诉讼。而1980年国际货物多式联运公约也作了相同的规定。其第26条第2款规定，根据本公约有关国际货物多式联运的任何诉讼程序均不得在本条第1款所没有规定的地点进行。本条各款并不妨碍各缔约国对于临时性或保护性措施的管辖权。

但美中不足的是，《汉堡规则》和1980年《多式联运公约》并没有对一缔约国法院能否采取临时性或保护性措施以协助在另一缔约国进行的仲裁问题作出规定。从有关临时性或保护性措施管辖权问题的条款在公约中所处的先于仲裁条款的位置看，答案应该是否定的。

① See Gerry Maher & Barry J.Rodger, op.cit., pp.314–316.

3. 美洲国家国际私法特别会议1979年《关于执行保全措施的公约》

美洲国家组织各成员国，考虑到美洲国家的司法行政要求，为保证在他们各自属地管辖权下作出的临时性措施方面的相互合作，特制定《关于执行保全措施的公约》，就保全措施的国际合作机制作了全面规定，而保全措施的协助机制即是其中的一项重要内容。

（1）保全措施的定义

与《布鲁塞尔公约》不同的是，该公约对保全措施作了统一的定义。公约第1条规定，依本公约的宗旨，“保全措施”，或“安全措施”或“保障措施”均具有相同意义，它们均用来指其目的在于使判决或未决案件中的财产，或在未来案件中涉及人、财产的安全，或债务的给付，或在民事、商事或劳动案件中为或不为一定的行为，或在刑事审判中应追究的民事赔偿，应得到保证而采取的程序或措施。但成员国可宣布他们对公约将只适用于公约所规定的一种或多种保全措施。可见，《关于执行保全措施的公约》避免了《布鲁塞尔公约》由于授权各缔约国依其本国法律界定临时性措施所导致的不确定后果，并且几乎将各国国内法中的保全措施均纳入公约的适用范围之内。

（2）公约项下保全措施的协助机制

公约第10条规定，根据一方当事人的有充分根据的请求，为了保障一个正在审理的或可能提起的诉讼的结果付诸执行，公约各成员国的法官或法院，可就具有属地性质的任何保全或紧急措施，发布命令并予执行。不管任一成员国的法官或法院有权审理此种国际案件，只要此种措施影响的财产或权利是位于当事人向其申请的法官或法院管辖领土之内，这一规定便可适用。如案件延期审理，作出此种命令的法院应立即通知主诉的法官或法院。而如诉讼尚未提起，发布保全措施命令的法官或法院应指定申请人必须出庭申诉其权利的日期；他必须受任一成员国有权审理国际案件的法官或法院作出的终局判决的约束。不过，与布鲁塞尔公约不同的，《关于执行保全措施的公约》对保全措施管辖权的行使根据作了统一规定，即保全措施影响的财产或权利所在地国法院拥有采取保全措施的管辖权。而布鲁塞尔公约则将临时性措施的管辖权交由各缔约国国内法确定。

4. 国际法协会《国际诉讼中临时性和保护性措施原则》（以下简称《原则》）

国际法协会于1996年在赫尔辛基会议上通过的《国际诉讼中临时性和保护性措施原则》也就临时性或保护性措施方面的相互协助问题作了规定。其第12条规定，法院行使临时性和保护性措施的管辖权以实质性诉讼在合理时间内向该法院提起（如果其有实质性管辖权）或向外国法院提起（但如果外国法院就实质问题所作的判决不存在在采取临时性和保护性措施的法院所属国执行的合理可能性，则该法院不应采取临时性和保护性措施以协助在外国法院进行的实质性诉讼）为条件。《原则》项下的临时性和保护性措施协助机制的运作可从以下两个方面予以说明。

（1）临时性和保护性措施的范围

《原则》虽未就其所适用的临时性和保护性措施作出明确的定义，但其从临时性和保护性措施所具有的功能出发对此作了说明。《原则》第1条规定，在民商事诉讼中的临时性和保护性措施具有两大基本功能：（a）维持现状直至争议得以裁决；（b）保全财产使终局判决得以执行。同时，《原则》第22条将临时支付措施排除在临时性和保护性措施之外。其规定，法院根据其国内程序法所采取的临时性支付措施（如在以后可根据终局判决加以变更的向原告所作的一次性支付）不是国际诉讼中的临时性或保护性措施。但《原则》并未就有关证据保全和费用担保的措施是否属于临时性和保护性措施作出说明。①

（2）临时性和保护性措施的管辖法院

《原则》将临时性和保护性措施的管辖权分配给两个法院：行使实质性案件管辖权的法院和财产所在地法院。②在前者情况下，法院有权颁布针对被告本人的临时性和保护性命令，以冻结其财产，而不论财产位于何地。而在后者情况下，法院仅能就位于其管辖区域内的被告财产采取临时性和保护性措施，而单纯的财产在法院所属国存在的事实构成其就该财产采取临时性和保护性措施管辖权的充分根据，但其本身并不能使该法院确立对案件实质问题的管辖权，不论是否限于被冻结财产之价值。③当然，当案件实质问题管辖法院行使临时性和保护性措施管辖权时，不可能发生一国法院采取临时性和保护性措施以协助在另一国法院进行的实质性诉讼问题。

（3）采取临时性和保护性措施的条件

《原则》第3条规定，各国应无差别地采取临时性和保护性措施，以实现通过保全财产使终局判决得以执行之目的。④同时，根据《原则》规定，财产所在地国法采取临时性和保护性措施应符合以下条件：第一，原告应以低于根据准据法证明案件实质问题所要求的证明标准证明案件的是非曲直。该适当标准即是证明存在良好论据案情。第二，对原告的潜在损害大于对被告的潜在损害。⑤

---

① See W.A.Kennett, op.cit., p.157.

② See W.A.Kennett, op.cit., pp.152–153.

③《国际诉讼中临时性和保护性措施原则》第16，17，12，21条。

④ This goes without saying in relation nationals and domiciliaries of Member States (see especially Case 398/92 Mund & Fester v. Hatrex International Transport[1994] ECR Ⅰ–146). See W.A.Kennett, op.cit., p.153.

⑤ This requirement, which is included in the ILA Principles, is not made explicit in the law of most European legal systems.However there is no requirement of urgency listed in the ILA Principles, but it features in the law of some European legal systems and was also in the Commissions Proposed text for Art 18. See W.A.Kennett, op.cit., p.153.

（4）实质问题管辖法院和采取临时性和保护性措施法院之间的相互配合

实质问题管辖法院和采取临时性和保护性措施法院之间的相互配合和互通信息，是《原则》所设计的临时性和保护性措施协作机制的重要特征。[①]其体现为：第一，实质问题管辖法院对其他法院所采取的临时性和保护性措施的监督。《原则》第14条规定，行使实质问题管辖权的法院，应被告的申请对在另一国法院所采取的临时性和保护性措施实施监督，特别应考量这些措施从诉讼整体和原告所请求的数量而言是否正当。实际上，审理案件实质问题的法院是对临时性和保护性措施的运用情况加以监督的最佳法院，因为当事人之间争议情况是法院在行使采取或变更或撤销此种措施的自由裁量权时的重要考虑因素，而审理案件实质问题的法院随着诉讼的进展最能了解案情。不同国家司法机构之间的直接沟通显然比单纯依赖申请人更能有效地协调和监测临时性和保护性措施的运用情况。第二，采取临时性和保护性措施的法院对实质性诉讼的全面协助。《原则》不仅要求采取临时性和保护性措施的法院采取临时性和保护性措施以协助在他国法院进行的实质问题的诉讼，而且基于临时性和保护性措施在特定时间有效的事实，要求该法院根据实质性问题诉讼的进展情况延续即将到期的临时性和保护性措施的有效时间。[②]第三，申请人的告知义务。《原则》课予申请人将在他国法院所采取的临时性和保护性措施的执行情况告诉审理案件实质问题法院的义务，以便使法院确信被告是否不堪重负。《原则》第15条规定，临时性和保护性措施的申请人应将临时性和保护性措施诉讼和在他国法院进行的案件实质问题诉讼的进展状况告知所请求的法院。

5. 国内立法和司法实践

早在19世纪末，法国法学家巴尔（Bar）指出：第一，被告财产的存在（presence）并不是行使案件实质问题裁判管辖权的充分根据，如果行使此种管辖权的话，则是过度的、不合理的、违背礼让的。第二，绝对有必要区分以扣留或扣押为根据的管辖权，和临时性措施的使用。在必要时可采取临时性措施以满足紧急需要，这也是人性的要求，如扣押债务人财产以阻止无耻的债务人挥霍财产。每一个国家的法院在用以证明颁布临时性命令为正当所必要的事实存在于其管辖区域内时，均有权力颁布此种临时性命令。但该问题由未决的主要诉讼进行地国法院管辖更为适当，并且申请人有足够时间向该法院申请时，其他法院应拒绝申请人的申请。[③]20世纪下半叶以《布鲁塞尔公约》为代表的国际民商事管辖权法制的发展应证了巴尔的主张。当今，各国法院之间在临时性和保护性措施方面相互辅助的国际合作模式已为大多数国家所接受，一国法院在适当的情况

① See W.A.Kennett, op.cit., pp.154–155.

② 《国际诉讼中临时性和保护性措施原则》第13条。

③ Bar:Theory and Practice of Private International Law (2nd ed., 1892), p.913. See also L.collins, op.cit., p.44.

下可命令采取临时性或保护性措施以支持在其他国家进行的诉讼或仲裁。

（1）欧盟成员国有关《布鲁塞尔公约》模式的实践

《布鲁塞尔公约》所规定的临时性和保护性措施相互辅助模式业已由欧盟各成员国通过各种方式加以实施。

①英国

英国有关临时性或保护性措施相互辅助模式的发展变化大致可分为四个阶段：在第一阶段，即1982年《民事管辖权和判决法》实施之前，英国法院采否定相互辅助模式的立场。在著名的The Siskina案中，贵族院裁定，当实质性诉讼在外国法院进行，即使冻结在英国的保险金是原告所希望的用以确保判决执行的唯一方法，英国法院也不能颁布玛瑞瓦禁令以保全位于英国的保险金。而玛瑞瓦禁令只去辅助或协助确实存在有一个真正的诉因、并且将在英国法院进行的诉讼或仲裁，即英国对将来胜负有实质的管辖权。① 这一判决无疑阻碍了玛瑞瓦禁令的进一步发展。第二阶段，即1996年仲裁法实施后，英国法院开始就在国外进行的仲裁实施临时性措施的辅助模式。第三阶段，即1982年《民事管辖权和判决法》于1987年生效后，英国法院在《布鲁塞尔公约》缔约国范围内实施相互辅助模式。第四阶段，即1997年《民事管辖权和判决法（临时性救济）令》[（Civil Jurisdiction and Judgment Act（Interim Relief）Order）]于1997年4月1日生效后，英国法院开始不再区分是否是《布鲁塞尔公约》缔约国，而全面实施相互辅助模式。②

I.1982年《民事管辖权和判决法》第25，26条

为在英国国内实施《布鲁塞尔公约》，英国议会制定了1982年《民事管辖权和判决法》，其中公约第24条规定在1982年法第25条之中。不过，1982年法第26条也涉及到相互辅助模式问题。

① See L.Collins, Essays in International Litigation and the Conflict of Laws (1994), p.215. Gerry Maher & Barry J.Rodger, op.cit., pp.318–319. L.Collins, op.cit., pp.48–53. W.A.Kennett, op.cit., p.136. 杨良宜：《禁令》，第281—283页。

② 参见杨良宜：《禁令》，第284—285页。See also W.A.Kennett, op.cit., p.137. Gerry Maher & Barry J.Rodger, op.cit., p. 319. As a result, interim relief "may now be sought from the English court in support of court or arbitral proceedings which are to be, or have been, instituted anywhere in the world without the need to establish any basis upon which the English court could assert jurisdiction as to the substance." In addition, interim relief may now be granted even where the subject matter of the proceedings is not a civil or commercial matter.Accordingly, section 25 now provides for jurisdiction in Article 24 cases and situations falling outside 24. The only reference to the exercise of the discretion in granting relief under section 25 (1) is provided in section 25 (2).

i. 1982年《民事管辖权和判决法》第25条

（Ⅰ）临时性救济措施（interim relief）的范围

1982年法第25条第1款规定，英格兰、威尔士或北爱尔兰高等法院在以下情况下应有权力实施临时性救济措施：（a）诉讼业已或将在联合王国之外的《布鲁塞尔公约》或《卢迦诺公约》缔约国，或者高等法院管辖区域外的联合王国其他地方提起；并且（b）正在进行或即将进行的诉讼的客体属于由《布鲁塞尔公约》第1条所确定的公约范围之内（不论任何其他公约是否对该诉讼有法律效力）。这一规定意味着Siskina案所埋下的英国法院必须对案件有实质管辖权这一障碍开始被废除，[①]而临时性或保护性措施辅助机制开始逐步确立。

然而，正如《布鲁塞尔公约》并没有对"临时性或保护性措施"作出定义一样，1982年法也并没有就"临时性或保护性措施"应该包含哪些类型问题为法院提供详尽的界定标准，相反，其则使用了"interim relief"（临时性救济措施）这一概念。而何谓"临时性救济措施"，1982年法第25条第7款对此作了一个概括说明。其规定，临时性救济措施是指财产扣押令和收集证据措施之外的在有关属于法院管辖范围之内事项的诉讼中有权采取的任何类型的临时性救济措施。这一定义显然将英国法中唯一的对物保全措施，即海事诉讼中船舶扣押措施，以及在各种民商事诉讼中的证据保全措施排除在辅助机制适用范围之外。同时，该定义至少引发二个问题：第一，英国法院所能采取的临时性救济措施的范围如何确定；第二，临时性救济措施在何种情况下构成《布鲁塞尔公约》第24条意义上的临时性和保护性措施。英国学者为此认为，英国法院所能采取的临时性救济措施主要是经常以一面之词颁布的中间或临时禁令，而颁布这种类型的禁令的权力源于1981年《最高法院法》第37条第1款。[②]据此，最主要的莫过于玛瑞瓦禁令。至于诸如临时性损害赔偿措施之类的金钱裁决是否属于临时性救济措施的范畴，尚无判例。即使其属于1982年第25条第1款所指的临时性救济措施，英国法院极有可能在对案件实质问题无管辖权的情况下就临时性损害赔偿措施的相互辅助问题采取相当保守的态度，甚至利用第25条第2款的"不适当条款"拒绝采取临时性损害赔偿措施以辅助在其他布鲁塞尔公约缔约国法院进行的实质性诉讼。[③]

---

① 参见杨良宜：《禁令》，第283页。

② See Gerry Maher & Barry J.Rodger, op.cit., p.320

③ See Gerry Maher & Barry J.Rodger, op.cit., pp.321, 325–329. Since the relevant provisions of the Civil Jurisdiction and Judgments Act 1982 came into force in 1987, there have been two important decisions on the application of Article 24 in English proceedings, botu of which involved cases where the substantive proceedings on the merits were pending in France: Republic of Haiti v.Duvalier and X v.Y. See L.Collins, op.cit., pp.53–56.

（Ⅱ）临时性救济措施管辖权行使的程度

由于《布鲁塞尔公约》第24条并没有直接规定管辖权的行使根据，因而其并不是采取临时性或保护性措施的权力之源，而仅是一项授权性（permissive）规则，缔约国法院能否和如何行使管辖权悉由其国内法确定。[①]就英国法院临时性救济措施管辖权的行使程度而言，在Republic of Haiti v. Duvalier 案中，英国上诉法院Staughton L. J.指出，《布鲁塞尔公约》第24条要求每一缔约国采取如同该国法院正在审理实质性案件时其国内法所允许的临时性和保护性措施，以辅助在其他缔约法院进行的诉讼。[②]而在Alltrans Inc.v.Interdoms Holding Ltd案[③]中，上诉法院进一步指出，《布鲁塞尔公约》第24条和1982年法第25条并不可作同等解释（co-extensive），1982年法第25条赋予英国法院广泛的采取临时性救济措施的管辖权。[④]

此外，与《布鲁塞尔公约》第24条不同的是，1982年法第25条还规定了拒绝行使管辖权的自由裁量权的行使条件。1982年第25条第2款规定，对于根据第1款所提出的临时性救济措施的申请，如果法院认为法院对诉讼客体无管辖权的事实使其采取临时性救济措施不适当时，则可拒绝采取该救济措施。该“不适当条款”的适用问题在Credit Suisse Fides Trust v.Cuoghi案得到考虑。[⑤]在该案中，法院否定了采取财产冻结措施的管辖权应保留给财产所在地国法院的主张，而认为这是一个有关命令的有效性问题，在英格兰和威尔士法院有能力执行其命令（受礼让考量因素和有效国际合作的制约）的任何情况下，法院都有采取临时性救济措施的权力。因而采取临时性救济措施的管辖权并不受有关满足任何积极标准要求的限制，而受旨在确保临时性救济措施仅在适当时方能采取这一自由裁量权的限制。

ii.1982年《民事管辖权和判决法》第26条

由于1982年法第25条所规定的临时性救济措施辅助机制将财产扣押排除在外，因而在第26条中专门对海事司法实践中所存在的有关海事诉讼中的财产扣押或担保措施的

---

① See W.A.Kennett, op.cit., p.135. See also L.Collins, op.cit., p.56. Gerry Maher & Barry J.Rodger, op.cit., p.321.

② [1989] 1 All E.R.456. This conclusion is almost certainly wrong as a matter of law, but nevertheless in practice the courts of the Contracting States do make their remedies available in aid of proceedings in other Contracting States.See L.Collins, op.cit., p.56.

③ [1991] 4 All E.R.458, 468.

④ See Gerry Maher & Barry J.Rodger, op.cit., p.322.

⑤ [1997] 3 All ER 724. See Gerry Maher & Barry J.Rodger, op.cit., p.320.See also W.A.Kennett, op.cit., p.137.

辅助机制予以确认。[①]第26条第1款规定，当在英格兰或威尔士或北爱尔兰，法院以争议应提交仲裁或联合王国其他地方或外国法院裁决为由而中止或撤销海事诉讼时，如果在该海事诉讼中财产业已被扣押或为阻止财产被扣押或使被扣财产得以释放而业已提供保释金或其他担保物，法院则可:（a）命令继续保留被扣财产以作为,（Ⅰ）就英国本地诉讼为此而被中止或撤销的仲裁或法律诉讼中所涉争议作出的，且（Ⅱ）在英格兰或威尔士或北爱尔兰可予以执行的任何裁决或判决执行之担保;（b）命令诉讼的中止或撤销以提供作为任何此种裁决或判决执行之担保的相当担保物为条件。第2款规定，当法院根据第1款作出命令时，其可就该命令附加其认为适当的条件，特别是有关所涉仲裁或诉讼提起或实施方面的条件。据此，当为支持仲裁或海外诉讼而中止或撤销英国本地的海事诉讼时，法院可命令继续保留业已提供的任何担保或提供其他替代性担保以确保将来仲裁裁决或判决之执行。其中，第26条第1款第（a）项适用于船舶仍被扣押的情况，而第（b）项适用于为防止扣押船舶或为使被扣船舶得以释放而提供担保的情况。[②]

该条款的适用问题在许多海事诉讼中得到充分论证。在The World Star案[③]中，承租人扣押船舶以作为仲裁裁决之担保。被告船东请求法院中止诉讼并释放被扣船舶。Sheen J. 裁决，既然案件在程序上属于第26条的适用范围，法院根据第26条第1款第（a）项规定有权继续扣押船舶以作为执行仲裁裁决之担保。

在The Falamatsya案[④]中，原告在船舶租约纠纷的仲裁开始后认识到其并没有获得将来可能作出的胜诉判决执行之担保，遂向法院申请扣押属于被告的船舶。由于原告的海事请求属于高等法院海事管辖的范围，扣押申请被批准并予以执行。但被告并没有提出中止诉讼申请，而以扣船属于滥用法院程序为由要求撤销诉讼。同时，被告主张，第一，第26条规定并没有改变以前有关该问题的判例法规则，即程序性救济仅存在于申请中止诉讼的案件中，如果没有提出中止诉讼的申请，第26条规定不应予以适用。第二，由于仲裁已经开始，第26条规定不应予以适用。Sheen J. 对此予以否定，认为船舶可继续予以扣押直至担保提供。并且船舶的扣押与解释第26条规定并将其适用于特定情况毫不相干，并且区分仲裁已经开始与仲裁尚未开始两种情况也并无意义。第26条的目的旨在使原告在其通过仲裁而非诉讼解决纠纷时通过对物诉讼程序获得担保，而不论仲裁程序是否已经开始。法院的程序并没有被滥用。如果仲裁程序已经开始，并且原

① Prior to the implementation of section 26 of the Brussels Convention, a vessel could be arrested and security sought in aid of other proceedings, not pending in the English Hight Court, for instance London arbitration proceedings. See Christopher Hill, op.cit., p.146.

② See Christopher Hill, op.cit., pp.146–147.

③ [1986] 2 Lloyd's Rep.274.

④ [1987] 2 Lloyd's Rep.164.

告尚未获得任何可能作出的裁决执行之担保，则原告如果在仲裁程序进行中得知属于被告所有的船舶进入法院的管辖区域，有权签发对物令状，扣押该船舶以获得担保。

在The Bazias 3 and The Bazias 4案①中，当事人之间就用于提供海峡轮渡服务的船舶所签订的光船租赁合同发生纠纷。该纠纷被提交仲裁裁决。原告扣押船舶作为仲裁请求之担保，并将被扣船舶置于海事执行官的监管之下。但后被扣船舶被允许继续提供海峡轮渡服务。被告船东根据1975年仲裁法申请中止扣押程序，并主张1982年法第26条保留了以前所存在的实践做法，因而当请求受仲裁条款约束时，法院拥有根据被告是否可满足原告胜诉裁决执行的需要而决定释放被扣船舶的自由裁量权，而无须要求其提供相当担保。第26条的效力即是将仲裁程序中的请求等同于海事法院对物诉讼中的请求，因而法院的自由裁量权在这两种情况下是相同的。上诉法院认为，在涉及仲裁案件时，法院已不再拥有宽泛的自由裁量权。在船东提出释放被扣船舶请求时，通常的作法即是船舶的释放仅以船东提供在数量上基于原告所证明的充分论据案情所得出的包括请求数额和费用在内的足够数额的担保为条件。被告所援用的事由，尤其是其所具备的满足可能不利于其的仲裁裁决执行的能力都无法证明作出与一般情况下所颁布的命令不同的决定的合理性。被告所提出的有关其不可能按时筹集资财以提供担保的主张不能接受。这里也不存在可背离通常命令的任何根据。因而船舶应继续予以扣押，直至海事法院作出进一步的命令，同时诉讼应根据1975年仲裁法予以中止。而船舶不能继续由海事执达员监管，而应允许其在法院管辖区域外从事经营活动。

而在The Havhelt案②中,船舶基于提单项下的货物损害赔偿请求而被扣押，而提单规定提单项下的纠纷应由挪威法院根据挪威法加以解决。被告船东认为在英国法院提起诉讼违反了管辖权条款，因而请求英国法院中止或撤销诉讼，并请求释放船舶。而原告则认为，如果在挪威法院提起诉讼，将会由于被剥夺担保之权利而使其利益受到损害。目前需要裁决的问题是在英国法院进行的诉讼应否予以中止？船舶应否继续予以扣押？法院认为，由于当事人已明示约定将纠纷交由挪威法院根据挪威法予以裁决，因而在英国法院进行的诉讼应予以中止。被告所谓在挪威法院提起的任何诉讼由于海牙规则所规定的一年诉讼时限已过而丧失时效，进而担保物应予以释放的主张，由于挪威法未被证明而不能被接受。至于原告根据The　EL Amria案所提出的有关法院在决定是否应赋予管辖权条款效力时，应考虑原告被迫在外国法院进行诉讼由于不能获得担保而将受到损害的主张，法院认为该特定考虑因素在一定程度上业已为第26条规定所替代。在问题没有被裁决之前，法院可根据第26条规定命令船舶应继续予以扣押以作为挪威法院将可

① [1993] 1 Lloyd's Rep.101.

② [1993] 1 Lloyd's Rep.523.

能作出的任何裁决或判决执行之担保。不过，作为继续扣押船舶之条件，原告应就被告三万英镑的费用提供担保。

II.1996年仲裁法

与《布鲁塞尔公约》第24条相同，1982年法第25条仅规定英格兰或威尔士或北爱兰法院有权采取财产扣押和证据保全之外的临时性救济措施以辅助在其他地方法院进行的诉讼，而对于在其他地方进行的仲裁，英格兰或威尔士或北爱尔兰法院能否采取此类临时性救济措施加以辅助的问题并未一并作出规定。为弥补这一缺陷，于1997年1月31日生效的1996年仲裁法第44条第1—2款规定，除非当事人另有约定，对于仲裁程序，法院就下述事项拥有与在涉及诉讼程序时相同的权力：证据的收集和保全、就作为诉讼客体的财产或在诉讼中所产生的任何问题作出命令。可见，1996年仲裁法不仅扩张了临时性救济措施的范围，而且允许法院对在英国本土或外国进行的仲裁作出包括玛瑞瓦禁令在内的禁令。[①]不过，与1982年法第25条规定相同的是，法院对于是否采取临时性救济措施拥有自由裁量权。该法第2条第3款规定，即使仲裁地位于英格兰或威尔士或北爱尔兰，或者尚未指定或确定，对于第44条所赋予的权力，法院如果认为仲裁地位于英格兰或威尔士或北爱尔兰，或者指定或确定的仲裁地将可能位于英格兰或威尔士或北爱尔兰的事实使其行使该权力不适当时，则可拒绝行使该权力。

III.1997年《民事管辖权和判决法（临时性救济）令》

1982年法旨在实施《布鲁塞尔公约》的规定，英国行使临时性救济权力仅在辅助在另一缔约国法院进行的实质性诉讼，而对于采取临时性救济措施管辖权的积极规则，以及当实质性诉讼在非公约缔约国法院进行时英国法院可否采取临时性救济措施以辅助在该国法院进行的诉讼，则并未作出规定。为弥补这一缺陷，1997年《民事管辖权和判决法（临时性救济）令》第2条特规定，英格兰或威尔士或北爱尔兰高等法院就下列诉讼应拥有1982年法第25条第1款项下的采取临时性救济措施的权力：（a）诉讼程序非在《布鲁塞尔公约》或《卢迦诺公约》缔约国法院提起或将提起；（b）诉讼客体并非属于《布鲁塞尔公约》第1条所规定的范围之内。这意味着临时性救济措施的相互辅助机制业已扩张适用于在非《布鲁塞尔公约》缔约国法院进行的实质性诉讼和不属于《布鲁塞尔公约》范围的实质性诉讼事项。[②]

临时性救济措施相互辅助机制适用范围的扩大，使得现在不论在世界任何地点进行实质性诉讼或仲裁，英国法院都有权利作出包括玛瑞瓦禁令在内的临时性救济措施。香港著名海事法专家杨良宜先生对此予以了高度评价，他指出："这确也是填补了一个'黑

① 参加杨良宜：《禁令》，第284—285条。See also Gerry Maher & Barry J.Rodger, op.cit., p.319.

② See W.A.Kennett, op.cit., pp.137–138. Gerry Maher & Barry J.Rodger, op.cit., p.319. 杨良宜：《禁令》，第285页。

洞’，是以前这个世界的人士未曾‘国际化’不必面对。今天，不论是公司或私人有一个外国银行账户绝不希奇。而账户在伦敦或纽约的国际金融/银行中心更是正常。但他/它们的商业活动会是在世界各地，可以在任何地方遇上官司，或是同意任何地点的仲裁条款，与伦敦/纽约毫无关系。……而这一改法，也就表示英国可去申请一种叫‘Free-standing Mareva禁令’，它与英国毫无关系，纯是被告在英国资产，如银行账户或保险赔付。这案件如果在或会在外国法院管辖，申请的依据是1982年法第25条，而如果在或会在外国仲裁，申请的依据可是1996年英国《仲裁法》第44条。”[①]

②德国

在德国，根据《民事诉讼法典》第919，937，942条之规定，假扣押和假处分由审理本案的法院、假扣押标的物所在地的法院或争执标的物所在地的管辖法院管辖。这一临时性保全措施管辖权规则尽管属于国内法规则，但现已扩张适用于国际民商事案件。这意味着当实质性诉讼在外国法院进行时，德国法院可采取假扣押或假处分措施以协助该诉讼。实际上，许多德国法院现都根据《民事诉讼法典》第917条第2款之规定实施财产扣押，以作为由外国法院审理的请求之担保。[②]

③法国

在法国，临时性保全措施协助机制据说早自1850年以来就已开始实行，法国法院可以扣押位于法国境内的财产，即使外国法院对案件的实质问题拥有管辖权，并且法国法院的扣押程序可以中止以待外国法院的判决结果。[③]而自《布鲁塞尔公约》在法国实施以来，若干个法院判决指出法国法院可根据《布鲁塞尔公约》第24条规定命令采取临时性或保护性措施，即使外国法院根据公约对案件的实质问题享有专属管辖权。不过正如法国法院所指出，一项措施被法国法定性为临时性或保护性措施的事实，并不意味着也可同样地定性为公约意义上的临时性或保护性措施，因为公约中的术语应从公约意义上加以解释，而不应根据法院地法或准据法予以定性。[④]然而，目前在有关临时性或保护性措施辅助问题上，法国司法实践中出现逆转现象。在Menegatti v.Soc. Metallurgica Nova Stefano e Giuseppina案中，代理协议授予意大利科摩法院专属性管辖权，原告根据《布鲁塞尔公约》第24条规定向法国巴黎商事法院申请临时支付令。巴黎上诉法院认为，原则上该救济措施应该属于公约第24条所指的临时性措施，但意大利法官能更好地就

---

① 参见杨良宜：《禁令》，第285—286页。

② See Court of Justice of European Communities, Digest of Case-Law relating to the European Communities, D Series, case at Ⅰ–24. See L.Collins, op.cit., p.56.

③ See L.Collins, op.cit., p.45.

④ See L.Collins, op.cit., pp.57–58.

这些临时性措施作出裁决，即意大利法院是更为适当的法院。[①]

④意大利

意大利对临时性或保护性措施的协助机制作了明确的规定。其《国际私法制度改革法》第10条规定，[②]如果临时性措施将在意大利实施，或者意大利法院对案件的实质问题拥有管辖权，意大利法院拥有采取临时性措施的管辖权。这意味着，当案件的实质问题诉讼在外国法院进行，并且当事人申请的临时性措施在意大利实施时，意大利法院即有权采取临时性措施以协助在外国法院进行的诉讼。而新《民事诉讼法典》也作了类似的规定。该法典第724条规定，当案件实质问题的诉讼将在外国法院进行，或案件实质问题将在外国仲裁时，判决或裁决执行地法院或者临时性措施发生效力的法院拥有采取临时性措施的管辖权。

⑤荷兰

《布鲁塞尔公约》于1973年2月1日对荷兰生效，此后有三个案件涉及公约第24条适用，其中一个为海事案件。在Deco-Line and Determann v.Van Uden Maritime案[③]中，Van Uden于1993年3月与 Deco-Line之间签订了一份租船协议。根据该协议，Van Uden必须在它自己经营的轮船上或通过与他人合作的方式为Deco-Line提供舱位。Deco-Line则应支付所租舱位的租金。后因Deco-Line未支付应付款项，Van Uden根据协议第10条对Deco-Line提起仲裁。Van Uden后以Deco-Line在选择仲裁员时拖延时间，其不支付行为对他的财政状况构成威胁为由，向鹿特丹地区法院庭长提起即决诉讼，请求支付未付款项。Deco-Line对地区法院庭长的管辖权提出异议。然而地区法院庭长则认为其拥有法定资格，并作出对原告有利的判决。Deco-Line提起上诉，并再次对地区法院庭长的管辖权提出异议。上诉法院认为地区法院庭长援引公约第24条，将其管辖权建立在荷兰《民事诉讼法典》第126条第3款规定之上。而第3款规定，当被告的住所不在荷兰时，原告住所地的法院有合法资格。然而对于公约第24条项下的管辖权，依据国内法行使管辖权是不充分的，还必须有其他连结因素为其管辖权行使提供理由。因而判决地区法院没有行使国际管辖权的充足基础，从而推翻了鹿特丹地区法院庭长作出的判决。

---

① See L.Collins, op.cit., pp.58–59.

② Law of 31 May 1995 no 218.See also Art 669 ter para 3 of the Codice di Procedura Civile, which is concerned with the procedures for the grant of protective measures:'If an Italian court is not competent to deal with the case on the merits, the claim should be brought before the court, which would be competent in terms of the subject matter or value of the claim, for the place in which the protective measures is to be enforced.'See W.A.Kennett, op.cit., p.136.

③ (1995) KG 449, Court of Appeal of 's–Gravenhage, 11 October 1994, reversing President District Court of Rotterdam, 21 July 1994, (1994) KG334. 参见肖永平，上引著，第427—433页。

⑥瑞士

作为《卢迦诺公约》成员国的瑞士对公约所规定的临时性措施协助机制作出了积极的回应。其《联邦国际私法法规》第10条规定，瑞士法院或主管机关即使对案件的实质问题没有管辖权，也有权采取临时性措施。这一规定所使用的措辞显然与布鲁塞尔和卢迦诺公约第24条规定极其相似。然而该条款并未规定瑞士法院行使临时性措施管辖权的根据，而是将此问题留由其他条款予以确定。而所谓“其他条款”之一的即是该法第4条。其规定，本法没有指定瑞士其他法院的，财产扣留有效性的诉讼可在财产扣留地瑞士法院提起。①

（2）其他国家有关临时性措施协助机制的实践

临时性或保护性措施协助模式还不同程度地为相当多的非欧洲国家所接受。

①美国

美国最高法院在1977年Shaffer v.Heitner案②中指出，通过涉外扣留程序而行使准对物管辖权是违宪的，单纯的财产的存在不是充分的管辖根据，与对州法院权力所课予的正当程序限制不相一致。美国宪法第14条修正案中的正当程序条款并未授权州法院可针对与州没有相关联系的被告作出一项有拘束力的判决。而单纯的被告财产在该州的存在并不构成此处所指的“相关联系”。但财产的存在可以证明采取临时措施的正当性。即财产在管辖区域内的存在意味着财产所在地州法院有权扣留该财产以作为由符合最低程度联系这一正当程序要求而审理案件的另一法院作出的判决之担保。Shaffer v.Heitner案的这一法律意见为哥伦比亚特区上诉法院在Barclays Bank S.A.v.Tsakos案③中所采纳。在该案中，原告分别在法国、瑞士和美国哥伦比亚特区法院对被告提起诉讼，并在哥伦比亚特区对被告在该地的公寓加以扣留。法院指出，“原告实际上仅是为保全在判决作出前对扣留物优先受偿的地位，以作为欧洲国家法院作出的判决之担保。而我们在这里也并不处理有关旨在行使管辖权的扣留问题”。④

②澳大利亚

1988年《海事法》第29条以“被中止或撤销诉讼之担保”为名就扣押措施的协助问题作了规定。该条第1款规定，当（a）法院认为由于所涉请求应由仲裁庭（不论在澳大利亚还是在其他地方）作出裁决或外国法院作出判决而中止或撤销根据本法而在本法院进行的未决诉讼，并且（b）船舶或其他财产业已在本诉讼中被扣押，则该法院可

① See W.A.Kennett, op.cit., p.136.

② 433 US 186 (1977).

③ 543 A.2d 802 (DC App.1988). See also Carolina Power & Light Co. v.Uranex, 451 F.Supp.1044 (ND Cal.1977).

④ See L.Collins, op.cit., pp.47–48.

以以继续留置该船舶或财产以作为在仲裁或外国法院诉讼中做出的裁决或判决执行之担保为条件而命令终止该诉讼。同条第2款规定，上述第1款规定并不限制法院的任何其他权力。第3款规定，法院中止或撤销诉讼的权力包括根据公平的条件行使的权力，这些条件包括（a）有关仲裁的提起或进行，或者在外国法院进行诉讼；（b）就在仲裁或外国法院诉讼中作出的裁决或判决之执行而提供的相当的担保。第4款规定，当法院根据上述第1款或第3款作出命令时，法院则可就有关船舶或财产作出适当的临时性或补充性命令以保全（a）该船舶或财产；（b）一方当事人或对该船舶或财产拥有利益的其他人的权利。第5款规定，当（a）船舶或其他财产在诉讼中被扣押；（b）上述第1款所提及的判决或裁决业已作出，并有利于一方当事人；并且（c）该裁决或判决在澳大利亚具有可行性，则该方当事人除可采取任何其他程序以执行该裁决或判决外，还可向中止诉讼的法院申请有关该船舶或财产的适当的命令以实现裁决或判决之内容。

③南非

南非《海事管辖权调整法》第5条第3款规定，行使海事管辖权的法院可为作为在南非共和国或任何其他地方进行的不论是否受南非法律约束的仲裁或诉讼之客体的请求提供担保而命令扣押任何财产，如果申请扣押的人有一项通过对人诉讼而对所涉财产的所有人，或通过针对该财产的对物诉讼加以执行的请求。任何被扣押的财产或担保或该财产之孳息应作为该请求之担保，直至作出仲裁裁决或判决。同条第2款规定，除非法院作出不同的命令，被扣押的财产应被视为是根据本法而在诉讼中被扣押之财产。

（3）我国有关临时性海事保全措施相互协助的实践

在涉外保全措施，尤其是海事保全措施问题上，我国一直比较重视国际上的通行做法，重视我国法院与外国法院之间在此方面的相互协作。早在1989年，《全国沿海地区涉外涉港澳台经济审判工作座谈会纪要》指出，诉讼保全的目的在于能使以后的生效判决得到执行。但是采取诉讼保全措施既不能违反我国法律规定，也不能违反我国缔结或参加的国际条约和国际上通行的惯例。而在1994年最高法院《关于海事法院诉讼前扣押船舶的规定》第四条第（九）项规定，扣押船舶，不受当事人之间的关于该海事请求在管辖、仲裁或法律适用方面的协议的约束。这意味着尽管采取海事保全的我国海事法院或者其他有管辖权的海事法院可对海事案件的实质问题行使管辖权，但这并不妨碍当事人就案件实质问题选择外国法院或仲裁解决的权利。在当事人选择外国法院管辖，或选择在外国进行仲裁时，我国海事法院所采取的海事保全措施即起到协助在外国法院进行的诉讼或在外国进行的仲裁的作用。

而1999年《海事特别程序法》则进一步对临时性海事保全措施的协助机制作了规定。该法第14，53，64条规定，海事请求保全或海事强制令或海事证据保全不受当事人之间关于该海事请求的诉讼管辖协议或者仲裁协议的约束。第19，61，72条规定，海事请求保全或海事强制令执行后或海事证据保全后，有关海事纠纷未进入诉讼或者仲裁程序的，当事人就该海事请求，可以向采取海事请求保全或作出海事强制令或采取证据保全的海事法院或者其他有管辖权的海事法院提起诉讼，但当事人之间订有诉讼管辖协议或者仲裁协议的除外。这意味着第一，海事请求保全或海事强制令或海事证据保全的管辖权是独立于海事案件实质问题的管辖权；第二，为协助在当事人所选择的外国法院进行的诉讼或在外国进行的仲裁，我国海事法院可依当事人的申请采取诉前临时性海事保全措施。然而，我国现行立法并未就保全措施的相互协助问题作出全面的规定。当当事人并非根据管辖权选择协议而在外国法院提起诉讼时，当事人能否申请我国海事法院采取临时性海事保全措施以协助在该法院进行的诉讼，海事特别程序法并未对此作出规定。但从该法对协议管辖或仲裁情况下的保全措施的协助问题所作的特别规定来看，答案似乎是否定的。

（二）当地实施模式

当地实施模式是指判决执行地国法院在执行由他国法院作出的判决前应判决债权人申请或依职权采取临时性或保护性措施的方式。一般而言，在判决作出后执行前，判决债权人仍可通过相互辅助模式向判决执行地国法院申请临时性或保护性措施。然而判决一旦具有终局效力，则意味着原审地国法院诉讼程序的终结和执行地国法院执行程序的开始。在执行阶段，由于申请人的请求和案件事实均已查明和确定，对于有关影响临时性或保护性措施命令作出的事实因素，不再是一个需要由受理临时性或保护性措施申请的法院作出初步判断的问题，而是一个是否采信判决作出地国法院对相关事实认定的问题。这显然与在判决作出前申请临时性或保护性措施的情况不同。为此，一些国际公约或文件，以及国内法院实践另行创设出向判决执行地国法院申请临时性或保护性措施的国际合作模式，以应对判决作出后申请临时性或保护性措施的特殊情况。

1.《布鲁塞尔公约》的规定

在判决作出后阶段，由于判决的执行阶段基本上可分为三个阶段：判决作出后执行决定作出前阶段，执行决定作出后执行决定被上诉阶段，以及判决正式执行阶段。在最后一个阶段，所有的措施均属于执行措施，不属于临时性或保护性措施的范畴。而在前二个阶段，由于判决尚未正式执行，所采取的措施仍有可能属于临时性或保护性措施的范围。不过在此阶段，由于涉及到执行决定的有关程序，因而在判决作出后执行决定作出前阶段和在执行决定作出后执行决定被上诉阶段申请临时性或保护性措施的情况又有所不同，故又有必要针对这二个阶段的不同情况，将当地申请模式作进一步的区别对待，将之区分为判决作出后执行决定作出前的当地申请模式，和执行决定作出后被上诉期间的当地申请模式。

（1）判决作出后执行决定作出前的当地申请模式

《布鲁塞尔公约》并没有对判决作出后执行决定作出前的临时性或保护性措施当地申请模式作出单独规定，这意味着在该阶段的临时性或保护性措施国际合作问题仍根据公约第24条规定予以解决。即在判决执行决定作出前，判决债权人仍可通过相互辅助模式向判决执行地国法院申请临时性或保护性措施。为此，一些国家通过对相互辅助模式的改造，形成了颇具特色的判决作出后执行决定作出前的临时性或保护性措施当地申请模式。这种做法也曾得到过欧洲委员会的认同。不过，判决作出后执行决定作出前的当地申请模式实际上是对相互辅助模式的改良和简化。

但在海商事实务中，在判决作出后而在另一国法院获得执行命令前向执行地国法院申请保护性措施，可能比在诉前或诉讼进行时申请保护性措施对债权人更为有利。第一，债权人可在将判决送达给判决债务人之前申请并获得保护性措施，从而仍可使保护性措施产生出其不意的效果。第二，尽管在大多数案件中，债权人在较早阶段已确定并冻结了债务人财产。但在一些案件中，对意欲保全的债务人财产可能留待胜诉判决作出后方予确定，并且到判决作出时还可能发现以前所未知的债务人的新的财产。在这种情况下，债权人无疑拥有更多的选择余地和采取保护性措施的对象。①鉴于此，欧盟理事会《国际民商事件管辖权与判决承认及执行条例》特设第47条第1款，其规定，根据本规则承认判决，不能阻止申请人根据被请求成员国的法律，利用临时性的包括保护性的措施，而不须根据第41条作出一项执行决定。然而，《欧盟条例》并没有就“利用临时性的包括保护性的措施”的具体条件和程序作出统一规定，而是授权由“被请求成员国的法律”确定。这种处理方法是乃由于各成员国不同的实践所致。

由于以往一直不存在有关该合作模式的统一国际规则，判决作出后执行决定作出前的当地申请模式的具体操作方法在不同国家存在很大不同。在一些国家，如比利时，由于将外国法院判决作为保全措施凭证（titre conservatoire）对待，并不需要判决执行决定程序，因而可以直接以外国法院判决为根据而由执达员（huissier）采取保护性措施而无须法院的干预。②而在另一些国家，尽管避免法院干预是不可能的，但由法院作出裁断的事项则可以减少。如果债权人的请求业已为外国法院判决所承认，判决执行地国法原则应考虑这一事实，从而在决定是否批准临时性措施的程序中，有关债权人案件事

① See W.A.Kennett, op.cit., p.140.

② Art 1414 GerW. It has been suggested that this approach should be encouraged so that it is adopted in all States in which it is feasible and this is an idea which is currently being explored further by the EU institutions. It is generally argued that a foreign judgment is also a titre conservatoire in France, although there is a lack of statutory for this and huissiers differ in their willingness to undertake provisional seizure of assets on the basis of a foreign judgment. See W.A.Kennett, op.cit., p.140.

实论据的强弱不再属于法院考虑的范围。因为案件事实显然已为原审地国法院所充分考虑。而如果债权人请求的充分性已为原审地国法院判决所揭示，判决执行地国法院考虑的因素则应限于采取临时性或保护性措施的其他条件或标准，如债权人需要保护性措施的急迫性和债务人处置财产的风险。①

而欧洲委员会拟定的《布鲁塞尔公约》修正草案就该阶段保护性措施的当地申请模式采纳了比利时等国家较为激进的做法。在其最初的文本草案英文本第27条规定，在一缔约国法院作出的判决，在签发最终执行命令时，可作为根据申请地国法律据以作出临时性和保护性措施的权利依据（generate an entitlement on the ground of which provisional and protect measures may be ordered in accordance with the law of the State applied to），即使根据第31条规定该判决在申请执行地国无执行效力或未被宣布具有执行效力。但英文文本中"generate an entitlement on the ground of which provisional and protect measures may be ordered"之表述特别模糊。而法文文本则使用了更为直接明确的措辞：在一缔约国法院作出的判决确认了可据以根据申请执行地国法律采取临时性和保护性措施的债的存在（the existence of a debt such that is is possible to adopt provisional and protect measures may be ordered in accordance with the law of the State applied to）。根据法文本，缔约国法院作出的判决仅确认请求的有效性，而不涉及有关采取临时性措施的其他事项。也就是说，采取临时性和保护性措施所需要的紧急性程度、当事人之间利益的平衡问题显然交由执行地国国内法确定。同时，最初文本也没有涉及到外国法院判决的证明问题。②不过，该文本的规定使得将外国法院判决作为保全措施凭证予以援用成为正当。如在法国，临时性措施可由执达员根据法国法予以实施而无须求助于法院。而其最后的条例草案虽略有不同，但其产生的结果类似。该草案第37条规定，在完成严格限制的程序后，即可作出宣布判决可执行的决定，而无须审查判决不予执行的各种可能事由。第44条规定，当一项判决根据本条例必须被宣布可予执行时，申请人即可根据判决执行地国法获得临时性和保护性措施，无须第37条所要求的宣布判决可执行的决定。但判决"必须被宣布可予执行"（must be declared enforceable）的含义并不明确，其既可理解为"一项判决已经进入执行决定审查程序，但尚未被宣布可予执行"，也可理解为"一项判决有资格被宣布可予执行，尽管其尚未进入执行决定审查程序"。③总之，由于存在不可调和的分歧，欧盟理事会在《欧盟条例》中只能采取与相互辅助模式相同的立法技术。

① See W.A.Kennett, op.cit., pp.141–142.

② It might have been envisaged that the certificate provided for under Article 46 (2) 0f proposed Convention text should be produced, or perhaps that Contracting States should retain the right to decide whether to accept less formal proof. See W.A.Kennett, op.cit., pp.142–143.

③ See W.A.Kennett, op.cit., p.143.

（2）判决执行决定被上诉阶段的当地申请模式

在《布鲁塞尔公约》缔约国，执行判决决定的作出、保护性措施的实施以及针对被执行人财产的判决的实际执行之间的关系在不同国家表现不一。为求统一，《布鲁塞尔公约》第39条特设了保护性措施的当地申请模式，作为临时性或保护性措施的相互辅助模式之补充，以解决判决执行决定作出后但在该决定上诉期间内的保护性措施的国际合作问题。①公约第39条第1款规定，在根据第36条所规定的对执行判决决定的上诉期限内，并且直至此种上诉业已予以裁决为止，除保护性措施外，不得对被执行人的财产采取任何执行措施。同条第2款规定，准予执行的决定应包含有采取任何保护性措施的授权。也就是说，一旦执行判决决定作出，在执行决定的上诉期间内，不得对被执行人的财产实施任何执行措施，但申请人可以依据执行判决决定获得保护性措施。

而欧洲委员会拟定的《布鲁塞尔公约》修改文本则赋予判决执行决定以更强的潜在效力。其第36条第3款规定，准予执行的判决应具有当然的事先可执行效力。然而，财产买卖或转让措施以及担保为判决所承认之权利的其他措施在第1款所规定的上诉期间内，直至此种上诉判决作出并可执行时为止，应予中止。但审理上诉请求的法院在其认为适当的情况下可另行裁定此种担保的条件。第4款规定，准许执行的所有判决应被认为准许对被执行人的财产或有关被执行人的财产采取保护性措施。可见，欧洲委员会在该文本中尽可能赋予一缔约国法院判决在另一缔约国的充分效力，然而，该文本并行规定了判决执行程序和保护性措施执行程序，并将判决的临时执行措施和保护性措施相区分。在判决执行决定上诉期间，可以实施适当的临时执行措施，但如果临时执行措施未被准许，则当然地可以实施保护性措施。②

2．美洲国家国际私法特别会议《关于执行保全措施的公约》

《关于执行保全措施的公约》也对判决执行地国法院采取保全措施问题作了规定。该公约第7条规定，外国法院判决要求其执行的法官或法院，不需要其他程序，也不需要根据当事人的申请，即可依照自己的法律采取必要的保全措施。与《布鲁塞尔公约》相比，《关于执行保全措施的公约》大大简化或降低了判决执行地国法院采取保全措施的程序和条件，并且明确赋予判决执行地国法院采取保全措施的自由裁量权，而无须当事人提出申请。

（三）域外执行模式

域外执行模式主要是为适应各国赋予临时性或保护性措施域外效力的实践而发展起来的国际合作模式。然而，一国作出的临时性保全措施令在另一国的执行问题似乎在有

① See W.A.Kennett, op.cit., pp.145, 130.
② See W.A.Kennett, op.cit., p.144.

关文献中并没有引起应有的注意。究其原因，主要有以下几点：第一，临时性措施通常在其最有可能发生效力的地方采取，如财产或被告所在地，因而一般情况下其没有域外执行的必要。正如欧洲法院在Denilauler v.Coucher Freres案[①]中所言，财产所在地的法院是对据以作出或拒绝作出临时性措施的情势作出评价，或确立有关程序和原告必须遵守的条件以确保所采取措施的临时性或保护性特性的最佳法院。第二，判决的承认与执行传统上限于终局判决，即最终解决当事人之间争议的判决，而临时性或保护性措施不属于此类判决。第三，判决的执行传统上限于支付金钱的判决，而临时性或保护性措施即使有也是很少涉及金钱的支付。尽管美国《冲突法重述》第102条设想，命令做出某种行为而非支付金钱，或者不得作出某种行为的有效判决可在其他州予以执行或可作为救济的内容。但《冲突法重述》本身也承认该原则是否适用于外国法院判决是有争论的。第四，临时性或保护性措施的域外执行往往遭到承认或执行地国法院的抵制。这种对外国法院作出的命令的承认或执行的抵制态度使得命令采取临时性措施的法院在决定是否作出此种命令时格外小心谨慎。如英国法院一方面在涉及外国的第三人时通过Babanaft条款来限制玛瑞瓦禁令对该第三人尤其是外国银行的效力，另一方面，当有证据表明外国法院不会承认英国法院作出的命令时，英国法院则会扩大玛瑞瓦禁令的范围以避免外国法院不愿意承认英国法院命令所致的不利后果。[②]

但当今的商业社会，由于债权人意欲扣押的财产、证据或保全的事实状态往往分布在不同国家，一国法院作出的临时性或保护性措施如果在该国内没有现实的作用对象，而又得不到他国法院的承认或执行，无疑成为一纸空文。而债权人即使可利用相互辅助模式去有关国家法院申请临时性或保护性措施，也会由于对该国法律的不熟悉、时间较长等因素而效果甚微。[③]此外，债务人还可利用各国法律之间的互异，有恃无恐地实施旨在挫败终局判决执行的各种行为。而执行模式则可在一定程度上避免这些现象的发生，尤其在债权人掌握债务人有关财产的信息时，快捷有效的执行模式能够确保临时性或保护性措施出其不意先发制人的效果。鉴于此，一些国际公约或国际文件就各国法院对外国法院作出的临时性措施的承认和执行所持的传统立场予以重新审视，并建立起详尽程度不同的临时性或保护性措施域外执行机制，从而出现了临时性或保护性措施国际承认与执行的趋势。[④]

① Case 125/79[1980] ECR 1553, 1570.

② See L.Collins, op.cit., pp.121–122.

③ See W.A.Kennett, op.cit., p.135.

④ See L.Collians, op.cit., p.126.

1．国际公约和文件

（1）《布鲁塞尔公约》

《布鲁塞尔公约》第25条规定，本公约所谓“判决”，系指某一缔约国法院或法庭所作的决定，而不论该决定称作什么，诸如裁决、命令、决定或执行令状以及由法院书记官就诉讼费用或其他费用所作的决定。从字面上看，公约并未将作为承认或执行客体的判决限于金钱判决或终局判决，因而似乎在一缔约国作出的有关临时性和保护性措施的命令可在另一缔约国得到承认和执行。[①]然而，该规定能否及如何适用于临时性或保护性措施的域外承认与执行问题，在理论和实践中均存在不同的看法。

临时性或保护性措施能否域外承认和执行问题，在学界存有两种相互对立的看法：文本主义和政策考量主义。文本主义认为，关键问题是公约第27条和第46条[②]中所指的“判决”是否包括命令采取临时性措施的判决，“缺席判决”是否包括在单方面审理后作出的判决，还是限于经传唤的被告未出庭情况下所作的判决。公约第24条有关临时性或保护性措施特殊规则的存在，意味着公约的一般性规则并不适用于此种临时性措施。而政策主义认为，在共同体法发展的目前阶段所要讨论的问题是是否应考量政策因素以有助于承认和执行临时性措施，临时性或保护性措施的承认和执行如果需要符合一定条件，则应具备何种条件。[③]

而欧洲法院审理的三个案件不同程度地反映了这两种不同观点。在De Cavel v.De Cavel（No.Ⅰ）[④]案中，欧洲法院指出，诸如冻结财产之类的临时性保护措施属于68年公约的适用范围之内，但对有关公约所包括的事项，并不存在据以区别临时性措施和终局性措施的法律根据。

① See L.Collians, Essays in International Litigation and the Conflict of Laws, pp.216–218; Provisional and Protective Measures in International Litigation, pp.126–127. See also W.A.Kennett, op.cit., pp.145–148.

②《布鲁塞尔公约》第27条规定，下列判决不能予以承认：（一）如果此种判决违背被请求国的公共政策者；（二）如果因被告由于未及时收到有关起诉的文件，使他不能有充分时间安排辩护，而作出的缺席判决；（三）如果该判决，与被请求承认国就同一当事人间的争端所作判决，不相容者；（四）如果缔约国在关于自然人的身份或能力、夫妻财产制、遗嘱和继承方面作出了不符合被请求国国际私法规定的判决者，但如适用该国国际私法规定后，仍将达到同样效果者，不在此限。

《布鲁塞尔公约》第46条规定，要求承认或申请执行判决的当事人应提出：（一）符合认证所需条件的判决副本；（二）如系缺席判决，须提供已将传票送达缺席一方当事人的证明正本或证明无异的副本。

③ See W.A.Kennett, op.cit., pp.145–146.

④ Case 143/78[1979] ECR 1055.

在Denilauler v.Couchet Freres案[1]中，法国法院作出了一项准许冻结德国公司在法国银行法兰克福分行的银行账户的单方面保全扣押命令。原告随后根据公约向德国法院申请执行该扣押令，要求德国法院根据公约第30条规定签发执行令，同时请求德国法院采取特别的保护性措施。尽管保全扣押令并未送达给被告，但其认为这对于执行扣押令而言并非必要，因为保持扣押令的出其不意效力是至关重要的。原告的主张为德国一审法院所采纳。然而被告对德国法院根据《布鲁塞尔公约》所签发的执行令提起上诉，认为德国法院签发执行令并不符合《布鲁塞尔公约》第27条第2款第47条第1款和第2款的要求。欧洲法院虽然并没有接受被告的主张，但其认为此种经常用于准许采取保护性措施的单方面命令并不属于公约所设置的有关承认和执行的简易程序的适用范围之内。这种简易程序是建立在这样的事实基础之上，即被告业已有机会参加在原审法院进行的审理程序。当这一前提条件未获满足时，简易程序的适用缺乏正当理由。这一结论还可为公约第24条特别规则的存在所进一步佐证，而该条款即考虑了有关临时性和保护性措施的特殊政策问题。这也就是说，公约的承认和执行条款并不适用于意欲在送达前予以执行的单方面命令。[2]

Denilauler v.Couchet Freres案中原被告双方的不同主张是文本主义和政策考量主义的体现。该案中的政策考量集中于临时性措施的特殊性质，尤其是远离被扣财产所在地的法院作出的扣押财产的命令是否适当，或者说此种命令是否属于所涉财产所在的本地法院管辖事项。具体言之，这些考虑的政策因素包括：(a)临时性保护措施，特别是冻结银行账户的措施经常产生严重的后果，这对商业企业尤其如此。随着其并不知悉的诉讼程序的启动，其账户被冻结，从而使其既没有足够的资金来偿付海外的债务，又没有机会来作出其他的安排以应付各类账单或支付。(b)不仅被告的利益，而且第三人的利益将会由此受到严重影响。(c)为避免对此类人的权利造成严重的损害，以及避免商事交易的不确定性，此类保护性措施应迅速地告知所有所涉各方，并使其有机会采取迅速的反诉行动。(d)此种机会仅在以下情况存在：采取保护性措施的法院与该人之间地理上比较近，受影响的当事人熟悉保护性措施所依赖的法律体系，不存在语言上的障碍。[3]出于对这些因素的考量，Denilauler案确立了布鲁塞尔公约项下域外承认和执行临时性或保护性措施的基本作法：法院作出的单方面的保护性措施命令通常具有出其不意的效力，但这意味着准许采取具有域外效力的保护性措施的判决虽然根据某些国家的非公约

① Case 125/79[1980] ECR 1553, 1571.

② See L.Collians, Essays in International Litigation and the Conflict of Laws, pp.216–217; Provisional and Protective Measures in International Litigation, pp.126–127. See also W.A.Kennett, op.cit., p.146.

③ See also W.A.Kennett, op.cit., pp.147–148.

规则可得到承认，[①]但根据现行的布鲁塞尔公约规则不可能为其他缔约国法院所承认。而能得到承认或执行的有关临时性或保护性措施的判决只能是经双方当事人争辩后作出的判决（inter partes judgments）。但在这种情况下，债务人由于已知悉针对其所提起的诉讼，因而将会采取各种措施以藏匿或转移其海外财产。[②]

Denilauler案所确立的临时性或保护性措施域外执行的做法为Brennero SAS v.Wendel GmbH案[③]所支持。在该案中，作为原告的意大利公司在意大利法院对被告德国公司提起诉讼，并获得保护性扣押令。由于德国公司在意大利并无财产，意大利公司遂向德国法院提出执行扣押令的申请。德国法院根据《布鲁塞尔公约》作出了执行命令。后案件提交欧洲法院。然而欧洲法院仅就被告所上诉的有关在德国执行扣押令的执行程序方面的问题作出裁决。欧洲法院总法律顾问Slynn指出，由于意大利法院的扣押令是在双方当事人相互辩论情况下作出的，因而毫无疑义其原则上应在德国予以执行。

然而，上述三案中，欧洲法院均未探讨一些根本性问题，即在一缔约国作出的旨在影响位于另一缔约国的财产的命令可在该另一缔约国执行的程度或范围，《布鲁塞尔公约》第24条与承认和执行条款之间关系如何等等。难怪有学者指出，在目前背景下，这些案件对于未被裁决的问题比对已被裁决的问题更为重要。但目前一致的做法是，旨在影响位于国外财产的诸如全球玛瑞瓦禁令之类的临时性和保护性命令，是可以得到域外的承认和执行，如果在其中作出该命令的诉讼属于相关公约的适用范围，并且该命令是在双方辩论情况下（inter partes）作出的。[④]

（2）美洲国家国际私法特别会议《关于执行保全措施的公约》

保全措施的域外执行机制是《关于执行保全措施的公约》的最基本内容。该公约就保全措施在各成员国的相互执行机制，包括公约的适用范围、法律适用、执行程序三大问题作出相当详尽的规定。

①执行对象的一般性限制

《关于执行保全措施的公约》在一方面赋予保全措施宽泛的含义的同时，另一方面又对能够域外执行的保全措施予以一定的限制。公约第2条规定，公约成员国的法官或法院应执行另一成员国在国际案件中有权能的法官或法院作出的保全措施的命令，而执

---

① See, eg, the enforcement abroad of English orders noted in Derby & Co v. Weldon (Nos 3 and 4) [1990] Ch 65.For the possibility of recognition of protective orders under Spanish law, see Art22.5 Ley Organica del Poder Judicial and the comments of Ortells Ramos, Derecho jurisdictional Tome Ⅱ (Tirant lo Blanc, 1997)640.

② See W.A.Kennett, op.cit., pp.145–146.

③ Case 258/83[1984] ECR 3971.

④ See L.Collians, Essays in International Litigation and the Conflict of Laws, p.216, Provisional and Protective Measures in International Litigation, p.127.

行这种措施的目的或是为保证人的安全，或是保证财产的安全，如对不动产或动产的扣押，对诉讼请求或遗产管辖和商店查封的登记所需要的。[①]

②保全措施的法律适用

保全措施的根据，依诉讼地的法律并由诉讼地法官决定。但其执行及对保全措施或保障的反对执行，应由执行地的法官依执行地的法律决定。申请方提供的保证，以及责令被申请方在执行地提供的保证，应适用此种保全措施执行地的法律。[②]保全措施的修改，以及对预谋的无根据的请求所作的裁定，均适用保全措施执行地的法律。只有在被申请方证明绝对缺乏提供保全的根据时，或申请是为损害所提供的保证时，执行地国法才可依自己国家的法律，解除此种保全措施。[③]在扣押，或其他任何包括有被执行财产的情况下，受此种措施影响的人，可以向接受委托书的法官，就他的第三方当事人的主张，或有关的异议，提出申请。主诉的法官应审理此种异议并适用自己的法律。如第三方的主张包含有对被扣押财产的所有权或其他物权，或异议是基于对被扣押财产的占有或所有，则应由法官依财产所在地法律作出决定。[④]

③程序要求

保全措施应有委托书方予执行，此种委托书应由有关利益方当事人亲自转交给法官或法院，或通过领事或外交机关，或通过作出保全令的原国家或预定执行国的中央机构转交给法官或法院。凡符合下列条件的委托书，应在各成员国内执行：(a) 委托书经认证。经有权的领事或外交机构认证的委托书，应认为在作出国是完全合法的。(b) 委托书与附件应译成预定国官方语言。当局并可要求依照其本国法律进行翻译。委托书应有以下附件，此等附件应递交给预定国家的中央机关或法官或法院：(a) 经证明的要求或申请保全措施的副本，附件的副本，命令保全的裁定的副本；(b) 规定有特别程序的作出国要求预定国家应该遵循的特别规则的资料；(c) 在需要时，还应包括由法院指定的被告律师或作出国有权能的司法援助团体的机构及地址的资料。在处理与执行有关的委托书的过程中所需的费用或其他开销，应由利益有关方当事人承担。[⑤]预定国家的法官对保全措施的执行，并不承担对所涉案件作出的外国判决的承认与执行的义务。[⑥]

根据公约规定，如被要求执行的法官或法院认为其对执行委托书无管辖权，其应依职权将案件的有关文件及过去的材料，转交给有管辖权的国家的司法当局。如执行有关

① 《关于执行保全措施的公约》第1，2条。
② 《关于执行保全措施的公约》第3条。
③ 《关于执行保全措施的公约》第4条。
④ 《关于执行保全措施的公约》第5条。
⑤ 《关于执行保全措施的公约》第13—16条。
⑥ 《关于执行保全措施的公约》第6条。

保全措施的委托可能与自己的公共政策相抵触，预定国家有权拒绝执行。[①]

（3）国际法协会《国际诉讼中临时性和保护性措施原则》

《国际诉讼中临时性和保护性措施原则》就临时性或保护性措施域外执行的条件作了一般性规定。

①域外执行对象：《原则》对域外执行的临时性和保护性措施作了明确的限制，即将其限于经过双方辩论后作出的临时性和保护性措施命令。《原则》第7条规定，被告应有权利在合理时间内参与庭审，并就法院所命令的临时性和保护性措施提出反对意见。第6条规定，原告应确保使被告就保全命令得到及时告知，而不论送达命令的任何正式法律要求及由于送达而可能产生的法律后果。可见《原则》显然将单方面临时性和保护性措施排除在域外执行机制的适用范围之外。但《原则》并不要求临时性和保护性措施命令是临时性还是终局性。其第20条规定，外国法院作出的命令具有临时性还是终局性的事实本身不应成为承认或执行该命令的障碍。

②执行地国法院的自由裁量权。《原则》赋予承认或执行地国法院承认或执行外国法院作出的临时性和保护性措施命令的自由裁量权。《原则》第18条规定，应一方当事人的要求，法院可考虑在其他国家作出的命令。第19条规定，当有必要实现由外国法院作出的命令之功效时，法院应予以相互配合，并考虑适当的当地救济措施。

2. 一些国家的实践[②]

（1）英国

在英国，外国法院作出的临时性或保护性措施在英国的承认或执行问题并未被学界所重视。[③]但根据英国法，传统的做法是外国法院作出的决定欲为他国法院所承认或执行，则必须具有终局效力，而临时性或保护性措施决定并不属于终局性决定。[④]因而外国的临时性或保护性措施不能在英国境内得到承认或执行。[⑤]然而在近期的上诉法院对

① 《关于执行保全措施的公约》第11—12条。

② Note on Provisional and Protective Measures in Private International Law, prepared by Catherine Kessedjian (Prel.Doc.No 10 October 1998), Deputy Secretary General of Hague Conference of Private International Law.

③ There is an exception: L. Collins op. cit. supra note 15. There is no doubt that before measures were invented against the person of the defendant, as opposed to just his property, the question might have seemed irrelevant. There was already a direct and necessary connection between the court's jurisdiction to grant the order and the place of enforcement. As soon as the order is not merely one against property, the question arises of its effects abroad, or in this instance, the effect in the United Kingdom of an order granted abroad.

④ L. Collins, op. cit., p. 121. See Nouvion v. Freeman (1989) 15 App Case 1, 9; Blohn v. Desser [1962] 2QB 116; Carl Zeiss Stiftung v. Rayner and Keeler Ltd. [1967] 1 AC 853.

⑤ The question is governed differently by the Brussels and Lugano Conventions.

于Credit Suisse Fides Trust v. Cuoghi.案[①]判决，则可能预示着在该问题上的传统立场的转变，尽管法院并未就外国法院决定的效力作出裁断。Millett勋爵指出，不同国家法院之间的礼让要求相互尊重各自属地管辖的完整性，这是一项业已为广泛接受的原则。但这并不禁止一国法院就位于该国领域内的财产或居住在该国领域内的人员向另一国法院提供适当的协助。据此，英国法院承认或执行外国法院作出的临时性或保护性措施决定，并非绝对不可能。

（2）丹麦

在丹麦，1986年6月4日通过的制定法第1条规定，《布鲁塞尔公约》和1971年公约解释文本对丹麦生效。对于外国法院作出的临时性或保护性措施命令在丹麦的承认或执行问题，丹麦法院似乎遵循欧洲法院的有关判决。在Uges Kriftfor Retsvasen案[②]中，丹麦法院遵循了但没有援引欧洲法院在Denilauler v. Coucbet Freres案的判决，拒绝执行由德国法院单方面作出的扣押财产令，因为被告没有被给予在德国法院进行辩护的机会，尽管该扣押令在德国能够予以执行。

（3）美国

美国《第二部冲突法重述》虽然认为美国法在有关外国禁令的承认与执行方面的立场并不确定，[③]但其又指出，“可以推定，在外国作出的有关命令或禁止从事某一行为的裁定，如果其执行是实施该裁定所必要，并且不会给美国法院施加不适当的负担，同时依美国法院观点看符合公平和良好道德风尚这一基本原则，则可在美国予以执行”。而《第三部美国对外关系重述》并未对此问题直接作出规定，而仅仅指出《统一外国判决承认法》虽然限于金钱判决，但无论是该法所用的措辞，还是联邦法院的司法实践均未揭示其他类型的判决不可在美国予以承认或执行。[④]但另一方面，现有若干个美国法院判例主张可以执行在外国作出的保护性措施。[⑤]至于承认或执行由外国法院作出的针对位于承认或执行地国的财产的扣留措施命令，至今并未有相应判决揭示在该方面也存在类似问题。

---

① [1997] 3 All ER 74.

② (1994)991 Φstre Landsret; 参见肖永平，上引著，第366页。

③ Section 102, *comment* g, p. 310.

④ See § 481, Reporters' notes 2, p. 599. But the decisions cited below do not contain any examples of the type of injunction we are concerned with here.

⑤ Most of these decisions are cited by Mr Bermann .See G.A. Bermann, “Transnational Provisional Relief in the Courts”, in J.L.Goldsmith ed., International Dispute Resolution – The Regulation of Forum Selection, Transnational Publishers Inc., New York, 1997, pp. 149–155. On this question, see also Buzard, “US Recognition and Enforcement of Foreign Country Injunctive and Specific Performance Decrees”, (1989)20 Cal. West Int'l L. J.p. 91.

（4）法国

在法国，该问题至今仍未引起学界的深入研究，在涉及该问题时通常仅援引有关外国判决承认和执行的法律规则加以解决。

根据法国传统的法律规则，可执行的外国判决虽并不必须是终局的，但必须具有域外可执行性。而附有执行认可书的外国判决在法国并不具有比在其作出国更高的效力。因而如果外国判决在其作出国受到异议，执行认可书在法国也将失去效力。[①]不过，法国学界仍对由外国法院作出的临时性措施在法国的执行可能问题举棋不定。反对承认和执行外国临时性措施的主要理由即在于与执行方式直接相关的临时性或保护性措施的性质。临时性措施的执行被视为属于作出国司法主权的排他性管辖的范畴。[②]然而也有学者持不同看法，认为临时性措施毕竟是一项法院命令，其本身并不具有执行令状的性质。而临时性措施的执行虽然具有此种性质，但临时性措施的执行所存在的问题并不与任何其他法院决定的执行所存在的问题之间有着真正的区别。实际上，真正的棘手问题只有当法院地国法律本身并未规定在外国作出的临时性措施，并且并不存在执行该措施的手段时方发生。但根据目前有关国际司法协助的原则，被请求国法院有义务通过替代执行措施而非存在于该国法律中的相当的措施来执行外国的临时性措施。并且在法国目前的法学理论中业已存在认可在法国承认或执行外国临时性或保护性措施的趋势。[③]

（5）瑞士

传统上，瑞士法律并不愿意承认和执行外国法院作出的临时性或保护性措施的决定。[④]然而这一传统的立场由于1988年《卢迦诺公约》对瑞士生效而在近几年开始有所转变。但瑞士国际私法并未就外国的临时性或保护性措施能否在瑞士得到承认或执行问题作出明确的具体规定。该法第25—32条规定了承认和执行外国法院决定的一般条件。第25条第（b）项规定，外国法院的决定必须不再可以通常的途径予以上诉，或者必须是终局的。为此，一些学者认为外国法院决定必须是终局的这一条件排除了在瑞士

① Cass. Civ. 1, 12 November 1986, Rev. crit. dr. int. pr. 1987, 750 and the note.

② V. Delaporte, "Les mesures provisoires et conservatoires en droit international privé" Travaux du Comitéfrançais de droit international privé, 1987–1988, Paris 1989, p. 155.

③ For example it has been pointed out that an injunction not to act, ordered abroad in a case of unfair competition could possibly be enforced in France.See D. Foussard, "Entre exequatur et exécution forcée – de quelques difficultés théoriques et pratiques relatives à l'exécution des jugements étrangers", Travaux du Comité français de droit international privé 1997, to be published. The author is very circumspect, but he points out that a less reserved approach is taken by P. de Vareilles–Sommières, *op cit. supra* note 183; E. Jeuland, "Les effets des jugements provisoires hors du territoire du for", Rev. Rech. Jur 1996.177.

④ Knoepfler/Schweizer, Les mesures provisoires et l'arbitrage, Recueil des travaux suisses sur l'arbitrage international, Zurich 1984, p. 233.

承认外国法院作出的临时性措施的可能。[①]这实际上使得外国临时性措施在瑞士的承认和执行问题完全取决于对“终局性”的解释。不过，如果从狭义上来理解终局性决定的话，这一条件确使外国法院的临时性或保护性措施不可能在瑞士得到承认或执行。[②]

① Staehelin, BJM 1989 p. 180–181.

② Note on Provisional and Protective Measures in Private International Law, prepared by Catherine Kessedjian.

第五章 国际海事司法协助

第一节　国际海事诉讼中司法文书的送达

一、司法文书域外送达领域的国际合作

（一）司法文书域外送达的概念和性质

在海事案件中，由于诉讼当事人或相关财产往往位于不同国家，而一国法院的管辖权的行使又仅限于本国境内，为确保法院对海事案件行使管辖权并继而进行审理活动，确保当事人行使出庭答辩或以其他方式主张其权利之权利，各国均在其民商事诉讼立法中对司法文书的域外送达问题作出详略不同的规定。

所谓司法文书，是指与诉讼程序有关的所有文书，包括在诉讼过程中由法院或诉讼当事人为进行诉讼所依法制作的传票、起诉书、答辩书、反诉书、申诉书、授权委托书、申请执行书、调查笔录、判决书、决定书、调解书、执行令等。其既包括由法院制作的判决、裁定、令状等文书，也包括由当事人制作的起诉书、答辩书等文书。①但在我国，2006年8月22日起施行的最高人民法院《关于涉外民事或商事案件司法文书送达问题若干规定》具体列举了司法文书的范围。

上述文书在《民诉法》中被统称为“诉讼文书”，而在最高人民法院、外交部和司法部于1986年8月14日联名发布的关于我国法院与外国法院通过外交途径相互委托送达上述文书的一项通知中则被称为“法律文书”。然而，在我国缔结的司法协助条约中上述文书则被称为“司法文书”，而在其他国家有关双边条约和多边公约中，也大都采用“司法文书”的提法，应该认为我国司法协助条约中所使用的“司法文书”与民诉法中的“诉讼文书”属于同一概念。至于“法律文书”在域外送达的场合也应理解为与“诉

① 参见海牙国际私法会议编:《1965年11月16日海牙关于向国外送达民事或商事司法文书和司法外文书公约的执行实践手册》。徐宏:《国际民事司法协助》，武汉大学出版社1996年版，第129—130页。

讼文书”的范围一致。①

而域外送达，则是指一国的主管当局或司法助理人员根据国际公约或本国法律或按照互惠原则，通过适当程序将司法文书送交给居住在国外的诉讼当事人或其他诉讼参与人的行为。②这种送达，对于文书发出国而言，是内国的司法文书向国外的送达，而对于文书发往国而言，则是外国的司法文书在内国的送达。它们是一个问题的两个方面。从各国域外送达制度看，对于内国向外国的送达和外国向内国的送达，有的国家对于前者规定较为灵活，以便利本国法院向国外的送达，对于后者则控制较严；而有的国家则反其道而行之。这些不同的做法，前者侧重于维护国家的司法主权，后者则更强调当事人对文书的实际知悉，并试图以对外的宽容态度换取外国对本国法院所采取的送达方式的首肯，在实际效果上便利本国法院行使管辖权。③

各国域外送达方面的不同做法，源于各国对送达性质的不同认识。大陆法系国家和世界上其他大多数国家认为送达文书属于行使司法权的行为，因而它们不允许外国司法机关或个人到其境内直接送达文书，也不允许本国司法机关直接到国外送达文书。而英美法系国家则认为，除强制性文书的送达外，一般通知的送达并不属于行使司法权的行为，因而为鼓励当事人参加诉讼活动，它们允许外国在不采取强制措施的前提下直接向内国送达文书，而无须经过本国的特许。在美国，无论送达人和受送达人是美国公民还是外国机构或个人，无论是当事人本人还是通过代理人、邮局、领事官员或其他机构送达，无论有关诉讼属于民商事性质还是其他性质，美国并不认为在其领土上进行的送达行为侵犯其司法主权，除非这种送达伴有威胁、恐吓或扰乱人们和平生活等非法行为而被法律所禁止。④同时，这些国家也要求外国允许本国的司法文书能在该外国直接送达。

（二）司法文书域外送达方面的国际合作

由于世界各国对文书送达的性质存在不同的认识，因而在送达制度上也具有不同的特点。而域外送达涉及两个不同的国家和不同的法律制度，送达不仅须符合受理案件的法院地法，还须顾及受送达人所在国法律的规定。同时，域外文书送达不仅是在法院和当事人之间进行，而且往往要涉及外交部门及其他国家的司法机关。参加者的众多和对送达性质的不同认识，使得域外送达不仅是一个旷日持久、昂贵的和令人困扰的过程，而且在送达实践中不可避免会产生有关国家之间的矛盾和冲突，特别是普通法系国家根

① 参见徐宏，上引著，第130页。

② 我国有关著作在“域外送达”的定义中将请求送达的主体限于“法院”或“司法机关”。参见徐宏，上引著，第154页；黄进主编:《国际私法》，法律出版社1999年版，第918页；李双元主编:《中国国际私法通论》，法律出版社1996年版，第617页。

③ 参见徐宏，上引著，第154页。

④ 参见海牙国际私法会议编，上引著，第36页。

据其国内法规定在大陆法系国家直接送达文书，往往被后者视为是对主权的侵犯，从而引起外交纠纷。

为协调各国在域外送达方面的不同立场和做法,使文书送达能够顺利完成，诉讼能够顺利进行，各国通过缔结国际条约开展此方面的广泛合作。而在规定送达的国际条约中，迄今最为完备、影响最大的公约即为海牙国际私法会议于1965年通过的《关于向国外送达民事或商事司法文书和司法外文书公约》(以下简称海牙送达公约)。该公约的基本宗旨是：第一，建立一套制度，在尽可能的范围内使收件人能够实际知悉被送达的文书，以便其有足够的时间为自己辩护；第二，简化请求国和被请求国之间对这些文书的转递方式；第三，以统一规格的证明书方式便利对已完成送达的证明程序。为此目的，公约对送达文书的条件、方式和程序作了详尽规定。该公约第13条明确规定，若送达请求书符合公约的规定，则文书发往国只在其认为执行请求书将损害其主权或安全时，方可拒绝执行。从而为缔约国在送达方面的国际合作提供了有效的途径和保障。

不过，各国由于对公约第1条第1款“公约适用于民事或商事事件中向外国送达司法或司法外文书的所有场合”中“所有场合”的不同理解，因而对海牙送达公约在适用效力上是否具有排他性问题，尚存在不同看法。虽然大多数国家认为，公约在缔约国之间的适用是排他性的，即一缔约国向另一缔约国境内送达公约所指的文书时，不得采用公约规定以外的方法。但也有美国的法院认为，海牙送达公约所规定的方式仅是域外送达方式的一种，美国法院所使用的其他方式也可采用。①尽管如此，海牙送达公约由于较好地平衡了各国的利益冲突而得到各国的广泛接受。一方面，将送达视为行使司法权行为的国家，可以通过公约所规定的排他性适用，切实保护其司法主权；另一方面，将送达视为私人行为的国家，可通过公约所规定的简单易行的程序，使本国民事诉讼中的文书能在外国顺利送达，而又不致引起外国的抗议。②

二、海事司法文书域外送达的方法

(一)《海牙送达公约》

海牙送达公约规定了正规送达(formal service)和非正规送达(inform service)两种方式。③

① 参见徐宏，上引著，第141—142页。何其生:“美国域外送达制度研究”，载《武大国际法评论》(第一卷)，第194—196页。

② 参见徐宏，上引著，第142页。

③ 参见杨良宜:《禁令》，第600页。

（1）正规送达

正规送达即为间接送达[①]或中央机关途径送达。[②]中央机关送达是海牙送达公约的核心内容，规定于公约第2—7条。根据公约第2条规定，每一缔约国均应指定一个中央机关，负责接收来自其他缔约国的送达请求书，并自行送达该文书或安排经由一适当机构使之得以送达。此外，缔约国也可以根据自己的选择，指定该中央机关负责发出有关向其他缔约国进行送达的请求。每一缔约国均应在交存批准书或加入书时或在此之后，将其所指定的中央机关通知荷兰外交部。根据公约第5条规定，被请求国中央机关可以采用三种方式送达文书：第一，按照其国内法规定的在国内诉讼中对在其境内的人员送达文书的方式送达；第二，按照申请者所请求采用的特定方式送达，除非这一方式与被请求国的法律相抵触；第三，通过将文书交付自愿接受的收件人而进行的送达。而对于送达回证，公约第6条规定，被请求国中央机关或指定的其他机关应依照该公约所附的格式作成送达或未送达的证明书，直接送交请求送达的机关，以证明该文件已经送达或未能送达。若该文书已经送达，则该送达证明书应载明已经送达的事实，包括送达的方式、地点、时间及收受该文书的人。若该文件未能送达，则该未能送达的证明书应载明不能送达的理由。

（2）非正规送达

除中央机关送达方式外，公约还规定了几种非正规送达或替代送达方式。不过，公约一般仅允许缔约国采用其中一种替代方式进行送达，前提是文书接受国不反对这种送达方式，但公约的许多缔约国对部分或全部替代送达方式提出了保留。[③]

①外交或领事途径送达

世界上大多数国家的法律都允许采用这种送达方式，但也有一些国家例外。而海牙送达公约对外交或领事途径送达规定了两种做法：第一，直接送达。公约第8条规定，每个缔约国都有权不受拘束地通过其外交人员或领事将司法文书送达或通知在国外的人员。每个国家都可以宣布反对在其境内使用这种方式，除非文书要送达或通知请求国的国民。据此，文书发出国驻文书接收国的的领事或外交代表机关直接将文书送达给收件人，不论收件人国籍如何。不过缔约国可对这种送达方式加以保留，即可以声明在其领土上，这种送达方式只适用于对文书发出国国民的送达。第二，间接送达。公约第9条规定，每一缔约国有权使用领事途径为送达或通知目的将司法文书转交给另一缔约国指

① 在各国的司法实践中，间接送达尚包括外交途径送达、领事途径送达、司法部递交送达和法院之间直接递交送达。参见韩德培:《国际私法新论》，武汉大学出版社1997年版，第641页；黄进，上引著，第926—927页；徐宏，上引著，第170—171页。

② 参见李双元，上引著，第619页；何其生，上引文，第196页。

③ 参见何其生，上引文，第198页。

定的当局。如有特殊情况，每一缔约国有权为同样的目的而使用外交途径。这意味着文书发出国可通过其领事代表机关，在特殊情况下通过外交代表机关将需要送达的文书交给文书接收国所指定的机关，由后者负责完成送达。虽然各国大都为此指定了主管机关，但在1977年特委会会议上，各国专家对这种送达方式褒贬不一。一些国家认为这种送达方式能加快速度，而另一些国家则持相反立场，认为这种方式将导致严重推延。不过在实践中，各国采取这种做法的实例并不常见。①

②邮寄送达

邮寄送达是许多国家的国内诉讼程序法所允许的送达方式。海牙送达公约第10条第（a）项规定，除非送达目的地国不表示异议，本公约不妨碍通过邮寄途径直接向国外人员送交司法文书的自由。对于这种方式，一些国家并不反对接受邮寄送达的文书，而一些国家则明确反对采取这一方式向其境内的当事人送达文书，而美国一些法院甚至认为公约并不允许采取邮寄方式送达司法文书。为此，当时任海牙国际私法会议秘书长的德罗兹在1989年海牙国际私法会议特委会会议上指出，邮寄方式是与通过中央机关进行送达等方式完全不同的独立送达方式，这一方式受制于缔约国所作的保留，如果对这一程序的法律性质从理论上提出质疑，显示公平。②

③有关人员直接送达

海牙送达公约第10条第（b）和（c）项规定，除非送达目的地国表示异议，本公约不妨碍请求国授权的司法人员、官员或其他人员，或者司法当局的所有有关人员通过目的地国授权的司法人员、官员或其他人员直接送达或通知司法文书的自由。

④其他送达方式

公约第11条规定，本公约不反对缔约国为送达或通知司法文书之目的采取与上述条文规定的传递途径不同的途径，特别是在缔约国各自当局之间的直接传递。这意味着有关缔约国之间可采取其国内法所规定的并为请求国和目的地国共同认可的送达方式，如个人送达、公告送达或当事人协商方式送达，特别是有关国家法院之间的直接递交等方式。

（二）无条约情况下司法文书的域外送达

由于域外送达涉及两个不同国家的不同法律制度，为此有关国家之间订立的双边和多边条约自然是进行域外送达的重要法律依据。不过，各国还在其国内立法中对司法文书的域外送达和外国司法文书在国内的送达作有专门规定。在没有条约的情况下，域外送达不仅要符合受理案件的法院地法，而且还要顾及受送达人所在国法律的规定。也

① 参见徐宏，上引著，第158页。

② 参见徐宏，上引著，第160页。何其生，上引文，第199页。

就是说，在未订有条约或协议的情况下，域外送达方式首先应该符合本国法律的有关规定，唯有这样，才能被本国法院所确认；其次，按照尊重外国主权的原则，也应该符合文书发往国法律的规定，并与文书发往国之间存在互惠关系。①至于送达的方式，从各国立法和司法实践看，司法文书的域外送达通过以下两种途径进行：第一，直接送达，即由本国法院根据内国法律的有关规定通过一定的方式将文书直接送达给处于外国的诉讼当事人和其他诉讼参与人；第二，间接送达，即由内国法院根据内国法律的有关规定，将需要送达到国外的文书委托给有关国家的司法机关或其他有权机构，并由该国司法机关或其他有权机构代为送交给居住在该国境内的诉讼当事人或其他诉讼当事人。②

（1）英国的域外送达制度

在英国，对于向在非海牙送达公约当事国的当事人的送达，或通过被送达国法院或政府，或者通过英国驻被送达国使领馆进行。一般情况下，后一途径比前一途径更为方便，除非被送达国家禁止。又考虑到将来执行，原告会被迫委托当地律师通过法院送达。不过，这一规则并不适用于向英联邦国家的送达，在这种情况下，可以使用个人送达方式或符合当地法律规定的送达方式送达。③

（2）美国的域外送达制度

美国传统的送达制度是原告向法院提呈诉状并交费后，法院的书记官或执达员就发出传票，命令被告出庭并答辩。④目前美国的送达制度经1983年、1993年和1997年三次修改，已经发生了比较大的变化。当前，支配美国域外送达的规定主要有以下几种：第一，在联邦法院，主要适用的是《联邦民事诉讼规则》第4条规定，尤其是其中的第6款和第10款规定；第二，根据海牙送达公约进行的域外送达；第三，对于一些拉美国家，则可根据1975年《美洲国家间关于嘱托书的公约》及其附加议定书所规定的嘱托书的送达方式进行送达；第四，美国各州法律所规定的送达方式。

在没有条约关系情况下，美国的域外送达方式主要有以下两种：

①可替代的域外送达机制。根据《联邦民事诉讼规则》第4条第6款第2项的规定，在没有国际约定的送达方式，或者可适用的国际协议允许使用的其他送达方式，则可采用下列方式进行送达：根据外国法律规定的送达方式送达，或通过向外国主管机关提交委托书采用外国主管机关指定的方式，或在外国法律不禁止的情况下直接送达或邮寄送达。

对于没有条约关系的国家间的请求送达，通常是指委托书或国际司法协助请求书。

① 参见李双元，上引著，第609—610，617页；徐宏，上引著，第54—59、137、155页。
② 参见韩德培，上引著，第617页；李双元，上引著，第635、639页。
③ 参见杨良宜：《禁令》，第600—601页。
④ 参见何其生，上引文，第177页。

根据《联邦民事诉讼规则》第4条第6款第（2）（B）项的规定，在采用通过向外国主管机关递交委托书或请求书而采用该外国主管机关指定的方式时，只要该送达是合理安排发出通知的，该送达即为有效送达。请求外国进行司法协助的委托书一般由案件受诉法院发出，其通常不仅要遵守美国的法律规定，还要遵守受送达国的法律和惯例。委托书可通过不同的方式送达，一般依据受送达国法律的规定。这些送达方式有：第一，美国法院直接向外国法院送交委托书。这种方式不仅需要外国的许可，而且要严格遵守外国法律规定的程序。第二，通过外交渠道向外国法院送交委托书。

②根据联邦地区法院指定的方式送达。根据《联邦民事诉讼规则》第4条第6款第3项规定，允许根据联邦地区法院指定的方式进行送达，但要求该种送达方式必须不为“国际协议所禁止”。但对于那些不为国际协议所禁止但也没有被明确予以规定的送达方式，是否允许送达，根据顾问委员会的建议，对于这类送达方式，法院也可以指示采用。不过，该项规定并没有明确禁止联邦地区法院指示以违反外国法律的方式进行域外送达。顾问委员会对该项规定的说明，揭示法院可以指示以违反外国法律的方式进行送达。实践中，该条的规定也为美国法院违反外国法律进行送达埋下了伏笔。一些美国学者对顾问委员会的做法提出批评，认为在这种情况下，应该可以采纳海牙送达公约第14条的规定，即“为送达或通知诉讼文书的目的在传递过程中出现困难，应通过外交途径解决”，而不是如顾问委员会所言采取单边自助的方式。

（3）德国的域外送达制度

按照德国《民事诉讼法典》规定，司法文书的域外送达有以下几种：代为送达、[①]领事或外交途径送达和公示送达。该法第199条规定，应在外国实施的送达，嘱托外国的主管官厅或德国驻在该国的领事或公使为之。第203条第2款规定，应在外国实施的送达，不能按照有关规定实施，或者虽能实施而无成功的希望时，也可以进行公示送达。

（4）法国的域外送达制度[②]

根据法国《民事诉讼法典》规定，文书的域外送达由检察官送交司法部转递。《民事诉讼法典》第683条规定，向外国人通知文书，经执达员送达途径为之。在由法院书记官进行通知时，以向检察机关送交或者转交通知书为之。在此情况下，法院书记员负有与法院执达员相同的义务。第684条规定，向居住在国外的人送达文书，应向检察机关为之。第685条规定，法院执达员向检察官送交文书副本两份，检察官在文书正本上签证。检察官将文书副本转送司法部长，以备转交，但检察院之间可转交文书时除外。在受送达国要求法官必须参与文书转交事宜的情况下，应当同时附有命令转交文书的法

① 代为送达方式又称“请求书方式”，其是指需送达文书的一方向送达地一方提出送达请求，由后者进行送达。

② 法国《民事诉讼法典》第688条还就来自外国的文书的通知作了专门规定。

官的裁定。第686条规定，法院执达员应在向检察机关送达文书的当天，或者最迟在第一个工作日，以挂号信并要求回执向收件人寄送一份经认证与原本相符的送达文书的复印本。

（5）日本的域外送达制度

日本的域外送达制度与德国相同。日本《民事诉讼法》第108条规定，向外国应进行的送达，由审判长向该国的主管官厅或驻在该国的日本大使、公使或领事进行委托送达。第110条第1款第3—4项规定，应向外国进行的送达，根据本法第108条的规定不能送达或认为以此不能送达的，或者根据本法第108条规定向外国主管官厅进行送达后经过六个月仍未寄来证明该项送达的文件，法院书记官根据申请，可以进行公告送达。

（6）荷兰的域外送达制度

根据荷兰《民事诉讼法》第4条第7款规定，被告在荷兰没有明确的住所时，传票送达到被告的实际居所。如果被告在荷兰没有明确的居所而国外的住所也无法得知时，可将传票的副本送交外交代表并在当地报纸刊登，予以公告，以告知有关的当事人。但如果被告在荷兰没有明确的居所却在外国有明确的住所，则传票可通过外交代表、外交部、原告本人代为送达给被告。

三、国际海事诉讼中司法文书的域内送达

在国际海事诉讼中，如果受送达人在法院地所属国的领域之内，则均应依该国法律规定的域内送达的程序向其送达文书。这是由属地管辖原则所决定。在此情况下，一般不存在本国法院与外国法院相互协助问题，也不存在适用国际条约问题。即使有关国家同属海牙送达公约当事国，由于该公约并未对决定是否有必要向域外转递文件方面规定一个标准，因而文书是域内送达还是域外送达应适用法院地的法律。同时，各国规定的域内送达的方式多种多样，在实践中仍可能产生分歧，特别是对于是否具备域内送达的前提条件，各国往往有着不同的理解。①

1．在场送达

在场送达是指将司法文书直接交给出现在法院管辖区域内的受送达人本人，而不论该人的停留的时间长短，在该国是否有住所或居所，也不论是否自愿进入该管辖区。采用这种送达方式的主要是英美法系国家。②然而在海事诉讼中，由于英美法系国家仍将海事诉讼分为对人诉讼和对物诉讼两类，因而在这些国家，受送达人尚包括特定的海事财产。

① 参见徐宏，上引著，第145、150页。何其生，上引文，第202—204页。

② 参见徐宏，上引著，第146页。

（1）对特定海事财产的送达

在英国，诉物令状的送达，可通过向诉讼所针对的财产的实际送达（actual service）。[①]与诉人令状不同的是，诉物令状不可向管辖区域外送达，也不可作出诉物令状替代送达的命令。[②]至于令状的送达人，按英国法，诉物令状可由以正确的方式进行送达的任何人送达，而无须由海事法院执达官送达。英国法院的做法是由原告或其律师送达令状。然而，如果诉物令状送达同时要执行扣船令，原告则可要求海事法院执达官或其代理人送达诉物令状。[③]为使海事执达官送达令状，原告则必须向海事和商事登记官或地区登记官提交下列文件：规定形式的申请便笺、诉物令状和副本、一经要求即支付海事执达官或其代理人送达诉物令状费用的保证。而送达的具体方式，则视所要送达的“物”系船舶，或货物，或运费，或出售所得而有所不同。如果此物是船舶，诉物令状则钉在主桅，稍后则可移至船舶其他显著但在室内或遮盖部分。将令状送达给船上的船长并非有效送达。但送达中存在一些轻微的不规范现象则不影响送达的有效性。[④]如果此物是货物，并且货物仍在船舶上，令状的送达与向船舶送达令状的方式相同，即将正本令状暂时钉在船舶的主桅上，或船舶上部结构适当部位的外部，而正本一旦移去，则将副本留在船舶显眼的遮盖部位。而如果货物已经卸下或转运，则将正本令状暂时放在货物上，而一旦移去则留副本在货物上，或者如果监管货物的人不容许接近货物，则将令状副本留给该人。如果物是运费，则向为此支付运费的货物送达，或向装载货物的船舶送达。而就业已支付的运费向船东雇用的职员送达令状不是有效的送达。[⑤]而如果物是出售所得，即诉讼所针对的财产被海事执达官所出售，则将盖印的令状副本提交海事和商事登记官或地区登记官，令状被视为在提交日适当送达。然而对物诉讼只能针对在法院掌管之时被法院出售的财产所得提起，而不能对作为征用期间船舶灭失赔款而支付的款项提起对物诉讼。[⑥]如果在有关诉讼所针对的财产方面存在有效的中止财产扣押

① 法院海事对物管辖权的确立和行使取决于两个方面要求的满足：第一，在英国法院管辖区域内存在可提起对物诉讼的船舶或其他财产；第二，向该船舶或其他财产送达诉物令状。不过，该基本规则受以下规则的限制：第一，成文法条款（即以公约管辖权要求为依据的成文法规定）；第二，有关在特定场合无须向船舶送达诉物令状的规则：被告律师代表被告接受令状的送达，或被告承认令状的送达，或被告承认令状的签发。因而诉物令状也可通过被告律师代表被告在令状上签字接受送达，或通过被告认收令状的送达，或通过被告认收令状的签发而实现。

② See Nigel Messon, op.cit., p.112; D.C.Jackson, op.cit., p.208.

③ 参见杨良宜:《禁令》，第58页。See Nigel Messon, op.cit., p.112.

④ 参见杨良宜:《禁令》，第63页。See Nigel Meeson, op.cit., p.113.

⑤ 参见杨良宜:《禁令》，第63页。See Nigel Meeson, op.cit., pp.113–114. D.C.Jackson, op.cit., p.208.

⑥ See D.C.Jackson, op.cit., p.208. Nigel Meeson, op.cit., p.114.

的申请，则有必要向申请中止扣押者送达诉物令状，以便使其完成认收令状签发或送达，并提供保证或其他担保的保证。[①]

在南非，法院海事诉物管辖权的确立取决于在管辖区域内的特定物的扣押和传票的送达。而传票，根据《海事程序规则》第2条规定，应采用规定格式，并记载有关请求性质、所要求的救济和请求赔偿额的清楚和准确的陈述。而扣押令由法院登记官签发，但其也可将应否签发问题交由法官裁断。传票以与扣押令相同的方式向与所提起诉讼相关的财产送达。而扣押令由执行官向所要扣押财产送达。当扣押物为船舶或其设备、缆具、补给品或燃料，则将扣押令副本钉在主桅，或者船舶、设备、缆具、补给品或燃料的任何合适部分，同时将另一份副本递交给船长或负责船舶的其他人。当扣押物为货物时，则将扣押令副本递交给负责管理货物的人，并将另一份副本贴在货物上，除非该人无权管理货物，或货物并未装载于船上，或如此行事并非现实。当扣押物为运费时，则将扣押令递交给支付运费的人。当扣押物为集装箱时，则将扣押令递交给负责管理集装箱的人，同时将另一份副本贴于集装箱之上，除非该人无权管理集装箱，或集装箱并未装载于船上，或如此行事并不现实。而当扣押物为基金时，则将扣押令副本递交给登记官，同时当法院就有关基金任命受托人时，则将副本递交给受托人。而当财产根据《海事管辖权调整法》第3条第10款第a项被视为业已扣押时，则将扣押令副本送达到按《海事程序规则》第4条第6款规定所指定的地址。当然扣押令还可按法院所要求的其他方式送达。[②]而当财产业已出售时，扣押令则应送达给保管财产出售所得的人。[③]

在澳大利亚，海事诉物令状只能向存在于澳大利亚法院管辖区域内的特定物送达。而物的类型随着具体的海事请求类别的不同而不同。物的类型的不同，令状的送达方式也有所差异。根据1988年《海事规则》的规定，[④]当诉讼系针对船舶或船舶上所载之其他财产的对物诉讼时，则将盖印令状副本贴于船舶之主桅或其他显著部分；当对物诉讼所针对的财产在令状送达之时并非载于船舶上时，则将盖印令状副本贴于该财产或装载该财产的包装袋或集装箱之上；当船舶或其他财产无法合理地接近时，则将盖印令状副本递交给显然是负责管理船舶或财产之人；当对物诉讼是针对业已交存于法院的船舶或其他财产的出售所得时，则将盖印令状副本递交给控制该出售所得的法院。按照《海事规则》第34条规定，令状的送达不得采用替代送达的方式。在诉物程序启动之后，当事人即可向法院提出请求签发扣押令的申请。扣押令以与令状相同的方式，或与令状同时送达，或略迟送达。扣押令所指定之船舶或财产在扣押令执行时即被扣押直至船舶或

① See Nigel Meeson, op.cit., p.114.

② See section 6 (3) of Admiralty Proceedings Rules 1997.

③ See section 6 (4) of Admiralty Proceedings Rules 1997.

④ See section 30–31, 34 of Admiralty Rules 1988.

财产被合法释放或根据法院命令而被出售。

在新西兰，法院诉物管辖权的确立以向法院管辖区域内存在的特定物送达令状为前提。而特定物，在海事请求系有关海事优先权或其他债务负担时，则为其上附有海事优先权或其他债务负担的船舶、飞机或其他财产；在海事请求为有关物权性请求时，则为与所产生的请求或问题有关的特定船舶或财产；而当海事请求为其他的债权性海事请求时，则为当事船舶或替代船舶。[①]诉物程序基于由法院官员所签发并记载有有关请求性质、所要求的救济和请求赔偿额等事项的诉讼通知（notice of proceeding）而启动。[②]而诉讼通知如向船舶或船舶之上的货物、运费或其他财产送达，则应将盖印之通知副本贴于驾驶台附近或其他显著部位，或通向船舶上部或就寝仓的入口处附近，同时将另一份副本留给显然是负责管理船舶之人；如向非装载于船舶之上的货物、运费或其他财产送达，则应将盖印副本附于货物、运费或其他财产，同时将所附着的副本留于此处；如向为个人所控制的运费送达，则向该人显示盖印副本并留于该人；如向为法院所控制的出售所得送达，则向法院登记官显示盖印副本并留于该人；如向无法见到的货物、运费或其他财产送达，则应向显然是管理该货物、运费或其他财产的人显示盖印副本并留于该人。[③]诉讼通知一旦签发，当事人即可向法院申请签发扣押令，扣押令由登记官或其他经合法授权的人以与诉讼通知相同的方式送达。[④]然而，如果被告的代理律师以书面允诺接受送达、出庭应诉、提供担保或向法院交付款项，则无须送达诉讼通知和扣押令。

在美国，海事对物诉讼从原告向法院提交起诉状（complaint）时开始。诉物起诉状必须经过证实，其中应记载有关诉讼对象的财产的充分细节、财产位于管辖区域内的陈述等内容。法院必须对起诉状及其任何证明文件加以审查。如果存在对物诉讼的条件，法院必须签发命令指令书记官签发针对作为诉讼对象的船舶或其他财产的扣押令。而如果原告或其律师证明情况紧急而使法院不可能进行审查，则书记官必须迅即签发传唤状（summons）和扣押令。当作为诉讼对象的财产全部或部分为运费、出售财产所得或其他无形财产时，书记官必须在签发扣押令之外签发传唤状，指令控制财产的任何人说明其未将财产交存法院的原因。此外，书记官有权根据申请签发补充性传票以执行法院命令。如果作为诉讼对象的财产是船舶或船载有形货物，扣押令和其他任何补充性传票（supplemental process）则必须交由执行官送达；如果作为诉讼对象的财产是其他的有形

① See section 5 of Admiralty Act 1973.
② See section 769 of Admiralty Rules.
③ See section 772 of Admiralty Rules.
④ See section 776 of Admiralty Rules.

或无形财产，扣押令和任何补充传票则必须交由授权负责执行的人。①

（2）对自然人的送达

在英美等国，尽管就在场送达制度的弊端设计了一些补救方法，但直至今日，法院仍毫无限制地采用在场送达的制度。②如在美国，为规避域外送达程序，当外国个人被告出现在法院地州，并且能被送达时，对其进行送达。美国所有州的法律和联邦民事诉讼规则都允许对受送达人进行当面送达。③而在大陆法系国家，送达本身并不赋予法院以管辖权，但司法文书也可采用在场送达的方式。如法国《民事诉讼法典》第654条第1款规定，执达员送达应向受送达人本人为之。第689条第1—2款规定，如收件人是自然人，向收件人居住地进行通知。但在向收件人本人进行通知时，无论提交通知的场所如何，其中包括工作场所，交付通知均有效。相同的规定也可见于德国《民事诉讼法典》和日本《民事诉讼法典》。德国《民事诉讼法典》第180条规定，在任何地方遇见应受送达人时，即可向之送达。日本《民事诉讼法典》第103条第1款规定，送达应在应受送达人的住所、居所、营业所或事务所进行。第104条第1款规定，当事人、法定代理人或诉讼代理人，应当向受诉法院申报应受送达的场所。第105条规定，送达不拘泥于本法前两条的规定，对于应受送达人在日本国内的住所等不明时，送达可在与该人相会的场所进行。

2. 向法人代表机构或分支机构的送达

许多国家对向法人代表机构或分支机构送达这一做法予以认可。但各国对“代表机构”或“分支机构”的概念的理解并不一致，为此一些国家在法律中做出了更进一步的规定。如在英国，在英国设立营业所的外国公司，如不指定司法文书代收人，或报送公司注册局备案的代收司法文书的人死亡或不在英国居住或因任何原因不能向其送达，只要该公司仍在其设立于英国的营业所经营业务，文书就可送达该公司在英国的任何营业所。在美国，鉴于域外送达的成本、文件的翻译、实施域外送达漫长的时间，以及域外送达所存在的困难和不确定性，诉讼当事人常寻找一些避免域外送达的途径和方法。向外国法人的代表机构或分支机构的送达便是常用的手段。在需要向位于外国的被告送达时，许多州允许向那些在法院地的并与其有紧密关系的人或实体进行送达。如需要向外国的母公司送达时，如果其在法院地州有分支机构，则可以向其分支机构送达，但这类送达常常要求证明母公司与分支机构之间存在另一个自我或代理关系。④在1989年海

① See Rule C of Supplemental Rules for Certain Admiralty aand Maritime Claims of Federal Rules of Civil Procedure.

② 参见徐宏，上引著，第147页。

③ 参见何其生，上引文，第203页。

④ 参见徐宏，上引著，第149页；何其生，上引文，第203页。

牙国际私法会议特委会会议上，许多国家代表指出，只在分支机构被其总部指定有权代总部接受送达时，方可向其送达文书。不过，当一个公司在别国境内设立机构时，可能依照该国法律有义务指定一个接受送达的代理人，否则将被视为已经作出上述指定，或已在该国选择住所，在这种情况下，不必进行域外送达，而可将文书交给其指定的代理人或分支机构，至少在基于设在法院地国境内的该分支机构的活动提起的诉讼中应该如此。[①]

3．向代收人进行送达

许多国家的法律要求外国的自然人或法人在法院地国指定司法文书代收人。根据英国法，在英国设立营业所的外国公司，其则必须向公司注册局提交一个居住在英国且被授权以该公司名义接受司法文书的人的姓名和地址。在这种情况下，即使该公司不再在英国经营业务，任何司法文书只要按该公司提交给公司注册局的人的姓名及其地址送交，即视为充分送达。德国《民事诉讼法典》第174条第1款规定，当事人不住在受诉法院所在地，也不住在受诉法院所在的初级法院管辖区之内，也未选任居住在该地和该区域内的人为诉讼代理人时，法院依申请可以命令当事人委任在该地区和该区域内的人代为收受应送达给他的书状。此项命令可不经言词辩论为之。对此项裁定，不得声明不报。第2款规定，当事人不住在国内，也未选任在前款所指地方或区域内居住的人为诉讼代理人时，即使没有法院的命令，也负有指定送达代收人的义务。至于指定送达代收人和向送达代收人送达文书的方式，德国《民事诉讼法典》第175条对此作了规定。该条第1款规定，送达代收人，应在最近一次的法庭辩论时指定之；如果当事人在辩论前已向对方当事人送达过书状时，可在该书状中指定代收人。如果没有如此指定，则在以后指定之前，执达员可将应交付的书状按当事人的住所的地址，交邮局送达。此时，交付邮局，即视为送达而发生效力；即使因投寄不到而退回，仍然生效。第2款规定，在当事人要求并表示愿意支付所增加的费用时，可将该邮件以挂号寄发。

4．向代理人进行送达

向代理人送达文书是一项普遍的实践。如美国《联邦民事诉讼程序规则》第4条（D）（2）项规定，文书可送达给受送达人的代理人或监护人。在英国，文书可以送达受送达人的律师。法国《民事诉讼法典》第652条规定，如果当事人委托某人作为其代理人，则可向其诉讼代理人送达文书，但另有特别规定的判决书除外。荷兰《民事诉讼法典》第407条规定，传票可送达给受送达人律师的办公室，如果受送达人为此目的在那里选择了住所的话。不过，在上诉阶段，如果要向外国受送达人在第一审程序中委托的律师送达文书，则必须得到外国受送达人的重新委托，否则只能按照域外送达的方式

① 参见徐宏，上引著，第149—150页。

进行送达。此外，日本《民事诉讼法典》第102—104条，德国《民事诉讼法典》第173条也就向代理人送达方式作了规定。

不过，在法国、荷兰、卢森堡、比利时等国尚存在"检察官送达"制度。即不论受送达人在境内还是在境外，在不能将文书直接送交受送达人时，只要法院将需送达的文书正式交给法院所属的检察官，送达即告完成，法院有权据此作出缺席判决。而文书是否实际转交给受送达人，法院并不查证受送达人对该文书的实际知悉。这意味着在文书需送达给域外当事人时，有关送达只需在域内完成即可。由于检察官不同于作为诉讼代理人的律师，采取这种送达方式难以确保当事人对文书的实际知悉，因而不利于保护受送达人的合法权益。对此，在海牙国际私法1989年特委会上与会专家比较一致认为，收到文书的检察官有义务按照海牙送达公约规定的程序向域外当事人转递该文书，在依公约完成之前，法院不得作出缺席判决。①

5．公告送达

公告送达是在采用其他送达方式均不能奏效或根本无法采用其他方式的情况下所采用的送达方式。许多国家的法律对此予以了肯定。

德国《民事诉讼法典》对公告送达的要件、方式、公告效力产生的时间以及公告送达的溯及效力等问题作了较为详尽的规定。该法第203条第2款规定，应在国外实施的送达，不能按照有关规定实施，或者虽能实施而无成功的希望时，可以进行公告送达。第204条规定，公告送达，应依当事人的申请，经受诉法院许可后，由书记官依职权实施。对于申请可不经言词辩论而裁判之。公告送达时，将应送达的书状的节本与足以辨识该书状的关于送达的通知张贴于法院的布告牌。应送达的书状包括有传票或依第276条第1款第1句发出的催告时，除张贴外，还要将书状的节本在联邦公报上登载一次。受诉法院还可以命令将该节本在其他报纸上登载，并可以登载多次。第206条规定，包括有传票或第276条第1款第1句中的催告的书状，从节本最后登载于公开的报纸时起届满一个月，视为在届满之日已经送达。受诉法院在准许公告送达时，可依规定一个较长的必要期间。在其他情形，在书状张贴于法院公告牌上满两周后，视为已经送达。张贴的书状如果在张贴期间届满前脱离了公告牌，对送达的效力不发生影响。日本《民事诉讼法典》第110—113条对公告送达制度作了类似德国法的规定。而法国、荷兰、希腊等国的法律也允许公告送达，但在比利时和意大利，公告送达的使用是有限制的。在美国，在要求执行留置权的诉讼中，如果不能实现当面送达，也可以公告送达。在英国，如果被告住所不明，应由原告说明情况，申请用登报通知或在被告居住所张贴通告等方法来对被告进行传唤。至于具体方法，由法院根据案件的实际情况作出指示，只要

① 参见徐宏，上引著，第151—152页。

这种方法是合理的，即使被告实际上没有知悉，法律上也被认为是有效的。不过如果在申请时不能确定被告能否获得通知，法院也不应予以准许。①

四、我国涉外海事诉讼中司法文书送达的实践

在我国，《海事特别程序法》、《民事诉讼法》、2006年最高人民法院《关于涉外民事或商事案件司法文书送达问题若干规定》，及其他有关立法和司法解释②对海事司法文书的域外送达问题作了专门规定，但涉外海事案件中司法文书的域外送达长期困扰涉外海事案件审判效率的提高，完善现行的送达制度，为海事实务界所期盼。

（一）海事司法文书的送达方式

与其他国家司法文书送达实践相同，我国海事司法文书的送达以送达的法律依据的不同可分为依条约规定送达和依国内法规定送达；以文书的送达是否需要跨越国境为标准可分为域外送达与域内送达两种方式；以是否直接送达给当事人本人为标准可分为直接送达和间接送达两种方式。

（1）条约所规定的送达方式的效力

如何使用条约所规定的送达方式，一直是司法实践中所面临的一个问题。《关于涉外民事或商事案件司法文书送达问题若干规定》基本解决了这一问题。依其第六、七条之规定，人民法院向在中华人民共和国领域内没有住所的受送达人送达司法文书时，若该受送达人所在国与中华人民共和国签订有司法协助协定，可以依照司法协助协定规定的方式送达；若该受送达人所在国是《关于向国外送达民事或商事司法文书和司法外文书公约》的成员国，可以依照该公约规定的方式送达。受送达人所在国与中华人民共和国签订有司法协助协定，且为《关于向国外送达民事或商事司法文书和司法外文书公约》成员国的，人民法院依照司法协助协定的规定办理。而按照司法协助协定、《关于向国外送达民事或商事司法文书和司法外文书公约》或者外交途径送达司法文书，自我国有关机关将司法文书转递受送达人所在国有关机关之日起满六个月，如果未能收到送达与否的证明文件，且根据各种情况不足以认定已经送达的，视为不能用该种方式送达。从而可依国内法规定方式进行送达。

---

① 参见徐宏，上引著，第152—153页。

② 对于《海牙送达公约》在我国的实施，有关文件有：1991年3月2日第七届全国人大常委会第十八次会议作出的《批准加入1965年11月15日订于海牙的〈关于向国外送达民事或商事司法文书和司法外文公约〉的决定》；1992年3月4日最高法院、外交部、司法部《关于执行〈关于向国外送达民事或商事司法文书和司法外文公约〉有关程序的通知》；1992年9月19日司法部、最高法院、外交部《关于执行海牙送达公约的实施办法》。

在无条约情况下司法文书的送达问题，最高法院、外交部、司法部于1986年8月14日颁布《关于我国法院和外国法院通过外交途径相互委托送达法律文书若干问题的通知》。

（2）域外送达

①域外直接送达

域外直接送达即指我国海事法院通过一定的方式将有关司法文书（以及非司法文书）直接送达给国外的诉讼当事人和其他诉讼参与人。根据我国《民事诉讼法》第247条的规定，域外直接送达包括：[①]

I.外交代表或领事送达

通过外交代表或领事域外直接送达文书是国际社会普遍承认和采用的一种方式。《海牙送达公约》第8条明确规定，每个缔约国均有权不受约束地通过其外交人员或领事将司法文书送达或通知在国外的人员。1992年最高法院、外交部、司法部《关于执行〈关于向外国送达民事或商事司法文书和司法外文书公约〉有关程序的通知》（以下简称最高法院1992年《通知》）第5条指出，我国法院欲向公约成员国的中国公民送达民事或商事司法文书，可委托我国驻该国使、领馆代为送达。委托书和所送司法文书应由有关中级人民法院或专门人民法院送交有关高级人民法院转最高人民法院，由最高人民法院径送或经由司法部转交我国驻该国使、领馆送达给当事人。送达证明按原途径退有关法院。至于向非公约成员国领域内的当事人通过外交代表和领事送达文书问题，我国《民事诉讼法》第247条第2—3项规定，人民法院对在中国领域内没有住所的具有中国国籍的当事人送达诉讼文书，可委托中华人民共和国驻受送达人所在国的使领馆代为送达。最高法院、外交部和司法部于1986年发布的《关于我国法院和外国法院通过外交途径相互委托送达法律文书若干问题的通知》（以下简称最高法院1986年《通知》）第5条规定，我国法院向在外国领域内的中国籍当事人送达法律文书，如果该国允许我使、领馆直接送达，可委托我驻该国使、领馆送达。不过，这种送达方式的使用条件随文书送达地国是否为《海牙送达公约》当事国而有所不同：当送达地国为公约当事国时，我国法院可采用这种送达方式，而受送达人是否仅限于具有中国国籍的当事人，则取决于送达地国是否对公约第8条规定作了保留；而当送达地国为非公约当事国时，我国法院可否采用这种送达方式则取决于该国的立场，即使该国同意采用这种方式，受送达人也仅限于具有中国国籍的当事人。

对于外国通过外交代表或领事向在我国领域内的受送达人送达文书问题，全国人大常委会1991年3月2日《批准加入1965年11月15日订于海牙的〈关于向国外送达民事或商事司法文书和司法外文书公约〉的决定》（以下简称全国人大常委会1991年《决定》）第2条规定，根据公约第8条第2款声明，只在文书须送达给文书发出国国民时，

① 在英美法系国家，还可按当事人协商的方式送达文书。参见韩德培主编，上引著，第639页；李双元主编，上引著，第619页。

才能采用该条第1款所规定的方式在中华人民共和国境内进行送达。最高法院1992年《通知》第3条规定，对公约成员国驻华使、领馆直接向其在华的本国公民送达民事或商事司法文书，如不违反我国法律，可不表示异议。而当请求送达国与我国无条约关系时，《民事诉讼法》第263条第2款规定，外国驻中华人民共和国的使领馆可以向该国公民送达文书，但不得违反中华人民共和国的法律，并不得采取强制措施。最高法院1986年《通知》第2条规定，外国驻华使、领馆可以直接向其在华的本国国民送达法律文书，但不得损害我国主权和安全，不得采取强制措施。也就是说，采取这一途径向我国领域内送达文书通常有两项限制性条件：第一是送达的对象必须是该使领馆的派遣国的国民；第二是送达过程中不得违反我国法律的规定，也不得采取任何强制性措施。

II. 电子通讯方式送达

随着电子计算机技术和国际互联网业务的迅速发展和普及，通过电子邮件和电子公告系统传递信息日趋普遍。我国《海事特别程序法》对这种送达方式予以了肯定。[①]该法第80条第1款第3项规定，海事诉讼法律文书的送达可以通过能够确认收悉的其他适当方式送达。最高人民法院《关于适用中华人民共和国海事诉讼特别程序法》若干问题的解释》第55条规定，海事诉讼特别程序法第八十条第一款（三）项规定的其他适当方式包括传真、电子邮件（包括受送达人的专门网址）等送达方式。通过以上方式送达的，应确认受送达人确已收悉。最高人民法院《关于涉外民事或商事案件司法文书送达问题若干规定》第十条也作了相同的规定。

III. 诉讼代理人送达

诉讼代理人送达作为一种域外直接送达方式以该诉讼代理人为外籍当事人的同国籍人为条件。最高法院《关于适用〈民事诉讼法〉若干问题的意见》第308条规定，涉外民事诉讼中的外籍当事人，可以委托本国人为诉讼代理人，也可以委托本国律师以非律师身份担任诉讼代理人；外国驻华使、领馆官员受本国公民委托，可以以个人名义担任诉讼代理人，但在诉讼中不享有外交特权和豁免权。《民事诉讼法》第247条第4项规定，人民法院对在我国领域内没有住所的当事人送达诉讼文书，可向受送达人委托的有权代其接受送达的诉讼代理人送达。《海事特别程序法》第80条第1款第1项规定，海事诉讼法律文书的送达，适用民事诉讼法的有关规定，还可以采用向受送达人委托的诉讼代理人送达的方式。但两法的规定略有不同，按照《民事诉讼法》的规定，诉讼代理人送达文书以该诉讼代理人经当事人授权为条件；而按《海事特别程序法》规定，诉讼代理人送达文书无须经当事人授权。不过，由于《关于涉外民事或商事案件司法文书送达问题若干规定》对“有权”所作的解释，使得两者之间的差异实际上不再存在。该《若干

① 《英国民事诉讼规则》第6.2条规定可以传真或其他电子通讯方式送达。

规定》第四条规定，除受送达人在授权委托书中明确表明其诉讼代理人无权代为接收有关司法文书外，其委托的诉讼代理人为民事诉讼法第二百四十七条第（四）项规定的有权代其接受送达的诉讼代理人，人民法院可以向该诉讼代理人送达。尽管如此，根据特别法优于一般法原则，海事诉讼文书通过诉讼代理人送达时诉讼代理人无须经当事人授权。至于外国法院能否通过这种方式向我国境内的有关人员送达诉讼文书的问题，我国民事诉讼法未作明确规定。①

Ⅳ.邮寄送达

对于邮寄送达，各国立法和司法实践所持的态度不尽相同。我国《民事诉讼法》第247条第6项规定，人民法院对在我国领域内没有住所的当事人送达诉讼文书，受送达人所在国的法律允许邮寄送达的，可以邮寄送达。自邮寄之日起满六个月，送达回证没有退回，但根据各种情况足以认定已经送达的，期间届满之日视为送达。最高人民法院《关于以法院专递方式邮寄送达民事诉讼文书的若干规定》第1条规定，人民法院直接送达诉讼文书有困难的，可以交由国家邮政机构以法院专递方式邮寄送达。第2条规定，以法院专递方式邮寄送达民事诉讼文书的，其送达与人民法院送达具有同等法律效力。全国人大常委会1991年《决定》第3条规定，反对采用公约第10条所规定的方式在中华人民共和国境内进行送达。这意味着第一，我国法院向外国邮寄送达文书，必须以对方法律允许向其境内邮寄送达为条件。因此，采取这种方式，首先应该了解受送达人所在国法律是否允许邮寄送达或者有无其他有关规定，如果对方法律不允许邮寄送达，我国法院就不能采用这一方式。至于如何判定文书是否送达问题，《关于涉外民事或商事案件司法文书送达问题若干规定》作了较为谨慎的规定。其第八条规定，受送达人所在国允许邮寄送达的，人民法院可以邮寄送达。邮寄送达时应附有送达回证。受送达人未在送达回证上签收但在邮件回执上签收的，视为送达，签收日期为送达日期。自邮寄之日起满六个月，如果未能收到送达与否的证明文件，且根据各种情况不足以认定已经送达的，视为不能用邮寄方式送达。第二，由于我国对公约第10条作了保留，因而外国法院不得采用邮寄送达方式在我国境内进行送达。②

Ⅴ.公告送达

许多国家民事诉讼立法均允许在一定条件下可使用公告送达的方式。我国《民事诉讼法》第247条第7项规定，人民法院对在中华人民共和国领域内没有住所的当事人送达诉讼文书，如果不能采用其他方式送达的，可以采用公告送达，自公告之日起满六个月，即视为送达。据此，采取这种送达方式的前提，是用尽了其他送达方式均不能奏效

① 参见韩德培主编:《国际私法新论》，武汉大学出版社1997年版，第638页。

② 参见韩德培主编，上引著，第637页；徐宏，上引著，第160页。

或根本无法采用其他方式。至于如何公告的问题，《关于涉外民事或商事案件司法文书送达问题若干规定》第九条规定，公告内容应在国内外公开发行的报刊上刊登。

②域外间接送达

域外直接送达是指一国法院在审理涉外民事案件时，通过国际司法协助的方式所进行的送达。国际司法协助中的送达是指一国法院在受理某一涉外民事案件以后，将需要送达到国外的司法文书和非司法文书委托给有关国家的司法机关或其他有权机构，并由该外国司法机关或其他有权机构送交给居住在该国境内的诉讼当事人或其他诉讼参与人。其包括国际司法委托和国际司法协助两大部分。[①]根据我国民事诉讼立法和有关国际公约的规定，域外间接送达有以下几种方式：[②]

I. 中央机关途径

《民事诉讼法》第247条规定，人民法院对在中华人民共和国领域内没有住所的当事人送达诉讼文书，可以依照受送达人所在国与中华人民共和国缔结或者共同参加的国际条约中规定的方式送达。而现时有关送达文书的国际公约一般都规定了中央机关途径。《海牙送达公约》第2条规定，每个缔约国应指定一个中央机关负责依据第3—6条的规定，接受来自另一个缔约国送达或通知的请求，并负责送交。该中央机关应按照本国法律组成。全国人大常委会1991年《决定》第1条规定，根据公约第2条和第9条规定，指定中华人民共和国司法部为中央机关和有权接受外国通过领事途径转递的文书的机关。

不过，根据《海牙送达公约》第3条“依文书发出国法律有权主管的当局或司法助理人员应将符合本公约所附范本的请求书送达文书发往国中央机关”的规定，海牙送达公约并不要求这类请求通过双方的中央机关提出，而可由提出请求的主管当局直接向被请求方的中央机关提出。[③]请求机关提出请求是否必须通过本国的中央机关，则由各国自行确定。实践中，有的国家并未作此要求，也有国家为了统一掌握本国与外国在协助送达方面的全局情况，规定只有本国的中央机关才能作为统一向外国提出请求的机关。我国原则上采取后一做法。最高法院1992年《通知》第4条规定，我国法院若请求公约成员国向该国公民或第三国公民或无国籍人送达民事或商事司法文书，有关中级人民法院或专门人民法院应将请求书和所送司法文书送有关高级人民法院转最高人民法院，由最高人民法院送司法部转给该国指定的中央机关；必要时，也可以由最高人民法院送我

① 参见韩德培主编，上引著，第639页。徐宏，上引著，第156、168页。

② 在一些国家，域外间接送达还包括通过领事途径送达、通过司法部递交，以及主管当局直接联系途径送达。目前我国尚未采用上述送达方式。对于主管当局直接联系途径进行送达的方式，我国在加入《海牙送达公约》时，声明反对该公约第10条第2、3项规定的方式在我国境内进行送达。参见李双元主编，上引著，第627—628页；韩德培主编，上引著，第641—642页；徐宏，上引著，第170—171页。

③ 参见李双元主编，上引著，第619—620页；徐宏，上引著，第170页。

国驻该国使馆转送给该国指定的中央机关。

而对于公约成员国向我中央机关送交文书问题，最高法院1992年《通知》第1条规定，凡公约成员国驻华使、领馆转交该国法院或其他机关请求我国送达的民事或商事司法文书，应直接送交司法部，由司法部转递给最高法院，再由最高法院交有关人民法院送达给当事人。送达证明由有关人民法院交最高法院退司法部，再由司法部送交该国驻华使、领馆。第2条规定，凡公约成员国有权送交文书的主管当局或司法助理人员直接送交司法部请求我国送达的民事或商事司法文书，由司法部转递该最高法院，再由最高法院交有关人民法院送达给当事人。送达证明由有关人民法院交最高法院退司法部，再由司法部送交该国主管当局或司法助理人员。

II.外交途径

在两国没有条约关系的情况下，各国通常采用外交途径相互请求送达。《民事诉讼法》247条第2项规定，人民法院对在中华人民共和国领域内没有住所的当事人送达诉讼文书，可通过外交途径送达。最高法院1986年《通知》第4条规定，我国法院通过外交途径向国外的当事人送达法律文件，应按下列程序和要求办理：要求送达的法律文书须经省、自治区、直辖市高级法院审查，由外交部领事司负责转递。第3条规定，对拒绝转递我国法院通过外交途径委托送达法律文书的国家或有特殊限制的国家，我方可根据情况采取相应措施。对于外国通过外交途径委托我国法院送达文书问题，最高法院1986年《通知》第1条规定，凡已同我国建交国家的法院，通过外交途径委托我国法院向我国公民或法人以及在华的第三国或无国籍当事人送达法律文书，除该国同我国已订有协议的按协议办理外，一般根据互惠原则按下列程序和要求办理：由该国驻华使馆将法律文书交外交部领事司转递给有关高级法院，再由该高级法院指定有关中级法院送达给当事人。当事人在所附送达回证上签字后，中级法院将送达回证退高级法院，再通过外交部领事司转退给对方；如未附送达回证，则由有关中级法院出具送达回证交有关高级法院，再通过外交部领事司转给对方。

（3）域内送达

对于向域外的诉讼当事人送达涉外海事司法文书，我国法律还规定了几种域内送达方式：

①在场送达

我国《民事诉讼法》并未规定对人的“在场送达”制度，而是规定对于在我国领域内没有住所的当事人，根据该法第247条规定的方式进行送达。因而我国的在场送达制度由于欠缺对人在场送达方式而并不完整。

在场送达属于域内送达方式。为最大限度地保障受送达人知悉所送达文书的内容，各国法律通常都规定，在一般情况下，传票、诉状等司法文书应直接送交受送达人本人。从这一规则出发，一些国家实行在场送达制度。并且在场送达往往成为一些国家法院确立管辖权的根据，如此赋予在场送达以确立管辖权的功能，实构成对国际管辖权的滥用。但在场送达仅作为在法院对案件具有管辖权前提下的一种程序上的行为，无可厚非。因为受送达人出现在法院管辖域内，自然应受该辖区法律的约束。而我国的司法管辖权制度不同于英美法系国家，仅有送达本身并不赋予法院以管辖权，当事人在我国境内停留时被送达，并不会产生管辖权的滥用问题。相反如果当事人在我国境内，特别是我国法院已有充分理由行使管辖权时，在送达问题上舍近求远，坚持向境外送达文书，在实践中是极不合理的，在理论上也与我国法院的属地管辖原则相背离。因而《民事诉讼法》第247条所使用"对在中华人民共和国领域内没有住所的当事人送达诉讼文书"的措辞而对我国法院所施加的不必要的限制，实有修改的必要，而似可改为"人民法院对于在中华人民共和国领域外的当事人送达诉讼文书，可以采用下列方式……"如此规定，我国法院可以向临时在境内出现的外国人进行送达。[①]庆幸的是，2006年《关于涉外民事或商事案件司法文书送达问题若干规定》弥补了这一缺陷。其第三,十二条规定，作为受送达人的自然人或者企业、其他组织的法定代表人、主要负责人在中华人民共和国领域内的，人民法院可以向该自然人或者法定代表人、主要负责人送达。并且可以留置送达。

对于对物的"在场送达"制度，我国《海事特别程序法》借鉴了英美法系国家的送达实践，对此予以了肯定。该法第80条第2款规定，有关扣押船舶的法律文书也可以向当事船舶的船长送达。最高人民法院《关于适用〈中华人民共和国海事诉讼特别程序法〉若干问题的解释》第53条规定，有关海事强制令、海事证据保全的法律文书可以向当事船舶的船长送达。第54条规定，应当向被告送达的开庭传票等法律文书，可以向被扣押的被告船舶的船长送达，但船长作为原告的除外。

②向诉讼代理人送达

《民事诉讼法》第241条规定，外国人、无国籍人、外国企业和组织在人民法院起诉、应诉，需要委托律师代理诉讼的，必须委托中华人民共和国的律师。该法第247条第4项规定，人民法院对在中华人民共和国领域内没有住所的当事人送达诉讼文书，可以采用向受送达人委托的有权代其接受送达的诉讼代理人送达的方式。至于诉讼代理人是否有权接受送达，依《关于涉外民事或商事案件司法文书送达问题若干规定》第四、十二条规定，除受送达人在授权委托书中明确表明其诉讼代理人无权代为接收有关司法文书外，其委托的诉讼代理人为民事诉讼法第二百四十七条第（四）项规定的有权代其接受送达的诉讼代理人，人民法院可以向该诉讼代理人送达。并且可以留置送达。而《海事特别程序法》第80条第1款第1项则直接规定，海事诉讼法律文书的送达，向受

① 参见徐宏，上引著，第146—148页。

送达人委托的诉讼代理人送达。

③向法人的代表机构、分支机构或者业务代办人送达

《民事诉讼法》第247条第5项规定，人民法院对在中华人民共和国领域内没有住所的当事人送达诉讼文书，可以采用向受送达人在中华人民共和国领域内设立的代表机构或者有权接受送达的分支机构、业务代办人送达的方式。《关于涉外民事或商事案件司法文书送达问题若干规定》第五、十二条规定，人民法院向受送达人送达司法文书，可以送达给其在中华人民共和国领域内设立的代表机构。受送达人在中华人民共和国领域内有分支机构或者业务代办人的，经该受送达人授权，人民法院可以向其分支机构或者业务代办人送达。并且可以留置送达。而《海事特别程序》第80条第1款第2项则规定，海事诉讼法律文书的送达，可以采用向受送达人在中华人民共和国领域内设立的代表机构、分支机构、业务代办人送达的方式。比较两法的规定，两者略有区别。按照后法，向"分支机构、业务代办人送达"时，无须考虑其是否有权接收司法文书。

而向法人的代表机构送达文书问题，最高法院于2002年在向北京市高级法院作出的《关于向外国公司送达司法文书能否向其驻华代表机构送达并适用留置送达问题的批复》指出："《关于向国外送达民事或商事司法文书和司法外文书公约》（以下简称海牙送达公约）第一条规定：在所有民事或商事案件中，如有须递送司法文书或司法外文书以便向国外送达的情形，均应适用本公约。根据《中华人民共和国民事诉讼法》（以下简称民事诉讼法）第二百四十七条的规定，人民法院对在中华人民共和国领域内没有住所的当事人送达诉讼文书，可以依照受送达人所在国与中华人民共和国缔结或者共同参加的国际条约中规定的方式送达；当受送达人在中华人民共和国领域内设有代表机构时，便不再属于海牙送达公约规定的"有须递送司法文书或司法外文书以便向国外送达的情形。因此，人民法院可以根据民事诉讼法第二百四十七条第（五）项的规定向受送达人在中华人民共和国领域内设立的代表机构送达诉讼文书，而不必根据海牙送达公约向国外送达。根据民事诉讼法第二百三十七条的规定，人民法院向外国公司的驻华代表机构送达诉讼文书时，可以适用留置送达的方式。"

④向代收人送达

我国诉讼程序立法并未对向代收人送达制度作出规定，但根据最高人民法院于2004年作出的《关于以法院专递方式邮寄送达民事诉讼文书的若干规定》，我国显然认可这一送达方式。该规定第7条规定，受送达人指定代收人的，指定代收人的签收视为受送达人本人签收。第8条规定，受送达人及其代收人应当在邮件回执上签名、盖章或者捺印。受送达人及其代收人在签收时应当出示其有效身份证件并在回执上填写该证件的号码；受送达人及其代收人拒绝签收的，由邮政机构的投递员记明情况后将邮件退回人民法院。第9条规定，有下列情形之一的，即为送达：……（五）受送达人指定的代

收人签收的。

（二）涉外海事司法文书送达的实践困境

从现行法律规定及司法解释看，我国现行的有关涉外海事司法文书送达制度的设计从总体上讲还是可以的，尤其是2006年《关于涉外民事或商事案件司法文书送达问题若干规定》不仅引入了对人在场送达方式、条约所规定的送达方式的可使用性问题，而且确立了诉讼代理人是否有权接受送达以及视为送达的标准。但全国海事法院仍面临送达难的普遍性问题。其中的原因是多方面的，既有法律自身存在的缺陷，也有当事人自身的原因，甚至还有法官自身的素质问题。主要表现为："涉外送达程序长且成功率低，法律规定通过外交途径送达，有时要一两年才有回应，而且送达成功的很少。由海事法院报送最高法院并通过外交部途径转交外国当事人，有的外国当事人拒绝出庭应诉，有的因外国外交部认为不符合规定而被退回。据统计，我国涉外案件送达成功率不到30%，涉外海事司法文书的送达问题已严重影响到我国海事审判活动的进行。[①]究其原因，主要有以下几个方面：

（1）现行的涉外司法文书送达规定过于笼统，可操作性较差。主要表现为：第一，对于诉讼代理人送达问题，该方式的使用只有在受送达人授权中国律师或代理人参加诉讼的前提下才有可能，而在海事司法实践中，往往由于诉讼尚未启动，受送达人没有委托诉讼代理人，致使法院无法通过这一方式完成送达。第二，对于"向受送达人的代表机构、分支机构或者业务代办人送达"问题，尽管向"代表机构、分支机构"送达，无法律上的障碍，但对于向业务代办人的送达，也存在不少不确定性。原因是如何界定"代表机构、业务代办人"？在航运实践中，不少境外船公司为开拓中国海运市场，依照我国有关主管部门的规定，向我国国内派驻业务代理人，代理其办理船舶进出口签证、联合检验等业务，对此，法院可将其认定为业务代办人。但对于其他机构或人员，如保赔协会、保赔协会国内通讯代理等，可否将其界定为受送达人的代表机构或业务代办人，在审判实务中易引起争议。第三，邮寄送达方式与我国对《海牙送达公约》有关邮寄送达规定的保留相矛盾。既然我国不允许其他成员国对我国当事人进行邮寄送达，根据条约保留的国际规则，我国法院也不可以邮寄方式域外送达司法文书。第四，通过电报、电子邮件方式进行的送达，《海事特别程序法》及其司法解释要求"应确认受送达人确已收悉"，但如何确认，值得探讨。[②]

（2）外交代表送达或者国际司法协助方式送达程序繁琐、周期漫长。尽管1992年最高法院、司法部、外交部联合发布的《关于执行海牙送达公约的实施办法》第10条

① 参见李章军："海事案件域外送达问题研究"，载《中国海事审判网》，第2页。

② 参见李章军，上引文，第3—4页。

规定，司法部将国内文书转往公约成员国中央机关两个半月后，如果未收到证明书，将发函催办。但对送达期限未作规定。而《海牙送达公约》对送达期限也未作规定。为此，为保证域外送达的顺利进行，同时又不违背国际公约的精神，不少高级法院均作出了相应的变通规定。这种变通规定虽然实用，但毕竟缺乏明确的法律依据，且有违司法公正和透明原则。①

（3）送达途径尚不够宽泛。一些在西方国家行之有效的送达方式，如代收人制度、主管当局直接联系途径等没有吸纳到我国的立法中来，致使当事人的主观能动性无法发挥。

（4）由于当事人及代理人的原因导致法院错失送达良机。在海事司法实践中，多数涉外海事案件为中方货主与外方承运人之间的海上货物运输合同或侵权纠纷。在发生纠纷时，船东为避免船舶被扣导致船期损失，希望尽快与货主达成协议，而向货主提供担保。而货主最初也不愿卷入诉讼，因而在代理人的协助下，货主与承运人达成共识，由承运人或保险人提供担保，货主放弃申请扣押船舶。但在事后的协商过程中，双方在法定时效期限内无法就损失赔偿达成协议。为避免诉讼时效丧失，货方向法院提起对船东或承运人的诉讼。由于被告在我国国内无办事处或代表处，货方又未及时申请法院扣船，或要求船东授权代理人接受司法文书的送达，从而错失了向船长或代理人送达司法文书的良机。

（5）法官对送达制度认识不全面。这主要表现为法官往往因受送达人不予回应而未及时启动诉讼程序。从一些国家立法规定看，本国主管机关根据本国法的规定向外国当事人送达文书而受送达人不予回应的事实，并不影响法院作出缺席判决，也不影响判决的域外承认或执行，只要其符合判决承认或执行地国有关当事人诉讼权利保障的规定。同时由于法官对域外送达制度的理解和运用并不十分到位，尤其对外国的送达制度不甚了解，导致不能根据海事案件的具体情况采用适当的相应的送达方式，甚至延误送达的时机。

3.完善我国涉外海事司法文书送达制度的设想

海事司法文书送达成功率的提高，有赖于立法的完善、法官专业知识的提升以及当事人主观能动性的发挥，而立法的完善无疑是关键。

（1）加强域内送达制度的进一步建设，使之成为涉外海事司法文书送达的主要方式。

从域外送达制度本身而言，送达时间长、程序繁琐是正常现象，正如美国学者所言，“域外送达是一个连接当事人各方的相当冗长、昂贵的而且纠缠不清的存在致命缺

① 参见李章军，上引文，第3页。

陷的程序”。[①]因而改变这一现状的适当而有效的方法是应尽量发挥域内送达机制在涉外海事司法文书送达中的作用。《海事特别程序法》第80条规定即有此意。但问题是需进一步予以充实和完善。

①完善现行条文，明确相关术语。

目前我国有关域内送达法律条款笼统，所用术语含糊，无疑影响了域内送达机制的应有功能。

I.扣押船舶的船长

《海事特别程序法》第80条第2款规定，有关扣押船舶的法律文书也可以向当事船舶的船长送达。最高法院《关于海事特别程序法若干问题的解释》第53条规定，有关海事强制令、海事证据保全的法律文书可以向当事船舶的船长送达。第54条规定，应当向被告送达的开庭传票等法律文书，可以向被扣押的被告船舶的船长送达，但船长作为原告的除外。这不免令人疑问，既然《海事特别程序法》第23条不仅允许扣押当事船舶，而且允许海事法院对海事请求负有责任的船舶所有人、光船承租人、定期租船人或者航次租船人在实施扣押时所有的其他船舶，即姊妹船。而接收文书送达的“船长”或以“当事船舶”加以限制，或以“被告船舶”加以限制。这些含混不清的限定词是否有必要，值得怀疑。既然可予扣押的船舶包括当事船舶和“其他船舶”，那么接收送达文书的船长仅以“扣押船舶”为限，不就更为明了，更符合有关船舶扣押的规定？

II.业务代办人

对于向业务代办人送达问题，我国《民事诉讼法》和《海事特别程序法》均予以肯定。但何谓“业务代办人”，业务代办人在未经船东授权情况下是否有权接收文书的送达，两法及有关司法解释均未予以明确规定。对于“业务代办人”的范围，在海事司法实践中不无争议。有观点认为，“业务代办人”不仅包括代理境外船公司办理船舶进出港签证、联合检验等业务的人，而且包括保赔协会国内办事处和保赔协会国内通讯代理。[②]而理论界有学者认为，如果船舶代理人不仅代理了船舶的进出口业务，还负责给船舶揽货，则可能是承运人的业务代办人，诉讼文书可以向其送达。但是如果船舶代理人不是业务代办人，则向其送达文书便不恰当。另外，可将业务代办人扩大至与受送达人有业务往来的人。[③]至于业务代办人在未经船东授权情况下是否有权接收文书的送达，或者说，该业务代办人能否以无船东授权，拒绝接受法院送达？有实务界人士认为若无

① Horlick, A Practical Guide to Service of United States Process Abroad, 14 (1980) International Law, pp.637–638. 参见徐宏，上引著，第137；何其生，上引文，第202页。

② 参见李章军，上引文。

③ 参见邢海宝，上引著，第361页。

船东授权，法院即使向业务代办人送达司法文书，也为无效。[①]不过笔者认为，如果业务代办人接收送达的文书尚需受送达人的授权，那么还不如直接规定向代收人送达途径。总之，法律规定的不明确，而且没有司法解释，势必影响到海事司法文书的送达。

III.诉讼代理人接收司法文书送达的授权

向诉讼代理人送达司法文书为《民事诉讼法》和《海事特别程序法》所肯定。但两法对诉讼代理人接收文书送达是否需经受送达人授权问题上，规定略有不同。《民事诉讼法》第247条明确规定，人民法院可向受送达人委托的有权代表其接受送达的诉讼代理人送达。这意味着诉讼代理人接受送达的权利和义务应建立在受送达人委托授权的基础之上。而《海事特别程序法》第80条则径直规定海事诉讼法律文书的送达，可向受送达人委托的诉讼代理人送达。则就产生一个问题，海事诉讼代理人是否有权利和义务接受海事司法文书的送达？有学者认为《海事特别程序法》并没有给予诉讼当事人更多的自由选择权。只要诉讼当事人委托了诉讼代理人，后者就负有代收诉讼文书的法定义务。诉讼文书就可向其送达。[②]最高法院在《关于能否向境外当事人的诉讼代理人直接送达法律文书问题的答复》中指出，境外当事人授权的代理人或依法委托的其他诉讼代理人，如在授权委托书中对代为接受诉讼文书没有限制性约定，就有义务代其当事人接受法院送达的诉讼文书。《关于涉外民事或商事案件司法文书送达问题若干规定》第四条规定，除受送达人在授权委托书中明确表明其诉讼代理人无权代为接收有关司法文书外，其委托的诉讼代理人为民事诉讼法第二百四十七条第（四）项规定的有权代其接受送达的诉讼代理人，人民法院可以向该诉讼代理人送达。这也就意味着诉讼代理人在授权委托书没有作出相反约定的情况下有义务接受法院送达的诉讼文书。然而如果受送达人在授权委托书中载明其诉讼代理人无权接受诉讼文书的送达，则在审判过程中仍将产生诸多的不便。[③]

②吸纳代收人送达方式

代收人送达方式是域内送达制度的重要内容，是提高送达效率的重要措施。我国现行立法并未规定向代收人送达制度，但在最高人民法院2004年《关于以法院专递方式邮寄送达民事诉讼文书的若干规定》这一司法解释中业已出现“代收人”的概念。实际上，向代收人送达的方式非常适合海事司法文书的送达。第一，避免在诉讼未启动之前由于无诉讼代理人而导致无适当的快捷的送达方式可以使用的困境。第二，便于当事人发挥其主观能动性。在我国目前的送达法律框架下，当事人在送达问题上可以说是有劲没处使。送达能否及时有效地进行，往往取决于受送达人的良心。在受送达人在我国国

① 参见李章军，上引文。
② 参见邢海宝，上引著，第360页。
③ 参见邢海宝，上引著，第360页。

内既无办事处或代表处，又不委托诉讼代理人的情况下，等待其的可能是漫长的耗资的无实效的文书的送达。而向代收人送达制度则可有效解决在此类场合下的海事司法文书的送达。

至于如何构建代收人送达制度，德国《民事诉讼法典》的相关规定无疑值得借鉴。该法对当事人委任或指定代收人的条件和义务、指定的时间作了相当详尽的规定。该法第174条第1款规定，当事人不住在受诉法院所在地，也不住在受诉法院所在的初级法院管辖区之内，也未选任居住在该地和该区域内的人为诉讼代理人时，法院依申请可以命令当事人委任在该地或在该区内居住的人代为收受应送达给他的书状。此项命令可以不经言词辩论为之。对此项裁定，不得声明不报。第2款规定，当事人不住在国内，也未选任在前款所指地方或区域内居住的人为诉讼代理人时，即使没有法院的命令，也负有指定送达代收人的义务。第175条第1款规定，送达代收人，应在最近一次的法院辩论时指定之；如果当事人在辩论前已向对方当事人送达过书状时，可在该书状中指定代收人。

（2）进一步拓展送达途径

送达方式的多寡受制于一国对送达法律性质的认识，然文书送达的主要目的在于确保当事人知悉有关诉讼的情况，以便使其准备出庭、答辩，及行使有关诉讼权利。目前，送达的程序性功能日益凸显，而确立管辖权的功能有所下降。鉴于此，在不损害国家主权和社会公共利益的前提下，适当地拓宽涉外案件中的送达途径显然可使法院有充分的选择适当送达方式的余地，有助于增加域外送达的灵活性，对保护当事人的诉讼权利，提高域外送达的成功率以及法院的审判效率无疑是必要的。我国目前立法中所规定的送达途径从总体上看还是相当周全的，但一些在西方国家海事实践及立法中行之有效的送达方式并没有或并未完全被我国立法所吸纳。这些送达方式或属域外直接送达方式，或属于域外间接送达方式。

①域外直接送达

I.按当事人协商的方式送达

按当事人协商方式送达是指法院依据双方当事人协议的方法将有关司法和非司法文书送达给有关当事人或其他诉讼当事人。对于这一送达方式，尽管有学者认为由于这种送达方式完全不考虑送达地国家的程序性规定，因而很难在实践中得到实施。[①]但这种送达方式还是为一些国家所认可。英美法系国家采用这种送达方式，美国法甚至规定合同当事人可在合同中规定接受送达的方式。[②]在立法中规定这种送达方式，可以为当事

① 参见徐宏，上引著，第639页。

② 参见韩德培主编，上引著，第639页。

人根据案件的实际情况，尤其在被送达国也认可这种送达方式的情况下灵活地选择适当的具体的送达方式。

II. 律师之间的送达

律师向律师的送达为德国《民事诉讼法》所认可。该法第198条第1款规定，双方当事人都由律师代理时，书状的送达可以由为送达的律师把应交付的书状转交给另一方律师。依本法规定应依职权送达的书状，如果法院没有同时向对方当事人发出命令，也可以不依职权送达，而由律师向律师送达。在书状中应说明该书状是由律师向律师送达的。如果法院必须在送达后才能作出裁判，此种送达必须通知法院。同条第2款规定，为了证明送达，只有受送达的律师出具受领证书，在其上署名并记明日期即可。为送达的律师，在对方律师请求时，应给予关于送达的证明书。在我国，随着我国律师业务的不断拓展，和对外开放和交流的进一步加强，我国律师行与一些外国律师行之间的合作关系日益密切。而我国律师业务能力和素质的不断提高无疑又为这种送达制度的采用奠定了坚实的基础。

②域外间接送达

I. 领事途径送达

领事途径送达有直接送达和间接送达两种方式。而间接送达是指文书发出国通过其领事代表机关将需要送达的文书交给文书接受国的有关机关，并由后者负责完成送达。对于领事途径送达方式，我国仅就外国通过领事途径向我国境内送达文书问题作了规定，并根据《海牙送达公约》指定司法部作为有权接受外国通过领事途径递交的文书的机关。这与大多数国家指定其中央机关为领事途径间接送达文书方式中所涉及的文书接收国的有关机关的实践相一致。[①]而对于我国通过领事途径向外国间接送达文书问题，我国法律则未作规定。有学者认为，由请求国驻有关国家的领事直接将有关请求书和文书递交给被请求国的主管法院，程序较为简单，先由请求国法院将上述文件交给本国驻被请求国的领事机构，然后由有关的领事机构递交给被请求国法院。[②]

II. 法院之间直接递交

有关国家的法院之间直接递交，是指一国在需要向国外送达司法文书和非司法文书时，将请求书和所要送达的文书，不通过任何中间媒介，直接寄交给有关国家的主管法院，请求该外国法院代为送达。[③]对于这种送达方式，《海牙送达公约》第10条第2—3款在允许各缔约国保留的前提下对此予以明确的肯定，同时其第11条还允许缔约国之间达成协议，以约定的方式，特别是两国主管司法机关之间联系的方式送达文书。尽管

① 参见徐宏，上引著，第158页。

② 参见韩德培主编，上引著，第641页。

③ 参见韩德培主编，上引著，第642页。

这种送达方式往往以有关国家之间存在友好关系或存在条约关系为前提，并且不为一些欧洲国家所采用，但这一送达方式在那些采用“执达员送达”制度的国家中比较普遍。同时这种送达方式的最大优点是所有送达方式中最为理想的一种送达方式，省去了许多中间环节，不仅节省了大量人力、物力、财力，更重要的是简化了司法协助的程序，加快了办案速度，对及时有效地保护各方当事人的合法权益，最终促进国际交往的发展具有重要的意义。[①]我国目前对外司法协助实践中尚未采用上述由主管当局之间联系的途径进行送达的方式，在加入《海牙送达公约》时，还声明反对采用该公约第10条第2、3款规定的方式在中国境内进行送达。不过有条件地采用这一送达方式，还是有助于我国法院灵活地选择适当的有效的送达方式，有利于保护当事人的合法权益。

（3）提高法官有关送达方面的专业知识

法院是文书送达的主管机关，法官素质的高低无疑影响文书域外送达的进行。而目前的法官对域外送达制度的掌握并不十分到位，对一些送达制度的错误认识和理解也经常随处可见，对外国送达制度的了解更为稀少。因而对于何种送达方式适合个案的实际情况，往往不知所措。因而提高法官在此方面的素质和能力无疑是提高送达成功率的可靠保障。“徒法不足以行”，有相对周全的送达法制，高素质的法官队伍，我国海事司法文书域外送达的困境可以得到一定程度的解决。

第二节　国际海事诉讼中证据的域外获取

一、国内法上的域外取证制度

涉外海事诉讼案件中的域外取证，虽然也属于程序性问题，但远比司法文书的域外送达要复杂得多。这主要是因为世界各国，尤其是大陆法系和英美法系国家对取证活动的性质、证据制度和取证方式在理论和实践中都存在着根本性分歧。

大陆法系国家的取证制度，可谓“纠问制度”，取证属于行使国家司法权力的活动，因而取证活动主要由法院进行，当事人仅起协助司法机关的辅助作用。而英美法系国家实行的则是“抗辩制度”，获取并提供用于审判的证据的义务属于诉讼当事人，法院不起主导作用，仅在双方当事人提供的证据的基础上对案件作出法律判断。即法官在调查取证过程中起着一种被动的、消极的、仲裁人的作用。[②]各国取证制度的差异体现在域

① 参见韩德培主编，上引著，第642页。
② 参见徐宏，上引著，第186—188页。

外取证方面，必然导致域外取证的范围与手段或途径的互异。根据各国立法的规定，域外取证的途径或方式，有直接和间接两类。

（一）域外直接取证

域外直接取证，是指受诉法院依据一定的条件（或依据有关国家之间的条约关系或互惠关系，或征得有关国家的同意），直接由特定的人员提取案件所需证据。①域外直接取证的途径和方式主要有：

（1）外交或领事人员取证（领事取证）

外交或领事人员取证是指一国的司法机关通过该国驻他国的领事或外交人员在其驻在国直接调取证据的一种做法。由于这种取证通常由领事官员进行，并且外交人员取证时实际上是在行使领事职务，因而国际习惯上讲这种取证方式简称为领事取证。②

领事取证这种取证方式由于取证的对象不同，各国对其的立场也不尽相同。

领事官员在驻在国对其本国公民取证，为大多数国家所普遍接受。目前除葡萄牙、丹麦和挪威等国要求这种取证须事先征得该国同意外，其他许多国家并不反对在其境内采取这种取证方式。

而对驻在国公民和第三国公民取证，则各国做法大不一样。葡萄牙、新加坡、阿根廷根本不准许外国领事在其境内对其本国公民和第三国公民取证；而德国、法国、卢森堡、荷兰、意大利、挪威、丹麦、瑞典、摩纳哥、以色列等国要求领事对驻在国或第三国公民取证必须事先经驻在国当局许可，其中德国则表示外国领事官员在任何情况下均不得对德国公民取证；但在英美法系国家，由于取证属于当事人的责任，取证行为由双方当事人进行，而领事官员在取证过程中往往只起“目击”作用，即仅限于取证时到场和转递取证结果。不过，英国则规定外国领事在其境内取证是否须经事先许可，完全基于对等；而美国，则并不要求对等，允许外国领事官员在其境内向任何人取证，条件是不得采取强迫或威吓手段，并且证人自愿提供证据。

（2）特派员取证

特派员取证是指法院在审理涉外民商事案件时委派专门的官员去外国取证的一种做法。在某些情况下，领事官员取证也是作为法院特派员行事的，因而领事取证有时也是特派员取证的一种特殊类型。③

特派员取证制度主要存在于英美法系国家。由于特派员取证的地域范围比领事官员更广，因而在某些情况下这一方式更为灵活。在采取特派员取证方式时，法院可指定法官、书记官、律师为特派员，甚至可指派取证地国的公职人员或律师。不过，法院一般

① 参见李双元，上引著，第634页；韩德培，上引著，第649页。

② 参见李双元主编，上引著，第634页；徐宏，上引著，第212页。

③ 参见李双元主编，上引著，第635页；韩德培主编，上引著，第652页；徐宏，上引著，第213页。

不能委派诉讼一方的律师为特派员，因为特派员本身应在诉讼中保持中立，不能偏袒任何一方，从而特派员必须由法院指派，案件双方当事人无权自行委派其律师或其他人员为法院特派员。①不过，英美两国对特派员取证的态度也不尽一致。在英国，须在对等的基础上决定是否同意外国法院特派员在其境内取证；而美国则允许海牙取证公约缔约国的法院特派员在其境内取证，并不要求事先获得许可，而对其他国家法院的特派员在其境内的取证，则要求事先通知美国国务院。

而大陆法系国家对特派员取证方式则采取更为谨慎的态度。葡萄牙、新加坡、阿根廷和丹麦等国完全禁止外国法院特派员在其境内取证；而德国、法国、卢森堡、荷兰、以色列、意大利、挪威、摩纳哥则要求外国法院特派员取证须事先取得该国许可。

（3）当事人或诉讼代理人自行取证

这一取证方式主要存在于一些普通法系国家，尤其是美国。其不仅主张本国法院民事诉讼中的当事人或诉讼代理人可直接到外国境内取证，同时也允许外国法院民事诉讼中的当事人或诉讼代理人到本国境内取证。美国国务院1976年致各国驻华盛顿使团的照会中指出，只要不使用强迫的或威胁恐吓手段，证人也自愿提供证据，美国不反对私人律师进行非正式的取证。不过，对于这种取证方式，绝大多数国家仍不同程度地予以反对。②

（二）域外间接取证

域外间接取证，又称请求书方式取证或法院嘱托方式取证，是指一国受理案件的司法机关委托证据所在国的司法机关代为提取有关证据的行为。③也就是通过国际司法委托和国际司法协助的途径进行的域外取证行为。域外间接取证一般都是以条约或互惠为基础，提出取证请求的途径一般也包括外交途径、领事途径、中央机关途径或司法机关直接联系途径。

请求外国的司法机关代为取证，由于顾及了证据所在国的主权，特别是尊重了将取证视为行使司法权力活动的国家的立场，而为各国所普遍采用。

（三）我国域外取证的实践

我国目前有关域外取证的方式，或规定在国内法中，或规定在我国与外国缔结的双边司法协助条约中。实践中，我国除在特定情况下允许领事取证外，一般都是采取代为取证的方式。④

---

① 参见徐宏，上引著，第216—217页。

② 参见徐宏，上引著，第219页。

③ 参见韩德培主编，上引著，第653页；徐宏，上引著，第211、228页。

④ 参见徐宏，上引著，第212页。

1．域外间接取证：请求代为取证

《民事诉讼法》第262条规定，根据中华人民共和国缔结或参加的国际条约，或者按照互惠原则，人民法院和外国法院可以相互请求，代为……调查取证以及进行其他诉讼行为。第263条第1款规定，请求和提供司法协助，应当按照中华人民共和国缔结或参加的国际条约所规定的途径进行，没有条约关系的，通过外交途径进行。最高法院《关于适用民诉法若干问题的意见》第319条规定，与我国没有司法协助协议又无互惠关系的国家的法院，未通过外交途径，直接请求我国法院司法协助的，我国法院应予退回，并说明理由。因而除我国与外国缔结有双边司法协助条约时按条约规定进行域外取证外，请求代为取证一般通过外交途径进行。而1986年最高法院、外交部和司法部《关于我国法院和外国法院通过外交途径相互委托送达法律文书若干问题的通知》第8条规定，我国法院和外国法院通过外交途径相互委托代为调查或取证，参照以上有关规定办理。据此，通过外交途径请求代理取证的大致程序如下：

已同我国建交国家的法院，通过外交途径委托我国法院代为调查取证，一般按照互惠原则进行：由该国驻华使馆将请求书交外交部领事司转递给有关高级法院，再由该高级法院指定有关中级法院调查取证。对拒绝我国法院通过外交途径委托请求调查的国家或有特殊限制的国家，我方可根据情况采取相应措施。而我国法院通过外交途径请求外国法院调查取证时，请求书须经高级法院审查，由外交部领事司负责转递。

2．域外直接取证[①]

（1）领事取证

《民事诉讼法》第263条第2款规定，外国驻我国的使领馆可以向该国公民调查取证，但不得违反我国法律，并不得采取强制措施。根据1986年《关于我国法院和外国法院通过外交途径相互委托送达法律文书若干问题的通知》第2条规定，外国驻华使领馆可以直接向其在华的本国国民调查取证，但不得损害我国主权和安全，不得采取强制措施。可见，我国允许外国使领馆官员在我国境内向其本国国民调查取证，但有关使领馆官员在我国向我国公民及第三国国民取证问题，我国法律未予承认。从理论上讲，在

① 至于当事人或诉讼代理人在我国领域内自行直接调查取证问题，我国对此予以否定。在我国实践中，也曾出现过中国律师接受外国律师委托代为取证的做法。但根据《民事诉讼法》任何外国机关或个人未经我国主管机关准许，均不得在我国领域内直接调查取证的规定，如果中国律师接受外国律师的委托代为取证，实质上是将中国律师作为外国律师取证时的私人代理人，而不是两国官方机关或官方人员之间的相互协助。这与外国律师直接在华取证没有原则区别，因此，协助外国取证，必须通过司法协助的途径安排进行，未经特别许可，中国律师无权接受外国律师的委托。当然，中国律师不能代外国律师进行取证，并不排除可以接受外国律师的委托代为进行其他方面的一定的民事法律行为，但这些民事法律行为与协助取证等司法职权范围内的活动存在着原则的区别。参见徐宏，上引著，第220页。

我国调取证据属于我国司法机关的职权范围，除非对其本国国民，外国使领馆官员未经我国主管机关许可，不得擅自在我国境内取证，我国的基本立场是不允许外国使领馆官员向我国公民或第三国国民取证。

至于我国使领馆官员域外取证问题，根据1986年《关于我国法院和外国法院通过外交途径相互委托送达法律文书若干问题的通知》第5条规定，我国法院向在外国领域内的中国籍当事人调查取证，如该国允许我国使领馆官员直接取证，则可委托我国驻该国使领馆官员调查取证。而向驻在国国民或第三国国民调查取证问题，我国则未作规定。不过，由于一些国家，如美国并不反对外国使领馆官员在其境内向任何人取证，而且也不要求对等，因而必要时我国使领馆官员也可按照驻在国法律，在这些国家境内向驻在国国民或第三国国民取证。①

（2）特派员取证

《民事诉讼法》第263条第3款规定，除前款规定的情况外，未经我国主管机关准许，任何外国机关或个人不得在我国境内调查取证。可见，我国原则上不允许外国特派员在我国境内取证。不过在特殊情况下，我国可以特许外国法院特派员来华，在我国司法机关的参与或监督下进行取证。如在1983年美国钻井船“爪哇海”号在我国南海翻沉后，美国一些受难雇员的家属在美国法院提起索赔诉讼。经我国外交部准许，美国法院曾就该案派员前来我国对该事故进行调查取证。②

二、域外取证领域的国际合作：《海牙域外取证公约》

为协调各国不同的取证制度，便利域外取证以增强民事或商事案件司法合作的效率，确保诉讼活动的顺利进行，国际社会缔结了大量的双边和多边条约，其中最为完善的全球性多边公约莫过于海牙国际私法会议于1970年签署的《关于从国外调取民事或商事证据公约》(以下简称《海牙域外取证公约》)，对各国域外取证实践产生深远影响。

(一)《海牙取证公约》的适用范围和效力

根据海牙国际私法会议制订该公约的报告，制订该公约的宗旨是：第一，完善现有的请求书制度；第二，扩大领事取证的权力，并在有限的基础上引进特派员取证这一做法，以丰富域外取证手段；第三，保证各国依其国内法或条约而现存的更为优越和限制更少的做法不受影响。该公约签署后，海牙国际私法会议又多次召开特委会会议，审议公约执行过程中的情况和问题，促进了各国在取证制度上的相互理解和接近，也为该公约发挥更大的作用创造了有利条件。③截至2000年7月1日，该公约共有30个国家和地

① 参见徐宏，上引著，第216页。

② 参见徐宏，上引著，第217—218页。

③ 参见徐宏，上引著，第200页。

区参加。而我国于1997年3月18日经第八届全国人大常委会第26次会议通过的《关于我国加入〈关于从国外调取民事或商事证据的公约〉的决定》加入。根据公约规定，对于本公约的加入只有在加入国与声明接受其加入的缔约国之间生效，目前已有荷兰、卢森堡、德国等国对我国的加入提交接受声明书。我国澳门和香港地区在回归之前已经接受了该公约。[①]

1．公约的适用范围

《海牙域外取证公约》第1条第1款规定，在民事或商事方面，一缔约国的司法机关可根据本国法律规定，通过取证嘱托书请求另一缔约国主管机关调取证据或为其他司法行为。但何谓“调取证据”，这里的“其他司法行为”究指何种行为，公约未作直接的明示规定。

关于“调取证据”的范围，《海牙取证公约》在起草过程中曾指明，取证“包括获取证人、当事人或鉴定人证词、提供或检查文件或其他物品或财产”，旨在排除其他类型的取证。但在最后确定的公约文本中取消了上述措辞，对调查取证的概念和范围均未作正面规定。不过，按该公约第3条规定，取证嘱托书的内容包括：被调查人的姓名和住址、需向被调查人提出的问题以及需了解的问题的内容说明、需检查的文件或其他动产或不动产。可见，依海牙取证公约代为取证的范围包括询问被调查人、提供或检查文件或其他动产或不动产。[②]

根据公约第1条第3款规定，“其他司法行为”不包括送达司法文书或颁布执行判决或裁定的决定，或采取临时性或保护性措施的命令。同时同条第2款规定，请求书不得被用来获取不是用于已经开始或将要开始的司法程序的证据。即“其他司法行为”必须是“司法”性质的行为。[③]海牙国际私法会议1978年特委会会议对该问题进行讨论时也表现出非常灵活的态度，各国表示允许将公约机制用于各种其他司法行为之中，包括了解个人身份和能力的变更，复制经官方注册的文书，就家庭法事项获取协议或听取被请求国专门的司法机关的意见等。在1989年特委会会议上，有些国家专家还将“其他司法行为”解释为“产生法律后果的任何行为”。具体来说，究竟哪些行为属于“其他司

① 参见肖永平主编，上引著，第191页；杜涛、陈力：《国际私法》，复旦大学出版社2004年版，第505页。

② 参见徐宏，上引著，第228页；杜涛等著，上引著，第505页。

③ 参见徐宏，上引著，第229页。

法行为”，应由被请求代为取证的国家加以确定。[①]

2. 公约的适用效力：强制性适用抑或任意性适用

与《海牙送达公约》不同，《海牙取证公约》并未明文规定该公约是否适用于需域外取证的所有民商事案件，因此，解决公约是否具有排他性适用效力，即公约与各国国内法中有关域外取证程序之间关系问题，对于公约效能的发挥具有重大影响。

美国最高法院在1987年法国国家航空工业公司诉美国衣阿华南区联邦地区法院案中指出，第一，公约对其适用范围所采用的措辞是灵活的，因而公约不是排他性或强制性的，其并不排除在向域外当事人获取证据时适用联邦民事诉讼程序规则。第二，公约并未区分向当事人和对证人的取证，因此上诉法院关于海牙取证公约不适用于向美国诉讼中的当事人取证的观点是不正确的。在美国法院对外国当事人具有管辖权的情况下，仍可适用公约所规定的取证程序。第三，公约所规定的请求书方式在许多情况下会造成不适当的时间浪费和费用支出，并且难以确保所需的证据得以提供。因此，公约所规定的取证方式并不比国内法所规定的方式更为优先，法院应根据个案的具体情况，逐一决定采用何种方式更为适宜。在作此决定时，应进行“国际礼让”分析，即对有关案件所涉及的具体事实、主权利益、取证方式有效性等作具体分析。最高法院并不为这种分析制订详细的规则，而交由审理案件的法院逐案决定。[②]

基于美国的上述立场，在海牙国际私法会议1989年特委会会议上，各国展开了激烈争论。瑞士、法国和德国等许多国家认为，缔约国在进行域外取证时，应保证适用《海牙取证公约》。公约尽管采用了灵活的措辞，但这并不意味着公约的适用是任择性的，而只是允许缔约国在采用公约所规定的请求书方式、领事或特派员方式这三者之间进行选择，如采用其他方式则必须得到取证地国的事先许可。美国最高法院的判决与公约的宗旨不符，违背了各缔约国协调各自取证制度的初衷。未经取证地国同意，外国机构或个人直接获取在其境内的证据，是对他国司法主权的侵犯，应受到严格禁止。经过争论，各国仍不能取得一致意见，但作为妥协，会议作出了如下结论供缔约国执行公约时参考：第一，特委会强调，公约制订者的主要目的是在大陆法系国家和英美法系国家

① 参见徐宏，上引著，第230页。在1978年和1985年海牙国际私法会议特委会会议上，各国代表还就缔约国能否将利用请求书获取的证据用于其他目的，特别是税务和刑事案件问题进行了讨论。与会专家的意见是：一方面一国将在民商事案件中从国外获取的证据用于税务或刑事案件的情形在实践中很少见，这种例外情况并不妨碍公约的普遍适用；另一方面，如果请求国因民商事案件要求获取的证据可能与请求国正在审理的刑事案件直接相关，被请求国可拒绝提供协助。对此，曾有国家建议一国在提供证据时，可以该证据只被用于特定案件为条件。但大多数国家认为，这种条件形同虚设，因为所获取的证据都必须向当事人和法院公开，也就无法控制该证据的使用。

② 参见徐宏，上引著，第206—207页。

的取证制度之间建立一种联系；第二，特委会注意到在公约是否排他性适用问题上的观点仍有分歧；第三，考虑到公约的目的，特委会认为不论各缔约国对公约的排他性适用问题上持何观点，其在需从域外取证时应优先适用公约所提供的程序；第四，为便于优先利用公约，特委会鼓励根据第23条已作保留或将作保留的国家限制该保留的范围；第五，如果一缔约国司法机关为获取处于另一缔约国境内的证据仍依其本国诉讼程序规则采取强制措施，委员会敦促该司法机关尊重其他国家依第23条作出限制性保留的精神。①

（二）《海牙取证公约》所规定的取证方式

《海牙取证公约》构建了以嘱托书取证方式为主，其他取证方式并存的域外取证制度。

1. 域外间接取证：代为取证（嘱托书方式取证）

通过嘱托书方式进行域外取证，是《海牙取证公约》规定的主要取证方式。该公约自第1条至第14条对这一取证方式的各项程序作了详尽规定。公约第1条第1款规定，在民事或商事方面，缔约国的司法机关可根据其本国法律规定，通过取证嘱托书请求另一缔约国的主管机关调取证据或为其他司法行为。嘱托书应包括：请求机关，如可能，被请求机关；当事人的身份、住址或者他们的代理人；诉讼的性质和目的，以及案件的简况；要取得证据或要执行的其他司法行为。必要时，还应包括要听取人员的姓名和地址；要想听取人员提出的问题或者他们应该听取的事实；文件或其他要检查的物品；接收宣誓作证或证实陈述的申请，必要时，指明要采取的方式；依据第9条要求执行的特殊方式。②

（1）嘱托书的转递途径

①中央机关转交

公约第2条规定，缔约国应指定一个中央机关负责接收来自另一缔约国司法机关的嘱托书，并将嘱托书转交给执行嘱托的主管机关。嘱托书应直接送交被请求国的中央机关，无须通过该国任何其他机关转交。这意味着，对被请求国而言，其中央机关必须是第一个接到嘱托书的机关，在此之前无须别的机关介入。但对请求国而言，司法机关提出请求后是否还要经过其他机关审查才能转递给被请求国，公约未作规定，而是将此留待各国国内的法律和程序自行解决。大多数国家认为，嘱托取证与请求送达不同，这类请求应一概经过本国中央机关转递。③

此外，公约第24条第1款规定，缔约国可指定中央机关之外的其他机关，以收受取证嘱托书，并决定各该机关管辖权的范围。此时，请求国可自由决定将取证嘱托书发送给被请求国中央机关或者其他指定机关。④

① 参见徐宏，上引著，第208页。
② 《海牙取证公约》第3条。
③ 参见徐宏，上引著，第231页。
④ 参见李双元主编，上引著，第637页；杜涛等著，上引著，第506页。

②其他途径转交

公约第27条第1项规定，本公约的规定不妨碍缔约国宣布可通过第2条规定之外的途径将嘱托书转交给其司法机关。第28条第1项规定，本公约不反对缔约国相互谅解减损第2条关于嘱托书的传递途径。据此，公约缔约国也可以通过其他方式将嘱托书送交给被请求国执行机关，包括外交途径、领事途径以及司法机关之间直接传递途径。[①]

2. 域外直接取证：领事和特派员取证

在制订《海牙取证公约》时，由于美国已成为海牙国际私法会议的成员国，其强烈要求进一步丰富取证的方式，后经协商，公约对领事取证和特派员取证制度作了专章规定。公约第二章第15—22条规定了领事取证和特派员取证制度，采用这种取证方式的情形及其取证权力的限制等。[②]

公约第15条第1款规定，在民事或商事方面，缔约国的外交或领事人员可在另一缔约国领土上在其行使职权的区域内，不受拘束地进行只涉及其侨民并且属于其本国法院受理的诉讼的所有取证行为。同条第2款规定，每一缔约国有权声明，调取证据的请求必须由上述人员或其代表向声明国指定的主管机关提出，并须得到该机关的许可。第16条规定，缔约国的外交或领事人员还可以在其权限内不受拘束地在另一缔约国境内进行涉及所在国或第三国侨民的调查行为，并且有关其所代表国法院正在进行的诉讼程序：（a）假如所在国指定的权力机关在一般情况和特殊情况授权；（b）如果其遵守权力机关授权时规定的条件。同条第2款规定，每一缔约国都可以宣布上述调查行为无须其事先授权而进行。第17条第1款规定，在民事或商事方面，合法地被指定为此事特派员的人员可以不受拘束地在缔约国进行有关另一缔约国法院受理诉讼的调查行为：（a）如果执行国指定的权力机关在一般情况和特殊情况授权；（b）如果其遵守权力机关授权时规定的条件。同条第2款规定，每一缔约国都可以宣布上述调查行为无须其事先授权而进行。

3. 其他域外取证方式

公约第27条第3项规定，本公约的规定不妨碍缔约国允许根据其法律或内部习惯使用本公约规定之外的方法获取证据。第30条规定，本公约不影响使用1905年公约第23条和1954年公约第24条。[③]该规定旨在确保各国依其国内法或条约现存的更为优越和限制更少的做法不受影响。

---

① 参见韩德培主编，上引著，第654—655页；徐宏，上引著，第211页；杜涛等著，上引著，第507页。

② 我国全国人大常委会在加入公约的决定书中对此作了有限保留，即除第15条之外，公约第二章在我国不予适用。

③ 1905年7月17日和1954年3月1日在海牙签订的关于民事诉讼程序公约。

第六章 海事判决的域外承认与执行

第一节 外国海事判决承认与执行的国内法律制度

在海事领域，由于海事活动的悠久历史和海商交易对国际国内经济发展的重要意义，使得海事领域判决承认与执行规则的统一化程度远高于其他领域。国际社会在就特定事项制定统一实体规则的同时，将管辖权规则和判决的承认与执行规则融于一体，从而产生了实体规则、管辖权规则和判决承认与执行规则三位一体的诸多海事条约。[①]然而，承认与执行外国法院判决的复杂性，使得在全球范围内进行全面的协调仍属奢望。判决承认与执行的国内法律制度仍是海事判决域外承认与执行的主要法律依据。

一、大陆法系与英美法系海事判决承认执行制度现状概述

海事判决的承认与执行与海事管辖权制度息息相关。对物诉讼制度的存在在一定程度上使得人们忽视了海事判决承认与执行制度的重要性。然而，对人诉讼制度在大陆法系国家中的独占地位以及在英美法系国家海事司法实践中的作用，使得海事判决的承认与执行制度在这一具有天然国际性的海事领域尤显重要。

（一）国内立法与司法实践

在世界上绝大多数国家并没有制定专门调整海事判决承认与执行的法律。其中在许多国家，法院只承认执行与其本国有条约关系的国家法院所作出的判决，海事判决也无例外。不过即使条约就外国判决的执行作了规定，许多国家法院仍然要对作出判决的外国法院主张管辖权的依据加以审查。如果执行地国家法院并无作出类似判决的管辖权，其则以判决作出地国法院的管辖根据为执行地国所不允许为根据而拒绝执行外国法院作出的判决。[②]正是基于管辖权与判决执行之间的这种特殊关系，国际社会致力于制定涵

① 参见林欣，上引著，第217页。

② See D.C.Jackson, op.cit., p.87.

盖这两方面内容的公约以期一并解决管辖权与判决域外执行问题。[①]

而在美国，外国判决的承认与执行由各州法律予以调整，但外国海事判决则是例外。当今海事法院继续将海事判决的承认与执行问题作为联邦法的调整事项。[②]可能由于美国的实体与程序海事法对原告极为有利之原因，由美国法院执行由外国法院作出的判决的判例相当缺少。[③]不过，由于大多数国家法院在被请求执行外国判决时往往以执行地国法院的管辖标准来衡量作出判决的法院的管辖权，同时又反对美国法院的准对物管辖权，因而尚无权威判例显示外国法院承认美国法院在准对物诉讼中所作出的判决。[④]

（二）国际立法实践

大陆法系与英美法系国家之间以及美国与其他国家之间在管辖权方面对船舶扣押性质的不同认识，直接影响到海事判决的承认与执行。海事判决在世界各国的承认或执行无疑是各国所共同追求的目标，但这一目标的实现仍任重而道远，并且唯有通过国际协议方能达到。[⑤]但在国际社会也已出现将海事判决的承认与执行问题与管辖权问题一并予以解决的立法实践。其中最成功的莫过于欧盟1968年《民商事案件管辖权与判决执行布鲁塞尔公约》以及从2002年起取代《布鲁塞尔公约》的2001年欧盟理事会《民商事案件管辖权及判决的承认与执行条例》（以下简称《欧盟理事会条例》）。《欧盟理事会条例》第1条规定，本条例适用于民商事案件，而不问管辖的性质。它特别不适用于税收、海关或行政事项。其第32、33、38条规定，本条例所指的判决是指某一成员国法院或法庭所作的任何决定，而不论该决定的名称是什么。一个成员国所作的判决在其他成员国应得到承认，而无须任何特别的手续。而由一个成员国作出的并可在该国执行的判决，经利害关系人申请，在另一成员国作出执行决定时应该在另一成员国执行。据此，如果某一成员国法院依该规则裁判海事案件，对其所作出的海事判决，其他成员国法院有义务依据规则的规定予以承认或执行。当然，海事判决承认或执行规则的统一如同海事管辖权一样，尚不彻底。《欧盟理事会条例》中第67条规定，本条例不影响共同体法律文件中，或根据这些文件而被统一的国内立法中有关特殊事项的管辖权及判决的承认与执行的规则的适用。这意味着成员国过去所缔结或参加的海事公约中有关判决承认或执行的规则继续适用。

值得注意的是，1999年《国际扣船公约》则提供了另一种有关海事判决承认或执行

① See W.H.Theis, op.cit., pp.81–82.
② See W.H.Theis, op.cit., pp.71–72.
③ See W.H.Theis, op.cit., p.73, 81.
④ See W.H.Theis, op.cit., pp.83–84.
⑤ See W.H.Theis, op.cit., pp.82–83.

的统一模式。该公约第7条第5款规定，如果诉讼在依据本条第3款所命令的期限内提起，或如果在缺乏此种命令情况下在另一国家的管辖法院或仲裁庭提起，由此产生的有关扣押船舶或为释放船舶而提供的担保方面的任何终审判决应予以承认，并给予效力，如果（a）就此种诉讼已合理地通知被告，并给予进行抗辩的合理机会;（b）此种承认不违背公共政策。可见，公约就由船舶扣押所致的终审判决的承认问题作了明示规定。这意味着只要判决作出地国家法院按照公约进行诉讼，被请求承认国法院有义务承认由此所作出的判决。①

二、外国海事判决承认与执行的制度类型

综观各国承认与执行外国法院判决的法律制度，最具代表性的是大陆法系国家和英美法系国家中的制度。

（一）普通法法系国家

依据普通法，得到承认的判决可以不需予以执行。如驳回起诉或反诉的外国对人诉讼的的判决一般是不能执行的，而仅仅是给予承认。类似地，大多数对物判决（judgment in rem）,如判令强制变卖船舶以偿还原告索赔的判决不需要执行，而只是予以承认。②

1．英国

英国是英美法系国家的典型代表，在该国，在承认与执行外国法院判决方面存在两套平行的制度：普通法制度和成文法制度。③

（1）普通法制度：重新起诉

英国判例法区别外国判决的承认与执行。执行必须通过诉讼，请求英国法院宣告外国判决可以在英国强制执行，或者把在外国提起的诉讼，在英国另行提起诉讼。因为按照普通法制度，外国法院的判决视为一种债务，英国法院不直接执行外国法院判决，而通过该判决的胜诉人以该判决为根据向其提起新的诉讼，经审查，在符合一定条件的情况下重新作出《最高法院规则》第14号命令所规定的简易判决（summary judgment）予以执行。这是一种间接承认与执行外国法院判决的制度，根据英国法官的理解，英国法院所承认与执行的是本国法院的判决，而不再是外国法院的判决。这种执行制度适用于不适用成文法制度的外国法院作出的判决，包括中东、非洲、亚洲等国家以及美国。④而承认无须通过诉讼，而只须在另一个事件中主张外国法院的判决作为自己辩护的

① See W.H.Theis, op.cit., p.83.

② 参见威廉·泰特雷:《国际冲突法》，第552页。

③ See D.C. Jackson, op.cit., pp.609, 613. 参见杨良宜:《禁令》，第519页。徐宏，上引著，第259页。

④ 参见杨良宜:《禁令》，第519页。

理由。[①]

因而，在承认与执行外国判决时，英国法院首先得判定外国判决是否具有对物性（in rem）。法院得考虑外国诉讼的性质，并根据英国法中的对人诉讼和对物诉讼的概念来判定该外国诉讼是针对物还是针对人。对物判决（judgment in rem）不同于对物诉讼，其是指对判决所针对的物享有利益或对该物拥有请求权的任何人有拘束效力的判决。直接与海事请求有关的对物判决是源于对物诉讼的判决。海事判决唯一真正的对物性体现为由司法拍卖所赋予的清洁物权（clear title）。[②]一般情况下，如果诉讼是针对物的，作出判决的法院由于对诉讼所针对的物实施着控制，执行判决的唯一法院即是控制物的法院。在这种情况下，判决的承认，尤其是对司法拍卖的承认，即是赋予购买者以清洁物权。而如果对物诉讼在外国法院进行，该法院作出的判决所针对的船舶或其他财产并未为该法院所控制，在这种情况下，当事人可能请求英国法院执行一项将位于英国法院管辖区域内的财产的物权赋予购买者的判决。[③]

（2）成文法制度：判决登记

成文法制度即指英国法院在收到有关利害关系人提交的执行申请书以后，若查明外国法院判决符合英国法所规定的条件，则予以登记并予以执行。其与普通法制度不同之处在于：它不需要一个法院判决或裁定明确认可外国法院判决的效力。登记制度主要适用于下列国家法院作出的判决：与英国订有相互承认与执行判决方面条约的国家，以及参与一项相互承认与执行判决安排的英联邦国家和地区。而有关的法律主要有三项：

①1920年《司法管理法》

该法规定了执行英联邦国家或地区法院在对人诉讼中作出的支付金钱的判决的自由裁量权。该法要求外国法院判决后在12个月内在英国法院登记，而是否接受登记由法官自由裁量，而一经登记，外国法院判决则具有与登记法院判决相同的效力。

②1933年《外国判决（相互执行）法》

该法适用于非英联邦国家，即与英国订立了有关条约的国家，包括双边协议的国家，如奥地利、比利时、德国、法国、以色列、意大利、荷兰、挪威等，也包括一些多边条约的国家。但该立法曾意欲替代1920年法，但未获成功，因而其目前也适用于部分英联邦国家和地区，如澳大利亚、孟加拉、加拿大、印度、巴基斯坦、格恩西岛、马恩岛、泽西岛等。根据该法，向英国法院登记执行外国法院判决的时效为6年，并且在一定条件下对外国法院判决的承认与执行是一项法定义务。

---

① 参见李浩培，上引著，第131页。

② See D.C.Jackson, op.cit., pp.613–614.

③ See D.C.Jackson, op.cit., p.613.

③1982年《民事管辖权与判决执行法》

除上述两项法律外，英国在加入《布鲁塞尔公约》后制定了《民事管辖权与判决执行法》适用于公约缔约国之间的相互承认与执行法院判决的关系。

2. 美国

美国在承认与执行外国法院判决问题上并没有一个全国统一的法律，而是由各州自行决定。在大多数州，采取与英国普通法制度相同的做法，即不直接承认与执行外国法院判决，而是将要求败诉人支付一定金钱的外国判决视作在美国重新提起诉讼的根据，由美国法院进行审查后另行作出判决。①

然而，美国许多州已采用《统一外国金钱判决承认法》和《统一外州执行法》。《统一外国金钱判决承认法》第3条规定，如果某一外国判决可予承认，则可以按照执行有权获得“完全信任和尊重”的外州判决同样的方式执行。因此，对同时采用这两个法律，且未对第3条作任何修改的州而言，外国法院判决可在该州予以登记执行；而对第3条作修改的州，如纽约、加利福尼亚、马里兰、马萨诸塞和密歇根则规定，不许直接执行有权获得承认的外国判决，判决债权人必须根据外国法院判决提出诉讼。不过相应的程序仍相对简单。②

3. 加拿大

在加拿大，一般原则是，外国判决本身并不能自动生效。是否承认外国判决的效力，必须由被请求协助的法院根据法院地法，逐一审查外国判决是否与法院地法的目的相一致。而承认与执行外国判决，或根据普通法规则，或成文法规则进行。③根据普通法，外国有管辖权的法院所作出的判决可以通过在加拿大法院提起诉讼，由法院作出简易判决的方式予以承认和执行。而加拿大一些省制定了有关承认和执行外国外国法院判决的立法。这些外国判决可以是从任何一个国家，包括联合王国、帝国、共和国、联邦国、州、自治领、省、区、殖民地、占领区或保护国、或其中的部分获得。这种立法不仅适用于针对外国判决的诉讼，而且还适用于根据《相互执行外国判决法》对外国的金钱支付判决的承认和执行。但有关这方面的立法并没有将它所适用的外国判决与本地判决混为一体，也没有使外国判决得以在内法域直接生效，即这类立法的通过并没有改变立法通过前的执行外国判决的状况，因为这类立法并没有取代冲突法中适用于承认外国判决的规则，而是明确保留了外国判决债务人针对该判决或以该原诉诉由提起诉讼的权利。根据这些成文法，如果一外国判决是在存在互惠管辖区域的法院作出的，则判决债

① 参见徐宏，上引著，第261—262页。

② 参见孙劲：《美国的外国法院判决承认与执行制度研究》，中国人民公安大学出版社2003年版，第255—257页。徐宏，上引著，第261—262页。

③ 参见刘仁山：《加拿大国际私法研究》，武汉大学博士学位论文（1997），第202页。

权人可以在判决后的6年内向加拿大高等法院或加拿大各省或区的法院申请登记，并请求获得登记令。但法院拥有是否作出登记令的自由裁量权。①

4．澳大利亚

在澳大利亚，外国判决的承认与执行问题主要由澳大利亚普通法和各州与地区成文立法及联邦立法加以规范，因而外国判决的承认与执行可分为普通法制度与成文法制度。

依普通法，外国判决一律通过诉讼程序才能得到承认与执行。因而外国判决的当事人必须通过在被申请承认与执行的法院提起诉讼的程序并获得该法院的判决后，才能使外国判决得以执行。因为在澳大利亚，如同在英国一样，外国判决被视为一种债务的确立，与其他债务情况一样，必须通过诉讼得以执行。②

而为简化依普通法承认与执行外国判决程序的目的，澳大利亚各州或地区制定了与普通法并存的关于承认与执行外国判决的特别成文法规则，规定通过登记或注册直接执行外国判决，而无须像普通法那样须基于判决债务重新提起繁琐的诉讼程序。而随着1991年联邦立法《外国判决法》的颁布和实施，澳大利亚各州和地区的制定法对有关在联邦法中没有规定的国家的判决的承认与执行问题，仍在联邦法实施后的二年内继续适用，并仍继续适用于在联邦法实施之前的根据各州和地区法注册登记的判决。根据联邦立法《外国判决法》，判决胜诉债权人可在判决作出后6年之内随时请求各州或地区的最高法院对判决进行登记。③

（二）大陆法系国家

在大陆法系，各国有关外国判决承认与执行的国内法制度之间的差异远大于英美法系国家，其大致分为四种：④

1．德国

德国承认与执行外国法院判决的制度，可称为执行令制度。这一制度由1898年民事诉讼法所首创，其最大特点是将承认外国判决与执行外国判决分为两个不同的程序：外国判决的承认无须经过正式程序，但执行必须经过执行许可程序。对于外国判决的承认，《民事诉讼法》第328条虽然规定了一些不承认外国判决的要件，然对于承认外国判决的程序却未有规定。与承认相反，《民事诉讼法》第722—723条规定，执行外国判决，必须经过法院依法定程序，作出许可执行的判决。这种程序以判决债权人对债务人向后者普通审判籍所在地的区法院或地方法院起诉开始，经过时间较长和费用较多的对席审理后，以宣告许可执行或驳回执行请求的判决而告终。德国法院在颁布执行令时，

① 参见刘仁山，上引著，第208—210页。

② 参见董丽萍：《澳大利亚国际私法研究》，法律出版社1999年版，第296页。

③ 参见董丽萍，上引著，第318—320页。

④ 参见李浩培，上引著，第116页。

对外国判决只作一般性监督，不进行实质性审查。这与法国向来采取对外国判决审查实质的实践恰恰相反。[①]

2．法国

在法国，外国判决的承认与执行问题采用混合制。混合制的实质是将外国判决区分为有关身份和能力的以及有关财产的两类。前者无须经过许可执行程序而由内国法院予以承认，后者必须经过许可执行程序才能得到内国的承认与执行。[②]

历史上，如同在英国一样，在法国，外国判决本身没有效力或不能自动得到承认。法国法院作出承认外国判决裁定的程序是法国用以保证这种判决的承认与执行的一般法律程序，承认外国判决的诉讼向被告住所地的高等法院提起。但是，法国司法实践逐渐地允许承认和执行某些案件的判决，不需要提起有关承认判决的诉讼，尤其是关于自然人的身份和能力、不涉及财产和确认法律关系的外国判决，或确认判决。这类判决被看作是只承认判决所确认的权利，在法国它们可通过提起附带承认的诉讼而获得承认。[③]在这类案件中，如果除了承认判决外，还要强制执行判决，就必须提起承认和执行外国判决裁定的诉讼。而法国法院作出承认外国判决的裁定可以是全部或部分承认该判决，也可以全部或部分拒绝承认该外国判决。[④]

3．荷兰

在荷兰，原则上不承认和执行外国判决，但目前在荷兰执行外国判决也不是完全不可能。外国判决，除了依荷兰与外国缔结的条约和依荷兰关于海事的法律，可以在荷兰得到执行外，其他外国判决在荷兰的效力，按照荷兰最高法院的判例，应由荷兰法院逐案审查决定，荷兰法院对于是否执行外国判决具有高度的自由裁量权。[⑤]具体言之，对于不是根据国际条约有关规定而作出的外国判决的承认与执行程序，根据荷兰法律规定，由利害关系人向荷兰境内另一方当事人住所地或请求执行地的地方法院提出承认与执行外国判决的请求，经荷兰法院审查后，符合国内法关于承认与执行外国判决的条件，便由该法院作出判决并发出执行令。而根据荷兰缔结或批准的有些条约所作出的外国法院判决，主要通过下列两种途径在荷兰得到承认与执行。一种方式是，根据1968

① 参见李浩培，上引著，第116、119—123页；徐宏，上引著，第258页。

② 参见李浩培，上引著，第123页。混合制首先由法国采取，然后由比利时、卢森堡、日本等国仿效。

③ 某些不需要强制执行的判决无须预先发给执行令就可在法国自动产生效力，但这种效力是一种“即时”效力，法国法院存在一项“潜在的事后审查权”和“派生审查权”。“潜在的事后审查”和“派生审查”在条件和程序上与“执行令程序”是一致的，外国判决只有经过法国法院审查，“即时”效力才能转变为“终局”效力。参见徐宏，上引著，第259页。

④ 参见威廉·泰特雷:《国际冲突法》，第558—559页。

⑤ 参见李浩培，上引著，第116—117页。

年布鲁塞尔公约规定的特别许可证程序；另一种方式则是，依照其他国际条约所作出的外国法院判决，必须根据荷兰《民事诉讼法》第985条规定的简单许可证程序来进行。①

4．意大利

在意大利，凡外国判决都必须经过内国确认有效程序，才予以承认和执行。这种宣告有效程序制度原先规定在1865年《民事程序法典》第941条以下，而现规定在1942年《民事程序法典》第796条以下。②宣告有效程序制度包括两种形式：独立宣告有效程序制度和附带宣告有效程序制度。

（1）独立宣告有效程序制度

这种宣告制度是宣告有效程序制度的主要形式，其规定在该法典第796条。其规定，意欲在意大利援用外国判决的人（包括意欲在意大利执行外国判决的人）应向该外国判决执行地的上诉法院提起诉讼，请求宣告该外国判决有效。在国际条约许可的情况下，或在互惠条件下，宣告有效的请求也可以通过外交途径提起。在此情况下，如果当事人未委任律师，上诉法院院长，经检察官请求，应为其指定律师，办理请求宣告外国判决有效的诉讼。上诉法院经审查，认为外国判决具备第797条规定的有效要件，而且被告并不请求审查外国判决的实质，上诉法院即以判决宣告外国判决在意大利有效。对外国判决予以有效宣告即构成执行名义。但如果该外国判决是由于缺席而宣告的，或者依第395条规定有再审的情形时，上诉法院依被告的请求，可以审查外国判决的实质。在审查实质的程序中，上诉法院调查证据和听取辩论的结果，或者自行就本案的实质作出判决，而该判决就成为执行的名义，或者宣告该外国判决在意大利有效。③

（2）附带宣告有效程序制度

所谓附带宣告外国判决有效是指这种宣告不是由一个上诉法院在一个特别的宣告外国判决有效的程序中作出，而是由一个第一审法院在审理一个案件中，由于当事人援引一个外国判决而由该法院附带地予以审查而作出的。这种制度规定在民事程序法典第798条。这种附带宣告外国判决有效不仅可以省去上诉法院宣告外国判决有效的特别程序，而且对于受理该案件的第一审法院来说，也可以省去对外国判决中所已查明的事实再进行调查的烦劳，所以该条肯定了这种附带宣告。但鉴于宣告外国判决有效制度的重要性和困难性，该条规定附带宣告有效的效果只及于该第一审法院所受理的该案，而上诉法院的宣告外国法院判决有效的效果，根据当事人的请求，可以被宣告为及于一切案件。此外，如果被告在第一审法院中请求审查外国判决的实质，第一审法院应即中止诉讼程序，并确定被告得向上诉法院请求审查外国判决实质的不变期间。

① 参见袁泉：《荷兰国际私法研究》，法律出版社2000年版，第283—284页。

② 参见李浩培，上引著，第116、118页。

③ 参见李浩培，上引著，第118—119页。

（三）我国的实践

我国在承认与执行外国法院判决方面的制度与上述各国都不相同，既不是德、法等国法律中的那种执行令制度，也不同于英国成文法制度中的登记程序制度，而是根据我国民诉法的规定，由人民法院对外国法院判决进行审查，如认为符合承认与执行条件的，则裁定承认其效力，需要执行的，发出执行令，依照该法的有关规定执行。可见，我国对于外国判决的承认与执行分为两个程序：首先是承认程序，对于可予承认的外国法院判决，先用裁定方式承认其效力；其次是执行程序，在承认外国法院判决的基础上，对于需要执行的外国法院判决，发出执行令，依照执行本国法院判决的方式予以强制执行。

三、外国海事判决承认与执行的条件

一国承认与执行外国法院判决是将外国判决发生的一些效果扩延及于该国境内，因而无论是大陆法系国家还是英美法系国家都要求外国法院判决必须符合一定条件，才能得到本国法院的承认与执行。

（一）英美法系国家

1．英国

（1）普通法所确立的承认与执行外国判决的条件

按照普通法，虽然执行必须通过诉讼，承认无须通过诉讼，然而承认与执行必须符合的要件却是相同的。并且这些要件既适用于在对人诉讼中作出的对物判决，而且也适用于在对物诉讼中作出的对物判决和对人判决。[①]这些条件有：[②]

①外国法院拥有为英国冲突法所承认的管辖权

根据英国法，外国法院是否拥有管辖权，则视外国判决是对物判决还是对人判决而不同：对于对人判决（judgment in personam）而言，如果被告出现或居住在作出判决的法院所属国，或者同意该法院的管辖，则可认为外国法院拥有管辖权。而对于对物判决而言，如果外国法院在作出判决时对具体的物有实际的控制，则可认为其拥有管辖权。如果还具备其他的条件，命令拍卖船舶的对物判决将会被承认，并予以购买者排除任何负担的清洁物权。[③]

②外国判决根据判决作出地国法律是终局的

根据英国法院的司法实践，如果判决作出地的外国法院仍可更改其判决，则并非是终局的；如果外国判决可以上诉但败诉方不去这样做，并不影响该判决的终局性。而

---

① See D.C.Jackson, op.cit., p.614；李浩培，上引著，第131页。

② See D.C.Jackson, op.cit., pp.614–615；杨良宜：《禁令》，第519—530页。

③ See D.C.Jackson, op.cit., pp.617–618.

如果败诉方已在上诉过程中，英国法院一般做法是暂止执行，直至外国法院上诉有了结果。①

③如果是对人判决则其数额必须确定

如果判决是对人的，则其所针对的金钱数额必须是确定，才会得到英国法院的承认与执行，这与最后禁令或履约禁令不同。

④外国判决是针对争议的是非曲直而非程序

这分水线有时候并不明显，例如一个外国的缺席判决，看来应是针对争议或索赔的是否曲直，只要严格遵守自然公正，败诉方予以适当通知和机会抗辩，他或它自己选择缺席应不影响判决是针对是非曲直的。②

⑤外国判决并非是有关惩罚或税务的判决

涉及外国政府税务或税法的判决，英国法院不予承认或执行，但私人之间的判决则不同。在SA Consortium General Textiles v.Sun & Sand Agencies Ltd.案中，涉及一个法国法院判决，损失赔偿中有一项具有惩罚性，不纯是补偿，败诉方以此为由抗辩承认与执行，但并未为英国上诉法院所接受。看来这与美国的做法不同。涉及三倍惩罚性赔偿判决，只要是私人之间，不涉及美国政府，被视为救济而不是诉因，判决仍可获得承认与执行。③

⑥外国判决不违反英国的自然争议

在英国普通法，如果一个外国判决在其他各方面都可被承认或执行，仅是外国判决在是非曲直方面被英国法院认为有误，这并不足以干预。但如果外国法院程序有误，则后果严重的多。因为这可能涉及自然公正。在过去一直认为外国法院违反自然正义只局限于外国法院没有适当通知败诉的被告以及败诉方没有适当机会去为自己抗辩或陈述这两种场合，但英国上诉法院认为违反自然正义应包括所有“英国认为重要的自然正义的程序上的错漏”。④

⑦外国判决并不违反英国的公共政策

公共政策应予限制性解释，特别在商业和贸易领域，根本不应有太多的所谓违反公共政策。一个著名的说法是“违反了最基本的道德与公平概念”才算违反了公共政策。⑤

⑧外国判决不是通过欺诈获得的

“欺诈破坏一切”（fraud unravels all），外国法院判决如果是通过欺诈获得的，不被

① 参见杨良宜:《禁令》，第521页。
② 参见杨良宜:《禁令》，第522页。
③ 参见杨良宜:《禁令》，第524—525页。
④ 参见杨良宜:《禁令》，第525—526页。
⑤ 参见杨良宜:《禁令》，第527页。

英国法院所承认与执行。

（2）成文法所确立的承认与执行外国判决的条件

英国成文法中通过登记执行外国判决的制度与英国普通法上执行外国判决制度的区别，主要在于程序方面，而不在于实质方面。因为英国所制定的针对承认与执行外国判决的立法基本上完全依照普通法，排除执行外国判决的理由基本上相同。①

2. 美国

在美国，外国判决不享受完全诚实与信用条款的利益。然而目前美国大多数州给予了外国判决与姊妹州判决基本上同样的地位。②如1962年《统一外国金钱判决承认法》第3条规定，准许请求偿还金钱的外国判决，如果符合第4条规定要件，应视同可以享受完全诚实和信用条款利益的姊妹州的判决，予以承认与执行。第4条规定，如果外国判决是在具有公正的法院或与正当程序的要求相符合的程序的那种法律体系中作出的；该外国法院具有对被告的对人管辖权和对事物的管辖权，则予以承认和执行。如果外国判决是通过诈欺获得的，或者该外国法院是严重的不方便法院，或者该外国判决与另一判决相抵触，违反被请求承认法院的公共政策或仲裁协定时，则不予承认。而美国《冲突法重述》也基本上反映了这种倾向，只不过其措词更为谨慎而已。其第98条规定，在外国经过对席程序中的公正审理所做出的有效判决，在直接当事人和作为判决基础的诉讼原因的限度内，应予以承认。

一般而言，美国法院承认与执行外国判决必须具备以下几个条件：③

（1）外国法院具有间接国际裁判管辖权

执行外国判决的一项基本条件是，作出判决的外国法院必须具有属人管辖权和诉讼标的管辖权。至于应当根据哪种标准对外国法院的管辖权进行审查，美国法院的实践不尽一致。大多数法院主张根据美国的管辖标准对外国法院的管辖权进行审查；一些法院认为这类问题应根据判决作成地国家的法律加以确定；另外一些司法判例则要求外国法院的管辖权既要符合该外国法律，也要符合美国法律。④与上述司法判例所确立的普通法规则不同的是，《统一外国金钱判决法》明确要求适用美国管辖标准判定外国法院是否具有管辖权。

（2）外国与美国之间存有互惠关系

在1895年希尔顿诉盖约特一案中，美国联邦最高法院裁定，原告在法国获得的判

---

① 参见李浩培，上引著，第134页；杨良宜：《禁令》，第530页。

② 参见李浩培，上引著，第135—136页。

③ 参见孙劲，上引著，第183—247页；张茂，上引著，第281—290页；李浩培，上引著，第136—141页。

④ 参见张茂，上引著，第282页。

决不能在美国执行，因为法国法院将不会执行与之相当的美国法院判决。这就把外国法院对美国法院判决在相同情况下的互惠承认，作为外国法院判决在美国获得承认与执行的前提条件。不过，目前在决定美国法院是否执行外国法院判决时，美国的大多数规则一般不赞成对外国法院是否执行美国法院的判决予以关注。[①]《统一外国金钱判决承认法》就在于取消外国法院判决承认与执行方面的互惠规则。美国《对外关系法第三次重述》当中也反对适用互惠规则。

（3）判决债务人得到适当通知与合理答辩机会

希尔顿案确立的执行外国判决的条件当中，有一项要求“诉讼中的被告获得了适当传唤或其自愿出庭”。从此之后，美国法院在执行外国判决时，普遍要求判决债务人得到了适当的通知并有机会出庭参加诉讼。《统一外国金钱判决承认法》、《冲突法重述》以及《对外关系法第三次重述》中均有类似要求。不过，美国法院所强调的是被告实际上是否得到了适当的通知，而不是外国法院是否依照该外国法律发出了通知。[②]

（4）外国判决具有终局效力

在判定某一外国判决是否具有终局性的问题上，应当适用判决作成地国家的法律，而不是美国的法律。但一项外国判决未来受到外国法院变更的可能性，并不一定影响美国法院对该判决的执行。《统一外国金钱判决承认法》也将正在外国上诉或将要上诉的外国法院判决，归入终局判决之列。不过，为避免出现执行回转的现象，该法同时规定，如果一项外国法院判决正在提起上诉，或者判决债务人打算提起上诉，在上诉终结之前或在提起上诉的充分时限期满之前，执行判决的法院可以中止执行诉讼。但这一规定属于法定的可自由裁量事项。

（5）外国判决不涉及税收或刑事罚金

对于税收判决的承认与执行，美国法院将姊妹州的判决与外国法院判决予以严格区别：对前者予以承认和执行，而对后者则拒绝承认与执行。[③]

（6）外国判决不违反美国的公共政策

如果外国判决违反了请求执行法院地的重要公共政策，则美国法院对之不予承认与执行。但公共政策概念的范围在承认与执行姊妹州法院判决与执行外国法院判决时有所不同：在前者场合，公共政策的范围很窄，而在后者则比较广泛。[④]

（7）外国判决不是通过欺诈方式获得的

外国法院判决是否因欺诈而拒绝予以承认与执行，由于美国最高法院对该问题尚无

① 参见张茂，上引著，第286页。

② 参见张茂，上引著，第286页；孙劲，上引著，第214页。

③ 参见李浩培，上引著，第137页。

④ 参见李浩培，上引著，第137页。

明确的判例，美国各州法院的实践并不一致。而学说则一致认为对外国法院判决可以判决债权人有欺诈情势而拒绝予以承认与执行。

按美国的司法实践，欺诈分为“内在欺诈”和“外在欺诈”两类，内在欺诈是指当事人在案件审理中提出假造的书面证据或伪造的证人，使受诉法院受其欺骗而做出有利于该当事人的判决。外在欺诈是指当事人一方受另一方的欺骗以致非法地被剥夺其为自己辩护机会的情况。但当事人一方不得以他方的内在欺诈为理由主张被请求承认或执行外国判决的法院驳回他方的请求，因为如果许可这种主张，则该法院将须审查该外国法院判决的实质，而这是在当代已被否定的制度。因此当事人一方只能以他方的外在欺诈为理由，反对他方的承认与执行该外国判决的请求。[①]然而，美国法院也承认，外部欺诈与内部欺诈之间的区分很难加以界定，有些判例干脆拒绝作这种区分，对于通过欺诈获得的判决，一律拒绝予以承认或执行。同时，美国法院在确定外国法院判决是否用欺诈手段获得时，一般根据美国法律进行判断，除非作出判决国家的法律关于欺诈的规定范围比美国法律规定广泛。这主要是因为，美国法官认为外国法律对欺诈的规定可能与美国法律不同，而只有美国规定才是最公正的。[②]

（8）外国判决并非不方便法院判决

《统一外国金钱判决承认法》第4节第2款第6项规定，如果外国法院仅仅根据在法院地境内对被告进行属人送达而对其行使管辖权，该法院即为审理诉讼的不方便法院，对其作出的判决不必承认。但是美国《对外关系法第三次重述》却没有把不方便法院作为拒绝承认与执行外国法院判决的根据。[③]

3．加拿大

尽管在外国判决的承认与执行问题上存在普通法制度与成文法制度，但承认与执行的条件基本相同：第一，外国判决必须为有管辖权的外国法院作出。如果根据执行法院地的冲突规则，外国法院有权作出对人诉讼的判决，原则上外国法院对导致判决产生或判决据以确定的债务人的诉由或诉讼标的行使管辖权是否具有其国内法依据，并不影响该法院的判决在加拿大的承认与执行。而且加拿大新近的判例还规定，对作出判决的外国法院的管辖权的证明责任，应由请求承认或执行的原告承担。[④]第二，外国判决必须是确定的和终局的判决。第三，如果是对人判决，则必须是明确的金钱给付的判决，而不能是支付税款或罚款的判决。第四，外国法院判决并非通过欺诈获得。外国判决若是通过欺诈获得的，则该判决将不会得到加拿大法院的承认与执行。无论判决是法院欺诈

① 参见李浩培，上引著，第138页。
② 参见张茂，上引著，第289—290页。
③ 参见张茂，上引著，第290页；孙劲，上引著，第228—230页。
④ 参见刘仁山，上引著，第202，204—205页。

性作出还是由胜诉当事人通过欺诈而获得的，该判决都是可被控告的。第五，外国判决并未违反公共政策。在加拿大有效的一系列判例确立了这样一条一般性原则，即如果对某一外国判决的承认或该外国判决本身违背加拿大的公共政策，则该判决在加拿大将不会获得承认或执行。第六，外国判决在程序上并未违反自然公正。在加拿大，如果外国判决的获得违反公正，则该判决是可以控告的。如果法院给予了被诉方当事人充分和合理的答辩机会，仅因为该外国法院认可了为加拿大法院所不认可的证据，或该法院根据法院地法未采纳当事人所提交的证据，或因为判决的一部分在程序上不当的，则不能认为该外国法院的诉讼程序违反了公正。如果对外国法院的诉讼程序的异议——该诉讼程序违反自然公正——已经或将要在该外国法院提出的，则该异议将不会为执行法院所考虑。同时，如果外国法院的诉讼开始时，被告居住在该管辖区域内，或被告自愿出庭应诉，但法院未对被告亲自送达的，那么被告据此对外国法院诉讼程序的异议，加拿大法院将不予考虑。在任何情形下，法院根据法院地法所进行的任何方式的送达都应认为是充分的送达。[①]

4．澳大利亚

外国判决在澳大利亚的承认与执行问题主要由澳大利亚普通法和各州与地区成文立法以及联邦立法予以规范。根据这些法规，在澳大利亚承认与执行外国判决必须具备的条件总的来说从形式上分为两种：一种为肯定条件或积极条件，即法院据此对外国判决予以承认和执行的条件；另一种是否定条件，即法院可据此拒绝承认与执行外国判决的条件。

（1）外国判决依普通法承认与执行的条件

①外国法院必须具有并行使澳大利亚法院所承认的管辖权。作出对人判决的外国法院在行使管辖权时必须具有对被告本人的管辖根据。传统上的管辖根据主要有被告出现或居住在管辖地内和被告自愿接受该管辖。而对有体动产包括船舶或其货物以及不动产所有权或占有权处置的外国对物判决，如果在该法院提起诉讼时，该财产位于该外国法院的管辖区内，澳大利亚法院一般予以承认和执行。

②外国法院判决必须是终局性和确定性判决，即判决必须是将当事人之间的未决诉讼终结，以及彻底解决当事人之间的讼争。对外国法院判决的上诉或者未决上诉都不影响判决的终局性，尽管法院拥有中止诉讼的自由裁量权。另外，对缺席判决，法院可基于被告的请求予以取消。如果被告在指定时间内出庭，在期满之前判决不能视为终局和决定性判决，被告可据此要求取消判决。缺席判决在大多数联邦国家只能以被告提出的

① 参见刘仁山，上引著，第205—206页。

事由而被取消。该判决除非被真正撤销，否则应仍被视为终局判决和决定性判决。[①]

③当事人必须一致，即外国判决的当事人与请求执行判决之诉的当事人必须是一致或相同当事人，并具有相同利益。

④如果是对人判决，则必须是确定金额的判决。

⑤外国判决不是刑事或税务判决。

⑥外国判决并非通过欺诈获得。欺诈包括事实上的欺诈和有关解释性欺诈。澳大利亚法院一般允许当事人重新提出有关欺诈的问题，尽管该问题已在原外国诉讼中被调查审理过。也就是说，执行法院一般承认以欺诈为抗辩的效力，即使这样做会导致重新审理外国判决的实质性问题。[②]

⑦外国判决未违反澳大利亚的公共政策。外国判决若违反执行法院地的公共政策，则一般不予承认与执行。如外国判决是基于违反法院地国法律而取得的，便构成了违反法院地的公共政策的判决，如基于威胁、胁迫或不当影响取得判决。同时外国判决如与承认法院地法院就相同当事人基于同一诉由作出的前一判决相冲突，法院可以根据违反公共政策的理由拒绝承认或执行该外国判决。[③]

⑧外国判决未违反澳大利亚的自然正义。根据澳大利亚普通法，可以根据诉讼违反自然正义而对外国判决进行抗辩。对自然正义的要求有两个方面：第一是当事人各方必须有充分的机会在公正的法院出庭陈述自己的理由；第二是当事人各方必须给予适当的诉讼通知。

（2）外国判决依成文立法承认与执行的条件

根据澳大利亚的成文立法，可登记的判决必须符合以下条件：

①外国判决必须是成文法所规定的特定国家法院作出。根据1991年联邦立法《外国判决法》作出可予登记的判决的外国法院，必须是在判决承认与执行方面与澳大利亚有互惠关系的外国高级法院或特指的低级法院。1992年生效的联邦《外国判决条例》以及1993年生效的《条例》具体规定了作出可予登记的外国判决的法院国。[④]

②作出判决的外国法院具有管辖权。外国法院是否拥有管辖权不是关于依本国法律是否具有管辖权的问题，而是关于根据登记地国的法律是否具有国际意义上的管辖权问题。成文法规明确规定了何时或在何种情况下外国法院对有关判决的属人诉讼、属物诉讼或其他类型的诉讼拥有管辖权。这些条件或根据很广泛，如果外国法院的管辖权不符合成文法规所规定的条件，则该管辖权就不被该成文法规所承认。尽管它可被普通法所

---

① 参见董丽萍，上引著，第310—311页。

② 参见董丽萍，上引著，第312页。

③ 参见董丽萍，上引著，第312—313页。

④ 参见董丽萍，上引著，第321—322页。

承认，澳大利亚法院对这种判决可不予登记或撤销其登记。[①]

③外国判决必须是就当事人间讼争的终局判决和事件实质问题的判决。判决必须是最终的和决定性的，尽管有关的上诉正在进行或者有可能上诉。不过在这种情况下，执行法院可以行使自由裁量权来决定是否准予取消登记，或作出适当的延期登记令。

④外国判决必须是有关支付一定金额的而不是有关税收罚款或其他惩罚性的判决。不过，这一要求目前已有所改变。现在澳大利亚的基本观点是不排除对有关惩罚性的损害赔偿判决的登记。有关诉讼费用的支付令也可予以登记。[②]

⑤外国判决债务人得到了适当通知和合理答辩机会。作为被告的判决败诉债务人没有接到诉讼通知，也没有出庭，使其有充分的机会进行抗辩，判决不予登记，或已被登记的判决可被撤销。

⑥外国判决并非通过欺诈获得。

⑦外国判决的执行不违反澳大利亚的公共政策。

⑧如果某事项在外国法院作出判决前已由一个对该事项有管辖权的法院作出终局性判决和决定性判决，法院可不登记该判决或如已登记的则可撤销其登记。

（二）大陆法系国家

1. 德国

外国判决的承认和执行条件分别规定在《民事诉讼法典》第328条和第723条之中。依第328条规定，外国判决必须符合五项条件方予以承认。而依第723条规定，许可执行的要件是，外国判决依宣告国法已发生既判力，并依第328条规定并无不承认的条件。

（1）作出判决的外国法院依德国法拥有间接国际裁判管辖权

在判断外国法院是否拥有间接国际管辖权问题上，德国法采用所谓映像原则（Spiegelbild prinzip）。也就是说，德国法以德国法院的直接国际裁判管辖权的标准作为判定外国法院有无间接国际裁判管辖权的标准：如果德国法院按照德国法对某一涉外海事案件具有直接国际裁判管辖权，那么外国法院对该事件就具有间接国际裁判管辖权；如果德国法院按照德国法对该事件并无间接国际裁判管辖权，那么外国法院对该事件也就没有间接国际裁判管辖权。所以外国法院的间接国际裁判管辖权是德国法院的直接国际裁判管辖权的反映，正如一面镜子的映像一样。因此在德国程序法上，没有判定外国法院对各类涉外事件的间接国际裁判管辖权的一些具体的规则。按照映像原则，外国法院依其程序法对该案是否具有直接国际裁判管辖权，德国认为无关紧要，置之不问。外

① 参见董丽萍，上引著，第324页。

② 参见董丽萍，上引著，第323页。

国法院对该案行使直接国际裁判管辖权是根据德国法上没有的制度也在所不问。只要外国法院对该案行使直接国际裁判管辖权有其他根据为德国法所承认，德国法院就承认该外国法院的间接裁判管辖权。至于该外国法院依其国内法是否具有地域裁判管辖权、事物裁判管辖权或职能裁判管辖权，德国法院也认为是毫无关系的问题。①

（2）外国判决依宣告国法已发生既判力

《民事诉讼法典》第723条第1款规定，发给执行判决，不需要审查外国判决的合法与否。第2款规定，对外国法院的判决，须在依该法院所适用的法律，该判决已经确定后，才能发给执行判决。

（3）判决债务人得到适当通知及合理的答辩机会

被告在原审未应诉，并且主张由于起诉书未正规或未及时送达，使其不能辩护，外国判决则不予承认或执行。外国判决的程序有这种缺点时，德国为了保护被告的正当利益，不能承认这种外国判决。不过，依德国《民事诉讼法典》规定，承认外国判决的法院无须依职权调查这种缺点，而只有在被告或关系人主张该外国判决有这种缺点时才进行调查。这就是说，被告或关系人可以放弃这种主张。这是因为，被告或关系人宁愿放弃这种主张，以使该外国判决能得到承认。②

（4）外国判决与德国已宣告的一个判决或应予承认的一个先前的外国判决不相容

外国判决如果与另一个外国判决不相容，德国法院当然不能对两个判决都予承认。按照该规定，德国法院只能承认前一个判决，而对后一个与之不相容的判决不予承认。但如该外国判决与之不相容的是一个德国法院的判决，那么按照该规定，不论德国法院的判决作出在前或在后，德国法院对该外国判决都不予承认。作为外国判决基础的程序与德国先前的未决程序不相容时，该规定也对德国先前的未决程序予以优越的地位，从而不承认外国判决。③

（5）承认与执行外国判决不违反德国的公共秩序

德国民诉法以承认外国判决将导致与德国法的基本原则明显地不相容的结果，特别是与人权不相容的结果，来对违反德国的公共秩序予以定义。④

（6）外国判决作出国与德国之间存在互惠的保证

德国法在承认有关财产法上的外国判决时要求互惠的保证。之所以如此，目的在于

---

① 李浩培，上引著，第120—121页。德国法上的映像原则，只是在婚姻事件方面存在着例外。此外，德国法认为德国有专属直接国际管辖权的事件，如不动产在德国的不动产物权诉讼，外国法院就没有间接国际裁判管辖权。

② 参见李浩培，上引著，第121—122页。

③ 参见李浩培，上引著，第122页。

④ 参见李浩培，上引著，第122页。

迫使外国也承认德国法院的这种判决。[①]

2. 法国

历史上法国法院不承认外国判决，因为外国判决经常是依他们不熟悉的法律和诉讼程序作出的，他们认为是不可信的和充满了不公正的危险。在19世纪初期，法国法院的法官享有的“修正”权时常使他们拒绝执行外国判决，仅仅因为法国法院不可能以同样的方法对案件作出判决。结果，要求在法国执行外国判决的当事人几乎必须依据判决重新提起诉讼。经过法学界多年的争论批评，法国最高法院1964年Munzer案的判决，彻底改变了上述情形，消除了障碍，提供了更多的选择方法，确立了承认外国判决的五个条件。这个具有代表性的判决进一步要求法国法院的法官依职权适用这些条件，即使当事人没有提出来，并且不允许法国法院对外国判决进行实质审查。[②]

（1）外国法院拥有国际裁判管辖权

外国法院享有国际管辖权是承认或执行外国判决最重要的条件，但应适用哪个法律来认定外国法院的国际管辖权则经过了多年的争论。法国最高法院在1985年判决中指出，特别制定法国确定国际管辖权的原则是必要的。外国法院的判决能够在法国得到承认，依据的是法国法院对所涉及的外国国家与诉讼中的当事人以及法律关系的联系进行全面的审查，而不是只审查单个的连结因素，如住所、居所或财产所有权。这完全不同于普通法系国家仍然只依据具体考虑到的这些特别联系的做法。不过法国最高法院强调，法国法院行使专属管辖权时，外国判决将不会得到承认。[③]

（2）外国判决是外国法院依据其国内诉讼程序规则作出

外国判决必须是由在该外国依据其法律授予行使审判权的人作出的，并且判决必须在该行使管辖权的国家内具有强制执行力。但第一个条件现似乎已被废止，而第二个程序规则的条件似乎与普通法关于终审判决的要求相同。但即使在判决作出国判决的实际执行仍存在法律或事实障碍，甚至仍可被上诉，外国判决在法国有执行力。[④]

（3）外国判决符合法国的国际公共秩序

如果外国判决本身或判决所采用的方法违背了法国的国际公共秩序的基本概念或法国的法律原则，则法国法院可拒绝承认和执行外国判决。但在法国，公共秩序原则更经常地被用来制约影响外国判决效力的程序的不正当。外国法院的合理通知和被告有权到外国法院应诉，以及正式授权代理人出庭是外国判决执行的先决条件，涉及法国的公共秩序。同样，外国的证据规则也必须符合法国的公正概念。因此，在大陆法中，公共秩

① 参见李浩培，上引著，第122—123页。

② 参见威廉·泰特雷:《国际冲突法》，第556页。

③ 参见威廉·泰特雷:《国际冲突法》，第556页。

④ 参见威廉·泰特雷:《国际冲突法》，第556、571页。

序在对外国判决承认与执行中发挥着重要作用，而自然公正原则在普通法中发挥作用。公共秩序在大陆法中也被援用来拒绝承认通过欺诈获得的外国判决，而在普通法中，欺诈被作为拒绝承认外国判决的一个单独理由。①

（4）依据事实适用于案件的法律是可适用的

在法国，只有当外国法院适用了符合法国冲突规范规定的实体法时，法国法院才承认和执行由该外国法院作出的判决。但仅因外国法院错误地适用、解释或违反应适用的法律，法国法院则不会拒绝承认或执行该外国法院。这种承认和执行条件为法国及其他少数国家所独有，现代有关承认和执行外国判决的国际公约一般排除采用这种做法，而且法国许多国际私法学者对此提出批评。尽管如此，它仍然继续得到其他学者的支持。②

（5）外国判决没有规避正当可适用的法律或管辖权

依据法国冲突规范，如果外国判决是因规避可适用的法律，尤其是法国法而获得时，则该外国判决在法国不可能得到承认或执行。如果规避可适用的法律（欺诈法律）伴随着规避应接受的管辖权（欺诈管辖权），结果也如此。③

3. 意大利

在意大利，法院依据《民事诉讼法典》第797条所规定的许可宣告要件对外国判决予以审查，如果不符合其中一个要件，即以判决驳回诉讼请求；而如果符合全部要件，并且被告并不请求审查外国判决实质，法院即以判决宣告外国判决在意大利有效。许可宣告外国判决的要件有：（1）依照意大利现行司法管辖权原则，外国法院拥有管辖权；（2）传票经依照诉讼地法通知，并指示在适当的期间应传到庭；当事人都依当地法应传到庭，或者缺席经依当地法确认并有效地宣告；（3）外国判决依宣告地法已有既判力；（4）外国判决并不与意大利法院宣告的另一判决相抵触；（5）在该外国判决发生既判力之前，相同当事人之间在意大利法院并未提起相同标的的诉讼；（6）外国判决并不含有与意大利公共秩序相抵触的内容。④

4. 荷兰

依荷兰判例法，荷兰法院承认与执行外国法院判决的条件包括：（1）外国判决基于善意作出，并且当事人自愿服从外国法院的管辖。（2）有关的诉讼程序具有必要的公正性。基于对败诉一方当事人的保护，荷兰国内立法规定内国法院在承认与执行外国判决时，应对败诉一方当事人是否适当地行使了辩护权的问题进行审查。如果发现有关诉讼

① 参见威廉·泰特雷：《国际冲突法》，第557页。
② 参见威廉·泰特雷：《国际冲突法》，第557页。
③ 参见威廉·泰特雷：《国际冲突法》，第558页。
④ 参见李浩培，上引著，第118—119页。

中，败诉一方当事人基于除其本身失误以外的原因而未能适当地行使辩护权，就有理由认为该有关的诉讼程序不具备应有的公正性，从而内国法院就可以据此拒绝承认和执行该外国判决。[①]（3）外国法院判决是确定判决。（4）外国法院判决的承认和执行不得违反荷兰的公共秩序。

（三）我国承认与执行外国判决的条件

我国法院承认与执行外国判决，或依国际公约或双边条约进行，或依国内法规定进行。

1．条约当事国法院判决在我国的承认与执行

我国所缔结或参加的国际公约或双边条约或从积极角度规定了承认与执行对方法院判决的条件，或从消极角度规定了拒绝承认与执行对方法院判决的情形。归纳起来，条约当事国法院判决在我国的承认和执行应符合以下几个条件：第一，根据作出判决一方法律，判决已生效或具有执行力。第二，根据被请求承认与执行判决的缔约方法律，提出请求的缔约一方的司法机关对案件拥有管辖权，或者被请求的缔约一方法院对案件无专属管辖权。第三，根据作出判决一方法律，当事一方已经合法传唤，或当事一方在没有诉讼能力时，已得到适当代理。第四，不存在诉讼竞合问题。第五，承认与执行外国判决不损及被请求的缔约一方的主权、安全、公共秩序或基本利益，或者判决结果不违反被请求缔约一方法律的基本原则。第六，请求一方法院适用按照被请求一方国际私法规则应当适用的法律。我国与大多数国家订立的双边司法协助协定中没有规定这一条件，只是在与法国和西班牙等少数国家订立的协定中有这一要求。但这一要求的适用范围是有限制的，而且如果请求一方法院所适用的法律可以得到相同结果的除外。[②]

2．非条约当事国法院判决在我国承认与执行的条件

如果一国与我国没有缔结或参加任何有关判决承认和执行的国际条约，则外国法院所作出的判决要在我国得到承认与执行，只能依据我国国内法的规定进行。《民事诉讼法》第268条规定，人民法院对于申请或者请求承认和执行的外国法院作出的发生法律效力的判决、裁定，依照中华人民共和国缔结或参加的国际条约，或者按照互惠原则进行审查，认为不违反中华人民共和国法律的基本原则或者国家主权、安全、社会公共利益的，裁定承认其效力，需要执行的，发出执行令，依照本法的有关规定执行。违反中华人民共和国法律的基本原则或者国家主权、安全、社会公共利益的，不予承认和执行。可见，我国立法对于与我国没有条约关系的国家法院作出的判决的承认和执行的条件，规定很简单。这些条件包括：第一，该外国判决已发生法律效力；第二，该外国法

① 参见袁泉，上引著，第277页。

② 参见杜涛，上引著，第511—512页；林欣，上引著，第219—220页。

院判决不违反我国法律的基本原则或我国的国家主权、安全、社会公共利益；第三，判决作出国与我国之间存在互惠关系。

第二节　外国海事判决承认与执行的国际条约

为了协调各国有关外国判决承认与执行的不同法律制度，便利法院判决的相互承认与执行，国际社会制定了不少这方面的国际立法。其中比较成功的有：

一、欧盟《民商事管辖权与判决承认执行条例》

欧盟理事会2001年颁布的《民商事管辖权与判决承认执行条例》（以下简称《欧盟理事会条例》）是目前有关外国判决承认和执行方面最全面和最重要的区域性国际立法，其确保欧盟成员国作出的大多数判决在各成员国内得到自动承认与执行，在其适用范围内取代了普通法和大陆法有关判决承认与执行的传统规则。

《欧盟理事会条例》在以下几个方面为欧盟成员国间判决的承认与执行提供了便利：第一，确立了成员国对民商事管辖权的统一规则（《欧盟条例》第二章第2—31条）；第二，确立了统一的承认与执行规则（《欧盟理事会条例》第三章第32—56条;第三，确立了便捷程序以确保判决事实上自动承认与执行；第四，确立了严格的不予承认与执行的限制性事由。而其中有关承认判决有效性的关键是《欧盟理事会条例》第35条第2—3款和第36条。前一规定排除了承认国法院对原判国法院国内或国际管辖权的任何审查；后一规定禁止在任何情况下对外国判决的实质性审查，从而避免了对外国法院作出的判决所出现的法律适用错误和事实错误的任何质疑。同时，《欧盟理事会条例》规定的最新执行程序，涉及只由任何一方有利害关系的当事人（第38条第1款）单方面申请（第41条），要求提供相关的文件，以避免因依传统普通法对外国判决的诉讼，和依传统大陆法对承认外国法院判决裁定的诉讼而导致的长久的拖延、高额的费用以及过于复杂的情形。总之，自动或强制承认原则的基本要求是外国判决在其他成员国得到承认，无须任何特别手续（第33条第1款）。[①]这样，欧盟成员国的法院相互间就把对方法院所作出的判决推定为都是正确地作出的，既无须特别的程序，又无须特别的决定，当然予以承认。而承认的结果，是承认国将判决作出国所给予该判决的权威和效力也给予它。[②]

---

① 参见威廉·泰特雷:《国际冲突法》，第560页；杨良宜:《禁令》，第535页。

② 参见李浩培，上引著，第100页。

（一）《欧盟理事会条例》所适用的判决类型

《欧盟理事会条例》授权承认与执行欧盟成员国法院作出的“民商事案件的判决”。而判决是否涉及民商事件，则是一个共同体概念，可以提请欧洲法院解释。但判决是否属于这一范围则由判决承认执行国法院判定，而不论作出判决国法院业已作出了判定。承认执行国法院不受判决作出国法院有关该事项的任何裁判的约束，而仅遵照《欧盟理事会条例》第36条和第45条第2款规定而不对外国判决作任何实质性审查。[①]

至于判决的类型，《欧盟理事会条例》第32条规定，本条例所称判决，系指某一成员国法院或法庭所作的任何判决，而不论该判决的名称是什么，诸如裁决、命令、决定或执行令状，以及由法院书记官就诉讼费用或其他费用所作的决定。可见，判决的类型非常宽泛，判决不需要是其他“终审判决”，这与大陆法系和普通法系的传统原则是相同的，但可以是临时性命令。[②]

1．对物诉讼判决

依欧洲法院The Maciej Rataj案[③]判决和英国上诉法院在The Deichland案的判决，对物诉讼仅是国内程序性事项，对物诉讼和对人诉讼的区别对认定诉讼的当事人有意义，但并不影响判决的承认或执行。判决可对出庭或收到通知但未出庭的被告加以执行。然而对物令状的送达在涉及承认或执行时判定被告是否由该文件而被告知诉讼则有意义。

2．单方面命令（Ex Parte orders）

尽管判决的定义很宽泛，包括临时性救济措施和终局判决，但因为根据《欧盟理事会条例》规定，可以被告没有机会抗辩为由对判决的承认和执行进行异议，因而只有在被告有机会陈述案情的诉讼中作出的判决才可以予以执行或承认。据此，如果被告被送达告知，缺席判决具备被执行的资格，而单方面获得的命令则不具备予以执行的资格。同样，船舶扣押令或禁令只有在被告被给予抗辩的机会后作出时，方属于《欧盟理事会条例》的适用范围，承认和执行该命令才成为一项义务。[④]可见，《欧盟理事会条例》排除了单方面的命令，如玛瑞瓦禁令或扣押保全措施。

3．附属或程序性命令

根据《欧盟理事会条例》第32条规定，有关费用的命令被明确包括在内，但《欧盟理事会条例》并未规定有关判决的利息。同时根据Schlosser报告，有关审理过程中证据出示的附属命令也不包括在内。同时，根据《欧盟理事会条例》第49条规定，经由刑事罚款判令定期给付的外国判决，在处罚的金额已经由判决法院作出最后决定时，也

① See D.C.Jackson, op.cit, p.627. 威廉·泰特雷：《国际冲突法》，第561页。

② 参见威廉·泰特雷：《国际冲突法》，第560页。

③ [1995] 1 Lloyds Rep. 302.

④ See D.C.Jackson, op.cit., p.628.

可以在申请执行的法院执行。

4．根据其他公约作出的判决

对于根据其他特殊事项的公约作出的判决在欧盟成员国的承认与执行问题，《欧盟理事会条例》第71条第1款规定，本条例不影响成员国业已是或将是其当事国的有关特定事项的任何公约，支配管辖权或判决的承认或执行问题。同条第2款第2—3项规定，某一成员国法院根据特殊事项公约规定的管辖权所作的判决，应根据本条例在其他成员国被承认和执行。如果判决作出国和被请求承认和执行的成员国均为当事国的特定事项公约规定了判决的承认和执行条件，这些条件应该被适用。无论如何，本条例有关判决承认和执行的程序规定可以被适用。①

（二）判决不予承认和执行的条件

根据《欧盟理事会条例》，除了外国判决由于在判决作出地国不具可执行性而不可被执行外（这属于广义的不予承认的事由），拒绝承认和拒绝执行外国判决的根据是相同的。《欧盟理事会条例》第34—35条规定了特殊的不予承认的事由，由于判决的执行取决于判决得到承认，因而不予承认的判决也不予执行。②

1．判决作出法院违反管辖权规定

《欧盟理事会条例》第35条规定，如果判决违反第二章第三节（第4—14条，有关保险事件管辖权）、第四节（第15—17条，有关消费合同管辖权）及第六节（第22条，有关专属管辖权）的规定，或存在第72条规定的情况，应不予承认。该规定是禁止对外国法院管辖权进行审查的一般原则的例外。③

《欧盟理事会条例》第72条规定，本条例不影响某一成员国在本条例生效前依照《布鲁塞尔公约》第59条，对某一非成员国承担不承认其他成员国对在该非成员国有住所或惯常居所的被告所作的判决的义务。在此场合，对于第4条规定的案件，判决只能依据第3条第2款规定的管辖根据作出。而《布鲁塞尔公约》第59条第1—2款规定，本公约不妨碍某一缔约国在有关判决的承认和执行的公约中，对某一第三国承担不承认其他缔约国法院对在该第三国境内有住所或惯常居所的被告所作判决的义务。在该场合，对第4条所规定的案件，判决只能依据第3条第2款规定的管辖根据作出。然而，某一缔约国也可以不对第三国承担不承认由另一缔约国法院基于被告的财产在该国境内存在或原告扣留位于该国境内的被告财产而行使管辖权而作出的判决，如果，（1）该诉讼的提起旨在主张或宣称对该财产的财产性或占有权利，或寻求处置该财产的权利，或该诉

① See D.C.Jackson, op.cit., p.632.

② See D.C.Jackson, op.cit., p.626. 参见威廉·泰特雷：《国际冲突法》，第561页；林欣，上引著，第218—219页。

③ 参见威廉·泰特雷：《国际冲突法》，第562页。

讼源于有关该财产的其他问题；（2）该财产构成作为诉讼标的的债之担保。《欧盟理事会条例》第35条的规定是禁止执行国法院审查原判国法院管辖权的另一项特别的例外规定。①

2．外国判决的承认将明显违背被请求国的公共政策

《欧盟理事会条例》第34条第1款禁止承认与被请求承认国的公共政策相抵触的外国判决。由于在不同的法律制度中对公共政策有不同的理解，因此该项不予承认的事由可能需要法院介入对公共政策予以共同的定义。在任何情况下，根据《欧盟理事会条例》的规定，公共政策只是在特殊的案件中用来作为不予承认判决的事由，并且只有在承认外国判决将“明显地”与被请求国公共政策相抵触时方可作为不予承认的事由。

在某些情形下，公共政策可以允许以欺诈为由拒绝承认外国判决，但如果在外国法院对欺诈提出或可能提出指证和抗辩除外。如果违背自然公正原则，或外国判决与承认国对相同当事人作出的判决相抵触，则不可以援引公共政策拒绝承认判决。因为《欧盟理事会条例》第34条第2—3款已分别规定了这些不予承认判决的事由。②

3．外国判决违背自然公正

《欧盟理事会条例》第34条第2款规定，如果未给被告及时送达提起诉讼的文书或其他相同文件，以致使他没有充分的时间安排辩护而作出的缺席判决，除非被告可能提起诉讼对判决提出异议而又未提出，则不应予以承认。送达的不公正性，依原判决国法律确定。在判定送达是否充分以及被告是否有足够的时间准备答辩时，必须考虑案件的综合因素。③

4．外国判决与承认国的判决相抵触

《欧盟理事会条例》第34条第3款规定，外国判决与被请求国就同一当事人间的争议所作出的判决相抵触，不予承认。据此，被请求国作出的判决，无论是在外国判决前作出还是在外国判决后作出，优先获得承认。

5．外国判决与其他成员国或某一非成员国判决相抵触

《欧盟理事会条例》第34条第4款规定，外国判决如与另一成员国或某一第三国就同一当事人之间的相同诉因所作的在先判决相抵触，只要该在先判决满足被请求国有关承认的必要条件，则不予承认。可见在先判决具有优先被承认的效力。

（三）申请承认与执行判决的程序

1．《欧盟理事会条例》承认与执行判决程序条款的规范内容

根据《欧盟理事会条例》第33条规定，当外国判决的承认属于单独的基本问题时，

① 参见威廉·泰特雷：《国际冲突法》，第563页。

② 参见威廉·泰特雷：《国际冲突法》，第561页。

③ 参见威廉·泰特雷：《国际冲突法》，第562页。

其程序与执行程序相同。然当外国判决的承认附随于某一正在裁判的争议问题时，解决承认问题的管辖权属于审理该争议的法院。一成员国所作的判决在其他成员国应当得到承认，而无须任何特别的程序。并且在任何情况下，不能对外国判决的实质性问题，加以审查。但如果某一成员国法院经过请求承认另一成员国法院的判决，如果当事人已经就该判决提出了普通上诉（ordinary appeal），可以中止诉讼程序（第37条）。

而对执行程序，《欧盟理事会条例》只关注执行核准（authorization）问题而非具体的执行问题。后一问题留由成员国国内法决定。这正如欧洲法院所言，《欧盟理事会条例》仅在规范获得执行外国判决命令的程序，而非执行本身。该问题由执行地的国内法支配。因而有利害关系的第三方可利用执行地国法律所规定的程序对判决的执行提出异议。[①]

为实现简便程序以便尽可能迅速执行的目标，《欧盟理事会条例》仅规定了一项简易程序，包括请求执行的单方面申请程序，以及对准予执行和拒绝执行决定提出上诉的程序。

2. 单方面申请

《欧盟理事会条例》第38条规定，由一成员国作出的并可在该国执行的判决，经利害关系人的申请，在另一成员国作出决定时应该在该成员国执行。申请应该向《欧盟理事会条例》附件二所列的法院或有关机构提出，而当地主管法院，应该参照被执行一方的住所地或执行地来确定（第39条）。而提出申请的程序，应按照被请求执行成员国法律的规定。申请人须指定一个在被请求执行国法院管辖区域内的送达地址。但如果该成员国法律并无送达地址的规定，则申请人应委托一诉讼代理人。

《欧盟理事会条例》第41条规定，判决履行第53条规定的正式手续，就应被宣布为可执行，而不再根据第34条和第35条作任何审查。被请求执行的一方，在这一阶段无权对申请书提出任何意见。而第53条规定，要求承认或申请执行决定的当事人应提交符合认证所需条件的判决的副本，申请执行决定的当事人也应提交第54条所规定的证明文件，但不应影响第55条的适用。第54条规定，作出判决的成员国法院或有关机构，经利害关系人申请，应出具本条例附件五标准格式的证明文件。第55条规定，如申请人未提交第54条规定的证明文件，法院或有关机构得指定提交该文件的时间，或接受相同的文件，如认为已有足够的证明时，也得免于提交。如法院或有关机构认为必要，必须提交各项文件的译文，译文须由在一个成员国认为合格的人予以证明。第56条规定，第53条或第55条第2款规定的文件，不再需要认证或其他类似的正式手续，委托诉讼代理人的文件亦同。

① See D.C.Jackson, op.cit., p.644.

3．承认或执行决定的上诉

《欧盟理事会条例》第43条规定，对执行判决的申请的决定，可以由任何一方当事人提出上诉。对执行决定的上诉，应在送达后一个月内提出。如果被执行人的住所不在作出执行决定的成员国，上诉期应为两个月，自送达到其本人或住所之日起算。不得因路程远而加以宽展。而向其提出上诉的法院，只可根据《欧盟理事会条例》有关拒绝承认和执行外国判决事由的规定，而拒绝或撤销执行决定。被申请的法院应迅速作出决定。在任何情况下，均不得对外国判决的实质性问题加以审查。不过，判决债务人对准许执行的决定一般不提出上诉，因为他估计到上诉并无胜诉的把握，而且要负担讼费。①

同时，根据《欧盟理事会条例》第46条规定，就执行判决申请的决定而向其提起上诉的法院，经被执行一方的申请，得中止诉讼程序，如果已就该判决在判决作成之成员国提出普通上诉或规定上诉的时间尚未过期。在后一种情况下，法院可以允许被执行人有时间进行上诉。法院还可以责令申请人按照其决定提供担保，作为执行的条件，以保护在原告利用执行措施而非临时性措施时被告的利益。但法院在将关于上诉的判决交付给申请人之前不得命令其提供担保。提供担保命令是中止执行程序的替代，被告的利益是由于附条件的执行还是由于中止程序而得到更大的保护，则必须根据个案的具体情况予以判定。②但根据《欧盟理事会条例》第51条规定，一方当事人就另一成员国法院的判决在某成员国申请执行时，被请求执行国法院不能因为申请人为外国国民，或者因为其在本国既无住所，又无居所，而要求其提供任何名称的担保、保证金或定金。

二、海事条约中有关承认和执行判决的规定

在专门性国际公约中增加承认与执行判决的条款，是承认与执行外国法院判决制度发展的一种新形式。在专门性海事实体公约中就缔约国之间判决的承认与执行作出规定，就可以保证与该公约内容有关的案件的判决，在缔约国间得到承认与执行。③

（一）船舶优先权和抵押权公约

一般认为，1926年、1967年和1993年公约均默示规定缔约国有义务承认和执行有关优先权、抵押权以及其他船舶上担保利益，尤其是司法拍卖的任何判决。④1967年公约第1条规定，根据船舶所属缔约国法律正式设定的、并且在船籍港或主管当局的公共登记处登记的船舶抵押权、质权或船舶的其他类似物权，应视为有效，并且应在所有其他缔约国受到尊重。这事实上要求其他缔约国承认和执行这些权利。该公约第8条进一

① 参见李浩培，上引著，第101页。

② See D.C.Jackson, op.cit., pp.650–651. 威廉·泰特雷：《国际冲突法》，第563页。

③ 参见林欣，上引著，第217页。

④ See D.C.Jackson, op.cit., p.632.

步规定，无论船舶转入何人之手，受船舶优先权担保的请求权始终依附于船舶。这意味着在产生这些优先权的国家之外，有必要承认和执行这些船舶优先权。

1967年公约允许缔约国国内法规范已登记的抵押权和质权的行使。其第1条规定，船舶抵押权和质押权应在所有缔约国具有可执行性，如果（a）该抵押权和质押权根据船舶登记地国法律业已生效和登记；（b）根据船舶登记地国法律置存于登记处的登记簿和文据公众开放检查，并且可从登记处获得登记簿摘录和文据复印件；（c）登记簿或文据记载了抵押权或质押权利益人的姓名或地址，或文据系无记名时，记载了担保的数额和其他特别事项。第2条规定，在不影响公约条款效力的情况下，有关执行程序的所有事项应受执行地国家法律支配。公约第7条第2款规定，在受制于第11条（关于强制拍卖）规定情况下，受船舶优先权担保的第4条所列明的海事请求权依附于船舶，无论船舶所有权或船舶登记的任何改变。这意味着这类船舶优先权应得到其他缔约国的承认和执行。其第13条规定，基于第3条（船舶登记注销）、第10条（船舶强制拍卖前公告）和第11条（船舶强制拍卖）的规定，缔约国主管当局相互间应直接联系。显然，该规定旨在实施影响船舶抵押权、质押权和船舶优先权若干事项的规则方面促进国际合作。不过，这以缔约国间相互承认和执行判决的假设为前提。[①]在此方面，1993年公约作了与1967年公约类似的规定。

（二）1992年《关于油污损害民事责任国际公约》

1992年公约明确规定了缔约国之间相互承认和执行判决的义务以及缔约国判决不予承认和执行的有限事由。其第10条第1款规定，由根据第9条规定拥有管辖权法院作出的、在原判国业已不受一般形式审查而具有可执行性的任何判决，应在其他任何缔约国得到承认，除非（a）该判决是通过欺诈获得的；（b）未给予被告合理的通知和陈述案情的公平机会。同条第2款规定，依据本条第1款得到承认的判决，一经履行该国所要求的程序，便应在各缔约国予以执行。该程序不应允许重新审查案件的实质或是非曲直。

（三）1971年《关于建立油污损害赔偿国际基金的国际公约》

该公约第8条规定，依据第7条第1款和第3款规定而拥有管辖权的法院对国际油污损害赔偿基金作出的、在原判国业已不再适用一般审查程序而具有可执行性的任何判决，应在与1969年《关于油污损害民事责任的国际公约》第10条所规定的同等条件下，在各缔约国得到承认与执行。公约第7条第1款和第3款确立了法院审理对基金提起赔偿和补偿损害诉讼的管辖权。而第8条规定适用于有关第4条第5款所指分配的任何裁决。

① 参见威廉·泰特雷：《国际冲突法》，第565页。See D.C.Jackson, op.cit., p.632.

参考文献

一、英文著作

1. D.C.Jackson:Enforcement of Maritime Claims(Lloyd's Law Press,1996).

2. Dicey & Morris: Conflict of Laws(12th ed.,Steven & Sons Limited, 1993).

3. Nigel Meeson:Admiralty Jurisdiction and Practice(Lloyd's Law Press,1993).

4. Graveson: Conflict of Laws (6th ed., Butterworths, 1974).

5. Christopher Hill: Maritime Law(5th ed.,Lloyd's Law Press,1998).

6. Cheshire & North:Private International Law (12th ed., Butterworths, 1992).

7. Chorley & Giles:Shipping Law(8th ed., Pitman Publishing,1987).

8. Robert P. Grime: Shipping Law(Lloyd's Law Press,1980).

9. Wolff:Private International Law(2nd ed., Clarendon Press,1950).

10. Axel Bosch: Provisional Remedies in International Commercial Arbitration(Walter de Gruyter & Co., 1994).

11.Denning:The Due Process of Law(Butterworths, 1980).

12. L.Collins: Essays in International Litigation and the Conflict of Laws (Butterworths, 1994).

13.W.A.Kennett: Enforcement of Judgment In Europe(Clarendon Press,2000).

14. William H.Theis: Admiralty Proceedings and the Proposed Hague Convention on Jurisdiction and Judgments , (2001) 32 Journal of Maritime Law & Commerce.

15. P.G.Naschitz: The in Rem Jurisdiction of the Israeli Maritime Court,(1985) 16 Journal of Maritime Law and Commerce.

16.F.Vischer:General Course on Private International Law,(1992) Ⅰ Recueil des cours.

17. K.Kerameus: Admiralty Jurisdiction in Continental Countries,(1983) Ⅷ Maritime Lawyer.

18. David J.Bederman: Admiralty Jurisdiction, (2000)2 Journal of Maritime Law and Commerce.

19. K.X.Li: Maritime Jurisdiction and Arrest of Ships under China's Maritime Procedure Law (1999), (2001) 4 Journal of Maritime Law & Commerce.

20. W.H.Theis: Admiralty Proceedings and the Proposed Hague Convention on Jurisdiction and Judgments, (2001) 32 Journal of Maritime Law & Commerce.

21. David J. Bederman: Admiralty Jurisdiction,(2000)31 Journal of Maritime Law & Commerce.

22. L. Collins: Provisional and protective measures in International Litigation,(1992) Ⅲ Hague Recueil.

23. Gerry Maher and Barry J.Rodger: Provisional and Protective Remedies:The British Experience of the Brussels Convention,(1999)48 International & Comparative Law Quarterly.

二、中文著作

1. 邢海宝著:《海事诉讼特别程序法研究》，北京：法律出版社2002年版。
2. 朱清著:《海事诉讼与仲裁》，大连：大连海事大学出版社1996年版。
3. 金正佳、翁子明著:《海事请求保全专论》，大连：大连海事大学出版社1996年版。
4. 金正佳著:《海事诉讼法论》，大连：大连海事大学出版社2001年版。
5. G.吉尔摩、C.L.布莱克著，杨召南等译:《海商法》，北京：中国大百科全书出版社2000年版。
6. 沈达明著:《比较民事诉讼法初论》，北京：中国法制出版社2002年版。
7. 杨良宜著:《海事法》，大连：大连海事大学出版社1999年版。
8. 杨良宜著:《禁令》，北京：中国政法大学出版社2000年版。
9. 李海著:《船舶物权研究》，北京：法律出版社2002年版。
10. 司玉琢主编:《国际海事立法趋势及对策研究》，北京：法律出版社2000年版。
11. 於世成、杨召南、汪淮江著:《海商法》，北京：法律出版社1997年版。
12. 李双元、谢石松著:《国际民事诉讼法概论》，武汉：武汉大学出版社1990年版。
13. 李双元主编:《中国国际私法通论》，北京：法律出版社1996年版。
14. 李浩培著:《国际民事程序法概论》，北京：法律出版社2001年版。
15. 刘铁铮著:《国际私法论丛》，台湾：三民书局1982年版。
16. 张新平著:《海商法》，北京：中国政法大学出版社2002年版。
17. 威廉·泰特雷著，刘兴莉译:《国际冲突法——普通法、大陆法及海事法》，北京:法律出版社2003年版。
18. 张茂著:《美国国际民事诉讼法》，北京：中国政法大学出版社1999年版。
19. 肖永平主编:《欧盟统一国际私法研究》，武汉：武汉大学出版社2002年版。
20. 刘卫翔著:《欧洲联盟国际私法》，北京：法律出版社2001年版。
21. 黄进主编:《国际私法》，北京：法律出版社1999年版。
22. 韩德培主编:《中国冲突法研究》，武汉：武汉大学出版社1993年版。

23. 韩德培、韩健著:《美国国际私法(冲突法)导论》，北京：法律出版社1994年版。
24. 林准主编:《国际私法案例选编》，北京：法律出版社1996年版。
25. 丹宁著:《法律的正当程序》，北京：法律出版社1999年版。
26. 让·文森、雅克·普雷沃著，罗结珍译:《法国民事执行程序法要义》，北京：中国法制出版社2002年版。
27. 江伟主编:《民事诉讼法学原理》，北京：中国人民法学出版社1999年版。
28. 林欣著:《国际私法理论诸问题研究》，北京：中国人民大学出版社1996年版。
29. 徐宏著:《国际民事司法协助》，武汉：武汉大学出版社1996年版。
30. 杜涛、陈力著:《国际私法》，上海：复旦大学出版社2004年版。
31. 孙劲著:《美国的外国法院判决承认与执行制度研究》，北京：中国人民公安大学出版社2003年版。
32. 袁泉著:《荷兰国际私法研究》，北京：法律出版社2000年版。
33. 董丽萍著:《澳大利亚国际私法研究》，北京：法律出版社1999年版。

图书在版编目(CIP)数据

国际海事诉讼法 / 贺万忠著.　—北京：世界知识出版社，2008.6
ISBN　978-7-5012-3479-0
Ⅰ.国…　Ⅱ.贺…　Ⅲ.海事仲裁—诉讼法—高等学校—教材
Ⅳ.D997.4
中国版本图书馆CIP数据核字（2008）第193808号

责任编辑	袁路明　罗养毅
文字编辑	沈中明
责任出版	赵　玥
责任校对	张　琨
封面设计	小　月

书　　名	**国际海事诉讼法** Guoji Haishi Susong Fa
作　　者	贺万忠　著
出版发行	世界知识出版社
地址邮编	北京市东城区干面胡同51号（100010）
网　　址	www.wap1934.com
印　　刷	北京京晟纪元印刷有限公司
经　　销	新华书店
开本印张	787×1092毫米　1/16　28½印张
字　　数	620千字
版次印次	2009年4月第一版　2009年4月第一次印刷
标准书号	ISBN 978-7-5012-3479-0
定　　价	56.00元